행동과학 연구방법

RESEARCH METHODS IN BEHAVIORAL SCIENCE

김초복 저

학지사

머리말

『행동과학 연구방법』은 심리학을 비롯하여 인간의 행동을 연구하는 행동과학 분야에서 필수적으로 이해해야 하는 연구방법의 기본원리와 적용법을 설명한다. 저자는 연구설계에 관해 설명할 때, 연구방법의 핵심은 실험이고, 실험의 핵심은 요인설계이며, 요인설계는 상호작용을 확인하는 데 목적이 있다고 강조한다. 이 책 또한 실험을 시행하기 위해 반드시 알아야 할 상세한 내용 설명에 주안점을 두었다. 하지만 다른 연구방법들도 실험과 비교할 수 있도록, 그리고 그 연구방법들을 타당하게 적용할 수 있도록 상세하게 설명하고 있다.

이 책은 내용에 관한 단순한 설명을 넘어 방법론적 지식을 바탕으로 연구 절차를 이해하고 실제로 시행할 수 있는 능력을 함양할 수 있도록 이루어졌다. 이를 위한 전반적인 주안점 네 가지는 다음과 같다.

첫째, 책을 읽고 학습하는 과정을 통해 자연스럽게 지식을 축적할 수 있도록 구성하였다. 이를 위해 기본 개념을 먼저 소개하고, 그다음 상세한 설명 또는 실제 적용과 관련한 내용이 다시 나오도록 하였다. 처음 소개되는 개념이 있더라도 이후에 그 개념에 관한 설명을 추가 및 확장함으로써 내용을 충분히 이해할 수 있도록 고안하였다. 또한 각 장은 독립적인 주제를 다루지만, 장들을 서로 연계하여 설명함으로써 효과적인 이해가 가능하도록 구성하였다.

둘째, 단순한 실험설계로부터 점차 복잡한 설계로 심화·확장하는 맥락을 갖도록 하였다. 상대적으로 간단한 주요 핵심 설계에 대한 이해를 바탕으로 더 복잡한 설계를 쉽게 이해할 수 있도록 체계화하여, 복잡해 보이는 설계라고 할지라도 기초부터 시작하면 어렵지 않게 이해할 수 있다는 점을 보여 주고자 하였다.

셋째, 주요 연구방법의 실행 절차를 연구의 시작부터 마무리까지 다룸으로써 연구의 절차적 틀을 전반적으로 이해할 수 있도록 구성하였다. 방법론적 지식에 관한 개념적 설명에 더하여 절차적 설명에 함께 초점을 둠으로써, 독자들이 '무엇'에 해당하는 개념적 이해와 함께 '어떻게'에 관한 절차적 이해를 더 쉽게 할 수 있도록 체계화하였다.

넷째, 통계분석에 관한 내용은 최대한 제외하였다. 통계에 관한 내용은 통계분석 자체가 아니라 분석의 논리와 원리를 중심으로 기술하였으며, 통계 지식이 없는 독자라고 하더라도 이 책을 통해 통계분석의 논리에 관해서는 충분히 이해할 수 있도록 설명하였다. 기초통계에 관한 최소한의 지식이 있는 정도의 독자라면 이 책의 통계와 관련한 내용을 더 쉽게 이해할 수 있을 것이다. 통계절차의 더 자세한 사항을 알고 싶은 독자는 온라인을 통해 관련 정보를 검색하거나, 자신에게 필요한 통계 관련 서적을 선택하여 읽어 볼 것을 권한다.

총 12개의 장으로 이루어진 이 책의 세부 내용은 다음과 같다.

제1장부터 제4장까지는 구체적인 연구방법을 설명하기에 앞서 그 기반이 되는 기본적인 내용을 다룬다. 행동에 관한 연구를 수행하기 위해서는 행동을 과학적으로 설명하는 것의 의미가 무엇인지를 먼저 알아야 하고(1장), 계획부터 마무리까지 연구의 전반적인 과정의 틀을 이해해야 하며(2장), 연구 윤리적 측면의 중요성과 실행 방안에 관해 반드시 숙고해야 하고(3장), 모든 연구에서 기본적으로 사용하는 변인과 측정의 개념을 분명하게 이해해야 한다(4장). 이렇게 4장까지는 연구 수행을 위한 초석을 다질 수 있는 내용을 담고 있다.

제5장부터 제7장까지는 세 가지 연구방법을 기술연구(5장), 상관연구(6장), 실험연구(7장)의 순으로 구체적인 연구 유형과 절차를 중심으로 서술한다. 제5장에서는 다양한 기술연구를 시행하는 방법에 중점을 두고, 제6장과 제7장은 각각 상관연구와 실험연구를 어떻게 시행하는지 그 절차에 초점을 두고 상세하게 설명하는데, 특히 제2장에서 소개하는 연구의 일반적 절차를 기반으로 각 연구방법의 절차를 구체적으로 설명한다.

제8장은 연구에서, 특히 실험에서 더욱 중요하게 고려해야 하는 타당도의 개념을 독립된 하나의 장으로 다룬다. 타당도에 관한 내용은 단지 8장에 국한하는 것이 아니며, 앞선 상관연구부터 이후의 거의 모든 장에서 반복적으로 언급된다.

제9장은 실험이 무엇인가에 관한 틀을 구조화할 수 있도록 간단한 형태의 실험설계 방식을 설명하며, 제10장에서는 이를 확장하여 더 복잡하고 다양한 형태의 실험설계를 다룬다. 제11장에서는 실험을 시행할 수 없는 상황에서 대안적으로 시행하는 준실험에 관한 내용과 더불어, 실험 처치를 개인에게 적용하여 그 효과를 확인하기 위한 단일사례 설계를 설명한다.

마지막으로, 제12장은 연구 결과를 어떻게 해석하고 평가해야 하는지, 그리고 연구 결과들을 어떻게 통합적으로 일반화하여 이해할 수 있는지를 설명한다.

이렇게 각 장은 개념을 중심으로, 또는 절차를 중심으로 설명하고 있다. 본문의 내용과 관련하여 추가로 살펴볼 내용은 〈읽어 보기〉를 통해 제시하고 있다. 또한 각 장의 마지막에는 해당 장의 주요 용어를 〈Keywords〉에 목록으로 제공하는데, 본문에서 다룬 순서대로 나열함으로써 각 용어를 더 쉽게 이해하고 기억할 수 있도록 하였다. 마지막으로, 그 장의 〈Review Questions〉에서는 각 장에서 다루는 주요 개념들을 잘 이해하고 있는지 스스로 점검해 볼 수 있는 문제들을 제공하고 있다.

제12장 이후에는 본문에서 인용한 참고문헌 전체 목록을 제시하고 있으므로, 본문에서 다룬 관련 내용을 더 상세하게 확인하고자 하는 독자들은 이를 적극적으로 활용하기를 바란다. 부록에는 본문에서 사용한 원본 데이터 일부를 제공하고 있으며, 〈Review Questions〉 문제에 대한 답을 제공한다. 마지막으로, 각 장의 〈Keywords〉에 나왔던 모든 주요 용어를 색인화하여 제시한다.

연구자들은 자신의 연구 결과 보고서를 학술지에 투고하여 출판을 위한 심사를 받는다. 이때 상당수의 연구가 결국에는 출판이 거부되는 상황에 놓이게 된다. 그 이유 중 대부분은 결과를 잘못 분석한 통계분석에서의 문제가 아니라 연구 설계의 문제다. 통계분석에서의 오류는 심사과정에서 다시 분석하거나 다른 방법을 적용하거나, 추가 분석하여 보완할 수 있지만, 타당하지 않은 연구 설계는 자료 수집이 끝난 다음에는 수정하거나 보완할 방법이 없고, 그 결과로서 연구를 폐기해야 하는 상황도 발생한다. 따라서 연구자가 되고자 하는 대학생 또는 대학원생은 자신의 연구 주제와 관련한 전공 지식뿐만 아니라, 연구 설계에 관한 기초 지식을 반드시 탄탄하게 쌓아 두어야 한다. 이 책은 이러한 목적을 갖는 독자들에게 큰 도움이 될 것이라 기대한다.

인간은 연구의 주체이자 대상이다. 연구자의 창의적인 아이디어를 기반으로 사람들의 안녕과 복지를 위한 연구를 수행한다면, 시간이 흐를수록 그 연구는 더욱 가치 있는 연구가 될 것이다. 이러한 관점에서 이 책이 독자들에게 '인간에 의한, 인간을 위한 연구'를 할 수 있는 방법론적 전문지식과 윤리적 태도를 갖추는 데 도움이 될 수 있기를 바란다.

마지막으로, 원고 교정을 세심하게 도와준 실험실 대학원생들에게 깊은 감사를 표하며, 2년 가까운 시간 동안 끊임없는 응원을 해 준 동료들, 그리고 이 책의 출판을 위해 많은 도움을 주신 학지사 관계자분들께 진심으로 감사드린다.

2024년 8월

김초복

차례

◆ 머리말 _ 3

제1장

행동의 과학적 설명 _ 11

1. 행동을 이해하는 방법 • 13
2. 과학적 접근의 원리 • 27
3. 행동과학의 목표 • 34

제2장

연구 수행의 전반적 개관 _ 39

1. 연구의 유형 • 41
2. 연구의 일반적 과정 • 52
3. 문헌 연구 • 71

제3장

연구 윤리 _ 83

1. 인간 대상 연구의 윤리 • 85
2. 연구 진실성 • 116

제4장

변인과 측정 _ 137

1. 변인 • 139
2. 측정 • 156

제5장

기술연구 _ 181

1. 관찰과 면접 • 183
2. 사례와 기록물 • 197
3. 조사 • 202

제6장

상관연구의 시행 _ 231

1. 상관연구의 시작 • 233
2. 연구 설계 • 240
3. 상관연구의 실행 • 251
4. 상관연구의 마무리 • 254

제7장

실험연구의 시행 _ 271

1. 실험연구의 시작 • 274
2. 실험설계 • 281
3. 실험연구의 실행 • 299
4. 실험연구의 마무리 • 303

제8장

실험의 타당도 _ 317

1. 내적 타당도 • 319
2. 외적 타당도 • 336

제9장

기초 실험설계 _ 349

1. 참가자 간 설계 • 351
2. 참가자 내 설계 • 363
3. 독립변인 수준의 확장 • 373

제10장

요인설계 _ 381

1. 요인설계의 개념 • 383
2. 이원 요인설계 • 389
3. 고차 요인설계: 셋 이상의 독립변인 • 402

제11장

준실험과 단일사례 설계 _ 409

1. 준실험 • 411
2. 단일사례 설계 • 424

제12장

연구 결과의 통합적 이해 _ 433

1. 연구 결과의 이해 • 435
2. 연구의 반복과 통합 • 442

- 부록 1. 데이터 _ 457
- 부록 2. 〈Review Questions〉의 답 _ 459
- 참고문헌 _ 475
- 찾아보기 _ 491

제1장

행동의 과학적 설명

1. **행동을 이해하는 방법**
   1) 행동의 과학
   2) 세상을 이해하는 다양한 방법
   3) 연구방법론 이해의 중요성
2. **과학적 접근의 원리**
   1) 논리적 추론의 방법
   2) 과학의 특징
   3) 행동과학 연구가 어려운 이유
3. **행동과학의 목표**
   1) 행동에 관한 보편적 원리의 추구
   2) 네 가지 세부 목표

이 장은 행동과학 연구의 기초 개념 이해를 위한 내용으로 이루어져 있다. 첫 번째 절에서는 행동을 이해하는 다양한 방법을 소개하고, 행동을 과학적으로 이해하는 것의 중요성을 설명한다. 이어진 두 번째 절에서는 행동의 이해를 위한 논리적 추론의 방법과 과학적 접근의 기본 원리를 살펴본다. 세 번째 절에서는 행동과학이 추구하고자 하는 궁극적인 목표와 함께 세부 목표를 구체화하여 설명하고자 한다.

1. 행동을 이해하는 방법

첫 번째 절에서는 자신이나 타인의 행동을 이해하기 위해 일상생활에서 우리가 흔히 사용하는 다양한 접근방법을 소개하고, 과학적 접근법을 통해 행동을 이해하는 것이 왜 중요한지를 구체적으로 제시함으로써 연구방법론에 관한 체계적 이해의 필요성을 설명하고자 한다. 이를 위해 먼저 '행동과학'에 관한 설명으로부터 시작하고자 한다.

1) 행동의 과학

우리는 사람들 사이에서 살고 있다. 가족이나 친구, 거리에서 한번 스쳐 지나가는 사람 등 많은 사람과 함께 살아가고 있다. 이렇게 다른 사람들과 공존하며 살아가고 있다는 사실로부터 우리는 다양한 측면을 생각할 수 있는데, 그중의 하나는 다른 사람들이 자신에게 얼마나 중요하며 그들의 행동이 자신에게 얼마나 많은 영향을 주는가와 관련될 것이다. 이런 측면에서 타인의 행동에 대한 이해는 그들이 나에게 어떤 영향을 얼마나 줄 수 있는지를 이해하는 것과 직접 관련된다. 또한 나의 행동이 타인에게 미치는 영향을 이해하는 것과도 밀접한 관계가 있을 것이다. 이런 이유로 인간의 행동을 이해하는 것은 우리의 삶 속에서 매우 중요한 부분이 된다.

미국심리학회(American Psychological Association, APA) 심리학 사전에 따르면, 행동과학(behavioral science)은 체계적인 관찰과 실험 등을 통해 인간과 동물의 행동에 관한 과학적 연구를 수행하는 다양한 학문 분야로 정의되며, 하위 분야로 심리학, 사회학, 인류학 등을 포함한다. 행동과학과 유사한 분야로 사회과학을 떠올릴 수 있는데, 두 용어는 비슷한 학문 분야를 지칭하기 위한 목적으로 사용되기도 하지만 다소 차이가 있다. 사회과학(social science)은 인간 경험의 공통적 요소나 집합적 차원과 관련된 학문 분야로 정의되며, 개인 및 사회적 관계를 이해하고 사회 문제에 대한 해결책을 제시하기 위한 목표를 지니고 있다. 따라서 연구 대상이 개인으로부터 조직이나 기관, 전체 사회 시스템에 이르기까지 매우 폭넓게 걸쳐 있으며, 심리학, 사회학, 인류학, 경제학, 지리학, 정치학, 경영학, 공중보건학, 사회복지학 등 더 다양한 학문 분야를 포함하고 있다.

일부 학자는 이 두 학문 분야를 행동 분석의 수준에 따라 구분하기도 하는데(Adhikari, 2016), 이는 좁은 의미의 접근이라고 볼 수 있다. 즉, 사회과학은 사회 시스템을 통해 사회적 관찰을 연구하는 틀을 제공하는 학문으로, 하위 분야로는 문화인류학, 역사학, 사회학, 미시경제학과 거시경제학, 사회심리학, 이상심리학 등을 포함하는 것으로 본다. 반면, 행동과학은 통제된 체계적 틀을 통해 인간과 동물의 행동에 관한 구조화된 연구를 하는 분야로, 행동경제학, 인지심리학, 정신물리학이나 심리생물학 등 주로 실험을 통해 직접 연구할 수 있는 범위로 한정하여 분류하기도 한다.

우리나라의 분류체계를 중심으로 일반적 관점에서 다시 바라보면, 행동과학은 사회과학보다 더 작은 범주로 보는 것이 타당할 것으로 보인다. 다만, 세부적인 기준으로 판단한다면 인간과 동물의 행동에 초점을 두는 경우를 행동과학으로, 사회 시스템적 관점

읽어 보기 1-1

학술지 인용 색인 데이터베이스에 따른 행동과학의 분류기준

국제 학술지의 평가와 인용 색인 데이터베이스를 제공하는 Web of Science의 2022년 분류체계에 따르면(https://jcr.clarivate.com/jcr/home), 행동과학은 21개 상위 범주 중의 하나인 정신의학 및 심리학(Psychiatry/Psychology)의 16개 하위 분야 중 하나로 분류된다. 즉, 심리학을 행동과학의 상위 범주로 간주한다. 반면, 사회과학은 상위 범주 중의 하나로 분류되며 41개 하위 분야로 이루어져 있다.

국내 학술지의 평가와 인용 색인 데이터베이스를 제공하는 한국학술지인용색인(Korean Citation Index)에 따르면(https://www.kci.go.kr/kciportal/main.kci), 행동과학이라는 별도의 분류를 제공하지 않고 있다. 또한 심리학은 사회과학이라는 대분류 아래에 '심리과학'이라는 중분류를 이루고 있으며 '복합학'이라는 대분류 아래에 '뇌과학' 중분류 일부에도 포함되어 있다.

학술지 인용 색인 등에 관해서는 2장에서 자세히 다루고 있다.

으로 보는 경우를 사회과학으로 보면 될 것이다. 따라서 행동과학의 정의나 하위 분야에 관한 구분을 절대적인 것으로 받아들이기보다는 세부 주제나 접근방식에 따른 상대적 구분으로 이해하는 것이 타당해 보인다. 한 가지 쉬운 구분은 어떤 연구나 학문의 분야를 행동과학이라고 지칭한다면 거시적인 시스템 차원이 아닌 개인 차원으로부터 시작한다는 점이다.

2) 세상을 이해하는 다양한 방법

앞서 행동과학에서는 인간과 동물의 행동에 관한 과학적 연구를 수행한다고 설명하였다. 과학적 방법은 경험에 근거하여 세상을 이해하는 접근으로, 근본적으로 체계적인 관찰을 통해 얻은 축적된 결과에 기반한다. 이는 반복적인 관찰을 가능케 하고 그러한 경험이 축적됨으로 인해 우리는 세상을 이해하는 타당한 근거와 믿음을 획득할 수 있다. 이에 더하여 과학적 방법은 새로운 관찰을 통해 기존의 믿음이 여전히 작동하는지 지속해서 확인하는 절차를 포함하는데, 만일 기존의 믿음에 부합하지 않는 새로운 경험적 관찰이 이루어진다면 그 믿음을 수정하게 된다. 과학적 방법은 이렇게 점차 더 우월한 믿음을 확립하는 절차를 제공함으로써 세상에 관한 우리의 이해 수준을 더욱 높일 수 있다. 과학적 방법에 관한 상세한 논의를 하기에 앞서, 일상적으로 우리가 세상을 이해하는 다양한 비과학적 방식과 더불어, 우리가 세상을 잘못 이해하도록 만드는 인지적 특성을 먼저 살펴보고자 한다(과학적 방법은 2절에서 더 상세하게 다룬다).

(1) 상식과 사이비과학

일상에서 경험하는 자신의 다양한 행동이나 다른 사람들의 행동을 관찰하면서 '왜 그랬을까?'와 같은 질문을 떠올리면서 그 행동의 기저에 있는 마음의 작용을 자신의 방식대로 이해하려고 한다. 또한 매체에서 접하는 다양한 정보에 대해서도 자신의 방식에 기반하여 그 정보를 믿거나 판단하기도 한다. 우리는 이런 과정을 통해서 세상을 이해하고 있다. 하지만 인간의 행동을 이해하는 데 늘 과학적 방법을 기반으로 하지는 않는다는 점은 분명해 보인다.

그렇다면 우리는 어떤 방식을 활용하여 세상을 이해하고 있을까? 아마도 세상을 이해하는 과정에 과학적 접근법보다는 더 손쉬운 방법, 바로 상식을 활용하는 것이다. 상식은 누구나 알고 있는 것 같지만 실제로는 과학적 · 경험적으로 검증되지 않은 지식으로, 지구가 편평하다는 것은 과거에는 누구나 알고 있던 상식이었으나 과학적 발견으로 인해 이제는 허튼소리가 되었다. 전기를 공급하는 전선이 없이는 휴대전화기 충전이 불가능하던 것이 당연한 상식이었으나 이제는 그렇지 않다. 따라서 어제의 상식은 오늘의 허튼소리가 될 수도 있다. 이렇게 상식적 접근을 통해 사람의 마음을 이해하려고 하는 방법을 상식심리학(commonsense psychology)이라고 부른다(Heider, 1958; Jara-Ettinger, Gweon, Schulz, & Tenenbaum, 2016).

상식심리학은 실험실 연구나 임상 연구 등에 의해 경험적으로 밝혀진 것이 아닌 사람들의 일반적인 경험에서 파생된 심리학적 주제에 관한 생각이나 지식을 말한다. 어디선가 들었을 듯한 이러한 예들은 타당하지 않을 뿐만 아니라 여러 과학적 증거를 통해 거짓으로 확인된 것들이 대부분이다. 이와 유사하게 대중심리학(popular psychology)은 많은 사람에게 그럴듯하게 알려졌지만, 그 내용이 너무 단순하거나, 잘못 해석되거나, 시대 변화를 반영하지 못하는 심리학적 지식을 일컫는 것으로, 예컨대 자기 성장을 위한 교양서적이나 대중매체의 다양한 프로그램에서 전달하는 그럴싸한 내용이 여기에 해당할 수 있다.

과학적 결과인 것처럼 포장된 비과학적 주장은 사람들을 더욱 혼란스럽게 만든다. 이는 흔히 사이비과학(pseudoscience)으로 불리는 것으로, 과학적인 것처럼 보이지만 실제로는 과학으로 볼 수 없는 이론이나 방법 등을 일컫는다. 사이비과학은 몇 가지 특징을 보이는데, 〈표 1-1〉에 이를 요약하여 제시하고 있다. 점성술이나 손금 보기 등으로 사람의 마음을 이해하려고 하는 접근 대부분이 여기에 해당하며, 고전적인 예로는 독일의 학자인 프란츠 갈(Franz Joseph Gall)이 제안한 골상학(phrenology)을 들 수 있다. 1800년대 초 골상학자들은 마음이 뇌의 여러 영역에 걸쳐 위치한다고 여겼으며 마음의 특정 기능을 많이 사용하면 그 기능과 관련된 영역을 둘러싼 두개골 형태에 영향을 준다고 주장하였다. 따라서 두개골에 나타난 혹과 같이 도드라진 부분을 확인함으로써 개인의 성격 특성을 이해할 수 있다고 주장하였다. 1800년대 후반에 이르러 이러한 주장은 근거가 없다는 것이 확인되었고(Winn, 1879), 오늘날 사이비과학에 관한 하나의 유명한 예가 되었다.

사이비과학의 잘 알려진 다른 예로, '영리한 한스(Clever Hans)'의 사례가 있다. 독일의 수학 교사이자 말 조련사였던 오스턴(Wilhelm von Osten)은 한스라는 자기의 말이 간단

표 1-1 **사이비과학의 특징**

주요 기준	과학	사이비과학
지식의 진보	축적된 지식을 바탕으로 새로운 발견을 통해 점진적으로 성장한다.	잘 정립된 지식체계가 없으므로 변화하지 않거나 무작위로 변경된다.
절차의 일관성	관찰과 이해의 일관성을 위해 타당한 절차를 따른다.	일관적이지 않은 절차나 서로 무관한 여러 전제를 기반으로 하는 모호한 절차를 따른다.
주장의 논리성	엄격한 논리를 추구하며 오류를 발견하면 그 논리를 수정한다.	느슨하고 왜곡된 논리를 사용하며 그 논리를 수정하지 않는다.
회의적 비판	잘 조직화된 회의론 기반의 엄정한 비판적 절차를 거친다.	비판적 사고를 용납하지 않으므로 어떠한 의문도 갖지 않는다.
확립된 결과의 수용	새로운 주장을 제기할 때 이미 확립된 견고한 결과에 기초한다.	이미 확립된 결과를 무시하며 새로운 주장만을 강조한다.

한 덧셈이나 뺄셈 문제를 풀 수 있을 뿐만 아니라 날짜와 시간을 맞추는 등 지능이 뒷받침되어야 해결 가능할 것으로 보이는 문제에 답을 할 수 있다고 주장하였다. 이러한 놀랄 만한 얘기가 1904년 신문 등을 통해 사람들에게 알려졌고, 영리한 한스는 독일뿐만 아니라 세계적으로 유명해졌다. 하지만 이후에 한스의 이러한 행동은 조련사인 오스턴의 행동에 대해 무의식적으로 반응한 것일 뿐이라는 것이 밝혀졌다. 즉, 조련사 오스턴은 한스에게 질문을 한 후 몸을 앞으로 기울임으로써 신호를 주었고 이후 한스가 질문에 대한 응답으로서 적절한 수만큼의 발굽을 두드린 후에는 다시 몸을 곧게 펴는 행동을 하였다. 조련사인 오스턴에게 그의 이러한 행동을 지적하였음에도 불구하고, 그는 한스가 그 과제를 수행할 정도의 지능이 있다고 확신하였고, 자신의 영향력을 강하게 부인하였다.

독일의 한 심리학자는 한스의 능력을 공식적으로 검증하기 위해 조사단을 꾸렸고, 조사단은 체계적인 여러 방식으로 한스의 능력을 검증한 결과, 질문자가 질문에 관한 답을 모르도록 한 절차에서 한스 또한 답변하지 못하는 것을 확인하였다(Pfungst, 1965). 한스는 자신의 응답을 한 것이 아니라 조련사의 행동에 따라 앞발굽을 두드리는 반응을 했을 뿐이다. 물론 한스는 스스로 숫자를 계산할 만큼 영리하지는 않았지만, 조련사의 움직임에 무의식적인 반응을 할 정도의 지능이 있었다고 볼 수는 있겠다.

자폐 스펙트럼 장애와 같은 심각한 발달장애가 있는 사람들이 의사소통을 원활히 할 수 있도록 돕는 방법으로 제안되었던 한 치료 기법 또한 '영리한 한스'의 경우와 매우 비슷하다. 촉진된 의사소통(facilitated communication)으로 불리는 이 기법은 발달장애로 인해 타인에게 의사 표현을 하는 언어적 기술이 부족한 사람들, 그중에서도 특히 아동의 의사소통을 돕기 위한 것이었는데, 아동이 글자판이나 키보드에 메시지를 입력하려고 할 때 그 아동의 손을 잡아 주는 등의 절차를 포함한다. 이러한 촉진을 통해 의사 표현을 원활하게 해 주었을 뿐만 아니라 이전에 자신의 의사를 전혀 표현하지 않았던 아동마저도 의미 있는 문장을 만들어 냈다. 그러나 의사소통이 가능한 것처럼 보였던 그 결과는 실제로는 아동의 생각이 아니라 손을 잡아 준 촉진자의 생각을 표현한 것임이 이후에 밝혀졌다. 예컨대, 촉진자와 아동에게 서로 다른 질문을 전달한 다음, 촉진 절차를 통해 아동의 응답을 확인한 결과, 아동의 응답은 아동 자신이 아닌 촉진자에게 전달한 질문에 대한 것이었다.

이후 촉진된 의사소통의 타당성에 관한 논쟁이 일어났고, 관련된 여러 개관연구를 통해 과학적 타당성의 부재와 적용의 위험성에 관한 주장이 제기되었다(Jacobson, Mulick, & Schwartz, 1995; Mostert, 2001, 2010; Tostanoski, Lang, Raulston, Carnett, & Davis, 2014). 또한 미국심리학회(APA)는 "촉진된 의사소통은 그 효과에 대해 과학적 증거가 없으며, 논란이 많은 실증되지 않은 의사소통 절차"라는 입장을 1994년부터 표명하고 있다(APA 정책 설명서 11장, https://www.apa.org/about/policy/chapter-11). 관련 분야의 여러 학회와 협회 등에서도 촉진된 의사소통이 비과학적이며 효과를 믿을 수 없을 뿐만 아니라, 오히려 해당 아동에게 해로울 수 있으므로 사용하지 말아야 한다는 공식적인 견해를 밝히고 있으며, 이러한 입장에 동의하는 단체의 수가 지속해서 증가하고 있다. 미국 기준으로 2022년 현재까지 28개의 단체가 같은 입장이라고 선언했으며, 이들 대부분 공식적으로 촉진된 의사소통의 효과를 불신한다는 견해를 밝히고 있다(https://www.facilitatedcommunication.org).

잘 알려진 사이비과학의 또 다른 예를 하나 더 들어 보자. 소위 '혈액형 성격설'로 불리는 혈액형과 성격의 관계에 관한 설이다. 이 주장은 1930년에 사회심리학 주제의 한 학술지에 출판된 한 편의 논문을 그 출발점으로 볼 수 있는데, 이 논문의 저자는 혈액형과 성격 간 관계에 대한 조사를 통해 혈액형 유형에 따라 개인이 서로 다른 기질과 성격을 지니고 있다고 주장하였다(Furukawa, 1930). 예컨대, A형은 소극적이고 보수적이며 안정적이고, B형은 적극적이며 변덕이 심한 편이라는 식의 분류다. 이후 연구자들은 다

읽어 보기 1-2 **혈액형과 성격에 관한 조사**

혈액형이 성격과 관련이 있다는 실제적 증거가 없음에도 불구하고 우리나라를 비롯한 일부 아시아권에서는 여전히 이에 관한 믿음이 존재하는 것 같다. 실례로, 우리나라의 한 조사기관에서 혈액형과 성격의 관계에 관해 1000명의 표본을 대상으로 한 2021년 조사결과에 따르면(https://hrcopinion.co.kr/archives/19679), 응답자의 81%가 혈액형 성격설에 관한 내용을 접한 경험이 있고, 56%는 혈액형에 따른 성격 차이가 있다고 생각한다고 응답하였다. 또한 자신의 혈액형과 성격이 일반적으로 알려진 혈액형 성격과 일치한다는 응답이 60%에 이르렀을 뿐만 아니라, 자신과 잘 맞는 혈액형이 있다고 생각한다는 응답도 42%에 달했다(온라인 검색을 해 보면, 다양한 방식의 서로 다른 혈액형별 성격 분류가 있는 것을 금방 알아차릴 것이다!).

양한 연구를 통해 사람의 성격이 혈액형에 의해 영향을 받는다는 이 주장을 검증하고자 하였으나, 결국 그 증거를 확인하는 데 실패하면서 혈액형 성격설은 잘 알려진 또 다른 사이비과학 중의 하나가 되었다.

(2) 직관과 권위

상식에 근거한 해석이나 사이비과학에 기반한 믿음이 종종 영향력을 끼친다는 것을 살펴보았다. 그런데 그 정보를 해석해서 받아들일 때 사람들이 무엇을 중요하게 생각하는 것일까? 이와 관련하여 직관과 권위에 관해 다루고자 한다.

우리는 종종 어떠한 관련 자료도 없는 상태에서 선험적으로 믿음을 확정해 버리는 경우를 겪는데, 일견 타당해 보이는 진술에 대해 이렇게 비판 없이 믿음을 고정하기도 한다. 이는 직관적으로 형성되는 세상에 대한 믿음에 기인한다. 직관(intuition)은 학습이나 의식적 추론, 또는 심사숙고를 통하지 않은 즉각적인 통찰이나 지각, 또는 그러한 느낌을 일컫는다. 인지심리학자들에 의하면, 직관에 근거한 판단은 가용한 개별 정보의 가중치 조합으로 설명할 수 있는데, 이러한 방식으로 종종 어떤 정보는 더 그럴싸해 보이고 어떤 정보는 무시되곤 한다(Morewedge & Kahneman, 2010). 어떤 상황에서 개인의 지식체계 내에서 강력하게 활성화된 정보는 가치가 있는 것으로 보여 더 큰 가중치가 부여되고 그 상황과 관련되지 않은 정보는 무시된다. 이 과정은 자동적 처리를 통해 이루어지기 때문에 거의 무의식적으로 발생하는 것으로 보인다. 예컨대, 서로 닮아 보이는 친한 두 친구를 보면서 우리는 유유상종(類類相從), 즉 비슷한 사람들끼리 서로 모인다는 생각을 즉각적으로 형성하고, 그 두 사람이 서로 비슷하므로 서로 친하다는 확인되지 않은 믿음을 형성하게 된다.

개인의 내적 요인인 직관적 판단으로 현상에 대한 믿음을 형성하는 것처럼, 외적 요인인 권위 또한 중요한 요인으로 작용한다. 권위(authority)는 다른 사람에게 영향을 미칠 수 있는 능력으로, 권위가 높은 사람의 주장은 쉽게 받아들여진다. 일반적으로 사람들은 법적 지위나 위계와 같은 공식적인 권위에 따르거나, 특정 분야의 전문가, 또는 권위 있는 성격을 지닌 사람으로부터의 권위에 의해 영향을 받을 수 있다. 예컨대, 특정 전공 분야의 교수는 권위가 있는 것으로 받아들이기 때문에 그의 전공과 관련한 정보는 신뢰성이 높다고 판단한다. 이 정보는 그 출처가 권위가 있으므로 사람들은 해당 정보를 자동적으로 받아들이게 된다.

평소에 자주 접하는 각종 대중매체 또한 권위가 있는 것으로 인식하기 때문에, 우리는 마찬가지 방식으로 해당 정보를 쉽게 받아들이게 된다. 유명한 사례로, 1990년대 중반 '모차르트 음악이 당신을 더 영리하게 만든다'와 같은 제목의 신문 기사가 유행했던 적이 있는데, 상당히 권위 있는 주요 일간지에서 이러한 기사를 다룬 적이 있다. 이는 소위 '모차르트 효과(Mozart effect)'에 관한 것으로, 독자들에게 굉장한 흥미를 유발할 수 있는 제목이다(아마도 음악을 듣는 것만으로 지능이 높아질 수 있을 것이라는 기대가 작용했을 것이다). 특히 자녀를 둔 부모라면 더욱 그러했을 것이다. 그 기사들은 주로 모차르트 음악을 듣고 난 다음에 지능이 향상되었다는 과학적 발견에 관한 내용과 함께 부모가 자녀의 지능을 높이기 위한 기대를 품고 클래식 음악을 들려주고 있다거나, 신생아 부모에게 음악 CD를 무료로 배부한다는 등의 내용이었다. 기사를 접한 많은 사람은 모차르트 효과가 사실이라고 믿게 되었고, 이러한 기대에 부응하듯 일부 사업가들은 관련 음악 CD를 판매하여 큰 수익을 남기기도 하였다. 우리나라의 경우 2000년대 초반에 모차르트 음악이 유아의 지능을 높인다는 것에 더하여, 태교에 좋다는 등의 소문까지 더해져서 '모차르트 이펙트'와 같은 이름으로 다양한 클래식 편집 음반이 크게 유행하기도 하였다.

모차르트 효과에 관한 원출처는 세계적으로 권위 있는 학술지인 『네이처(Nature)』에 게재된 「Music and spatial task performance」라는 제목의 논문으로, 이 연구에서 연구자들은 대학생 참가자들에게 모차르트 피아노 소나타를 10분간 들으면서 이완하도록 하

였고, 그 결과로 참가자들의 공간추론 점수가 향상된 것을 발견하였다. 하지만 이 향상된 변화는 15분이 지나면 사라졌고, 이를 바탕으로 연구자들은 일시적인 공간추론 능력 향상이 발생할 수 있다고 제언하였다(Rauscher, Shaw, & Ky, 1993). 이후 많은 연구자가 이를 반복하기 위한 다양한 연구를 수행하였으나, 유사한 효과를 발견하지 못하기도 하였고(Steele, Bass, & Crook, 1999), 효과를 발견한 연구들에서도 그러한 영향이 제한적이라는 것을 확인하였으며(McKelvie & Low, 2002; Wilson & Brown, 1997), 일부 연구에서는 음악 청취에 따른 각성상태 변화에 기인하는 제한된 영향일 것이라고 주장하기도 하였다(Thompson, Schellenberg, & Husain, 2001).

대중매체는 일반인이 접하기 어려운 과학적 발견에 관한 소식을 요약하여 핵심 내용을 전달해 준다. 따라서 독자나 청자의 관점에서는 대중매체를 통해 그러한 소식을 손쉽게 접할 수 있다는 이득이 크다. 하지만 한편으로는 종종 그 내용을 잘못 이해하게 하는 원인으로 작용하기도 하는데, 그 원인은 다음과 같다.

첫째, 신문이나 인터넷 등의 주요 매체의 기사에서 제공하는 연구결과는 전체 연구를 요약하여 주요 내용만을 다루기 때문에, 그 결과를 어느 범위에서 어떤 방식으로 해석해야 할지에 관한 사항은 대체로 포함되지 않는다. 따라서 사람들은 해당 연구의 방법이나 결과, 또는 전반적인 해석에서 비판적 관점으로 바라볼 수 있는 정보가 생략된 채 기사를 접하게 된다. 둘째, 매체에서 보고하는 연구 주제가 대중의 관심을 유발할 수는 있겠지만 그 연구 자체가 제한점이 많은 연구일 수 있다. 따라서 과학적 연구결과들이 매체를 통해 많이 제공되지만, 그 연구결과 중에서 타당한 증거가 있는 부분은 무엇인지,

읽어 보기 1-3

대중매체와 과학적 발견

모차르트 효과의 예는 대중매체가 과학적 발견에 관한 보도를 통해 어떤 역할을 하는지 보여주고 있다. 이러한 영향력은 과거에만 존재했던 것이 아니라 지금도 비슷한 형태로 작동하고 있다. 예컨대, 한 TV 교양프로그램에서 과학적 발견을 언급하면서 특정 질환의 예방이나 건강 측면에서 어떤 물질이 좋다는 내용을 해당 분야의 전문가를 포함한 출연자들이 논의하는 장면을 본 경험이 종종 있을 것이다. 주로 그 물질의 긍정적인 측면을 강조하며 주어진 시간 대부분을 할애하여 설명하면서 마지막쯤 그 효과의 한계나 제한점에 관해 잠깐 언급하는 식의 경우다.

한편, 그 프로그램이 끝날 때쯤에 채널을 돌리면 다른 홈쇼핑 채널에서 그 물질과 관련된 특정 상품을 판매하는 것은 과연 우연일까 아닐까를 한번 생각해 보는 것도 재미있을 것이다.

어떤 부분을 재검토해야 하는지는 확인할 필요가 있다. 이렇게 대중매체의 과학 관련 기사를 접할 때는 세심한 주의가 필요하다.

이러한 관점에서 과학적 회의론(scientific skepticism)이 매우 중요하다. 이는 경험적 증거가 없는 주장의 진실성에 대해 끊임없이 의문을 제기하는 태도로서, 어떠한 주장이라도 세심한 논리의 적용과 과학적 접근으로부터의 결과에 기초하여 평가되어야 함을 강조한다. 과학적 회의론에 따르면, 가장 신뢰할 수 있는 경험적 지식은 실재에 대한 경험적 연구를 통해 이루어지며, 과학적 방법이 결과를 검증하는 데 가장 적합하다. 과학적 회의론의 관점에서는 어떤 발견이 있을 때 그것이 검증 가능한지, 그리고 반증 가능한지를 기반으로 주장하는 것이 중요하며, 일화적 증거나 특정 믿음에 의한 주장을 받아들이지 않는 것이 중요하다. 따라서 과학적 발견에 대한 보고나 연구 논문에 대해서도 회의론적 관점이 필요하겠지만, 증거를 수반하지 않는 주장에 대해서는 회의론적 관점이 당연히 더욱 필요하다. 이는 단순히 어떤 결론이 자신의 마음에 들고 안 들고에 관한 것이 아니라, 회의적 태도로 질문할 수 있고, 오류나 사기에 해당하는 주장을 인식하며, 주장의 타당성을 고려하는 것을 말한다. 즉, 사전에 정해 놓은 결론에 대한 정당화가 아니라 증거가 지지하는 결론을 찾는 과정이라고 할 수 있다.

(3) 인지 편향과 오류

직관과 권위는 서로 별개의 개념이지만, 일상에서는 상호작용하는 방식으로 작동하는 경우가 많다. 예컨대, 모차르트 효과의 경우, '권위' 있는 여러 대중매체에서 소개하였고, '권위' 있는 학술지에 출판된 연구결과에 대한 믿음을 바탕으로 관련 정보에 주의를 기울이게 되며, 이는 '직관'적 믿음을 형성한다. 이 과정은 인간의 인지적 특성에 의해 더욱 강화될 수 있는데, 인지 편향과 오류가 과학적 접근을 통한 우리의 이해를 더욱 어렵게 만들 수 있다.

먼저, 여러 유형의 인지 편향에 대해 살펴보자. 착각적 상관(illusory correlation)은 실제로는 존재하지 않는 관계가 존재하는 것으로 인식하는 것을 말하는데, 두 변인 간 관계의 정도를 과대평가하거나 심지어 존재하지 않는 인과관계를 가정하기도 한다(Hamilton & Rose, 1980). 예를 들어, 어떤 집단에서 어느 한 명이 독특한 행동을 하였고, 동시에 그 집단 구성원 중의 한 명이 청소년이라는 사실을 알게 되면, 그 행동을 그 청소년이 했을 것으로 추측하기 쉬운데, 이는 착각적 상관의 한 가지 예다. 이렇게 착각적 상관은 특정

집단과 속성이 서로 잘 맞을 것이라는 고정관념(stereotype)에 의해 형성된 기대가 작용하여 발생할 수 있다.

확증편향(confirmation bias)은 자신의 신념에 반대되는 증거를 찾는 데 실패하거나 혹은 찾았음에도 불구하고 그 증거를 무시하면서 기존의 기대와 믿음만을 뒷받침하는 증거를 계속해서 수집하는 경향을 말한다(Nickerson, 1998). 예컨대, 심리학 전공자는 스스로 심리 문제에 박식하고 유능하다는 믿음을 바탕으로 심리 문제에 관한 뉴스에 더 많은 주의를 기울이고 그중에서 자신의 신념과 일치하는 내용을 중심으로 탐독하려고 할 것이다.

과신편향(overconfidence bias)은 특히 자신감이 상대적으로 높을 때, 자신의 판단에 대한 주관적 확신이 그 판단의 객관적 추정치보다 훨씬 더 크게 나타나는 편향을 일컫는 것으로, 자신의 신념이나 직관, 기술, 지식, 경험 또는 개인적 특성에 대한 근거 없는 믿음이라고 할 수 있다(Fischhoff, Slovic, & Lichtenstein, 1977; Pallier et al., 2002). 일반적으로 대부분이 과신편향을 보이는데, 이는 대체로 자신의 지식이 정확히 얼마나 되는지 알아차리지 못하는 것과 그 지식이 신뢰하기 어려운 출처로부터 나온 사실을 모르는 것에 기인한다.

사후확신편향(hindsight bias, 후견편향)은 사건이 이미 발생한 후에 그 결과에 관해 자신이 예측할 수 있었던 정도를 과대평가하는 현상으로, 현재 사실로 드러난 것과 일치하는 정보만을 선택적으로 기억하려고 하는 경향과 세상을 자연법칙에 따라 예측 가능한 것으로 보고자 하는 동기 등에 의해 나타난다(Christensen-Szalanski & Willham, 1991; Fischhoff, 1975). 하나의 예를 들어 보자. 원곡을 부른 가수와 함께 그를 모창하는 다른 사람들이 각각 좁은 공간에 들어가 노래를 번갈아 부르는 동안, 원곡 가수의 위치를 맞추는 TV 프로그램이 방영된 적이 있다. 이때 출연자 중 한 사람이 어느 한 번호(예컨대, 3번)를 말한 다음, 다른 번호(예컨대, 4번)일지도 모르겠다고 작은 소리로 말하는 경우가 종종 있는데, 잠시 후 정답이 4번인 것으로 밝혀진 다음, "거 봐. 내가 4번이라고 했잖아."와 같은 말을 하곤 한다. 이 출연자는 자신이 3번이라고 말했던 사실에 관해서는 전혀 언급하지 않는다.

이렇게 다양한 인지 편향 특성에 의해 세상에 관한 이해에 어려움이 가중될 수 있는데, 인지 오류 또한 주어진 정보를 해석하는 데 우리를 어렵게 만드는 요인이다. 먼저, 잘 알려진 도박사의 오류(gambler's fallacy)는 특정 사건이 평소보다 더 자주 발생했다면 앞으로는 그 사건이 일어날 가능성이 작으며, 반대로 더 적게 발생했다면 앞으로 일어날 가능성이 더 크다고 믿는 현상을 말한다. 이는 우연히 발생할 수 있는 소수의 관찰을 기반으로 전체를 대표한다고 믿기 때문에 발생하며, 이전에 발생한 사건과 앞으로 일어날 사건이 실제로는 독립이지만 서로 관련 있는 것으로 생각하게 된다(Nickerson, 2002; Tversky & Kahneman, 1971). 즉, 각각의 동전 던지기에서 앞면이 나올 확률은 0.5이고, 동전 던지기를 무한 반복한다면 앞면과 뒷면이 나올 확률이 같아지겠지만, 이전에 서너 차례 연이어 뒷면이 나온 관찰을 바탕으로 이번에 앞면이 나올 것이라고 믿을 때 발생하는 오류를 말한다.

또한 결합 오류(conjunction fallacy)에 의한 잘못된 해석도 종종 발생하는데, 이는 두 가지 사건이 결합하여 발생할 확률을 각각의 사건이 발생할 확률보다 더 높다고 판단하는 오류를 말한다(Tversky & Kahneman, 1983). 이는 우리가 믿음을 형성할 때 확률의 규칙에 따르지 않으며, 확률을 계산할 수 있는 수치 정보에 의해서가 아니라 정보의 의미를 기반으로 판단한다는 것을 보여 준다(Hertwig & Gigerenzer, 1999). 특히 수치가 덜 구체적으로 제시될수록 이러한 오류 가능성이 더 크다. 즉, 실제 수치로 제시될 때보다 백분율로 제시될 때, 빈도라는 단어보다 확률이라는 단어로 제시될 때 더욱 그러하다. 또한 이 오류는 해당 정보의 맥락이 구체적으로 제시될 때 감소하는 것으로 보인다(Wolford, Taylor, & Beck, 1990).

읽어 보기 1-4 **결합 오류를 나타내는 예(Tversky & Kahneman, 1983)**

린다는 31세의 독신이며 솔직하고 매우 밝은 성격이다. 철학을 전공하였으며, 학창 시절에는 차별과 사회정의 문제에 깊은 관심을 가지고 반핵 시위에도 참여하였다.

다음 중 어느 진술이 더 가능성이 큰가?

(a) 린다는 은행원이다.

(b) 린다는 은행원이며 여성운동에 적극적이다.

고전 확률 이론에 따르면 정답은 (a)다. 즉, 두 사건이 함께 결합하여 발생할 확률은 항상 둘 중 하나가 단독으로 발생할 확률보다 작거나 같다. 그럼에도 불구하고, (b)가 직관적으로 더 합리적으로 보이기 때문에 80% 이상의 사람들이 (b)를 선택하였다.

3) 연구방법론 이해의 중요성

앞서 비과학적 방식에 기반하여 세상을 이해하는 방식을 살펴보았다. 일상생활에서 이러한 비과학적 접근은 큰 문제 없이 잘 작동할 수도 있다. 때로는 직관적 판단이 효율적으로 작동하여 좋은 결과를 도출할 수도 있을 것이다. 하지만 세상은 우리에게 점차 연구방법론에 관한 지식을 더 많이 요구하는 것처럼 보인다. 매체가 다변화되고 온갖 유형의 주제와 관련한 담론과 주장이 넘쳐나고 있으며, 어떤 주장은 우리에게 유용할 수도 있지만 어떤 것은 해로울 수 있다. 여기서 핵심은 과연 그러한 주장이 과학적인 것으로 보이기 때문에 그냥 있는 그대로 받아들이면 되는가에 있다. 연구방법론에 관한 지식은 이러한 정보에 대해 비판적으로 바라보고, 방법의 적절성을 평가하며, 그 결론이 타당한지를 결정하는 데 도움을 줄 수 있다.

그뿐만 아니라, 중요한 의사결정 상황에서 비과학적 접근에 의한 결과는 개인에게 큰 문제나 피해를 일으킬 수 있다. 언론에서 흔히 접하는 예를 하나 들어 보자. 전화나 문자, SNS, 이메일 등을 활용한 피싱(phishing) 사기에 관련한 것이다. 경찰청 통계자료에 따르면(https://www.data.go.kr/data/15063815/fileData.do), 여러 피싱 피해 중에서 특정 기관을 사칭하는 형태의 보이스피싱 피해 건수만 보더라도 2016년 3,384건에서 2020년 7,844건으로 급격히 증가하였고, 피해액 또한 541억 원에서 2,144억 원으로 증가하였다. 피싱 상황이 발생하면, 그 상황이 실제인지 아닌지에 대한 의문 없이 그 상황에 놓이게 되고, 결과적으로 일부 사람들은 경험적 증거가 없는 타인의 주장을 있는 그대로 받아들이기 쉬운 상태가 된다. 따라서 피싱이 발생하는 상황에서 타당한 근거와 경험에 근거하여 체계적으로 그 상황을 이해하고자 한다면 그 피해를 줄일 수 있을 것이다. 물

읽어 보기 1-5 **피싱 피해는 어느 연령대에서 가장 많이 발생했을까?**

2022년 한 언론사에서 이 질문을 포함하는 온라인 설문조사를 수행하였다(https://news.kbs.co.kr/news/view.do?ncd=5548745&ref=A). 이 조사에서, 전체 응답자의 74%가 피해자는 60대 이상 노인일 것이라고 답하였고, 20% 정도가 40~50대라고 응답하였다.

과연 실제로도 그럴까? 그렇지 않다. 2021년 피싱 피해자 중 60대 이상은 19%에 불과했다. 반면, 50대는 31%로 가장 많았고, 40대가 22%로 두 번째로 많았다. 이렇게 사람들의 예상과는 달리, 40~50대 피해자 비율이 전체의 53%에 달했다.

론 '직관'적으로 피싱이라는 사실을 눈치챌 수도 있다.

직업 장면에서도 연구에 기초한 타당한 결정은 늘 필요하다. 내담자에게 적절한 심리치료 방법을 선택하거나 타당한 절차에 관해 결정하기 위해서는 연구결과에 기초해야 한다. 이 과정에서 올바른 결정을 내리기 위해서는 관련 연구를 이해하고 평가할 수 있어야 한다. 특히 새로운 치료법을 도입하기 위한 최신 연구결과를 평가할 때는 연구방법론 지식이 필수적이다. 기업의 마케팅 전략을 수립하거나, 신규직원을 선발할 때도 연구결과에 기반해야 하며, 이 과정에서 연구방법론에 관한 지식이 매우 유용하다.

사람들에게 큰 영향을 미칠 수 있는 의사결정을 할 때 연구방법론 지식은 특히 중요하다. 예컨대, 법정에서 배심원들이 의사결정을 공정하게 할 수 있는 절차를 제공하기 위한 실험을 한다거나(Zeisel, 1975), 노인 돌봄 등의 서비스 제공 기관에서 품질 향상을 위해 서비스를 다시 설계할 때 등이다(Alexander & Hearld, 2009). 또한 교사나 교수가 학습 효과를 높이기 위한 새로운 교수법을 적용할 때도 해당 교수법에 관한 연구결과와 보고서를 비판적으로 평가할 수 있어야 한다. 극단적인 예로, 초등학생을 대상으로 학생 전체에게 매일 한 시간에 십 분씩 모차르트 효과를 기대하며 음악을 들려주는 것이 타당한가? 이처럼 연구방법론에 관한 충분한 이해는 일상생활을 비롯한 많은 상황에서 필요하며, 실질적인 도움이 될 수 있다.

당연한 얘기지만, 행동과학을 다루는 여러 학문 분야에서는 연구방법론을 중요하게 인식하고, 많은 대학에서 이를 교과과정에 포함하고 있다. 심리학 전공의 경우, 연구방법론 관련 교과목은 연구를 위한 기초 전공 능력으로서 심리학 학부 교과과정에 거의 반드시 포함하고 있다. 학부 수준에서는 대체로 다양한 연구방법을 포함하며, 주로 실험에 관한 내용을 강조하고 있다. 대학원 수준에서는 학부 수준의 연구방법론 지식을 토대로 세부 전공별 연구방법을 교과과정에서 다루거나 실제 연구 과정에서 구체적으로 다루고 있다.

한국심리학회에서 우리나라와 해외 대학의 심리학 전공에서 제공하는 교과과정 현황을 조사한 2018년 자료에 따르면, 우리나라 대학 27개 중 26개 학과(96.3%)에서 실험심리학(또는 심리측정) 관련 교과목을 개설하고 있고, 주로 전공필수로 채택하여 운영하는 것으로 나타났다. 미국의 경우 학부와 대학원 과정을 함께 운영하는 87개 대학을 대상으로 조사한 결과, 실험심리학(또는 연구방법론)을 개설하고 있는 학교 수가 83개(95.4%)로 조사되었다. 우리나라와 미국을 제외한 다른 우수대학의 49개 심리학과를 기준으로 보면 43개 학과(87.7%)에서 실험심리학을 개설하는 것으로 나타났다. 이러한 조사 결과

는 연구방법론에 관한 교육을 심리학 전공 능력의 핵심 요소 중 하나로 간주하고 있다는 것을 시사한다.

2. 과학적 접근의 원리

『옥스퍼드 사전』에 따르면, 과학은 "실험 등에 의해 증명할 수 있는 사실에 기반한 자연과 물리 세계의 구조와 행동에 관한 지식"으로 정의된다. APA 사전은 좀 더 구체적으로, 과학을 "가설의 생성, 조사 및 검증, 데이터의 축적, 그리고 법칙과 이론의 공고화를 포함하는 물리적, 자연적, 사회적 세상의 구조와 행동에 관한 체계적 연구"로 정의하고 있다. 따라서 '과학적 방법'을 적용한다는 것은 조직화되고 체계화된 방식으로 자료를 수집, 해석, 검증하거나 재현 가능한 증거를 발견하는 데 필요한 일련의 절차를 적용한다는 것을 의미한다.

또한 '과학적으로 설명'한다는 것은 확립된 과학적 원칙이나 사실, 또는 그 가정에 기반하여 행동이나 생각을 나타내거나, 사건이나 현상을 설명하는 것을 의미하는데, 여러 가지 형태로 표현할 수 있다. 즉, 현상을 구성 성분들로 분해하고 그 성분들이 어떻게 결합하여 현상을 만들어 내는지를 기술하는 환원주의적인 형태, 현상을 보편적인 발달 단계와 관련시키는 발생학적 형태, 현상을 생성하기 위해 그 현상이 관찰된 조건에 관하여 기술하는 실증적 형태, 또는 어떤 현상을 이미 이해하고 있는 다른 현상과 몇몇 중요한 점에서 유사하다는 것을 확인하는 식의 은유적 또는 범주적 형태 등으로 표현될 수 있다. 이러한 설명을 체계적으로 제시하는 일련의 명제를 이론(theory)이라고 부른다.

과학적 발견은 성공적인 과학적 탐구를 통한 산물이다. 발견의 대상은 사물이나 사건, 과정, 원인, 속성 등을 포함할 뿐만 아니라 이론과 가설을 아우른다. 하지만 과학적 발견(discovery)은 그 자체로서 완료된 것이 아니라 정당화(justification)를 수반한다. 다시 말하면, 새로운 발견 자체는 직관이나 통찰력 등 비합리적인 요소가 포함될 수 있으므로, 그 발견은 체계적인 평가 기준의 맥락에서 다시 고려되어야 한다(Petrinovich, 2021).

과학자가 연구하는 모습을 상상해 보자. 계속해서 무엇인가를 자세히 들여다보고, 비교하고, 검사하고, 기록하며, 분석하는 등의 모습을 아마도 떠올릴 수 있을 것이다. 과학을 수행하는 이러한 과정은 경험적 관찰을 기반으로 하는 자료와 그 자료를 설명할 수 있는 이론 사이에서 체계적 절차를 통해 정당화가 이루어지기 때문에 자료와 이론 사이의 논리적 추론이 필수적으로 수반된다. 따라서 이 절에서는 논리적 추론에 관해 간략하게 먼저 개관한 후 과학의 일반적 특징을 살펴봄으로써 행동과학을 수행할 때 반드시 고려해야 하는 기본적인 원리를 살펴보고, 마지막으로 인간의 행동에 관한 연구를 어렵게 만드는 요인들을 검토하여, 연구를 더욱 정밀하게 수행해야 하는 이유를 간접적으로 제시하고자 한다.

1) 논리적 추론의 방법

이론(theory)은 현상을 정의하고, 그 현상과 관련한 다른 여러 현상을 기술하며, 현상 간에 관련된 이유를 설명하는 등의 논리적으로 조직화된 일련의 명제를 일컫는다. 여기서 현상은 자료(data), 즉 경험적 관찰을 말한다. 과학은 기본적으로 자료를 바탕으로 이론을 구성하고, 다시 그 이론으로 새로운 자료를 예측하는 등의 일련의 과정을 거친다. 이때 논리적 추론이 반드시 수반되기 때문에 이를 먼저 이해할 필요가 있다.

1800년대 후반, 철학자 찰스 퍼스(Charles S. Peirce)는 논리적 추론에는 본질적으로 서로 구별되는 세 가지 형태의 추론, 즉 귀납법, 연역법 그리고 가추법이 존재한다고 제안하였다. 퍼스는 이 세 가지 추론이 과학적 탐구의 서로 다른 영역에 사용되는 추론 방식이라기보다는 과학적 탐구의 세 가지 서로 다른 단계에 적용되는 것이라고 보았다. 먼저, 귀납법(induction)은 개별 현상을 바탕으로 그 현상을 설명할 수 있는 일반적인 이론을 이끌어 내는 방법이다. 즉, 전제가 주어질 때 확률적으로 그 결론이 사실일 것이라고 추론하는 과정이다. 귀납적 접근을 통한 연구는 현상으로부터 출발하기 때문에 순수한 의미에서 객관적 자료 수집이 가능하다는 장점이 있다. 충분한 자료를 수집한다면, 경험적 현상을 일반화하여 설명할 수 있는 이론을 구성할 수 있다. 하지만 현상으로부터 이론을 구성하기 위해서는 수많은 자료를 수집해야 할 수 있고, 어떤 경우에는 그 이론이 현상을 설명하지 못할 수도 있다. 또한 연구자가 자신의 이론이 없는 상태에서 자료를 수집하는 경우는 거의 없으므로, 자료 수집 과정에 연구자의 편향이 포함될 수 있다.

반면, 연역법(deduction)은 이미 알고 있는 이론 기반의 판단을 근거로 특정 사례의 방향으로 추론이 진행된다. 연역법에서는 결론의 내용이 전제에 포함되기 때문에 전제가 참이면 결론도 반드시 참이 된다. 귀납법에서는 결론이 전제의 범위를 벗어나는 형식을 취하기 때문에 그 결론이 참인 것을 확인하기 위해서는 경험적 관찰이 필요하지만, 연역법에 따른 추론은 엄정한 논리적 규칙 체계가 중요하다. 연역법에 따른 순수한 추론에서 전제 자체의 진위가 중요한 것은 아니다. 따라서 연역법에 따른 추론이 논리적으로 타당하다는 이유만으로 이론 자체가 우수하다는 것을 보장하지는 않는다.

마지막으로, 가추법(abduction) 또는 소급법(retroduction)은 가설을 생성하는 과정에 중요하게 적용되는데, 어떤 가설을 검증해야 하는지 결정하는 데 필요한 추론이다. 가추법은 이미 알고 있는 전제를 바탕으로 현상에 관한 가설적 추론을 통해 가장 가능성 큰 결론을 내리는 방식이다. 이에 따라 합리적 판단을 이끌 수 있지만, 그 결과는 거짓일 수도 있으므로 연역과 귀납을 적용하여 다시 평가받아야 한다.

이 세 가지 논리적 추론의 방법이 삼단논법에서 적용되는 방식을 퍼스의 유명한 콩주머니 예로 비교하면 이해하기 쉬운데, 이 세 가지 추론의 방식에서 전제와 결론의 내용인 규칙, 사례, 결과의 순서가 서로 바뀐 것을 쉽게 알아차릴 수 있다(〈표 1-2〉). 연역법을 기준으로 대전제인 규칙, 소전제인 사례를 바탕으로 그에 따른 결론을 추론하는 과정과 비교하면, 귀납법은 사례와 결과를 확인한 상태에서 결론적으로 규칙을 추론하게 되며, 가추법은 규칙과 결과를 확인한 상태에서 가장 가능성 큰 사례를 합리적으로 추론하는 것이다.

퍼스는 세 유형의 추론이 과학적 연구의 세 단계라고 제안하였다. 과학적 탐구 과정에서는 먼저 가추법이 필요하며 이를 통해 새로운 현상을 설명하는 가설이나 추측이 제시된다. 그다음에 연역이 오는데, 그 가설이 참이라면 나타나야 하는 필수 결과를 추적하게 된다. 마지막으로, 귀납법이 적용되는데, 그 결과를 검증하고 그 결과를 일반화하게 된다. 새로운 현상을 설명하기 위해서는 그 현상을 설명할 수 있는 가설을 수립하고, 그 가설에 관한 검증을 통해 타당성을 검증한 다음, 이론으로 확장되는 것이다.

표 1-2 **논리적 추론의 세 가지 유형**

구분	연역법		귀납법		가추법	
대전제	규칙	이 주머니 안의 모든 콩은 하얗다.	사례	이 콩은 이 주머니에서 나왔다.	규칙	이 주머니 안의 모든 콩은 하얗다.
소전제	사례	이 콩은 이 주머니에서 나왔다.	결과	이 콩은 하얗다.	결과	이 콩은 하얗다.
결론	결과	이 콩은 하얗다.	규칙	이 주머니 안의 모든 콩은 하얗다.	사례	이 콩은 이 주머니에서 나왔다.

2) 과학의 특징

지식의 본질에 관해 연구하는 인식론의 관점에서 데카르트(Rene Descartes)로 대표되는 이성주의 또는 합리주의(rationalism) 철학은 경험의 뒷받침 없이 이성만으로 실재에 대한 지식을 얻는 것이 가능하고 인간의 지식은 연역 체계로 통합될 수 있다고 바라본다. 반면, 로크(John Locke)에 의해 확립된 경험주의(empiricism)는 우리의 지식은 감각 경험으로부터 형성된다는 접근으로, 아이디어의 형성에 있어 타고난 생각이나 전통보다는 경험적 증거의 역할을 강조한다. 과학철학에서 경험주의는 경험적 증거와 관련된 과학적 지식, 특히 실험에서 발견된 증거를 기반으로 하는 지식을 강조하며, 모든 가설과 이론은 선험적 추론이나 직관에 의존하는 것이 아니라 자연 세계의 관찰에 대한 검증이 과학적 방법의 본질이라고 본다.

경험주의의 기본 원리에 따라 과학은 일반적으로 관찰 가능성, 검증 가능성, 반복 가능성, 반증 가능성의 네 가지 특징을 가지고 있으며, 이 네 가지 특징을 갖고 있지 않은 어떠한 아이디어도 과학이라고 보지 않는다.

먼저, 관찰 가능성(observability)은 연구 대상이 타당한 도구와 측정을 바탕으로 인간의 기본적 감각을 통해 관찰될 수 있고 기술될 수 있는 정도를 말하는 것으로, 관찰 불가능한 대상은 과학의 범주가 아니다. 예컨대, 귀신은 존재하는가에 관한 과학적 탐구를 위해서는 먼저 귀신을 관찰할 수 있어야 한다. 만일 귀신을 관찰할 수 있다면, 과학의 범주에서 설명하고자 하는 최소한의 시도 또한 가능해질 것이다.

검증 가능성(testability)은 어떤 가설이나 이론이 경험적으로 평가될 수 있는 정도를 말한다. 과학의 대상은 경험적으로 검증 가능한 것이어야 하며, 그렇지 않으면 연구를 통해 답변을 제시하는 것이 불가능하다. 검증 가능성과 관련하여 두 가지를 고려할 필요가 있는데, 첫째는 가설에 대한 반례가 논리적으로 불가능하지 않아야 하고, 둘째는 만약 그러한 반례가 존재한다면 그 반례들을 관찰할 수 있어야 한다는 점이다.

반복 가능성(repeatability)은 특정 연구를 다시 수행했을 때 이전 결과와 같거나 유사한 결과를 얻는 정도를 말한다. 하나의 연구를 반복할 수 있으려면 연구에 포함된 절차와 환경 등 모든 조건이 같은 상태를 재구성할 수 있어야 하고, 그 결과로서 같거나 유사한 결과를 얻을 수 있어야 한다. 일부 학자들은 반복 가능성을 더 좁은 의미로 해석하기도 하는데, 동일 연구자가 동일 실험 환경에서 여러 번의 반복에도 유사한 결과를 얻는 것

만을 반복 가능성이라고 하고, 이를 다른 연구자가 수행했을 때도 유사한 결과가 나오는가의 정도를 재현 가능성(replicability), 다른 연구자가 다른 실험 환경에서 유사한 결과를 얻을 수 있는 정도를 재생 가능성(reproducibility)이라고 부르기도 한다.

반증 가능성(falsifiability)은 주장이나 가설, 혹은 이론이 관찰이나 실험 등에 의해 거짓임을 확인할 수 있는 논리적 가능성을 일컫는다. 과학철학자인 카를 포퍼(Karl Poper)는 반증가능성이 진정한 과학적 가설과 이론의 본질적 특성이라고 주장하였다. 포퍼에 따르면, 어떤 이론이나 가설이 현존하는 기술을 이용하여 실행 가능한 경험적 검증을 통해 논리적으로 모순임을 확인할 수 있는 절차가 존재한다면 그 이론이나 가설은 반증 가능한 것이다. 이는 결론적으로 이론이 틀렸음을 입증할 수 있음을 의미하는 것이 아니라 경험적 증거에 의해 모순될 수 있음을 확인할 방법이 존재한다는 의미다. 이는 이론과 가설이 예측 가능하고 검증 가능한 속성을 갖도록 이끌 수 있는 중요한 요소다.

반증 가능성이 확보된 이론 중에 인지심리학 분야의 좋은 예를 들고자 한다. 인지 통제(cognitive control)를 설명하는 갈등 감시 이론(conflict monitoring theory)은 인간의 적응적 행동에 관한 풍부한 근거를 제시하고 있는데, 정보처리 과정에서 표상 간 갈등이 발생하면 이를 탐지하여 인지 통제를 통해 그 갈등에 관한 민감성을 감소시킨다는 내용이다(Botvinick, Braver, Barch, Carter, & Cohen, 2001). 연구자들은 갈등 발생 직후에 다시 경험하는 갈등에 대한 민감성이 조절되는 경험적 증거, 즉 갈등 적응 효과(conflict adaptation effect)를 제시하여 이론을 공고히 하였다. 하지만 이 증거는 이후 연구자들에 의해 재검증되었는데, 갈등에 의한 조절이 아니라 자극으로 유발된 점화(priming)의 작용으로 민감성이 설명된다는 것을 확인하였다(Mayr, Awh, & Laurey, 2003). 이후 또 다른 연구자는 점화의 효과를 제외하여도 갈등 적응이 발생하는 것을 확인하면서 통제와 점화 모두 이후의 수행에 영향을 준다고 주장하였다(Egner, 2007). 이러한 일련의 주장과 반박에 관한 연구들은 그 연구와 이론이 반증 가능한 속성을 지니고 있었기 때문에 가능했던 것이며, 이를 통해 이론이 지속해서 발전할 수 있었다.

3) 행동과학 연구가 어려운 이유

과학자들은 현상을 기술하고, 설명하고, 중요한 사건을 예측하고, 사회에 도움이 될 수 있도록 적용하려고 한다. 이렇게 과학자들의 일반적인 목표는 대체로 같지만, 연구를 수행하는 구체적인 방식은 학문 분야마다 크게 다르다. 행동과학은 물리학이나 화학, 천문학 등과 같은 '경성과학(hard science)'이 아닌 '연성과학(soft science)'으로 불린다. 이렇게 불리는 것이 쉽다는 뜻을 내포하는 것은 아니며 오히려 행동과학은 매우 어려운 학문이다. 무생물의 속성을 대상으로 하는 것이 아니라 인간의 행동에 초점을 두기 때문이다. 이로 인해 필연적으로 어려움이 발생하게 되는데, 바로 측정(measurement)에 관한 것이다. 무생물에 대해 길이나 무게, 부피 등의 속성을 측정하는 것처럼, 측정은 과학의 수행에서 근본적인 특성이라고 할 수 있으며, 행동과학이 인간을 대상으로 한다는 점이 바로 이 '측정'을 어렵게 만드는 이유다.

하나의 예로 물을 생각해 보자. 1기압하에서 일정한 수준의 열을 가하여 물이 끓기 시작할 때 온도를 재면 100℃인 것을 쉽게 측정할 수 있다. 몇 번을 반복해도 같은 값을 얻을 수 있다. 이는 물이 끓기 시작하면 온도가 100℃라는 것을 정확히 예측할 수 있게 해준다. 반면, 동일한 상황을 여러 번 경험하는 사람의 반응은 매번 같을까? 동일한 상황에 있는 서로 다른 사람들의 반응은 서로 같을까? 또는 그 상황에 놓인 개인의 행동을 정확히 예측할 수 있을까? 이러한 질문에 대해, 우리는 그렇지 않다는 것을 경험적으로 알 수 있다. 행동과학, 특히 심리학 연구자들은 이러한 어려움을 극복하기 위해 다양한 연구방법을 개발하였고, 결과적으로 심리학 연구방법이 가장 정교한 방법 중의 한 가지로 인식된다.

행동과학이 인간을 대상으로 하기 때문으로 발생하는 어려움을 다음의 세 가지로 요약할 수 있다. 먼저, 복잡성(complexity)인데, 이는 하위 수준의 기제나 개별 부분의 작동에 의해서는 나타나지 않는 창발적 속성이나 처리 과정, 또는 행동으로 정의할 수 있다 (Mazzocchi, 2008; Sanbonmatsu, Cooley, & Butner, 2021). 여기서 창발성(emergence)이란, 복잡한 현상은 그 기초가 되는 더 기본적인 과정의 상호작용에서 발생하지만, 그 기본 과정만으로는 그 현상을 추론하거나 설명할 수 없음을 일컫는다. 복잡성은 시스템을 구성하고 있는 성분의 수, 성분 간 연결이나 관계의 수, 그리고 비선형성에 의해 정의될 수도 있다. 이러한 정의에 기반하여 인간의 행동을 정의하는 것은 매우 어렵고, 어쩌면 아예 불가능할지도 모른다. 사람의 뇌에는 대략 1,000억 개 정도의 신경세포가 존재하고 개별 신경세포는 약 5,000개의 다른 신경세포와 연결되어 있다고 추정되는데, 이를 어떻게 정의할 수 있을까? 또한 창발적 현상 자체는 일반적으로 안정적이고 측정 가능하지만 시스템의 복잡성에 기반한 창발적 현상은 구성 성분 간 복잡한 상호작용뿐만 아니

라 환경과의 상호작용에 따라 변화하여 측정이 불가능할 수 있다. 또한 창발적 현상은 현재의 조건만으로 결정되는 것이 아니라 이전 경험에 의한 이력현상(hysteresis)이 작용한다. 이런 복잡성 요인이 인간 행동에 관한 연구를 어렵게 만든다.

과학에서 변산성(variability)은 연구를 위한 중요한 구성요소다. 시간이 지나도 환경이 바뀌어도 변하지 않는 대상은 그냥 그렇게 존재하므로 과학적 설명이 필요하지 않기 때문이다. 과학에서 발전의 의미는 연구 대상의 변화나 연구 대상 간의 차이를 더 잘 설명하고 예측할 수 있는 것과 관련된다. 반면, 여기서 강조하고자 하는 변산성은 앞서 언급했듯이 같은 상황에서도 서로 다른 사람이 같은 방식으로 행동하지 않을 뿐만 아니라(개인차), 같은 사람이라도 이전의 행동과 지금의 행동이 동일하지 않다는 것을 의미한다(가변성). 통계학적 관점에서 범위나 표준편차, 변량 등 관찰된 값의 서로 다른 정도를 나타내는 것과 유사한데, 이러한 인간 행동의 변산성이 연구를 어렵게 만드는 요인이 된다.

세 번째 어려움은 연구 상황에서 관찰하는 개인의 반응이 실제와는 다르게 나타나는 것과 관련된다. 이는 반동성(reactivity)이라고 부르는 것으로, 자신이 관찰되는 것을 인식할 때, 그렇지 않을 때와 다르게 행동하는 경향을 말한다. 실험 참여 중에 참가자는 자신이 관찰되는 것을 인식하고 자신의 행동을 수정하는 경향이 있는데, 이러한 변화가 실험적 조작에 의한 것인지 아니면 반동성에 의한 것인지 확실하지 않을 수 있다. 예컨대, 자신이 연구에 참여하고 있음을 인지하고 있을 때 긍정적인 방향으로 행동하거나(호손효과, Hawthorne effect), 참가자에 대한 연구자의 태도나 기대 등의 개인적 특성이 참가자와 상호작용의 결과로서 참가자 행동에 직접 영향을 주거나(실험자 효과, experimenter effect), 측정 과정에서 연구내용이 참가자에게 직접 노출되어 자기보고식 측정치에 영향을 주는 경우 등이다. 이러한 반동적 측정치는 실험의 인과적 추론과 관련한 내적 타당도를 위협할 뿐만 아니라, 실험실 바깥에서도 그러할까에 관한 외적 타당도에도 심각한 위협이 될 수 있다. 따라서 반동성은 연구를 수행할 때 마주할 수 있는 주요 어려움 중 하나로 언급된다.

이런 주된 요인들로 인해 실질적인 어려움이 빈번하게 발생한다. 예컨대, 복잡성을 갖는 하나의 개념에 다양한 조작적 정의(operational definition)가 존재하고, 변산성으로 인해 측정에서 신뢰도 확보가 어려울 수 있으며, 연구에 포함된 요구특성(demand characteristics)이 언제 어떤 방식으로 참가자의 반동성을 유발하여 행동에 영향을 주었는지 인식조차 못할 수 있다. 이로 인해 명확한 인과관계를 규명하기 어려울 수도 있고, 다양한 장면에서 적용되는 일반적 이론을 구축하기가 어려울 수도 있다. 이후의 여러 장에서 소개하는 설명을 통해 이러한 실질적인 어려움을 극복하면서 행동과학을 연구하는 방법을 상세하게 다룰 것이다.

3. 행동과학의 목표

1) 행동에 관한 보편적 원리의 추구

과학은 세상을 설명하는 보편적 원리를 추구한다. 이를 위해 자료를 수집하고 그 자료를 기반으로 더욱 보편적인 형태로 점차 나아간다. 이러한 보편적 원리가 무수한 관찰을 통해 예외 없이 모든 상황에 적용될 때 우리는 그것을 법칙(law), 또는 때때로 원리(principle)라고 부른다. 예컨대, 만유인력의 법칙, 즉 우주의 모든 물질은 그 질량의 곱에 비례하고 거리의 제곱에 반비례하는 힘으로 서로 끌어당기는 현상은 언제나 관찰되는 보편성을 갖는다. 법칙은 현상, 즉 자료를 기반으로 세상의 변화를 정밀하게 예측할 수 있다.

법칙은 보편적 원리로서 특정한 상황에서 어떤 일이 발생할 것인가를 잘 예측할 수 있게 해 주지만 왜 그런지를 설명하지는 않는다. 반면, 이론은 법칙이라고 부를 수 있을 만큼의 보편성을 갖지 않을 수 있지만 어떤 현상이 '왜 그런가'를 설명한다. 이론은 관찰된 현상이나 자료를 설명하기 위해 법칙이나 가설의 형태로 표현되며 해당 주제와 관련한 선행연구 결과와 많은 가설에 근거한 체계적인 구조를 지닌다. 이론은 많은 자료를 설명할 수 있지만, 모든 경우를 설명할 수는 없다. 따라서 하나의 이론은 새로운 상황에서 관찰되는 현상이 그 이론에 의해 설명되는지를 반복적으로 검증받게 되며, 이 결과에 따라 해당 이론은 더 견고해지거나 수정되거나, 또는 새로운 이론으로 대치될 수 있다. 이러한 과정을 통해 우수한 이론이 지속해서 개발되고, 과학은 우수한 이론을 통해 점진적으로 발전하게 된다. 따라서 행동과학은 인간의 행동을 설명할 수 있는 더 우수한 이론을 개발하면서 발전을 지속한다.

2) 네 가지 세부 목표

행동에 관한 보편적 원리를 추구하기 위한 구체적인 목표로서 행동과학은 네 가지 세부 목표를 지향한다. 먼저, 기술(description)은 현상의 면밀한 관찰을 바탕으로 그 행동을 체계적으로 묘사하는 것으로, 감각기관을 통해 직접 관찰 가능한 것일 수도 있고, 특정한 측정 도구를 통해서만 관찰 가능한 것일 수도 있다. 예컨대, 강의실에서 수강하고 있는 수강생 수는 직접 관찰할 수 있지만, 수강생 수를 세는 동안의 뇌 활동을 관찰하기 위해서는 측정 장비가 필요하다. 기술연구(descriptive research)는 이러한 현상을 상세하게 기술하는 연구를 말한다. 즉, 유권자의 정당 선호도를 확인하기 위한 온라인 설문조사는 그 유권자들의 태도를 식별하여 기술하기 위한 목적으로 수행되며, 유권자들의 태도에 영향을 주는 요인을 체계적으로 추론하거나 분석하기 위한 목적은 아니다. 또한 기술은 하나의 사건이나 현상에 관한 면밀한 관찰뿐만 아니라 둘 이상의 현상 간 관계에 관한 관찰을 포함한다. 예를 들어, 폭력성이 높은 TV 프로그램을 오래 시청하는 아동의 공격성이 높다고 진술한다면 이 자체로는 기술에 해당한다.

행동과학의 두 번째 목표는 예측(prediction)이다. 예측은 두 현상 간에 체계적 관계가 있다는 것을 알 수 있을 때 가능한데, 어떤 현상에서 한 속성을 보인다면 다른 현상은 이와 관련하여 어떤 속성을 가지리라는 것을 예측할 수 있다. 예컨대, 폭력성이 높은 TV 프로그램이 빈번히 방영되고 있다는 현상과 공격성이 높은 아동이 해당 프로그램을 시청하는 현상을 체계적으로 기술할 수 있고, 폭력성이 높은 TV 프로그램 시청 시간과 아동의 공격성이 서로 정적인 관계에 있음을 확인할 수 있다면, 폭력성이 높은 TV 프로그램을 많이 시청하는 아동의 공격성이 높을 것이라는 예측을 할 수 있다. 예측은 두 현상이 서로 인과관계에 있을 때만 가능한 것이 아니라 두 현상이 서로 공변하는 것만 안다면 가능해진다. 공격성의 원인이 폭력성이 높은 TV 프로그램의 과도한 시청이든 다른 원인에 의해서든 관계없이 TV 프로그램 시청 시간을 알면 아동의 공격성을 예측할 수 있다는 것이다.

행동과학의 세 번째 목표는 행동에 관한 체계적 설명(explanation)이다. 관찰된 현상이 왜 발생하는지 그 원인을 밝히고 이해하는 것이다. TV 폭력에 대한 노출이 아동 공격성의 원인이라는 것을 알지 못한다면 폭력에 대한 노출 빈도를 낮추는 처치로써 공격성이 낮아질 수 있다는 예측은 불가능하다. 연구자들은 관찰된 현상이 왜 나타날까에 관한 가설을 세우고, 그 가설을 검증하기 위한 실험을 수행함으로써 원인을 규명하고자 한다. 이를 통해 그 현상의 원인까지 이해할 수 있게 된다.

실험을 통한 인과관계(cause-and-effect relationship) 확립을 위해서는 최소한 세 가지 요건을 충족시켜야 한다. 첫째, 시간 순서에 따른 관계인 수반성(contingency)으로, 원인은 결과보다 시간상 선행해야 한다. 둘째, 원인과 결과 사건의 공변성(covariation)으로, TV 폭력을 많이 시청하는 아동은 공격적으로 행동하고, 그렇지 않은 아동은 공격적이지 않다는 것을 확인해야 한다. 셋째는 대안적 설명(alternative explanation)의 배제로, 결과를 이끄는 다른 원인이 있다면 인과관계가 성립되지 않는다. TV 폭력을 많이 시청하는 아동의 공격성의 경우 프로그램 주인공을 모델링함으로써 이루어진 관찰학습 때문이라고 원인을 규명할 수 있을 것이다. 그런데 이것이 양육자의 돌봄 시간이 부족한 것과도 관련된다면, 대안적 설명이 가능할 것이다. 따라서 후속 연구를 통해 양육자 돌봄의 부족으로 인한 정서적 불안정이 원인인 것으로 밝혀진다면, 폭력성이 높은 TV 프로그램 시청과 아동의 공격성에 관한 기존의 설명은 바뀌어야 한다.

한편, 어떤 행동의 원인을 탐구하는 것이 그 행동의 전부를 설명할 수 없다는 것을 명심할 필요가 있다. 어떤 행동의 원인을 밝힌다는 것은 그 행동이 발생하는 필요조건을 찾는 것이 아니라 충분조건을 규명하는 것이다. 예컨대, 아동 공격성의 원인은 돌봄의 부족으로 인한 정서적 불안정성일 수도 있고, 모델링에 의한 학습일 수도 있다. 둘 중의 하나라도 필요조건이 성립되기 위해서는 둘 중 어느 것이라도 관찰되지 않는다면 아동의 공격성 또한 관찰되지 말아야 한다. 하지만 이러한 경우는 거의 없을 것이다. 따라서 어떤 행동의 원인을 규명하는 것은 그 행동을 설명할 수 있는 중요한 원인 중의 하나를 찾는 과정이다.

심리학을 비롯한 행동과학의 네 번째 목표는 적용(application)이다. 연구자들은 행동과학적 지식과 연구방법의 진보를 사람들의 실제 삶의 영역에까지 확장함으로써 삶의 중요한 측면을 향상시키거나 변화에 도움을 주고자 한다. 이를 위해 다양한 형태의 연구를 수행할 수 있는데, 주로 일상생활에의 적용에 관한 주제를 탐구하는 연구를 응용연구(applied research)로 분류하기도 한다. 대체로 응용연구에서는 현실에서 발생하는 구체적인 문제와 그 문제에 대한 가능한 해결책을 찾기 위한 연구를 수행한다. 예를 들어, 휴대전화 사용이 운전자의 수행에 미치는 영향에 관한 연구는 운전 시 안전 문제로 인해 수행되었고, 결과적으로 운전 중 휴대전화 사용을 제한하는 법률 제정이라는 결과로 이어

졌다.

응용연구가 현실 문제해결에 관심을 둔다고 한다면, 기초연구(basic research)는 인간의 행동과 정신과정에 관한 근본적인 질문에 관심을 둔다고 할 수 있다. 주로 어떤 현상에 관한 이론을 검증하기 위한 목적으로 실험을 수행하는 형태를 취한다. 응용연구는 기초연구를 통한 과학적 발견을 실생활에 적용하고, 그 효과를 확인하고자 수행된다. 예컨대, 운전 중 휴대전화 사용의 영향에 관한 응용연구는 지각이나 주의 등 인간의 정보처리 과정에 관한 기초연구를 기반으로 한다. 응용연구를 통해 기초연구에서 예상하는 일반적인 경향과 차이를 보이는 새로운 현상을 종종 발견하기도 하는데, 이는 다시 '왜'에 관한 연구로 이어져, 기초연구의 새로운 출발점이 되기도 한다.

Keywords

행동과학(behavioral science)
상식심리학(commonsense psychology)
대중심리학(popular psychology)
사이비과학(pseudoscience)
직관(intuition)
권위(authority)
과학적 회의론(scientific skepticism)
착각적 상관(illusory correlation)
확증편향(confirmation bias)
과신편향(overconfidence bias)
사후확신편향(hindsight bias)
도박사의 오류(gambler's fallacy)
결합 오류(conjunction fallacy)
이론(theory)
귀납법(induction)
연역법(deduction)
가추법(abduction)
경험주의(empiricism)
관찰 가능성(observability)
검증 가능성(testability)
반복 가능성(repeatability)
반증 가능성(falsifiability)
복잡성(complexity)
변산성(variability)
반동성(reactivity)
수반성(contingency)
공변성(covariation)
응용연구(applied research)
기초연구(basic research)

Review Questions

1. 행동과학과 사회과학을 미국심리학회의 정의에 따라 구분하시오.
2. 상식적 접근을 통해 사람의 마음을 이해하는 상식심리학이 문제가 되는 이유는 무엇인가?
3. 사이비과학의 특징 다섯 가지를 제시하시오.
4. '촉진된 의사소통' 기법과 관련한 연구의 타당성에서 가장 큰 문제점은 무엇인가?
5. 대중매체의 과학 관련 기사를 일반인들이 잘못 이해하는 경우는 왜 발생하는가?
6. 과학적 회의론이란 무엇인가?
7. 의사결정 과정에 영향을 미칠 수 있는 주요 인지 편향의 유형을 쓰시오.
8. 의사결정에 영향을 미칠 수 있는 인지 오류 두 가지를 간단히 설명하시오.
9. 논리적 추론의 세 가지 방법을 각각 정의하시오.
10. 경험주의의 원리에 입각한 과학의 네 가지 특징을 나열하시오.
11. 행동과학의 네 가지 세부 목표를 쓰시오.
12. 인과관계 확립을 위한 세 가지 요건을 쓰시오.

제2장

연구 수행의 전반적 개관

1. 연구의 유형
   1) 자료 유형에 따른 분류: 양적 연구와 질적 연구
   2) 연구 목표에 따른 분류: 기술연구, 상관연구와 실험연구
   3) 연구 대상과 범위에 따른 분류: 기초연구와 응용연구

2. 연구의 일반적 과정
   1) 연구의 시작
   2) 연구의 실행
   3) 연구의 마무리

3. 문헌 연구
   1) 연구 논문의 구성
   2) 문헌 검색

2장은 연구 수행의 전반적인 과정과 절차를 다루고 있다. 첫 번째 절에서는 어떤 유형의 연구를 수행할 수 있는지를 큰 틀에서 살펴보고, 두 번째 절에서는 하나의 연구가 아이디어 생성부터 출판에 이르기까지 어떻게 이루어지는지를 개관한다. 마지막으로, 세 번째 절은 연구 논문을 구성하는 형식과 내용적 특성을 살펴보고, 필요한 문헌을 효율적으로 검색하기 위해 활용할 수 있는 다양한 학술 데이터베이스와 문헌 검색을 위한 전략을 간략하게 살펴본다.

1. 연구의 유형

심리학을 포함하여 행동과학 분야에서는 다양한 형태의 연구를 수행한다. 이 연구들은 일반적으로 연구에서 다루는 자료의 유형, 연구 목표나 접근방법, 또는 연구 대상이나 범위를 기준으로 분류할 수 있다. 이 절에서는 여러 방식으로 분류할 수 있는 연구의 유형을 바탕으로 각 연구의 특성을 살펴본다.

1) 자료 유형에 따른 분류: 양적 연구와 질적 연구

양적 연구(quantitative research)는 수치화된 체계로 변인을 측정하고, 다양한 통계 모델을 사용하여 이 측정치를 분석하여 관찰된 변인 간의 관계를 보고하는 연구방법으로 정의할 수 있다. 여기서 변인(variable)이란, 변화할 수 있는 상황이나 행동, 대상의 특성을 말하며, 둘 이상의 범주나 수준을 가질 수 있어 수량화할 수 있다. 각종 검사 점수, 반응시간이나 정확도, 설문지를 통해 측정한 응답 등이 이러한 변인에 해당한다. 따라서 양적 연구는 실험이나 조사, 또는 준실험과 같이 실험과 유사하게 이루어지는 연구 유형을 포함한다. 변인 간 인과관계를 확인하고자 할 때는 실험의 형식으로, 변인 간 관계 확인의 목적으로는 조사의 형식으로, 이미 구분되어 존재하는 서로 다른 집단 간 어떤 변인의 차이를 확인하고자 할 때는 준실험 등의 형식으로 연구를 수행한다.

연구에서 정량적 자료를 수집하는 목적은 어떤 현상을 설명하는 이론이나 가설을 개발하여 그 현상의 본질을 이해하고 예측하는 데 있다. 따라서 대체로 양적 연구는 특정 현상을 설명하는 이론을 검증하기 위해 가설을 수립하고, 이를 검증하는 연역적 접근을 통해 경험적 자료를 축적하는 형태를 취한다. 이를 위해 연구자는 관찰된 자료를 바탕으로 더 큰 모집단에 일반화할 수 있도록 체계적인 자료 수집과 분석을 통해 결론에 도달하고자 한다.

양적 연구의 특수한 형태로 메타분석(meta-analysis) 연구가 있다. 특정 주제에 관한 연구는 한 번만 이루어지는 것이 아니라 그 결과가 안정적으로 보편타당하게 받아들여질 때까지 계속하여 수행된다. 하지만 그 이유로 인해 많은 연구 결과가 어떤 주장을 하는지를 종합적으로 파악하는 것이 종종 어려울 수 있다. 메타분석은 동일하거나 유사한 목표를 위해 독립적으로 수행된 많은 연구 결과를 결합하여 요약할 수 있는 통계분석 방법으로, 메타분석을 사용하여 특정 주제에 관한 공통적인 발견을 확인할 수 있으며, 이를 통해 더 일반화된 추론을 할 수 있다. 따라서 메타분석의 결과는 1차 자료인 경험적 연구 결과들을 활용하여 산출되는 2차 자료로 간주할 수 있으며, 일반적으로 신뢰성이 높은 것으로 받아들여진다.

메타분석을 통해 다양한 형태의 연구를 진행할 수 있다. 기본적으로 특정 변인의 효과크기 추정치를 제공하는 형태가 있고, 이와 더불어 서로 다른 연구 결과군(변인) 간의 차이를 비교하여 그 차이가 통계적으로 유의미한지를 확인하는 형태도 있다. 이러한 과정을 통해 동일 주제에 관한 선행연구들에서 서로 불일치하게 제시한 결과의 원인을 탐색하거나, 새로운 변인을 추가함으로써 연구 간 결과의 차이를 해당 변인으로 설명할 수도 있다. 메타분석은 그 자체로서 하나의 연구가 될 뿐만 아니라, 더 나아가 동일 주제에 관한 메타분석 결과들에 대한 메타분석, 즉 2차 메타분석을 통해 여러 메타분석 결과를 더 상위 수준에서 종합할 수도 있다.

질적 연구(qualitative research)는 행동에 관한 관찰이나 개인의 경험에 관한 진술 등 비수치적 자료에 관한 기술적 결과를 제공하는 연구방법을 일컫는다. 연구자가 직접 자연환경에서 관찰한 행동이나 담화 자료, 또는 연구 참가자에 대한 관찰이나 인터뷰 자료, 녹음이나 녹화 또는 문서 자료 등 다양한 형태의 자료가 질적 연구에 사용될 수 있다. 이러한 유형의 자료를 수집하는 목표는 개인이 어떻게 세상을 인식하고 있는지를 심도 있게 조사하기 위함으로, 이는 양적 연구에서 수집하기 어려운 속성이다.

다양한 유형의 연구가 질적 연구로 분류된다. 먼저, 자연관찰이나 체계적 관찰과 같은 관찰 연구가 여기에 해당한다. 자연관찰(naturalistic observation)은 실험적 통제나 변인 조작 없이 자연적 상황에서 수집한 자료에 기반하는 연구로, 관찰자는 자연환경에서 참가자의 일상 행동을 관찰하고 기록함으로써 자료를 수집한다. 예컨대, 아동의 놀이 행동을 관찰하여 그 현상을 기술한다면 이는 자연관찰에 해당한다. 체계적 관찰(systematic observation) 혹은 구조화 관찰(structured observation)은 자료에 대한 관찰자의 편향을 최소화하기 위해 어떤 현상이나 행동의 특정한 측면의 구체적인 속성이나 행동 등을 사전에 구체적으로 설정하여 해당 속성이나 행동을 기록하는 방식을 말한다.

또한 면접의 형태로 수행되는 연구가 질적 연구에 해당한다. 면접(interview)은 연구자(면접자)가 참가자(피면접자 또는 응답자)로부터 특정 정보를 수집하기 위해 대화 형식으로 이루어지는 연구 절차를 말하는데, 면접자와 참가자 간 직접 면대면 방식으로 이루어지거나 전화 또는 온라인으로 진행될 수 있으며 정해진 질문을 기반으로 하는 구조화된 방식, 혹은 참가자의 응답에 기초하는 비구조화된 방식 등으로 이루어진다. 심층 면접(in-depth interview)은 주제에 대한 참가자의 생각이나 감정, 의견 등을 가능한 한 구체적이고 상세하게 확인하기 위해 개인을 대상으로 시행하는 면접의 형태다. 초점집단 면접(focus group interview, FGI)은 관심 특징을 공유하거나 개인적으로 경험이 있는 소수의 집단, 즉 일반적으로 10명 내외의 사람들을 대상으로 하여 주어진 주제에 관해 집중적으로 토론하는 집단 면접이라고 할 수 있다. 여기서 공유하는 특징과 경험은, 예컨대 고등학교 1학년 자녀를 둔 학부모로서 학교 성적 문제로 겪은 심리적 어려움과 같은 속성을 말한다. 초점집단의 리더는 토론을 진행하고, 토론의 목표를 이루기 위해 참가자들의 자유롭고 개방적인 토론을 장려하는 역할을 한다.

사례연구(case study)는 예외적이거나 현저한 속성을 보이는 한 개인에 관하여 심층적인 조사를 수행하는 것으로, 그 개인의 특성을 심층적으로 이해하기 위해 개인의 심리사회적 이력이나 증상에 관한 관찰, 심리검사 결과, 행동의 측정 등 다양한 유형의 자료를 수집한다. 임상 장면에서 실시하는 환자에 대한 심층 조사가 좋은 예다. 여기서 사례는 개인뿐만 아니라 가족이나 사회 조직이 될 수도 있고, 어떤 경우는 특정 사건이 될 수도 있다.

기록물 연구(archival research) 또한 질적 연구로 분류되는데, 이는 책이나 문서를 비롯하여 다양한 형태로 이미 존재하고 있는 기록물을 바탕으로 수행하는 연구를 말한다. 기록물 연구는 자연환경에서 인간의 행동을 직접 관찰하지 않으면서도, 기록물을 통하지 않으면 쉽게 조사할 수 없는 현상에 관해 관심을 둔다. 공공기관 등에서 확보한 질병,

건강, 교육, 사고 등 수많은 통계 기록물이나 여론조사기관 등에서 시행한 특정 주제에 관한 조사 기록물뿐만 아니라, 역사적 사건과 관련되는 문서 기록물 등 다양한 유형의 기록물을 활용할 수 있다.

기록물을 통해 특정 개인에 관한 사례연구를 수행하는 방식이 있는데, 이를 심리전기(psychobiography)라고 한다. 심리전기는 프로이트가 다빈치의 예술적 창의성에 관한 심리적 결정요인을 조사하는 과정으로부터 출발하였다. 이후 연구자들은 예술가나 정치가 등 중요한 역사적 인물의 삶과 성격을 설명하기 위한 목적으로 정신분석적 접근을 사용하였으며, 최근에는 실험을 통해 밝혀진 개념을 적용함으로써 과학적 접근을 지향하고 있다(Schultz & Lawrence, 2017).

이렇게 다양한 연구 유형이 질적 연구로 분류될 수 있는데, 이들 대부분은 연구 수행 과정에서 수집된 자료를 해석하기 위한 정성적 분석을 시행한다. 가장 대표적으로 사용되는 내용분석(content analysis)은 수집된 질적 자료로부터 입력 체계를 통해 주제와 관련된 정보를 수량화하는 체계적인 절차를 통해 양적 측정을 하거나, 질적 해석을 하는 방법을 말한다. 내용분석은 연구자의 주관적 해석을 어느 정도 수반하는 특성 때문에 결과의 신뢰성 문제를 제기할 수 있지만, 입력 체계를 통한 체계적 절차를 제공하여 다른 연구자가 반복할 수 있도록 해 주므로 객관성을 향상시킬 수 있다.

내용분석에서 사용하는 입력 체계(coding system)는 특정 단어나 주제 또는 관련 개념이 주어진 질적 자료에 나타났을 때를 확인하여 기록하는 틀을 말하는데, 관련 내용이 직접 드러나 코딩이 쉬울 때도 있지만, 암묵적인 형태로 나타날 수도 있으므로 세심한 설계가 필요하다. 질적 연구 결과의 신뢰도와 타당도를 높이고, 풍부한 해석을 위해서는 내용분석에 더하여 지속 비교 분석, 문맥 내 키워드, 단어 빈도분석, 분류분석 등 다양한 분석을 포함하는 소위 '자료 분석 삼각화(data analysis triangulation)' 수행이 필요하다(Leech & Onwuegbuzie, 2007).

마지막으로, 문헌 개관(literature review)은 개관연구로도 불리는데, 이 또한 경우에 따라 질적 연구로 분류할 수 있다. 개관연구는 경험적 연구에 관한 심층 분석을 통해, 연구 주제에 관한 최근의 발견을 종합하여 제시함으로써 앞으로의 연구 방향을 제시하거나, 새로운 이론을 제시하거나, 또는 서로 상충하는 이론 간 비교를 위해 관련된 연구를 개관하는 등을 목표로 수행된다. 문헌 개관을 통해 특정 주제에 관해 잘 알려진 것은 무엇인지 혹은 잘 알려지지 않은 것은 무엇인지, 그리고 논란이나 논쟁이 있는 분야를 제시해

표 2-1 양적 연구와 질적 연구의 주요 비교

구분	양적 연구	질적 연구
연구 목표	이론 검증과 일반화	특정 현상의 이해
연구 대상	모집단으로부터 표집된 표본	특정 개인이나 집단
자료 수집	정량적 자료	정성적 자료
분석 방법	기술통계와 추론통계	내용분석과 기술통계(빈도분석 등)
연구 유형	조사, 실험, 준실험, 메타분석	관찰, 면접, 사례연구, 기록물 연구, 문헌 개관

주므로, 이후에 다루어야 할 연구의 방향을 확인할 수 있다.

문헌 개관의 대표적인 형태인 체계적 개관(systematic review)은 하나의 연구 문제에 초점을 두어, 관련 주요 연구들에 대한 광범위한 개관을 통해 종합적 관점을 제안하는데, 대체로 앞서 언급한 바 있는 메타분석을 활용한다. 개관을 위해 수집된 개별 경험적 연구 결과를 1차 자료라고 한다면, 이들의 통합적 효과를 제시하거나 이론 간 비교에 관한 메타분석 결과는 2차 자료로서 연구의 결론을 도출하는 데 유용하게 작용한다(Oh, 2020).

이렇게 자료 유형에 따라 다양한 연구를 세부 유형으로 분류할 수 있으며, 〈표 2-1〉에는 양적 연구와 질적 연구를 간략하게 서로 비교하여 제시하고 있다.

2) 연구 목표에 따른 분류: 기술연구, 상관연구와 실험연구

1장에서 행동과학의 네 가지 세부 목표를 살펴보았다. 연구자는 각 연구의 세부 목표를 구체적으로 설정하고 연구를 수행하게 되는데, 이를 위해서는 연구 목표를 달성하기 위한 방법론적 접근이 필요하다. 이렇게 연구에 방법론적 접근을 적용하는 과정을 연구 설계(research design)라고 한다. 연구 설계는 타당한 결론에 도달할 수 있기 위한 연구 절차에 관한 전략적 계획을 말하며, 참가자 선택, 조건 할당, 자료의 수집 및 분석 등에 관한 세부적인 내용을 포함한다. 연구 설계에 따라, 연구는 다음의 세 가지 유형으로 분류할 수 있다.

기술연구(descriptive research)는 변인을 조작하거나 인과관계를 확립하려는 목적이 아니라, 이미 존재하는 조건이나 관계에 관한 대략적인 개요를 제공하거나, 사전에 설정한 가설과 관련된 현상이 관찰되는지를 확인하기 위해 설계된 경험적 조사라고 할 수 있다. 앞서 언급한 바 있는 사례연구, 자연관찰이나 체계적 관찰, 면접 등이 여기에 해당하는데, 이 유형의 연구는 특정 개인에 관하여 심층적인 조사를 수행하거나, 실제 현장에서 행동을 관찰하고 기록하거나, 사람들에게 직접 물어보는 등 현상을 정확하게 기술하는 목적으로 수행된다. 또한 정당 선호도 조사 등의 설문조사도 응답자의 태도를 확인하기 위한 목표를 가지므로 기술연구에 해당한다. 기술연구는 주로 단일변인에 관한 관찰치를 얻고자 수행하는데, 다수의 변인을 수집하는 경우라도 해당 변인의 현상을 기술하기 위한 것이지, 변인 간 관계를 체계적으로 확인하기 위한 목적은 아니다.

상관연구(correlational research)는 변인 간의 관계가 발생하는 상황에 관한 통제나 조작 없이 변인 간 관계를 연구하는 형태로, 둘 이상의 변인을 측정하고 그 변인 간 관련성을 평가하는 연구를 일컫는다. 예를 들어, 개인의 키와 몸무게를 측정한 다음, 이 두 변인이 서로 체계적으로 관계되는지, 즉 상관(correlation)이 있는지를 평가하는 경우를 말한다. 또한 개인의 출생지에 따른 정당 선호도에 차이가 있는가를 확인하는 연구, 즉 출생지와 정당 선호도 간의 관계를 확인하는 연구도 포함한다. 따라서 질문지를 이용하여 변인 간 관계를 확인하는 거의 모든 연구가 상관연구라고 할 수 있다.

상관연구는 대체로 상관계수(correlation coefficient)를 산출하여 관계의 방향과 정도를 표현한다. 상관계수는 0~±1 내에서 표현할 수 있는데, 여기서 부호는 관계의 방향을, 숫자는 그 정도를 나타낸다. 0에 가까울수록 변인 간 관계가 없음을 나타내며 절댓값이 1에 가까울수록 관계의 정도가 증가한다. 상관계수를 바탕으로 두 변인 간 서로 체계적인 관계가 있는 것으로 확인되는 경우, 어느 한 변인(예측변인, predictor variable)의 값을 알면 다른 변인(결과변인, outcome variable)의 값을 예측할 수 있다. 물론 예측은 관찰치를 기반으로 계산되므로 오차를 수반한다. 또한 이 예측은 변인 간 체계적 관계가 있으므로 어느 한 변인 값으로 다른 변인의 수준을 예측할 수 있다는 것이지, 인과관계를 나타내는 것은 아니다. 서로 인과관계가 없어도 체계적 관계가 있다면 예측은 가능하기 때문이다.

또한 상관연구는 일상적 환경 조건에서 참가자의 특성을 관찰하는 현장 연구(field research)의 형태를 취하기도 한다. 예컨대, 대학에 개설된 수업 중에서 강의형, 토론형, 문제해결형 수업 간 수강생의 학습 성취도에서 차이가 나는지에 관한 조사를 하는 경우라면, 교수법 유형과 수강생 학습 정도의 체계적 관계가 있는지를 조사하는 현장 연구에

읽어 보기 2-1

실험실 연구와 현장 연구

연구 유형은 연구 시행 환경에 따라 실험실 연구와 현장 연구로 구분하기도 한다. 이 구분은 실험실과 같이 통제된 공간에서 이루어지는가, 아니면 실제 환경에서 이루어지는가를 기준으로 한다.

실험실 연구(laboratory research)는 연구자가 연구 환경을 직접 통제하고 독립변인을 조작할 수 있는 실험실과 같은 한정된 공간에서 수행하는 연구를 통칭하는 말이다. 종종 실험연구와 동의어로 사용되기도 하지만, 이는 적절하지 않으며, 실험실 연구가 실험연구보다 더 넓은 의미를 포괄한다. 즉, 실험연구는 본문에서 설명하는 것처럼 인과관계를 추론하는 연구를 말하지만, 실험실 연구는 실험실 환경에서 이루어지는 모든 유형의 연구를 아우른다. 예컨대, 인지과제 수행에서 연령집단 간 차이, 성차, 혹은 환자군과 그렇지 않은 집단 간 비교 등은 전형적으로 실험실과 같은 공간에서 이루어지는 실험실 연구이지만 실험연구로 분류되지는 않는다.

반면, 실험실 외부의 실제 환경에서 이루어지는 연구를 현장 연구(field research)라고 한다. 이는 생태학적 타당성이 높아 일상생활에서 행동이 어떻게 나타나는지, 또는 왜 발생하는지 이해할 수 있다는 장점이 있다. 반면, 실험실 연구처럼 환경 통제와 엄격한 실험적 조작이 어렵다는 단점이 있다. 이에 따라 현장 연구는 실험실 연구보다 외적 타당도는 더 높지만, 내적 타당도는 더 낮다.

현장 연구의 한 형태인 현장실험(field experiment)은 실제 환경에서 실험적 조작이 일부 포함되는 연구로, 현장에서 처치할 수 있는 정도의 범위 내에서 참가자에게 조작을 가한 후, 그 영향을 평가하는 경우를 말한다. 예컨대, 공공장소에서 주변 사람이 재채기하는 것을 목격한 후 사람들이 독감과 같은 호흡기 감염병에 대한 위험성을 높게 지각하는지를 현장실험을 통해 연구할 수 있을 것이다(Lee, Schwarz, Taubman, & Hou, 2010). 이에 관해서는 8장에서 상세히 설명한다.

해당한다. 이런 유형의 연구에서는 상관계수 산출보다는 해당 집단 간 차이 검증을 위한 통계치를 제시하게 된다.

실험연구(experimental research)는 인과관계를 추론하기 위한 목적으로, 참가자를 서로 다른 조건에 무선적으로 할당하고 변인을 체계적으로 조작한 후 행동의 변화를 관찰하는 절차를 시행한다. 인과관계와 관련이 있는 변인을 제외한 다른 변인의 영향을 배제하기 위해 주로 실험실, 혹은 이와 유사한 통제된 환경에서 이루어지기 때문에 인과관계 추론의 가능성, 즉 내적 타당도(internal validity)는 높지만, 실생활에서의 일반화 가능성인 외적 타당도(external validity)는 낮다. 실험연구는 전형적으로 원인일 것으로 가정하는 변인인 독립변인(independent variable)을 조작하고, 그 결과에 따라 영향을 받을 것으로 가정하는 종속변인(dependent variable)을 측정함으로써 인과관계를 추론하는 형태를 취한다. 따라서 실험을 간단히 표현하면, '독립변인을 조작하고 종속변인을 측정하는 일련의 절차'로 말할 수 있다. 변인을 조작하는 실험연구 특유의 속성은 앞에서 언급한 기술연구나 상관연구와 대비되기 때문에, 실험연구를 제외한 다른 유형의 연구를 비실험 연구(non-experimental research)라고도 부른다.

가장 간단한 실험연구 형태로 두 집단 참가자 간 설계(two-group between-participants design)를 예로 들 수 있다. 이 설계에서는 독립변인의 속성이 강하게 포함된 처치를 받는 실험집단(experimental group)과 독립변인 처치가 약하거나 포함되지 않는 통제집단(control group)에 무선할당(random assignment) 절차를 통해 참가자를 배정한다. 이때 독립변인의 효과를 관찰하기 위해서는 실험 결과에 영향을 미칠 수 있는 다른 변인의 효과를 통제(control)하는 것이 중요하다. 독립변인 처치를 통해 두 집단 간 종속변인 측정치에서 차이가 통계적으로 유의미하게 관찰된다면, 독립변인이 종속변인에 변화를 일으켰다고 말할 수 있을 것이다.

실험연구와 유사해 보이지만 변인 간 인과관계를 명확히 확인할 수는 없는 연구 유형이 있는데, 이를 준실험 연구(quasi-experimental research)라고 한다. 이는 참가자의 무선할당 절차를 따르지 못하는 상황으로 인해, 독립변인 이외의 다른 영향을 통제할 수 없는 상태에서 실험과 유사한 절차를 적용하는 연구를 말한다. 즉, 이미 구분된 참가자 집단을 서로 다른 조건에 할당한 다음, 독립변인을 처치한 후 종속변인 측정치의 집단 간 차이를 측정하기 위한 목적으로 수행한다. 예컨대, 교통사고를 경험한 집단과 그렇지 않은 집단 간 차량 승차 시 불안 수준의 차이를 측정하여 비교하는 연구 등이다.

이름 그대로 준실험(quasi-experiment)은 실험과 닮은, 실험을 본보기로 그 형식을 그대로 사용하는 형식의 연구다. 하지만 구분된 참가자 집단 원래의 차이가 이미 포함되어 있을 수 있으므로 인과관계 추론에 문제가 있다. 이런 특징으로 인해 실험연구와 상관연구의 중간 정도에 걸쳐 있다고 보면 된다. 하지만 인과관계를 직접 확인할 수 없다는 점 때문에, 실험연구보다는 상관연구에 더 가깝다고 할 수 있다.

〈표 2-2〉에는 연구 목표에 따른 대표적인 연구 유형인 기술연구, 상관연구, 실험연구의 대략적인 특성을 제시하였다.

표 2-2 **기술연구, 상관연구, 실험연구의 일반적 특성**

구분	기술연구	상관연구	실험연구
연구 목표	현상의 정확한 기술	변인 간 관계 확인 및 예측	변인 간 인과관계 확인
연구 대상	특정 개인(집단), 표본	표본	표본
자료 유형	질적 또는 양적 자료	양적 자료	양적 자료
분석 방법	내용분석, 기술통계	상관분석 기반 추론통계	변량분석 기반 추론통계
연구 유형	관찰, 사례연구, 면접, 조사	면접, 조사, 현장 연구	실험

3) 연구 대상과 범위에 따른 분류: 기초연구와 응용연구

1장에서 언급한 바와 같이, 기초연구(basic research)는 인간의 행동과 정신과정에 관한 근본적인 질문에 관해 답하기 위한 목적으로 이루어지며, 일반적으로 이론을 기반으로 도출된 가설에 대한 검증을 포함한다. 연구자들은 주의나 기억, 정서, 학습, 동기, 태도 등 다양한 주제와 현상에 관한 근본적인 원리를 규명하기 위해 기초연구를 수행한다. 예컨대, 주의력이 학습에 미치는 영향은 무엇인가, 불안장애의 원인은 무엇인가, 특정 대상으로 주의를 기울이게 하는 요인은 무엇인가, 인지 손상의 원인은 무엇인가 등 다양한 연구를 수행할 수 있다.

이와 비교하여 응용연구(applied research)는 현실에서 발생하는 다양한 유형의 구체적인 문제에 대한 가능한 해결책을 찾아 적용하기 위한 목적으로 이루어진다. 주의력이 낮은 아동의 학습효과를 높이는 요인은 무엇인가? 정신장애로 어려움을 겪고 있는 사람들을 위한 효과성 높은 치료 기법은 무엇인가? 제품의 선호도를 높일 수 있는 광고 방법은 무엇인가? 인지 손상으로 어려움을 겪고 있는 노인을 보조할 수 있는 가장 좋은 도구는 무엇인가? 이렇게 수많은 주제의 응용연구가 가능하고, 적용의 구체적인 방법 또한 세부 분야에 따라 다양하게 나타날 수 있다.

자료의 형태나 연구 목표에 따른 유형 분류는 분명해 보이지만, 기초연구와 응용연구는 상대적으로 명확한 구분을 짓고 있지는 않다. 하지만 조금 전 언급한 예에서 짐작할 수 있듯이 이 두 가지 범주는 그 대상과 범위가 서로 다른 특성을 보인다. 예컨대, 작업기억의 특성을 규명하거나 작업기억이 다른 인지능력 수행에 미치는 영향을 규명한다면 기초연구라고 할 수 있다. 이를 바탕으로 인지능력에 결함이 있는 다양한 환자군에 작업기억 훈련을 통해 인지능력 향상을 꾀하고자 한다면 이는 응용연구라고 할 수 있다.

응용연구의 한 형태로 수행되는 일부 연구는 학교나 조직 상황에서 특정 프로그램이나 절차를 개발하여 실행하거나 그 효과를 측정하는데, 여기에는 실행연구와 프로그램 평가 등이 있다. 먼저, 실행연구(action research)는 특정 사회 문제를 해결하기 위한 목적으로 수행되며, 그 결과를 해당 문제에 대한 해결책으로 적용하여 상황을 개선하고자 한다. 예컨대, 조직 환경을 개선하기 위한 연구에서, 조직 자체에 관한 자료나 조직에 대한 피드백 자료 등을 바탕으로 개선책을 시행하고, 그 효과를 평정하는 경우를 말한다. 프로그램 평가(program evaluation), 또는 평가연구(evaluation research)는 사회적 개입 프로그램의 실행과 유지, 확장이나 인증, 또는 수정에 대해 그 효율성에 근거하여 결정하는 평가 절차로, 정신건강이나 교육, 안전 등 사회적 개입이 필요한 다양한 영역에서 과학적 접근을 통해 이루어진다.

응용연구를 통해 기초연구에서 밝혀진 결과가 실생활에 적용됨을 확인할 수도 있지만, 적용되지 않는 구체적인 사례를 확인할 수 있다. 이를 통해 또 다른 기초연구의 주제를 제공해 주기도 하고 적용에서의 고려사항을 시사하기도 한다. 구체적으로, 응용연구를 통한 실생활 적용 과정에서 그 효과성에 관한 의문이 생길 수도 있는데, 그 이유가 적용 방법에서의 문제라면 또 다른 응용연구를 통해 이를 수정해 나아갈 수 있다. 하지만 그 이유가 응용 장면에서 적용되지 않는 또 다른 현상 때문이라면, 그 현상에 관한 기초연구를 통해 이를 밝혀낼 수 있을 것이다. 예컨대, 운전 중 휴대전화 사용의 영향에 관한 응용연구는 지각이나 주의 등 정보처리의 기본 과정에 대한 새로운 통찰력을 제공함으로써 기초연구의 발전에 이바지할 수 있다. 이렇게 기초연구와 응용연구는 상호보완적 관계를 통해 점진적으로 발전해 나아간다.

많은 경우 기초연구와 응용연구를 일직선의 양극단인 것으로 간주하거나 혹은 기초연구를 더 중요하게, 응용연구를 덜 중요하게 여기는 인식이 있을 수 있다. 하지만 앞에서 언급한 바와 같이 응용연구의 결과를 확인하지 않고서는 기초연구를 실생활에 적용하는 것이 가능한지 혹은 어떤 어려움이 발생할지를 확인할 방법이 없다. 그뿐만 아니라, 응용연구는 기초연구의 새로운 시작이 되기도 한다. 따라서 기초연구와 응용연구의 위계가 있을 수는 없으며, 연구 대상이나 범위에 따라 어느 정도 구분할 뿐 연구의 가치를 논하는 것은 의미가 없다.

이러한 관점에서, 기초와 응용 간의 관계를 서로 다른 두 차원으로 바라보기도 하는데, 미국의 정치과학자인 도널드 스톡스(Donald E. Stokes)는 기초와 응용의 관점을 '근

		활용을 고려하는가?	
		아니요	예
근본적 이해에 관한 탐구인가?	예	순수 기초연구 (대표자) 닐스 보어	활용에서 영감을 받은 기초연구 (대표자) 루이 파스퇴르
	아니요	-	순수 응용연구 (대표자) 토머스 에디슨

그림 2-1 기초연구와 응용연구에 대한 파스퇴르 사분면

읽어 보기 2-2 비상구는 어디에 있을까?

기초연구의 발견은 종종 응용연구를 이끌어 실생활에 적용할 수 있는 근거를 제공하는데, 이와 관련한 예 하나를 살펴보자. 공간 스트룹 효과(spatial Stroop effect)는 자극이 가리키는 방향이 그 자극의 위치와 서로 다를 때 발생하는 간섭 효과로, 예컨대 왼쪽을 가리키는 화살표가 오른편에 위치할 때, 그 화살표가 가운데, 혹은 왼쪽에 있을 때보다 화살표 방향 결정이 더 느려지는 현상을 말한다. 일상에서 이와 유사한 상황을 찾아볼 수 있는데, 비상구 유도등에 있는 달리는 사람(running man) 유도 표지가 형태적으로 왼쪽으로 향하고 있지만 실제로 비상구는 반대편에 있는 경우다.

한 연구에서 이러한 일상의 관찰을 기반으로 유도 표지의 위치에 따라 공간 스트룹 효과와 같은 현상이 나타나는지 확인하고자 하였다(Kim, Hur, Oh, Choi, & Jeong, 2016). 이를 위해 컴퓨터 화면에 비상구 유도등 표지의 방향이 왼쪽으로 달리는 형태로 왼쪽에 위치하는 경우(일치 조건)와 오른쪽에 위치하는 경우(불일치 조건), 혹은 반대로 조작하여 조건 간 반응시간 차이를 살펴보았다.

연구 결과, 유의미한 공간 스트룹 효과를 확인하였다. 화재 등 다급한 재난 상황에서 탈출 방향에 관한 의사결정은 우리의 생존과 직결될 수 있다는 점에서 이는 매우 중요하다. 연구자들은 이를 바탕으로 비상구 방향과 유도 표지의 방향을 일치시켜야 한다고 제안하였다.

고전적 관점에서 이 연구는 응용연구라고 볼 수 있는데, 기존의 공간 스트룹 효과를 기반으로 일상생활에서 발생할 수 있는 구체적인 문제와 그 개선 방안을 제안하였기 때문이다. 다른 한편으로 기초연구로 볼 수도 있는데, 이는 방향을 명시적으로 포함하지 않은 기호 또한 방향 선택에 영향을 준다는 점을 확인했기 때문이다.

본적 이해의 탐구'와 '활용상의 고려'라는 두 축을 포함하는 파스퇴르 사분면(Pasteur's quadrant) 개념으로 이해하고자 하였다(Stokes, 1997). 즉, 이 사분면을 이루는 두 축을 기준으로 연구 관심사의 상대적 중요도에 따라 배치할 수 있다는 것이다. 이 분류체계에 따르면, 닐스 보어(Niels Bohr)의 양자론처럼 바로 활용될 수는 없는 연구는 '순수 기초연구'로, 전구를 발명한 토머스 에디슨(Thomas Edison)의 연구는 '순수 응용연구'로, 그리고 루이 파스퇴르(Louis Pasteur)의 연구는 '활용에서 영감을 받은 기초연구'로 분류하였다. 이 체계에 따르면 기초연구와 응용연구는 이분법적인 혹은 일직선상의 양극단보다는 서로 융합되거나 지원할 수 있는 관계로 이해될 수 있다([그림 2-1]).

2. 연구의 일반적 과정

이전 절에서 우리는 자료의 유형이나 연구 목표, 연구 대상의 범위 등을 기준으로 분류할 수 있는 연구 유형의 특성을 살펴보았다. 두 번째 절에서는 일반적으로 이루어지는 연구 수행의 과정을 그 순서대로 살펴보고자 한다. 이는 연구 아이디어를 생성하는 것에서부터 연구 결과를 보고하는 논문의 작성까지 포함할 수 있는데, 크게 시작, 실행, 마무리의 세 단계로 구분할 수 있다. 다양한 연구 유형에 일반적으로 적용할 수 있는 연구 수행 과정이지만, 기본적으로 실험연구를 중심으로 기술한다.

1) 연구의 시작

연구는 과학적 발견에 관한 아이디어로부터 출발한다. 다양한 출처로부터 아이디어를 생성할 수 있겠지만, 모든 아이디어가 타당한 연구 문제가 될 수는 없다. 그 중 어느 하나라도 연구에서 다룰 수 있는 구체적인 연구 문제로 작동한다면, 이는 곧 연구에서 검증할 수 있는 가설로 이어질 수 있다. 이 연구가설을 기반으로 연구 목표에 따라 타당한 결론에 도달하기 위한 연구 계획을 수립함으로써 연구를 실제로 실행할 준비를 할 수 있다.

(1) 연구 아이디어 생성

연구는 탐구하려는 주제에 관한 연구자의 아이디어로부터 출발한다. 연구 아이디어는 연구자의 호기심과 궁금증에 의해 만들어지는데, 표준국어대사전에 따르면, 호기심은 '새롭고 신기한 것을 좋아하거나 모르는 것을 알고 싶어 하는 마음'이다. 또한 궁금증은 '무엇이 알고 싶어 마음이 몹시 답답하고 안타까운 마음'이다. 즉, 연구는 관찰된 새로운 현상이나 관심 있는 현상에 대해 호기심이 생기고 이에 관한 궁금증이 발생하면서부터 시작된다고 볼 수 있다. 많은 사람이 아이디어를 만들어 낼 수 있지만 어떻게 좋은 아이디어가 나오는지를 설명하는 것은 쉬운 일은 아니다. 연구의 시작이 아이디어라면 좋은 연구가 되기 위해서는 좋은 아이디어를 만드는 것이 출발점이 된다.

연구자에게 궁금증을 유발하는 좋은 연구 아이디어의 출처는 매우 다양하겠지만, 여기서는 쉬운 것부터 다섯 가지로 구분하여 살펴보고자 한다. 다만, 이러한 구분이 늘 명확한 것은 아니며 여러 출처를 서로 연결하거나 결합하여 더 좋은 아이디어를 만들 수도 있다. 하나의 출처에서 출발한 아이디어를 다른 출처를 통해서도 확인할 수 있다면 그 아이디어는 상당히 매력적인 것이 될 것이다. 창의적인 연구 아이디어와 가설을 생성하는 데 있어 더욱 상세하고 체계적인 방법은 〈읽어 보기 2-4〉에 제시하였는데, 연구자는 이 방법을 유용하게 활용할 수 있을 것이다(McGuire, 1997).

① 관찰

자신이 스스로 경험한 일, 또는 주변에서 벌어지는 사소한 변화나 사건에 관한 관찰은 훌륭한 연구 아이디어를 제공한다. 일상의 경험으로부터 시작하는 이러한 아이디어는 호기심과 궁금증을 쉽게 유발하기 때문에 연구의 좋은 출발점이 된다.

거실에서 TV를 보며 쉬고 있다가 불현듯 무언가가 필요해서 방으로 들어갔는데, 막상 방에 들어 가니 무엇을 가지러 왔는지 생각이 나지 않고, 아무리 생각해 봐도 기억나지 않아 다시 거실로 나갔던 것과 비슷한 경험을 대부분 해 보았을 것이다. 그다음, 거실에서 무언가 필요했던 때를 다시 떠올리며 다시 기억해 내려고 했을 때 원래 필요했던 것을 떠올릴 수 있었던 경험도 해 보았을 것이다. 이러한 개인의 경험은 기억의 특성에 관한 연구 아이디어로 이어질 수 있다. 예를 들면, 기억 재료를 부호화할 때의 물리적 환경(거실)과 그 재료를 인출할 때의 물리적 환경(방)이 관련되는 것은 아닐지, 혹은 거실에 있을 때 했던 생각을 떠올렸던 것(맥락)이 인출에 관련되는 것은 아닐지 등이다. 이는 부호화 특수성(encoding specificity)과 관련된 실험연구를 시작하는 아이디어로 작용할 수 있다.

주변과 타인에 대한 관찰은 작은 현상으로부터 출발할 수 있다. 우리는 종종 '다르다'와 '틀리다'를 혼용해서 사용하는 주변 사람들을 관찰할 수 있다. 특히 '다르다'라는 표현을 사용해야 할 때 '틀리다'라는 표현을 사용하는 경우다. 예컨대, '너는 나와 틀리잖아'와 같은 표현을 사용하는 것을 들어 본 적이 있을 것이다. 이러한 관찰은 '실제로 사람들이 이런 표현을 얼마나 많이 사용할까?' 같은 아이디어로 연결될 수 있다. 이는 관련된 기술연구 형태로 이어질 수 있는데, 실제로 이러한 목표로 수행된 한 연구는 이 현상을 구체적으로 확인하기 위해 100만 어절 규모의 문어 및 구어 말뭉치 자료를 바탕으로 빈도분석 등을 수행하였다(진산산, 2021). 연구 결과, 구어에서 '틀리다'를 '다르다'라는 의미로 오사용하는 비율이 60% 이상인 것으로 조사되어, 실제로 잘못 사용하고 있는 것을 확인하였다.

관찰을 통해 연구 아이디어를 얻는 과정은 다소 직관적인 방식으로 이루어질 수 있다. 예컨대, 교수자의 질문에 어떤 수업에서는 수강생들이 답변을 활발히 하고, 어떤 경우는 답변을 잘 하지 않는 것을 관찰하였다면, 이러한 현상이 왜 나타나는가를 고려하여 연구 아이디어로 확장할 수도 있을 것이다. 만일 우연히 수강생 수가 적었던 수업에서 답변이 활발했고, 반대로 수강생이 많았던 수업에서 그렇지 않았다면, 수강생 수와 답변의 수가 관련될 수 있을 것이라는 추측이 가능할 것이다. 이처럼 관찰된 현상에 대해 이미 지식으로서 알고 있는 이론에 기반한 접근이 어려울 때도 많은데, 이런 경우는 추측이나 직관적인 추론을 통한 아이디어를 만들 수도 있다. 이렇게 생성된 아이디어는 무엇을 연구할 것인지 선택할 수 있게 해 주고, 관련된 선행연구를 검토하도록 이끌 수 있다. 따라서 여기서 직관적이라는 것은 1장에서 언급한 직관 자체를 말하는 것은 아니다.

또한 전문가 진술도 좋은 출처가 되는데, 전문가는 해당 분야의 전문지식을 바탕으로 현재 해결해야 할 주요 문제와 관련된 현상을 이야기하는 경우가 많다. 이들에 대한 관찰은 해당 분야와 관련하여 현재 중요한 것이 무엇인가에 관한 아이디어를 얻는 좋은 방법이 될 수 있다. 물론 전문가의 진술을 그 권위에 의해 받아들이는 것이 좋다는 것이 아니라 과학적 회의론의 태도를 바탕으로 그 진술을 평가하여, 그 결과를 기반으로 연구 아이디어를 생성할 수 있다는 의미다.

읽어 보기 2-3 **수업 시간에 답변을 잘 안 하는 이유?**

소규모 수업에서는 교수자의 질문에 대한 수강생 답변이 활발히 이루어지지만, 대규모 수업에서는 대체로 그렇지 않다. 이 현상을 개별 수업 단위로 이해하려고 한다면 다양한 설명이 가능할 것인데, 교수자의 성향이나 교수법 차이, 오전과 오후 수업, 강의실의 물리적 환경 차이, 수강생 특성 등 여러 요인이 가능할 것이다. 반면, 이를 일반화하여 '수강생 수'라는 하나의 변인만 고려한다면 책임감 확산(diffusion of responsibility)이라는 현상으로 접근할 수 있다(Darley & Latane, 1968). 그 원인적 설명은 다양한 측면에서 제시되고 있지만, 여기서는 현상만을 다루고자 한다.

책임감 확산 또는 분산은 다른 목격자가 있을 때 개인이 어떤 행동에 대한 책임을 덜 지게 되는 현상으로, 개인이 집단에 속해 있을 때 각 구성원이 경험하는 행동에 대한 책임감이 감소함을 말한다. 따라서 아마도 수강생이 많은 수업에서는 교수자가 질문할 때 답변에 대한 책임감이 감소할 것이다. 이러한 결과를 그래프로 표현하면 수강생 수와 답변 수라는 두 변인 간 부적 관계로 표현할 수 있을 것인데, 즉 x축을 수강생 수, y축을 답변 횟수 또는 답변 가능성이라고 한다면, x의 값이 증가할수록 y의 값은 감소하는 형태로 나타날 것이다.

② 상식

상식을 바탕으로 아이디어를 생성하는 것도 좋은 방법이다. 상식은 누구나 알고 있는 것으로 여기지만 실제로는 과학적으로 검증되지 않은 지식이기 때문에, 이는 언제라도 연구를 수행할 가치가 있다. 먼저, 상식이 실제로 그러한가를 가정하고 연구하는 방법이 있을 것이다. 예컨대, 서로 비슷한 사람들끼리 서로 어울린다는 '유유상종'이라는 상식이 실제로 그러한가를 확인해 보는 것이다. 한 가지 예로, 결혼한 부부를 대상으로 성격검사를 수행하여 부부의 성격이 유사한지를 확인하는 조사연구를 수행할 수 있을 것이다. 하지만 여기서 유의해야 할 점은, 부부로 지내 왔기 때문에 서로의 행동양식에 영향을 주었을 가능성이 있어서, 유유상종의 결과로서 부부가 되었다고 해석할 수는 없고, 변인 간 관계만 확인할 수 있다는 것이다.

또한 상식에 대한 궁금증만으로 연구를 시작하는 것보다는, 상식과 관련한 관찰을 통해 연구를 시작하는 것이 더 좋은 연구 주제가 될 수 있다. 즉, 상식으로 알고 있는 것이 실제로도 그러한가와 같은 호기심으로 주변을 관찰하는 것이다. 이를 통해 상식으로 알고 있는 현상을 일상에서 여러 번 관찰한다면(비슷한 사람들끼리 서로 어울리는 예를 빈번하게 관찰한다면), 그 상식이 실제로 그러한가에 관한 연구를 시작할 수 있을 것이다. 반면, 상식과 다른 현상을 여러 번 관찰한다면(비슷하지 않은 사람들끼리 서로 어울리는 예를 빈번히 관찰한다면), 그 상식이 그렇지 않을 것이라는 주제로 연구를 수행할 수도 있을 것이다.

③ 사회적 문제

사회적 논쟁이 활발한 사건이나 사고와 관련된 다양한 사회 문제 또한 아이디어의 출처가 된다. 예컨대, 점점 더 심각해지는 지구온난화 문제에 대한 사람들의 태도나 행동에 관한 연구를 생각해 볼 수 있다. 또는 1장에서 언급한 보이스 피싱과 관련한 몇 가지 예로, 피해를 많이 본 연령대의 피해를 낮추기 위한 목적으로 해당 연령대인 50대에 가장 예방효과가 높은 방안을 마련하기 위한 연구를 생각할 수 있다. 피해자들을 대상으로 하는 사례연구 등을 비롯한 질적 접근을 통해 보이스 피싱 피해에 있어서 어떤 특성을 가진 개인이 더 취약한지를 확인하는 등의 연구를 통해 예방에 활용할 수도 있을 것이다. 더 나아가, 피해자들이 사건 후 경험하는 심리적 무력감이나 불안, 우울 등에 대한 심리적 지원과 관련한 연구도 가능하다.

이렇게 사회 문제에 관한 관심과 연구 아이디어는 실생활에서 발생하는 구체적인 문제에 대해, 그 문제의 해결책을 제안하기 위한 응용연구 형태로 수행될 수 있다. 또한 유사한 문제들이 계속해서 발생한다면, 문제의 발생 원인과 관련한 심리사회적 요인을 규명하기 위한 기초연구를 수행할 수도 있다. 예컨대, 어떤 사회 문제가 그 주제와 관련된 사람들의 인식과 실제 행동 간의 차이 때문에 발생하는 것으로 보인다면, 연구자는 인지부조화 이론(cognitive dissonance theory)과 같은 이론에 기반하여 설명할 수 있는지 확인할 수 있다.

④ 선행연구

선행연구에 대한 검토는 아이디어의 출처가 무엇이든 관계없이 연구를 시작하는 첫 단계에서 반드시 수행해야 하는 과정이다. 자신의 연구 문제와 동일한 연구가 이미 수행되었다면, 그 연구 결과가 이전의 다른 연구와 다른 점이 무엇인지를 비교하여 그 차이를 확인하기 위한 연구를 고안할 수 있을 것이다. 연구 참가자 특성이나 환경적 요소가 제한된 경우라면 이를 확장하는 연구도 가능하다. 관심이 있는 주제에 관한 최신 연

구에서 앞으로 필요한 구체적인 연구 주제를 제안하였다면, 직접 이 주제를 바탕으로 시작할 수도 있다.

하나의 연구로서 완전한 연구는 없다. 하나의 연구 논문이 매우 우수할 수는 있겠지만 완전할 수는 없다. 1장에서 언급한 과학적 회의론 관점에서 선행연구를 살펴보면 종종 그 연구의 부족한 측면이나 한계점을 확인할 수 있을 것이다. 따라서 선행연구에서 연구자가 직접 한계점을 제시하거나 이후의 연구 방향에 대해 제안하지 않았더라도, 독자로서 자신이 발견한 선행연구의 한계점을 극복하는 연구를 고안하는 것도 좋은 출발점이다.

선행연구를 통해 직접 연구 아이디어를 고안할 때 한 가지 유의할 점이 있다. 해당 주제에 관해 많은 연구자가 관심을 두고 계속 연구를 수행하고 있다는 점을 인식해야 하는데, 출판된 지 오래된 연구는 그 이후에 이미 연구자의 아이디어와 거의 유사한 연구가 출판되었을 가능성이 크다. 따라서 오래된 연구와 관련한 주제에 관심이 있다면, 그 논문을 참고문헌으로 인용한 최신 연구를 찾아보는 것이 관심 주제의 흐름을 따라가고, 현재의 이슈를 이해하는 데 큰 도움이 된다. 이 경우, 관심을 두는 오래된 연구를 주요 참고문헌으로 인용한 최신 연구를 찾으면 된다. 예컨대, 이전 연구를 확장한 형태의 연구, 다른 변인을 추가하여 새로운 상호작용을 확인한 연구, 혹은 경쟁하는 이론과의 직접 비교를 위해 수행한 연구 등을 확인해야 한다.

특히 문헌 개관이나 메타분석 연구를 살펴보는 것도 좋은 출발점이 된다. 두 경우 모두 많은 선행연구를 담고 있고, 그 연구들이 어떻게 상호 연계되고, 어떤 체계를 이루는지 등을 확인할 수 있는 장점이 있으므로, 하나의 경험적 연구에서 얻을 수 없는 종합적인 정보를 얻을 수 있다. 또한 이론을 체계화하는 문헌 개관 논문은 해당 이론의 관점으로 연구를 시작할 수 있는 단서를 제공해 주기도 한다.

⑤ 이론

1장에서 이론(theory)은 현상을 정의하고, 관련된 여러 현상 간의 관계를 기술하며, 그 이유를 설명하는 등의 논리적으로 조직화된 일련의 명제라고 하였다. 과학적 접근을 기반으로 수립된 이론은 관찰과 측정, 결과에 대한 평가를 수반하는 체계적인 절차를 통해 반복 검증을 거친 세상에 관한 설명이다. 여기서 반복 검증은 실험과 같은 통제된 조건에서 직접 이루어지기도 하고, 가추법을 통한 가설적 추론의 원리를 통해 이루어지기도 한다. 따라서 체계적으로 공고화된 이론은 이러한 반복 검증을 수없이 견딘 과학적 지식의 산물이라 할 수 있다.

과학적 지식의 산물이라는 점에서 과학적 이론과 과학적 사실을 혼동하기 쉬운데, 이 둘은 분명히 구분되는 서로 다른 개념이다. 과학적 '사실'은 간단한 관찰이나 측정을 통해 확인할 수 있는 현상에 대한 진술인 반면, 과학적 '이론'은 그 사실이 '왜' '어떻게' 나

읽어 보기 2-4 창의적인 연구 아이디어를 만들기 위한 다양한 전략

유형	세부 전략
현상에 대한 세심한 관찰	• 현상의 이상함을 인식하고 설명해 보려고 한다. • 특정 상황에서 자신이 한 행동을 분석해 본다. • 이미 해결된 어떤 문제에 대해 유사하거나 반대되는 상황을 고려해 본다. • 지속적으로 관찰함으로써 현상을 이해하려고 한다.
직접 추론을 통한 단순 개념 분석	• 당연하거나 그럴듯해 보이는 가설의 반대 방향으로 생각해 본다. • 잘 알려진 변인의 효과를 없애는 방법을 생각해 본다. • 변인을 개념적으로 분해하여 탐색해 본다. • 독립변인 조작의 대안적 방식을 생각해 본다. • 종속변인을 세분화하거나, 하위 요소들을 계열화해 본다. • 일반적인 틀에서 벗어나 문제의 반대 방향으로 주의를 돌려 보거나, 선호하지 않는 양식을 사용해 보는 등 다양한 방식으로 접근하고 표현해 본다.
간접 추론을 통한 복합 개념 분석	• 주어진 관계를 다양하게 설명해 보거나, 귀납과 연역을 교대로 사용해 본다. • 아이디어를 생성할 수 있는 점검표나 현저한 현상을 만들 수 있는 구조를 사용하여 다양한 생각을 시도해 본다. • 메타이론을 사용하여 개념을 유추적으로 변환해 본다.
선행연구의 재해석	• 하나의 연구에서 확인된 변인 간 관계의 불규칙성을 설명해 보거나, 복잡한 관계를 단순하게 분해해 보거나, 예외적 사례나 우연한 상호작용을 해석해 본다. • 여러 연구에서 서로 일치하지 않는 결과를 조정하거나, 상호보완적인 연구를 연결하거나, 해당 분야의 최신 지식을 검토하여 조직화해 본다.
새로운 자료 수집 또는 기존 자료의 재분석	• 개방형 질문을 통한 내용분석, 연구 전체 과정에 참여, 최신 분석기법 탐구, 상호작용 변인의 추가, 상호 혼입되는 변인들에 대한 통제적 분석, 여러 하위 연구가 포함된 복합연구에 대한 계획 수립 등 정성적 차원의 시도를 해 본다. • 다양한 변인을 고려하여 다변량 분석을 시도해 보거나, 잘 알려진 매개효과를 제거해 보거나, 컴퓨터 시뮬레이션이나 모델링을 수행해 보는 등 정량적 분석을 시도해 본다.

타나는지에 관한 해석을 포함하는 구조화된 설명으로, 연역과 귀납을 포함한다. 이론에서 제시하는 설명은 완전하게 정확히 이루어지는 것은 불가능하고, 따라서 불변을 전제로 하는 최종 산물이 아니라 더 많은 과학적 발견의 축적을 통해 지속해서 발전해 나아가는 속성을 지니고 있다.

따라서 이론은 그 자체로서 현상이 어떻게 작동하는가에 관한 과학적 설명이라는 기본적인 형태를 갖춘 하나의 아이디어로서, 일시적으로 어떤 이론이 '참'인 것으로 보이더라도 실제로는 거짓일 수 있다는 가정을 늘 전제로 한다. 이로 인해 이론은 언제든 검증이 필요한 대상인, 마치 검증해야 할 가설과 유사한 성격을 지니고 있으며, 이론을 중심으로 그 이론의 타당성을 지속해서 검증해 나아가는 것은 우수한 아이디어가 될 수 있다. 만일 이론이 타당하다면 어떤 행동의 새로운 측면까지도 설명할 수 있어야 한다. 따라서 연구자는 어떤 행동의 새로운 측면이 이론을 통해 설명되는지를 검증하기 위한 가설을 수립하고 연구를 수행할 수 있다. 연구 결과로서 그 가설이 확증된다면 그 이론은 더욱 공고화될 수 있다.

관찰된 현상에 관한 구조화된 설명을 위해서는 논리적으로 일관성 있는 구조화된 체계가 필요한데, 이론이 바로 그 역할을 한다. 따라서 이론은 구조화된 체계를 기반으로 다양한 개념을 제공해 주고, 그 체계를 바탕으로 외연 가능성을 제시해 줄 수 있으므로 연구의 좋은 출발점이 될 수 있다.

(2) 가설 수립

생성된 연구 아이디어는 연구 문제(research question)로 작동한다. 이 연구 문제에 대한 답을 구하기 위해 가장 먼저 필요한 과정은 가설 수립 단계다. 이는 자신의 연구 문제에 따라 연구의 세부 목표를 구체화하여 그 목표를 달성하기 위한 최적의 연구 유형을 선택하며, 연구 문제를 아이디어가 아닌 검증 가능한 형태로 구체화하는 단계를 말한다. 가설의 수립은 상관연구나 실험연구에서 필수적으로 이루어지는 절차다.

가설(hypothesis)은 어떤 현상에 관하여 '왜'나 '어떻게'와 같은 질문에 대한 답을 하려는 시도로, 일반적으로 이론을 기반으로 하여 어떤 사실이나 행동, 관계 등에 대해 특정 조건이나 가정의 결과로서 예상되는, 경험적으로 검증 가능한 명제를 말한다. 따라서 가설은 현상에 대한 잠정적인 예측이나 설명의 형식을 취하며, 단순히 표현하면 어떤 두 변인이 어떻게 관련되는가를 제시하는 형태로 표현할 수 있다.

가설을 타당하게 수립하기 위해서는 형식과 내용적 측면에서 세심한 고려가 필요하다. 먼저, 가설의 형식적 특성을 살펴보자. 가설은 종합적 명제(synthetic proposition) 형태를 취해야 하는데, 이는 술어 개념이 주어 개념에 포함되지 않으면서 관련되는 것을 의미한다. 예컨대, '심장이 있는 모든 생명체는 신장이 있다'와 같은 경우다. 여기서 '심장이 있는 모든 생명체'는 '신장이 있다'를 포함하지 않는다. 이와 반대되는 경우를 분석적 명제(analytic proposition)라고 하는데, 이는 술어 개념이 주어 개념에 포함되는 명제다. 예컨대, '모든 삼각형은 세 개의 변이 있다'와 같은 경우, '모든 삼각형'은 '세 개의 변이 있다'를 포함하고 있다. 이러한 형식적 논리에서 종합적 명제는 경험을 통해 참과 거짓을 결정할 수 있지만, 분석적 명제는 형식적으로 항상 참 또는 항상 거짓이기 때문에 가설의 형식이 될 수 없다.

가설은 '만일 [어떤 변인의 속성], 그렇다면 [다른 변인의 속성]'과 같은 형태를 취하는데, 이는 종합적 명제에 해당한다. '만일 [TV 폭력 프로그램을 오랫동안 시청한다], 그렇다면 [공격성이 높을 것이다]'와 같은 경우는 형식적으로 참과 거짓을 결정할 수 있는 형태를 띠고 있어 가설로서 기능한다. 반면, '만일 [ADHD 성향이 높다], 그렇다면 [주의력이 낮을 것이다]'와 같은 형태는 ADHD 성향이 높다는 개념에 주의력이 낮은 개념이 포함되기 때문에 형식적 기준에서 가설로 기능하지 못한다. 다시 말하면, '주의력이 낮으면 주의력이 낮을 것'이라는 순환적 형태를 이루기 때문에 가설이 될 수 없다.

가설이 종합적 명제로서 작성된다면 형식적 측면에서 논리적으로 검증 가능한 형태를 갖추었다고 판단할 수 있다. 하지만 형식만으로 가설이 충분하지는 않다. 내용적 측면에서 그 가설이 경험적으로 검증 가능한가를 판단해야 한다. 앞선 1장에서 과학의 특징 중 하나로 언급한 바와 같이, 검증 가능성(testability)은 경험적으로 평가될 수 있어야 한다는 것으로, 검증 가능한 절차가 존재해야 한다는 의미다. 가설에 포함된 어떤 개념을 검증할 수 있으려면 그 개념은 적절하게 정의되고 측정할 수 있어야 하는데, 이를 조작적 정의(operational definition)라고 한다. 조작적 정의는 일상적 의미로서의 개념을 연구에서 관찰하고 측정할 수 있도록 체계적 절차를 통해 명세화하는 것을 일컫는다. 이렇게 조작적 정의를 수행하는 절차를 조작화(operationalization)라고 한다.

특히 심리적 개념은 물리적 개념이 아닌 구성개념으로, 이를 직접 관찰하거나 측정할 수 없는 특징이 있으므로 상세한 조작적 정의를 필수로 수반해야 한다. 예컨대, 공포는 지각된 위협에 대한 반응으로 발생하는 생리학적 반응으로서, 관찰 가능한 심박수나 전

기피부반응, 동공 크기의 변화 등을 포함하는 조작적 정의로 명세화할 수 있고, 이를 통해 비로소 측정할 수 있다. 반면, 정신분석학에서 제시하는 자아나 무의식에 관한 여러 가설은 조작적 정의에 따라 관찰하거나 측정하는 것이 불가능하므로 이를 포함하는 가설 또한 검증하는 것이 불가능하다.

1장에서 논리적 추론의 세 가지 유형을 살펴보았다. 이 추론의 방식이 하나의 연구에서 가설을 수립하는 데 어떻게 적용되는가를 추가로 살펴보는 것이 가설을 수립하는 과정을 이해하는 데 도움이 될 것이다. 즉, 이미 체계적으로 공고화된 이론 자체를 검증하는 경우는 드물지만, 이론을 기반으로 새로운 현상을 설명하는 연구에서는 종종 연역법에 따른 가설을 수립한다. 또한 개별 관찰이나 경험을 기반으로 가설을 수립하여 잠정적인 예측에 대해 검증하는 과정에서는 귀납법이 필요할 것이다. 가추법은 이미 알고 있는 이론을 기반으로 하여, 관찰된 현상을 가장 잘 설명할 수 있는 가설을 수립하는 과정에 필요하다.

(3) 연구 설계

연구 아이디어를 만들고 가설을 수립하는 과정은 연구의 시작 단계로서 매우 중요하다. 하지만 어떤 연구라도 연구를 성공적으로 이끌기 위해서는 연구 설계가 가장 중요하다. 상세한 연구 설계 절차는 이후의 관련 장에서 다루도록 하며, 여기서는 연구 설계의 일반적인 절차를 간략하게 소개하도록 한다.

앞서 연구 설계(research design)는 참가자 선택, 조건 할당, 자료의 수집 및 분석 등에 관한 세부적인 내용을 구성하여, 연구 목표에 따라 타당한 결론에 도달할 수 있도록 하기 위한 연구 절차에 관한 전략적 계획을 말한다고 하였다. 이는 연구의 세부 목표에 따른 서로 다른 방법론적 접근을 기반으로 수립되는데, 기술연구의 경우 일반적으로 가설보다는 연구 문제를 바탕으로 탐색 중심의 설계가 이루어지며, 상관연구나 실험연구의 경우에는 수립된 가설의 검증을 위한 설계가 이루어진다. 연구 설계는 넓은 의미로는 연구의 첫 단계부터 분석 계획까지를 아우르고, 좁은 의미로는 수립된 연구 문제나 가설을 기반으로 연구를 수행하기 위한 구조화된 계획을 세우는 것으로 볼 수 있다.

연구 목표에 따른 연구 문제나 가설이 구체적으로 설정되면, 연구 결과를 일반화하고자 하는 관심 대상인 모집단(population)을 구체화하여, 나이, 성별, 특정 질병 여부, 직업적 특성 등에 관한 결정이 이루어진다. 모집단이 결정되면, 연구 참가자인 표본

(sample)의 크기와 모집 방법, 참가 동의를 받는 절차 등을 결정한다. 실험의 경우라면 실험의 각 조건에 참가자를 어떻게 할당할 것인지 등의 계획도 포함한다.

그다음은 자료 수집을 위한 계획을 수립하는데, 조작적 정의를 기반으로 변인을 조작하거나 측정하기 위한 장치나 재료, 과제나 검사 등의 선택이나 개발에 관한 구체적인 계획이 필요하다. 예컨대, 지능지수를 측정하기 위해 사용할 검사 도구를 결정하거나, 선택적 주의를 측정하기 위한 인지 과제의 구성을 결정하거나, 특정 상황에 대한 태도를 측정하는 자기보고식 질문지를 선택하는 등의 계획을 말한다. 도구를 결정할 때는 연구 대상이 누구인가를 반드시 고려해야 하는데, 예컨대 해당 연령대에서 사용할 수 있는 검사를 사용해야 한다. 이렇게 선택된 연구 도구를 사용하는 구체적인 절차, 예를 들면 실험을 위한 통제 절차나 실험실 환경에서 진행하는 전반적인 실험 절차, 혹은 온라인 설문조사를 시행하는 절차 등에 관한 내용도 계획에 포함되어야 한다.

이렇게 자료 수집 계획이 수립되면 수집한 자료에 대한 분석 계획을 마련한다. 분석에 사용할 통계 소프트웨어를 결정하고 코딩 계획을 수립하며, 통계적 추론을 위한 통계분석 방법도 결정해야 한다. 이때 자료의 특성이 해당 통계분석을 적용할 수 있는 기본적인 가정을 충족하는지, 또한 해당 분석 방법으로 가설을 검증할 수 있는지 등에 관해서도 구체적인 계획을 수립해야 한다.

2) 연구의 실행

연구 설계까지 마쳤다면 연구를 실행할 준비가 된 것이다. 연구의 실행은 연구 전체를 아우르는 연구계획서를 작성하여 전체적인 절차를 구체화하는 것부터 시작한다고 볼 수 있다. 연구계획서 작성이 완료되면 그 계획에 따른 예비연구를 시행하여 연구의 잠재적 문제를 미리 확인한다. 확인된 문제에 대해서는 이를 보완하고 수정한 다음, 본연구를 시행함으로써 더 타당한 연구를 수행할 수 있게 된다.

(1) 연구계획서 작성

연구자는 연구 절차를 실제로 시행하기에 앞서 연구 전체를 아우르는 연구계획서(research proposal), 혹은 연구 제안서를 작성하게 된다. 때때로 이 과정을 중요하지 않게 생각할 수도 있는데, 그렇지 않다. 연구계획서 작성은 필수적으로 거쳐야 하는 중요한 과정으로 보아야 한다. 먼저, 기관생명윤리위원회(Institutional Review Board, IRB)의 승인을 받는 과정에서 연구계획서가 반드시 포함되고, 연구 수행 전 연구비 신청을 위해 반드시 작성해야 하며, 학위논문 작성을 위한 요건이기 때문이라는 실제적 이유가 있다. 또한 제안서 작성을 통해 연구 전체의 틀을 체계적으로 조직화할 수 있고, 이를 통해 준비 상황을 확인하면서 혹시라도 있을 수 있는 문제점을 연구자 스스로 사전에 확인할 수 있다. 뿐만 아니라, 동료 연구자 등의 피드백을 통해 자신이 알아차리지 못한 잠재적 문제를 발견할 수도 있고, 연구의 가치를 높일 수 있는 좋은 아이디어를 얻을 수도 있다.

제안서 작성의 세부적인 방법은 연구 과제에 따라, 또는 연구 주제에 따라 다르므로, 여기서는 일반적인 차원에서 형식과 내용을 살펴보고자 한다. 연구계획서는 앞서 살펴본 연구 설계를 바탕으로 논문의 형식과 유사하게 작성하는데, 일반적으로 연구 제목, 연구자 인적 사항, 요약, 서론, 문헌 연구, 방법, 기대효과, 그리고 연구 일정 등을 작성하며, 마지막에 참고문헌 목록, 필요하다면 부록의 순으로 작성한다.

연구 제목은 연구의 주제를 가장 효과적으로 드러낼 수 있도록 작성한다. 논문의 제목은 연구를 수행하고 그 결과를 확인한 후에 연구의 의의를 드러내도록 작성할 수 있지만, 제안서를 작성할 때는 그러한 작성이 불가능한 시기이므로, 연구 주제와 기대효과를 고려하여 연구의 중요성을 드러낼 수 있도록 작성하는 것이 좋다.

서론에서는 연구 주제와 관련된 배경과 연구 문제, 그리고 가설을 제시하는데, 연구 문제와 관련하여 무엇이 얼마나 알려져 있는지, 어떤 부분에 관한 연구가 더 필요한지, 이를 통해 자신의 연구를 수행하는 것이 어떤 가치가 있는지 등을 포함하여 연구의 필요성을 나타낸다. 이 과정을 통해 연구 문제를 도출하며, 검증 가능한 가설을 제시하게 된다.

그다음으로 문헌 연구는 주제와 관련된 이론 검토를 통해 주요 이론은 무엇인지, 논쟁이 되는 주제는 무엇인지 등을 비교와 대조를 통해 이론 간의 장단점을 제시하는 형태로 작성한다. 각 이론을 기반으로 수행된 개별 선행연구를 구체적으로 검토한 결과를 제시함으로써, 자신의 연구가 다른 연구와 어떻게 관련되는지, 혹은 어떤 차별성이 있는지, 그리고 종합적으로 어떤 측면에서 기여할 수 있는지 등을 작성하게 된다.

방법에서는 앞서 설명한 연구 설계에 해당하는 내용을 구체적으로 제시하면 된다. 참가자의 규모와 모집 방법, 참가자에게 동의를 받는 절차, 변인의 측정 방법, 실험을 위한 조작이나 통제 절차, 실험설계의 구체적인 내용 등을 포함하며, 수집된 자료에 대해 어떤 분석 방법을 사용하여 가설을 검증할 것인지 등을 제시하게 된다.

그다음은 기대효과를 작성하는데, 자신의 연구가 기존의 과학적 지식에 더하여 어떤 새로운 기여를 추가할 수 있는지, 실제적 의미와 활용방안은 무엇인지 등을 포함한다. 이에 더하여 기관생명윤리위원회 심의, 예비연구, 본연구 시행과 보고서 작성 등에 관한 앞으로의 일정을 구체적으로 제시한다. 마지막으로, 제안서를 작성할 때 인용한 참고문헌의 목록을 제시한다. 기타 사항으로 추가적인 제시가 필요한 자료가 있다면 부록에 포함할 수 있다.

연구계획서를 모두 작성하면 연구를 수행하기 전에 반드시 기관생명윤리위원회의 심의를 받아야 한다. 이 과정에서 연구 윤리와 관련하여 추가적인 피드백을 받거나 보완 요청을 받을 수 있는데, 이를 보완하여 최종적으로 연구계획에 대한 승인을 받아야 연구를 수행할 수 있다. 이 절차는 3장에서 상세히 다룬다.

(2) 예비연구 시행

연구계획서를 작성하고 연구 윤리 심의를 완료하였다면 이제 본격적으로 연구 절차를 실행할 준비가 되었다. 하지만 아무리 체계적으로 잘 조직화하고 세밀하게 설계한 연구라고 하더라도 실제 상황에서 연구가 연구자의 예상대로 이루어지지 않는 경우가 비일비재하다. 이러한 가능성을 최소화하기 위해서는 사전에 충분히 점검한 후에 본연구를 수행할 필요가 있다. 즉, 실험 조작이 충분한지, 측정 과정에 문제가 없는지, 혹은 절차에서 불필요한 단계는 없는지 등을 사전에 확인해야 한다. 연구자는 이를 위해 예비연구를 수행한다.

예비연구(pilot study)는 본연구를 수행하기 전에 실시하는 시험적 성격의 연구 단계로, 연구의 실행 가능성이나 조작의 타당성, 측정의 신뢰성, 실시 시간 또는 부작용 등을 평가하고 연구 설계를 개선하기 위해 소규모의 참가자를 대상으로 시행하는 연구를 말한다. 예비연구는 예비검사(pilot test)라고도 하며, 실험연구에서는 예비실험(pilot experiment)으로도 부른다.

일반적으로 예비연구에서는 본연구에서 예정하고 있는 절차와 같은 방식으로, 표본을 구성하여 연구 절차를 시행하고, 자료를 수집하여 이에 대한 분석까지 이루어진다. 예비연구 절차를 시행하는 동안 참가자들이 연구자의 지시나 질문지의 지시문을 잘 이해하는지 확인할 수 있고, 시간적 측면이나 실험실 환경적 측면에서 문제는 없는지, 절

차가 실행 가능한지, 부족한 절차는 없는지, 혹은 불필요한 절차는 없는지 등을 예비연구 과정을 통해 연구자가 직접 확인할 수 있다. 이에 더하여, 예비연구에 참여한 참가자들을 대상으로 연구 참여 경험에 관한 상세한 질문을 통해 예상치 못했던 문제점을 확인할 수도 있다. 예컨대, 참가자가 실험자의 지시를 정확히 이해했지만, 이 과정에서 실험자의 기대를 파악하여 어떻게 행동해야 하는지를 알아챘다면(즉, 실험자 효과가 발생했다면), 본연구 이전에 이를 변경할 기회를 가질 수 있다.

예비연구의 궁극적인 기본 목적은 더 큰 규모의 본연구에 사용하려는 연구 절차의 타당성 확인을 통해 본연구 시행의 성공 가능성을 높이는 데 있다. 따라서 예비연구를 통해 수집된 자료는 원칙적으로 통계적 추론을 수행하지 않는다. 하지만 예비연구를 통해 수집한 자료에 대한 통계분석은 다른 의미에서 매우 가치가 있다. 이는 연구의 가설을 검증하기 위한 목적으로 수행하는 것은 아니며, 해당 자료로 가설을 검증할 수도 없다. 이때 예비연구 자료의 분석 목적은 수집된 자료를 바탕으로 연구의 여러 가지 측면을 사전에 점검하기 위함으로, 질문지의 신뢰도나 타당도를 사전에 점검하거나, 인지 과제 수행 수준이 예상한 바와 유사하게 관찰되는지를 확인할 수 있다. 예컨대, 질문지의 신뢰도가 현저히 낮은 결과를 보인다면, 해당 질문지를 다른 도구로 바꾸거나 지시문을 변경하는 등 절차의 수정과 보완을 해야 할 것이다. 또한 인지능력을 측정하도록 고안된 실험의 수행 결과가 예상보다 매우 낮거나 높다면, 과제의 난이도를 조절하거나 자극의 크기, 시행의 제시 시간 등을 변경해야 할 수도 있다.

예비연구를 통해 대략적인 효과크기(effect size)를 추정해 볼 수도 있다. 이때 효과크기가 예상과 현저히 다르게 추정되면, 이를 통해 표본 크기를 변경해야 하는 결정이 필요할 수도 있다. 이는 연구 설계 당시 효과크기 추정이 잘못 이루어졌을 수 있기 때문이다. 특히 효과크기가 예상보다 작은 것으로 추정되면 계획된 참가자 수를 늘려 충분한 통계적 검증력을 확보해야 할 수도 있다. 이를 통해 본연구에서 관찰하고자 하는 결과의 가능성을 높일 수 있다. 다만, 효과크기 추정을 위한 목적으로 예비연구를 수행하는 것은 타당하지 않다(Albers & Lakens, 2018; Kraemer, Mintz, Noda, Tinklenberg, & Yesavage, 2006). 그 이유는 작은 표본을 바탕으로 계산된 효과크기가 정확성이 떨어지기 때문에, 이를 기반으로 다시 참가자 수를 결정하는 것은 타당하지 않기 때문이다. 따라서 예비연구 결과를 바탕으로 대략적인 효과크기를 추정할 때는 이러한 점을 고려해야 한다.

실험에서는 본연구에서 시행할 조작이나 측정의 적절한 수준을 결정하기 위해, 독립변인 조작이 의도한 효과를 나타냈는지를 확인하는 절차인 조작점검(manipulation check)의 목적으로 예비실험을 수행할 수 있다(Hauser, Ellsworth, & Gonzalez, 2018). 이 경우의 예비실험은 본연구의 전체 절차를 그대로 시행할 필요는 없다. 예컨대, 실험집단의 참가자들에게 불안을 조작하여 그들의 수행을 통제집단과 비교하려는 연구를 수행하는 경우, 실험집단 참가자들에게 시행한 처치가 실제로 불안을 유발하였는지를 확인해야 할 수 있다. 이런 경우, 독립변인 조작을 점검하기 위한 예비실험이므로 처치가 잘 이루어졌는지까지만 확인하며, 종속변인을 측정하지 않아도 된다.

예비연구를 통해 절차적인 문제점을 발견한다면, 이를 개선한 후에 예비연구를 다시 시행해야 한다. 조작점검 목적의 예비실험 또한 발견한 문제점을 개선하여 예비실험을 다시 시행할 필요가 있다. 조작점검이 충분히 이루어졌다고 판단하면, 본연구에서 시행할 전체 절차를 포함하여 예비실험을 추가로 시행할 수 있다. 이런 과정을 통해 수집된 자료는 본연구 자료와 통합하여 사용하지 말아야 한다. 어떠한 사소한 변경이라도 실험 절차가 계속해서 변경될 수 있기 때문이다. 반면, 실제 연구 절차를 그대로 시행한 예비연구를 통해 문제점이 발견되지 않아서 개선할 부분이 없다면, 곧이어서 대단위 본연구를 시행하면 된다. 이때 예비연구를 통해 수집된 자료 또한 본연구 자료에 추가하는 것이 문제가 될 수 있으나, 본연구를 연이어서 바로 시작하는 경우라면 예비연구와 본연구의 참가자 간에 본질적인 차이는 없는 것으로 판단할 수 있으며, 이에 따라 본연구 자료에 추가하여 자료 분석에 사용해도 큰 문제는 없다.

이렇게 예비연구를 통한 점검 결과를 적용함으로써 연구자는 수행하고자 하는 본연구를 더욱 타당하게 수행할 수 있는 준비가 된다. 예비연구 없이 본연구를 바로 시행하는 경우, 예비연구를 수행했다면 확인할 수 있었던 다양한 문제점을 놓친 상태에서 대단위의 연구를 그대로 시행하게 되는 위험에 노출된다. 만일 연구가 적절하지 않게 설계된 측면이 있다면, 시간과 비용의 낭비를 초래할 뿐만 아니라, 연구자 자신에게 여러 가지로 심리적 충격을 가져다줄 것이다. 따라서 예비연구는 반드시 시행해야 한다.

(3) 본연구 시행

이상의 모든 과정이 끝나면 본연구를 시행할 준비가 된 것이다. 본연구는 연구 목표와 유형에 따라 각기 다른 방식으로 진행될 것인데, 이와 관련하여 상세한 내용은 책의

전반에서 다루고 있다. 본연구는 예비연구까지를 통해 확립된 절차를 그대로 적용하여 시행한다. 또한 기관생명윤리위원회에서 승인한 절차를 반드시 준수해야 한다. 이때 연구자는 참가자의 안전과 보호 등을 늘 우선순위로 여겨야 한다.

본연구 시행 과정에서 예비연구에서조차 발견할 수 없었던 문제점이 나타나기도 한다. 이런 경우, 사소한 문제인지 중대한 문제인지를 가장 먼저 판단해야 한다. 사소한 절차상의 문제라면 즉시 수정하여 바로 적용하면 된다. 예컨대, 참가자가 수행하는 실험 과제의 순서가 참가자 간에 서로 바뀌어 제시되어야 하는데 고정되어 제시되었다는 점을 뒤늦게 확인하였다면, 이후의 참가자들에게는 순서를 바꾸어 제시함으로써 문제를 해결하는 것도 가능하다. 하지만 예상치 못한 중대한 문제가 발생한 경우라면, 즉시 연구를 중단하고 문제를 해결하여, 해당 연구 절차를 변경해야 한다. 이렇게 연구 절차에서 중대한 변경 상황이 발생하는 경우, 기관생명윤리위원회에 연구 변경에 대한 심의를 받아야 한다.

3) 연구의 마무리

연구 시행의 결과로서 자료 수집이 끝나면 자료에 대한 결과분석과 해석을 시행한다. 자료에 적합한 분석과 그 결과에 대한 다양한 해석을 통해 연구 목표를 타당하게 이루었는지를 체계적으로 검토해야 한다. 그 이후 연구 결과를 바탕으로 논문 출판을 위한 보고서를 작성하고 하나의 연구를 종료하게 된다.

(1) 결과분석

본연구 절차가 종료되면 연구를 통해 수집된 자료에 관한 분석과 해석을 통해 연구 결과를 평가하고 그 의미를 해석해야 하는데, 그 첫 과정이 결과분석이다. 결과분석은 수집된 자료가 연구자의 가설을 지지하고 있는지를 결정하는 절차인 가설검증을 통해 이루어진다. 가설검증(hypothesis testing)은 모집단의 값(모수, parameter)에 관한 영가설(null hypothesis)이 관찰된 표본 자료를 바탕으로 채택되거나 기각되는지를 결정하는 통계적 추론 절차를 말한다. 두 집단 간의 차이가 관찰되었을 때, 그 차이가 우연일 가능성이 확률적으로 매우 낮은지를 통계적 추론을 통해 결정함으로써 결과적으로 자료가 연구자의 가설을 지지하는지를 확인하는 절차다. 가설검증의 논리에 대해서는 12장에서 다시 설명한다.

결과분석을 시행할 때 유의해야 할 점은, 결측치를 어떻게 처리할지, 이상치(outlier)를 어떤 기준으로 판별하고 어떻게 그 영향을 제거할지 등의 절차를 미리 정해 놓아야 한다는 것이다. 이를 위해서는 가설검증을 위한 추론통계의 결과를 먼저 확인하는 것이 아니라, 기술통계치 확인과 같은 기본적인 절차를 먼저 행해야 한다. 사전에 이러한 절차를 계획하지 않으면 추론통계 결과를 확인한 후에 이러한 절차를 적용하게 되는데, 이는 결과적으로 분석 결과를 연구자의 의도에 따라 편향시켜 왜곡된 결론에 도달하게 만들 수 있다.

결과분석은 가설검증을 위한 목적으로 시행하지만, 그 외의 추가분석이 필요한 경우가 종종 발생한다. 분석 결과가 가설을 지지할 경우, 자료에서 관찰될 것으로 예상하는 부가적인 변인 간 관계를 확인함으로써 연구 결과를 더욱 공고히 할 수 있다. 반대로 분석 결과가 가설을 지지하지 않을 때, 이에 대한 합리적 설명이 필요하고, 관련한 추가적인 분석이 수반될 수 있다. 이를 위해, 수집한 자료를 바탕으로 어떤 측면이 그런 결과를 초래했을까를 세밀히 검토해야 한다. 예컨대, 검토를 통해 실험집단 참가자의 개인차가 통제집단보다 크다는 것을 확인했다면, 독립변인 처치가 일관성 있게 이루어지지 않았을 가능성을 생각해 볼 수 있다.

(2) 결과해석

결과해석은 결과분석에서 확인한 통계치를 바탕으로 숫자에 그 의미를 부여하는 과정이다. 양적 연구에서 의미적 진술과 수치적 진술 간의 관계를 간략히 표현하면 다음과 같다. 연구는 의미를 바탕으로 출발하여 연구 과정에서 측정 가능한 숫자로 바뀌고, 이 숫자에 대한 통계검증을 통해 다시 검증통계치나 유의확률 등의 새로운 수치적 진술이 생성되는데, 이를 통해 가설을 검증하고, 그 결과를 의미적 진술로 다시 변환하게 된다. 따라서 결과해석은 가설을 지지하는 결과를 확인한 것이 어떤 의미인가를 숙고하는 과정이다.

조사 등 상관연구의 경우는 변인 간 관련성이 어떤 의미가 있는지를 제안하되, 인과적 해석은 제외한다. 변인 간 관계의 방향을 사전에 결정해 둔 통계 모형(예: 경로 모형)에 대한 검증도 마찬가지다. 물론 변인 간 인과관계에 관한 추후 연구를 제안할 수는 있다.

실험연구는 결과가 인과적 추론을 충족하는지를 상세히 고찰해야 한다. 대안적 설명에 대한 사소한 가능성까지도 면밀하게 검토해야 한다. 관찰된 효과가 실험적 처치에 의한 것이 아니라 다른 이유 때문일 가능성이 있다면, 그렇지 않음을 논리적으로 설명하거나 추가분석 결과를 바탕으로 그 가능성이 작다는 근거를 제시해야 한다. 그런데도 여전히 그 가능성을 배제하기 어렵다면, 그 가능성과 관련한 추후 연구를 계획할 수 있다.

(3) 보고서 작성과 출판

하나의 연구는 보고서를 작성하고 학술지에 투고하여 심사를 거쳐 출판되면서 마무리된다. 연구보고서는 앞서 살펴본 연구 아이디어부터 결과해석까지의 모든 과정에 대해 과학적 글쓰기를 통해 생산한 산물이다. 보고서는 논문의 형식에 맞추어서 작성해야 하는데, 이는 다음 절에서 살펴볼 것이다. 연구보고서를 종종 논문이라고 부르기도 하는데, 이는 적절한 표현이 아니다. 아직 출판되기 전의 보고서는 원고(manuscript), 혹은 연구보고서라고 부르는 것이 타당하다. 학위논문은 학위 수여를 위한 하나의 요건으로서 심사를 통과한 원고일 뿐 출판되지는 않았으므로, '출판'된 논문과 구분해야 한다.

연구보고서를 작성하면 학술지에 투고하게 되는데, 연구자는 자신의 연구에 대한 가치를 확인하고, 다른 사람들과 새로운 발견을 공유하기 위해 논문을 출판하려고 한다. 학술지에 투고한 보고서는 심사과정을 통해 엄격한 평가를 받는다. 학술지마다 심사과정에 차이는 있지만, 대체로 편집위원회 평가(editorial review)를 통해 학술지의 목적과 범위를 고려하여 투고된 원고를 해당 학술지에서 다루는 것이 적절한가를 먼저 평가한다. 적절하다고 판단되면, 동료 평가(peer review)를 통해 심사를 진행한다. 동료 평가는 해당 분야에서 활동하며 교수, 연구원 등 자격을 갖춘 전문가가 학술지에 제출한 보고서에 대해 심사하는 과정이다.

학술지의 편집위원회나 편집위원장은 관련된 연구를 활발히 수행하는 연구자에게 심사를 의뢰하고, 이를 수락한 심사자는 해당 연구가 출판될 수 있는지 평가 의견을 작성하여 편집위원회에 추천하는 역할을 한다. 편집위원회는 보통 두 명에서 다섯 명 정도의 심사자로부터 추천 의견을 받고 그에 따라 출판 여부를 결정하는데, 이 과정은 한 번으로 끝나지 않는 경우가 대부분이다. 편집위원회는 평가 의견을 바탕으로 연구자에게 출판을 위해 필요한 수정을 요구하며, 연구자는 그 요구를 반영하여 수정한 원고를 다시 투고하여 심사를 받는다.

예상할 수 있듯이, 투고하는 연구보고서가 모두 출판되지는 않는데, 영향력 높은 학술지일수록 더욱 그러하다. 먼저, 편집위원회 평가를 통해 상당수에 대한 심사가 거절된다. 여기서 살아남은 연구보고서라 하더라도 또 상당수는 동료 평가에서 거절된다. 동료 평가에서 거절되지 않더라도 평가 의견이 상당한 수정을 요구한다면, 이에 따라 수정하는 것이 불가능할 수 있다. 이런 경우 대체로 연구자 스스로 투고를 철회한다. 따라서 출판된 논문, 특히 영향력 높은 학술지에 출판된 논문은 이런 험난한 과정을 뚫고 살아남은 것이라 할 수 있다.

이렇게 출판이 완료되면, 하나의 연구가 마무리된다. 하지만 이는 '하나의 연구'가 종료되는 것일 뿐이지 '연구'가 종료되는 것은 아니다([그림 2-2]). 연구자는 예비연구나 본연구 시행 과정에서 연구 주제와 관련된 새로운 아이디어를 얻을 수 있다. 결과의 해석이나 보고서 작성 등 연구의 마무리 과정에서 연구 결과가 다른 현상과 관련될 수 있음을 확인했다면, 이 또한 추후 연구를 위한 자연스러운 아이디어가 될 수 있다. 연구의 제한점을 확인했다면 이를 보완한 다음 연구를 계획할 수 있다. 실험연구로 확인한 결과를 대단위 조사의 형태로 확장할 수도 있으며, 반대로 조사연구를 통해 확인한 현상의 원인을 규명하기 위한 실험연구를 계획할 수도 있다. 이렇게 하나의 연구는 최신 연구동향을 반영한 새로운 것이거나 이전 연구의 반복 필요성에 의해 이루어졌을 것이므로, 연구의 종료는 그 자체로서 끝이라기보다는 이후의 연구를 위한 뛰어난 아이디어의 재

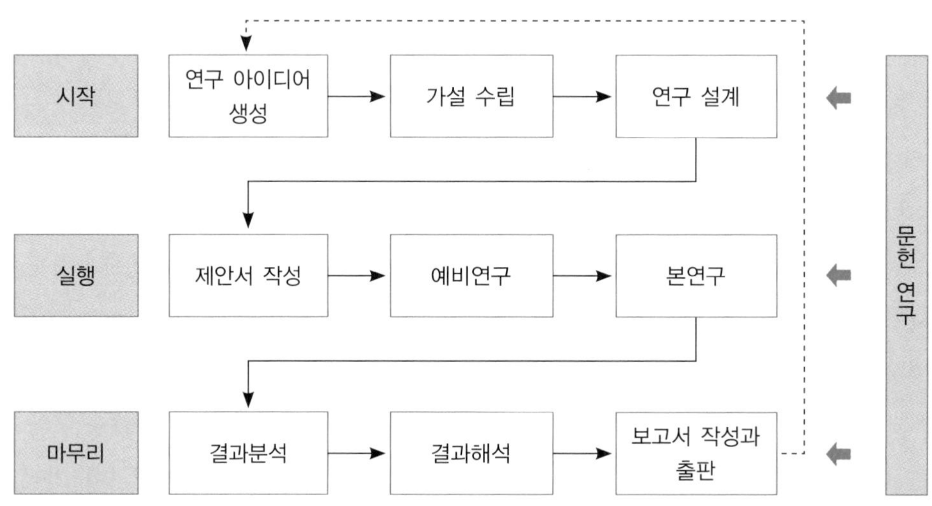

그림 2-2 연구 수행의 일반적 절차

료가 될 수 있다. 연구자는 이러한 과정을 통해 관심 주제에 관한 연구 활동을 심도 있게 지속할 수 있다.

3. 문헌 연구

앞서 연구의 마무리 단계를 설명하면서 보고서 작성에 관해 언급하였다. 논문의 구성을 형식과 내용 측면에서 이해해야 하는 것은 보고서 작성에 필요할 뿐만 아니라, 연구를 시작하는 단계에서부터 기본적으로 필요하다. 선행연구는 아이디어를 얻는 직접적인 출처가 될 뿐만 아니라, 다른 출처를 통한 아이디어를 구체화하고자 할 때 필수적으로 검토해야 한다. 연구자는 선행연구를 통해 해당 주제의 연구가 지금까지 어떻게 진행되었는지 구체적인 내용과 전반적인 흐름을 이해할 수 있다. 또한 실험 조건의 세부 사항을 확인하거나 절차를 결정하는 데도 선행연구를 반드시 참고해야 한다. 하지만 학술지에 출판된 논문을 처음 접하면, 그 구성이 낯설기도 하거니와 관련 논문을 찾는 것 또한 상당히 도전적인 경험일 수 있다. 따라서 이 절에서는 출판된 논문이 어떻게 구성되어 있는지, 그리고 자신에게 필요한 논문을 어떻게 찾을 수 있는지를 간략하게 살펴보고자 한다.

1) 연구 논문의 구성

논문을 출판하는 이유는 연구의 타당성을 평가받고 그 결과를 다른 사람들과 공유하기 위해서다. 연구자는 자신의 과학적 발견을 논문을 작성하고 출판함으로써 다른 사람들에게 알리고자 한다. 이 과정은 과학적 글쓰기(scientific writing), 즉 객관적 표현을 사용하여 사실과 증거를 전달하는 데 중점을 둔, 체계적이며 구조화된 형식의 글쓰기를 통해 이루어진다.

논문의 본문은 서론, 방법, 결과, 논의의 네 개의 절로 구조화되어 있다([그림 2-3]). 서론은 관심 주제에 관한 일반적인 진술에서부터 점차 구체적인 내용을 다루면서 핵심 주제로 수렴하는 형태로 구성되며, 방법에서는 구체적인 연구 절차에 대한 상세한 기술을 제시하고, 결과에서는 가설검증을 중심으로 하는 분석 결과를 제시한다. 논의에서는 연구 결과를 바탕으로 해당 주제에 관한 더 일반적인 지식과 연결하여 연구의 의미를 제시한다. 본문에 앞서서는 가장 먼저 연구의 제목과 저자 정보를 제시하고, 그다음 논문 전체의 요약에 해당하는 초록을 제시한다. 본문 다음에는 본문에서 제시한 문헌을 모두 포함하는 참고문헌 목록을 제시한다.

논문을 통해 과학적 발견에 관해 다른 사람들과 의사소통을 원활하게 하기 위해서는 표준화된 양식이 필요하다. 이는 연구자가 보고서를 작성하는 기준이 될 뿐만 아니라, 출판을 위한 평가 요소가 되기도 한다. 심리학을 비롯한 많은 학문 분야에서는 『미국심리학회 출판지침(Publication Manual of the American Psychological Association)』에서 정한 표준 양식(APA 양식)에 따라 논문을 작성하는데, 이 지침은 1929년에 7페이지 분량으로 출판되었던 논문을 바탕으로 1952년에 60페이지 분량의 출판지침 형태로 초판이 출판되었다. 현재는 2020년에 출판된 7판이 세계적인 표준 양식의 하나로 사용되고 있다.

우리나라는 한국심리학회에서 『학술논문 작성 및 출판지침』 초판이 2001년에 출판되었고, 이후 2012년에 2판이 나왔다. 이 출판지침은 기본적으로 APA 양식을 기반으로 하여 한국심리학회 산하 학술지에 투고하는 연구자를 위해 출판된 지침이다. 또한 각 학술지는 고유의 세부 작성지침을 제공하기 때문에, 연구자는 원고를 투고하기 전에 반드시 해당 학술지의 작성지침을 확인해야 한다.

논문을 읽을 때 중점을 두거나 유의해야 할 사항을 논문의 구성 순서대로 설명하고

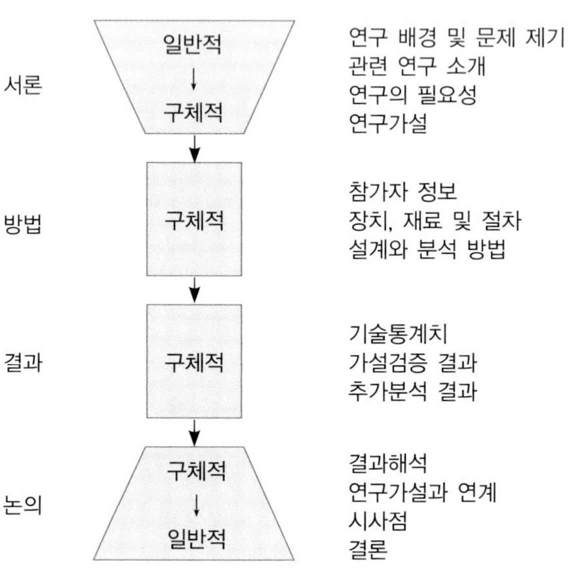

그림 2-3 **연구 논문의 일반적 구성**

자 한다. 먼저, 제목(title)은 연구자가 독자들에게 자신의 연구를 가장 잘 표현해 줄 수 있는 방식으로 첫 페이지 상단에 제시한다. 따라서 관심 주제의 논문을 검색할 때 가장 먼저 제목을 살펴보는 것은 당연하다. 또한 제목에 포함되어 있지 않더라도 논문의 주요 개념을 다섯 개 내외의 키워드(keywords)로 제시하므로, 주제 관련성을 확인하는 데 매우 유용하다.

저자(author) 정보에서도 논문에 관한 중요한 정보를 확인할 수 있는데, 특히 주저자(제1저자 혹은 교신저자)를 주목할 필요가 있다. 앞서 언급했듯이, 연구자는 특정 주제에 관한 연구를 지속해서 수행한다. 따라서 그 연구자의 논문을 추적하여 읽으면 그의 관점과 이론을 더 잘 이해할 수 있다. 이런 이유로 문헌을 검색할 때 제목이나 키워드 중심이 아니라 연구자 중심으로 찾아보는 것도 좋은 방법이다. 특히 교신저자는 해당 논문과 관련하여 학술지와 소통을 책임지는 연구자로, 대체로 연구책임자가 그 역할을 맡는다. 따라서 대체로 교신저자는 해당 주제에 관련된 많은 연구를 수행하고 논문을 출판한 연구자라는 것을 기억할 필요가 있다.

초록(abstract) 또는 요약은 논문의 주요 내용을 중심으로 제시한 하나의 짧은 문단이다. 논문을 가장 핵심적으로 요약한 것이므로, 본문 전체를 읽기 전에 초록을 먼저 읽는 것은 필수적이다. 초록은 연구 목적과 필요성, 연구 문제나 가설, 그 문제를 해결하기 위해 사용한 방법과 주요 결과, 그리고 결론과 시사점을 축약하여 제시하기 때문에, 연구 전체를 짧은 시간에 훑어볼 수 있다.

본문의 첫 번째 절인 서론(introduction)은 연구 주제에 관한 구체적인 연구 문제를 제기하며, 이를 해결하기 위한 전략을 제시한다. 이를 위해 직접 관련되는 선행연구를 검토하고, 저자의 구체적인 연구 문제와 전략이 선행연구와 어떤 차별성이 있는지를 제안한다. 이후 연구 목적에 따라 변인을 정의하며, 연구 문제와 가설, 또는 예상되는 결과와 그 이유를 구체적으로 기술한다. 이렇게 서론은 연구 주제에 관한 일반적인 내용으로부터 구체적인 연구 문제와 가설로 이어지며, 명확한 연구 방향을 구체적으로 제시한다. 서론의 이러한 논리적 흐름은 방법 절의 연구 설계의 기반이 되므로 그 흐름을 잘 이해할 필요가 있다.

서론에서 구체화한 연구 문제를 해결하기 위해 상세한 실행 내용과 절차는 방법(method) 절에 제시한다. 방법 절은 상세한 기술을 위해 참가자, 도구 또는 재료, 절차, 분석 방법 등을 구체적으로 구분하여 제시한다. 참가자(participants) 부분에서는 연구 목적에 따라 일반화하려는 대상 모집단으로부터 표본을 어떻게 구성하였는지, 어떤 요건과 제한사항이 있었는지 등을 상세히 기술한다. 도구(apparatus) 또는 재료(material) 부분에서는 실험 처치를 위해 사용한 도구(컴퓨터, 모니터, 소프트웨어, 자극 구성 등)와 측정을 위해 사용된 도구(질문지, 전산화된 인지 과제, 심리검사 등)를 상세하게 기술한다. 절차(procedure) 부분은 참가자들에게 도구나 재료를 바탕으로 처치나 측정을 어떻게 시행했는지를 단계별로 상세하게 기술하며, 이후에 설계나 분석 방법 등을 제시하기도 한다. 방법 절을 통해서는 서론에서 제기한 연구 문제를 해결하는 방법으로써 논리적 타당성이 연결되는지를 판단해야 한다.

결과(results) 절에서는 연구 시행의 결과로 수집한 자료에 대한 통계치를 제시한다. 이는 측정치에 관한 기술통계치와 함께 가설검증의 결과로서 생성되는 검증통계치를 포함한다. 일반적으로 기술통계치는 표 또는 그래프로 표현하며, 가설검증 결과는 본문에 기술하는 형태로 제시하므로, 본문에 제시하고 있는 검증 결과를 정확히 확인해야 한다.

본문의 마지막인 논의(discussion)는 연구 수행 결과를 평가하고 해석하는 등 연구에 의미를 부여하는 절로서, 결과 절에서 제시한 경험적 증거를 기반으로 연구자의 주장을 뒷받침한다. 논의는 연구 결과가 의미하는 바가 무엇이고, 그것이 왜 중요한지, 해석에서 어떤 제한점이 있으며, 실제 현상을 어느 정도로 이해할 수 있는지 등을 풍부하게 제시하는 절이다. 따라서 연구 문제를 얼마나 해결하였는지는 논의를 통해 알 수 있다. 일반적으로 논의의 마지막 단락에는 연구자의 주장을 요약하며 결론을 제시한다.

본문 다음에는 참고문헌(references)이 목록의 형태로 제시된다. 논문을 읽다 보면 종종 논문에서 제공하는 정보보다 그 논문에서 참고한 이전 논문을 직접 읽고 참고해야 할 때가 있다. 예컨대, 서론에서 제시한 이론에 관한 선행연구를 직접 찾아, 그 이론을 더 자세히 읽어야 할 때, 참고문헌 목록을 확인하여 논문을 찾을 수 있을 것이다. 또한 저자는 자신의 이전 논문을 참고하는 경우가 많으므로, 관련 주제를 다룬 저자의 이전 논문을 찾을 때도 참고문헌 목록을 활용하면 효율적이다. 참고문헌 목록 다음에는 부록(appendix)이 나오는 경우가 있는데, 이는 본문의 내용과 관련되지만, 너무 상세한 자료여서 본문에 제시하기 어렵거나, 질문지 문항과 같은 자료 등 연구를 이해하는 데 추가로 필요한 내용으로 구성된다.

논문을 읽는다는 것은, 단지 그 내용의 학습이나 결과의 확인만을 위해서가 아니라,

해당 연구가 기존의 이론과 어떤 관련성을 갖고, 어떤 현상을 설명할 수 있는지 등을 과학적으로 이해하는 데 목적이 있다. 연구자들은 자신의 연구에 선행연구가 어떻게 관련되는지를 평가하면서 읽는다. 따라서 논문을 체계적으로 읽고 이해하기 위해서는 앞에서 살펴본 것처럼 논문의 내용과 형식적 구성을 잘 이해하는 것이 필수적이다.

2) 문헌 검색

연구 논문의 구조를 이해했다면 이제 관심 주제를 다룬 선행연구를 찾는 방법을 살펴볼 준비가 되었다. 연구 아이디어가 생기면 그 주제와 관련하여 다른 연구자들이 지금까지 어떤 연구를 수행했는지, 현재까지의 관련 주제에 대한 과학적 이해의 수준은 어디까지인지를 확인해야 한다. 연구보고서를 작성할 때도 자신의 연구 결과를 뒷받침할 수 있는 세부 주제를 다룬 선행연구를 찾아서 참고해야 한다. 따라서 앞서 언급한 것처럼 문헌 검색을 통한 문헌 연구는 연구의 시작부터 마무리까지 필수적이다.

인터넷을 통해 다양한 학술 데이터베이스를 활용하는 것이 연구 문헌을 검색하기 위한 가장 좋은 방법이다. 최근에는 오픈 액세스(Open Access, OA) 정책을 도입하여 언제 어디서나 인터넷 접속만으로 논문의 전문(full-text)을 무료로 쉽게 접근할 수 있는 학술지들이 점차 늘고 있긴 하지만, 여전히 학술지 대부분은 계약을 통해 권한을 가진 사용자에 한정하여 접근할 수 있도록 하고 있다. 대학 도서관은 그러한 정책을 유지하는 주요 출판사와 계약을 통해 도서관 내에서, 혹은 캠퍼스 내에서 인터넷을 통해 학술지 논문의 전문까지 접근 가능한 서비스를 제공한다. 또한 도서관에서 제공하는 학술자료 이용에 관한 다양한 교육 프로그램을 통해 문헌을 효율적으로 검색하는 방법을 배울 수 있을 것이다. 여기서는 관심 논문을 검색할 수 있는 학술 데이터베이스를 간략히 소개하고, 문헌 검색을 위한 기본적인 전략을 소개하고자 한다.

문헌을 참고할 때 가장 중요하게 고려할 것은 해당 논문이 동료 평가 등의 타당한 심사를 거쳐 출판된 논문인가를 확인하는 것이다. 한 가지 방법은 그 논문이 게재된 학술지가 질적으로 잘 관리되고 있는가를 살펴보는 것인데, 질적 관리가 타당하게 이루어지는 학술지 목록이 있다면 유용할 것이다. 이러한 학술지 데이터베이스가 인용색인(citation index)이다.

먼저, SCI(Science Citation Index, 과학 인용색인) 또는 SCIE(SCI Expanded)는 생물학이

나 화학, 생물의학 등의 과학 분야를 포함하는 인용색인이며 SSCI(Social Sciences Citation Index, 사회과학 인용색인)는 사회학이나 심리학 등 사회과학 분야를 포함한다. SCIE는 SCI의 확장판이라고 이해하면 되는데 2020년부터는 SCI와 구분 없이 SCIE로 통합되었다. 이 인용색인은 미국의 클래리베이트(Clarivate)라는 회사에서 제공하는 학술지 평가 시스템을 기반으로 이루어진 학술 데이터베이스로, A&HCI(Art and Humanities Citation Index, 예술 및 인문학 인용색인)까지도 포함하여 Web of Science라는 데이터베이스를 통해 통합 제공하며, 이러한 인용색인에 수록된 학술지들을 소위 'SCI급 학술지'라고 부른다. 2021년 기준으로 SCIE는 약 9,500개, SSCI는 약 3,500개, A&HCI는 약 1,800개의 학술지를 포함하고 있으며, 이 중 SCIE와 SSCI, 또는 SSCI와 A&HCI에 모두 등재된 학술지도 있다. 국내에서 발행되는 학술지 중에서는 109개 학술지가 SCIE에, 9개 학술지가 SSCI에, 7개 학술지가 A&HCI에 등재되어 있다.

스코퍼스(Scopus)는 비영어권에서 출판되는 우수한 학술지까지를 광범위하게 포함한다. 이는 네덜란드 엘스비어(Elsevier)라는 회사에서 관리하는 학술 데이터베이스로, Web of Science에서 검색할 수 있는 학술지 상당수가 스코퍼스에 함께 등재되어 있다. 2021년 기준으로 약 27,000여 개의 학술지가 등재되어 있고, 우리나라 학술지의 경우 약 390개 학술지가 Scopus에 등재되어 있다.

KCI(Korea Citation Index, 한국 학술지 인용색인)는 국내 학술지에 게재된 학술정보를 제공하는 인용색인으로, 전 분야의 학술지를 관리한다. 앞에서 언급한 데이터베이스에서도 심사과정을 거쳐 등재하는 것처럼 KCI 또한 등재 심사를 통해 질적 관리를 하고 있다. 등재된 학술지는 더욱 까다로운 심사를 통해 우수등재 학술지로 다시 분류하기도 하며, 등재 학술지가 되기 전에는 심사를 통해 등재후보라는 형태로 분류되는데 이후에 등재를 위해서는 등재 심사를 받아야 한다. 2023년 기준으로 등재 학술지는 약 2,500개, 우수등재 학술지는 약 70개, 등재후보 학술지는 약 270개 정도가 있다.

앞에서 살펴본 인용색인 외에 심리학이나 행동과학 분야의 논문을 찾을 수 있는 학술 데이터베이스를 간략히 살펴보고자 한다. 먼저, 'APA PsycInfo'는 미국심리학회에서 구축한 학술 데이터베이스로, 1927년 『심리학 초록(Psychological Abstracts)』이라는 월간지를 출판하기 시작하면서 오늘날에 이르렀다. 기본적인 서지정보와 초록을 제공하는 정확한 데이터베이스로, 심리학 및 관련 분야에 한정하여 검색할 때 유용한 도구가 된다. 하지만 사용권이 유료라는 단점 때문에 우리나라에서 광범위하게 사용하기에는 어려움이 있다.

'PubMed'는 의학 및 생명과학 분야 학술지와 온라인도서의 서지정보를 제공하며, 전문을 제공하는 출판사 웹페이지나 'PubMed Central'의 웹페이지로 연결하는 링크를 포함하기도 한다. PubMed를 통한 검색 결과에서 'free full-text PMC'로 표시된 링크를 따라가면 PubMed Central에서 제공하는 논문의 전문에 접근할 수 있다. PubMed Central은 미국국립보건원의 국립의학도서관(the U.S. National Institutes of Health's National Library of Medicine, NIH/NLM)에 있는 생물의학 및 생명과학 학술지 문헌의 전문을 무료로 제공하는 기록 보관소, 즉 아카이브(archive)다. 여기에서 제공하는 무료 전문은 자체적으로 구성하기도 하고 학술지를 발행하는 출판사로부터 전문을 공급받아 재구성하는 형태로 이루어져 있다. 이런 점으로 인해 실제 출판된 논문의 최종판과 다를 수 있다. 따라서 정확한 출처는 해당 출판사에서 제공하는 원문을 찾아야 한다. 물론 접근 제약으로 인해 출판사의 원문을 직접 읽는 것이 불가능하다면 PMC에서 제공하는 논문을 참고하는 것도 가능하다.

앞에서 언급한 다양한 학술 데이터베이스는 기본적으로 상세한 색인화를 포함하기 때문에 특정 필드에 한정하여 찾고자 할 때는 해당 필드를 충분히 활용하는 것이 좋다. 예컨대, 제목에 특정 단어가 들어가 있는 논문을 찾으려면 필드를 제목으로 한정하여 검색하면 된다. 특정 날짜 이후에 출판된 논문, 혹은 특정 저자가 포함된 논문 등의 경우, 날짜나 저자 필드를 선택하여 검색할 수 있다. 이런 방식을 사용하면 검색 결과의 수를 현저히 줄여 주기 때문에 효율적인 검색이 가능하다.

학술 데이터베이스 활용 외에 사람들이 가장 쉽게 접근할 수 있는 검색 방법은 '구글 학술검색(Google Scholar)'이다. 구글 학술검색을 활용하면 찾고자 하는 키워드가 포함된 수많은 문헌을 검색 결과로 확인할 수 있다. 검색 결과는 출판일과 상관없이 모든 날짜를 포함하고, 관련도 순서로 정렬된 결과를 보여 준다. 출판일 범위를 한정하고 싶다면 해당 필드를 수정하면 된다. 예컨대, 기간을 2001년부터 2022년까지로 설정하면 그 이전과 이후의 문헌은 제외한 결과를 보여 준다. 검색 결과로 제공해 주는 각 문헌은 관련 출처로 링크를 통해 이동할 수 있게 해 주는데, 출처가 여러 개 보인다면 해당 문헌을 발행한 출판사를 먼저 선택해야 한다. 목록 아래에는 해당 문헌이 얼마나 많이 인용되었는지를 보여 주며, 유사한 연구를 '관련 학술자료'에서 제공해 준다. 또한 Web of Science에서 해당 문헌이 참고된 사항을 볼 수 있는데, 이 링크를 따라가면 앞서 살펴본

Web of Science 페이지로 이동한다.

구글 학술검색은 기본적으로 검색엔진을 활용하기 때문에 엄청난 양의 검색 결과를 보여 준다. 특정 주제에 관한 문헌을 찾는 연구자의 처지에서는 많은 검색 결과보다는 정확한 결과가 더 유용할 것이다. 간단한 추가작업을 통해 더 구체적인 검색을 할 수 있는데, 직접인용 부호인 큰따옴표(" ")를 활용하는 것이다. 큰따옴표를 활용하면 정확히 그 어구가 포함된 경우로 한정하여 결과를 보여 준다. 예컨대, 앞서 살펴보았던 공간 스트룹 과제를 사용한 연구를 찾고자 할 때 그냥 해당 키워드를 입력하면 10만 개 이상의 항목이 검색된다. 이제 "spatial Stroop task"로 검색하면 약 1,200개 정도만 검색된다. 여기에 관심 키워드를 하나 더 추가하면, 예를 들어 "cognitive flexibility"라고 추가하여 입력하면 약 160개 정도로 감소한 결과를 보여 준다. 이에 더하여, 연산자를 활용할 수도 있는데, 예를 들어 특정 저자(예: 홍길동)의 연구를 찾기 위한 경우라면, 'author: "홍길동"'과 같이 입력하면 된다. 또한 둘 이상 중에서 어느 하나라도 포함하는 경우를 찾고 싶다면 'or', 둘 이상을 모두 포함하는 경우를 찾고자 한다면 'and'를 사용하여 찾고자 하는 문헌을 효율적으로 검색할 수 있다.

문헌을 검색하는 것과 그 문헌의 원문에 접근하는 것은 다른 문제다. 대학의 경우 캠퍼스 내에서 다양한 해외 학술 데이터베이스에 접근할 수 있는 시스템을 구축해 놓았기 때문에 원문에 접근하는 것이 상대적으로 쉬운 편이지만, 모든 논문에 접근할 수 있는 것은 아니다. 또한 캠퍼스 밖에서 접근할 때는 이조차 쉬운 일이 아니다. 이런 경우 활용할 수 있는 방법은 오픈 액세스 학술지와 논문을 활용하는 것이다. OA 학술지는 접근에 필요한 요금이나 다른 제약 없이 언제 어디서든 논문의 원문까지 온라인으로 볼 수 있도록 배포되는 학술지를 말한다. 따라서 관심 있는 논문이 출판된 학술지가 OA인지 아닌지를 확인할 필요가 있는데, 이를 위해서는 전 세계에서 출판되는 OA 학술지와 논문에 대한 'Directory of Open Access Journals(DOAJ)' 데이터베이스를 활용하면 쉽게 검색할 수 있다(https://doaj.org).

끝으로, 문헌 검색을 위한 일반적인 전략 몇 가지를 소개하고자 한다.

첫째, 다양한 출처를 활용한다. 앞에서도 언급했듯이 각 데이터베이스에서 다루는 문헌의 범위가 한정되어 있으므로, 찾으려는 주제와 관련한 논문을 하나의 데이터베이스에서 모두 찾을 수는 없다. 예컨대, Web of Science와 구글 학술검색을 모두 사용하는 것이 낫다.

둘째, 다양한 키워드를 사용한다. 검색한 키워드를 기록함으로써 같은 키워드로 반복 검색하는 낭비를 하지 않으면서 동시에 유사한 키워드를 사용하여 검색을 확장할 수 있다. 예컨대 '스트룹 과제'와 '선택적 주의'만을 사용하여 반복해서 검색하는 것보다는 '스트룹 과제'와 '억제 능력'을 사용한다면 앞선 검색에서는 찾지 못한 선행연구를 더 확장해서 찾을 수 있다.

셋째, 목표로 하는 핵심 논문을 찾고 나면, 추가적인 다른 논문을 찾는 데 그 논문을 활용한다. 연구자의 관심 주제와 밀접한 논문을 찾으면 그 논문에서 인용한 이전 논문을 찾거나 그 논문을 이후에 인용한 논문을 찾아봄으로써, 관심 주제의 논문을 확장하여 찾을 수 있다.

넷째, 참고하고자 하는 논문의 인용 횟수를 확인하는 것이 바람직하다. 인용 횟수는 그 논문의 영향력을 보여 주는 것으로, 출판연도를 고려하여 횟수가 높을수록 그 논문의 영향력이 높음을 보여 준다. 이와 관련하여 유의할 점은 학술지의 영향력 지수(impact factor) 자체만으로 논문의 영향력을 평가하는 것은 삼가야 한다는 것이다.

추가적인 전략으로, 디지털 객체 식별자(Digital Object Identifier, DOI)를 활용하는 것이다. DOI는 모든 디지털 콘텐츠에 부여되는 고유한 식별번호로, 문헌 대부분이 이를 가지고 있다. 참고문헌 목록에 DOI를 포함하는 경우가 많으므로, 이를 활용하는 것도 가능하다. DOI 링크를 활용하면 해당 논문의 원출처로 이동할 수 있으므로 정확한 출처를 확인할 수 있다.

Keywords

양적 연구(quantitative research) 변인(variable)
메타분석(meta-analysis) 질적 연구(qualitative research)
자연관찰(naturalistic observation) 체계적 관찰(systematic observation)
면접(interview) 심층 면접(in-depth interview)
초점집단 면접(focus group interview) 사례연구(case study)
기록물 연구(archival research) 심리전기(psychobiography)
내용분석(content analysis) 입력 체계(coding system)
문헌 개관(literature review) 연구 설계(research design)
기술연구(descriptive research) 상관연구(correlational research)
상관계수(correlation coefficient) 현장 연구(field research)
실험연구(experimental research) 비실험연구(non-experimental research)
두 집단 참가자 간 설계(two-group between-participants design)
실험집단(experimental group) 통제집단(control group)
무선할당(random assignment) 준실험(quasi-experiment)
기초연구(basic research) 응용연구(applied research)
실행연구(action research) 프로그램 평가(program evaluation)
가설(hypothesis) 종합적 명제(synthetic proposition)
분석적 명제(analytic proposition) 검증 가능성(testability)
조작적 정의(operational definition) 연구 설계(research design)
연구계획서(research proposal) 기관생명윤리위원회(Institutional Review Board, IRB)
예비연구(pilot study) 효과크기(effect size)
조작점검(manipulation check) 가설검증(hypothesis testing)
동료 평가(peer review) 인용색인(citation index)

Review Questions

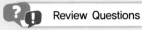

1. 기술연구, 상관연구, 실험연구의 목표를 각각 설명하시오.
2. 실험연구가 내적 타당도가 높고 외적 타당도가 낮은 이유는 무엇인가?
3. 실험을 간단히 정의하시오.
4. 준실험이란 무엇인가?
5. 기초연구와 응용연구의 목적을 각각 간단히 설명하시오.
6. 연구 아이디어 생성을 위한 주요 출처 다섯 가지를 쓰시오.
7. 가설을 종합적 명제로 진술해야 하는 이유가 무엇인지 분석적 명제와 비교하여 설명하시오.
8. 조작적 정의란 무엇인가?
9. 조작점검이란 무엇인가?
10. 예비연구 시행이 중요한 이유는 무엇인가?
11. 연구 수행의 일반적 절차를 나열하시오.
12. 연구 논문의 본문 목차를 순서대로 쓰시오.
13. 문헌 검색을 위한 일반적인 전략을 나열하시오.

제3장

연구 윤리

1. 인간 대상 연구의 윤리
    1) 역사적 교훈
    2) 기본 윤리 원칙과 적용
    3) 기관생명윤리위원회의 역할
    4) 인간 대상 연구 윤리의 실천

2. 연구 진실성
    1) 연구 진실성의 중요성
    2) 연구 부정행위
    3) 연구 진실성의 실천

과학은 도덕적인가, 도덕적이지 않은가? 이 질문은 타당하지 않다. 과학은 도덕적이지도, 비도덕적이지도 않다. 과학적 발견을 위해서라면 연구자는 어떠한 행동이라도 할 수 있는가? 이 질문은 타당하다. 연구자의 의도와 행동은 도덕적일 수도, 비도덕적일 수도 있기 때문이다.

연구자는 우수한 연구를 수행하려고 노력한다. 연구의 결과가 우수한 것으로 보이는 연구가 아니라 실제로 우수한 연구는 연구자의 전문적 능력과 윤리적 태도를 통해 이루어진다. 따라서 인간을 대상으로 하는 연구방법의 구체적인 내용을 살펴보기 전에 연구의 윤리적 측면을 먼저 이해하는 것이 필수적이다.

서문에서 밝힌 바와 같이, '인간에 의한, 인간을 위한 연구'를 하는 것이 중요하다. 연구자는 연구 수행의 주체인 자기 자신의 연구 진실성을 갖추고, 참가자를 연구의 대상인 동시에 주체로 바라보는 인식을 갖추며, 연구를 수행하는 동안 인간 대상 연구 윤리를 실천하면서, 연구의 목적이 인간의 안녕과 복지를 위한 것임을 분명히 해야 한다. 3장에서는 인간을 대상으로 하는 연구에서 반드시 준수해야 할 연구 윤리를 먼저 살펴보고, 연구 부정행위가 무엇인지를 살펴봄으로써 진실성을 충분히 확보하면서 연구를 수행하는 방안을 다루고자 한다.

1. 인간 대상 연구의 윤리

심리학을 포함하여 인간을 대상으로 하는 많은 연구 분야에서는 연구 윤리의 실천을 기본적인 것으로 강조한다. 지난 세기 동안 학문적 발전은 단지 과학적 지식의 축적만으로 이루어진 것이 아니라 윤리 기준의 지속적인 강화를 통해 기본 윤리 원칙을 수립하고 적용할 수 있었기 때문에 가능했다. 여기서 기본 윤리 원칙은 인간 존중, 선행, 정의의 세 가지 원칙을 말하며, 인간 행동에 대한 많은 윤리적 대처방안과 평가를 위한 기본적 판단으로 작용할 수 있다.

이 절에서는 인간 대상 연구에서 반드시 지켜야 할 기본 윤리 원칙과 적용 방법을 중심으로, 그 원칙이 만들어지기까지의 역사적 사건과 더불어 그에 따른 변화를 먼저 살펴보고자 한다. 또한 기관생명윤리위원회의 역할을 살펴봄으로써 인간 대상의 연구를 수행하는 과정에서 준수해야 할 제도적 측면과 더불어, 연구 윤리 준수를 위한 실제적인 방안도 살펴볼 것이다.

1) 역사적 교훈

인간 대상 연구의 윤리가 확립되기까지 역사적으로 불행하거나 논란이 있었던 주요 사건들이 존재했다. 불행한 사건을 경험한 연구자들은 향후 유사한 사례가 발생하지 않도록 하는 데 힘을 모았으며, 윤리적으로 논란이 있던 사건들은 이를 해소하기 위해 관련 제도를 더욱 발전시키는 결과로 이어졌다.

(1) 뉘른베르크 강령과 헬싱키 선언

제2차 세계대전 당시, 나치는 전쟁 수행을 위한 의학 지식과 기술을 얻기 위한 목적으로 전쟁포로와 아동 등을 대상으로 수없이 인체 실험을 진행하였다. 실험을 주도한 의사와 과학자들은 성인 수용자들을 대상으로 강제로 바닷물을 섭취하도록 하거나, 독극물을 주입하여 생체 변화를 관찰하거나, 얼음물에 빠졌을 때 얼마나 오랫동안 생존할 수 있는지 확인하는 등의 상상하기 힘든 행위를 저질렀을 뿐만 아니라, 쌍생아 아동을 대상으로는 체내 장기의 형태가 서로 같은지 확인하기 위해 이들을 사망케 하여 해부하는 등 잔혹한 행위를 서슴없이 반복하였다. 이들은 전쟁 동안 약 30만 명에 이르는 사람들을 인체 실험과 관련하여 살해하였다.

전쟁이 끝난 후, 1946년부터 1949년까지 전범을 대상으로 하는 재판이 열렸다. 이 재판을 통해 인체 실험을 주도했던 의사와 과학자 23명에 대한 판결이 이루어졌는데, 놀랄 만한 점은 인체 실험을 주도했던 당사자들이 범죄자를 연구 대상으로 삼는 것은 문제가 되지 않으며, 더욱이 인체 실험에 관한 보편적 윤리 기준이 없다는 이유로 무죄를 주장하였다는 것이다. 재판 결과, 이들 23명 중 실제로 16명만 유죄를 선고받았고 7명은 무죄로 석방되었다.

재판을 담당했던 판사들은 나치의 인체 실험과 같은 상황을 반복하지 않기 위해서는 연구 윤리에 관한 기준을 제시하는 것이 필요하다고 판단하였고, 의사 등을 포함한 전문가 자문을 통해 10가지 윤리 기준을 '허용되는 의료 실험'이라는 제목으로 최종 판결문에 포함하였다. 이를 공식화하여 부르는 것이 1949년 뉘른베르크 강령(Nuremberg Code)이다.

읽어 보기 3-1 **뉘른베르크 강령의 요약**

1. 참가자의 자발적 동의가 절대적으로 필요하다.
2. 실험은 사회적으로 유익한 결과를 산출할 수 있어야 하고, 다른 방법으로는 연구가 불가능할 때 시행한다.
3. 실험은 동물 실험 결과와 연구 중인 질병이나 문제에 관한 지식을 기반으로 하여, 예상되는 결과가 실험 수행을 정당화할 수 있도록 설계되어야 한다.
4. 실험은 모든 불필요한 신체적 · 정신적 고통과 상해를 피할 수 있도록 시행해야 한다.
5. 사망이나 장애가 발생할 것이라고 여겨지는 이유가 있다면 실험을 시행할 수 없다.
6. 감수해야 하는 위험이 실험으로 해결될 수 있는 문제의 인도주의적 중요성을 초과할 수 없다.
7. 부상, 장애, 또는 사망의 가능성이 희박하더라도 참가자를 보호하기 위한 적절한 준비와 시설을 갖추어야 한다.
8. 실험은 과학적으로 자격을 갖춘 사람만 수행할 수 있으며, 고도의 기술과 주의를 필요로 한다.
9. 실험을 진행하는 동안, 참가자에게는 자신이 실험을 지속하는 것이 불가능해 보이는 신체적 · 정신적 상태에 도달한 경우, 실험을 종료할 수 있는 자유가 있어야 한다.
10. 실험을 진행하는 동안, 과학자는 자신의 선의와 기술 및 신중한 판단에 근거하여, 실험의 지속이 참가자에게 부상이나 장애, 또는 사망을 초래할 수 있다고 여겨지는 사유가 있다면 어느 단계에서든 실험을 종료할 준비가 되어 있어야 한다.

뉘른베르크 강령은 참가자의 자발적 동의가 필수적임을 가장 먼저 강조하는데, 이를 위해서는 참가자가 자발적 동의를 할 수 있는 법적 능력이 있어야 하고, 어떠한 강압도 없어야 하며, 이를 이해할 수 있는 충분한 인지능력이 있어야 한다고 명시하였다. 또한 실험은 예상되는 결과가 실험을 정당화할 수 있어야 할 뿐만 아니라, 사회적으로 유익한 결과를 산출할 수 있어야만 시행할 수 있음을 강조하였다. 뿐만 아니라, 참가자의 안전을 최우선으로 고려해야 함을 명시적으로 선언하면서, 연구자의 윤리적 판단의 기준을 제시하였다. 당시에 이 강령은 공식적인 법률이나 윤리 지침으로 인정되지는 않았지만, 이후에 헬싱키 선언 등 관련 기준을 수립하는 데 상당한 영향을 주었다.

이후 1964년에 핀란드 헬싱키에서 개최된 세계의사회(World Medical Association) 총회에서 연구자들은 인간 대상의 의학 연구에서 적용 가능한 전문적 윤리 지침의 필요성을 인식하여 뉘른베르크 강령을 보완한 선언문을 발표하게 된다. 이를 헬싱키 선언

(Declaration of Helsinki)이라고 하며, 기본 원칙, 전문 치료와 결합한 임상 연구, 비치료적 임상 연구 등 3개의 절과 14개 조항으로 구성되었다. 이때 헬싱키 선언의 소제목은 '임상 연구에서 의사를 위한 권장 사항' 정도로 표현되었다. 전범 재판의 결과로서 탄생한 뉘른베르크 강령은 연구자들이 반드시 지켜야 할 의무라기보다는 선언적 의미가 강했던 반면, 헬싱키 선언은 그 필요성을 인식한 연구자들이 스스로 윤리적 의무를 선언함으로써 더 강력한 의무를 스스로 부과하였다는 점에서 그 의미가 매우 크다.

헬싱키 선언은 처음 제정된 이후로 시대 변화에 따라 때때로 수정되어 2013년에 제7판으로 개정된 후 현재까지 이르고 있다. 헬싱키 선언에 수반된 제목은 2000년부터 '인간 대상의 의학 연구를 위한 윤리 원칙'으로 최초 제정되었을 때보다 더 포괄적인 원칙을 담고 있다. 구체적으로, 제7판은 서문(1~2항)과 일반 원칙(3~15항), 위험과 부담 및 이익(16~18항), 취약한 집단과 개인(19~20항), 과학적 요건과 연구계획서(21~22항), 연구윤리위원회(23항), 사생활과 비밀 유지(24항), 충분한 설명에 의한 동의(25~32항), 위약의 사용(33항), 임상시험 후 지원(34항), 연구 등록과 결과의 출판 및 배포(35~36항), 입증되지 않은 시술의 적용(37항)의 12개 절과 37개 항으로 이루어져 있다.

(2) 벨몬트 보고서

1932년 미국 공공의료서비스국(Public Health Service)은 터스키기(Tuskegee) 대학과 협력하여 매독의 증상과 합병증 등의 자연 경과를 기록하기 위한 연구를 수행하였다. 이를 터스키기 매독 연구(Tuskegee Syphilis Study)라고 부르며, 1972년까지 40년간 수행되었다. 이 연구의 공식 명칭은 'Tuskegee Study of Untreated Syphilis in the Negro Male'이다. 제목에서 볼 수 있듯이, 이 연구는 흑인이 절대적으로 많이 거주하는 앨라배마(Alabama)주에 거주하는 흑인 남성을 대상으로, 매독이 있는 399명과 그렇지 않은 201명 등 총 600명의 참가자를 대상으로 하였다.

연구자들은 참가자들에게 '나쁜 피' 때문에 치료를 받아야 한다고 안내하였고, 그들에게 무료 건강검진을 제공하였다. 하지만 연구자들은 초기에는 건강했던 참가자나 가족 등 주변 사람들이 새로 감염되어도 그들에게 알리지 않았으며, 연구가 개시되고 얼마 지나지 않아 페니실린이 개발되어 매독 치료제로 널리 사용되었음에도 매독의 자연 경과 확인을 위해 그들에게 치료를 제공하지 않았다. 연구가 지속되는 동안 130여 명이 매독과 관련 합병증으로 사망하였고, 40여 명의 가족 감염이 발생했을 뿐만 아니라, 약 20명의 아이가 선천성 매독을 갖고 태어났다. 1972년에 이런 상황이 언론에 의해 외부로 알려졌고, 40년간 지속되었던 이 연구는 윤리적으로 부당하다는 결론이 내려져, 공식적으로 연구가 종료되었다.

터스키기 매독 연구는 윤리적으로 많은 문제를 수반하고 있었다. 구체적으로, 건강검진이나 치료를 받을 수 없을 정도로 경제적 형편이 어려웠던 흑인 남성들만을 대상으로 하였고, 대상자 모집 과정에서 연구에 관한 설명과 동의를 받지 않은 상태에서 연구를 진행하였다. 또한 '나쁜 피'가 있다는 식의 기만적 행위와 더불어 참가자들이 연구에 참여한 상태라는 사실조차 알지 못하도록 연구가 수행되었으며, 혈액을 통해 감염된다는 사실을 환자의 가족들에게 알리지도 않음으로써 그들을 위험에 노출하였다. 이뿐만 아니라, 치료와 무관한 불필요한 처치가 수반되었고, 페니실린 개발 후에도 치료의 기회를 적극적으로 차단함으로써 그 기회를 박탈하기까지 하였다.

이러한 문제를 인식하여 미국은 연방정부 국가연구법에 따라 '생물의학 및 행동 연구의 인간 참가자 보호를 위한 국가위원회(National Commission for the Protection of Human Subjects of Biomedical and Behavioral Research)'를 조직하여 대책을 마련하고자 하였다. 이 위원회는 생물의학 및 행동 연구를 수행하는 데 기초가 되어야 하는 기본 윤리 원칙을 확인하고, 관련 연구가 이 원칙에 따라 이루어지도록 보장하는 지침을 완성하였는데, 여기에는 생물의학과 행동 연구 및 의학의 임상적 관행 간의 경계, 인간 참가자 대상 연구의 적절성 판단에서 위험-이익 평가의 역할, 인간 참가자 선정에 대한 적절한 지침, 그리고 다양한 연구 환경에서 충분한 정보에 의한 동의의 본질과 정의를 포함하였다. 그리고 그 결과로서 연구 윤리의 원칙과 지침이 담긴 벨몬트 보고서(Belmont Report)를 발행하였다(National Commission for the Protection of Human Subjects of Biomedical and Behavioral Research, 1979). 이후 미국은 1972년부터 운영되던 '연구위험 보호국(Office for Protection from Research Risks)'을 2000년부터는 '인간연구 보호국(Office for Human Research Protections)'이라는 조직으로 변경하였고, 위험으로부터의 보호라는 소극적인 접근보다 인간 대상 연구의 보호라는 더 적극적인 정책으로 변화하여 보건복지부 산하에서 관련 업무를 총괄하며 오늘날에 이르고 있다.

벨몬트 보고서는 인간 대상 연구를 위한 인간 존중, 선행, 정의라는 세 가지 원칙을 바탕으로, 충분한 정보에 의한 동의, 위험-이익 평가, 그리고 참가자 선정이라는 적용 방안을 각각 제시하였다. 이는 이후 미국 연방을 비롯하여 미국심리학회 윤리강령(Ethical

Principles of Psychologists and Code of Conduct) 등 많은 지침의 기준이 되었다. 벨몬트 보고서에 관한 구체적인 내용은 다음 절에서 다루도록 한다.

(3) 밀그램 실험

앞서 살펴본 뉘른베르크 강령과 헬싱키 선언, 그리고 벨몬트 보고서를 이끈 사건들은 생물의학 분야에서 발생하였고, 인간 대상 연구를 위한 이러한 윤리 기준은 그 사건을 겪고 난 역사적 교훈의 산물이라고 할 수 있다. 심리학 연구에서도 윤리적 논쟁을 일으킨 유명한 실험이 있었는데, 이를 밀그램 실험(Milgram experiment)이라고 한다. 공교롭게도, 이 실험은 뉘른베르크 강령이 탄생하게 된 전범 재판과 관련된다.

예일 대학교 교수였던 스탠리 밀그램(Stanley Milgram)은 제2차 세계대전 후 재판에 기소된 전범들이 대량 학살행위에 대한 정당성으로 주장하였던 '권위에 대한 복종'에 관심을 두고 그들을 모두 범인이라고 할 수 있을까에 대해 고민하였다. 이에 따라, 그들이 권위자의 명령에 따랐기 때문에 그러한 행위를 할 수밖에 없었다는 가능성에 관심을 두고, 실제로 그러한가를 규명하기 위해 1961년부터 일련의 연구를 수행하였다(Milgram, 1963, 1964, 1965).

밀그램은 예일 대학교에서 시행하는 '기억과 학습에 관한 과학 연구'에 참여할 참가자를 신문 광고를 통해 모집하였다. 모집 대상은 다양한 직업에 종사하고 있는 20~50세 사이의 남성이었는데, 참가자들은 신문 광고를 통해 자발적으로 참여하였다. 참가자가 실험실에 도착하면, 다른 참가자와 함께 '학습자'와 '교육자' 중에서 어느 역할을 할지를 결정하는 제비뽑기를 하도록 실험자의 지시를 받았다. 사실, 이 제비뽑기는 조작된 것으로, 제비뽑기 결과 어떤 참가자는 늘 '교육자'가 되고 다른 참가자는 늘 '학습자'가 되었는데, 이 다른 참가자는 실제로는 참가자가 아닌 실험 조력자로, 월리스 씨(Mr. Wallace)라고 불렸다. 참가자는 월리스 씨가 조력자인 사실을 몰랐으며, 함께 참여한 다른 참가자로만 알고 있었다. 학습자는 일련의 단어 쌍을 학습해야 했고, 교육자는 학습할 단어 쌍을 읽어 주고 문제를 내는 역할을 하되, 학습자가 틀릴 때마다 처벌하도록 지시받았다.

실험자는 학습자(월리스 씨)를 실험실로 데려가 전기의자처럼 보이는 의자에 앉힌 후 전기충격을 가할 수 있는 전극을 팔에 부착하였다. 이후 교육자(참가자)는 실험복을 입은 실험자와 함께 실험실에 들어갔는데, 이곳에는 가장 낮은 15V에서 15V씩 증가하여

450V까지 표기된 일련의 스위치 장치가 설치되어 있었다. 참가자와 조력자는 의사소통은 가능했지만 서로 볼 수는 없도록 분리된 두 실험실에서 각각 전기충격을 통한 처벌과 학습을 할 준비를 마쳤다.

참가자는 단어 쌍 목록을 읽어 준 다음, 각 쌍의 첫 번째 단어를 제시한 후 학습자가 올바르게 응답하는지 확인하였다. 학습자가 정답을 맞히면 다음 쌍으로 넘어가는 식으로 계속 진행하였고, 틀리는 시행에서는 전기충격 스위치의 레버를 눌러야 했다. 전기충격은 오답일 때마다 15V씩 증가하였고, 학습자는 처벌의 강도가 높아질수록 더 큰 고통을 호소하며 그만하라고 소리치기도 하는 등 괴로움을 표현하였다. 하지만 전기충격은 거짓이었고, 학습자는 일부러 오답을 만들어 내며 마치 충격을 받은 듯한 연기를 한 것이었다. 학습자가 점차 고통스러워하는 소리를 들으면서 참가자가 실험을 중단하고 싶다는 의사를 표현하면, 실험자는 '계속해야 합니다.', '계속하는 것이 필요합니다.', '계속하는 것이 절대적으로 중요합니다.', '선택의 여지가 없습니다. 계속해야 합니다.' 등과 같은 네 번의 언어적 촉구를 통해 실험을 계속해서 진행하도록 하였다. 만일 네 번째 촉구가 끝나도 참가자가 진행을 계속 거절할 때는 실험을 종료하도록 하였다.

결과는 어땠을까? 인간의 생명을 중요시하는 기본적인 도덕 규범에 따라 실험을 중단했을 수도 있었겠지만, 모든 참가자가 300V까지 처벌을 계속 시행하였으며, 이 중 65%는 450V의 최고 수준에 도달할 때까지 실험을 지속하였다(이 참가자들은 최고 전압에 도달했을 때 침묵했다고 한다). 이 결과를 통해 밀그램은 사람이 처한 여러 상황이 개인에게 영향을 미치고, 특히 권위 있는 인물의 지시에 복종하게 만든다고 주장하였다. 어떤 개인이 도덕적으로나 법적으로 권위가 있다는 근거를 사람들이 인정하면 사람들은 그 개인의 명령에 복종하는 경향이 있으며, 그 결과로서 평범한 사람들도 무고한 사람의 목숨을 위태롭게 할 수 있는 행동까지도 할 수밖에 없다고 주장하였다.

밀그램 실험은 나치의 잔혹한 행위와 관련한 행동뿐만 아니라, 일상에서 관찰되는 복종에 의한 인간 행동을 이해하는 데 중요한 결과로 받아들여지고 있다. 하지만 인간을 대상으로 한 이 연구가 윤리적으로 이루어졌는가? 이와 관련한 논쟁은 심리학 연구의 윤리적 기준을 철저하게 개정해야 한다는 목소리로 이어졌다.

실험 결과의 타당성에 대한 비판은 절차적 타당성(예: 상당수 참가자는 학습자가 고통이 없음을 알아차렸다), 또는 해석의 타당성(예: 실제로는 복종이 아닌 불복종으로 해석하는 것이 타당하다)을 포함하는데, 여기서는 이러한 비판은 제외하고 윤리적 측면만을 간단히 소개하고자 한다. 먼저, 실험 절차에서 밀그램이 보고한 절차보다 참가자들에게 더 강압적으로 시행된 절차들이 있었다는 점이 확인되었다. 예컨대, 실험 과정에서 참가자에게 참여를 지속하도록 촉구하는 말들을 더 강압적으로 시행함으로써 참여에 대한 압박의 수준을 높였고(Perry, 2013a), 실험자가 학습자의 방으로 가서 학습자가 괜찮음을 확인하거나 학습자도 계속할 의향이 있다고 참가자에게 거짓으로 확인해 줌으로써 실험을 더 진행하도록 유도하기도 하였다(Gibson, 2013). 또한 실험 종료 후에 참가자들에게 사후설명(debriefing)을 적절하게 시행하지 않았을 뿐만 아니라, 심리적으로나 신체적으로 문제가 없다는 확인도 하지 않은 채로 참가자들이 실험실에서 벗어났다(Perry, 2013b). 이렇게 밀그램 실험과 관련한 논쟁은 최근까지도 유효하다(예: Griggs & Whitehead, 2015). 물론 밀그램 실험이 진행되었을 때는 인간 대상 연구 윤리가 체계적으로 확립되기 전이라는 점을 참고할 필요가 있다.

2) 기본 윤리 원칙과 적용

벨몬트 보고서(Belmont Report)의 부제는 '연구의 인간 참가자 보호를 위한 윤리 원칙과 지침(Ethical Principles and Guidelines for the Protection of Human Subjects of Research)'이다. 부제에서 볼 수 있듯이 인간 대상 연구를 위한 기본 윤리 원칙과 적용 방안을 제시하고 있는데 여기서 그 내용을 상세하게 살펴보고자 한다.

(1) 인간 존중: 충분한 정보에 의한 동의

① 기본 원칙: 인간 존중

인간 대상 연구를 위한 첫 번째 원칙은 인간 존중(respect for persons)이다. 이는 인간의 자율성(autonomy)에 관련한 것으로, 개인은 자율적 행위자이고, 자율성이 저하된 사람은 보호받을 권리가 있다는 두 가지 신념을 포함한다. 따라서 인간 존중의 원칙은 개인의 자율성을 인정해야 한다는 요건과 자율성이 저하된 사람들을 보호해야 한다는 요건을 충족해야 함을 의미한다.

인간의 자율성에 대한 인정은 개인이 자신의 목적에 대해 스스로 숙고할 수 있고 그 숙고의 방향에 따라 행동할 능력이 있다는 점을 받아들인다는 의미다. 따라서 자율성을 존중하는 것은 타인에게 명백한 해가 되지 않는 한, 자율적인 사람들이 숙고한 의견

과 선택을 존중한다는 것이다. 반대로 자율성을 존중하지 않는다는 것은 개인이 숙고한 판단을 거부하거나 그 판단에 따른 행동에 제약을 가하거나, 또는 숙고한 판단을 내리는 데 필요한 정보를 그럴 만한 강력한 이유가 없음에도 제공하지 않는 것을 포함한다.

자율성이 저하된 사람들에 대한 보호는 모든 사람이 자기결정 능력을 갖추고 있는 것은 아니라는 사실에 기인한다. 자기결정 능력은 개인이 성장해 가면서 갖추어지는 능력이기 때문에 성인이 되기 전까지 자기결정 능력이 부족할 수 있으며, 충분히 성장한 개인이라 할지라도 질병이나 정신장애, 혹은 자유가 심각하게 제한된 환경으로 인해 일부의 사람들은 자기결정 능력을 상실할 수 있다. 이들에 대한 보호는 개인을 자유롭게 활동하도록 하면서 가능한 위험이 발생하는지 관찰하는 소극적인 보호에서부터 잠재적으로 해가 될 수 있는 활동을 배제하는 정도까지 다양하다. 또한 자율성이 부족한지는 개인이 성장함에 따라, 혹은 시간 흐름에 따라 달라질 수 있으므로 주기적으로 재평가되어야 한다.

② 적용: 충분한 정보에 의한 동의

연구에서 인간 존중의 원칙을 적용하는 방법은 충분한 정보에 의한 동의 절차를 이행하는 것이다. 충분한 정보에 의한 동의(informed consent)는 기본적으로 사전동의(prior consent)의 형태로 이루어지기 때문에 종종 같은 의미로 사용되지만, 사전에 받는 동의라는 뜻보다 충분한 정보가 포함된 설명을 바탕으로 동의한다는 점이 더 중요하다. 연구 참여를 결정하기 위해서는 충분한 설명을 통한 사전동의가 필수적이지만, 사전동의가 불가능한 일부 연구의 경우에는 사후설명을 동반한 동의만이 가능할 수도 있다. 특히 높은 외적 타당도(external validity) 확보를 위한 현장실험 등의 경우에는 참가자들에게 미리 설명하지 않은 상태에서 이루어지기 때문에 사전동의가 사실상 불가능하다.

뿐만 아니라, 사전동의 시기에는 예상하지 못했던 상황에 대해 참가자의 동의를 추가로 받아야 하는 경우가 발생할 수 있다. 이때 연구자는 연구가 진행되는 동안에 충분한 설명과 함께 참가자에게 추가적인 참여에 관한 동의를 받아야 한다. 또한 연구가 종료된 이후라도 참가자의 위험이나 이익에 관련된 상황이 발생한다면 해당 정보를 제공해야 한다. 예컨대, 터스키기 매독 연구에서, 연구자는 신약이 개발되어 치료할 수 있다는 상황을 참가자에게 충분히 고지하고, 치료를 받을 것인지에 대한 동의 절차를 이행했어야 했으며, 참여를 종료한 참가자에게도 해당 정보를 제공했어야 한다. 따라서 충분한 정보에 의한 동의는 기본적으로 사전동의를 전제로 하지만, 이후에 추가적인 필요가 발생하거나, 사전동의가 불가능한 경우에는 연구 진행 중, 혹은 종료 후에라도 반드시 받아야 한다는 점을 기억해야 한다.

'충분한 정보에 의한 동의'라는 측면에서, 동의 절차는 기본적으로 정보, 이해, 그리고 자발성의 세 가지 요소를 고려해야 한다. 첫째, 충분한 정보(information)를 제공해야 한다. 연구자는 참가자가 연구 참여를 결정할 수 있을 정도의 충분한 정보를 제공해야 한다. 이 정보는 일반적으로 연구 절차와 목적, 위험과 예상되는 이익, 치료가 포함되는 경우 대안적 절차, 참가자가 언제든 질문을 하거나 참여를 철회할 기회가 있다는 진술문 등이 포함된다. 하지만 충분한 정보 제공을 위해 참가자들에게 매우 상세한 정보를 제공하는 경우, 연구와 관련된 일부 정보가 연구의 타당성을 훼손할 수 있다. 예컨대, 밀집 정도가 스트레스 증가에 미치는 영향을 연구하는 경우, 참가자들은 연구 목적 설명을 통해 밀집 정도가 높으면 스트레스를 많이 받을 것이라는 기대를 할 수 있다. 이는 참가자의 경험에 영향을 줄 수 있고, 왜곡된 반응을 할 가능성을 키울 수 있다.

따라서 연구의 타당성 확보를 위한 일부 속성은 대체로 연구가 종료될 때까지 공개되지 않는다. 이러한 비공개 절차는 불완전한 공개가 연구 목적 달성을 위해 필요하고, 공개할 때보다 더 큰 위험을 초래하지 않으며, 사후설명을 통해 정보를 공개할 수 있는 적절한 계획이 있을 때 정당화된다. 하지만 참가자의 위험과 관련한 정보는 비공개해서는 안 되며, 드러나지 않은 정보에 대한 참가자의 직접적인 질문에 대해 거짓 정보를 제공해서도 안 된다.

정보를 비공개하는 것 이상의 능동적 속임수(deception)를 쓰는 연구에서는 정보 공개에 관한 더 깊은 고려가 필요하다. 연구에서 속임수는 연구의 실제 목적을 숨기기 위해 참가자에게 고의로 사실을 오도하여 왜곡하거나 숨기는 것을 말한다. 하지만 속임수라고 하더라도 참가자에게 해롭거나 위험을 초래하는 절차를 포함해서는 안 된다. 밀그램 실험에서는 인간의 복종에 관한 이해를 위해 실험 시작부터 종료까지 전 과정에 속임수가 포함되었다. 연구 목적이 기억과 학습에 관한 것이었지만 실제로는 복종에 관한 것이었고, 제비뽑기를 통해 역할을 배정받는다고 안내받았지만 실제로 교육자 역할로만 참여하였으며 전기충격은 실제로 존재하지 않았다. 만일 밀그램의 실험에서 있는 그대로의 연구 목적을 제시했다면 어떤 일이 발생했을까? 실험에 참가자가 다른 사람에게 전기충격을 가하는 절차가 있다는 내용을 참가자 안내 문구에 포함했더라면, 적어도 일부 참가자는 실험 참여를 고려하지 않았을 것이고, 결과적으로 복종에 관한 연구 수행에

상당한 어려움을 초래했을 것이다.

속임수는 표지 이야기(cover story)와 같은 형태로 심리학, 특히 사회심리학 분야의 연구에서 종종 사용된다. 표지 이야기는 연구의 실제 목적이나 가설을 비공개하기 위해 참가자에게 그럴듯한 다른 정보를 제공하는 절차를 말하는데, 참가자가 실험의 실제 목적을 알게 되면 그 자체로서 행동에 영향을 받기 쉬운 경우에 많이 사용된다. 예컨대, 글을 얼마나 빨리 읽는가를 측정하는 과정이라고 안내하고 글을 제시해 준 다음, 이후에 해당 글에 대한 참가자의 태도를 측정하는 등의 경우다.

둘째, 이해(comprehension)할 수 있도록 제공해야 한다. 정보는 그 정보를 전달하는 방식과 맥락에 따라 다르게 해석될 수 있다. 예컨대, 정보를 너무 빠르게, 혹은 구조화되지 않은 상태로 제공하거나, 숙고할 시간이 적거나 질문할 기회를 주지 않은 채 제공하거나, 어려운 전문용어를 사용해 제공한다면, 참가자들이 그 내용이 무엇인지 완전히 이해하기 어려울 것이며, 결과적으로 정보에 기반한 선택에 부정적인 영향을 줄 것이다. 또한 지능이나 언어능력, 발달 정도 등 참가자의 이해력에 영향을 줄 수 있는 특성을 고려하여 적합한 표현을 사용해야 한다. 연구자는 참가자가 정보를 이해했는지, 그중에서도 특히 위험과 관련한 정보를 완전히 이해했는지 확인할 책임이 있다. 이때 구두나 서면을 통해 이해 여부를 확인해야 한다.

미성숙하거나 발달적 문제를 지녔거나, 혹은 정신질환 등으로 인해 이해력에 한계가 있는 경우에는 부가적인 절차가 필요하다. 즉, 이러한 특성을 가진 참가자 스스로 주어진 정보를 바탕으로 참여에 동의하는 경우라고 할지라도, 연구자는 그 참가자를 잘 알고 그의 이익을 위해 행동할 가능성이 가장 큰 개인인 법정대리인의 동의를 추가로 받는 절차를 통해 참가자를 잠재적 위험으로부터 보호해야 할 의무가 있다.

미성년자의 경우 법적으로 '동의'할 수 있는 나이가 아니므로, 이들의 동의는 사실상 '승낙(assent)'이 된다. 미성년자가 동의했더라도 이는 실제로 동의한 것이 아니라는 의미다. 이와 관련하여, 미국 아동발달연구학회(Society for Research in Child Development)에서는 7세 이상의 미성년자에게는 승낙을 받도록 권고하고 있다. 더 나아가, 영유아, 심각한 정신질환자, 말기 암 환자, 혼수상태에 있는 환자 등 이해력에 심각한 제한이 있는 경우는 법정대리인의 동의만으로 참여 여부가 결정된다. 이들의 법정대리인은 연구에 직접 참여하는 것이 아니기 때문에 실제 연구 과정에서 어떤 상황에 놓이게 되는지 직접 경험하지는 못한다. 따라서 간접적으로 연구 과정을 경험하고, 원하는 경우 참가자의 참여를 언제든지 중단할 수 있도록 연구 진행을 관찰할 기회를 제공해야 한다.

셋째, 자발성(voluntariness)이 확보되어야 한다. 연구자가 충분한 정보를 제공하고 참가자가 연구의 내용을 충분히 이해했다고 하더라도 동의 과정이 자발적인 것이 아니라면, 이 동의는 유효하지 않다. 연구 참여에 대한 동의는 강압(coercion)이나 부당한 영향력(undue influence) 없이 참가자가 자발적으로 결정했을 때만 유효하다. 강압은 어떤 사람이 무언가를 준수하도록 그 사람에게 의도적으로 해를 끼치겠다는 명시적인 위협을 가할 때 발생한다. 강압은 겉으로 드러나는 행동이기 때문에 특정하거나 인지하기 쉽다. 따라서 동의 과정에서 강압이 발생하지 않도록 절차를 마련하는 것은 상대적으로 쉬운 편이다.

부당한 영향력은 어떤 사람이 무언가를 준수하도록 부당하거나 부적절한, 또는 반대로 과도한 보상이나 제안을 제공할 때 발생한다. 일반적으로 허용될 수 있는 범위의 유인책이라고 하더라도 취약한 참가자의 경우에는 부당한 영향력으로 작용할 수 있다. 또한 높은 지위에 있거나 영향력을 행사할 수 있는 사람, 특히 다른 사람에게 제재를 가할 수 있는 위치에 있는 사람이 참가자에게 어떤 행동을 촉구하는 경우는 부당한 영향력으로 볼 수 있다. 또는 참가자와 개인적으로 가까운 사람을 통해 그 참가자의 선택에 영향력을 행사하려고 하는 것도 부당한 영향력에 해당한다.

예컨대, 직장 상사가 회의 중간에 직원들에게 질문지를 작성하라고 할 때, 직원들은 참여하지 않았을 때 상사가 어떤 식으로든 부정적인 영향력을 행사할 수 있다고 생각할 수 있으므로 윤리적으로 문제가 될 수 있다. 또한 교도소에 수감자에게 연구 참여를 독려하는 것은 진행 중인 재판이나 가석방 심사에서 자신에게 유리한 결정, 즉 과도한 보상과 관련될 것으로 여겨질 수 있다.

③ 밀그램 실험: 인간 존중과 관련한 문제점

참가자에게 충분한 정보에 의한 동의를 받는 절차가 반드시 사전동의의 형태가 아닐 수 있다는 점을 앞서 살펴보았다. 밀그램 실험은 만일 연구 목적을 사전에 정확하게 설명했다면 얻을 수 없었을 것이기 때문에 관련 정보를 비공개한 것뿐만이 아니라 적극적으로 속임수를 사용하였다. 참가자들은 복종 연구에 동의한 것이 아니라 기억과 학습에 관한 연구에 동의한 것이기 때문에, 실험 종료 후 사후설명을 통해 실험의 목적을 설명했어야만 한다.

밀그램의 주장에 따르면, 실험 종료 후 사후설명을 통해 실험의 목적을 설명하였고,

1년 후 참가자의 90% 정도를 추적하여 심리적 피해의 징후가 없다는 것을 확인하였으며, 이들 중 80%가량은 참여한 것을 기쁘게 받아들였다고 보고하였다. 하지만 실제로는 실험 종료 직후 즉각적으로 사후설명을 시행하지도 않았고, 설명해야 할 내용을 적절하게 포함하지도 않았다는 것이 이후의 여러 증거를 통해 확인되었다(Perry, 2013a).

밀그램은 또한 실험 도중에 발생할 것으로 예상되는 심각한 스트레스와 심리적 피해에 관한 정보를 참가자들에게 제공하지 않았다. 참가자들은 기억과 학습에 관한 연구에 참여하는 것이라고 인식하였으므로, 예상하는 위험 정도가 타인에게 전기충격을 가하면서 발생할 수 있는 정도의 수준이라고 생각하는 것은 불가능했을 것이다. 따라서 비공개의 타당한 목적이 있었다고 하더라도 위험에 대한 정보 제공이 필요했으며, 이후 적절한 사후설명을 통한 정보 공개가 이루어졌어야 한다.

여기에 더하여, 연구자는 또한 참가자에게 실험을 중단하지 말고 계속해서 타인에게 전기충격을 가하라는 강력한 촉구와 압박을 지속하거나(Perry, 2013a), 학습자가 실험을 계속할 의향이 있다고 참가자에게 거짓 정보를 전달하는 절차를 통해 실험을 계속하도록 유도하였다(Gibson, 2013). 이는 참가자가 표명한 실험 중단의 의사를 거부하고 참가자의 행동에 제약을 가한 행위로서, 참가자의 자율성을 심각하게 침해한 것으로 볼 수 있다.

(2) 선행: 위험-이익 평가

① 기본 원칙: 선행

인간 대상 연구를 위한 두 번째 원칙은 선행(beneficence)이다. 여기서 선행의 원칙은 일상적 의미로서 친절이나 자선 등 선택적으로 행할 수 있는 선한 행동이 아니라, 연구 참가자의 안녕과 복지를 보장해야 함을 의미한다. 이러한 기준에서 선행의 원칙은 '해를 입히지 말 것', '가능한 한 이익을 극대화하고 피해를 최소화할 것'의 두 가지 의무를 포함한다.

해를 입히지 말아야 한다는 의무는 오랜 의료 윤리의 기본 원칙을 연구 영역까지 확장한 것으로, 다른 누구의 이익과 무관하게 어떠한 사람에게라도 해가 되어서는 안 된다는 것을 의미한다. 이는 인간 대상 연구에서 삼아야 할 잘 정의된 기준으로 작용한다. 해가 되는 것을 회피하기 위해서는 무엇이 해로운가를 먼저 알아야 하는데, 이를 알기 위해서는 사람들이 위험에 노출될 수 있을 뿐만 아니라, 실제로 이익이 되기 위해서는 사람들을 위험 상황에 노출해야 할 수도 있다. 이런 상황은 위험에도 불구하고 특정 이익을 추구하는 것이 정당화될 수 있는지, 아니면 위험 때문에 이익을 포기해야 하는지를 결정해야 하는 문제에 직면하게 한다.

가능한 한 이익을 극대화하고 위험을 최소화해야 하는 의무는 해당 연구를 수행하는 연구자뿐만 아니라 관련 분야에 종사하는 모든 연구자에게 영향을 미친다. 해당 연구자는 연구를 통해 발생할 수 있는 특정 이익의 극대화와 위험의 최소화를 미리 고려해야 한다. 관련 분야에 종사하는 모든 구성원은 연구를 통한 지식의 향상과 새로운 치료 절차 개발 등으로 인해 발생할 수 있는 장기적인 이익과 위험을 인식할 의무가 있다. 때때로 이익을 극대화하고 위험을 최소화하는 것에 관한 판단이 매우 어려울 수도 있다. 예컨대, 참가자에게 직접적인 이익은 없지만 최소한의 위험을 포함하는 연구라면 이를 수행하는 것이 과연 타당한가? 일부는 그러한 이유로 연구 수행이 불가능하다고 판단하겠지만, 다른 일부는 그 이유로 미래에 더 많은 사람에게 이익을 줄 수 있는 많은 연구를 배제할 것이므로 수행할 수 있다고 판단할 것이다.

② 적용: 위험-이익 평가

연구에서 선행의 원칙은 위험-이익 평가(risk-benefit assessment)를 통해 정당화된다. 여기서 '위험(risk)'은 피해가 나타날 가능성을 의미하는데, 위험이 크다고 표현하는 것은 피해가 나타날 가능성과 더불어 그 심각성 또한 크다는 것을 나타낸다. '이익(benefit)'은 건강이나 복지와 관련된 긍정적 가치를 나타내는 것으로 '위험'과 다르게 그 가능성을 의미하지는 않는다. 따라서 위험은 이익의 가능성과 비교하고, 이익은 피해와 비교하는 것이 타당하며, 위험-이익 평가는 발생 결국 '가능한 피해와 예상되는 이익의 크기와 확률'에 관련된다.

연구의 위험과 이익은 개별 참가자나 가족, 더 나아가 사회 전반에 영향을 미칠 수 있다. 일반적으로 참가자에 대한 위험은 참가자에게 예상되는 이익과 더불어, 연구로부터 얻는 지식과 관련하여 예상되는 이익의 합보다 더 중요하게 고려되어야 한다. 같은 논리로, 참가자의 권리가 보호되는 한도 내에서라면, 참가자에게 주어지는 직접적인 이익이 아닌 다른 유형의 이익이 연구와 관련된 위험을 정당화하는 데 충분할 수도 있다. 이 모든 경우에서 선행은 피해의 위험으로부터 참가자를 보호하고, 연구로부터 얻을 수 있는 실질적인 이익의 손실에 대한 고려를 통해 이루어진다.

연구자는 참가자에게 발생할 수 있는 피해를 신체적 · 심리적 · 사회적 피해 등 다양

한 측면에서 고려해야 한다. 신체적 피해는 의학적 절차에서 일어날 가능성이 있다. 신약의 효과를 검증하거나 알코올이나 카페인 같은 물질의 영향을 확인한다거나, 수면박탈에 따른 생리적 변화를 연구하는 등의 절차는 참가자에게 신체적 피해를 일으킬 가능성이 있다. 심리적 피해는 연구와 관련하여 참가자가 경험할 수 있는 다양한 스트레스 상황으로 인해 나타날 수 있는데, 연구 자체가 스트레스를 유발하는 절차를 포함하고 있는 경우에 더욱 큰 피해를 유발할 수 있다. 부정적 정서를 유발하거나, 부정적 피드백이 포함되는 경우, 혹은 심리적 외상을 초래한 사건을 회상하는 절차가 포함되는 경우 등이 여기에 해당한다.

사생활이나 개인정보 등의 노출은 법적·사회적 피해뿐만 아니라 이로 인한 심리적 피해로 이어질 수 있다. 개인정보는 연구 진행을 위해 필수적일 때 수집하게 되는데, 이름이나 주민등록번호, 전화번호, 이메일 주소, 계좌번호 등 법적·사회적으로 참가자를 식별할 수 있는 정보를 말한다. 개인정보 자체가 노출되는 것뿐만 아니라, 연구 과정에서 수집한 개인의 자료는 개인의 지능이나 성격 등 다양한 정보를 담고 있어서 이 정보가 노출되는 경우 참가자에게 커다란 피해를 주게 된다. 특히 민감한 자료일수록 그 피해의 강도는 더 커진다.

한편, 이익은 연구 참여를 통해 참가자에게 주어지는 긍정적인 결과로서, 신체적, 심리적, 또는 사회적으로 다양한 측면에서 나타날 수 있다. 예컨대, 질병의 치료 효과를 검증하는 연구에 참여한 환자는 연구 참여를 통해 회복이나 치료 등의 처치를 받을 수 있고, 정신질환으로 고통을 겪고 있는 경우에는 연구 참여를 통해 증상 완화를 기대할 수 있으며, 건강 증진 프로그램 참가자는 자신의 건강 증진이라는 혜택을 받을 수 있을 것이다. 이 경우는 참가자에게 주어지는 직접적 이익이 될 것이다. 간접적 이익은 연구 참여를 통해 해당 학문 분야의 지식과 기술 발전에 공헌하며, 사회 문제의 예방이나 완화, 혹은 연구 주제와 관련되는 사람들에게 더 큰 복지적 혜택을 주는 등 간접적으로 주어질 수 있는 이익을 말한다.

위험-이익 평가는 이렇게 발생 가능한 다양한 피해와 예상되는 이익의 크기와 확률을 분석하여 평가하는 것이다. 연구 참여로 인한 이익이 위험보다 크다고 평가되면 연구를 수행할 수 있다. 드문 경우에 이러한 평가가 정량적으로 이루어질 수도 있지만, 앞에서 설명한 것처럼 위험과 이익의 크기와 확률에 관한 평가는 연구의 모든 측면에서 이루어져야 하므로 정성적으로 이루어질 수밖에 없다. 또한 발생 가능한 어떠한 위험이라도 대안적 절차를 체계적으로 고려하여 위험을 최소화하는 것이 포함된다.

결론적으로, 위험-이익 평가를 통해 연구의 정당성을 확보하기 위해서는 최소한 다음과 같은 고려사항을 반영해야 한다.

- 참가자에게 시행하는 잔인하거나 비인간적 처치는 절대로 정당화될 수 없다.
- 위험은 연구 목적 달성에 필수적인 수준까지 낮추어야 한다. 인간 대상 연구가 필수적인지부터 고려해야 하며, 위험을 완전히 제거하지 못할 수 있겠지만 대안적 절차를 통해 최소화하는 방안을 마련해야 한다.
- 심각한 수준의 위험이 포함된 연구라면 참가자에게 돌아갈 수 있는 이익이 그 위험을 상회할 수 있을 정도로 큰지를 살펴서 연구의 정당성을 확보해야 한다.
- 취약한 참가자가 참여하는 경우, 그 참가자가 연구에 반드시 포함되어야 하는 정당성과 적절성이 연구 자체에서 입증되어야 한다.
- 예상되는 모든 위험과 이익은 충분한 정보에 의한 동의를 위한 문서와 절차에 모두 제시되어야 한다.

③ 밀그램 실험: 선행과 관련한 문제점

밀그램 실험에서 참가자들은 심각한 심리적 피해를 유발할 수 있는 극도의 스트레스 상황에 놓였으며, 이들 중 상당수는 몸 떨림과 발한, 말더듬 등의 증상을 나타냈을 뿐만 아니라, 일부는 통제할 수 없을 정도의 발작을 보여 신체적 피해가 발생하기도 하였다. 이는 심각한 수준의 위험이라고 판단할 수 있으며, 따라서 연구자는 대안적 절차를 마련하여 이를 최소화했어야 한다. 그뿐만 아니라, 실험 도중 참가자들이 발한이나 떨림과 같은 고통의 징후를 나타냈을 때 즉시 실험자가 개입하여 실험을 중단했어야 한다.

하지만 밀그램은 이러한 위험에 관하여 참가자에게 안내하지도 않았을 뿐만 아니라, 실험 종료 후 참가자에게 발생한 피해가 얼마나 컸는지 확인하지도 않았으며, 심리적·신체적으로 문제가 있는지에 관한 확인 또한 이루어지지 않은 채 실험을 종료하였다. 또한 밀그램 실험이 인간의 복종 행위에 관한 이해라는 학문적 발전과 관련한 이익 외에 참가자 개인에게 직접적인 이익이 있었다고 보기는 어렵다. 결과적으로, 참가자들에게 발생할 수 있는 위험의 정도보다 개인적·사회적 이익의 합이 더 크지는 않았을 것이므로, 해당 절차를 통한 연구는 윤리적으로 시행 불가능한 것으로 판단했어야 타당하다.

(3) 정의: 참가자 선정

① 기본 원칙: 정의

인간 대상 연구를 위한 세 번째 원칙은 정의(justice)다. 정의의 원칙은 누가 연구의 이익을 얻고 누가 그 부담을 지는가에 관한 것으로, 분배의 공정성과 관련된다. 분배의 공정성은 '같은 것을 같게, 다른 것을 다르게 취급'하는 아리스토텔레스의 형식적 정의 원칙에 의해 이상적으로 실현할 수 있다. 하지만 이는 자원 배분을 모든 사람에게 동등하게 해야 한다는 형식에 관한 것이기 때문에, 현실 세계에서 분배의 공정성은 불가능하며, 실질적 의미에서의 분배 기준, 즉 실질적 정의 원칙에 의해 이루어질 수 있다. 이는 개인을 나이, 능력, 관계, 가치, 경험 등 다양한 기준에 따라 구분함으로써 형식적 불평등이 발생하더라도 실질적 정의가 정당화된다는 것을 의미한다.

따라서 중요한 것은, 사람들이 어떤 측면에서 동등하게 대우받아야 하는지를 명확히 정의하는 데 있고, 실질적 분배를 충족시키기 위해 자원을 어떻게 분배해야 하는지를 분명히 하는 기준이 필요하다. 이에 관해 오래전부터 널리 인정되는 다섯 가지 공식화된 기준이 있다. 즉, (1) 각 개인에게 동등하게, (2) 개인의 필요에 따라, (3) 개인의 노력에 따라, (4) 개인의 기여도에 따라, (5) 개인의 가치에 따라, 각 개인에게 이익과 부담을 분배하는 것이다.

정의의 문제는 오랫동안 처벌이나 과세, 정치적 대표 등 사회적 영역에 관련되었다. 하지만 시간이 흘러 점차 연구 수행과 관련되기 시작하였다. 예컨대, 1900년대 초기까지만 해도 의료 연구의 참가자는 가난한 병동의 환자였고, 연구를 통해 개선된 의료 혜택은 부자들에게 돌아가는 일이 빈번하였다. 또한 나치의 강제 수용소에 갇혔던 사람들은 나치의 전쟁을 위한 인체 실험에 착취당했으며, 터스키기 매독 연구에서는 기대하는 이익이 다른 지역이나 다른 인종에게 돌아감에도 불구하고 특정 지역의 가난한 흑인 남성들만이 그 부담을 안았으며, 효과적인 치료법이 개발된 이후에도 참가자들은 치료를 받을 수 없었다. 이러한 일련의 역사적 사건들은 인간 대상 연구에서 정의의 문제가 중요하다는 것을 인식시켜 주었다.

따라서 인간 대상 연구에서 정의의 문제는 참가자가 연구와 직접 관련된 대상이어서 선정된 것이 아니라, 특정 병원의 환자, 특정 인종이나 소수민족, 시설 수감자 등 어떤 계층이나 집단을 단지 쉽게 활용할 수 있거나 협력을 구하기 쉬워서, 혹은 쉽게 조종할 수 있어서 선정된 것이 아님을 공고히 하는 것과 관련된다. 이에 더하여, 새로운 치료 도구나 절차에 관한 연구 산출물을 혜택으로 받을 수 없는 계층이나 집단에서 참가자를 선정해서도 안 된다.

② 적용: 참가자 선정

정의의 원칙은 참가자 선정(selection of participant)에서 공정한 절차와 결과가 있어야 한다는 적용을 통해 실행할 수 있다. 참가자 선정은 두 가지 수준을 고려해야 한다. 첫째, 개인적 수준에서 참가자 선정이 공정해야 한다. 쉽게 표현하면, 잠재적으로 이익이 클 것으로 예상하는 연구에 자신이 선호하는 사람들만 포함하거나 잠재적 위험이 커 보이는 연구에 그렇지 않은 사람들만 선택적으로 포함해서는 안 된다. 둘째, 사회적 수준에서는 특정 유형의 연구에 참여하는 계층과 참여하지 말아야 하는 계층을 구분하는 것이 필요한데, 이 구분은 그 계층의 구성원들이 부담을 감당할 수 있는 능력이 있는지, 그리고 이미 부담을 지고 있는 사람들에게 추가적인 부담을 지우는 것이 적절한지를 기반으로 한다. 따라서 참가자 계층을 선정하는 데 선호에 따른 우선순위가 있거나(예: 청소년, 젊은 성인, 장년 순), 잠재적 참가자의 일부 계층이 특정 조건에서만 참여할 수 있다면(예: 시설에 수용된 정신질환자, 교도소 수감자 등) 사회적 정의의 문제라고 볼 수 있다.

연구자가 참가자를 공정하게 선발하고 연구 과정에서 공정하게 대하더라도, 사회적 · 인종적 · 성적 · 문화적 편견과 같은 요인들에 의해 문제가 발생할 수 있다. 따라서 연구자는 참가자를 선정할 때 이러한 편견이 작용하는지를 살펴야 한다. 예컨대, 입원 환자들의 경우, 질병과 환경으로 인해 이미 여러 부담을 안고 있으므로, 치료적 요소 없이 위험 요소만 포함하는 연구라면 부담을 덜 안고 있는 사람들에게 부담을 지우도록 하는 것이 바람직하다.

특정 집단, 예를 들면 소수인종이나 중증 환자, 시설 수감자 등은 종종 참가자 모집이 쉽다는 이유로 연구 참가자로 우선 고려될 가능성이 있다. 하지만 타인에게 의존적인 상태에 놓여 있고, 자유로운 동의가 어려운 처지에 있는 상황을 고려하면, 단지 실행의 편의성에 의해 그들이 연구에 참여하게 되는 위험으로부터는 보호받아야 마땅하다.

③ 밀그램 실험: 정의와 관련한 문제점

밀그램 실험에 관한 대부분의 비평에서 정의와 관련한 문제를 비중 있게 다루지는 않는다. 앞서 살펴보았듯이 인간 존중 및 선행의 원칙과 관련한 문제가 더욱 심각하였다. 하지만 정의와 관련하여 고려할 한 가지는 참가자를 모두 남성으로 한정하였다는 데 있

다. 이에 관해 밀그램은 특별한 이유를 밝히지 않았으며, 논문에서도 자신의 연구 결과를 남성에게만 한정하여 해석하지는 않았다. 연구에서 밝히고자 하는 권위에 대한 복종의 현상이 성별 구분 없이 적용되는 것으로 해석했기 때문에, 특별한 이유 없이 참가자 선정에서 남성만을 대상으로 했다는 점은 논란의 여지가 있다.

읽어 보기 3-2

윤리 원칙과 적용에 관한 심리학회의 주요 규정(2023년 기준)

1) 미국심리학회(APA) 윤리 원칙과 행동강령
(https://www.apa.org/ethics/code)
8.01 (기관의 승인)
8.02 (연구에 대한 충분한 설명에 의한 동의)
8.03 (연구에서 음성과 영상 기록에 대한 충분한 설명에 의한 동의)
8.04 (의뢰인 또는 환자, 학생, 연구자에게 의존적인 참가자)
8.05 (충분한 설명에 의한 동의의 면제)
8.06 (연구 참여를 위한 유인책의 제공)
8.07 (연구에서 속임수 사용)
8.08 (사후설명)

2) 한국심리학회(KPA) 윤리 규정
(https://www.koreanpsychology.or.kr/introduction/articles.html)
제19조 (비밀 유지 및 노출)
제20조 (업무의 문서화 및 문서의 보존과 양도)
제23조 (학문의 자유와 사회적 책임)
제24조 (기관의 승인)
제25조 (연구 참여자에 대한 책임)
제26조 (연구 참여에 대한 동의)
제27조 (연구를 위한 음성 및 영상 기록에 대한 동의)
제28조 (내담자/환자, 학생 등 연구자에게 의존적인 참여자)
제29조 (연구 동의 면제)
제30조 (연구 참여에 대한 보상)
제31조 (연구에서 속이기)
제32조 (연구 참여자에 대한 사후보고)

3) 기관생명윤리위원회의 역할

앞서 살펴본 역사적 사건들의 교훈은 연구 윤리강령 제정의 움직임으로 이어졌으며, 이는 윤리 준수를 통해 참가자를 안전하게 보호하면서 연구를 할 수 있는 기준이 되었다. 연구자는 연구를 수행하면서 스스로 윤리 규정을 준수해야 하지만, 연구자 개인으로서는 한계가 있다. 이를 위해 연구 수행 기관은 위원회를 두어 연구과제를 사전에 심의하고 관리하고 있는데, 이를 기관생명윤리위원회(Institutional Review Board, IRB)라고 한다. 인간 대상 연구 윤리의 올바른 적용을 위해서는 IRB의 역할을 이해하는 것이 필요하다.

미국의 경우 보건복지부(Department of Health and Human Services, HHS) 규정을 통해 연방 기금을 받는 모든 연구기관에는 해당 기관에서 수행하는 모든 연구과제를 관리하는 IRB를 두도록 명시하고 있다. 우리나라는 「생명윤리 및 안전에 관한 법률」(혹은 「생명윤리법」)에 따라 IRB를 설치 및 운영해야 하는 기관을 규정하며, IRB를 통해 연구 수행 시 생명윤리 및 안전을 확보하기 위한 심의와 관리 업무를 수행하도록 명시한다. 또한 IRB 설치 대상이 아니거나 혹은 설치가 불가능한 기관의 소속 연구자를 위해 공용 IRB(https://irb.or.kr/)를 운영하고 있다. IRB는 인간 대상 연구뿐만 아니라, 인체유래물 연구, 배아줄기세포주 이용 연구도 포함하여 업무를 수행하는데, 여기서는 인간 대상 연구에 관한 내용을 중심으로 살펴본다.

가장 먼저, 어떤 연구가 인간 대상 연구인가를 분명히 하는 것이 필요하다. 「생명윤리법」에 따른 인간 대상 연구는 참가자에게 특정 행위를 하도록 요구하거나 물리적 환경을 바꾸는 등의 절차가 포함되는 중재연구(intervention study) 형태거나, 참가자와 의사소통이나 대인 접촉, 설문조사 등의 절차를 포함하는 상호작용 연구(interaction study) 형태로 이루어지는 연구를 말하며, 중재나 상호작용이 포함되지 않더라도 참가자의 개인정보를 수집하는 경우는 인간 대상 연구로 포함한다. 이러한 범주에 포함되는 모든 연구는 원칙적으로 심의대상이다.

다만, 인간 참가자를 대상으로 하는 경우라도 정부나 지자체에서 공익을 위해 정책적으로 시행하는 프로그램 평가의 목적으로 시행하는 연구, 혹은 교육기관에서 시행하는 통상적인 교육 실무와 관련한 연구는 심의대상에서 제외될 수 있다. 또한 인간 대상 연구이지만 참가자를 대면하지 않는 연구로, 일반대중에게 공개된 정보를 이용하거나 기존 자료, 문서를 이용하는 경우는 심의면제가 가능하다. 대면할지라도, 침습적 절차가

사용되지 않고, 신체 변화가 없는 단순 측정 · 관찰 장비만을 사용하는 경우, 판매 허가를 받은 식품이나 안전기준에 맞는 화장품에 관한 만족도 등을 조사하는 경우, 또는 참가자가 불특정 다수이면서 개인의 민감정보를 수집하지 않는 조사나 면접, 관찰 같은 경우는 심의면제가 가능하지만, 이때도 취약한 집단의 참가자가 포함되면 심의를 받아야 한다.

IRB의 주요 역할은 연구계획서 심의와 연구과제 관리로 요약할 수 있다. 연구계획서 심의 역할은 연구계획서를 바탕으로 연구의 윤리적 · 사회적 · 과학적 타당성을 검토하여 평가하는 기능을 말한다. 연구과제 관리 역할은 연구 수행 과정에서 참가자의 안전과 보호가 적절하게 이루어지는지를 점검하고 감독하는 기능을 말한다. 이러한 역할을 위해 생명과학, 의과학, 사회과학 분야의 전문가와 법조계, 윤리학계 등의 전문가가 포함되며, 객관성 확보를 위해 외부전문가도 포함하여 5인 이상의 위원으로 구성된다. 또한 다양성을 위해 하나의 성별로만 구성되지 않도록 규정하고 있다. IRB 위원들에게는 정기적인 연구 윤리 교육을 이수해야 하는 의무가 부과되며, 이를 통해 연구 윤리에 관한 전문성을 지속해서 유지할 수 있도록 제도화되어 있다.

연구계획서 심의는 일반적으로 다섯 가지 기준에 의해 이루어진다. 첫째, 연구계획서의 과학적 · 윤리적 타당성이다. 과학적으로 타당성이 없는 연구는 참가자의 안전과 직결될 수 있고, 명확한 선행연구가 있음에도 동일 연구를 단순 반복하는 실험은 타당하지 않으며, 특히 의학 연구는 동물 실험이나 적절한 출처를 기초로 해야 한다. 둘째, 적법한 절차에 따른 동의 획득 여부로, 참가자가 충분한 정보를 받는지, 자발적으로 참여를 결정할 수 있는지 등을 참가자에게 제공될 설명문과 동의서 검토를 통해 심의하게 된다. 셋째, 참가자의 안전 확보에 관한 것으로, 연구 참여로 인한 위험이 어느 정도인지, 위험을 최소화하는 대안이 마련되어 있는지, 충분한 자격이 있는 연구자의 책임하에 진행되는지 등에 관해 심의한다. 넷째, 개인정보 보호 대책에 관한 것으로, 연구 과정에서 수집되는 참가자의 개인정보가 적절하게 수집, 보관, 관리 및 폐기되는지를 심의한다. 끝으로, 미성년자 등 취약한 집단의 참가자가 참여하는 등 추가적인 심의사항이 포함되는 경우, 그에 따른 추가사항을 심의한다.

IRB는 연구자가 제출한 연구계획서를 바탕으로 앞서 설명한 기준에 따라 체계적인 심의를 수행한다([그림 3-1]). 연구가 참가자의 생명윤리 및 안전에 중대한 위험이 있어서 연구 수행이 불가능하다고 판단될 때는 연구계획서를 반려하여 제출된 절차로서는

그림 3-1 **기관생명윤리위원회(IRB)의 일반적인 심의 절차**

해당 연구가 진행되지 못하도록 한다. 또한 위험-이익 평가를 통해 위험이 더 크다고 판단하면 연구자에게 수정을 요구한다. 이익이 더 크다고 하더라도 연구 절차에서 위험이 최소화되지 않았다면 이 또한 수정하도록 요구한다. 마지막으로, 추가적인 수정사항이 있다면 수정 후에, 없다면 현재의 형식 그대로 승인함으로써 연구자에게 연구 수행이 가능함을 통보하게 된다. 한편, 심의 신청 시 면제 신청을 한 경우라면, 그 요건에 해당하는지를 판단하여 심의를 면제함으로써 연구자는 연구를 수행할 수 있다.

연구과제 관리는 승인된 연구계획서에 따라 연구가 진행되고 있는지를 조사·감독하는 역할을 말한다. 이를 위해 연구자에게 정기적인 중간 보고를 제출하도록 하거나, 연구계획이 변경되는 경우 변경된 계획에 따른 연구계획서를 심의하게 된다. 또한 연구 중 참가자에게 예상치 못한 피해가 발생했다면 그 내용과 조치 사항을 보고받아 정당성을 판단하며, 연구 과정에서 당초에 승인된 연구계획을 미준수하거나 벗어나는 절차가 발생하면 그 사항을 검토하여 재발하지 않도록 감독한다. 마지막으로, 연구가 종료되면 연구자로부터 종료보고를 받고, 이를 통해 연구가 승인된 계획대로 이루어졌는지를 검토하게 된다. 승인된 연구과제 관리에 더하여, IRB는 기관에 소속된 연구자를 대상으로

읽어 보기 3-3 **행동과학 연구에 관한 법률 등의 주요 목차(2023년 기준)**

1) 생명윤리 및 안전에 관한 법률
(https://www.law.go.kr/법령/생명윤리및안전에관한법률)
제2조 (정의)
제3조 (기본 원칙)
제10조 (기관생명윤리위원회의 설치 및 기능)
제11조 (기관위원회의 구성 및 운영 등)
제15조 (인간대상연구의 심의)
제16조 (인간대상연구의 동의)
제17조 (연구 대상자에 대한 안전대책)
제18조 (개인정보의 제공)
제19조 (기록의 유지와 정보의 공개)

2) 생명윤리 및 안전에 관한 법률 시행규칙
(https://www.law.go.kr/법령/생명윤리및안전에관한법률시행규칙)
제2조 (인간대상연구의 범위)
제13조 (기관위원회의 심의를 면제할 수 있는 인간대상연구)
제14조 (대리인의 동의를 받아야 하는 연구 대상자)
제15조 (인간대상연구의 기록 및 보관 등)
제16조 (정보 공개의 청구)

연구 윤리 교육을 정기적으로 시행하여 기관 내 연구자의 생명윤리 인식 제고를 위한 일반적인 활동을 하며, 승인된 연구계획서를 위반한 연구자에 대해 추가적인 교육을 시행하기도 한다.

4) 인간 대상 연구 윤리의 실천

연구자가 연구를 수행하면서 연구 윤리 지침을 충분히 준수하기 위해서는 연구의 첫 단계인 연구계획서 작성 때부터 체계적이고 세밀한 검토를 하는 것이 매우 중요하다. 이를 통해 연구계획서를 비롯한 여러 관련 문서를 작성하여 IRB의 승인을 받은 후에 연구를 시행하게 된다. 연구자는 연구계획서를 심의받을 때 생명윤리를 준수하기 위한 최선의 노력을 다하겠다는 서약서를 제출하게 되는데, 이는 연구자가 연구 과정에서 발생하는 윤리적 · 법적 책임을 지겠다는 의미가 된다. 연구계획을 승인받으면, 그 계획에 따라 연구를 수행하고, 연구가 종료된 다음에도 승인된 계획에 따른 절차를 따라야 한다. 이 절에서는 전체 연구 과정에서 연구자가 준수해야 할 연구 윤리와 관련한 구체적인 절차를 살펴보고자 한다.

(1) 연구 시행 전

인간 대상 연구는 연구계획서에 대한 IRB 심의를 받은 후에 시행할 수 있다. 따라서 연구자는 앞에서 설명한 IRB의 심의 절차를 이해하고 있어야 한다. 연구자는 자신의 연구가 인간 대상 연구로서 심의대상에 해당하는지, 심의대상이면서 면제 요건에 해당하는지, 아니면 심의를 받아야 하는 범주에 속하는지를 판단하고, 이에 따라 심의를 신청해야 한다. 참가자에게 잠재적인 위험이 조금이라도 예상된다면 심의대상이 된다. 또한 만일 면제 요건에 해당한다면 IRB에 면제 신청을 하여 심의를 면제받을 수 있다. 만일 인간 대상 연구가 아니어서 심의대상에 해당하지 않는 경우라면 당연히 심의를 신청할 필요는 없다.

이러한 판단을 위해 연구자는 최소위험(minimal risk)의 기준을 이해하고 있어야 한다. 최소위험이란 연구에서 참가자에게 발생할 수 있는 피해나 불편함의 가능성과 강도가 일상생활에서 경험할 정도, 또는 일상적인 신체검사나 심리검사에서 발생할 수 있는 정도보다 크지 않음을 의미한다. 이 기준에 따른 최소위험 연구(minimal risk research)에는 참가자에게 최소위험 이하 정도의 위험만 포함된 것으로 본다. 예컨대, 사생활 침해를 수반하지 않는 일반적인 심리학 측정치, 일반적인 신체 측정치 등이 포함된다면 최소위험 연구에 해당한다. 이 경우 IRB의 심의 절차가 간소화될 수도 있는데, 주로 '신속심의(expedited review)'라는 절차에 따라 심의가 신속하게 처리될 수 있다.

앞에서 설명한 심의면제에 해당하는 면제 연구(exempt research)는 최소위험조차 없는 것으로 판단할 수 있는 유형이다. 예컨대, 개인정보를 수집하지 않는 익명의 설문조사, 공공장소에서 시행하는 관찰, 공적으로 공개된 자료를 사용하는 경우 등은 심의면제가 가능하다. 하지만 심의면제 여부의 판단은 IRB에서 결정하기 때문에 연구자 스스로 면제 가능한 범주에 속한다고 판단하여 연구를 진행할 수는 없다는 점을 명심해야 한다.

최소위험 이상 연구(greater than minimal risk research)는 참가자들이 최소위험보다 더 큰 위험에 노출되는 절차가 있는 경우를 말한다. 예컨대, 신체적 · 심리적 스트레스, 사생활 노출, 개인의 민감정보 노출 등의 가능성이 있는 경우에는 최소위험 이상 연구로 볼 수 있다. 이 유형의 연구는 IRB의 '정규심의(full board review)'를 통해서만 심의를 받을 수 있다. 이때 연구자는 잠재적 위험을 최소화하기 위한 절차를 반드시 마련해야 한다. 예컨대, 개인정보 수집과 보관, 폐기 등의 절차를 철저하게 계획해야 하고, 스트레스를 최소화하는 방안을 마련하며, 연구 참여로 인한 스트레스가 참가자에게 영향을 주었는지를 확인하여 만일 그렇다면 대안적 절차를 통해 정상적으로 회복시킬 방안을 마련하는 등 다양한 대안을 마련해야 한다.

연구자의 연구 윤리 실천은 연구 윤리 교육을 통해 평상시에도 필요하다. 연구자가 소속된 기관마다 다르겠지만, IRB가 설치된 기관에서는 소속 연구자들에게 정기적인 연구 윤리 교육을 시행하고 있으며, 연구자는 이 교육을 이수할 의무가 있다. 최근에는 한국연구재단 등 정부의 예산으로 국가 연구과제를 신청 · 수행하기 위해서는 연구 윤리 교육 이수가 필수요건이 되었다. 인간 대상 연구를 수행하는 연구자라면 이러한 교육 이수를 통해 연구 윤리에 관한 지식을 쌓아 놓아야 연구를 계획할 때 이를 적용할 수 있다. 연구 시행 전 연구 윤리의 실천은 연구자 자신의 노력뿐만 아니라, 연구계획에 대한 IRB의 승인 절차를 바탕으로 이루어진다. 따라서 연구자 개인의 실천 사항과 IRB 승인에 필요한 실천 사항을 함께 살펴보아야 한다.

① 연구계획서

2장에서 설명한 연구계획서 작성에 관한 내용은 일반적인 작성 형식에 따라 어떻게 작성할까를 중심으로 설명하였다. 여기서는 연구 윤리적 측면에서 IRB의 심의에서 중요하게 다루는 사항을 바탕으로, 연구계획 수립 과정에서 윤리적 고려사항을 어떻게 반영하는가를 중심으로 설명하고자 한다.

일반적 측면에서 과학적 타당성을 정당하게 나타내야 한다. 이는 연구 목적과 필요성이 충분히 기술되어 있는지, 선행연구가 적절하게 제공되고 있는지 등 연구계획서의 서론에 해당하는 부분을 포함한다. 연구계획서의 방법에 해당하는 연구 참가자 선정 및 제외기준, 모집 절차, 참가자 설명 방법 및 동의 절차, 자료 수집 방법 등을 상세히 기술해야 한다. 연구 참여로 인한 위험과 불편을 최소화하고 있는지, 참가자의 개인정보 및 연구 관련 자료의 보호 대책이 적절한지, 연구 참여의 자발성이 충분히 확보되는지 등을 포함하며, 취약한 집단의 참가자가 포함되는 경우 적절한 보호 대책이 마련되어 있는지를 아우른다.

참가자 모집과 관련하여 크게 두 가지를 고려해야 한다. 첫째, 참가자 모집은 연구자가 관심을 두는 특성을 갖는 모집단의 부분집합이 되도록 해야 한다. 이는 표본이 모집단에 대한 대표성을 지니도록 하여 표본을 통해 얻은 결과로 내린 결론을 신뢰할 수 있도록 만드는 최소한의 절차로, 연구의 과학적 타당성을 확보하기 위해 필수적이다. 참가자의 관점에서, 연구 참여는 자신이 속한 사회 구성원에게 혜택이 돌아갈 수 있는 간접적 이익이 될 수 있다는 이유 때문에 자발적으로 이루어질 수 있다. 이런 이유로, 관심 모집단이 아닌 참가자가 참여하는 경우는 부당한 참여로 인한 윤리적 문제를 일으킬 가능성이 있다.

둘째, 적절한 참가자 수를 포함해야 한다. 너무 많은 참가자를 모집하는 것은 포함되지 않아도 되는 참가자에게 불필요한 처치나 절차를 시행하게 되어 윤리적으로 문제가 된다. 반면, 참가자를 부족하게 모집하는 경우, 검증력이 부족하여 목표로 했던 효과를 탐지하지 못하게 되는데, 이로 인해 과학적 지식의 발전이라는 기본적인 이익이 발생하지 않을 뿐만 아니라, 잠재적 혜택을 받을 것으로 예상했던 사람들에게 그 이익이 발생하지 않게 된다. 따라서 모집단 선정과 표본 크기 선정은 연구계획을 수립할 때 매우 중요한 부분이며, IRB의 심의 과정에서 검토하는 필수적인 요소다.

② 동의서와 설명문

참가자에게는 '충분한 설명에 의한 동의'를 받기 위한 설명문과 동의서를 제공해야 하는데, 이 또한 IRB의 기본적인 심의사항에 포함된다. 연구자는 인간 존중이라는 원칙을 기반으로 잠재적 참가자가 연구에 참여할 것인가에 대해 충분히 숙고한 기회를 가진 상황에서 사전동의를 할 수 있는 절차를 마련해야 한다. 이때 어떠한 경우라도 참가자의 참여 여부 결정에 영향을 미치지 말아야 한다. 설명문에 포함해야 하는 주요 항목과 내용을 〈표 3-1〉에 제시하였다.

충분한 설명에 의한 동의는 원칙적으로 서면 동의(written informed consent)를 통해 이루어지고, 그 동의의 내용을 담은 문서를 연구 참여 동의서(informed consent form), 혹은 동의서라고 부른다. 서면 동의를 위한 양식은 IRB의 양식을 기준으로 작성하면 된다. 연구 참여 동의서는 연구자 관점이 아니라, 참가자 관점에서 스스로 읽고 동의하는 형식의 문서로 제공된다. 이에 따라 일인칭 시점으로 진술문이 제시되며 모든 진술문을 확인한 후에 동의서에 서명하게 된다. 예컨대, '귀하는 이 연구에 참여하는 것에 자발적으로 동의합니다.'와 같은 표현이 아닌 '나는 이 연구에 참여하는 것에 자발적으로 동의합니다.'와 같은 표현을 사용한다.

전화 면접(phone interview)과 같은 상황에서는 서면 동의가 불가능할 수 있다. 이때 유의할 점은, 구두로 이루어지는 동의 절차가 명확하게 정의되어 있어야 하고, 그 절차에 따라서 시행해야 하며, 응답자에게 동의 절차가 녹음될 것임을 사전에 알린 다음, 녹음을 통해 그 과정을 기록해야 한다. 물론 이런 절차를 시행하는 것 또한 IRB의 승인을 전제로 한다.

표 3-1 연구 설명문의 주요 항목과 내용

주요 항목	주요 내용
과제명과 연구 목적	연구 배경과 목적에 대해 간략하게 기술하되, 참가자가 연구 수행의 과학적 중요성을 인식할 수 있도록 작성한다.
연구 참가자 특성	어떤 특성을 가진 집단을 대상으로 하며, 표본으로 몇 명의 참가자를 모집하는지 기술하고, 전체 연구 참여 기간과 횟수 등을 기술한다.
연구 절차	연구 장소, 검사 방법, 횟수 등 주요 절차에 대해 참가자가 이해할 수 있도록 간략하게 기술한다.
참가자 준수 사항	참가자의 안전을 위해서, 또는 연구의 타당성을 위해 참가자가 준수해야 하는 절차를 기술한다.
잠재적 위험과 안전대책	연구 과정에서 발생할 수 있는 불편함이나 위험 등에 대한 설명과 이를 위해 마련된 안전대책을 설명한다.
예상되는 이익	연구 참여로 참가자에게 발생할 것으로 예상되는 직접적인 이익과 간접적인 이익을 기술한다.
보상이나 비용	사례비, 교통비 혹은 답례품 등의 보상을 기술하고, 만일 참가자에게 비용이 요구된다면 비용이 발생하는 이유를 설명한다.
개인정보와 비밀보장	수집하는 개인정보의 내용과 보관 기간, 활용 내용, 폐기 계획, 외부에 유출되지 않도록 보장하는 방안 등을 설명한다.
자발적 참여와 중단	참여의 결정이 자발적이며, 이를 거절하거나 진행 중 언제라도 참여를 중단할 수 있으며, 이에 따른 어떠한 손해도 없다는 사실을 설명한다.
연구자 연락처	연구 관련 질문이나 연구 도중에 문제가 생겼을 때 연락 가능한 연구자의 연락처를 제공한다.

③ 개인정보 관리

연구 진행에 필요한 경우가 아니라면, 개인정보를 수집하지 않는 것이 가장 좋은 방법이다. 또한 불필요한 개인정보 수집 계획은 IRB의 심의에서 수정하라는 의견을 줄 것이다. 연구 과정에서 개인정보를 수집하는 것이 필수적일 때에는 '개인정보 제공 및 활용 동의서'를 준비하여 개인정보의 수집과 이용 목적, 개인정보의 목록과 이용 기간 등을 확인하는 동의서를 추가로 받는 절차를 마련해야 한다. 개인정보를 받는 주요 이유는 일정을 안내하거나, 참가 사례비를 지급하기 위한 목적이거나, 연구 대상에 적합한지를 판단하거나, 안전과 관련된 사항에 필요한 경우 등이 될 수 있다.

특히 일부 연구는 참가자 개인을 확인해야만 하는 실질적인 이유가 있다. 예컨대, 장기간에 걸쳐 여러 번 참여해야 하는 연구이거나, 지능검사 점수와 같은 개인의 실험 결과에 대한 피드백을 참가자에게 주어야 하는 경우 등이다. 이때 연구 과정에서 수집한 개인정보는 외부로 유출하지 않도록 각별한 주의가 필요하다. 이를 위한 방안 한 가지는 개인을 식별할 수 있는 정보를 연구 자료와 분리하여, 참가자의 응답을 철저하게 익명으로 처리하는 것이다. 이런 절차를 통해 개인정보와 연구 자료가 연결되어 노출될 가능성을 없앨 수 있다.

④ 사후설명

앞서 사후설명에 관해 여러 번 언급하였는데, 사후설명이 중요하게 작용하는 연구라면 연구계획에 반드시 포함하여 IRB의 승인을 받아야 한다. 사후설명(debriefing)이란 참가자의 연구 참여가 종료된 직후, 연구자가 연구의 세부 사항에 관해 참가자와 논의할 기회를 제공하는 절차다. 앞서 참가자 동의 취득 과정에서 충분한 정보 제공을 위해 연구 목적에 관한 설명을 너무 상세하게 하는 것은 연구의 타당성을 훼손시킬 수 있다고 설명하였다. 사후설명은 연구가 종료된 이후에 구체적인 연구 목적을 참가자에게 설명할 수 있고, 과학적 지식의 발전이라는 연구 참여의 중요성을 다시 한번 설명할 좋은 기회가 될 수 있다.

일반적으로 참가자에 대한 처치를 포함하는 연구, 즉 실험연구에서 필요한데, 연구자는 참가자가 연구에 참여하기 전의 상태, 즉 처치 이전의 상태로 완전히 회복되었는지 사후설명을 통해 확인하게 된다. 또한 연구 참여 시 알지 못했을 수도 있는 세부 사항을 참가자에게 설명하며, 참가자에게 제공해야 할 추가적인 자료나 정보가 있을 때 이를 제

공할 수도 있다.

연구 절차에서 속임수를 사용한 경우, 사후설명은 특히 더 중요하다. 속임수가 포함된 연구는 참가자에게 고의로 연구 목적을 숨기고 사실을 왜곡하는 절차가 포함되는데, 표지 이야기(cover story)나 기억 왜곡(memory distortion)과 같은 절차가 포함되는 경우다. 만일 참가자가 연구 과정에서 어떤 식으로든 속임수가 사용된 상황에 놓였었다면, 연구자는 그 속임수가 왜 불가피하게 사용되었는지를 참가자에게 설명해야 한다. 속임수와 사후설명을 다룬 연구에 따르면, 다양한 유형의 속임수가 사용된 연구에서 발생할 수 있는 윤리적 문제들은 사후설명을 통해 효과적으로 해소될 수 있다(Oczak & Niedźwieńska, 2007).

원칙적으로는 각 참가자의 연구 절차가 모두 끝나면 사후설명을 시행해야 한다. 따라서 한 참가자에 대한 자료 수집이 종료되면 그 직후 그 참가자에게 사후설명을 시행한다. 하지만 연구 목적에 따라 필요한 경우라면, 연구 전체가 끝난 후에 사후설명을 시행하는 것도 가능하다. 예컨대, 연구 목적이나 관련 세부 사항을 어느 한 참가자에게라도 공개하는 것이 진행 중인 자료 수집에 문제를 일으킬 수 있다면 전체 자료를 수집한 후에 완전한 사후설명을 하는 것이 가능하다. 이때 유의할 점은 비공개의 목적이 연구 목적 달성을 위해 필요하고, 공개하는 것보다 더 큰 위험을 초래하지 말아야 하며, 모든 참가자에게 사후설명을 시행할 수 있도록 철저한 계획을 수립해야 한다는 것이다.

사후설명은 사전동의와 마찬가지로 기본적으로는 서면으로 제공한다. 때로는 관련 내용을 연구자가 읽어 주는 방법도 사용할 수 있다. 사후설명은 대체로 연구과제명, 구체적인 연구 목적, 연구의 중요성, 연구원에게 질문할 수 있음을 알려 주는 진술, 연구 종료 후 연구와 관련한 연락 가능한 연락처, 연구 관련 정보와 해당 출처 등을 포함하며, 참여에 대한 감사 인사말을 반드시 포함한다. 또한 결과를 제공해 줄 수 있다면 그 방법을 제시하며, 특히 속임수가 사용된 경우는 원래의 연구 목적, 속임수가 사용될 수밖에 없었던 중요한 이유 등을 추가한다.

(2) 연구 시행 중

연구자는 IRB로부터 승인받은 연구계획에 따라 연구를 수행할 의무가 있다. 승인된 모집 문건과 절차를 통해 참가자를 모집하고, 참여하고자 하는 잠재적 참가자에게 충분한 설명을 통해 참여 동의를 받고, 정해진 연구 절차를 시행한 후, 모든 절차가 종료된

다음, 사후설명을 시행한다.

하지만 연구자에 의해, 그리고 IRB에 의해 체계적으로 검토를 거친 연구계획이라고 하더라도, 특히 실험이나 장기간 관찰 등이 포함되는 연구의 경우에는 연구자가 예상하지 못한 여러 가지 상황이 발생할 수 있다. 이때 연구자는 별다른 변경 없이 연구를 지속할 수도 있고, 연구계획을 변경해야 할 수도 있다. 또한 참가자에게 예상치 못한 이상 반응이 발생했을 때는 이를 신속하게 대응하여 사후관리를 철저히 해야 한다. 이와 관련한 내용을 살펴보고자 한다.

① 연구계획의 변경

연구자는 연구 시행 과정을 늘 주의 깊게 관찰하면서 당초에 수립했던 연구계획대로 진행하는 데 문제가 없는지, 혹은 변경하여 진행할 필요성이 있는지 판단해야 하고, 필요한 경우라면 연구계획을 변경한 후에 연구를 진행해야 한다. 연구가 계획된 일정보다 더 지연되어 전체 연구 기간이 연장될 가능성이 있다면 이때도 연구계획을 변경해야 한다.

연구계획을 변경하는 경우, 연구자는 반드시 IRB의 심의를 받아야 한다. IRB에서는 해당 연구계획의 변경사항에 대해 심의를 진행하며, 그 결과를 연구자에게 통보한다. 사소한 변경의 경우에는 신속심의를 받을 수 있으며, 이는 주로 위험의 변화가 높아지지 않을 때를 일컫는다. 반면, 계획을 변경함으로 인해 참가자의 위험이 증가하거나 위험-이익 평가가 달라지는 경우에는 정규심의를 받아야 한다.

② 문제 발생 시 대응

연구 과정에서, 특히 실험연구를 수행하는 과정에서 참가자에게 이상 반응이 있거나 참가자의 복지와 안전에 영향을 미칠 수 있는 상황이 발생한다면, 연구계획에 포함된 절차에 따라 이에 신속하게 대응하여 사후관리를 철저히 해야 한다. 하지만 예상하지 못한 중대한 이상 반응이 발생했거나, 예상치 못한 안전의 위험성을 발견한 경우, 연구를 중지하고 해당 사항을 IRB에 보고해야 한다. IRB는 심의 결과에 따라 참가자에게 해당 사실을 고지하거나 연구계획을 변경하도록 요구할 수도 있는데, 연구자는 이 요구에 반드시 따라야 한다.

연구계획을 위반하는 일이 발생했을 때, 연구자는 해당 사항을 IRB에 보고해야 한다. 이때 연구자는 해당 사항이 무엇인지와 함께, 발생 이유가 무엇이었는지 설명하며, 재발

방지를 위한 조치 계획을 수립하여 제출해야 한다. IRB는 위반 사항의 중요성과 향후 조치 계획에 대한 심의를 통해 연구자에게 행정적인 조치로서 경고나 연구 윤리 교육을 추가로 이수하도록 요구할 수 있다. 이러한 위반 행위가 반복되는 경우, IRB는 승인된 연구를 중단시킬 수도 있다.

(3) 연구 시행 후

모든 연구 시행 절차가 끝나면 연구자는 참가자들로부터 수집된 자료를 분석한다. 이때 개인을 식별할 수 있는 정보는 결과분석을 위한 자료와 철저히 분리하여, 참가자들의 개인정보가 노출될 가능성을 없애야 한다. 개인정보가 포함된 문서는 다른 문서 자료와 별도로 분리하여 보관하고, 문서로 된 연구 자료를 전산화하면 그때부터 문서로 된 개인정보는 전산화된 연구 자료와 완전히 분리될 수 있다. 컴퓨터 파일 형태로 전산화된 개인정보는 연구 자료 파일과 별도의 컴퓨터에 보관하면 컴퓨터 파일 또한 서로 분리가 가능하다. 참가자의 수행 결과나 응답 등 연구 자료에서 개인의 구분은 익명으로 처리하여, 그 자료가 어떤 참가자의 것인지를 모르도록 다루어야 한다. 실험 등에서 참가자 번호를 사용하는 기본적인 이유가 여기에 있다. 연구에서 민감한 주제를 다룰 때 이러한 절차는 특히 중요하다. 물론 이 모든 절차의 주요 내용을 사전동의 시 참가자들에게 설명해야 한다.

어떤 연구는 참가자의 개인정보와 자료를 서로 연결하는 방법이 아예 없을 수도 있다. 예컨대, 질문지를 다수의 참가자에게 동시에 배부하고 개인을 식별할 수 있는 어떠한 정보도 요구하지 않는 경우가 여기에 해당한다. 이 경우는 연구 시행 시 참가자 정보가 완전한 익명으로 처리되기 때문에, 개인정보 보호에 있어서 안전하다고 볼 수 있다. 앞서 설명한 바와 같이, 이렇게 참가자의 개인정보를 수집할 타당한 이유가 없다면 개인정보를 수집하지 않는 것이 개인정보 보호 측면에서 가장 나은 방법이다.

「생명윤리법 시행규칙」에 따르면, 연구 시행 과정에서 수집한 참가자로부터 받은 동의서나 개인정보 제공 및 활용 동의서, 그리고 개인정보에 해당하는 모든 자료는 원칙적으로 연구 종료 후 3년간 보관한 후 폐기해야 한다. 다만, 참가자들을 대상으로 하는 후속 연구가 필요하거나 기록을 축적해야 할 필요가 있을 때는 IRB의 심의를 통해 보관 기간을 연장할 수는 있다.

연구과제가 모두 끝나면 연구자는 정해진 기간 내 종료 보고서를 제출하여 IRB의 심의를 받아야 한다. 이때의 심의는 연구계획에 따라 연구가 적절하게 수행되었는지에 관한 것이며, IRB로부터 승인 결정을 통보받으면 연구자의 해당 연구과제는 종료된다. 하지만 앞에서 설명한 것처럼, 계획된 일정보다 연구가 더 지연될 것으로 예상되어 연구 기간 연장이 필요하다면, 반드시 연구 종료 시점보다 먼저 연구계획 변경을 심의받아야 한다.

2. 연구 진실성

과학적 지식의 축적은 연구 결과를 신뢰할 수 있어야 가능하다. 믿을 수 있는 과학적 결과는 그 발견으로부터 더 진보된 방향으로 과학과 연구를 이끌 수 있다. 하지만 믿었던 결과가 거짓이라면 어떻게 될까? 미처 발견하지 못한 과학적 사기(fraud)는 그 심각성이 클수록, 거짓으로 밝혀지는 시기가 길어질수록 개인과 사회에 광범위하고 중대한 영향을 미친다. 그 거짓 증거 때문에 관련된 연구를 지속해서 다루어야 하고, 그 결과가 참인지 거짓인지를 분명히 밝히기 위해 노력해야 하는 등 해당 학문과 연구자 집단이 큰 영향을 받을 수밖에 없다.

이 절에서는 인간 대상 연구를 포함하여 전 과학 분야에서 연구를 수행하는 데 반드시 확보해야 하는 연구 진실성에 관해 살펴보고자 한다. 이를 위해 연구 진실성이 무엇이며, 왜 중요한지를 먼저 살펴보고, 이를 위반한 연구 부정행위를 구체적으로 살펴본 후 연구 진실성을 실천하는 방안을 살펴보고자 한다.

1) 연구 진실성의 중요성

연구 진실성과 관련하여 역사적으로 유명한 한 가지 예가 '필트다운인(Piltdown Man)' 사건이다. 1912년 도슨(Charles Dawson)이라는 영국의 아마추어 고고학자는 필트다운 지역의 한 지층에서 인간과 유사한 두개골의 한 부분을 발견했다고 주장하면서 그 뼛조각을 우드워드(Arthur Smith Woodward)라는 고생물학자에게 건네 주었다. 이후 비슷한 뼛조각을 근처에서 더 찾아냈고, 우드워드는 이를 재구성하여 그 뼈가 약 50만 년 전 인간 조상의 것이며, 원숭이와 인간 사이의 잃어버린 고리를 설명할 수 있는 발견이라고

주장하였다. 당시 이 주장에 대한 회의적인 견해가 있었으나, 추가적인 증거를 확보하여 비판적 견해를 반박하였고, 오랫동안 타당한 증거로 받아들여졌다. 하지만 41년 후인 1953년, 공식적으로 이 증거는 누군가 여러 뼛조각으로 짜 맞추어 위조한 것임이 밝혀졌다.

이 사건은 인류가 섭취하던 음식물 변화에 따라 두개골과 턱뼈에 변화가 있었다는 가설을 입증하는 증거로 작용하여, 인류 진화 연구의 방향에 큰 영향을 주었다. 이와 관련된 주제로 수백 편의 논문이 출판되었을 정도로 관련 분야에 엄청난 영향을 미쳤다. 또한 어떤 고생물학자는 필트다운 지역에서 더 많은 증거를 찾는 데 여생을 보내기도 하였다. 이렇듯 과학적 사기는 사회적으로도 개인적으로도 심각한 영향을 미칠 수 있다.

필트다운인 사건은 존재하지 않는 자료를 고의로 만든 행위로, 연구에 필수적인 윤리 원칙과 기준, 즉 연구 진실성을 위반한 연구 부정행위다. 연구 진실성(research integrity)은 책임 있는 연구 수행에 필수적인 윤리 원칙과 전문적 기준을 적극적으로 실행하는 것으로 정의할 수 있다. 미국 보건복지부에 따르면, 연구 진실성은 연구의 제안, 수행 및 평가에 정직하고 검증 가능한 방법을 사용하고, 규칙이나 규정의 준수에 각별한 주의를 두어 연구 결과를 보고하며, 일반적으로 인정되는 전문적 강령과 규범을 따르는 것을 포함한다.

1980년대 이후 전 세계적으로 연구 진실성을 촉진하기 위한 움직임이 활발해지기 시작했다. 유럽의 경우, 많은 연구자, 학술단체, 정부 기관에서 과학적 연구의 우수성을 촉진하고 보호하며 윤리적 기준과 학문적 자유를 보장하기 위한 노력의 하나로 1994년에 '과학인문학술원 유럽연맹(European Federation of Academies of Sciences and Humanities)'이라는 조직을 창립하였다. 이후 2017년 '연구 진실성을 위한 유럽 행동강령(The European Code of Conduct for Research Integrity)'을 제정하면서, 연구 진실성의 기본 원칙에 기반하는 좋은 연구의 관행을 제시하고 있다. 구체적으로, 연구 설계와 방법론, 분석과 출처에 반영된 연구의 질적 보장을 위한 신뢰성(reliability), 투명하고 공정하며 편향되지 않은 방식으로 연구를 수행하기 위한 정직성(honesty), 동료 연구자와 참가자, 사회 및 생태계, 문화유산과 환경에 대한 존중(respect), 그리고 아이디어부터 출판까지의 과정과 그 관리 및 조직, 관련 훈련과 지도, 이에 따른 광범위한 영향에 대한 책임(accountability), 이렇게 네 가지 원칙을 제시하고 있다. 이 원칙을 바탕으로 다양한 맥락에서 좋은 연구 관행을 확보하는 구체적인 방안을 제안하고 있다(https://allea.org/code-of-conduct/).

미국은 기존의 국립보건원(National Institute of Health) 산하에 있던 '과학 진실성 사무국'과 보건복지부 산하의 '과학 진실성 조사 사무국'을 1992년에 통합하여 보건복지부 산하에 '연구 진실성 사무국(Office of Research Integrity, ORI)'을 설치하여 연구 진실성 문제를 통합하여 관리하고 있다. 2000년에 확립된 '연방 연구 부정행위 정책'을 기반으로 2005년 '연구 부정행위에 대한 공중 보건 정책'을 공표하여 연구 부정행위의 범위와 처리 절차 등을 규정하고 있다.

우리나라는 2005년 발생한 줄기세포 논문 조작 사건을 겪은 후, 연구 부정행위에 관한 체계적인 검토를 통해 2007년 연구 윤리 지침을 교육부 훈령으로 제정하여 현재에 이르고 있다. 이 지침에 따르면 미국이나 유럽 등에서와 마찬가지로, 우리나라도 유사한 목적으로 연구 진실성의 확보와 연구 부정행위에 관한 조사 및 처리를 위한 '연구진실성위원회(Committee on Research Integrity)'를 설치하도록 하고 있다. 대학 등 연구기관에서는 이 위원회를 설치하고 자체 규정을 마련해야 하며, 연구 부정행위를 사전에 방지할 수 있도록 연구자에게 연구 진실성 교육을 시행해야 한다. 연구진실성위원회는 연구 부정행위에 관한 문제가 발생했을 때 이를 검증하는 타당한 절차를 마련하고 사후 조치까지 수행하는 역할을 하고 있다.

또한 우리나라의 학술연구와 과학기술 진흥을 담당하고 있는 한국연구재단에서는 연구 윤리 포털을 운영하고 있는데(https://cre.nrf.re.kr/), 이를 통해 연구 윤리 활동을 지원하고, 연구 윤리 지침과 실태조사 등을 시행하며, 연구 부정행위 제보를 받아 사후 처리를 하는 등의 역할을 한다. 이 포털에는 2000년 이후 해외에서 발생한 150여 건 및 국내에서 발생한 70여 건의 연구 부정행위의 내용과 조치 결과를 목록화하여 제공하고 있다.

이처럼 전 세계적으로 많은 과학자와 정부 기관, 언론 등이 연구 부정행위의 다양한 분야에 걸친 피해와 잠재적 예방 조치에 본격적인 관심을 두기 시작하였다. OECD 글로벌 과학 포럼(Global Science Forum)은 2007년에 이러한 주제로 보고서를 발표하였다. 이를 통해 부정행위에 관한 상세한 이해와 가능한 해결 방법을 확인하며, 예방과 제지 등 실질적 조치의 장단점과 더불어 경험을 통해 획득한 교훈과 모범 사례를 체계화하여 제시하였다. 이 보고서는 '연구 진실성과 부정행위 방지를 위한 모범 사례(Best Practices for Ensuring Scientific Integrity and Preventing Misconduct)'라는 제목으로 배포되었고 많은 국가와 학술단체의 연구 부정행위에 관한 기준을 제공하였다(https://www.oecd.org/sti/

inno/globalscienceforumreports.htm).

구체적으로, 핵심 연구 부정행위로서 세 가지를 유형을 제시하고 있는데, 이는 데이터 위조(fabrication), 변조(falsification), 그리고 표절(plagiarism)이다. 이 세 가지의 앞 글자를 따서 흔히 FFP라고 부르는데, 많은 국가와 학술단체 등에서 공통으로 심각한 부정행위 유형으로 간주하고 있다. 이 보고서는 또한 연구의 실행에서 부적절한 연구방법을 사용하거나 실험이나 분석에서 오류를 일으키는 것, 자료와 관련하여 자료를 보존하지 않거나 잘못 관리하는 것, 출판과 관련하여 부당한 저자 표시나 인위적으로 논문 수를 늘리는 것, 인적 측면에서 연구 과정 중 부적절한 행위를 하는 것, 그리고 기타 다양한 부적절한 행위 등으로 연구 부정행위를 체계적으로 분류하여 제시하고 있다.

읽어 보기 3-4 **연구자가 연구 부정행위를 하는 이유는 무엇일까?**

한 연구에 의하면 다음 세 가지 정도의 이유로 요약할 수 있다(Goodstein, 2002).

첫째, 경력에 대한 압박이다. 연구자는 자신의 연구경력을 계속해서 개발하여 연구자로서 평판을 높임으로써 직업적 안정을 꾀하거나 연구과제와 연구비를 계속 수주하려고 한다. 이때 좋은 평판은 우수한 논문 출판과 직결된다. 하지만 연구자 자신이 준비가 부족하거나 이로 인해 과도한 스트레스를 받을 경우, 연구자는 이를 보완하기 위해 부정행위를 하고자 하는 동기가 발생할 수 있다.

둘째, 위조나 변조를 쉬운 것으로 여긴다. 상당수의 연구 결과는 정확한 결과가 재현되지 않는다. 이는 다른 환경에서 수행했거나, 자료의 신호 대 잡음 비율이 낮거나, 우연히 극단값이 포함되거나 하는 등 다양한 이유에서 비롯될 수 있다. 따라서 연구자가 자료를 위조 혹은 변조하더라도 이러한 이유를 들어 반복이 안 되는 상황으로부터 모면할 수 있다고 생각할 수 있다. 또한 연구자들이 반복 연구를 수행하는 경우는 드문 일이라고 생각하여 부정행위의 가능성을 조사하거나 그 행위를 증명하여 처벌하기가 어렵다고 믿을 수도 있다.

셋째, 금전적 이득의 목적이다. 과학 분야에서 흔히 영리를 추구하는 방법은 자신의 의견을 상업적 용도로 사용하도록 제공하는 것이다. 따라서 자신의 과학적 신념과 관계없이 금전적 이득을 목적으로 할 때 종종 부정행위를 일으킬 수 있다. 또한 연구비 지원을 받은 응용연구의 경우의 경우 예상했던 결과물을 산출해야 한다는 압박을 받을 수 있다. 즉, 연구비를 지원한 기관이 필요로 하는 결과물을 산출하고자 하는 압박이다.

2) 연구 부정행위

(1) 주요 연구 부정행위

앞서 OECD 글로벌 과학 포럼에서 발표한 '연구 진실성과 부정행위 방지를 위한 모범 사례' 보고서에서 연구 부정행위를 분류하고 있다고 설명하였다. 이 중에서 핵심 연구 부정행위로 분류한 세 가지 유형을 먼저 살펴보고자 한다.

① 위조와 변조

위조(fabrication)는 존재하지 않는 결과를 허위로 만들어 기록하거나 보고하는 것을 말한다. 어떤 경우는 위조된 결과에 참조를 포함하여 그럴듯하게 보이도록 만들기도 하는데, 그 참조 또한 실제로는 없는 것이거나, 있더라도 결과와 관계가 없는 것이다. 변조(falsification)는 연구 재료나 장비, 절차 등을 조작하거나, 수집된 자료나 결과를 임의로 변형 또는 삭제하여 연구 결과를 왜곡하여 제시하는 것을 일컫는다. 자료의 위조나 변조는 과학적 사기에 해당한다. 연구에서 보고하는 결과를 믿을 수 없다면 지식의 축적이라는 수단으로서 과학적 접근이 위협을 받으며, 사람들에게 잘못된 정보를 제공함으로써 심각한 문제를 일으키게 된다. 연구자 대부분은 이후의 연구를 통해 자신의 연구가 과학적 사기의 가능성이 있음을 알아차린다면, 연구자로서 자신의 평판과 경력에 심각한 손상을 입으리라는 것을 알고 있으며, 이를 검증할 수 있는 다양한 절차가 존재한다는 것을 알고 있어서 이러한 행위가 자주 일어나지는 않는다. 하지만 우리는 이러한 경우를 종종 접하게 되는 것 같다. 어떤 상황에서 이런 경우가 발생하는 걸까?

많은 연구자가 참여하는 공동연구팀 내에서 한 명의 연구자만 전문적으로 다룰 수 있는 과학 기기를 사용할 때, 그 연구자가 관찰한 측정치가 실험 과정에서 다른 요인에 의해 영향을 받았는지, 일부가 변형되었는지, 혹은 위조된 것인지를 확인하는 것은 매우 어려운 일이다. 또한 영상 처리를 위한 소프트웨어의 발전으로 존재하지 않는 자료 영상을 생산하는 것이 쉬워졌으며, 수집된 자료를 변형하는 것도 어렵지 않게 할 수 있다. 예컨대, 2009년『네이처(Nature)』지에 출판된 호르몬 조절과 DNA에 관한 15명의 저자가 참여한 한 논문에서(Kim et al., 2009), 연구팀 내부에서 12개의 영상 결과가 조작되거나 중복된 것을 확인하여 2011년 수정된 영상 결과를 제시하였다. 해당 연구자들은 이후 더 많은 조작과 중복이 있음을 확인하였고, 결과적으로 그 연구 결과를 바탕으로 어떠한

주장도 할 수 없다는 점을 인정하고 논문을 철회하였다(https://www.nature.com/articles/nature11164).

통계분석에서 존재하지 않는 자료를 생성하여 분석에 포함하거나, 개별 자료를 임의로 선택적으로 제외하여 원하는 거짓 결과를 얻는 것 또한 어렵지 않게 할 수 있다. 예를 들어, 실제로 수행하지 않은 실험 조건을 추가하여 그 조건에 해당하는 값을 입력하여 마치 그 값이 실험을 통해 측정된 것처럼 위조한다거나, 원하는 방향으로 관찰되지 않은 개별 참가자 자료를 타당한 기준 없이 제외하여 결과적으로 원하는 결과를 얻고자 하는 등의 변조를 할 수도 있다. 또한 실제 참가자 수보다 더 많은 참가자가 연구에 참여했다고 보고하는 예도 발생할 수 있다. 이런 행위의 발생은 통계적 가설검증의 관점에서 같

읽어 보기 3-5

얼마나 많은 연구자가 연구 부정행위에 대한 경험이 있을까?

정확한 사실의 파악은 연구자 전체에 대한 전수조사를 통해서만 가능할 것이다. 이는 실제로 불가능하며, 따라서 일반적인 연구들과 마찬가지로 조사 등을 통한 과학적 접근을 사용하여 타당한 추정을 할 필요가 있다. 이를 주제로 많은 조사연구가 수행되었는데, 주로 연구자에게 자신 혹은 동료가 연구 부정행위를 저질렀는지를 다양한 측면에서 자기보고식으로 응답하는 형태였다. 이후 여러 연구 결과들을 종합하여 해석할 수 있는 메타분석 연구가 발표되었다(Fanelli, 2009).

이 메타분석 연구에서는 기존의 18개 조사연구를 바탕으로 부정행위를 한 번 이상 했다고 응답한 수를 계산하고, 위조나 변조, 또는 자료 왜곡만을 대상에 포함하여 분석하였다. 그 결과, 자신의 부정행위에 대해 인정한 비율은 전체의 약 2% 정도였으나, 동료의 위조 행위를 알고 있다고 응답한 비율은 약 14%에 달했다. 한 가지 흥미로운 것은 조사에서 위조나 변조라는 단어를 직접 사용했을 때 부정행위를 인정한 비율이 더 낮은 것으로 나타났다는 점이다. 따라서 계산된 이 추정치는 보수적인 수치로 보아야 하며, 실제는 이보다 더 높을 가능성이 있다.

또 다른 메타분석 연구는 연구 부정행위 중에서 표절에만 초점을 두었다(Pupovac & Fanelli, 2015). 이 연구에서는 연구자 스스로 표절을 했는지, 혹은 동료 연구자의 표절을 목격한 적이 있는지를 조사한 전체 18개 조사연구에 대한 메타분석을 시행하였다. 이때 학생의 학업 수행과 관련한 표절은 제외하고 연구자의 논문 작성과 관련한 조사만 포함하였다. 그 결과, 자신이 표절한 적이 있다고 응답한 비율은 약 2%, 목격했다고 응답한 비율은 약 30%에 달했다. 앞선 메타분석과 비교하면, 위조와 변조를 저지른 비율보다 표절이 두 배 정도 높은 비율로 나타났다.

은 크기의 차이라도 사례 수가 증가하면 영가설을 기각하는, 즉 통계적으로 유의한 차이가 있다고 판단하게 되는 것을 연구자가 알고 있다는 점이 한 가지 이유가 될 수 있다.

예를 들어, 두 집단 간 비교를 수반하는 실험 자료의 통계분석 결과에서, 자유도(Degree of Freedom, df)가 17일 때 t 검증을 통해 t 통계치 2.1이 산출되었다고 가정해 보자. 이때 유의확률, 즉 p 값은 0.052 정도가 된다. 연구자는 일반적으로 유의확률이 0.05보다 더 작을 때 통계적으로 유의미한 결과로 보고하기 때문에 이 결과를 유의미한 차이가 있다고 보고하기 어려울 수 있다. 이때 연구자가 자신의 결과를 유의미한 것으로 보이고 싶어 하는 동기가 작동한다면 부정행위의 가능성이 생길 수 있다. 예컨대, 동일한 t 통계치에 대해 자유도가 달라지면, 즉 극단적으로 자유도를 36으로 증가시키면 p 값은 0.043이 되어 유의미한 차이가 있는 것으로 보인다. 또는 예상한 방향대로 관찰되지 않은 한 명의 자료를 임의로 제외하는 것만으로도 연구자가 원하는 거짓 결과로 변조할 수 있다.

② 표절

일반 지식은 사회 구성원 누구에게나 필요하여 공통으로 지니고 있다고 생각하는 지식으로, 독자의 관점에서 근거가 없이도 그 지식을 수용할 수 있는 정보라고 할 수 있다. 대한민국의 수도가 서울이라는 정보를 기술할 때, 출처를 언급하지 않는 것이 문제가 되지는 않는다. 즉, 일반 지식과 같은 정보를 기술할 때는 출처가 필요하지 않다. 하지만 구체적인 과학적 발견이나 주장, 견해 등 기존에 다른 연구자가 산출한 업적을 인용할 때 출처가 필요하다. 표절(plagiarism)은 해당 업적에 대해 적절한 표현을 하지 않거나 인정하지 않은 채 다른 사람의 아이디어, 처리 과정, 결과, 혹은 글 등의 업적을 도용하는 행위를 말한다. 가장 흔한 형태의 표절은 타인의 업적으로 이루어진 논문이나 서적, 혹은 글을 출처 표시 없이 무단으로 사용하는 경우다.

다음과 같이 다양한 유형의 표절이 발생할 수 있다.

- 직접 표절(direct plagiarism): 기존 문헌으로부터 주요 단어들이나 문장, 또는 문장 이상의 일부나 전부를 적절한 출처 표기 없이 사용하는 것으로, 타인의 표현을 그대로 복사하여 자신의 저작물에 붙여 넣는 것을 의미한다. 때때로 축어적 표절(verbatim plagiarism)이라고도 부르는데, 그대로 가져다 붙인 글에서 일부를 삭제하

여 변형한 것도 마찬가지다.

㉮ 과제를 위해 온라인에서 찾은 타인의 글 전체를 가져와 사용하는 경우

- 의역 표절(paraphrasing plagiarism): 타인의 글을 바탕으로 그중 일부를 바꾸어 의역함으로써 마치 자기의 생각인 것처럼 표현하며 출처 표기를 하지 않는 경우를 일컫는다.

  예) 온라인에서 찾은 글을 일부 바꾸어 과제에 사용하는 경우

- 모자이크 표절(mosaic plagiarism): 여러 출처로부터 구절이나 아이디어를 복사하여 서로 짜깁기하면서도 출처를 표기하지 않으며 마치 새로운 글인 것처럼 작성하는 것을 말한다.

  예) 온라인에서 여러 문서를 받은 다음, 조금씩 가져다 과제에 사용하는 경우

- 아이디어 표절(idea plagiarism): 타인의 아이디어를 출처 표기 없이 자신의 것처럼 사용하는 경우로, 다른 논문에서 다룬 가설이나 방법을 자기의 아이디어인 것으로 표현하거나, 다른 논문의 구체적인 구조를 바탕으로 내용만 바꾸는 경우를 말한다.

  예) 검색한 문서의 주제를 그대로 사용하거나, 문서의 틀 안에 내용만 바꾸는 경우

- 자료 표절(data plagiarism): 다른 사람이 수집한 자료나 결과를 동의 없이 사용하거나, 사용하면서 출처를 밝히지 않는 경우로, 이는 저작권 침해 문제와도 관련될 수 있다.

  예) 과제를 위해 수집한 친구의 자료를 동의 없이 자신의 과제에 사용하는 경우

이처럼 흔히 다른 사람의 업적을 자신의 것으로 정당한 출처 표기 없이 사용할 때 표절이라고 하지만, 자신의 과거 업적을 다시 사용하면서 출처를 표기하지 않는 경우도 표절이며, 이를 자기표절(self-plagiarism)이라고 한다. 이미 인정받은 업적을 재사용함으로써 다시 업적을 인정받는 행위이기 때문에 부정행위에 해당한다. 이전 업적과 거의 동일한 논문을 다시 출판하는 경우는 완전한 자기표절이면서 동시에 부당한 중복게재에 해당한다. 연구자가 논문을 출판하였다면, 그 논문은 이미 자신의 아이디어만이 아니라 공식적인 출판물이다. 따라서 자신의 논문을 출처 표기 없이 인용한다면, 자기 생각을 표현하는 것이 아니라 다른 출판물에 대한 표절로 보는 것이 마땅하다. 마찬가지로, 어떤 수업에서 자기가 작성하여 과제로 제출한 보고서를 다른 수업의 과제로 제출한다면, 이는 완전한 자기표절이며, 논문의 부당한 중복게재와 마찬가지의 부정행위가 된다.

읽어 보기 3-6

얼마나 많은 대학생이 표절 경험이 있을까?

호주의 한 대학에서 2004, 2009, 2014년을 포함하여 5년에 한 번씩 세 차례 걸쳐 재학생들을 대상으로 스스로 표절을 했던 경험과 표절에 대한 인식을 조사하였다(Curtis & Vardanega, 2016). 연구에 따르면, 직접 표절이나 의역 표절 등 어떠한 표절의 형태라도 한 번 이상 표절을 한 적이 있는지에 대해, 2004년 전체 응답자의 82% 정도가 경험이 있다고 응답하였고, 2009년에는 약 75%, 2014년에는 64% 정도로 나타났다. 표절 비율이 여전히 높지만, 연구자들은 학생들의 표절에 대한 인식과 이해 가 증가하고 있다는 점을 시사하였다.

얼마나 많은 대학생이 과제를 돈으로 해결할까?

학업 수행에서 부정직한 행위 중 하나인 계약 부정행위(contract cheating)는 수업이나 졸업 이수 요건 등에 필요한 과제를 완성하기 위해 업체나 다른 사람에게 비용을 내는 행위를 말한다. 2018년 한 연구자는 계약 부정행위를 주제로 수행했던 연구들에 대한 체계적 개관 연구를 발표하였다(Newton, 2018). 이 연구에 의하면, 1978년부터 시작된 65개의 개별 연구들에 포함된 54,514명의 표본에서 평균 3.52%의 학생이 계약 부정행위를 했다고 보고하였으며, 2014년에는 이 비율이 15.7%로 더 높아졌음을 확인하였다.

(2) 이 외의 연구 부정행위

'연구 진실성과 부정행위 방지를 위한 모범 사례' 보고서에서 핵심 연구 부정행위로 분류하지는 않았지만, 사회적 · 개인적 측면에서 심각한 문제를 일으키는 부정행위들을 살펴보도록 하겠다. 실제로 교육부의 '연구 윤리 확보를 위한 지침'에서는 위조, 변조, 표절과 함께, 부당한 저자 표시, 부당한 중복 게재, 연구 부정행위에 대한 조사 방해 등을 모두 연구 부정행위로 구체적으로 분류하고 있다.

① 부당한 저자 표시

논문의 저자가 되는 것은 자신이 그 연구를 실제로 주도하여 수행했거나, 연구나 논문 작성에 상당한 공헌이나 기여가 있음을 인정하는 의미다. 이는 저작권 등 저자의 권리를 갖는 것뿐만 아니라, 논문에 대한 책임을 진다는 의미도 포함한다. 따라서 저자 표시가 부적절하다는 것은 논문에 대한 기여나 책임의 측면에서 부정행위가 된다. 부당한 저자 표시(inadequate authorship)는 연구 수행과 논문 작성에 공헌한 사람에게 정당한 이

유 없이 저자 자격을 부여하지 않거나, 반대로 충분한 기여가 없는 사람에게 저자 자격을 부여하는 행위를 말한다.

2019년 우리나라에서 미성년 공저자 문제가 사회적 이슈로 떠오른 적이 있다. 교육부는 2007년부터 2018년 사이 대학 교원과 고등학생 이하의 미성년자가 공저자로 포함된 논문 1,033건에 대해 연구 윤리를 검증한 결과, 부당한 저자 표시로 확인된 논문이 약

읽어 보기 3-7

생성형 인공지능(Generative AI)과 표절 문제

2022년 생성형 인공지능의 등장으로 모든 연구 분야에서 윤리적 문제가 대두되고 있다. 특히 ChatGPT의 등장으로 사람들의 많은 관심과 우려가 동시에 발생하고 있다. ChatGPT를 비롯한 생성형 인공지능은 대화 방식의 상호작용이 가능하며, 방대한 학습의 결과로서 사용자가 원하는 결과를 거의 즉시 생성해 줌으로써 연구자에게도 많은 도움을 준다.

하지만 여기서 생각해야 할 문제는, 인공지능이 생성한 결과물을 보고서 작성에 사용할 때 발생할 수 있는 표절과 같은 연구 부정행위를 어떻게 다룰 것인가다. 이는 인공지능을 활용하는 과정에서 의도적이든 그렇지 않든 표절이나 변조, 또는 위조 등 다양한 연구 부정행위의 행할 가능성이 더 커졌기 때문이다. 특히 연구자들 또한 이미 보고서 작성에 생성형 인공지능을 활발히 사용하기 시작하였으나, 이에 따른 윤리적 기준은 기술 발달보다 아직 훨씬 뒤처져 있다.

연구 윤리와 관련하여 구체적으로 어떤 행위를 어떻게 정의할 수 있는지는 아직 명확하지 않으며, 이제 점차 정립하고 있는 단계다(Dien, 2023). 예컨대, 일부 논문에서 ChatGPT를 저자 중의 하나로 포함하기도 하였는데(Kung, Cheatham, ChatGPT et al., 2022; O'Connor & ChatGpt, 2023), 그중 하나는 출판 과정에서 ChatGPT가 삭제되어 정식으로 출판되었으며(O'Connor, 2023), 다른 한 편은 이미 출판된 다음 ChatGPT를 삭제하는 수정을 하기도 하였다(Kung, Cheatham, Medenilla et al., 2023).

인공지능의 사용과 관련한 연구 윤리 기준이 앞으로 어떻게 정립되든, 지금은 중요한 원칙을 생각하는 것이 바람직할 것이다. 즉, 인공지능이 자신의 요구에 따라 생성한 결과물을 사용자의 것이라고 볼 것인가 아닌가의 문제로 보는 것이다. 필요한 내용을 어떻게 요구하는가에 따라 인공지능의 산출물이 달라지기 때문에, 그 결과물을 자신의 것으로 쉽게 생각할 수도 있겠지만, 그 결과물은 자신의 것이 아니라는 점을 분명히 인식해야 한다. 이 장의 첫 단락에서 말한 것처럼 생성형 인공지능을 사용하는 행위 자체는 연구 윤리와 관계가 없다. 중요한 점은, 그것을 어떻게 사용하는가다. 타인의 업적을 마치 자신의 것으로 사용하는 것이나, 인공지능이 생성한 글을 자신의 업적인 것처럼 사용하는 것이나 다를 바가 없다는 의식을 가져야 할 것이다.

96건에 달한다는 발표를 하였다(교육부 보도자료, 2022.4.25, '고등학생 이하 미성년 공저자 연구물 검증결과'). 이 결과를 바탕으로, 일부 교원에 대해 징계 처분과 함께 국가연구개발 사업에 참여를 제한하였으며, 이를 대학 입학에 활용한 미성년자 일부에 대해서는 입학을 취소하였다. 이처럼 미성년자의 부당한 저자 표시와 관련한 문제는 우리나라에서 특히 많은 주목을 받았다.

미성년 공저자 문제에서 신중하게 생각해야 할 부분은 미성년자가 논문에 저자로 올라갔다는 사실 그 자체가 중요한 논쟁은 아니라는 것이다. 미성년자라는 이유로 연구에 참여하지 못하거나 저자 자격을 부여할 수 없다는 것은 아니기 때문이다. 문제가 된 부분의 핵심은 연구 수행과 논문 작성에 저자가 될 수 있을 정도의 학술적 · 실제적 기여나 공헌을 하지 않았음에도 저자 자격을 가졌다는 점이다. 만일 연구 과정에 어느 정도 기여가 있었지만, 그 정도가 저자가 될 수 없을 정도의 도움이라면, 감사의 글로 표시하는 것만으로 충분하다.

학위 취득을 위한 학위논문을 완성하면 이를 정리하여 학술지에 출판하는 경우가 대부분이다. 학문 분야에 따라 차이는 있겠지만, 지도교수의 적극적 지도 없이 학위논문을 완성하는 것은 어렵다. 이때 학위논문을 위한 실질적 연구 수행은 해당 석 · 박사과정 대학원생이 주도하기 때문에, 출판 시 저자 표시는 학위논문을 작성한 대학원생이 제1 저자가 되고 지도교수는 교신저자가 되는 것이 일반적이다. 지도교수가 제1 저자가 되는 경우는 극히 드물다. 이러한 경우라면, 해당 대학원생의 학위논문 작성을 지도교수가 주도했다는 의미이기 때문이다. 반대로 지도교수의 지도가 충분치 않았다면 지도교수가 저자에 참여하지 못할 수도 있지만, 이런 경우 또한 흔치 않다.

논문을 출판할 때, 해당 분야의 매우 저명한 연구자를 충분한 기여나 공헌 없이 포함하는 경우가 있다. 이는 자신의 연구를 더 신뢰할 수 있는 것으로 보이고자 하는 의도로, 결과적으로 투고한 논문의 게재 가능성을 높이기 위한 목적이다. 또한 자신이 속한 조직의 상급자를 저자로 부적절하게 포함하거나 다른 연구자와 서로 저자 끼워 넣기를 행하기도 한다. 당연하게도, 이 모든 경우가 부당한 저자 표시에 해당한다.

이렇게 부당한 저자 표시를 예방하기 위한 한 가지 방법으로, 최근 많은 학술지에서 논문 투고 단계에서부터 저자별로 논문에 어떤 공헌을 했는지 구체적으로 작성하도록 요구한다. 예컨대, 연구 아이디어 제공, 실험설계, 자료 수집, 분석, 타당화, 논문 초안 작성, 논문 검토, 전반적 관리 등 연구 실행과 논문 작성 과정에서 누가 어떤 역할을

하였는지 구체적으로 명시하도록 요구하고 있다. 다음은 『사이언티픽 리포트(Scientific Reports)』에 출판된 한 논문에 명시한 저자별 공헌 및 기여 표시의 한 가지 예다(Yi, Heo, Hong, & Kim, 2022).

Contributions

K.Y. and C.K. conceived and designed the experiments. K.Y., J.H., and J.H. performed the experiments and collected the data. K.Y. analyzed the data. K.Y. and C.K. wrote the manuscript. C.K. supervised MRI data collection and data analysis. All of the authors discussed the results and contributed to the final manuscript.

부당한 저자 표시는 이 경우처럼 연구 내용이나 결과에 충분한 공헌이나 기여가 없는 사람에게 저자 자격을 부여하는 예도 있지만, 충분한 기여가 있는 사람에게 저자 자격을 부여하지 않는 경우도 포함한다. 이때 연구에 실질적인 공헌이나 기여를 했음에도 불구하고 저자로 이름을 올리지 못하는 사람을 유령저자(ghostwriter)라고 부른다. 흔치 않겠지만, 지도교수나 연구팀 선배 등의 강요로 논문을 작성했음에도 저자로 이름을 올리지 못하는 경우를 일컫는다. 사례를 받고 논문을 대신 써 주는 경우도 그러한데, 이는 논문 대필에 해당하며, 이때 실제로 논문을 작성한 사람이 저자가 되지는 않으므로 유령저자로 부를 수 있다.

또한 연구기관에서 근무하며 연구에 충분히 공헌한 연구원이 이직을 이유로 저자에서 제외되는 경우도 부당한 저자 표시에 해당한다. 주로 박사후연구원에게서 이런 일이 발생하기 쉽다. 박사후연구원은 박사학위를 취득하고, 특정 연구과제 수행을 위해 주로 1～2년 정도 연구기관에 채용되어 연구책임자와 함께 연구하는 연구원을 말하는데, 대부분 독립적인 연구역량을 갖추었기 때문에 연구에 많은 공헌을 한다. 연구원으로 채용되어 어떤 연구를 수행하다가 다른 기관으로 이직하는 경우라도 해당 기관에서 수행하던 연구에 충분한 공헌이나 기여를 했다면 당연히 저자의 자격이 있다. 이직으로 인해 그 공헌이나 기여의 사실이 사라지는 것은 아니기 때문이다.

② 부당한 중복 게재

연구자들 대부분은 논문 편수를 매우 중요하게 생각하며, 이를 통해 자신의 평판이 좋아지고, 연구비를 받는 데 유리할 것이라고 믿는다. 이로 인해 종종 발생하는 부정행위가 부당한 중복 게재(duplicate publication)다. 이는 이전에 출판된 논문, 서적 등과 동일한 내용의 저작물을 출처 표시 없이 출판하는 행위를 말한다. 모든 내용이 같아야만 중복 게재에 해당하는 것은 아니며, 출판된 논문의 일부 내용을 가져오거나, 반대로 여러 연구를 합친 다음, 출판하는 것도 중복 게재에 해당한다.

우리나라에서는 국문으로 출판된 자신의 논문을 영문으로 바꾸어 다른 학술지에 제출하거나, 반대로 영문으로 출판된 논문을 다시 국문으로 출판하는 연구자들이 있었다. 작성한 언어는 다르지만, 그 내용은 실질적으로 같으므로 당연히 부당한 중복 게재에 해당한다. 동일한 자료를 활용하여 조금 다른 내용으로 작성하여 출판하는 것도 마찬가지다. 그렇다면 출처를 표시하면서 이전 자신의 논문으로부터 상당한 분량을 인용한다면 이는 중복 게재에 해당할까? 이에 대해서는 명확한 기준이 없긴 하지만, 하나의 연구로서 학술적 가치가 낮아지기 때문에 심사과정에서 게재가 거부될 가능성이 크다.

학술지를 출판하는 출판사에서는 종종 이미 출판된 논문들을 하나의 주제로 묶어서 서적으로 출판하거나, 오래전 논문 중에서 중요한 논문을 재출판하는 경우가 있다. 이런 경우는 독자에게 중요한 정보를 제공하기 위한 목적이며, 명확한 출처를 표시하면서 출판하기 때문에 중복 게재와는 다르다.

중복 출판과는 다르지만 유사한 연구 부정행위로, 논문 쪼개기가 있다. 논문 쪼개기(salami publication)는 하나의 연구를 수행하고, 가능한 많은 논문으로 쪼개어 출판하는 행위를 말한다(또는 salami slicing이라고도 부르는데, 마치 살라미 소시지처럼 얇은 조각으로 썬다는 의미에서 붙여진 이름이다). 논문 쪼개기 자체는 같은 내용을 다시 출판하는 중복 게재와 다르지만, 독자들이 각 논문에 실린 결과가 서로 다른 자료로부터 나온 것으로 인식할 수 있다는 점이 문제다. 또한 하나의 연구로부터 나온 것이기 때문에, 서론이나 참가자 수, 연구 절차, 결과 등 논문에서 중복되는 내용이 나올 수밖에 없다. 논문 쪼개기도 마찬가지로 대체로 논문의 수를 인위적으로 늘리기 위한 목적으로 행하게 된다. 연구자들은 이러한 관행을 비꼬는 말로 최소 출판 단위(Least Publishable Unit, LPU)라는 말을 사용하기도 하는데, 이는 실제 공식적인 용어가 아니라, 논문 출판에 요구되는 가장 작은 단위로 논문을 쪼개어 더 많은 논문을 내려고 하는 연구자들의 잘못된 관행에 대한

읽어 보기 3-8

연구 진실성에 관한 심리학회의 주요 규정(2023년 기준)

1) 미국심리학회(APA) 윤리 원칙과 행동강령
   (https://www.apa.org/ethics/code)
   8.10 (연구 결과의 보고)
   8.11 (표절)
   8.12 (출판 업적)
   8.13 (자료의 중복 출판)
   8.13 (검증을 위한 연구 자료 공유)

2) 한국심리학회(KPA) 윤리 규정
   (https://www.koreanpsychology.or.kr/introduction/articles.html)
   제34조 (연구 결과 보고)
   제35조 (표절)
   제36조 (출판 업적)
   제37조 (연구자료의 이중 출판)
   제38조 (결과 재검증을 위한 연구자료 공유)

3) 한국심리학회(KPA) 연구 진실성 심사 규정
   (https://www.koreanpsychology.or.kr/introduction/articles.html)
   제2조 (연구 부정행위에 대한 정의)
   제3조 (출판 업적)
   제4조 (절차에 대한 정의)
   제6조 (적용절차)
   제8조 (연구 부정행위 제보 및 접수)
   제19조 (판정 및 조치)

비판이다. 물론 우수한 결과를 짧은 논문으로 보고할 수도 있겠지만, 논문 쪼개기의 결과로서 탄생한 짧은 논문은 근본적으로 부정행위이며, 많은 자료에 기반하는 우수한 과학적 발견을 보고할 기회를 놓치게 되는 결과가 된다.

읽어 보기 3-9 연구 진실성과 관련된 법률 등의 주요 목차(2023년 기준)

1) 국가연구개발혁신법
(https://www.law.go.kr/법령/국가연구개발혁신법)
제31조 (국가연구개발사업 관련 부정행위의 금지)
제32조 (부정행위 등에 대한 제재처분)

2) 국가연구개발혁신법 시행령
(https://www.law.go.kr/법령/국가연구개발혁신법시행령)
제56조 (국가연구개발사업 관련 부정행위)
제59조 (부정행위 등에 대한 제재처분)
제61조 (연구자 권익보호 등을 검토하기 위한 위원회의 구성 및 운영)

3) 국가연구개발혁신법 시행규칙
(https://www.law.go.kr/법령/국가연구개발혁신법시행규칙)
제3조 (부정행위의 제보 등)

4) 연구윤리 확보를 위한 지침(교육부 훈령)
(https://www.law.go.kr/행정규칙/연구윤리확보를위한지침)
제1조 (목적)
제2조 (정의)
제3조 (적용대상 및 방법)
제5조 (연구자의 역할과 책임)
제12조 (연구부정행위의 범위)
제13조 (연구부정행위의 판단)
제18조 (연구부정행위 검증 절차)
제26조 (연구부정행위에 대한 조치)

3) 연구 진실성의 실천

수업에 제출할 과제를 작성하면서 표절 같은 부정행위를 저지른다면, 그 학생은 작게는 그 과제나 수업에서 'F'를 받기도 하고 어떤 경우는 유급이나 징계를 받을 수도 있다.

연구자의 연구 부정행위는 그 개인에게 어떤 영향을 줄까? 당연한 얘기지만 연구자로서 자신의 명성은 바닥으로 떨어질 것이다. 또한 연구자가 소속된 연구기관은 해당 연구자에게 강력한 징계 조치를 할 수 있다. 해당 논문이 발표된 학술지는 부정행위 확인에 따라 논문을 철회하고 그 기록을 남기게 된다. 해당 학회에서는 자격 정지 등을 통해 학회 활동에 제재를 가할 수 있다. 연구비를 지원한 기관에서는 부정행위에 따라 해당 과제의 연구비를 환수하게 된다. 이후 연구비 신청에 제재가 가해져 수년 이상 연구를 수행하는 데 어려움을 겪을 수 있다. 이처럼 연구 부정행위는 연구자에게 많은 부정적인 영향을 미친다.

연구자의 의도적인 부정행위는 변명의 여지가 없지만, 때때로 연구 과정에서 의도치 않은 연구자의 실수와 오류 등으로 인해 연구 부정행위를 저지른 결과로 나타날 수도 있다. 따라서 이를 예방하고 최소화하기 위한 몇 가지 주요 실천 사항을 살펴볼 필요가 있다.

먼저, 분석 결과에 대해 1장에서 설명한 과학적 회의론의 태도가 필요하다. 연구 결과가 관찰되었을 때, 이 결과가 동일한 절차를 통해 다시 반복되는지를 확인해야 한다. 특히 연구 결과가 연구자 예상과 거의 일치하는 방향으로 나왔을 때, 회의론적 태도가 오히려 더 필요하다. 예컨대, 연구책임자는 연구원이 분석한 결과가 정당한 절차에 의해 얻은 것인지 확인해야 하고, 분석 절차를 원자료부터 마지막 결과까지 다시 시행함으로써 동일한 결과가 산출되고 오류가 발생하지 않는지 확인할 책임이 있다. 분석을 담당하는 연구원도 재검증 절차를 시행함으로써 이러한 오류를 최소화해야 한다. 따라서 연구 수행 시 재검증이나 재분석 절차를 시행하는 것을 기본적인 분석 절차로 확립하는 것이 위조나 변조 등의 연구 부정행위를 예방하는 좋은 방법이다.

공동연구의 결과를 출판할 때, 타인이 분석한 자료나 작성한 논문의 내용에서 이상이 없는지를 확인하는 것도 필요하다. 연구 결과에서는 문제가 없었으나 논문 작성 과정에서 잘못된 자료가 포함될 가능성을 낮추기 위해서는 논문에 참여하는 공동연구자의 역할이 중요하다. 논문을 주도적으로 작성한 연구자는 자신의 오류나 실수를 스스로 발견하기 상당히 어려우므로, 함께 참여하는 공동연구자가 그 역할을 충실히 해야 한다. 이런 과정을 통해 표절 등의 잠재적인 부정행위 문제를 예방하는 데 도움이 될 수 있다.

논문의 저자 자격을 갖추기 위해서는 해당 연구에 상당한 공헌이나 기여가 필요하다. 각 연구자의 공헌이나 기여의 정도를 판단할 수 있는 기준은 무엇일까? 일반적으로, 연구를 주도적으로 수행하고, 그 결과를 논문으로 작성하는 연구자가 제1 저자가 되며, 연구 전체를 전반적으로 관리하고 논문 전체의 내용을 책임지는 연구자가 교신저자가 된다. 이 두 저자를 일반적으로 주저자로 부르며(동시에 제1 저자와 교신저자 역할을 할 수도 있다), 주저자가 아닌 저자를 공동저자라고 한다. 어떤 연구자가 주저자나 공동저자의 자격이 있는지, 혹은 저자의 자격이 충분한지 등을 판단하기 위한 한 가지 좋은 방법은 연구 수행 시 연구 노트(research note)를 활용하는 것이다. 연구 노트는 연구자가 연구 수행의 시작부터 결과 발표에 이르기까지의 모든 연구 과정과 관련 성과물을 기록한 자료로, 어떤 연구자가 구체적으로 어떤 과정과 성과에 공헌했는지 객관적으로 확인할 수 있으므로, 저자 자격을 판단할 때 효율적으로 활용할 수 있다. 또한 연구 노트는 향후 저작권이나 특허권 등 연구 업적에 따른 권리를 주장할 때도 객관적 근거로 작용하기 때문에 구체적으로 작성하는 것이 좋다.

논문 쪼개기는 연구를 수행하면서 연구에서 필요한 것보다 더 많은 자료를 수집했을 때, 즉 논문을 여러 편 쓸 수 있을 정도로 많은 자료를 확보할 때 더 쉬워질 수 있다. 이는 해당 연구에 필요하지 않은 자료를 수집했음을 나타내며, 이를 위해 연구에 불필요한 자원과 시간을 투입했다는 것을 의미한다. 이러한 불필요한 과정은 연구 결과가 왜곡되거나 편향될 가능성을 증가시킨다. 예컨대, 실험에서 참가자들에게 필요 이상의 자료를 수집하는 절차는 실험 처치에 대한 참가자의 반응에 영향을 미칠 수 있고, 조사에서 질문지 길이가 증가하면 응답을 완료하는 시간이 길어져 참가자의 응답에 영향을 줄 수 있다. 이뿐만 아니라, 통계분석을 통한 가설검증에도 영향을 미친다. 즉, 검증통계치의 유의수준은 일반적으로 0.05로 설정하는데, 이는 단일 연구 결과에 대한 의사결정에서는 타당할 수 있지만, 극단적으로 하나의 연구를 통해 20편의 연구를 발표한다면 이 중 하나는 오류일 수 있다. 따라서 연구자는 연구를 수행할 때 연구 목적에 합당한 자료만 수집해야 한다.

논문을 작성할 때 연구 결과로서 생성된 자료 외에 다양한 자료를 활용하는 경우가 종종 있다. 일반적인 보고서나 수업에서 요구하는 과제를 작성할 때도 마찬가지다. 주로 온라인을 통해 수집한 자료를 활용하기 쉬운데, 이때 반드시 저작권에 유의해야 한다. 저작물을 활용하기 전에 해당 저작물에 출처 표기가 필요한지, 영리 목적으로 사용할 수 있는지, 혹은 내용을 변경해도 되는지 등에 관한 규약(Creative Commons License, CCL)을 확인해야 한다. 학술적 이용은 대부분 영리 목적과 무관하므로 출처만 표시하면 활용할 수 있다고 판단할 수 있겠지만, 실제로는 그렇지 않다. 이를 이용한 다른 영리가

발생할 수도 있고, 활용 자체가 불가능한 저작물이 많이 있으므로 활용 전에 CCL을 잘 살펴야 한다. 온라인에서 찾을 수 있는 많은 자료 중에는 보고 읽는 것에 전혀 문제가 없으나 이를 활용할 때 문제가 발생할 수 있는 저작물들이 무수히 많다. 따라서 문서나 영상 자료를 자신의 보고서에 활용하려고 할 때, 그 저작물의 CCL 유형을 반드시 확인해야 한다.

마지막으로, 표절을 피하면서 보고서를 작성하기 위한 몇 가지 전략을 살펴보고자 한다. 의도적인 표절은 물론 심각한 문제이긴 하지만, 의도하지 않았음에도 결과적으로 표절이 된 경우라도 책임을 면하기는 어렵다. 실수라도 표절할 가능성이 늘 존재하기 때문에, 이를 회피할 수 있는 전략을 마련하여 실행하는 것이 좋다.

첫째, 문헌 검색이나 학습 과정에서 얻은 자료는 다른 사람의 것이지 자신의 것은 아니라고 생각하는 태도가 필요하다. 문헌 연구 과정에서 검색한 자료는 그 출처를 반드시 표기한다고 생각하는 것이다.

둘째, 선행연구의 내용을 정리하거나 아이디어를 정리할 때, 그 내용의 출처를 기록해 두는 습관이 필요하다. 출처 없이 정리된 내용의 출처를 나중에 다시 찾는 일은 상당히 어려운 일이며, 심지어 그것이 자기의 생각인지 다른 사람의 생각인지 헷갈릴 수 있기 때문이다. 또한 선행연구에서 제안한 아이디어와 선행연구를 참조하여 자신이 스스로 만들어 낸 아이디어는 다르다. 전자는 다른 사람의 생각이고 후자는 자기의 생각이다. 하지만 종종 이 두 경우를 구분하지 못할 수도 있는데, 이렇게 불확실한 경우에는 출처를 표기하는 편이 낫다.

셋째, 문헌 연구를 통해 다양한 선행연구를 고찰하는 과정에서 선행연구의 틀을 바탕으로 생성한 아이디어라면 출처를 표시해야 한다. 하지만 그 과정에서 스스로 생성한 아이디어를 자신의 고유한 표현으로 나타낸 경우라면 출처를 표시하지 않아도 된다. 이는 선행연구와 관련이 있을 수는 있으나, 스스로 만들어 낸 자신의 아이디어이기 때문이다.

넷째, 형식적 측면에서 올바른 방법으로 인용해야 한다. 예컨대, 필요에 따라 다른 사람의 글을 가져와서 그대로 쓰는 경우는 반드시 인용부호를 사용하여 직접인용으로 표현하고, 페이지를 포함한 출처를 표기해야 한다. 간접인용의 경우에는 밀접하게 관련된 출처를 표기해야 한다. 각각의 인용에 대해서가 아니라 단락의 맨 앞이나 뒤에 여러 출처를 포함하는 포괄적 인용의 경우는 구체적으로 어떤 부분이 인용되었는지 독자가 확인할 수 없다는 문제 때문에 사용하지 않는 편이 낫다. 또한 인용한 출처는 반드시 참고문헌 목록에 포함해야 하지만, 관련 없는 출처를 기재하는 것은 그럴듯하게 보이기 위한 일종의 위조나 변조에 해당할 수 있으므로 주의를 기울여야 한다.

다섯째, 표절의 가능성을 확인하는 프로그램을 활용하는 것이 유용하다. 최근에는 온라인으로 쉽게 표절 정도를 판단할 수 있는 시스템을 활용할 수 있는데, 유료 서비스를 기반으로 다양한 서비스를 지원해 주는 시스템도 있지만, 우리나라의 경우 한국연구재단에서 이를 무료로 지원해 주고 있으며 200만여 건의 국내 논문 등과 비교하여 표절 가능성에 대한 검사 결과를 제공해 준다(https://check.kci.go.kr/).

연구 진실성을 확보하면서 연구를 수행하는 것은 연구자의 기본 자질이라고 할 수 있다. 따라서 연구자는 연구 아이디어 생성에서부터 논문 작성에 이르기까지 연구 수행의 전반에서 연구 진실성을 확보하는 노력이 필요하다.

Keywords

뉘른베르크 강령(Nuremberg Code)
헬싱키 선언(Declaration of Helsinki)
터스키기 매독 연구(Tuskegee Syphilis Study)
벨몬트 보고서(Belmont Report)
밀그램 실험(Milgram experiment)
인간 존중(respect for persons)
자율성(autonomy)
충분한 정보에 의한 동의(informed consent)
사전동의(prior consent)
속임수(deception)
표지 이야기(cover story)
이해(comprehension)
자발성(voluntariness)
선행(beneficence)
위험-이익 평가(risk-benefit assessment)
정의(justice)
참가자 선정(selection of participant)
기관생명윤리위원회(Institutional Review Board, IRB)
생명윤리 및 안전에 관한 법률
최소위험(minimal risk)
최소위험 연구(minimal risk research)
면제 연구(exempt research)
최소위험 이상 연구(greater than minimal risk research)
서면 동의(written informed consent)
연구 참여 동의서(informed consent form)
사후설명(debriefing)
연구 진실성(research integrity)
위조(fabrication)
변조(falsification)
표절(plagiarism)
자기표절(self-plagiarism)
부당한 저자 표시(inadequate authorship)
부당한 중복 게재(duplicate publication)
논문 쪼개기(salami publication)

Review Questions

1. 제2차 세계대전 당시 벌어진 나치의 인체 실험과 같은 비극을 반복하지 않기 위해 전범 재판에서 판결문에 포함한 연구 윤리 기준의 명칭은 무엇이며, 그 기준의 가장 중요한 내용은 무엇인가?
2. 헬싱키 선언에 수반된 정확한 제목을 쓰시오.
3. 벨몬트 보고서의 세 가지 기본 원칙을 나열하시오.
4. 밀그램 실험의 윤리적 문제점을 설명하시오.
5. '충분한 정보에 의한 동의'에서 중요한 고려사항 세 가지를 간단히 설명하시오.
6. 위험-이익 평가의 원리를 간단히 설명하시오.
7. 연구 참가자 선정의 실행 방법을 윤리적 관점에서 간단히 설명하시오.
8. 기관생명윤리위원회(IRB)의 연구계획서 심의의 다섯 가지 기준을 나열하시오.
9. '최소위험'이란 무엇인가?
10. 사후설명은 무엇이며, 왜 중요한가?
11. 연구 진실성이란 무엇인지 정의하시오.
12. 위조와 변조를 각각 정의하시오.
13. 표절이란 무엇인가?

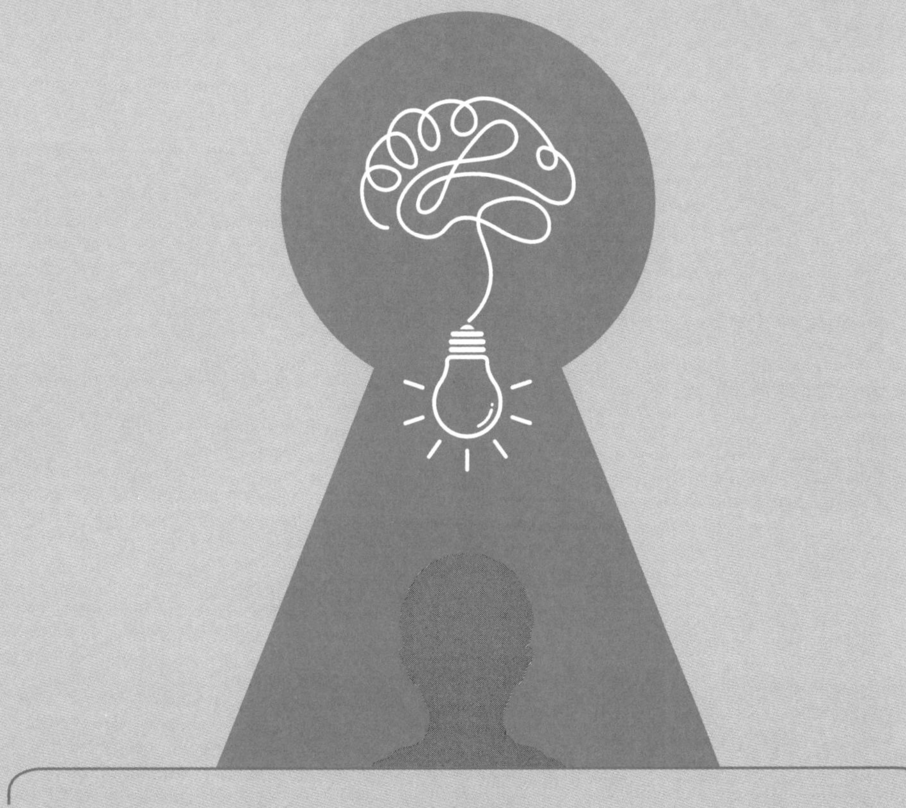

제4장

변인과 측정

1. **변인**
   1) 변인의 정의
   2) 변인 간 관계

2. **측정**
   1) 측정척도
   2) 측정의 타당도
   3) 측정의 신뢰도
   4) 측정의 절차와 고려사항

4장에서는 과학적 연구를 수행하기 위해 사전에 반드시 알아야 할 기초 개념을 다룬다. 첫 번째 절은 변인의 유형과 변인 간 관계에 대해 살펴보고 변인을 어떻게 적절하게 정의할 수 있는지를 살펴본다. 두 번째 절에서는 변인을 정확하고 타당하게, 그리고 일관성 있게 측정하고 평가하기 위한 기준과 방법을 살펴본다.

1. 변인

변인은 과학적 접근을 사용하는 모든 연구에 포함된다. 행동과학 연구에서는 인간의 행동에 관한 변인을 연구한다. 따라서 변인을 어떻게 정의하고 다룰 수 있는지 이해하는 것은 연구를 수행할 때 가장 기본적으로 필요한 능력이다. 이 절에서는 다양한 변인의 유형을 소개하고, 연구에서 변인을 사용하기 위해 어떻게 조작적으로 정의해야 하는지, 그리고 어떤 수준에서 측정할 수 있는지 살펴본다.

1) 변인의 정의

(1) 변인의 유형

2장에서 변인(variable)은 변화할 수 있는 상황이나 행동, 대상의 특성이라고 소개하였다. 영문 용어를 보면 알겠지만, 흔히 우리가 통계에서 어떤 값을 다룰 때 변수라고 부르는 것과 같은 단어다. 표준국어대사전에 따르면 변인(變因)은 “성질이나 모습이 변화하는 원인”으로, 변수(變數)는 “어떤 관계나 범위 안에서 여러 값으로 변할 수 있는 수”로 정의된다. 실험에 초점을 두는 대부분의 심리학 연구방법론 문헌에서는 변인이라는 표현을 많이 사용하는데, 이는 변화하는 속성과 원인이라는 의미를 더 중요하게 여기기 때문이다. 반면, 통계에서 변수는 그러한 의미보다는 상수(constant, 常數)와 대비되어 변화하는 값을 갖는 수로서의 개념이 더 중요하다.

우리는 매일 변인에 둘러싸여 세상을 살아가고 있다. 바깥 기온은 낮았다가 높아진 후 다시 낮아지는 등 하루 동안에도 계속 변화하고, 하늘은 흐렸다가 맑다가 다시 비가 오기도 하며, 또 어떤 날은 눈이 오기도 한다. 어제는 버스 안에 사람들이 별로 없었는데 오늘은 사람들이 많이 붐비기도 한다. 친구와 재미 삼아 인터넷에 떠도는 간단한 성격 검사의 몇 가지 질문에 응답하고 서로의 다른 성격을 확인하기도 하며, 정말 자신이 그런 성격인가를 생각하면서 관련된 지난 경험을 회상해 보기도 한다. 전공 수업에서 시험을 보는데 교양 수업 시험보다 어려워서 불안해지기도 한다. 이 모든 것은 변화하는 상황이나 행동, 혹은 대상의 특성에 해당하며, 우리는 의식적으로 자각하지 않더라도 매 순간 끊임없이 변인과 마주하고 있다. 인간의 행동을 연구하는 연구자들은 다양한 분야에서, 다양한 주제로, 다양한 형태의 변인에 관심을 두고 연구를 수행한다.

다양한 기준과 방식으로 변인을 분류할 수 있다. 첫째, 자료의 형태적 특성에 기반하여 양적변인과 범주변인의 두 가지로 구분한다. 양적변인(quantitative variable)은 대상의 속성을 수량화할 수 있어, 양적 자료로 표현할 수 있는 변인을 말한다. 양적변인은 또한 키와 몸무게, 거리, 부피 등과 같이 연속적이며, 값과 값 사이에 무한한 수의 가능한 값을 가지는 연속변인(continuous variable)과, 강의실에 앉아 있는 학생 수나 지능지수 등 변인의 값이 정해진 단위로만 부여되는 변인인 비연속변인(discontinuous variable) 또는 이산변인(discrete variable)으로 구분한다. 연속변인은 특정 기준 단위로 측정한 인접한 두 값 사이에 가능한 값들이 무수히 많이 존재하지만, 비연속변인은 인접한 두 값 사이에 가능한 값이 존재하지 않는다. 예컨대, 무게를 측정하는 저울의 눈금 단위가 1g이라고 할 때, 5g 다음 값은 6g이지만, 이 둘 사이에는 무수히 많은 값이 존재하며, 더 정밀한 단위로 측정하면 측정할 수 있다. 하지만 학생 수는 1명 단위이며 5명과 6명 사이에 5.5명과 같은 값은 존재하지 않는다.

범주변인(categorical variable)은 질적변인(qualitative variable)이라고도 하며, 어떤 속성을 수치화한 형태로 제시할 수 없고, 범주의 묶음으로 정의되는 변인을 말한다. 범주변인은 다시 세 가지 유형으로 구분할 수 있는데, 먼저 해당 속성이 오직 두 가지 가능한 범주만으로 구분될 때 이분변인(dichotomous variable) 혹은 이진변인(binary variable)이라고 부른다. 흔히 찬반(찬성과 반대)의 의견, 경기의 승패(승리와 패배), 동전의 양면(앞면과 뒷면) 등 두 가지로만 구분할 때를 말한다. 명목변인(nominal variable)은 범주가 순위나 순서를 갖고 있지 않은 경우를 말하며 둘 이상의 범주를 포함한다. 대학 전공(심리학, 사회복지학, 물리학 등), 출생지(서울, 부산, 대구, 대전 등)와 같은 예가 명목변인이며, 따라서 이분변인은 명목변인의 한 유형으로 볼 수 있다. 서열변인(ordinal variable)은 범주가 순위나 순서의 속성을 가진 경우를 말한다. 달리기 순위나 학급 석차 등이 여기에 해당한다.

또한 어떤 질문에 대해 '매우 그렇다', '조금 그렇다', '조금 그렇지 않다', '매우 그렇지 않다' 등의 형태로 구분하여 물어보는 경우도 동의의 정도가 높고 낮음에 따라 반응하므로 서열변인에 해당한다. 이는 이후에 설명할 리커트 척도와는 다르다.

둘째, 실험의 맥락에서 각 변인의 기능에 따라 구분할 수 있다. 실험에서는 독립변인을 조작하고, 그에 따른 종속변인의 변화를 측정함으로써 인과관계를 추론한다. 독립변인(Independent Variable, IV)은 실험 결과에 영향을 주기 위한 목적으로 종속변인 측정 이전에 연구자가 조작하는 변인을 말한다. 종속변인(Dependent Variable, DV)은 독립변인 처치의 영향을 받아 처치 이후에 발생하거나 변화하는 변인이다. 이때 연구자가 관심을 두는 변인인 독립변인을 제외한 다른 모든 변인을 통제하는데, 종속변인에 미칠 수 있는 영향을 제거하기 위해 일정한 수준으로 유지하는 변인을 통제변인(Control Variable)이라고 한다. 예컨대, TV 폭력 프로그램이 아동의 공격성 증가에 미치는 영향을 확인하기 위한 실험이라면, TV 폭력 프로그램 노출 여부가 독립변인이고, 처치 이후 측정한 아동의 공격성 측정치가 종속변인이다. 이때 종속변인에 관한 측정치를 종종 종속 측정치(dependent measure)라고도 부른다. 한편, TV 소리의 크기가 공격성에 영향을 미칠 가능성을 고려하여 소리 크기를 중간 정도로 일정하게 유지한다면, 이는 통제변인이 된다. 독립변인은 실험에서 조작하는 변인이고 이에 따라 종속변인은 측정하는 변인이기 때문에 때때로 독립변인을 조작변인(manipulation variable), 종속변인을 측정변인(measurement variable)이라고 부르기도 한다.

이렇게 실험설계에 직접 포함되어야 하는 변인들도 있지만, 실험에 포함되지 말아야 하는 변인들도 있다. 외생변인(extraneous variable)은 연구자가 관심을 두지 않아 실험에 포함되지 않지만, 잠재적으로 종속변인에 영향을 주어 실험 결과에 영향력을 미칠 수 있는 변인을 말한다. 앞선 TV 폭력 프로그램과 공격성에 관한 예에서, TV 소리의 크기는 연구자가 관심을 두고 연구하는 변인이 아니지만, 실험설계의 바깥에서 실험 결과에 영향을 미칠 수 있는 외생변인이기 때문에, 그 변인을 일정하게 유지하기 위한 통제를 적용한 것이다. 만일 이 외생변인이 통제되지 않고 독립변인 처치와 분리되지 않은 채 함께 체계적으로 변화하여 종속변인에 영향을 주었다면, 이는 혼입변인(confounding variable)이 된다. 실험에서 혼입변인이 작용했다면 실험 결과가 독립변인 처치에 의한 효과인지 아니면 혼입변인의 영향인지 구분하는 것이 불가능하여 인과적 추론에 심각한 위협을 준다. 이를 방지하기 위해 그런 가능성이 있는 변인을 통제하는 것이다. 즉,

잠재적 혼입변인이 외생변인이며, 외생변인의 혼입(confounding)을 방지하기 위해 통제하게 되면 그 변인은 통제변인이 된다.

셋째, 통계 모형의 맥락에서 변인을 그 기능에 따라 구분할 수 있다. 실험에서 독립변인은 종속변인 변화의 원인이기 때문에 독립변인 변화는 종속변인 변화를 예측할 수 있다. 이와 다르게, 통계 모형에서는 한 변인이 다른 변인의 원인임을 직접 검증할 수는 없지만, 모형 내 변인 간 관계를 통해 한 변인으로 다른 변인의 변화를 예측할 수 있다. 회귀모형(regression model)이나 구조방정식 모형(structural equation model) 등 통계 모형에서, 예측변인(predictor variable) 혹은 선행변인(antecedent variable)은 다른 변인을 예측하기 위한 목적으로 사용되는 변인을 말하며, 준거변인(criterion variable) 혹은 결과변인(consequent variable)은 예측변인에 의해 설명되는 변인을 말한다. 예컨대, 회귀방정식 $\hat{Y}=a+bX$에서, 예측변인 X는 준거변인 Y를 예측하는 형태를 취한다. 예측변인과 준거변인을 각각 독립변인과 종속변인으로 표현하는 경우가 종종 있는데, 이는 모형 내에서 예측과 준거 간의 관계를 표현하는 것으로, 실험에서 다루는 원인과 결과 간의 관계를 나타내는 것은 아니다.

통계 모형에서 예측변인과 준거변인 간 관계의 강도에 영향을 미치는 또 다른 변인을 조절변인(moderator)이라고 한다. 또한 예측변인과 준거변인 사이를 중개하거나 개입하여 두 변인 간 관계를 변화시키는 변인을 매개변인(mediator)이라고 부른다. 조절변인이나 매개변인은 여러 변인 간 관계를 살펴보는 구조방정식 모형에서 주로 사용된다. 실험에서도 조절변인이 포함될 수 있는데, 한 독립변인(IV_1)이 종속변인에 미치는 영향이 다른 독립변인(IV_2)의 수준에 따라 달라진다면, 이때 IV_1의 종속변인에 대한 영향을 IV_2가 조절한다는 의미에서 IV_2를 조절변인이라고도 부르며, 실험에서 이러한 현상이 있을 때 상호작용(interaction)이 있다고 한다.

실험에서 혼입변인이 관여했을 때 인과적 추론이 불가능해지는 것처럼, 통계 모형에서 제3변인(third variable)이 관련되는 경우, 관계에 대한 해석에서 문제가 될 수 있다. 제3변인은 실험의 외생변인과 동일한 개념으로, 통계 모형에 포함되지 않은 변인이지만, 모형에 포함된 변인 간 관계에 잠재적으로 영향을 줄 수 있는 변인을 말한다. 이러한 상황이 발생할 위험을 제3변인 문제(third-variable problem)라고 한다. 두 변인 간 관찰된 관계는 두 변인 간의 실질적 관계에 의해서가 아니라 각 변인이 숨겨져 있는 제3변인과 관련됨으로 인해 나타날 수 있다. 예컨대, X 변인과 Y 변인이 서로 상관이 있는 것으로 나타났어도, 실제로는 Z 변인에 의해 두 변인 X, Y가 함께 변화한 것이라면, 이는 두 변인 간 관계를 잘못 해석한 것이다. 따라서 제3변인 문제는 실험에서 혼입변인이 발생한 것과 비슷한 문제를 일으킨다. 예컨대, TV 폭력 프로그램 시청 시간과 아동의 공격성 간 정적 관계가 있지만, 실제로는 보호자의 돌봄 시간이 부족해서일 수도 있으며, 이때 보호자의 돌봄 시간이라는 변인이 예상치 못한 제3변인 문제를 일으켰을 수 있다.

넷째, 변인이 실제로 관찰되는가 혹은 그렇지 않은가와 관련하여 변인을 분류할 수 있는데, 이는 통계 모형 중에서도 측정 모형과 관련이 높다. 먼저, 관찰변인(observed variable)은 직접 관찰하거나 측정한 변인을 말하는데, 지표변인(indicator variable), 명시변인(manifest variable), 혹은 측정변인(measurement variable)으로 불린다. 반면, 잠재변인(latent variable)은 직접 관찰할 수 없는 변인을 관찰 가능한 측정치인 관찰변인을 사용하여 간접적인 방법으로 구성하는 변인을 말한다. 이때 관찰변인을 통해 측정한 여러 관찰치를 사용하여 요인분석(factor analysis) 등의 절차를 통해 하나의 잠재변인을 구성할 수 있다. 합성변인(composite variable)은 관련되는 여러 관찰변인의 측정치를 선형 결합 등을 활용하여 하나의 변인으로 구성한 것을 말한다. 예컨대, 인지 과제를 사용하여 과제 수행의 정확도와 반응시간을 측정한 다음, 이 둘의 선형 결합을 통해 하나의 수행 점수로 변환하는 경우다. 이때 사용된 관찰변인을 합성변인에 대비하여 1차변인(primary variable)이라고 부르기도 한다.

수많은 변인은 이렇게 여러 가지 분류 기준에 따라 다양한 유형으로 분류할 수 있으며 이를 요약한 내용이 〈표 4-1〉에 제시되어 있다. 변인은 연구 목적과 유형에 따라 적

표 4-1 다양한 분류 기준에 따른 변인의 유형

분류 기준	속성	유형
자료 특성	수량화 가능	양적변인: 연속변인, 비연속변인
	수량화 불가능	범주변인(질적변인): 이분변인, 명목변인, 서열변인
실험 맥락	실험에 포함됨	독립변인, 종속변인, 통제변인
	실험에서 제외되어야 함	외생변인, 혼입변인
통계 모형 맥락	모형에 포함됨	예측변인, 준거변인, 조절변인, 매개변인
	모형에서 제외되어야 함	제3변인
직접 관찰 여부	직접 관찰함	관찰변인, 1차변인
	직접 관찰하지 않음	잠재변인, 합성변인

절하게 사용해야 하는데, 연구에 포함되는 변인은 일상에서 사용하는 방식 그대로가 아니라, 연구에서 다룰 수 있도록 구체적인 방식으로 정의하여 사용하게 된다. 이러한 정의를 조작적 정의라고 하는데, 이를 다음 절에서 살펴보고자 한다.

(2) 조작적 정의

변인으로서 하나의 속성은 사전적으로, 개념적으로, 그리고 조작적으로 정의할 수 있다. 일상생활에서 사용하는 정의는 사전적 정의를 기반으로 하는데, 예컨대 공격성의 경우, 표준국어대사전에 따른 사전적 정의는 "상대편에게 적대적 행동을 취하고 공격을 하며 파괴적 행동을 하는 성질"이다. 공격성에 관한 개념적 정의는 그 이론에 따라 다양하게 정의할 수 있는데, APA 사전에 따른 개념적 정의를 요약하면, "공격성(aggression)은 다른 사람에게 신체적 또는 정신적으로 해를 입힐 목표로 하는 행동이다. 분노(anger)는 목표를 극복하는 방향성을 보이지만 해를 입히는 것을 반드시 수반하지는 않다는 점에서 공격성은 분노와 구별될 수 있다. 그러한 행동이 의도적인 상해나 파괴의 주요 목표로 의도적으로 수행되는 경우, 이를 적대적 공격성이라고 하며, 의도적으로 덜 해를 끼치며 도구적 동기 또는 정서적 동기에 의한 공격성도 있다……."와 같다.

한편, 조작적 정의(operational definition)는 어떤 속성에 대해 일상적 의미로서의 개념을 연구에서 관찰할 수 있게 조작하거나 측정할 수 있도록 체계적 절차를 통해 명세화한 정의를 말하며, 이때의 절차를 조작화(operationalization)라고 부른다. 심리적 변인은 직접 관찰할 수 없는 구성개념이기 때문에, 앞선 공격성의 예처럼 이론 또한 다양하고, 그 변인에 대한 조작적 정의 또한 다양하게 이루어질 수 있다. 간략한 예를 들면, 다음과 같다.

- 실험 절차에서 다른 사람에게 전달하는 전기 충격의 수와 시간
- 아동이 10분간 인형을 던지거나 때리는 횟수
- 아동이 일주일 동안 학급에서 쉬는 시간에 다른 아동과 다툰 횟수의 일일 평균
- 경찰 기록에서 수집한 특정 지역의 폭력사건 통계치
- 특정 성격검사에서 공격성 척도의 측정치

이처럼 다양한 방식으로 공격성을 구체적으로 정의할 수 있으며, 이에 따라 연구에서도 다양한 변인의 형태로 다룰 수 있게 된다. 일상생활에서 말하는 변인과 달리, 연구 상

황에서 사용하는 변인은 이렇게 조작적 정의를 통해 연구 설계 내에서 결정된 구체적인 조건이나 특성을 일컫는다.

구성개념(construct)은 어떤 행동을 설명하기 위해 심리적 현상에 대해 가설적으로 설정한 개념으로 정의할 수 있는데, 가설적 구성개념(hypothetical construct) 또는 심리학적 구성개념(psychological construct)이라고도 부른다. 지능, 불안, 집행기능, 공포 등 직접 관찰 불가능한 심리학적 개념은 모두 구성개념이다. 구성개념은 인간의 행동을 이해하고 서로 의사소통을 가능케 하는 훌륭한 도구의 역할을 한다. 예컨대, 중간고사를 앞두고 강의실에서 다리를 떨고 손톱을 물어뜯으며 안절부절못하고 있는 학생을 보면서 우리는 불안이라는 가설적 구성개념을 추론할 수 있다. 수업 시간에 강의에 집중하며 필요한 강의 내용을 잘 선택하여 노트하는 학생을 보면 그의 선택적 주의 능력이 높을 것이라는 생각을 할 수 있다.

직접 관찰할 수는 없어도 행동의 관찰에 기반하여 구성개념을 추론할 수 있다는 점은, 조작화를 통해 구체화하여 변인으로서 연구할 수 있다는 점을 시사한다. 즉, 구성개념은 조작적 정의에 따른 변인으로 구체화할 수 있고, 이를 통해 연구자는 변인을 구체적으로 관찰하거나 조작할 수 있게 된다. 하지만 앞선 공격성에 관한 간단한 조작적 정의의 예처럼, 연구자들은 동일한 구성개념에 대해 서로 다른 조작적 정의를 내릴 수 있다. 예컨대, 어떤 연구자는 선택적 주의를 '방해자극이 없을 때와 비교하여 방해자극이 함께 제시될 때 목표자극 선택 시 증가하는 반응시간'으로 정의할 수 있다. 다른 연구자는 '목표자극을 선택할 때 방해자극 개수가 늘어 감에 따라 증가하는 반응시간'으로 정의할 수도 있다. 이렇게 조작화를 통한 정의가 타당하게 이루어지면 관찰 불가능한 구성개념을 경험적 관찰을 통해 명확하게 식별할 수 있고, 측정 가능한 것으로서 이해할 수 있게 된다. 비록 연구에 따라 서로 다른 조작적 정의를 사용하더라도 명세화된 정의를 수반하기 때문에, 연구에 관한 의사소통이 가능해지며, 변인으로 기능할 수 있다. 이때 구성개념으로 이루어진 변인을 구성변인(construct variable)이라고 한다.

구성개념과 대비하여 비구성개념(nonconstruct)은 직접 관찰할 수 있는 물리적 속성을 지닌 개념으로, 무게나 길이와 같은 대상의 속성에 관한 것이거나, 다리를 떨거나 손톱을 물어뜯는 등의 직접 관찰 가능한 행동을 포함한다. 구성개념과 비교하여 비구성개념은 이미 관찰 가능한 물리적 속성을 지니기 때문에 조작적 정의가 필요하지 않다고 생각할 수 있을 것이다. 하지만 비구성개념에 대한 조작적 정의 또한 연구에서 필수적이다. 예컨대, 무게는 저울을 통해 직접 관찰할 수 있는 물리적 속성을 지닌 비구성개념이다. 하지만 연구에 포함되는 무게라는 변인은 '무겁다' 혹은 '가볍다'와 같이 표현되지 않는다. 이는 공격성이라는 변인을 '높다' 혹은 '낮다'처럼 표현하지 않는 것과 마찬가지다. 따라서 무게는 '특정 전자식 저울을 사용하여 g 단위로 표현'과 같은 구체적인 조작적 정의를 통해 변인으로 기능할 수 있다. 이렇게 비구성개념으로 이루어진 변인을 비구성변인(nonconstruct variable)이라고 한다.

실험연구에서는 독립변인과 종속변인에 대한 조작적 정의가 서로 다른 방식으로 이루어진다. 독립변인에 대한 조작적 정의는 실험 조건에 관한 조작 절차를 포함하는 방식으로, 종속변인에 대해서는 종속측정치에 관한 측정 절차를 포함하는 방식으로 이루어진다. 예컨대, 선택적 주의의 예에서, 연구자가 방해자극 개수의 증가에 따라 선택적 주의 요구가 증가하는지를 확인하고자 한다면, 독립변인에 대한 조작적 정의는 방해자극 개수의 증가량을 포함하는 처치 절차를 포함하고, 종속변인에 대한 조작적 정의는 반응시간과 그 증가분에 대한 측정 절차를 포함한다.

읽어 보기 4-1

구성개념 조작화의 예

하나의 구성개념에 대한 조작화는 다양한 방식으로 이루어질 수 있다. 동일한 구성개념을 어떻게 서로 다른 조작적 정의로 나타내며, 연구에서 어떻게 적용하는지를 '선택적 주의'의 예로 간단히 살펴보면, 다음과 같다. 개념적 정의로서, '선택적 주의는 외부 환경의 자극 중에서 특정 자극에 집중하여 중요한 자극을 다른 자극과 구별할 수 있는 능력'으로 정의할 수 있다. 이를 서로 다른 조작적 정의로 나타내면 다음과 같다.

구분	초점주의 관점에서 조작화	공간주의 관점에서 조작화
정의	목표자극 선택 시 방해자극이 함께 제시될 때 없을 때보다 증가하는 반응시간	방해자극 개수가 늘어남에 따라 목표자극 선택 시 증가하는 반응시간
처치	과제: 수반자극 과제 - 일치조건: 방해자극 없음 - 불일치조건: 방해자극 있음	과제: 시각탐색 과제 - 4개 자극 조건: 자극 개수 4개 - 8개 자극 조건: 자극 개수 8개
측정	반응시간: 간섭효과 (불일치조건-일치조건)	반응시간: 시각탐색 효율성 (8개 자극 조건-4개 자극 조건)/4
의미	방해자극 간섭을 억제하고 목표자극에 대해 정확히 반응하는 데 요구되는 주의량	방해자극 수 증가에 따라 목표자극을 탐색하여 정확히 반응하는 데 요구되는 주의량

2) 변인 간 관계

(1) 변인 간 관계의 확인

연구마다 서로 다른 구체적인 목적을 갖고 연구를 수행하지만, 대부분은 둘 이상의 변인 간 체계적 관계를 확인하고자 하는 기본적인 연구 목적을 갖는다. 변인 간 관계가 있다면, 한 변인의 값이 변함에 따라 다른 변인의 값도 체계적으로 달라진다. 반대로 변인 간 관계가 없다면, 한 변인의 값이 변화하더라도 다른 변인의 값이 달라지지 않거나 무선적으로 변화하여, 서로 독립적인 관계를 보인다.

변인 간 관계는 관심 변인의 유형에 따라 서로 다른 형태로 확인할 수 있는데, 예컨대 한 범주변인에서 관찰한 범주의 빈도가 다른 범주변인의 범주와 관련되는지, 한 범주변인의 범주가 다를 때 양적변인의 값이 다른지, 한 양적변인 값의 증가나 감소가 다른 양적변인 값의 증가나 감소와 관련되는지 등으로 확인할 수 있다. 각각에 해당하는 구체적인 예를 통해 변인 간 관계가 있음이 우리에게 무엇을 말해 주는지 살펴보고자 한다.

먼저, 두 범주변인 간 관계에 관한 예를 살펴보자. 〈표 4-2〉에는 심리설계 수업을 수강하는 학생 100명에 대한 심리학 전공 유형과 성별이라는 두 변인에 관한 가상의 자료를 보여 준다.

(A)와 (B)는 심리학 전공 유형과 성별 각각에 대한 수강생 수, 즉 빈도를 제시하고 있다. (C)와 (D)는 두 변인에 관한 유관표(contingency table)로, 두 범주변인 간 교차하는 모든 조합의 빈도를 각 셀(cell) 안에 보여 준다. 먼저, (A)를 보면 심리학 전공 유형에서 100명 중 50명이 주전공, 50명이 복수전공임을 알 수 있다. (B)를 살펴보면 남성이 40명, 여성이 60명이다. 이 정보를 기반으로 우리는 무엇을 알 수 있는가? 주전공과 복수전공 학생 비율이 동일하다는 것, 그리고 여성이 남성보다 20명 더 많다는 것을 알 수 있다.

이 자료로 무엇을 예측할 수 있는가? 예컨대, 수강생 한 명을 무선적으로 선택했을 때, 그 학생은 심리학을 주전공으로 하는가? 이 질문에 대해 '예'라고 응답한다면, 예측 정확률은 우연 수준인 50%가 된다. 주전공과 복수전공 학생 비율이 같다는 것 이외의 다른 어떤 정보도 없기 때문이다. 그렇다면 그 학생의 성별은 무엇인가? '여성'이라고 응답한다면 우연 수준보다는 높은 60%의 정확률로 예측할 수 있지만, 여전히 불확실성이 크다.

표 4-2 심리학 전공 유형과 성별에 관한 가상의 자료

(A) 심리학 전공 유형

주전공	복수전공	합계
50	50	100

(B) 성별

남	여	합계
40	60	100

(C) 심리학 전공 유형과 성별의 유관표

		심리학 전공 유형		
		주전공	복수전공	합계
성별	남	10	30	40
	여	40	20	60
	합계	50	50	100

(D) 심리학 전공 유형과 성별의 유관표

		심리학 전공 유형		
		주전공	복수전공	합계
성별	남	20	20	40
	여	30	30	60
	합계	50	50	100

(주) 주전공: 심리학과 학생이 심리학을 전공, 복수전공: 심리학과 이외 학생이 심리학을 전공

(C)에서는 유관표의 셀 내 각 빈도를 확인할 수 있다. 무선적으로 선택한 어느 한 명이 심리학 주전공임을 안다면, 그 학생이 여학생일 확률은 80%가 된다(50명 중 40명). 이는 학생의 전공 관련 정보를 모를 때의 예측 정확률인 60%보다 20%p나 증가한 것이다. 무선적으로 선택한 또 다른 학생이 남성인 것을 알면, 복수전공 학생일 확률이 75%(40명 중 30명)가 되어, 성별 정보가 없을 때인 50%보다 예측 정확률이 현저히 높아진다. 반면, (D)의 경우는 해당 학생이 주전공임을 아는 경우여도 여성일 확률은 60%로, 전공 유형을 모를 때와 예측 정확률이 동일하며, 성별을 아는 상황에서 전공 유형을 예측하는 것 또한 50%로, 두 변인 간 관계를 아는 것이 아무 도움이 되지 않는다. 이렇게 셀 내 빈도의 차이가 있는지를 조사하는 방식으로 두 범주변인 간 관계를 확인할 수 있다.

(C)와 (D)의 유관표 자료에서 나타나는 중요한 차이는 무엇인가? (C)는 주전공 학생의 남녀 비율이 1:4인 반면, 복수전공 학생은 3:2로, 성별에 따라 전공 유형 비율이 다르다는 것을 보여 준다. 이는 각 변인에 따른 학생 수가 서로 독립적이지 않고 서로 관계가 있음을 의미한다. 따라서 이렇게 변인 간 관계가 있을 때, 그 관계를 파악하는 것은 예측의 불확실성을 감소시켜 준다. 반면, (D)는 주전공과 복수전공에서 남녀 비율이 모두 2:3으로 서로 다르지 않다. 이는 두 변인이 서로 관련이 없고, 독립적이라는 의미다.

두 번째의 예로, 하나의 범주변인과 하나의 양적변인의 관계에 대해 살펴보자. 심리설계 수업을 수강하는 2학년 50명과 3학년 50명의 성적 평균을 [그림 4-1]에 가상의 자료로 제시하였다. 그래프 Y축은 성적 평균이며, 막대의 높이가 높을수록 점수도 그만큼

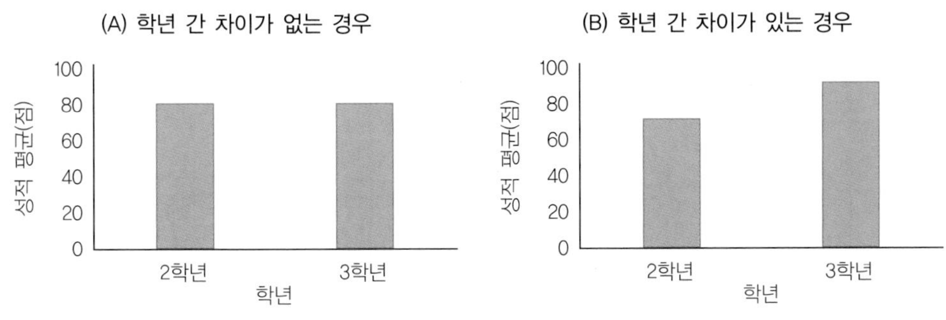

그림 4-1 학년과 시험성적에 관한 가상의 예

높다. 여기서 (A)와 (B) 모두 전체 평균은 80점을 보인다. (A)는 성적 평균에서 학년 간 차이가 없는 경우를, (B)는 3학년이 2학년보다 점수가 더 높은 결과를 보여 준다. 이때 (B)의 예는 한 범주변인(학년)의 수준(2학년 및 3학년)에 따라 양적변인인 시험성적 측정치가 체계적으로 변화하는 것을 보여 주지만, (A)의 경우는 이러한 관계가 관찰되지 않는다. 각각의 경우, 무선적으로 선택한 학생의 성적을 예측하는 가장 좋은 방법은 무엇인가?

(A)와 (B) 두 경우에 대해 전체 평균만 알고 있는 상황이라면, 해당 학생의 성적은 80점으로 예측하는 것이 가장 좋은 방법이다. 그림에서처럼 학년 정보를 아는 경우, (A)의 예에서는 어떤 학년이든 80점으로 예측하는 것이 가장 좋다. 이때 학년 정보는 예측의 정확성을 높이는 데 도움이 되지 않는다. 반면, (B)의 예에서 2학년은 70점으로, 3학년은 90점으로 예측하는 편이 오차가 가장 적어지게 된다. 여기서 (A)는 학년과 성적이 서로 관련이 없는 독립적인 관계를 보여 주며, (B)는 학년과 성적이 서로 관련성을 갖고 있음을 나타낸다.

세 번째로, 두 양적변인 간 관계의 예를 살펴보자. 심리설계 수업을 수강하는 학생 50명의 성적과 다른 양적변인 간 관계를 [그림 4-2]에 가상의 산포도(scatter plot)로 제시하였다. 그래프에서 각 점은 관찰치를, 선분은 해당 자료를 가장 잘 설명하는 추세선(trend line)을 나타낸다. Y축은 성적을 나타내는데, 위쪽으로 올라갈수록 성적이 높아지는 것을 보여 준다. X축은 해당 변인의 값을 나타내며 오른쪽으로 갈수록 값이 증가한다.

(A)는 이전 학기에 수강한 심리통계 수업 성적이 높은 개인일수록 심리설계 성적 또한 높아지는 정적 선형 관계(positive linear relationship)를 보여 준다(상관계수의 부호는 +). 반대로 (B)는 수업 시간에 딴생각을 한 시간이 길었던 개인일수록 성적이 감소하는 부적 선형 관계(negative linear relationship)를 보여 준다(상관계수의 부호는 −). (C)는 시험 중 측

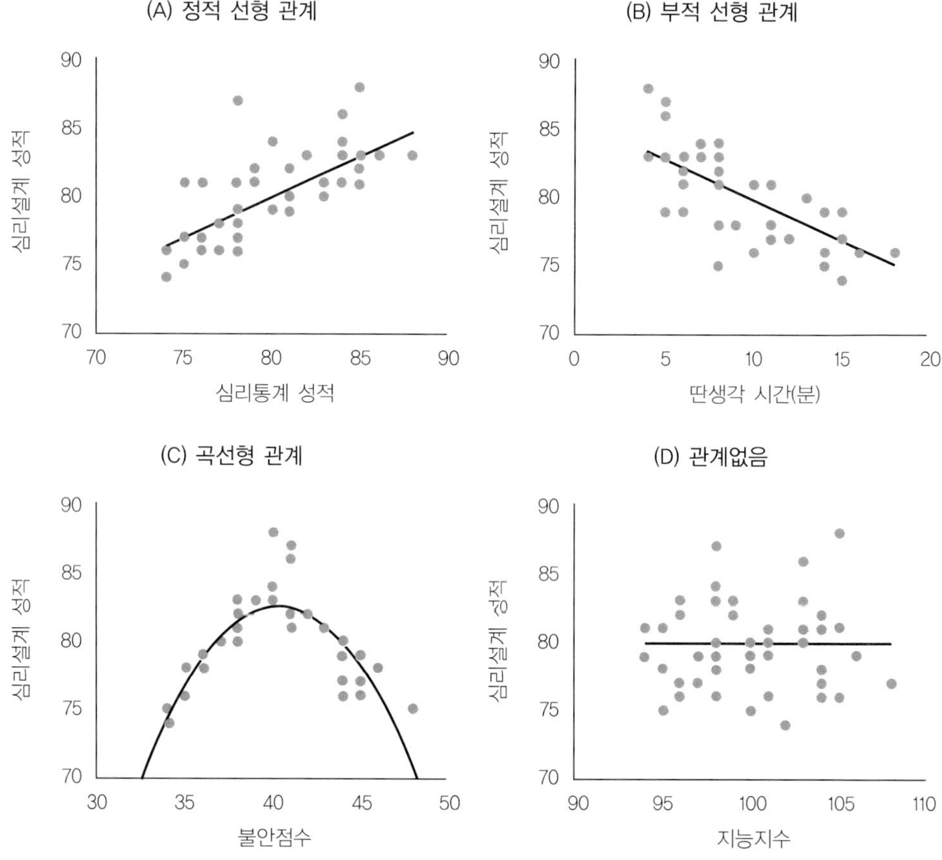

그림 4-2 시험성적과 다른 변인 간 관계에 관한 가상의 예

정한 개인의 불안점수와 성적 간 관계로, 불안이 낮을 때부터 중간 정도까지 증가할 때 성적 또한 높아지다가 불안 수준이 더 높아지면 오히려 감소하는 형태를 보여 준다. 이러한 관계를 역 U자 관계(inverted-U relationship)라고 부른다. 끝으로, (D) 그래프에서는 지능지수의 높고 낮음에 관계없이 개인의 성적은 무선적으로 분포하여, 두 변인의 독립적인 관계를 보여 준다. 이렇게 두 양적변인 간 관계는 다양한 형태로 나타날 수 있다.

(2) 변인 간 관계의 크기

관찰된 측정치를 바탕으로 변인 간 관계가 있을 수 있음을 아는 것만으로는 연구 목적을 달성할 수 없다. 그 이유는 관찰 결과는 표본의 값이기 때문이며, 관계의 정도가 얼마나 커야 실제로 관계가 있다고 할 수 있는지 모르기 때문이다. 따라서 그 관계가 모집단에서도 그러한지를 확인해야 한다. 또한 관계의 크기가 얼마나 큰지를 확인해야 한다.

실제로 관계가 있다고 볼 수 있으려면 어느 정도의 관계가 있어야 하는가? 만일 연구 대상이 자료를 수집한 표본에 한정하는 것이라면, 그 관찰치에서 1점이든 1명이든 하나의 차이만 나더라도 그만큼의 차이가 있다고 기술할 수 있을 것이다. 하지만 연구는 표본 자료를 바탕으로 실제 관심 대상인 모집단에 일반화하는 데 기본적인 목적이 있다. 따라서 관찰된 표본 자료에서 두 변인 간 관계가 있는가를 판단하는 기준은 단순 수치가 아닌 통계적 추론에 근거하게 된다.

통계적 추론(statistical inference)은 표본에서 관찰된 관계나 차이의 정도가 모집단에서도 그러한가를 확률에 기반하여 결정하는 과정이다. 이때 표본에서 관찰된 값이 우연히 발생했을 확률의 기준, 즉 유의수준을 5%로 하여, 관찰된 값이 나타날 확률이 그보다 낮으면($p<0.05$), 변인 간 관계나 차이가 모집단에서도 그러하다고 추론할 수 있다는 의미다(이에 관해서는 12장에서 상세히 설명한다). 여기에서 통계적 추론에 관해 설명하고자 하는 것은 아니지만, 변인 간 관계의 정도가 통계적 추론과 어떤 관련이 있는지를 이해할 수 있는 기본적인 아이디어만 다루고자 한다. 이를 위해 앞선 세 가지 유형의 예를 바탕으로 살펴보고자 한다.

먼저, 심리학 전공 유형과 성별에 관한 가상의 유관표(〈표 4-2〉)에서 심리학 전공 유형과 성별이 서로 관계가 있을 때, 이는 유관표 내 서로 다른 셀 간 차이로 나타난다고 설명하였다. 이 예에서 각 셀의 값이 달라질 때 변인 간 관계에 어떤 변화가 나타나는지 살펴보자. 〈표 4-3〉의 (A)는 앞서 보았던 자료로, 주전공에서 남녀 비율은 10:40, 복수전공에서는 30:20이다. (B)는 주전공과 복수전공 각각에서 남녀 비율은 16:34 및 24:26이다. 수치상 (A)는 주전공에 여성이, 복수전공에 남성이 더 많고, (B)는 주전공과 복수전공 모두에서 여성이 더 많고, 이 차이는 주전공에서 더 크다.

표 4-3 심리학 전공 유형과 성별에 관한 가상의 유관표

(A) 통계적으로 유의한 경우

		심리학 전공 유형		합계
		주전공	복수전공	
성별	남	10	30	40
	여	40	20	60
	합계	50	50	100

$\chi^2 = 16.67(p<0.05)$

(B) 통계적으로 유의하지 않은 경우

		심리학 전공 유형		합계
		주전공	복수전공	
성별	남	16	24	40
	여	34	26	60
	합계	50	50	100

$\chi^2 = 2.67(p>0.05)$

그렇다면, 각 예에서 전공 유형에 따른 남녀 비율 차이는 실제 모집단에서도 그러한가? 이를 알기 위해서는 χ^2(카이제곱)이라는 통계치를 계산하여 통계적 추론을 하게 된다. 표 아래의 통계치를 보면, (A)는 남녀 비율의 차이가 있지만($p<0.05$), (B)는 차이가 없다($p>0.05$). 다시 유관표의 셀을 살펴보면, (B)는 주전공과 복수전공 모두에서 여성 비율이 높은 가운데 주전공에서는 그 비율이 더 높음을 알 수 있는데, 모집단에서는 그러한 차이가 없을 것이라는 결과다. 이와 비교하여 (A)는 주전공은 여성이 더 많고, 복수전공은 여성이 더 적은 차이가 모집단에서도 그러할 것이라는 의미다.

다음은 앞선 [그림 4-1]의 학년에 따른 시험성적의 차이에 관한 예에서 집단 간 차이의 정도와 속성이 달라질 때, 통계적 추론과 어떤 관련이 있는지 살펴보고자 한다([그림 4-3], 〈표 4-4〉). 각 그래프에 나타난 오차막대는 해당 집단 내 표준편차를 나타낸다. (A)와 (B)는 평균차는 동일하지만 개인차가 집단 간 서로 다른 비교 쌍이고, (B)와 (C)는 집단 내 개인차는 동일하지만 평균차가 다른 비교 쌍이 된다. 마지막으로, (C)와 (D)는 두 집단의 집단 내 개인차가 같거나 다른 경우의 비교 예다.

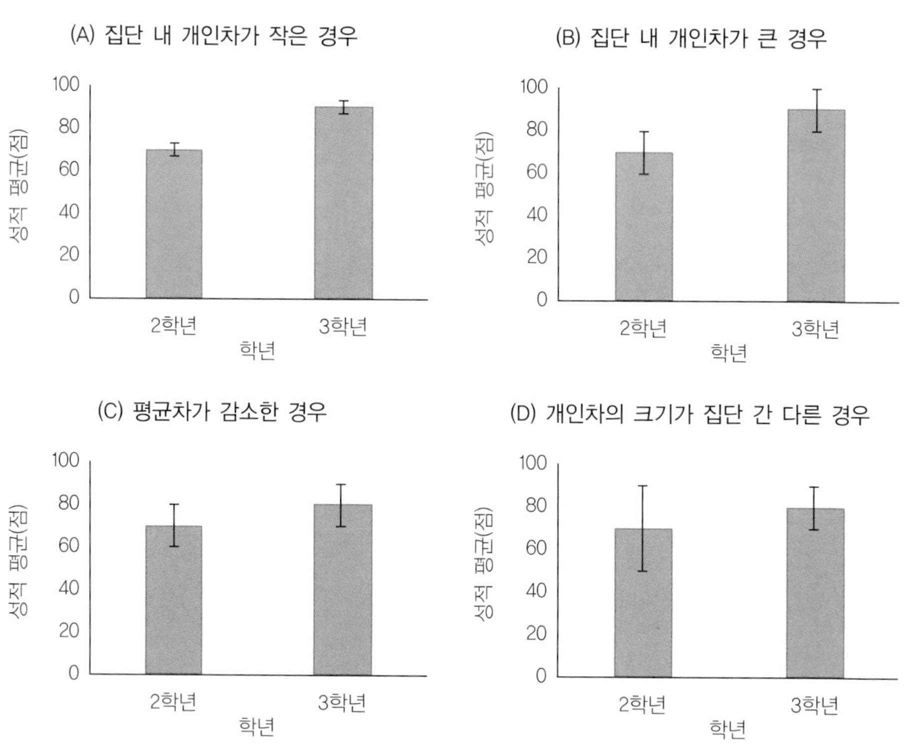

그림 4-3 학년 집단 간 시험성적의 평균 또는 변산도에서 차이를 보이는 가상의 예

표 4-4 시험성적의 평균 또는 변산도 변화에 따른 학년 집단 간 차이 분석 결과

구분		[그림 4-3]의 각 사례							
		A		B		C		D	
학년 집단		2학년	3학년	2학년	3학년	2학년	3학년	2학년	3학년
기술 통계	평균	70	90	70	90	70	80	70	80
	표준편차	3.0	3.0	10.0	10.0	10.0	10.0	20.0	10.0
추론 통계	t 통계치	20.90		6.33		3.16		2.00	
	p값	0.001		0.001		0.003		0.055	
	95% 신뢰구간	18.1~22.0		13.6~26.4		3.3~16.4		0.2~20.2	
	R^2 설명량(%)	.92		.50		.19		.07	

(A)의 오차막대는 각 학년 집단의 평균을 중심으로 개인의 성적 값이 서로 가까이 모여 있음을 보여 준다. 이와 비교하여 (B)는 (A)보다 더 퍼져 있는 분포를 보인다. 〈표 4-4〉에 제시한 바와 같이, 두 사례 모두에서 통계적으로 집단 간 차이가 유의하게 관찰되지만, (A)보다 (B)의 t 통계치와 설명량이 모두 감소한 것을 확인할 수 있다. 이때 두 사례의 차이는 (A)보다 (B)에서 변산도가 증가한 것뿐이다.

(C)는 (B)와 동일한 표준편차를 보이지만, 집단 간 평균차가 20점에서 10점으로 감소한 경우다. (C)도 통계적으로 유의한 차이를 보이지만, (B)와 비교하여 통계치와 설명량이 감소한 것을 확인할 수 있다. 한편, (D)는 (C)와 비교하여 2학년의 표준편차가 두 배 더 큰데, 이 또한 통계치와 설명량의 감소라는 결과로 이어진다. 결과적으로, 감소한 t 통계치로 인해 유의확률이 0.05보다 더 커졌고, 두 집단의 성적 평균 차이는 유의하지 않게 되었다.

[그림 4-3] 및 〈표 4-4〉에서 확인할 수 있듯이, 집단의 평균 또는 표준편차의 변화와 그에 따른 통계분석 결과에서의 차이를 종합하면, 집단 간 평균차가 더 크고, 집단 내 변산도가 더 작을수록 집단 간 차이의 정도가 통계적으로 더 증가한다는 것을 알 수 있다.

마지막으로, [그림 4-2]의 (A)에서 이전 학기 심리통계 수업 성적과 심리설계 수업 성적 간 관계를 살펴본 가상의 예에서 두 변인 간 관계의 정도가 점차 감소하는 사례를 통해 통계적 추론과의 관련성을 살펴보고자 한다. 이를 [그림 4-4]에 제시하였다. 그래프에 포함된 r 값은 상관계수로, 이전에 설명한 바와 같이 숫자의 크기는 관계의 정도를 나타내는 것으로 1에 가까울수록 변인 간 관계의 정도가 크다는 의미다.

(A)는 앞서 제시한 예인데, 상관계수 r=0.70으로 통계적으로 유의미하며, 관찰치들이 추세선을 중심으로 가까이 모여 있는 형태를 보여 주고 있다. (B)와 (C)는 관찰치들이 추세선에서 좀 더 멀어진 형태를 보인다. 형태만 보면 그 정도가 서로 유사한 것처럼 보이지만 (B)와 (C)의 상관계수는 각각 0.40과 0.15로, (B)는 통계적으로 유의하고, (C)는 그렇지 않다.

(D)에는 이 세 그래프의 추세선을 겹쳐서 나타냈는데, 상관계수가 작을수록 수평선에 더 가까움을 알 수 있다. 이 추세선은 상관계수가 클수록 기울기가 더 크고, 작을수록 수평에 가까워진다. 관계가 전혀 없는 경우, r=0인 경우는 [그림 4-2]의 (D)처럼 수평선이 된다.

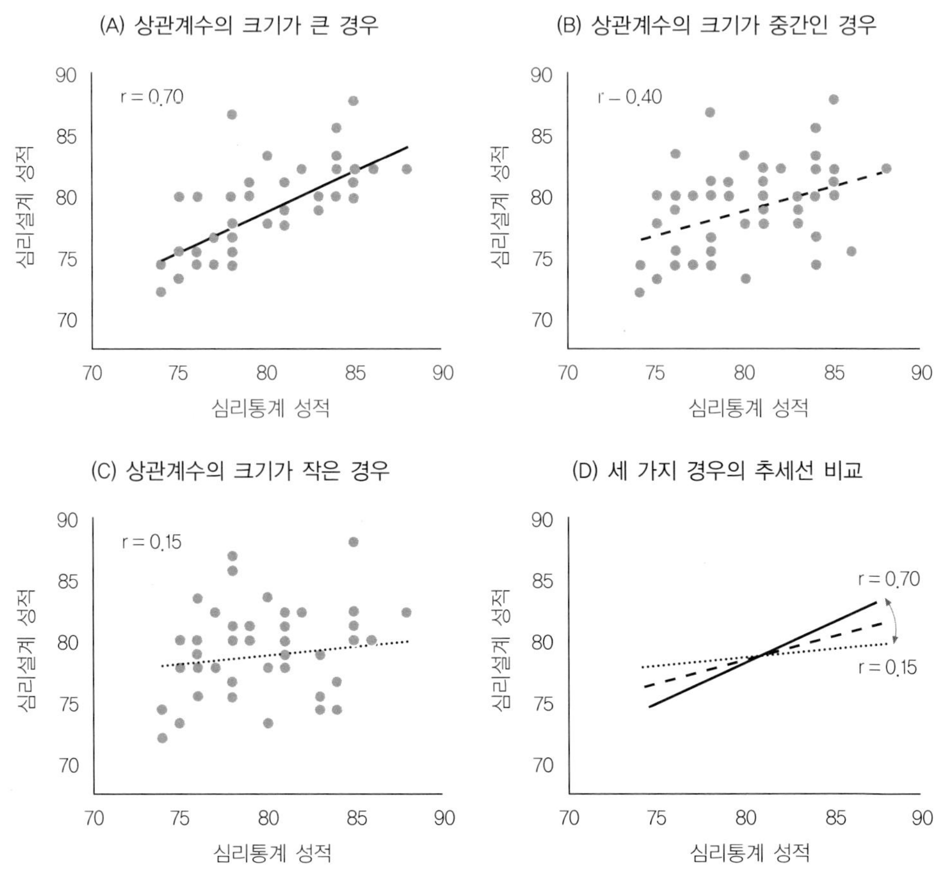

그림 4-4 두 변인 간 상관계수의 크기에 관한 가상의 예

두 양적변인 간 관계를 나타낸 그래프에서 관계의 정도는 추세선의 기울기가 얼마나 가파른가와 관찰치들이 추세선으로부터 얼마나 퍼져 있는가를 바탕으로 이해할 수 있다. 즉, 추세선의 기울기가 더 크고 관찰치들이 추세선 가까이 모여 있을수록 관계의 정도가 증가한다. 또한 관계의 정도가 얼마나 큰가는 설명량 개념으로 이해할 수 있다. 앞서 〈표 4-4〉에서 R^2 설명량을 제시하였는데, 마찬가지로 상관계수의 제곱(r^2)은 백분율(%) 개념인 설명량으로, 하나의 변인이 다른 변인의 변산도를 설명하는 정도를 나타낸다. 예컨대, 심리통계 성적과 심리설계 성적 간 관계에서 상관계수가 0.70인 경우, 설명량 $r^2=0.49$로, 이는 심리통계 성적이 심리설계 성적의 49%를 설명한다는 의미다.

한편, 상관계수가 통계적으로 유의미하다는 것이 관계의 정도에 대해 말해 주는 것은 거의 없다. 물론 상관계수가 커질수록 통계적으로 유의미할 가능성이 커지지만, 관계의 정도가 크고 작은가와 통계적으로 유의미하다는 것은 서로 다른 개념이기 때문이다. 예컨대, 그래프의 예에서 상관계수 0.15가 유의미하지 않다고 하였는데, 이는 관찰치 수가 50(자유도 $df=48$)이었기 때문에 그러하다. 하지만 관찰치 수가 400 정도가 되면 상관계수가 0.1만 되어도 통계적으로 유의미하다. 같은 논리로, 유의미했던 0.40의 상관계수는 관찰치 수가 24($df=22$) 이하로 감소하면 더는 유의미하지 않게 된다. 이렇게 표본 크기가 커질수록 더 낮은 상관계수도 통계적으로는 유의미하게 나타날 수 있다.

(3) 변인 간 관계의 해석

두 변인 간 관계가 있다는 것이 의미하는 바는 무엇인가? 하나의 변인 값을 알면 다른 변인의 값을 어느 정도 예측할 수 있지만 그렇다고 그 원인을 아는 것은 아니다. 행동에 관한 설명을 위해서는 관찰된 두 변인 간 관계가 왜 발생하는지 그 원인을 밝히고 이해할 수 있어야 한다. 1장에서 설명한 바와 같이 실험을 통한 인과관계의 확립을 위해서는 두 변인 간 공변성, 수반성 및 대안적 설명에 대한 배제라는 조건이 충족되어야 한다. 그렇다면, 두 변인 간 상호 관계만을 알고 있는 경우는 어떠한가?

가설적 예를 들면, 같은 학기에 수강한 심리통계와 심리설계 성적 간에 체계적인 정적 관계가 있다면, 공변성을 충족하게 된다. 하지만 두 사건이 같은 학기 동안 발생했기 때문에 시간적 선후관계인 수반성을 충족하는지 결정하는 것은 매우 어렵다. 심리통계 수업이 심리설계 성적에 긍정적인 영향을 주었을 수도 있고, 반대로 심리설계 수업이 심리통계 수업에서 고득점을 받는 데 영향을 미쳤을 수 있다. 혹은 수업의 전반부는 심리

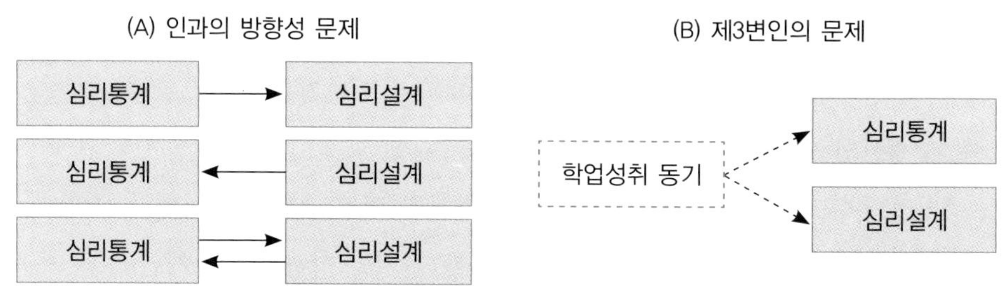

그림 4-5 **변인 간 관계에서 잠재적인 인과의 방향과 제3변인의 문제**

통계가, 후반부는 심리설계가 각각 다른 교과목에 영향을 주었을 수도 있다. 모두 그럴듯하지만, 변인 간 관계를 바탕으로 이러한 인과적 관계를 설명하는 것은 불가능하다.

뿐만 아니라, 관찰된 관계가 두 변인 간 실질적 관계에 의해서가 아니라 각 변인과 관련되는 다른 변인인 제3변인에 의해 나타날 수 있음을 배제할 수 없다. 예컨대, 학업성취 동기 수준이 높은 개인이 두 수업 모두에서 성적을 높게 받았을 수 있다. 앞서 설명한 바와 같이, 제3변인이 영향을 주었다면 직접 관련이 없는 두 변인 간에 가짜 관계를 설정하게 되어 해석에 심각한 오류를 일으킨다([그림 4-5]).

그렇다면, 앞선 예처럼 심리통계 수업을 지난 학기에 수강한 경우라면, 심리설계 성적에 영향을 주었다고 볼 수 있을까? 두 변인 간 체계적인 관계가 있으므로 공변성을 충족한다. 또한 심리통계 수업은 지난 학기였고, 심리설계 수업은 이번 학기이기 때문에 수반성도 충족한다고 볼 수 있다. 물론 시간 간격이 크기 때문에 충족하지 않는다고 볼 수도 있지만, 반대의 경우는 성립하지 못한다. 하지만 여전히 대안적 설명을 배제하지 못하기 때문에 인과적 해석에서 제3변인의 문제는 여전히 존재한다.

2. 측정

이 장의 앞부분에서 설명한 바와 같이, 변인은 서로 다른 조작적 정의에 따라 다양한 방식으로 측정할 수 있는데, 이는 측정의 정밀성, 정확성 및 일관성과 밀접하게 관련된다. 즉, 어떤 방법은 다른 방법보다 더 정밀하거나 정확하거나 일관성 있는 방법으로 측정할 수 있다는 의미다. 노트북의 크기와 무게를 측정하는 상황을 가정하여 각각이 무엇을 말하는가를 살펴보자. 노트북 크기를 10인치보다 큰가 작은가 기준으로 측정하는 것보다 인치 단위로 재는 것이 더 정밀하며, 무게를 잴 때 1kg보다 무거운가 가벼운가보다 g 단위로 나타내는 것이 더 정밀하다(정밀성). 대각선이 아닌 가로의 길이를 잰다거나, 노트북을 가방에 넣은 채로 무게를 잰다면 부정확한 방법을 사용하는 것이다(정확성). 고무줄로 만든 자를 가지고 길이를 잰다면 매번 당기는 힘에 따라 길이가 달라질 것이고, 잴 때마다 0점이 조금씩 바뀌는 기계식 저울을 사용한다면 매번 무게가 조금씩 달라질 것이다(일관성). 정밀성은 측정척도와 관련되며, 정확성은 측정의 타당도, 그리고 일관성은 측정의 신뢰도에 관한 것이다. 이에 관한 내용을 차례대로 살펴보고자 한다.

1) 측정척도

하나의 구성개념에 대해 다양한 조작적 정의가 가능하다는 점은 이미 설명하였다. 이는 관찰 대상을 다양한 방식으로 측정할 수 있다는 뜻을 포함한다. 측정(measurement)은 관찰 대상이나 그 대상의 속성에 대해 일정한 규칙에 따라 수치를 할당하는 행위 또는 그 결과를 말한다. 예컨대, 책의 크기와 무게 등을 관찰한다면, 자와 저울이라는 측정 도구를 사용하여 cm 단위와 g 단위의 숫자로 표현하는 것을 측정이라고 한다.

변인은 여러 수준에서 측정할 수 있다. 측정수준(level of measurement)은 연구에서 변인을 얼마나 정밀하게 측정하는가의 정도를 일컫는다. 예컨대, 세 사람의 시험성적을 100점 만점 기준으로 측정하여 96점, 92점, 91점으로 측정하는 것과 1등, 2등, 3등의 순위로 측정하는 것 중에서 어떤 방법이 더 정밀한가? 점수로 측정한 경우는 개인 간 순서는 물론이고 점수의 차이까지 알 수 있지만, 순위로 측정한 경우는 개인 간 순서만을 알 수 있다. 따라서 순서보다 점수로 측정한 측정치가 더 정밀하다.

연구에서는 변인의 속성을 수량화하기 위해 네 가지 측정수준에 따른 측정 방법을 사용하는데, 이를 측정척도(measurement scale)라고 한다. 서로 다른 측정척도를 사용한다는 것은 서로 다른 통계검증 방식을 사용해야 한다는 것과 연결된다. 연구에서는 가장 높은 수준으로 측정할 수 있는 측정척도를 일반적으로 사용하는데, 그 이유는 해당 변인에 대해 더 정밀하고 더 많은 정보를 제공해 주며, 통계적 검증력 또한 더 커지기 때문이다. 앞서 변인을 자료의 형태적 분류 기준에 따라 양적변인과 범주변인으로 구분한 것처럼, 예컨대 동전의 양면처럼 변인 자체가 특정 측정척도로만 측정할 수 있는 변인도 있지만, 시험성적의 예처럼 점수와 순위로 측정할 수 있는 경우에는 일반적으로 점수로 측정하게 된다. 반대로 100m 달리기 결과를 순위만 기록하는 경우, 스톱워치를 사용했다면 개인별 실제 기록까지 알 수 있겠지만 그렇지 못하는 상황도 있다. 따라서 측정척도는 변인 자체의 형태적 특성과 연구자가 필요로 하는 변인의 정밀성에 따라 결정된다고 할 수 있다. 이러한 측정척도는 네 가지로 분류하는데, 정밀성이 점차 증가하는 방식으로 정렬하여 명목척도, 서열척도, 등간척도, 비율척도의 순이다.

가장 낮은 수준의 간단한 측정척도를 명목척도(nominal scale)라고 한다. 명목척도는 어떤 공통 속성에 근거하여 측정치를 둘 이상의 구분되는 범주로 분류하는 것으로, 명목변인으로 구분된 하나의 범주는 다른 범주와 상호 배타적이어서 어느 하나로 분류되면 다른 하나로 분류될 수 없다. 여기서 구분된다는 것은 하나의 값을 가지게 되면 다른 값을 가질 수 없다는 의미다. 예컨대, 어떤 진술문에 대한 동의를 묻는 답변에서 '예' 혹은 '아니오'로 응답할 때, '예'라고 응답한 참가자는 '아니요'에 응답하지 못한다. 출생지에 관한 질문에 대해 10개의 도시 중 어느 한 도시에 응답했다면 다른 도시에는 응답할 수 없다.

명목척도는 범주 간을 구분할 수 있지만, 어떤 범주가 더 높은지 낮은지, 혹은 강한지 약한지에 관한 정보는 제공하지 못한다. 측정치 간 가장 기본적인 구분의 기능만 할 뿐이다. 이런 속성으로 인해 명목척도를 가장 낮은 수준의 척도라고 한다. 그렇다고 명목척도가 효과적이지 않은 척도라는 의미는 아니다. 변인의 자료 형태적 분류 기준에 따른 이분변인이나 명목변인의 경우, 명목척도로 측정해야만 하며, 이는 타당하고 충분한 방식이다.

다음 수준은 서열척도(ordinal scale)인데, 측정치 간 순위가 구분되는 측정척도를 말하며, 서열변인을 측정할 때 사용한다. 예컨대, 올림픽 메달은 금 · 은 · 동의 세 가지로 구분된다. 각 메달 수상자는 서로 구분되며, 동시에 금메달 수상자는 은메달 수상자보다, 은메달 수상자는 동메달 수상자보다 수행이 더 우수했다는 순위 정보를 갖고 있다. 하지만 금메달과 은메달 수상자 간, 은메달과 동메달 수상자 간 수행 차이가 같은지 다른지를 알 수는 없다. 각종 경연대회나 공모전 등에서 대상, 최우수상, 우수상 등으로 수상자를 가리는 경우도 서열척도다. 공모전 출품작을 입상작과 비입상작으로 구분만 하는 경우는 어떠한가? 여기에는 순위 정보가 포함되지만, 순위에 기반한 범주 구분 형태로 측정한 것이므로 명목척도로 볼 수 있다.

자기보고식 질문지를 통해 행동의 빈도에 관한 응답을 받을 때 종종 서열척도를 사용한다. 예컨대, 일주일 기준으로 하루에 30분 이상 운동하는 날이 며칠인가를 묻는 문항에서, 선택지는 '하루', '두세 번', '네 번', '다섯 번 이상' 등과 같은 선택지를 활용하여 답변을 받을 수 있다. 또한 특정 분야에 관한 개인의 능력을 평정할 때, 혹은 학원 수업의 수준을 제시할 때, 종종 '초급', '중급', '고급' 등으로 분류하는 것 또한 서열척도를 사용한 것이다.

그다음 수준의 측정척도는 등간척도(interval scale)로, 심리적 속성인 지능지수나 성격검사 점수, 수행평가 점수 등은 등간척도를 사용한 측정치다. 등간척도는 척도상 연속하는 두 값이 어느 수준이라도 동일한 간격을 나타내는 측정척도를 말한다. 예를 들어, 섭씨온도계의 10도는 11도와 1도 차이가 나며, 이 차이는 0도와 1도의 차이와 정확히 일치한다. 20도와 22도의 온도 차이는 0도와 2도 차이와 정확히 같다. 여기서 0점은 0도라는 상태를 말하는 것으로, 온도가 존재하지 않는다는 의미의 0점, 즉 절대영점(absolute zero)이 아니다. 성격검사나 지능검사에서 0으로 그 값을 표현하더라도 이는 그 속성이 없다는 의미가 아니라 임의의 기준에 따른 측정치가 0이라는 의미다. 임의의 기준이라는 의미는 섭씨온도와 화씨온도 체계를 비교하면 쉽게 이해할 수 있다. 섭씨 0도는 화씨 32도이고, 거꾸로 화씨 0도는 섭씨로 약 -17.8도 정도가 된다. 즉, 섭씨 0도는 온도가 존재하지 않음을 나타내는 것이 아니라 섭씨온도 측정 체계에서 특정 온도를 0의 값으로 표현한 것이다. 이러한 속성으로 인해 등간척도는 비율로 나타낼 수 없다. 즉, 섭씨 10도는 5도의 두 배라고 말할 수 없다.

심리학 연구에서 흔히 사용하는 리커트 척도(Likert scale)는 등간척도로, 개별 문항에 대한 리커트 항목(Likert item)의 합이나 평균으로 표현하는 척도다(Likert, 1932). 여기서 리커트 항목은 '매우 그렇지 않다'에서 '매우 그렇다' 등의 표현을 양극단에 두고, 동의의 간격이 일정하다고 가정하는 각 선택지를 사이에 제시하여 주로 5점(1~5)이나 7점(1~7) 선택지를 갖도록 한 항목이다. 따라서 하나의 리커트 항목은 주로 각 문항에 대해 개인의 태도나 경험, 의견 등을 주어진 5개 또는 7개의 선택지 중 하나에 평정하도록 제시된다.

리커트 척도와 더불어 심리학에서 흔히 사용하는 척도 중 하나인 의미미분 척도(semantic differential scale) 혹은 의미미분법(semantic differential)은 특정 주제나 개념, 대상 등에 대해 양극단에 반대의 의미를 지닌 형용사를 제시하고 응답자에게 자신의 태도를 하나의 선택지에 응답하도록 고안된 척도다(Osgood, Suci, & Tannenbaum, 1957). 보통 7점 척도상에 자신의 태도를 평정하는데, 형용사 쌍은 '좋다-나쁘다', '긍정적이다-부정적이다', '능동적이다-수동적이다' 등으로 표현할 수 있으며, 응답자는 연속적인 선

읽어 보기 4-2

리커트 항목과 리커트 척도

어떤 구성개념에 대한 개인의 경험이나 태도, 신념 등을 측정하기 위해 다음과 같이 다양한 형태의 리커트 항목을 구성할 수 있다.

	매우 그렇지 않다	그렇지 않다	보통이다	그렇다	매우 그렇다
딴생각을 자주 한다.	①	②	③	④	⑤

오랜 시간 집중을 잘한다. 매우 그렇지 않다 ___ ___ ___ ___ ___ ___ ___ 매우 그렇다

새로운 환경에 잘 적응한다. 매우 그렇지 않다 ○—○—○—○—○—○—○ 매우 그렇다

	매우 그렇지 않다	그렇지 않다	보통이다	그렇다	매우 그렇다
평소에 실수를 자주 한다.	①	②	③	④	⑤

이렇게 여러 리커트 항목을 구성하고 항목 전체의 합이나 평균으로 하나의 변인을 측정하게 되는데, 이를 리커트 척도라고 한다. 다음의 예처럼, 집행기능이라는 하나의 구성개념을 가정하고 여러 리커트 항목으로 하나의 리커트 척도를 구성할 수 있다.

	매우 그렇지 않다	그렇지 않다	보통이다	그렇다	매우 그렇다
딴생각을 자주 한다.	①	②	③	④	⑤
오랜 시간 집중을 잘한다.	①	②	③	④	⑤
새로운 환경에 잘 적응한다.	①	②	③	④	⑤
평소에 실수를 자주 한다.	①	②	③	④	⑤

여기서 하나의 리커트 항목 또한 등간척도로 본다. 하지만 일부 연구자들은 리커트 척도는 등간척도지만 개별 리커트 항목은 서열척도로 간주해야 한다고 주장한다(Liddell & Kruschke, 2018). 이는 각 선택지 간 간격이 서로 다르다는 이유 때문인데, '매우 그렇다'와 '조금 그렇다'의 간격이 '조금 그렇다'와 '보통이다'와의 간격과 같다고 할 수 없다는 설명이다. 하지만 개별 리커트 항목을 서열척도로 간주하면 이들의 합계나 평균 산출이 산술적으로 불가능하므로, 리커트 척도의 값을 산출하는 것 또한 불가능하다. 따라서 연구자들 사이에 논란의 여지가 있지만, 리커트 척도뿐만 아니라 리커트 항목도 등간척도로 보면 된다.

택지의 가운데 중심점을 기준으로 자신의 태도에 해당하는 곳에 응답하게 된다. 주로 세 가지 기본 차원에서 태도를 측정하는데, 해당 주제에 대해 얼마나 긍정적 혹은 부정적으로 바라보는가를 평정하는 평가 차원('좋음-나쁨', '깨끗함-더러움' 등), 얼마나 활동적 혹은 수동적으로 보는가를 평정하는 활동성 차원('능동적-수동적', '빠름-느림' 등), 그리고 얼마나 많은 영향력을 미칠 것으로 보는가를 평정하는 효능 차원('강한-약한', '큰-작은' 등)으로 구분하여 측정한다.

가장 높은 측정수준은 비율척도(ratio scale)다. 키, 몸무게, 나이, 시간과 같은 물리적 속성은 그 크기를 수량화하여 측정할 수 있는데, 척도상에서 연속되는 두 값의 간격은 다른 연속되는 두 값과 그 크기가 동일하다. 또한 비율척도에서 0이라는 값은 절대영점으로, 해당 속성이 존재하지 않음을 나타낸다. 강의실 내 학생 수, 연간 휴가일 수, 주차장 내 자동차 수 등 숫자로 셈할 수 있는 변인은 비율척도다. 비율척도는 측정치를 비율로 나타낼 수 있는데, 예컨대 2m는 1m의 두 배, 3m는 2m의 1.5배다. 자동차 2대는 4대의 1/2이다. 참고로, 켈빈 온도(Kelvin temperature)는 이론적으로 비율척도로 볼 수 있다. 섭씨나 화씨 온도와 달리, 켈빈 온도의 0도는 열에너지가 존재하지 않는, 기체의 부피가 0이 되는 온도이기 때문이다.

지금까지 살펴본 측정수준에 따른 네 가지 측정척도를 〈표 4-5〉에 요약하였다. 측정

표 4-5 측정척도의 요약

측정수준	속성	연산	집중경향치	변산도	사용 예(관련변인)
명목척도	구분	=, ≠	최빈값	없음	찬반(이분변인) 출생도시(명목변인)
서열척도	구분 크기	=, ≠ <, >	최빈값 중앙값	범위	출생순위(서열변인) 석차(서열변인)
등간척도	구분 크기 등간	=, ≠ <, > +, − (×, ÷)(주)	최빈값 중앙값 (산술평균)	범위 변량 표준편차	섭씨온도(연속변인) 리커트 척도(비연속변인) 지능지수(비연속변인)
비율척도	구분 크기 등간 절대영점	=, ≠ <, > +, − ×, ÷	최빈값 중앙값 산술평균 기하평균	범위 변량 표준편차	거리(연속변인) 무게(연속변인) 가계 수입(연속변인) 사람 수(비연속변인)

* (주) 이론적으로 등간척도의 산술평균은 산출할 수 없지만(곱하기와 나누기를 할 수 없으므로), 통계분석을 위한 실질적인 이유로 산술평균을 산출한다.

척도의 구분을 보면서 짐작했겠지만, 측정척도는 자료의 형태적 분류 기준에 따른 변인 유형과 밀접한 관계가 있지만 동일한 의미는 아니라는 점을 분명히 할 필요가 있다. 어떤 대상의 길이는 자료 형태에 따라서는 연속변인이지만, 적용한 측정수준에 따라 서로 다른 측정척도로 나타낼 수 있다. 나뭇가지 길이에 대해 자로 측정한 값으로 나타내면 그 측정치는 비율척도이지만, 리커트 항목으로 측정하여 '매우 길다'와 '매우 짧다' 사이에서 평정하면 등간척도가 되며, 길이 순으로 순위를 매기면 서열척도, '1m보다 길다'와 '1m보다 짧다'라는 기준으로 분류하면 명목척도로 측정한 것이 된다.

측정수준에 따라 가용한 수학 연산에 차이가 있고, 이에 따라 산출할 수 있는 집중경향치와 변산도에 차이가 발생한다. 자료 분석 과정에서 측정척도는 수치화된 형식으로 입력된다. 예컨대, 등간척도와 비율척도는 해당 측정치, 서열척도인 석차의 경우 해당 순위(1, 2, 3, 4 등), 명목척도인 성별의 경우 남성 1과 여성 2와 같은 형식이다. 입력된 수치를 기반으로 모든 경우에 대해 산술평균을 구할 수 있는가? 만일 성별의 산술평균을 구하여, 예컨대 1.4라는 값을 얻었다면 이 값은 무엇을 의미하는가? 동일한 자료에 대해 여성을 1, 남성을 2로 입력하여 얻은 1.6이라는 값은 무엇을 말하는가? 정답은 '의미 없다'가 된다. 범주 자료에 대한 수치 할당은 분석 시 구분하기 위한 목적이므로 그 자료는

읽어 보기 4-3

프로축구와 변인, 그리고 측정척도

우리는 일상에서 수많은 변인을 관찰할 수 있다. 한 예로, 프로축구와 관련하여 다양한 관찰 가능한 변인들이 있으며, 어떤 속성을 지녔는지에 따라 다양한 측정수준으로 분류할 수 있다.

먼저, 경기 자체를 살펴보자. 한 팀은 11명의 선수로 구성되고 정해진 경기 시간은 90분으로, 이 둘은 변인이 아닌 상수다. 하지만 경기 중 퇴장당한 선수의 수는 비연속변인인 비율척도이며, 경기 경과 시간은 연속변인인 비율척도다. 경기 중 경고를 받는 사람 수는 비연속변인으로 비율척도다. 점수 또한 비율척도로, A팀과 B팀이 각각 1점과 2점을 넣었다면 B팀은 A팀보다 1점 더, 그리고 두 배를 득점한 것이다. 경기 승패는 명목척도인데, 승패만 있는 경기라면 이분변인, 무승부까지 포함하면 명목변인이다. 프로축구는 승점을 쌓는 형식으로 리그가 진행되는데, 여기서 승점은 비율척도다. 승점 기준으로 결정한 순위는 서열척도다. 선수의 축구 수행 능력을 수치화한다면 등간척도로 측정하는 것이며, 순위를 매기면 서열척도다. 이렇게 프로축구에서도 서로 다른 측정수준을 갖는 많은 변인이 있다. 뿐만 아니라, 일상에서 경험하는 수많은 변인은 서로 다른 측정수준에서 측정할 수 있다.

평균을 산출할 수 없다. 이러한 잘못된 사용의 예는 측정척도를 정확히 이해하는 것이 중요하며, 측정척도에 따른 적절한 자료 분석이 중요함을 알려 준다.

2) 측정의 타당도

조작적 정의를 통해 구성개념을 구체적인 변인으로 설정하고 측정한다면, 이 측정이 정확하게 이루어졌는가, 즉 타당한가를 평가해야 한다. 측정의 타당도(validity of measurement)란 측정하고자 하는 것을 측정 절차가 얼마나 정확하게 측정하는가의 정도를 말하며, 경험적 증거와 이론적 증거가 측정의 적합성과 적절성을 지지하는 정도를 의미한다. 심리검사에 한정하여 언급할 때 이를 종종 검사 타당도(test validity)라고 부르기도 한다.

측정의 관점에서 타당도는 연구에서 사용하는 측정 도구가 실제로 측정하고자 하는 구성개념을 제대로 측정하는가, 즉 측정의 정확성에 관한 것이라고 볼 수 있다. 예컨대, 직업적성검사는 개인의 직업적 자질과 능력에 관한 적성을 파악하여, 해당 직업 분야에 개인이 얼마나 적합한지 측정하도록 고안된 검사다. 이때 이 측정 도구의 타당도는 직업과 관련한 개인의 적성을 실제로 측정하는가의 정도에 관한 것이다. 대학수학능력시험은 대학 교육을 얼마나 성공적으로 이수할 수 있을지를 평가하도록 고안된 것으로, 이 측정 도구의 타당도는 개인이 대학 교육을 받을 수 있는 능력과 관련된다.

타당도는 벤 다이어그램의 형태로 이해하면 그 의미가 더욱 분명해지는데, 타당도가 높다는 것은 해당 구성개념과 측정 간 교집합이 크고 차집합이 작은 것으로 표현할 수 있다. [그림 4-6]에 어떤 변인을 측정할 때 발생할 수 있는 타당도의 수준을 창의성의 예로 도식화하여 제시하였다. 먼저, 진한 색의 실선으로 이루어진 원이 창의성이라는 구성개념이라고 하자. 창의성을 측정하기 위해 A라는 도구를 사용하여 창의성을 측정하였다면 창의성 대부분을 포함하기 때문에, 높은 수준의 타당도를 확보했다고 할 수 있다. 하지만 D는 창의성 개념의 극히 일부분만을 측정하기 때문에 타당도가 낮으며, C는 반대로 너무 큰 범위를 측정함으로 인해 타당도가 낮다(교집합은 가장 크지만, 차집합 또한 크다). B는 창의성의 일부만 포함하여 다른 개념을 측정하므로 타당도가 낮다. E는 극단적인 예로, 창의성과 전혀 관련 없는 개념을 측정함으로써 타당도가 전혀 없다고 볼 수 있다(교집합은 전혀 없으며 차집합만 존재한다).

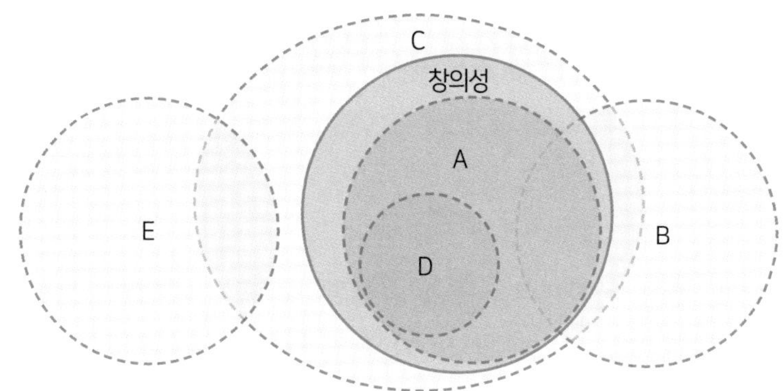

그림 4-6 창의성을 측정할 때 발생할 수 있는 타당도 수준에 관한 도식

여러 방식으로 측정의 타당도를 평가할 수 있는데, 그 방법에 따라 크게 구성 타당도, 내용 타당도, 준거 타당도의 세 가지 유형으로 구분할 수 있다. 각 유형에 대해 살펴보고자 한다.

(1) 구성 타당도

측정의 구성 타당도(construct validity of measurement)는 구성개념 측정을 위한 조작화가 그 이론에 의해 정의된 구성개념을 제대로 측정하는가의 정도를 말한다. 1장과 2장에서 설명한 바와 같이, 이론은 논리적 조직화를 기반으로 현상의 정의와 더불어, 관련된 현상 간의 관계를 포함한다. 이론에 의해 정의되는 구성개념은 그 이론에 따른 구조를 지니며, 다른 구성개념과 예측 가능한 관계까지를 포함한다. 따라서 넓은 의미에서 측정의 구성 타당도는 이후에 설명할 내용 타당도와 준거 타당도를 모두 포함하는 개념이다. 좁은 의미에서 구성 타당도(construct validity)는 심리검사와 같이 하나의 구성개념이 여러 하위 요인으로 이루어져 있을 때, 그 하위 요인들이 해당 구성개념을 실제로 측정하는 정도를 말한다. 반면, 가장 넓은 의미의 구성 타당도는 측정에 관한 타당도뿐만 아니라, 실험에서 독립변인 조작까지를 포함하는 모든 유형의 조작적 정의에 관한 타당도를 의미한다. 따라서 어떤 맥락에서 구성 타당도를 말하는 것인가에 따라 그 구체적인 의미가 달라진다([그림 4-7]).

좁은 의미에서 볼 때, 구성 타당도는 이후에 설명할 내용 타당도나 준거 타당도와 달리, 하나의 구성개념을 구성하는 하위 요인들이 그 구성개념과 어떤 관계를 갖는가를

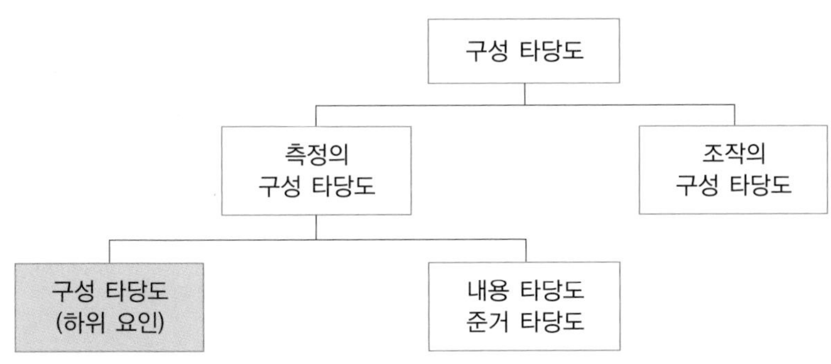

그림 4-7 **다양한 맥락에서 정의하는 구성 타당도의 범위**

확인하는 절차를 포함한다. 이는 하위 요인과 구성개념 간, 그리고 하위 요인들 간의 상관계수가 적절한 수준으로 나타났음을 확인하는 절차를 말한다. 예컨대, 집행기능(executive functions)에 관한 Miyake 등(2000)의 이론은 집행기능이 억제(inhibition), 최신화(updating), 전환(shifting)의 세 가지 하위 요인으로 이루어져 있다고 가정하였다. 연구자들은 각 하위 요인에 대해 각각 세 가지 인지 과제를 통해 측정하여 잠재변인으로 구성하고, 구조방정식 모형을 통해 하위 요인 간 적절한 수준의 상관이 있음을 확인하였다. 이러한 절차를 통해 연구자들은 구성 타당도 측면에서 집행기능 측정의 타당도가 확보되었음을 제시하였다.

심리적 속성에 관한 질문지나 심리검사를 제작할 때, 구성 타당도 확인을 위해 가장 흔히 사용되는 방법은 요인분석(factor analysis)이다. 이는 하나의 구성개념에 포함된 여러 하위 요인 각각을 여러 문항으로 측정한 다음, 실제로 하위 요인 내 문항들끼리 상관이 높은지를 확인하며, 그 하위 요인들이 서로 관련되는 정도를 확인하는 방법이다. 어떤 문항이 해당 하위 요인과 상관계수가 낮거나 문항 간 상관계수가 낮은 경우, 그 문항은 구성 타당도 측면에서 타당도가 낮은 문항으로 판단하게 된다. 이렇게 요인분석을 통해 측정한 요인 구조가 연구자가 가정한 구성개념 구조와 일치하는지를 검증함으로써 구성 타당도를 확인할 수 있다.

[그림 4-8]에는 창의성의 구성 타당도 확인을 위해 요인분석을 시행한 가상의 결과를 도식으로 보여 준다. 창의성이 독창성, 유연성, 유창성이라는 세 가지 요인으로 구성되었다는 이론에 따라 측정 도구를 개발할 때, 구성 타당도가 높다는 것은 그 이론에 포함된 하위 요인들이 모두 적절한 수준에서 구분될 정도로 관찰되었다는 것을 말한다. 반

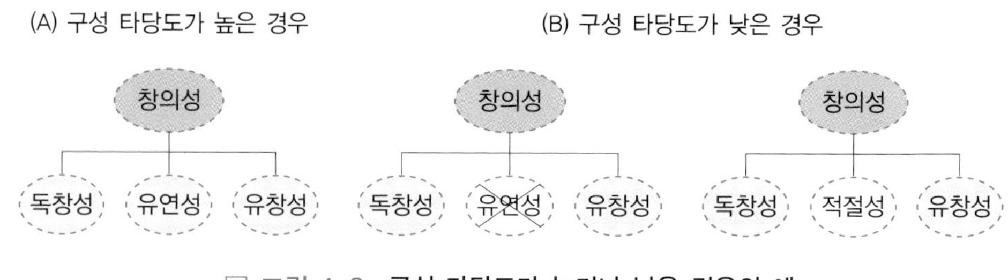

그림 4-8 **구성 타당도가 높거나 낮은 경우의 예**

면, 구성 타당도가 낮은 경우는 이론에 포함된 하위 요인 중 일부가 관찰되지 않거나, 다른 요인이 관찰되었을 때 등을 말한다. 이렇게 구성 타당도는 측정 도구를 사용해 측정한 결과를 바탕으로 판단하게 된다.

(2) 내용 타당도

내용 타당도(content validity)는 측정하는 개념의 모든 측면을 실제로 측정하는 정도를 말한다. 앞선 [그림 4-6]의 예에서 A와 D는 모두 창의성 구성개념을 측정하고 있지만, D보다 A가 타당도가 더 높은 이유는 창의성의 더 많은 범위를 측정하기 때문이다. 다시 말하면, A는 창의성의 범위를 벗어나지 않았지만, 극히 일부분만을 측정하기 때문에 내용 타당도가 낮다.

내용 타당도는 종종 구성 타당도와 밀접하게 관련되는데, 구성개념을 충분히 포함할 정도로 하위 요인을 구성했는가를 판단하는 것은 내용 타당도의 측면에서 평가하는 것이다. 반면, 구성한 하위 요인이 실제로 측정되는가를 확인하는 것은 구성 타당도의 개념이다. 내용 타당도는 측정 결과로써 판단할 수도 있지만, 측정 도구 자체가 구성개념을 모두 잘 대표하는가를 평가하기 때문에 측정 이전에도 판단할 수 있다. 예컨대, 우울에 관한 측정 도구는 우울과 관련된 구성개념을 정의하는 모든 증상의 범위, 즉 인지적 · 생리적 증상 등을 포함하도록 구성되어야 할 것이다. 하지만 생리적 증상을 제외하고 인지적 증상만을 포함한다면 내용 타당도가 낮은 도구가 된다. 또한 내향적 성격과 단지 관련될 것으로 생각하여 우울 측정 도구에 내향성을 포함한다면 이 또한 내용 타당도가 낮다.

내용 타당도와 유사한 것으로 안면 타당도(face validity)가 있다. 안면 타당도는 측정 도구가 해당 구성개념을 측정하는 데 적절하게 보이는 정도를 말한다. '나는 슬프다'라는 문항은 우울을 측정하는 데 적절해 보이지만, '나는 독창적이다'라는 문항은 적절해 보이지 않는다. 이러한 방식의 평가이기 때문에, 안면 타당도 평가는 주관적이거나 직관적일 수 있다.

(3) 준거 타당도

구성 타당도와 내용 타당도는 구성개념을 바탕으로 측정 도구 자체의 타당도를 확인하는 방법으로 이해할 수 있다. 반면, 다른 측정치와의 관련성을 바탕으로 타당도를 확인하는 방법도 있다. 예컨대, 앞서 예를 든 우울을 측정하는 도구에 내향성이 포함되는 것은 타당하지 않지만, 우울 측정치는 내향성 측정치와 관련이 높을 수 있다. 또한 선택적 주의 측정치는 작업기억 측정치와 관련성이 높을 것이다. 이렇게 한 측정치와 이미 잘 정립된 다른 도구를 사용한 다른 측정치 간 관련성을 바탕으로 타당도를 평가할 수 있는데, 이를 준거 타당도(criterion validity)라고 한다. 준거 타당도는 평정하고자 하는 측정 도구와 그 준거에 해당하는 도구를 동일한 개인에게 모두 시행한 결과를 바탕으로 평정하게 된다.

준거 타당도는 하나의 측정 도구와 그 준거가 되는 다른 측정 도구 간 이론적 관련성에 근거하여 두 가지 방식으로 접근할 수 있다. 즉, 해당 측정 도구와 밀접한 관련이 있는 준거와 실제로 관련성이 높은지를 확인하거나, 반대로 전혀 관련이 없어야 하는 준거와 실제로 관련이 없는지를 확인하는 방법이다. 여기서 전자를 수렴 타당도, 후자를 변별 타당도라고 한다.

수렴 타당도(convergent validity)는 어떤 구성개념에 관한 특정 측정 도구로 측정한 결과가 그 구성개념과 관련성이 높거나, 또는 같은 구성개념에 대해 측정하는 이미 잘 정립된 다른 측정 도구를 사용한 결과와 얼마나 높은 상관을 보이는가를 통해 평가한다. 동일 구성개념에 관한 예로, 창의성의 구성개념인 확산적 사고를 측정하는 새로운 창의성 검사를 개발하는 경우, 이미 타당화하여 사용하는 다른 측정 도구인 토랜스 검사(Torrance Tests of Creative Thinking, TTCT)와 상관계수가 얼마나 높은가를 통해 평가할 수 있다. 두 측정치 간 상관계수가 높다면 수렴 타당도가 높고, 낮은 경우에는 타당도가 낮은 것으로 판단한다([그림 4-9]의 (A)). 유사한 구성개념에 관한 예로, 시공간 창의성을 측정하는 TTCT-도형검사는 정신적 심상 능력과 관련되어야 하는데, 이에 관한 한 연구에서는 두 측정치 간 상관계수가 $r=0.36$으로 유의미한 것으로 보고하였다(González, Campos, & Pérez, 1997).

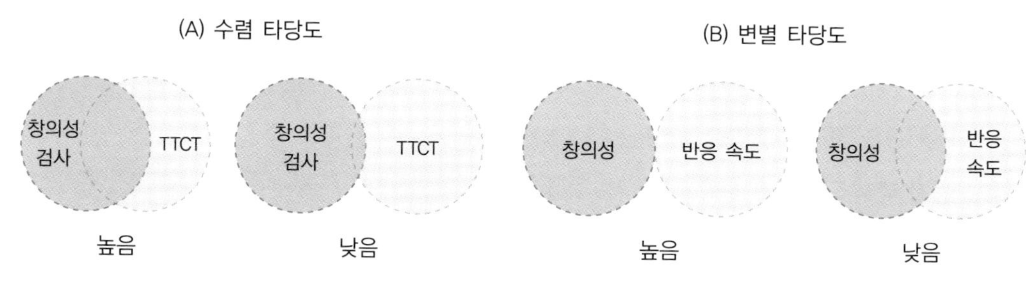

그림 4-9 **수렴 타당도와 변별 타당도의 개념적 도식**

변별 타당도(discriminant validity)는 어떤 구성개념에 관한 측정 결과가 개념적으로 서로 관련 없는 다른 측정치와 서로 분명히 구분되는가, 즉 상관이 없는가를 확인하는 절차를 통해 평가한다. 예를 들어, 창의성의 구성개념은 반응속도와 관련이 없어야 하는데, 실제로 창의성 측정치와 반응속도 측정치 간 상관이 낮다면 변별 타당도가 높은 것을 나타내며, 둘 간 상관계수가 높게 관찰된다면 타당도가 낮은 것으로 평가한다([그림 4-9]의 (B)).

준거 타당도는 준거가 되는 다른 측정치의 측정 시점에 따라 세 가지 유형으로 구분할 수 있다. 동시 타당도(concurrent validity)는 수렴 타당도에서 설명한 바와 같이, 서로 같거나 관련성이 높은 구성개념을 측정하는 서로 다른 측정 도구를 사용했을 때, 동일 시점에 관찰한 측정치 간 관련성이 얼마나 높은가에 관한 것이다. 예컨대, 새로운 검사를 개발할 때 기존에 타당성이 확인된 검사를 동시에 수행하여 둘 간 상관계수를 확인하는 경우를 말한다.

예언 타당도(predictive validity)는 측정이 이루어진 후 그 측정이 준거가 되는 미래의 행동을 얼마나 예측할 수 있는가에 관한 것이다. 예언 타당도는 측정 도구가 미래의 행동을 예측하기 위한 목적일 때 더 중요하다. 예컨대, 대학수학능력시험 점수는 대학에서의 학업 수행을 예측하기 위한 목적으로 개발되었으므로, 대학 입학 후의 성적과 상관계수가 높아야 할 것이다. 반면, 소급 타당도(retrospective validity)는 어떤 측정이 그 행동을 나타내는 과거의 사건과 관련성이 얼마나 높은가에 관한 것이다. 대학수학능력시험의 개별 과목이 고등학교의 해당 교과목 능력을 측정하기 위해 고안되었다면, 대학수학능력시험 점수는 고등학교에서의 해당 교과목 성적과 상관계수가 높아야 한다. 예언 타당도와 소급 타당도의 측정 시점에 따른 관계를 [그림 4-10]에 제시하였다.

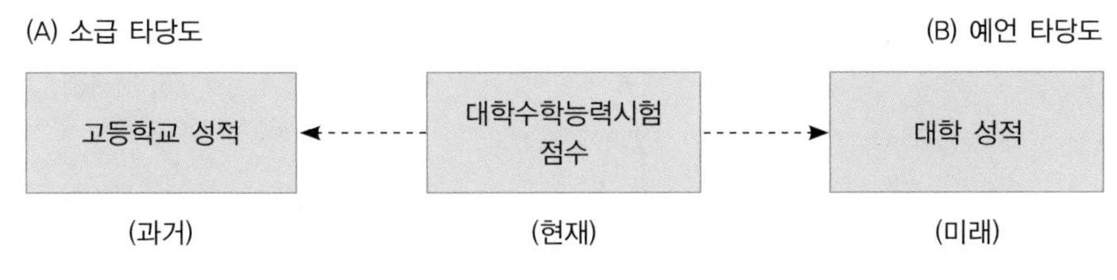

그림 4-10 **예언 타당도와 소급 타당도의 측정 시점에 관한 도식**

3) 측정의 신뢰도

앞에서는 측정이 타당한지 평가하는 방법을 살펴보았다. 타당도는 정확하게 측정하고 있는가를 판단하는 기준이다. 측정 도구를 사용할 때 정확한 측정도 중요하지만, 일관성 있는 측정 또한 매우 중요하다. 측정의 신뢰도(reliability of measurement)란 동일한 측정 도구로 동일한 참가자의 행동을 동일한 조건에서 반복해서 측정할 때 동일한 측정치가 나오는 정도를 말한다. 측정의 신뢰도가 높다는 것은 같은 조건에서 측정할 때 유사한 측정치가 관찰된다는 의미다. 반면, 신뢰도가 낮다는 것은 같은 조건에서 측정했음에도 불구하고 서로 다른 측정치가 관찰된다는 것을 말한다.

예컨대, 노트북 크기를 잴 때, 동일 조건에서 표준자로 측정한다면 반복해서 측정할 때마다 같은 결과를 얻을 수 있겠지만, 고무줄 자로 측정한다면 매번 다른 결과를 얻을 것이다. 마찬가지로, 지능과 같은 심리적 변인에 대한 신뢰도 높은 측정치는 동일한 개인에게 지능검사를 반복하여 시행할 때, 일관성 있는 결과를 관찰함을 의미한다. 반대로 측정할 때마다 검사 점수에서 큰 변동을 보인다면 측정 도구의 신뢰도가 낮음을 나타낸다.

신뢰도를 이해하기 위해서는 측정치의 본질을 이해하는 것이 필요하다. 고전 검사이론(classical test theory)에 의하면, 측정치는 그 변인의 실제 점수인 진점수(true score)와 측정오차(measurement error)의 두 가지 성분으로 구성된다. 측정오차는 관찰치 간 차이를 생성하는 무선적인 변산도로 정의할 수 있는데, 더 큰 범위의 측정오차를 포함하고 있는 도구는 일관성이 더 낮은 결과를 산출한다. [그림 4-11]에 제시한 예에서, 실제 지능 점수가 100인 한 개인에게 100번의 측정을 했다고 가정해 보자. 신뢰도가 낮은 도구를 사용할 때는 85보다 작거나 115보다 큰 값을 관찰할 가능성이 32% 정도 된다. 반면, 신뢰도가 높은 도구를 사용할 때는 90보다 크고 110보다 작은 값을 관찰할 확률이 95% 이상이 된다.

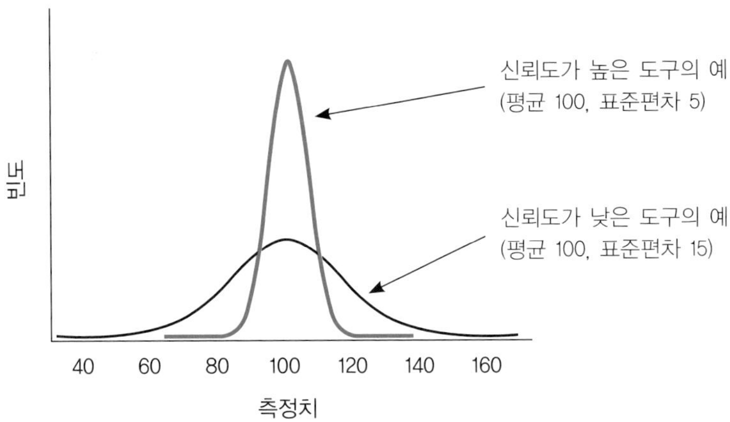

그림 4-11 **신뢰도가 높거나 낮은 도구로 측정한 가상의 분포**

하지만 연구에서는 한 개인을 100번 반복 측정하여 그 평균을 사용하는 것이 아니라 단 한 번만을 측정하게 된다. 이는 신뢰도가 높은 측정 도구를 사용하는 것이 매우 중요하다는 점을 말해 준다. 지능 점수가 100인 100명을 대상으로 측정해도 마찬가지다. 진점수로서 지능 점수는 모두 같지만, 측정오차가 크다면 변산도 또한 크게 발생한다. 따라서 신뢰도가 높은 도구는 측정오차가 작은 도구라고 할 수 있다.

신뢰도는 측정 절차를 세심하게 적용할 때 높일 수 있다. 측정 절차를 일관성 있게 적용하거나, 측정 환경을 일정하게 유지하거나, 심리검사 실시 요강에 포함되는 것과 같이 절차 전체를 표준화하거나, 한 문항에 대한 응답으로 측정하는 것이 아니라 여러 문항에 대한 응답 평균이나 합계로 측정하는 등 기본적인 방법을 통해 신뢰도를 향상시킬 수 있다. 질문지 개발과정에서는 질문지를 시행한 후 신뢰도 평정 절차를 적용한 다음, 신뢰도를 낮추는 개별 문항을 제거하는 등의 방법을 통해 최종 질문지의 신뢰도를 높일 수 있다.

측정의 신뢰도를 수치화하여 표현한 것을 신뢰도 계수(reliability coefficient)라고 하는데, 이는 측정 점수 간의 일관성을 나타내는 지표라고 할 수 있다. 신뢰도 계수는 0에서 1까지로 표현하며, 0은 일관성이 전혀 없음을, 1은 완전한 일관성이 있음을 나타낸다. 따라서 1에 가까울수록 신뢰도가 높음을 의미하는데, 일반적으로 0.8 이상일 때 높은 수준의 신뢰도가 확보되었다고 본다. 또한 여러 방식으로 신뢰도를 평가할 수 있으며, 크게 검사-재검사 신뢰도, 내적 일관성 신뢰도, 그리고 평정자 간 신뢰도의 세 가지로 구분할 수 있는데, 이를 구체적으로 살펴보도록 할 것이다.

(1) 검사-재검사 신뢰도

검사-재검사 신뢰도(test-retest reliability)는 동일한 개인에 대해 두 시점에서 반복 측정하여 평정하는 절차를 말하며, 신뢰도가 가진 원래의 의미에 가장 가까운 평가 방식이다. 검사-재검사 신뢰도가 높다면 두 시점에서 측정한 결과가 서로 유사할 것이다. 이때 신뢰도의 정도를 나타내는 신뢰도 계수는 두 측정치 간 상관계수가 된다.

[그림 4-12]에 신뢰도가 높거나 낮은 경우의 예를 제시하였다. 각 그래프의 화살표로 표시한 관찰치를 구체적으로 살펴보자. 신뢰도가 높은 경우(A), 1차에 88과 105로 측정된 개인의 점수가 2차에 각각 90과 102로 나타났다. 반면, 신뢰도가 낮은 경우(B), 1차에 88과 105로 측정된 점수가 2차에는 각각 100과 96으로 관찰되었다. 즉, (A)의 예처럼 1차와 2차의 결과가 유사하여, 상관계수가 높을 때 검사-재검사 신뢰도가 높다고 평가한다.

검사-재검사 신뢰도는 같은 검사를 두 번 시행하는 것을 기본 전제로 한다. 이로 인해 고려해야 할 몇 가지 중요한 사항이 있다. 첫째, 2차 측정을 언제 시행하는가에 관한 것이다. 예컨대, 2차 지능검사를 1차에 연이어 시행하면 검사 문항과 자신의 반응을 기억할 수 있으므로 신뢰도 평정에 적절하지 않다. 이런 경우는 기억의 영향이 소멸한다고 판단되는 시기 이후에 하는 것이 적절할 것이다. 반면, 상태불안과 같은 변인을 측정하는 도구는 현재 상태를 반영하도록 고안되었기 때문에 긴 기간을 두고 시행한 측정으로 검사-재검사 신뢰도를 산출하는 것은 적절하지 않다. 둘째, 안정적인 속성을 측정하는가에 관한 것이다. 지능과 같은 변인은 상대적으로 안정적인 것으로 예상할 수 있으

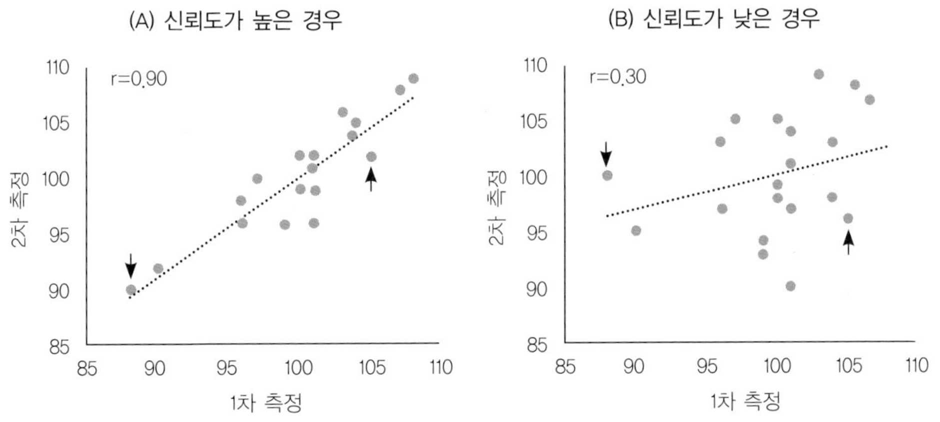

그림 4-12 지능검사의 검사-재검사 신뢰도에 관한 예

므로 검사-재검사 신뢰도 적용이 적절하겠지만, 상태불안처럼 측정 시기에 따라 쉽게 바뀌는 속성이므로 적절하지 않다. 셋째, 두 번의 측정이 실질적으로 가능한가다. 측정을 두 번 시행하기 위해서는 시간적 · 경제적 이유 등 현실적인 어려움을 극복해야 하므로, 어떤 경우는 시행 자체가 불가능할 수 있다.

이러한 사항을 일부 고려한 대안으로 동형검사 신뢰도(parallel-forms reliability)를 사용할 수 있다. 동형검사란 개발하고자 하는 검사와 동일한 내용을 측정할 수 있도록 제작한 또 다른 검사로, 검사-재검사 신뢰도가 동일한 도구로 두 번 측정하는 반면에, 동형검사 신뢰도는 동일한 구성개념을 측정하도록 고안된 동형검사를 사용한다는 점에서 다르다. 예를 들면, 지능검사에서 숫자 외우기의 경우, 동일한 길이의 서로 다른 숫자열을 포함하여 동형검사를 만들 수 있다. 이 경우 2차 측정 시기에서 자유로운 편이지만, 동형검사를 추가로 제작해야 하는 어려움이 발생하며, 2회 시행으로 인한 현실적인 문제는 여전히 존재한다.

(2) 내적 일관성 신뢰도

검사-재검사 신뢰도가 개인에 대해 두 번의 측정 결과로 평가하는 방식인 반면에, 한 번의 측정으로 신뢰도를 평정하는 방법이 있다. 내적 일관성 신뢰도(internal consistency reliability)는 변인을 측정하기 위해 사용하는 다수의 문항 또는 소검사 결과를 바탕으로 평정하는 일관성 정도를 말한다. 질문지나 심리검사가 여러 문항이나 소검사로 이루어진 것처럼, 변인 측정 도구는 여러 항목으로 구성된다. 이때 모든 항목은 같은 변인을 측정하기 때문에, 그 항목들은 서로 유사한 결과를 나타내야 한다.

예를 들어, 외향성을 측정하는 20문항 심리검사를 절반으로 나누어 10문항으로 이루어진 두 개의 세트라고 생각해 보자. 10문항으로 이루어진 두 세트는 외향성을 측정하도록 개발된 것이기 때문에 유사한 결과를 나타내야 한다. 이렇게 반분한 두 세트 간 상관계수로 신뢰도를 평정할 수 있는데, 이를 반분 신뢰도(split-half reliability)라고 한다. 앞서 설명한 동형검사 신뢰도는 한 측정 도구의 신뢰도 평가를 위해 추가로 개발한 동형검사 측정 결과와의 상관계수로 평가하는 반면, 반분 신뢰도는 한 측정 도구의 신뢰도 평가를 위해 도구 자체에 포함된 항목들을 반분한 다음에 두 측정치 간 스피어만-브라운 반분 신뢰도 계수(Spearman-Brown split-half reliability coefficient)를 사용한다는 점에서 다르다.

반분 신뢰도는 검사를 어떻게 반분하는가에 따라 서로 다른 계수가 산출될 수 있다. 외향성에 관한 20문항 검사의 예에서, 10문항씩 반분하는 방법은 항목의 전후 기준, 번호의 홀짝 기준, 무선적인 반분 등 다양한 방법이 있으며, 심지어 1개 문항과 19개 문항으로 반분하는 것도 가능하다. 따라서 반분 신뢰도는 반분할 수 있는 많은 경우의 수 중에서 하나의 방식만을 사용하는 것이다. 이를 보완하여 더 안정적인 신뢰도 계수를 산출하는 방식은 가능한 모든 반분 신뢰도 계수의 평균을 구하는 것이다. 이러한 개념의 내적 일관성 신뢰도 계수를 크론바흐 알파(Cronbach's alpha) 혹은 알파 계수(alpha coefficient)라고 부른다.

앞선 극단적인 반분 신뢰도의 예로 제시한 1개 문항과 나머지 19개 문항 전체와의 상관은 크론바흐 알파를 산출할 때 항목-전체 상관(item-total correlation)으로 제시된다. 이는 각 항목과 나머지 전체 항목 간 상관으로, 이 수치가 낮은 항목을 측정 도구에서 제외하면 나머지 항목으로 이루어진 측정 도구의 내적 일관성은 증가하게 된다. 따라서 측정 도구를 제작할 때 항목-전체 상관의 활용은 도구의 신뢰도를 높이는 데 매우 유용하다.

(3) 평정자 간 신뢰도

많은 연구에서 측정은 참가자의 수행을 컴퓨터로 기록하거나 자기보고식 응답을 수집하는 방식 등으로 이루어지지만, 어떤 경우는 관찰자나 평정자가 직접 관찰하거나 평정하는 방식을 적용한다. 이때 신뢰도를 평가하기 위해서는 독립적인 평가자가 동일한 행동에 관해 관찰한 결과가 얼마나 유사한가를 확인해야 한다. 이를 평정자 간 신뢰도(interrater reliability)라고 하는데, 평정자 간 측정치가 얼마나 일치하는가의 정도다.

예를 들어, 아동의 공격성을 측정하기 위해 일주일 동안 아동이 학급에서 쉬는 시간에 다른 아동과 다투는 행동을 관찰한다고 할 때, 둘 이상의 평정자가 동일한 행동에 대해 그 행동이 다투는 행동인지를 독립적으로 판단하여 기록한다. 이때 평정자 간 측정치가 유사하다면 신뢰도 높은 측정치라고 할 수 있다. 이런 경우를 관찰의 신뢰도를 일컫는 관찰차 간 신뢰도(interobserver reliability)라고도 부르며, 채점한 결과의 신뢰도를 말하는 경우는 채점자 간 신뢰도(interscorer reliability)라고도 부른다.

평정자 간 신뢰도는 측정치가 양적변인일 때는 두 측정치 간 상관계수로 평가할 수 있다. 측정치가 범주변인일 때는 코헨의 카파 계수(Cohen's kappa coefficient)를 사용하는데, 이는 평정자가 동일한 행동에 대해 같은 범주로 분류한 비율과 우연에 의해 평정된 비율을 고려하여, 우연에 의해 같은 범주로 분류될 수 있는 확률을 제거하는 방식을 통해 산출된다.

4) 측정의 절차와 고려사항

앞서 측정을 어떻게 시행할 수 있는지를 언급하였다. 여기서는 측정 절차를 계획, 시행 및 평가의 세 단계로 구분하여 더 구체적으로 소개하고, 매 단계에서 고려할 사항을 살펴보고자 한다.

(1) 측정의 계획

연구자가 측정하려는 구성개념은 일반적으로 추상적인 개념에서 시작하기 때문에, 측정수준을 포함하는 조작적 정의를 통해 구체화해야 한다. 이때 이 장에서 반복해서 설명하고 있는 바와 같이, 측정의 타당도와 신뢰도를 확보하는 것은 필수적이다. 조작적 정의에 따른 측정에서 타당도와 신뢰도를 동시에 고려하는 것이 어려운 것처럼 보일 수도 있지만, 앞선 노트북 크기와 무게의 예를 살펴보면 타당도와 신뢰도를 동시에 고려한 측정이 어떻게 적용될 수 있는지 쉽게 이해할 수 있다(〈표 4-6〉).

조작적 정의를 통해 측정 도구를 결정할 때, 연구자는 선행연구에서 사용했던 도구를 사용하기도 하고, 직접 개발하여 사용하기도 한다. 측정 계획을 세울 때 이 두 경우의 특징을 살펴보는 것이 필요하다.

선행연구에서 사용한 측정 도구를 사용하는 것은 다음과 같은 여러 장점이 있으므로 우선적으로 고려할 선택지다. 첫째, 측정 도구를 개발할 때 발생할 수 있는 다양한 문제

표 4-6 노트북 길이와 무게 측정에서 타당도와 신뢰도의 예

(A) 크기의 측정

구분		타당도	
		낮음	높음
신뢰도	높음	가로 길이를 표준자로 측정	대각선 길이를 표준자로 측정
	낮음	가로 길이를 고무줄 자로 측정	대각선 길이를 고무줄 자로 측정

(B) 무게의 측정

구분		타당도	
		낮음	높음
신뢰도	높음	가방과 함께 전자저울로 측정	가방에서 꺼내 전자저울로 측정
	낮음	가방과 함께 불안정한 기계식 저울로 측정	가방에서 꺼내 불안정한 기계식 저울로 측정

에 직면하지 않아도 된다. 도구 개발에 필요한 시간과 노력을 절약할 수 있을 뿐만 아니라, 충분한 타당도와 신뢰도를 지닌 새로운 도구를 개발하는 것이 때때로 어려울 수 있기 때문이다. 둘째, 선행연구에서 사용한 측정 도구는 이미 타당도와 신뢰도의 근거가 있으므로 불필요한 도구 개발과정을 생략할 수 있다. 셋째, 동일한 도구를 사용하기 때문에 이전 연구 결과와 쉽게 비교할 수 있어서 연구 결과의 해석이 쉬워진다.

하지만 선행연구에서 사용한 측정 도구를 사용할 때 유의해야 할 사항이 있다. 첫째, 선행연구의 조작적 정의를 자신의 연구에 그대로 적용할 수 있는가를 판단해야 한다. 이미 설명한 바와 같이 하나의 구성개념에 대해 다양한 조작적 정의가 가능하므로, 자신의 연구에서 해당 조작적 정의를 사용할 수 있는지 확인해야 한다. 예를 들어, 창의성을 측정하기 위해 조작적 정의로서 확산적 사고(divergent thinking)에 기반한 TTCT를 사용할 수도 있고, 원거리 연합(remote association)에 기초한 수렴적 문제해결 능력을 측정하는 원거리 연합 검사(remote associates test)를 사용할 수도 있다. 이 측정 도구는 모두 개인의 창의성을 측정하지만 서로 다른 조작적 정의를 포함하기 때문에, 연구자는 측정의 타당도 문제에 직면할 수도 있다.

둘째, 선행연구의 연구 대상 모집단이 자신의 연구 대상과 일치하는지 확인해야 한다. 극단적인 예로, 노인을 대상으로 한 연구에서 사용한 측정 도구를 아동 연구에 사용하면 문제가 되리라는 것은 쉽게 알아차릴 수 있을 것이다. 동일한 도구로 측정한 젊은 성인과 청소년의 반응도 다를 수 있으므로 면밀한 확인이 필요하다. 나이뿐만 아니라, 문화, 지역, 특정 질환이나 경험 여부 등 인구통계학적인 측면에서 선행연구의 연구 대상 모집단과 자신의 연구 대상이 일치하는지를 확인해야 한다.

예컨대, 선행연구가 다른 문화권에 있는 참가자를 대상으로 했다면, 자신의 연구에서 사용하기 위해서는 측정 도구의 문화적 타당성을 확인할 필요가 있다. 이는 동일한 구성개념이라고 하더라도 조작적 정의가 종종 달라지기 때문이다. 따라서 한 문화를 기반으로 개발된 측정 도구가 동일한 구성개념과 조작적 정의로서 다른 문화에서도 작용하는지를 확인해야 하며, 이를 교차문화 타당도(cross-cultural validation)라고 부른다. 영어로 개발된 도구는 국문으로 번역하여 우리 문화에서 타당하게 측정되는지를 확인한 후에 연구에 사용할 수 있다. 한 예로, 영어권에서 개발한 인지양식에 관한 한 자기보고식 질문지는 45문항으로 이루어져 있지만(Blazhenkova & Kozhevnikov, 2009), 국내에서 타당화한 연구에서는 이를 29개 문항으로 타당화하여 사용하였다(신경희, 김초복, 2013). 언어적 도구가 아닌 비언어적 도구라고 할지라도 교차문화 연구를 통해 타당화된 경우가 아니라면 그대로 사용하는 것에 상당히 보수적으로 접근해야 한다.

한편, 측정 도구를 연구자가 직접 개발해야 할 때는 아마도 자신의 연구 목적에 필요한 구체적인 측정 도구가 필요하거나, 기존에 사용된 적이 거의 없는 경우일 것이다. 새로운 도구의 경우라도 이전의 수많은 연구 중에서 유사한 구성개념 측정을 위한 도구를 사용했을 가능성이 매우 크므로, 자기보고식 질문지든 전산화된 인지 과제든 기존 연구에서 사용한 도구를 활용하여 자신의 도구를 개발하는 방식을 취하는 편이 효율적이다.

선행연구의 직접적인 도움 없이 새로운 도구를 개발해야 한다면, 자신이 측정하고자 하는 구성개념을 구체적이고 명확하게 측정하기 위한 더 큰 노력을 기울여야 한다. 한 변인의 측정을 위해 여러 항목을 구성함으로써 내용 타당도를 확보함과 동시에, 항목 합계나 평균을 사용하여 개인의 반응에서 무선오차의 영향을 최소화하도록 노력해야 한다. 참가자에게 제시할 지시문은 명확하게 만들고, 인지능력을 측정하는 도구는 참가자가 연습을 통해 익숙해질 수 있도록 해야 한다. 이후 예비연구를 통해 참가자들이 연구자의 지시나 질문지의 지시문을 잘 이해하는지, 절차가 충분한지 등을 미리 확인해야 한다.

(2) 측정의 시행

측정은 사전에 수립한 계획에 따라 타당도와 신뢰도를 최대화하도록 시행하는 것이 중요하다. 이를 위해서는 모든 참가자에게 다른 어떠한 방해도 없는 환경에서 동일한 절차를 시행하는 것이 중요하다. 이를 실현하는 것이 때로는 매우 어려울 수도 있는데, 가능한 한 이에 가깝도록 노력해야 한다. 측정을 시행하는 단계에서 고려할 몇 가지 사항을 살펴보고자 한다.

먼저, 1장에서 언급한 것처럼, 참가자는 자신이 관찰되는 것을 인식하는 것만으로도 실제와 다르게 행동하는 반동성(reactivity)을 나타낼 수 있다. 잘 알려진 호손 효과(Hawthorne effect)는 작업환경의 조명이나 금전적 인센티브 등이 작업자의 생산성에 미치는 효과를 확인하기 위해 미국 일리노이주의 호손 전기공장에서 시행한 일련의 연구에서, 실제로 생산성에 영향을 미친 것이 작업자의 태도였다는 것을 확인하면서 붙여진 명칭이다. 이렇게 참가자의 태도를 포함하는 반동성이 측정치에 반영되면 타당도에 문제가 된다. 따라서 측정의 타당도를 높이기 위해서는 참가자의 반동성을 최소화할 수 있어야 한다. 반동성의 다른 한 가지 유형은 사회적 바람직성(social desirability)인데, 이는 자신의 태도나 생각을 있는 그대로 나타내기보다는 사회 규범에 적합하거나 다른 사람들이 호의적으로 평가할 수 있는 방식으로 표현하려는 경향을 말한다. 특히 면접이나 자기보고식 질문지를 사용할 때 나타날 수 있으며, 이는 연구에서 측정의 타당도를 저해하는 하나의 요인이 된다.

또한 실험자의 개인적 특성이나 태도, 기대 등이 참가자의 반응에 영향을 미칠 수도 있고, 실험자가 결과를 기록할 때 자신의 기대를 의도치 않게 측정치에 반영할 수도 있다. 이러한 현상을 실험자 효과(experimenter effect)라고 한다. 예컨대, 실험자의 불친절한 태도가 측정에 영향을 주거나, 연구자가 특정 집단에게만 실험 내용의 특정 부분을 강조한다거나, 참가자의 행동을 평정할 때 연구자가 집단 간 기준을 다르게 적용하는 경우 등을 말한다. 실험자가 의도하지 않았더라도 이러한 요인들이 측정 결과에 영향을 줄 수 있다. 이때 실험자 기대의 정도에 따라 수행이 달라지는 현상을 로젠탈 효과(Rosenthal effect)라고도 부른다(Rosenthal, 1967). 즉, 실험자가 참가자의 수행에 대한 기대가 높을 때 참가자들의 수행은 더 높게, 반대로 기대가 낮을 때는 수행이 더 낮게 나타날 수 있다.

참가자는 연구의 대략적인 내용에 대해 알고 있는 상태에서 참여를 결정한다. 3장의 연구 윤리 부분에서 설명한 것처럼, 연구자는 연구 참여 결정을 자발적으로 할 수 있을 정도의 내용을 참가자에게 설명해야 한다. 하지만 너무 자세한 설명은 참가자에게 연구에 관한 구체적인 단서를 제공해 줄 수 있다. 이렇게 참가자에게 연구의 목적이나 세부 내용에 대해 정보를 줄 수 있는 가능한 모든 단서를 요구특성(demand characteristics)이라고 한다. 실험에 포함되는 어떠한 속성이라도 참가자에게 요구특성으로 작용할 수 있으며, 참가자는 그 요구특성으로 인한 기대를 형성하고 그 기대에 따른 반응을 할 가능성이 있다.

(3) 측정의 평가

측정이 끝나면 해당 측정이 타당도와 신뢰도의 관점에서 적절하게 이루어졌는지를 평가해야 한다. 연구의 목적이 측정 도구를 개발하는 것이 아니라면, 대부분의 연구는 한 번의 측정만을 포함하기 때문에, 검사-재검사 신뢰도를 산출할 수는 없다. 하지만 내적 일관성 신뢰도를 산출할 수 있는 질문지의 경우라면 크론바흐 알파를 통해 신뢰도를 확보했는지 확인해야 한다. 선행연구에서 타당한 도구로 사용되었다고 하더라도 기존의 도구를 자신의 측정에서 일관성 있게 시행하였는지를 확인하는 절차는 연구 절차가 적절했는지 확인할 수 있는 매우 중요한 요소다.

많은 연구에서 둘 이상의 여러 변인을 측정하는 절차를 포함하는데, 이 변인 간 관계를 바탕으로 준거 타당도와 같은 평가를 할 수 있다. 변인 간 밀접한 관계를 보일 것이라고 예상하거나 서로 구분될 것이라고 예상하는 측정치 간 상관계수를 확인하여 실제로 그러한 관계를 보이는지를 평가함으로써 준거 타당도의 준거처럼 활용하는 것을 말한다.

전산화된 인지 과제와 같이 참가자의 수행을 측정하는 절차가 포함된 실험에서 속도-정확도 교환(speed-accuracy tradeoff)을 확인하는 것은 추가적인 준거 없이 실험 결과만으로 준거 타당도와 유사한 역할을 할 수 있는 좋은 방법이 된다. 속도-정확도 교환은 어떤 과제를 수행할 때 속도나 정확도 중의 하나에 더 가중치를 두어 다른 하나를 희생하는 경향성을 말한다. 기본적으로 속도와 정확도는 역의 관계에 있는데, 어떤 과제를 빠르게 수행하기 위해서는 정확도를 희생하고, 정확하게 반응하기 위해서는 속도를 희생한다. 예컨대, 반응시간을 측정하는 실험 결과에서, 일반적으로 저난이도 조건보다 고난이도 조건에서 반응시간은 증가하며, 정확도는 감소한다. 이때 고난이도 조건에서 반응시간과 정확도가 모두 증가하였다면, 반응시간 증가가 실험 조작에 의해서가 아닌 정확도를 희생하지 않았기 때문으로 설명할 수 있다. 다시 말하면, 고난이도 조건의 결과를 속도와 정확도의 교환에 의한 결과로 해석할 수 있다는 것이다. 정확도를 측정하는 실험 결과에서는 고부하 조건의 정확도가 낮고 반응시간이 증가하는 것이 일반적이다. 따라서 실험에서 예상하는 속도와 정확도의 관계가 실제로 관찰되는지를 확인하는 것은 타당도 평가를 위한 중요한 방법의 하나다.

실험에서 독립변인 조작의 효과는 종속변인의 측정치로 관찰된다. 하지만 조작과 관계없이 측정치 대부분이 최고점에 근접하게 나타나는 천장효과(ceiling effect)나, 반대로 측정치 대부분이 최저점에 근접하게 나타나는 바닥효과(floor effect)를 보인다면 타당하지 않은 측정이라고 볼 수 있다. 이렇게 측정할 수 있는 범위의 잘못된 한계로 인해 실험 조작의 효과로서 나타날 것으로 예상하는 측정치를 관찰할 수 없다면, 타당도에 문제가 된다. 이 둘을 모두 포함하여 더 넓은 의미로 척도 희석화 효과(scale-attenuation effect)라고 하는데, 참가자의 실제 반응을 반영하기에 측정 형식에서 너무 적은 선택지나 범위를 가지게 되어, 종속측정치를 측정하는 척도의 기능이 희석된다는 의미다. 예를 들어, 시험 문제를 너무 쉬운 항목들로 구성하면 대부분이 만점에 가까운 수행을 보일 것이며(천장

효과), 너무 어려운 항목들로 구성하면 대부분이 0점에 가까운 수행을 보일 것이다(바닥 효과). 따라서 측정치에서 이러한 천장효과나 바닥효과를 확인하는 것은 타당도를 평가할 수 있는 좋은 방법이다.

Keywords

변인(variable)	양적변인(quantitative variable)
연속변인(continuous variable)	비연속변인(discontinuous variable)
범주변인(categorical variable)	이분변인(dichotomous variable)
명목변인(nominal variable)	서열변인(ordinal variable)
독립변인(independent variable)	종속변인(dependent variable)
통제변인(control variable)	외생변인(extraneous variable)
혼입변인(confounding variable)	예측변인(predictor variable)
준거변인(criterion variable)	조절변인(moderator)
매개변인(mediator)	제3변인 문제(third-variable problem)
관찰변인(observed variable)	잠재변인(latent variable)
합성변인(composite variable)	조작적 정의(operational definition)
조작화(operationalization)	구성개념(construct)
통계적 추론(statistical inference)	측정(measurement)
측정수준(level of measurement)	측정척도(measurement scale)
명목척도(nominal scale)	서열척도(ordinal scale)
등간척도(interval scale)	리커트 척도(Likert scale)
비율척도(ratio scale)	측정의 타당도(validity of measurement)
구성 타당도(construct validity)	내용 타당도(content validity)
안면 타당도(face validity)	준거 타당도(criterion validity)
수렴 타당도(convergent validity)	변별 타당도(discriminant validity)
동시 타당도(concurrent validity)	예언 타당도(predictive validity)
소급 타당도(retrospective validity)	측정의 신뢰도(reliability of measurement)
진점수(true score)	측정오차(measurement error)
신뢰도 계수(reliability coefficient)	검사-재검사 신뢰도(test-retest reliability)
동형검사 신뢰도(parallel-forms reliability)	내적 일관성 신뢰도(internal consistency reliability)
반분 신뢰도(split-half reliability)	크론바흐 알파(Cronbach's alpha)
평정자 간 신뢰도(interrater reliability)	교차문화 타당도(cross-cultural validation)
반동성(reactivity)	호손 효과(Hawthorne effect)
사회적 바람직성(social desirability)	실험자 효과(experimenter effect)
로젠탈 효과(Rosenthal effect)	요구특성(demand characteristics)
천장효과(ceiling effect)	바닥효과(floor effect)

Review Questions

1. 양적변인과 범주변인을 구분하여 설명하고, 각각의 예를 세 가지 이상 드시오.
2. 구성개념이란 무엇인가?
3. 관찰된 변인 간 관계의 정도가 크다는 것이 통계적 추론에서 어떤 의미를 갖는가?
4. 제3변인 문제란 무엇인가?
5. 측정척도를 측정수준이 낮은 것에서 높은 순으로 나열하시오.
6. 구성 타당도를 세 가지 위계적 범위 기준에서 정의하시오.
7. 내용 타당도와 안면 타당도를 각각 간단히 설명하시오.
8. 수렴 타당도와 변별 타당도를 각각 간단히 설명하시오.
9. 예언 타당도와 소급 타당도를 각각 간단히 설명하시오.
10. 측정의 신뢰도를 정의하시오.
11. 검사-재검사 신뢰도와 내적 일관성 신뢰도를 각각 정의하시오.
12. 측정을 시행할 때 참가자에게서 나타날 수 있는 반동성이란 무엇이며, 그 예는 무엇인가?
13. 요구특성이란 무엇인가?
14. 천장효과와 바닥효과를 각각 설명하시오.

제5장

기술연구

1. 관찰과 면접
1) 관찰 연구
2) 면접 연구

2. 사례와 기록물
1) 사례연구
2) 기록물 연구

3. 조사
1) 조사 도구 설계
2) 표본 설계
3) 조사의 시행

이번 장은 현상에 대한 상세한 기술을 목적으로 수행하는 기술연구의 다양한 유형을 살펴본다. 2장에서 정의한 바와 같이 대부분의 기술연구는 사례연구나 자연관찰, 면접 등 질적 연구의 형태로 이루어지기도 하지만, 단일변인의 추정치를 확인하고 기술하기 위한 조사연구와 같은 양적 연구의 형태로도 이루어진다. 첫 번째 절에서는 관찰이나 면접을 기반으로 하는 연구 유형을 살펴보고, 두 번째 절에서 사례와 기록물을 기반으로 이루어지는 연구 유형을 소개하고자 한다. 세 번째 절은 흔히 여론조사 형태로 이루어지는 기술연구인 조사연구를 살펴보고자 한다.

1. 관찰과 면접

관찰과 면접은 소수의 참가자나 특정 개인을 대상으로 그들의 행동이나 응답에 관한 기술을 통해 연구한다는 공통점이 있다. 관찰 연구가 대체로 참가자의 드러난 행동이나 응답을 관찰하고 기록하는 데 초점을 두는 방식이라면 면접 연구는 더욱 적극적인 방식으로 참가자와 면접자 간 대화를 통해 자료를 수집하는 데 초점을 둔다.

1) 관찰 연구

우리는 매일 주변의 다른 사람들을 관찰하며 생활한다. 타인의 말과 행동뿐만 아니라, 자신의 행동 또한 관찰한다. 관찰을 통해 다른 사람의 의도를 파악하려고 하며, 스스로 행동을 적절하게 하고 있는지를 평가하려고 한다. 관찰 대상의 행동은 우리의 감각기관을 통해 입력되고, 이는 정보가 된다. 이런 관점에서 모든 사람은 자연 상태에서 관찰자라고 할 수 있다.

인간의 행동을 연구하는 과학자들 또한 근본적으로는 관찰을 통해 행동에 대한 다양한 지식을 얻는다. 연구자는 자연적으로 발생하는 다양한 행동이나 현상을 관찰할 수도 있고(자연관찰), 특정 현상만을 관찰할 수도 있다(체계적 관찰). 사람들에게 직접 질문을 하고 그 응답을 통해 그들의 태도나 경험을 관찰할 수도 있으며(조사), 특정 조건을 인위적으로 설계하고, 그 조건에서 발생하는 특정 행동을 측정함으로써 관찰할 수도 있다(실험). 이처럼 관찰은 다양한 연구방법에서 필수적인 요소다.

일반적인 의미에서의 '관찰'이 아닌 연구 유형으로서 관찰 연구(observational research)는 연구자가 환경 조건이나 관찰 대상의 행동에 개입하거나, 조작을 가하지 않은 상태에서 참가자의 행동을 관찰하는 연구를 말한다. 이때 관찰을 위해 전문적인 훈련을 받은 관찰자(observer) 또는 연구자는 자신의 주관적 해석을 최대한 배제한 상태에서 참가자의 행동이나 발생한 사건을 최대한 정확하고 완전하게 기록하게 된다.

(1) 자연관찰

2장에서 소개한 바와 같이, 자연관찰(naturalistic observation)은 환경에 대한 통제나 조작 등 인위적 요소가 없는 자연적 상황에서 관찰된 자료를 수집하는 연구 유형을 일컫는다. 연구자, 즉 관찰자는 자연 상태에서 발생하는 참가자 행동을 현장에서 관찰하며 자료를 수집한다. 자연관찰은 인류학(anthropology)이나 동물행동학(ethology) 분야에서 시작된 연구방법으로, 지금은 다양한 사회적 환경에서 발생하는 인간의 행동과 다양한 현상을 연구하기 위해 널리 사용되고 있다.

침팬지에 관한 제인 구달(Jane Goodall)의 연구는 자연관찰의 대표적인 예인데, 이 연구에서 구달 박사는 동아프리카의 자연환경에 있는 침팬지의 사회나 가족 구조, 새끼 돌봄 행동 등을 30년 이상 관찰하였다. 일상에 더 가까운 예로는, 식료품점에서 사람들의 구매 행동을 관찰하거나, 어린이집에서 영유아의 행동을 관찰하거나, 조직 내 직원의 행동을 관찰할 수도 있으며, 교실에서 교사와 학생의 행동을 관찰할 수도 있다. 이때 연구의 목표는 연구자가 사전에 설정한 특정 가설을 검증하는 데 있는 것이 아니라 자연적 상황에서 발생한 인간 행동의 전반적인 측면을 정확하고 완전하게 기술하는 데 있다. 예컨대, 영유아의 놀이 행동에 관심이 있는 연구자는 어린이집 놀이시간 동안 영유아의 행동과 관련된 모든 측면을 정확하고 완전하게 기술하려고 할 것이다. 이때 연구 목적에 따라 관찰할 행동의 범위를 축소하여, 영유아의 모든 행동이 아니라 놀이 행동이나 사회적 상호작용 행동에 대해서만 관찰할 수도 있다.

행동에 대한 관찰은 정기적인 방식으로 이루어지는데, 그중 한 가지는 특정 시간 간격을 두고 정해진 시간 동안 관찰하는 시간 표집(time sampling)의 방식이다. 이는 다양한 상황에서 발생하는 여러 행동을 표집하여 기록하고자 하는 연구에 적절하다. 예를 들어, 일과시간 중 2시간 간격을 두고 5분씩 10일간 계획하여 다양한 행동을 관찰하는 경

우를 말한다. 한편, 관심 행동이 출현할 때마다 기록하는 방식을 사용한다면 사건 표집(event sampling)을 사용하는 것이다. 이는 특정 행동이 발생한 다음, 그 행동과 다른 행동 간의 관계를 기술할 때 적절한 방식이다. 일반적으로 짧은 기간 동안 한번에 오랜 시간 관찰하기보다는 장기간에 걸쳐 짧은 시간을 관찰하는 것이 안정된 관찰에 더 효과적이다. 예컨대, 동일한 20시간의 관찰 계획은 5일간 매일 4시간씩 구성하기보다는 10일간 2시간으로 구성하는 것이 더 적절하다.

관찰 내용은 일반적으로 둘 이상의 관찰자가 동일한 방식으로 기록한다. 이를 통해 관찰자가 자신의 기대나 신념, 선호 등의 원인으로 관찰을 왜곡하는 경향, 즉 관찰자 편향(observer bias)을 줄일 수 있다. 예컨대, 아동의 공격성에 관한 관찰에서 아동이 다른 아동을 신체적으로 강하게 접촉하는 행동을 공격적인 것으로 간주하기로 하였는데, 두 관찰자 중 한 명은 공격성이 40회, 또 다른 한 명은 20회 발생했다고 기록했다면, 한 명 이상의 관찰자에게서 편향이 발생했다고 볼 수 있다. 즉, 한 명은 더 많이, 다른 한 명은 더 적게 평가했을 수 있다. 반면, 두 관찰 기록이 30회, 32회 정도로 서로 유사하다면 편향의 가능성이 적다고 볼 수 있다. 이를 확인하기 위해 관찰자 간 신뢰도(interobserver reliability)를 이용할 수 있으며, 이때 신뢰도가 높다면 관찰이 일관성 있게 이루어졌다고 판단할 수 있다.

연구자는 관찰 내용을 현장 노트(field note)에 상세하게 작성하는데, 서면 기록이나 녹음, 녹화 등의 형태로 기록하는 현장 노트는 이후 분석 단계에서 핵심 자료가 된다. 현장 노트의 기록은 정기적인 시간 간격을 두고(예: 하루 1회, 혹은 4시간에 1회 등) 지속적으로 최신화되고 누적되는데, 이를 통해 한 관찰자의 모든 자료뿐만 아니라 둘 이상의 관찰자가 기록한 자료 전체를 통합할 수 있다.

관찰에서 중요한 한 가지 고려사항은 관찰자의 은폐 여부다. 즉, 참가자에게 관찰자의 존재 또는 관찰되고 있다는 사실을 은폐할 것인가 아니면 드러나게 할 것인가다. 관찰자의 존재를 참가자에게 숨기는 절차인 은폐 관찰(concealed observation)은 자연 상태에서 발생하는 행동에 관한 자료 수집이라는 자연관찰의 취지에 가장 부합한다고 볼 수 있다. 반면, 비은폐 관찰(unconcealed observation)은 참가자들에게 관찰자의 존재를 숨기지 않는 관찰 절차로, 공개 관찰이라고도 부른다. 비은폐 관찰에서 참가자는 자신의 행동이 관찰자에 의해 직접 관찰되거나, 녹화되고 있음을 인식한 상태에서 행동하게 되어, 실제와 다르게 반동성(reactivity)이 반영된 행동을 보일 수 있다.

또 다른 고려사항은 관찰자의 참여 여부로, 사회적 상황에서 발생하는 참가자들의 집단 역동에 관찰자가 구성원으로서 참여할 것인가에 관한 것이다. 비참여 관찰(nonparticipant observation)은 관찰자가 관찰 대상의 집단 역동에 참여하지 않고 외부자로서 관찰하는 경우를 말한다. 이때 관찰자는 집단 역동의 내부 상황을 경험할 수는 없지만, 외부자로서 객관적인 관찰 태도를 유지하는 것이 상대적으로 쉽다는 장점이 있다. 반면, 이미 존재하는 어떤 집단에 관찰자가 새로운 구성원으로 참여하는 참여 관찰(participant observation)은 집단 역동을 내부에서 관찰할 수 있으므로 다른 참가자들과 같은 방식으로 사건을 경험할 수 있다는 장점이 있다. 하지만 관찰자가 해당 집단에 속한 다른 구성원의 입장에 찬성하거나 반대하는 경험을 하게 된다면 그 관찰은 편향될 수 있으며, 결과분석에서도 주관적인 해석이 포함될 가능성이 커진다. 또한 관찰자가 집단 역동에 영향을 미치게 되면 관찰 내용이 왜곡될 가능성이 커진다. 따라서 참여 관찰에서 관찰자는 집단 역동에 영향을 미침으로써 참가자의 행동을 변화시키지 않도록 유의해야 한다.

그렇다면 비참여 관찰은 모두 은폐 관찰일까? 그렇지 않다. 비참여 관찰의 경우에도 참가자가 연구에 관한 내용을 물어본다면 연구 목적이 드러나는 상황이 발생할 수 있고, 관찰 대상자 주변에 머물 수 있는가에 대한 동의를 얻는 과정에서 관찰자의 존재가 공개될 수 있다. 참여 여부와 은폐 여부는 서로 독립적인 것으로 간주하는 것이 타당하다(〈표 5-1〉). 마찬가지로, 참여 관찰 또한 관찰자가 신분을 숨긴 채로 참여하는 경우가 있

표 5-1 은폐와 참여 여부에 따른 자연관찰의 유형

구분		은폐 여부	
		은폐 관찰	비은폐 관찰
참여 여부	비참여 관찰	• 참가자는 자신이 관찰되고 있다는 사실을 알아차리지 못함 • 관찰자는 참가자의 활동에 참여하지 않음 예) 참가자에게 알리지 않고 매장 내 소비 행동을 관찰	• 참가자는 자신이 관찰되고 있다는 사실을 알고 있음 • 관찰자는 참가자의 활동에 참여하지 않음 예) 동의를 얻은 후 조별 활동 내 의사결정 과정을 거리를 두고 관찰
	참여 관찰	• 참가자는 자신이 관찰되고 있다는 사실을 알아차리지 못함 • 관찰자는 참가자의 활동에 참여함 예) 참여 의도를 숨긴 채 집회에 참여하여 조직 행동을 관찰	• 참가자는 자신이 관찰되고 있다는 사실을 알고 있음 • 관찰자는 참가자의 활동에 참여함 예) 의도를 밝히고 구성원으로서 의사결정 과정에 참여하여 관찰

으므로 모두 비은폐 관찰은 아니다. 하지만 이 경우 윤리적 문제를 고려해야 하는데, 참가자의 익명성이 위협되거나 사적 행동이 관찰될 수 있는 관찰을 포함한다면 사전동의가 필요하다. 반면, 참가자가 익명을 유지할 수 있고 사적인 행동을 할 것으로 기대하지 않는 공공장소에서 이루어지는 관찰은 참가자의 동의 없이도 연구를 수행할 수 있다. 예컨대, 식료품을 구매하는 사람들은 매장 내 다른 사람들이 쉽게 관찰할 수 있는 공개적인 행동에 참여하고 있으므로, 매장 내에서 이루어지는 식료품 구매 행동 관찰은 참가자 동의를 받지 않더라도 연구 윤리 측면에서 문제가 없다.

자연관찰은 관심 현상을 상세하게 이해하고 관찰에 기초하여 가설을 개발할 때 유용하지만, 잘 정의된 구체적인 가설을 검증하는 연구에는 유용하지 않다. 또한 관찰 과정에서 어떤 행동이 중요한지 아닌지를 판단하지 않고, 관련된 모든 사건이나 그 과정을 최대한 정확하고 완전하게 기록하는 과정을 포함하기 때문에 상당히 시간 소모적인 절차다. 그뿐만 아니라, 현상을 설명하기 위한 가설을 개발하기 위해서는 관찰 자료를 분석하여 잠재적인 가설을 수립하고, 자료 전체를 다시 분석하여 자료가 가설과 일치하는지 확인하는 과정을 반복적으로 수행하는 등 매우 어려운 분석과정이 필요하다.

읽어 보기 5-1

영아와 부모 간 상호작용에 관한 자연관찰의 예

영아의 행동에 대한 자연관찰 연구 하나를 소개하고자 한다(Belsky, 1979). 이 연구에서, 연구자는 부모와 영아(생후 1개월부터 24개월 미만의 아이)의 상호작용에 대한 관찰을 수행하였다. 구체적으로, 부모와의 상호작용에 대한 영아의 선호, 유아에 대한 행동에서 부모 사이의 유사점과 차이점, 아이가 부모 중 한 명과 같이 있을 때와 둘 다와 함께 있을 때 부모-영아 간 상호작용의 차이를 자연관찰을 통해 연구하였다.

연구자는 15개월 영아를 둔 40명의 중산층 가정을 대상으로 평일 서로 다른 요일에 이틀에 걸쳐 하루 2시간씩 대상 영아의 각 가정에서 영아와 부모의 상호작용을 관찰하였다. 15초마다 관찰 내용을 기록하였고, 이 자료는 이후 부모의 다양한 행동을 말하기, 자극하기, 제한하기, 놀아 주기 등으로 범주화하여 결과분석에 사용하였다. 이 범주화 결과에 대한 관찰자 간 신뢰도는 0.87로, 매우 양호한 것으로 나타났다.

연구 결과, 부모의 행동은 차이점보다 유사점이 더 많았고, 부모 모두 배우자와 함께 있을 때보다 자녀와 단둘이 있을 때 더 적극적으로 양육하는 것으로 나타났다. 영아의 사회적 행동은 부모 모두가 아닌 둘 중 한 명과 함께 있을 때 더 많이 나타났다. 하지만 영아와 부모 간 상호작용 행동 전체 빈도는 부모 중 한 명과 있을 때보다는 둘 다와 함께 있을 때 더 높게 관찰되었다.

(2) 체계적 관찰

자연관찰이 연구 주제와 관련한 인간 행동의 모든 측면을 정확하고 완전하게 기술하는 절차라면, 체계적 관찰(systematic observation)은 소수의 관심 행동을 대상으로 하여 미리 정해진 관찰 일정과 입력 체계에 따라 관찰하여 기록하는 연구방법이다. 체계적 관찰을 위한 입력 체계(coding system)란 어떤 행동을 어떤 범주로 분류하여 기록할 것인가의 구체적인 기준을 말한다.

자연적으로 발생하는 행동을 관찰한다는 점에서 자연관찰과 체계적 관찰은 매우 유사하지만, 자연관찰이 정성적 자료 수집에 중점을 두는 데 반해, 체계적 관찰은 관찰에 따른 정량적 자료 수집에 더 가깝다는 점이 다르다. 이는 자연관찰이 대상의 포괄적인 행동에 관심을 두는 것과 비교하여, 체계적 관찰은 소수의 구체적인 행동에 관심을 두고 정량적으로 수집할 수 있기 때문이다. 또한 체계적 관찰은 사전에 가설을 수립하여 이를 확인하는 목적으로 수행할 수 있다는 점에서도 자연관찰과 다르다.

유아의 놀이 행동에 관한 한 연구에서(Bakeman & Brownlee, 1980), 연구자들은 실내 놀이시간 동안의 유아의 행동에 관한 체계적 관찰을 시행하였다. 연구자들은 평균 38개월령 유아 41명을 대상으로 3주간 캠프를 운영하였고, 실내 자유 놀이시간과 다양한 활동이 포함된 프로그램을 구성하였다. 연구자들은 다양한 종류의 장난감이나 미술도구, 나무 퍼즐, 책 등이 제공되는 실내 자유 놀이시간에 유아의 행동을 하루 7분 동안 동영상으로 녹화하여, 기간 전체에 걸쳐 약 100분간의 자료를 수집하였다. 연구자는 관찰에 앞서 연구 주제에 대한 구체적인 관심 행동을 측정하기 위해 입력 체계를 설정하였다.

연구자들은 유아가 혼자 있으면서 놀이에 참여하지 않거나 단순히 다른 아이들을 방관하는 경우(비참여), 혼자서 장난감을 갖고 놀면서 다른 아이와 관계없이 있는 경우(혼자 놀이), 다른 아이와 함께 있지만, 놀이에 참여하지 않는 경우(함께 있음), 다른 아이와 유사한 장난감을 가지고 주변에서 놀지만, 다른 아이의 놀이에 참여하지는 않는 경우(병렬 놀이), 그리고 다른 아이와 장난감을 공유하거나 협력하면서 조직화된 놀이에 참여하는 경우(집단 놀이)로 유아의 놀이 상태를 구체적으로 구분하는 입력 체계를 마련하였다.

이러한 입력 체계를 기반으로, 구체적인 연구 목적을 알지 못하는 네 명의 관찰자가 동영상을 보면서 15초 간격으로 유아의 놀이 상태를 기록하였고, 그 결과에 대한 관찰자 간 신뢰도는 0.71로 나타났다. 연구자들은 이 결과를 바탕으로 놀이 행동의 전환 순서에서 일정한 패턴을 확인하였는데, 예컨대 비참여에서 병렬 놀이로의 전환은 거의 나

타나지 않았던 반면, 병렬 놀이에서 집단 놀이로는 빈번하게 전환되는 것을 관찰하였다. 이를 통해 연구자들은 병렬 놀이가 집단 놀이로 전환되도록 연결하는 다리 역할을 한다는 결론을 내릴 수 있었다. 이 예에서 알 수 있듯이, 체계적 관찰에서는 관심 행동과

읽어 보기 5-2

관찰자는 정말로 참가자의 실제 행동을 관찰하는가?

자신의 행동이 관찰자에 의해 기록되고 있다는 사실을 안다면 당신은 평상시처럼 행동할 것인가? 대부분 실제와 다르게 행동할 것이라고 여길 것이다. 여기서 발생할 수 있는 문제는, 이러한 상황에서 수집한 결과를 신뢰할 수 있는가다. 따라서 전통적인 관점에서는 은폐 관찰과 같이 참가자 자신이 관찰되는지 모르는 상태에서 수집된 자료를 좋은 자료로 간주한다(Emerson, 1981).

연구자가 참가자의 행동에 영향을 미칠 수 있다는 점은 은폐 관찰을 제외한 거의 모든 연구에서 발생할 수 있는 잠재적 문제다. 하지만 연구 절차가 참가자에게 특정한 방식으로 영향을 미치는 것은 관찰이나 면접 등에서 질적 자료를 성공적으로 수집하기 위한 전제 조건이 된다. 예컨대, 참여 관찰에서 참가자는 연구자를 위해 자리를 마련해 주고 필요한 장소에 함께 이동하는 등 관찰을 효과적으로 수행할 수 있도록 행동한다. 면접에서도 연구자의 다양한 질문에 참가자가 응답하는 것은 필수적이다. 이는 조사연구나 실험실 실험에까지 확장해서 생각할 수 있다.

이렇게 연구 절차로서 포함된 연구자의 의도에 따른 참가자의 반응은 반동성이라고 간주할 수 없다. 엄밀한 기준에서 문제가 되는 반동성은 연구 절차에서 의도한 효과를 넘어 의도치 않은 방식으로 참가자에게 체계적인 영향을 미치는 경우로 한정해야 한다. 따라서 자료를 해석할 때, 의도된 반응으로 나타난 것인지를 명확히 인지하고 이를 고려하는 한, 반동성이 있는 상황에서 수집한 자료를 사용해도 타당하다고 본다(Zahle, 2023).

연구자의 말이나 행동, 성별이나 외모 등 인간 요인뿐만 아니라, 물리적 환경이나 연구 장비 등 연구에 관련된 어떤 것이라도 참가자에게 의도치 않게 영향을 미칠 수 있다. 예컨대, 구성원 간 토론을 관찰하는 상황에서 관찰자는 구성원 간 상호작용에 영향을 미치려는 의도가 없다. 하지만 관찰자의 존재가 의도치 않은 영향을 미쳤다면 반동성이 발생했다고 볼 수 있다. 또한 연구에 관한 정보로 인해 참가자가 필요 이상의 행동 변화를 보이는 경우도 반동성이 나타난 것이다.

따라서 반동성과 관련하여 중요한 점은 발생한 반동성에 대해 투명하고 명확하게 제시하여 합리적으로 다루는 데 있고, 그렇게 다룬 자료는 연구의 근거로 사용하는 것이 적절하다. 반동성이 발생했다면, 타당한 여러 방식으로 이를 보완하여 연구의 근거 자료로 사용할 수 있다.

그렇지 않은 행동을 분명히 선택하고, 각 행동 특성을 명확하게 정의함으로써 행동의 범주를 분류하며, 각 행동의 발생 빈도를 기록하는 절차를 포함하는 등 정량적 분석을 사용할 수 있다.

체계적 관찰을 적용하면서 통제 요소가 추가되는 실험실 관찰(laboratory observation) 또는 구조화 관찰(structured observation)은 실험실과 같이 통제된 환경에서 체계적인 방식으로 행동을 관찰하여 자료를 수집하는 절차를 일컫는다. 자연관찰과 체계적 관찰이 자연적 상황에서 발생하는 행동에 대한 관찰인 반면, 실험실 관찰은 관찰하고자 하는 행동이 발생할 수 있는 상황이 실험실 내부에 한정되므로, 연구자가 사전에 설정한 환경, 즉 통제된 상황에서 발생하는 행동을 관찰하게 된다.

실험실 관찰은 자연관찰과 비교하여 관찰 상황에 대한 환경적 통제를 할 수 있고, 반응을 측정하기 위해 잘 준비된 환경에서 이루어지기 때문에, 수면 연구와 같이 어느 정도 통제가 필요하고 측정 장비가 갖추어져야 하는 연구에 효과적으로 적용될 수 있다. 하지만 통제된 환경이라는 요소 때문에 실험실 관찰에서 관찰한 행동이 실제 생활에서 발생하는 행동과는 다를 수 있다. 따라서 연구자는 실험실 관찰의 결론이 실험실 밖에서도 일반화될 수 있을 것인가의 문제를 고려해야 한다.

2) 면접 연구

면접 연구(interview research)는 연구자(면접자)가 개인이나 집단 구성원으로 이루어진 참가자(피면접자)로부터 연구 목적과 관련한 정보를 이끌어 내기 위한 대화 형식의 연구 유형이다. 면접은 언어적 상호작용을 통해 이루어지기 때문에, 면접자와 참가자 간 직접 대면하는 형식을 기본으로 하지만, 전화나 온라인 형식으로 진행할 수도 있다. 기본적으로 질문과 답변 형식의 대화를 통해 이루어지는 절차이므로 언어적 상호작용이 가능하다면 다양한 연령대를 대상으로 시행할 수 있으며, 면접 시 참가자가 질문을 잘 이해하지 못하면 추가적인 설명을 통해 질문에 대한 이해도를 높임으로써 풍부한 자료를 수집할 수 있다.

면접이 면접자와 참가자 간 상호작용을 통해 이루어진다는 점은 면접자의 역할이 매우 중요하다는 점을 시사한다. 면접자는 참가자가 질문을 정확히 이해하는가를 확인하고, 참가자가 명확하고 구체적으로 응답할 수 있도록 해야 한다. 면접을 성공적으로 완

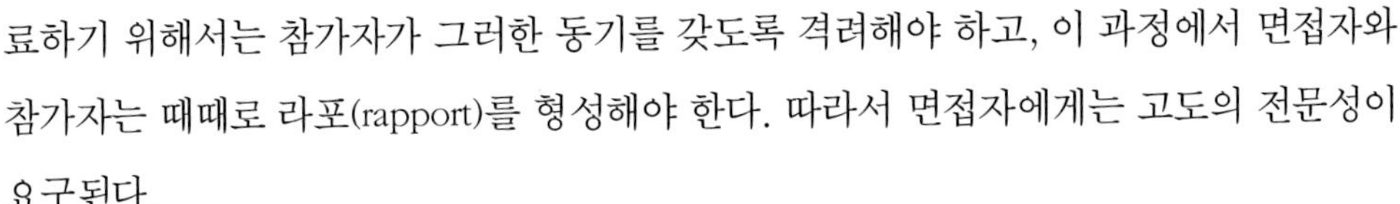

료하기 위해서는 참가자가 그러한 동기를 갖도록 격려해야 하고, 이 과정에서 면접자와 참가자는 때때로 라포(rapport)를 형성해야 한다. 따라서 면접자에게는 고도의 전문성이 요구된다.

(1) 면접의 유형

현상을 기술하기 위한 목적으로 수행하는 질적 연구로서 면접은 주로 심층 면접과 초점집단 면접의 형태를 취하는데, 이는 개인을 대상으로 하는지 아니면 집단을 대상으로 하는지에 따라 구분된다.

첫 번째 유형으로, 심층 면접(in-depth interview)은 연구 주제에 대한 참가자의 생각이나 감정, 의견 등을 상세하게 확인하기 위한 면접 방식이다. 따라서 대부분 한 참가자를 대상으로 하며, 때때로 소수를 대상으로 하기도 한다. 심층 면접은 오랜 시간 동안 여러 차례 이루어지며, 접근방법에 따라 다르지만 20회 이상 진행되는 경우도 많다. 연구자는 이전 회기의 면접 결과와 비교하여 새로운 회기에서 더 새로운 내용이 없었다면, 이를 포화(saturation) 상태라고 판단하며, 해당 면접을 종료하게 된다(Knott, Rao, Summers, & Teeger, 2022).

심층 면접은 앞에서 언급한 목적으로 시행하는 것이 일반적이지만, 종종 어떤 현상이나 연구 결과에 대해 그 이유를 더 풍부하게 제공하기 위해 시행하기도 한다. 또한 초점집단 면접에서 어떤 개인이 공개적인 대화에서 불편감을 겪었거나 집단에서 제외되는 등의 경우에 심층 면접을 추가하거나, 대안적으로 시행할 수 있다(Minichiello, Aroni, & Hays, 2008).

심층 면접에서 면접자는 연구 주제에 관한 상세한 자료를 얻기 위해 적절한 탐사 질문(probing question)을 효과적으로 사용하여 참가자가 연구 주제에 관해 깊이 있는 생각을 표현하도록 격려해야 한다. 성공적인 심층 면접을 위해 연구자는 참가자에게 충분한 신뢰를 획득함으로써 라포를 형성하고, 참가자의 진술에 평가적으로 반응하지 않으며, 일상 대화처럼 자연스럽게 진행함으로써 참가자가 자기 생각을 상세하게 표현할 수 있도록 해 주어야 한다(Boyce & Neale, 2006). 더불어, 면접자는 참가자의 다양한 속성에 기인한 개인적인 편견을 갖게 될 수 있으므로, 이 점을 늘 조심해야 한다. 따라서 심층 면접을 위한 면접자는 이를 극복할 수 있는 고도의 전문성을 갖춘 사람이어야 한다.

심층 면접은 다른 형태의 자료 수집 방법, 특히 양적 연구보다 훨씬 더 자세한 정보를 제공하며, 면접을 시행하는 동안 참가자의 행동을 관찰할 수 있어, 다른 연구에서 얻지 못하는 풍부한 자료를 얻을 수 있다는 장점이 있다. 반면, 연구 수행에 상당히 시간 소모적인 속성이 있고, 소수의 사람을 대상으로 하므로 일반화 가능성이 매우 낮다. 그뿐만 아니라, 면접 과정에서 예상치 못하게 사생활이나 개인정보 등이 다루어질 위험이 있으며, 이 경우 참가자에게 정서적으로 해로운 영향을 줄 수 있는 등 윤리 문제가 발생할 수 있다.

두 번째 유형으로, 초점집단 면접(Focus Group Interview, FGI)은 관심사나 특징을 공유하는 5명에서 10명 정도로 구성된 소수의 집단, 즉 초점집단을 대상으로 관심 주제에 관해 집중적으로 토론하는 방식의 집단 면접이다. 초점집단은 동일한 사건을 경험한 서로 다른 개인들이나 조직 내 구성원들로 구성된다. 초점집단의 구성원들은 어떤 목적에 의해 구성되어 특정 주제에 관심을 두는 사람들로, 모집단을 대표할 필요는 없다. 따라서 초점집단은 해당 주제에 대해 의견을 내려는 동기가 있고, 연령과 사회적 특징이 유사하며, 면접자 및 다른 구성원들과 편안하게 대화할 수 있는 사람들로 구성된다(Richardson & Rabiee, 2001).

여러 초점집단이 참여하는 연구는 특정 주제에 대한 개인의 다양한 생각과 경험을 수집할 수 있을 뿐만 아니라, 서로 다른 집단 간 관점 차이를 탐색할 수 있게 해 준다. 예컨대, 지역사회 구성원의 건강에 미치는 영향에 관한 주제로 전문가 집단과 일반인 집단을 대상으로 초점집단 면접을 시행한다면, 일반인 초점집단이 제기하는 문제를 전문가 집단의 자료로 보완하여 풍부한 결과를 제공할 수 있다. 일반적으로 연구자들은 최소 3~4개 이상의 서로 다른 초점집단을 구성하는 것이 좋다고 제안하고 있다(Krueger, 1994).

초점집단 면접의 가장 큰 특징은 구성원 간 상호작용이 시너지로 작용하여 풍부한 자료를 생성한다는 데 있다(Green, Draper, & Dowler, 2003). 따라서 집단 구성원들이 서로 편안한 상태에서 서로 신뢰하며 토론에 관여하고, 충분히 상호작용할 수 있도록 하는 것이 중요하다. 이를 위해서는 서로 유사한 사회적 특징을 지니는 개인들로 집단을 구성하거나, 서로 친숙한 사람들로 구성된 이미 존재하는 집단을 초점집단으로 활용하는 것이 효율적이다.

초점집단 면접을 진행하는 면접자 혹은 진행자는 개방형 질문을 명확히 잘 전달할 뿐만 아니라, 구성원들 간 의사소통을 촉진하고, 토론 시 발생할 수 있는 다양한 상황을 다루는 데 숙련된 사람이어야 한다. 따라서 진행자는 구성원 간 기존의 관계를 관리할 수 있고, 서로 모르는 구성원들에게 편안한 상태에서 해당 주제에 대한 자신의 견해나 느낌, 생각 등을 교환할 수 있는 환경을 조성할 수 있어야 한다. 또한 언어적 표현과 비언어적 표현을 통한 상호작용을 관찰하고 집단 내 역학의 변화를 인식할 수 있어야 한다.

한편, 면접에서 질문하는 방식은 연구 목적에 따라 달라지는데, 미리 정해진 질문에 기초하여 이루어지는 방식이나 연구 주제 내에서 참가자의 답변에 기초하는 방식으로 이루어질 수 있다. 이렇게 면접의 구조화 정도에 따라 면접의 형식을 분류할 수 있다.

첫째, 구조화 면접(structured interview)은 연구 목적과 주제에 따른 질문 내용과 형식, 시행 순서 등이 사전에 구체적으로 정해진 절차에 따라 이루어지는 방식이다. 이때 참가자의 응답은 질문에 대해 자유롭게 진술하는 개방형, 또는 응답 선택지 중에서 선택하는 폐쇄형 방식으로 얻을 수 있다. 이때 주로 폐쇄형 응답을 얻는 면접은 양적 연구가 된다.

구조화 면접은 연구 목적이 참가자들의 응답을 여러 집단이나 기간에 걸쳐 비교하는 것일 때 효과적인 방식이다. 이는 다수의 참가자를 대상으로 할 때 주로 사용되며, 참가자들에게 같은 질문을 시행하고 일관성 있는 기준으로 응답을 평가함으로써 개인차를 확인할 때도 효과적이다. 또한 다수의 면접자가 시행하는 경우라도 언어적 표현에서 발생할 수 있는 차이를 최소화할 수 있어 일관성 있는 시행이 가능하다. 이렇게 구조화 면접은 사전에 정해진 질문에 따라 정해진 응답 범위 내에서만 참가자가 응답하도록 구성되어 표준화 면접(standardized interview)으로 부르기도 하며, 조사연구를 시행하는 하나의 형식으로 볼 수 있다.

둘째, 비구조화 면접(unstructured interview)은 가장 유연한 형태의 면접으로, 면접의 목적은 명확하지만, 면접자가 시행하는 질문의 내용과 형식, 제시 순서 등에 정해진 패턴이 없이 이루어진다. 따라서 면접자는 연구 목적 내에서 참가자의 응답과 상황 등을 고려하여 적극적인 상호작용을 통해 면접을 진행한다. 면접 시행 과정에서 참가자는 개방형 응답을 제공하는데, 이때 면접자는 참가자의 응답에 관련된 추가적인 질문을 통해 연구 목적에 관련된 상세한 정보를 더 수집할 수 있다. 이렇게 비구조화 면접은 면접자 주도의 지시적인 형태로 이루어지지 않는 특성 때문에 비지시적 면접(non-directive interview)으로도 불린다.

이처럼 비구조화 면접은 사전에 정해진 형식이 없이 진행되기 때문에 탐색 목적의 연구에 적합하다는 장점이 있다. 하지만 시행과 분석 모두에서 시간 소모적인 단점이 있다. 따라서 일반적으로 구조화 면접보다 훨씬 더 적은 참가자를 대상으로 한다. 또한 참가자의 응답에 따라 면접자의 질문이 달라지는 특성으로 인해 수집된 자료의 표준화가 어렵고, 신뢰도와 관련한 잠재적 문제가 발생할 수 있다. 따라서 면접자는 고도로 훈련받은 사람이어야 하며, 면접 과정에서 면접자 자신의 주관적 판단이나 편향을 제거하기 위해 노력해야 한다.

셋째, 반구조화 면접(semi-structured interview)은 앞서 소개한 두 가지 형태의 조합으로 볼 수 있는데, 특정 주제 내에서 질문과 응답이 이루어지지만, 면접자가 참가자의 응답을 명확히 해야 할 때 추가적인 질문을 할 수 있고, 질문의 순서도 유연하게 시행할 수 있는 면접 절차다. 따라서 주요 질문은 사전에 구조화하여 진행하되 상세 질문은 비구조화 형식으로 진행할 수 있는 유연성을 갖고 있다. 이때 어느 수준으로 구조화할지는 연구 목적과 주제에 따라 연구자가 유연하게 적용할 수 있다. 앞서 살펴본 심층 면접은 주로 비구조화 면접이나 반구조화 면접의 형태로 이루어진다.

읽어 보기 5-3

질적 연구와 양적 연구를 결합하기

행복한 사람이 일상에서 보이는 사회적 행동의 특징이 무엇인가를 연구하기 위해, 한 연구에서 자연관찰과 자기보고식 질문지를 함께 시행하였다(Mehl, Vazire, Holleran, & Clark, 2010). 이 연구에서, 연구자들은 일상적인 사회적 행동의 질적 측정을 위해 자연관찰 절차를 사용하였는데, 일과시간 중 참가자에게 발생하는 사회적 상황과 대화 내용을 녹음하여 그 기록을 분석하였다. 구체적으로, 79명의 참가자에게 12.5분에 30초씩 자동으로 녹음이 되는 장치를 제공한 후, 4일간의 녹음 기록을 분석하여, 그들이 혼자였는지, 혹은 다른 사람과 함께 있었는지를 구분하였고, 함께 있을 때의 대화가 가벼운 잡담이었는지 또는 중요한 대화였는지를 구분하여 기록하였다. 또한 양적 자료로서 행복과 안녕감에 대한 자기보고식 측정치도 함께 수집하였다.

녹음 기록에 대한 범주 분류의 평정자 간 신뢰도는 0.76~0.97, 질문지의 내적 일관성 신뢰도 또한 0.92 이상의 높은 수준으로 나타났다. 연구 결과, 행복은 혼자 있는 상황 빈도와 부적 상관을, 타인과 함께 있으면서 중요한 대화를 나누는 상황 빈도와는 정적 관계를 보였다. 반면, 가벼운 잡담과는 상관이 없는 것으로 나타났다. 이 결과를 통해, 연구자들은 행복한 삶은 고독한 삶보다는 사회적인 삶이며, 가벼운 대화가 수반되는 피상적인 삶보다는 깊은 대화를 나누는 삶이라고 주장하였다.

(2) 면접의 시행

연구 절차로서의 면접은 다른 연구와 마찬가지로, 연구 설계를 통해 전체 계획을 세우고, 도구를 개발한 후, 예비연구와 본연구를 참가자들에게 시행하고, 자료를 수집하여 결과를 분석 및 해석하여 보고서를 작성하는 과정을 거친다. 여기서는 일반적인 절차를 제외하고 면접의 시행 방식을 중심으로 설명하고자 한다.

면접은 기본적으로 면접자의 질문과 참가자의 답변으로 구성된 대화를 통해 이루어지는 절차라고 하였다. 따라서 면접을 통해 심층적인 연구 자료를 성공적으로 수집하기 위해서는 참가자와의 상호작용이 풍부하게 이루어지는 방식이 필요하다. 이에 가장 적합하고 전통적으로 가장 많이 사용되는 방식이 면대면 면접(face-to-face interview)이다.

면대면 면접의 경우, 면접자와 참가자가 연구실과 같은 공간에 물리적으로 함께 머물면서 이루어지기 때문에, 미리 정해지지 않은 질문도 할 수 있는 등 유연한 시행이 가능하다. 따라서 일반적으로 심층 면접이 면대면 형식으로 이루어지는데, 이를 위한 개방형 질문은 보통 5~15개 정도이며, 15개를 넘지 않는다(Boyce & Neale, 2006). 각 질문에 대한 답변을 들은 후에는 추가적인 탐사 질문을 통해 참가자가 더욱 상세한 답변을 할 수 있도록 격려하는 것이 일반적이다. 탐사 질문은 예컨대, '그것에 관한 구체적인 예를 든다면 무엇이 있을까요?', '방금 그 얘기를 좀 더 자세히 말할 수 있을까요?', '그 외에 다른 것은 없나요?' 등이며, 이를 통해 참가자로부터 주제와 관련한 더 많은 정보를 수집할 수 있다.

이렇게 면대면 방식은 참가자의 비언어적 행동까지 관찰하면서 면접을 이끌 수 있으며, 결과적으로 수집한 자료가 질적으로 풍부해진다는 장점이 있다. 하지만 소수의 전문적 훈련을 받은 면접자가 면접을 진행해야 하고, 연구 기간이 매우 길어지는 등 시간과 비용적 측면에서 효율성이 낮고, 면접자의 주관적 판단이 개입할 가능성이 크다는 단점이 있다. 이를 면접자 편향(interviewer bias)이라고 하는데, 면접자 특성이 참가자의 응답에 미치는 영향을 일컫는다. 예컨대, 면접자의 나이나 성별, 전문성 정도 등의 특성뿐만 아니라, 면접자의 태도나 비언어적 행동 등 다양한 요인이 참가자의 응답에 영향을 미칠 수 있다(Salazar, 1990).

전화 면접(telephone interview)은 대단위 표본에 대한 면접에 사용된다. 전화 면접은 면대면 면접과 비교하여 시간과 비용 측면에서는 더 효율적이지만, 연구자와 참가자 간 상호작용 가능성은 작으므로, 일반적으로 미리 정해진 질문만 시행하는 구조화 면접으로 이루어진다. 상대적으로 훈련을 적게 받은 면접자가 면접을 진행할 수 있으며, 면접을 보조하기 위한 컴퓨터 시스템을 활용하여 전산화하기 쉽다는 장점이 있다. 따라서 전화 면접은 심층 면접의 시행 방식으로는 적절하지 않다. 다만, 자료의 질을 풍부하게 하는 여러 전략을 적용하여 전화 면접의 단점을 일부 보완할 수는 있다(Glogowska, Young, & Lockyer, 2011).

다양한 상황에서 면접의 필요성이 증가하고, 컴퓨터 관련 기술이 발달하면서, 지금은 다양한 형태의 면접이 이루어지며, 특히 화상회의 시스템과 같은 온라인 플랫폼을 사용한 온라인 면접(online interview)이 많이 이루어지고 있다. 온라인 면접은 면대면 면접에서 얻을 수 있는 통찰과 몰입을 제공하지 않는다는 점에서 과거에는 좋지 않은 방법으로 인식했지만, 최근에는 시공간적 제약을 벗어날 수 있다는 장점으로 인해 그 사용이 점차 증가하고 있다(Knott, Rao, Summers, & Teeger, 2022). 예컨대, 신체적 불편함으로 인해 이동이 어려운 참가자에게 불편을 덜어 줄 수 있고, 참가자가 집을 비우기 어려운 상황이나 면접자가 사무실을 비우기 어려운 상황에서도 온라인을 통해 면접을 진행할 수 있다. 하지만 온라인 면접은 면대면 방식과 비교하여 면접자와 참가자 사이의 라포 형성이 어렵고, 한정된 공간에서는 응답할 수도 있을 법한 깊은 생각을 표현하는 데는 어려움이 있다.

읽어 보기 5-4 **질적 연구 자료의 장점**

면접 연구나 관찰 연구, 사례연구, 기록물 연구 등 다양한 질적 연구를 통해 수집한 자료는 양적 연구에서는 얻을 수 없는 다음과 같은 다양한 장점이 있다(Leech & Onwuegbuzie, 2007). 이러한 장점은 그 자체로서도 중요하지만, 양적 연구를 보완하는 역할을 한다는 점에서도 중요하다.

- 실제 현장에서 관찰할 수 있는 자연 발생적인 정보를 제공한다.
- 실제 현장에 근접하여 수집되므로, 자료에서 맥락적 영향을 고려할 수 있다.
- 현상의 복잡성을 드러낼 수 있는 전체적 특성으로 인해 맥락적으로 풍부한 기술이 가능하다.
- 종종 장기간에 걸쳐 수집되는 자료는 종단적 분석을 가능케 한다.
- 참가자 자신의 실제 경험을 기반으로 하는 자료로, 현상에 대한 이해와 해석에 도움을 준다.
- 문제해결책을 찾는 과정에서 의미가 어떻게 교환되고 조율되는지를 확인하는 데 도움이 된다.

2. 사례와 기록물

관찰이나 면접이 대체로 일반적인 개인과 현상을 대상으로 하는 반면, 어떤 경우는 매우 예외적인 개인에 관한 기술연구를 수행하기도 한다. 이를 위해서는 관찰이나 면접에서 이루어지는 절차보다 더 종합적인 접근을 통해 한 개인의 심층적인 자료를 수집한다. 또한 실제로 참가자를 대상으로 하지 않으면서 현상을 기술하고자 할 때는 이미 존재하는 다양한 형태의 기록물을 사용하여 연구를 수행할 수도 있다.

1) 사례연구

사례연구(case study)는 예외적이거나 현저한 속성을 보이는 한 개별 사례에 관한 심층적인 조사로, 개인의 심리사회적 이력이나 정신병리적 증상, 심리검사, 행동 관찰 등 주로 관찰과 면접을 통해 다양한 유형의 자료를 수집한다. 여기서 사례는 개인뿐만 아니라 가족이나 사회 조직이 될 수도 있고, 어떤 경우는 특정 사건이 될 수도 있다. 때때로 종단적인 조사가 포함되기도 하는데, 뚜렷이 드러나는 속성을 지닌 개인이 시간 경과에 따라 어떤 변화를 보이는가를 확인하기 위한 목적으로 장기간 수행되는 경우다.

연구의 목적에 따라 사례에 대한 자연관찰이나 체계적 관찰을 통해 일상 행동을 조사할 수도 있고, 면접을 통해 자료를 수집할 수도 있으며, 의료기록 등 심리사회적 이력에 대한 조사나 가족관계에 대한 자료 수집 등이 포함될 수 있다. 따라서 연구의 대부분은 개인에 대한 심층적인 기술에 초점을 둔다. 일부 정량적 자료 역시 연구 결과에 포함될 수 있는데, 예를 들어, 개인의 우울증 점수를 규준 점수와 비교하거나 치료 전과 후의 점수를 비교할 수도 있으며, 지능지수를 산출할 수도 있으며, 신경과학적 측정치를 포함할 수도 있다. 하지만 이렇게 수집하는 정량적 자료 또한 해당 개인의 특성을 심층적으로 기술하기 위한 목적이다.

심리학에서 가장 유명한 사례연구 중 하나는 H.M.(Henry Molaison)에 관한 연구다. H.M.은 뇌전증, 즉 간질로 인한 발작 등으로 극심한 고통을 받았는데, 의료적 검토를 통해 관련 증상이 내측 측두엽에 국한되어 있음을 확인하였다. 의료진은 H.M.의 발작을 멈추기 위해 1953년 해마를 포함한 내측 측두엽을 제거하는 수술을 시행하였다. 이 치료는 뇌전증으로 인한 발작 감소에는 상당한 효과를 보였지만, 심각한 기억장애를 유발하였다. H.M.은 뇌전증으로 인해 이미 각종 심리검사를 받았기 때문에, 수술 전과 후를 비교할 수 있는 자료가 풍부했으며, 수술한 부위 또한 분명하였다. 이러한 예외적 속성을 가진 개인이었기 때문에 관련 주제에 대한 사례연구가 지속해서 수행되었으며, 1953년 이래로 거의 100명의 연구자가 H.M.을 대상으로 하는 다양한 유형의 연구에 참여하였다.

읽어 보기 5-5

질적 연구 자료의 분석

질적 연구에서는 다양한 질적 자료 분석 절차에 따라 자료를 분석하는데, 그중 대표적으로 사용하는 몇 가지를 소개하려고 한다(Leech & Onwuegbuzie, 2007). 질적 연구 연구자들은 이러한 분석 방법을 독립적으로 사용하는 것이 아니라 다양한 출처의 자료와 분석 방법을 적용하는 소위 '자료 분석 삼각화(data analysis triangulation)'를 사용하는 것을 제안한다.

- **지속 비교 분석(constant comparison analysis)**

전체 자료 세트를 바탕으로 내용 전반의 기본 주제를 확인하고자 할 때 주로 사용한다. 이를 위해 먼저 전체 자료에 대해 의미 있는 작은 부분으로 묶음을 만든다. 이 묶음은 제목을 붙이는 방식으로 코딩되는데, 각 묶음은 이전에 분류된 코드와 비교하여 서로 유사한 경우 동일한 코드를, 아닌 경우 새로운 코드를 부여한다. 이런 방식으로 전체 자료에 대한 코드들을 그룹화하여 주제를 확인한다.

- **내용분석(content analysis)**

녹음이나 녹화, 문서 등 다양한 형식의 질적 자료에 나타난 특정 범주의 행동이나 단어 등의 패턴을 확인하는 데 사용한다. 관찰 연구에서 연구자가 구성한 입력 체계에 따라 기록된 행동 범주에 대한 분석, 면접 시 녹음된 자료에서 특정 단어들의 출현 빈도, 혹은 문서 기록물에서 확인된 특정 범주의 출현 빈도 등이 여기에 해당한다.

- **문맥 내 키워드(keywords-in-context)**

핵심 키워드 전후로 출현하는 단어를 비교하여 참가자가 맥락 내에서 키워드를 어떻게 사용하는지 확인하는 방법이다. 이때 키워드는 선행연구나 이론을 통해 사전에 결정하거나 전체 자료 세트에서 사용 빈도를 확인함으로써 사후에 결정할 수 있다. 이 분석은 참가자의 응답에서 암묵적으로 표현되고 있는 개념 간 연관성을 확인하는 데 사용된다.

H.M.은 일상적인 대화를 진행할 수 있었고, 짧은 길이의 문자나 숫자, 단어 등을 잠시 기억할 수 있는 등 작업기억에서는 정상적인 수준의 수행을 보였지만, 새로운 사건을 기억에 저장하지 못함으로 인해 장기기억에 광범위한 손상을 보였다. 연구자들은 H.M.에 대한 사례연구를 통해 작업기억과 장기기억이라는 서로 다른 기억 체계가 존재한다는 점, 그리고 이 두 체계가 서로 다른 신경학적 기저에 의존한다는 점을 처음으로 확인할 수 있었다. 이를 통해 기억과 관련한 많은 추후 연구를 가능케 해 주었다.

이처럼 사례연구는 특정 주제에 대한 통찰을 제공하고 관련 주제에 관한 이론을 개발하는 데 기여할 수 있다. 하지만 이론의 검증은 정량적 접근의 가설을 검증하는 형태로 이루어져야 하므로 사례연구 자체로는 이론의 증거로 사용할 수는 없다. 사례연구의 대상은 예외적 속성을 가지므로 이를 일반화할 수 없으며, 사례로부터 관찰한 다양한 현상이 인과성을 제공하지는 못하기 때문이다. H.M.의 예에서도 사례연구 결과만으로 다른 개인에게 일반화하기는 어려우며, 내측 측두엽 절제가 현상의 직접적인 원인이 아니라 다른 부위의 뇌 병변이 원인일 수도 있기 때문이다.

2) 기록물 연구

기록물 연구(archival research)는 책, 역사적 문서, 기록 등 다양한 형태로 이미 존재하는 기록물을 사용하여 수행하는 연구다. 연구자는 1차 자료, 즉 경험적 자료를 수집하지 않으며, 공공기관 등에서 제공하는 건강, 교육, 사고 건수 등에 관한 수많은 통계 기록물, 특정 주제에 관한 조사 기록물, 또는 역사적 사건과 관련되는 문서 기록물 등 이미 존재하는 자료를 연구 목적에 따라 수집하여 분석한다. 여기서 기록물은 어떤 개인의 출생일이나 사건 기록 등 하나의 일화로서 기록된 것도 포함하지만, 시간 흐름에 따라 지속적으로 최신화되는 기록도 포함한다. 예컨대, 나이와 같이 일정한 시간이 지나서 변화하는 자료나, 사회관계망서비스(SNS)에 남긴 글이나 사진 등과 같이 거의 매 순간 최신화되는 자료도 포함한다.

통계 기록물은 현황에 관한 자료이며, 조사 기록물은 조사 목적으로 설계하여 수행한 조사 결과에 관한 자료다. 우리나라는 「공공데이터의 제공 및 이용 활성화에 관한 법률」이 제정된 이래로 국가나 자치단체의 다양한 공공기관에서 생산한 수많은 자료를 하나의 누리집에서 통합하여 개인이 활용할 수 있도록 제공하는데, 여기에는 과학기술이나 교육, 보건의료, 사회복지 등에 관한 수만 건의 자료 세트를 포함하고 있다(https://www.data.go.kr). 이 외에도 다양한 기관의 누리집에서 각종 공공데이터를 제공하고 있는데, 짐작할 수 있듯이 이러한 기록물을 활용하는 연구는 종종 정량적 분석을 수반한다.

문서 기록물은 역사적으로 중요한 개인의 일기나 편지, 대중에게 많이 알려진 책이나 뉴스, 영화나 TV 프로그램 등의 매체뿐만 아니라, 국회 속기록이나 대통령 연설문, 법원 판결문 등의 공공문서를 포함한다. 이에 더하여, 인터넷 게시판의 글이나 SNS에 남긴 수많은 자료도 포함한다. 이때 해당 기록은 개인이나 기관에 의해 선별적으로 보관되었을 수도 있으며, 중요한 기록이 손상된 채로 나머지 기록만이 남겨졌을 수 있는데, 특히 오래된 기록일수록 그 가능성이 클 것이라는 점을 연구자가 인식해야 한다.

자연적으로 발생한 어떤 사건이나 새로 시행한 사회정책 등이 개인과 사회에 어떤 영향을 미쳤는지를 알고자 할 때, 기록물 연구는 상당한 가치가 있다. 예를 들어, 우리나라는 교통사고 피해를 최소화하기 위한 목적으로 2018년에 고속도로뿐만 아니라 일반도로에서도 전 좌석에 대한 안전띠 착용을 의무화하였다. 이 정책의 실효성이 있었는가를 확인하기 위해서는 그 이전과 이후의 교통사고 사망자 수 변화를 살펴보는 것이 한 가지 방법이 될 수 있다. 또 다른 예로서, 유명 연예인의 죽음이 사람들에게 어떤 심리적 영향을 주는지, 그 영향이 얼마나 지속되는지, 혹은 그 이후 어떤 변화를 거치는지 등을 살펴보기 위해서는 SNS의 글을 주기적으로 수집하여 분석하는 것도 타당할 수 있다.

한편, 기록물 연구와 유사하지만, 특정 개인에 대한 기록물 등을 바탕으로 사례연구처럼 수행하는 연구 유형이 있는데, 이를 심리전기(psychobiography)라고 한다. 심리전기는 프로이트가 다빈치의 예술적 창의성에 관한 심리적 결정요인을 조사하는 과정에서 시작되었으며, 초기에는 주요 예술가나 정치가 등 역사적 인물에 대해 정신분석 이론을 적용한 분석을 기반으로 수행되었다. 좋은 심리전기는 설득력, 이야기 구조, 포괄성, 자료의 수렴성, 일관성, 타당성 등을 갖추어야 하는데(Schultz, 2005), 초기의 심리전기는 개인의 정신역동과 발달적 결정요인을 분석함으로 인해 심리학적 설명으로서 타당성이 결여되었다는 많은 비판을 받았다(Kővány, 2011). 하지만 이후 체계화된 여러 심리학 이론을 적용하는 등 심리전기의 내용적 다양성이 점차 확대되었고, 실험을 통해 인과성이 밝혀진 개념을 심리전기에 적용함으로써 과학적 타당성을 지향하고 있다(Schultz & Lawrence, 2017). 예컨대, 학습 이론을 적용하여 유명 예술가의 창의성이 어떻게 발달했을까를 내용으로 하는 심리전기를 구성할 수도 있다.

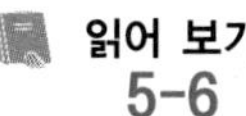

읽어 보기 5-6

통계 기록물을 통해 확인할 수 있는 것

다음 그래프를 살펴보자. 이 그래프는 2019년부터 2022년까지 4년간 고의적 자해(자살)로 인한 월별 사망자 수를 평균한 자료다. 연구자는 이처럼 공공데이터가 필요한 아이디어를 기반으로 연구를 수행할 수 있다. 이 자료를 바탕으로 어떤 현상을 기술할 수 있는가?

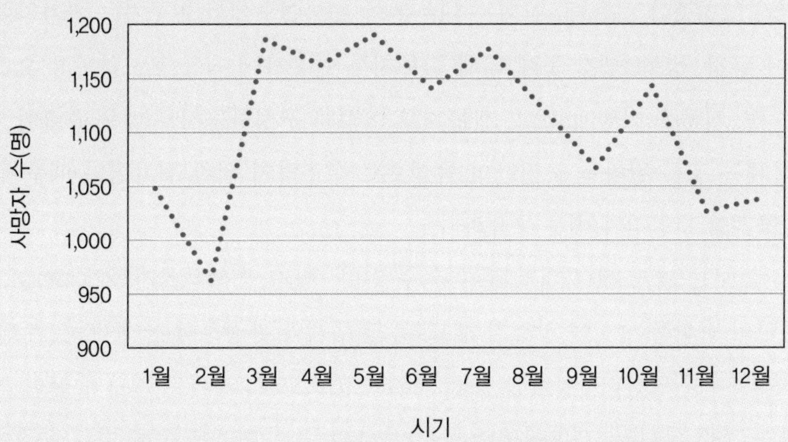

- 3월 사망자 수(1,188명)가 2월(962명)보다 23% 이상 월등히 증가하였다. 이 자료를 바탕으로, 2월과 비교하여 3월에 발생하는 다양한 변화와 관련될 것이라는 하나의 가설을 제시할 수 있다. 3월은 봄이 시작되는 시기로, 기온 상승과 일조량 증가로 인한 호르몬 불균형이 발생하고 기분 변화가 급격해지며, 우울감과 우울증이 심해질 수 있다. 이러한 환경적 · 생리적 변화와 함께 스트레스 수준도 높아질 수 있다. 한편, 움츠렸던 겨울을 지나 신체활동이 원활해져 실외 활동이 급격히 증가하는 시기인데, 일부 개인은 그러지 못하는 자신에게 실망할 수도 있다. 또한 3월은 입학과 졸업 등 심리사회적 변화의 시기로, 이와 관련한 입시나 취업 등의 실패 경험이 증가하는 시기이기도 하다.
- 반대의 관점에서, 7월 이후로 사망자 수가 점차 감소하고 있고, 최저치는 2월에 나타난다. 즉, 1월과 비교하여 2월의 사망자 수는 약 10% 감소하여, 가장 낮은 수치를 보인다.
- 만일 연구자가 사망자 수 증가와 관련한 요인에 관심이 있다면 앞선 예와 같이 3월을 중심으로 접근할 것이다. 반대로 감소에 관심을 둔다면 2월을 중심으로 접근하려고 할 것이다. 전자의 경우에는 사망자 수를 줄이는 목적으로 사망자 수 증가와 관련한 요인을 탐색하려고 할 것이고, 후자의 경우에는 동일한 목적으로 감소에 관련되는 요인을 찾고자 할 것이다. 이렇게, 동일한 데이터를 활용하는 경우라도 연구 목적이나 접근방식 등에 따라 서로 다른 활용과 해석이 가능하다.

출처: 통계청. 「사망원인통계」. (https://kosis.kr/statHtml/statHtml.do?orgId=101&tblId=DT_1B34E17&conn_path=I3)

3. 조사

조사연구(survey research)란 참가자로부터 자기보고식 질문지나 면접의 형식으로 자료를 수집하여, 그 결과로 모집단의 특성을 추정하는 연구를 말한다. 여기서 두 가지 특징을 먼저 고려해야 하는데, 첫째는 대부분의 조사연구에서 연구자는 참가자에게 자신의 태도나 감정, 경험, 생각 등에 대해 질문지를 이용하여 직접 보고하도록 요청한다는 점이다. 즉, 질문을 어떻게 하고, 질문지를 어떻게 구성하는지가 매우 중요한 고려사항이다. 둘째는 조사 결과를 모집단의 특성으로 추정하기 위한 절차이기 때문에 표본을 어떻게 구성할 것인지가 매우 중요하다.

조사연구는 크게 세 가지로 분류할 수 있다. 먼저, 탐색적 조사(exploratory survey)는 예상 응답의 범위를 사전에 정하지 않고, 특정 주제와 관련하여 참가자들로부터 자료를 조사하는 형태를 말한다. 정해진 응답 범위가 없으므로, 리커트 척도와 같이 폐쇄형 응답을 받는 것이 아니라, 개방형 질문을 사용하며 주로 면접을 통해 자료 수집이 이루어지는 질적 연구에 가깝다. 기술적 조사(descriptive survey)는 참가자의 응답을 통해 현재 어떤 현상이 발생하는지를 확인하기 위해 시행한다. 예컨대, 건강과 관련한 경험이나 태도, 정당 지지도 등을 조사하여 얻은 자료를 바탕으로 평균이나 빈도 등 기술통계를 제시하는 형태를 말한다. 물론 추가적인 자료를 수집하기 위해 개방형 응답을 받기도 한다. 기술적 조사는 변인의 특성을 기술하는 데 목적을 두기 때문에 기술연구에 해당한다. 마지막으로, 설명적 조사(explanatory survey)는 참가자의 여러 속성에 관한 하나 이상의 가설적 관계를 확인하고 예측하기 위해 수행한다. 이 유형은 앞선 두 조사와 다르게 변인 간 관계에 대한 것으로, 상관연구를 말한다.

탐색적 조사는 면접에 관한 설명에서 관련 내용의 대부분을 이미 다루었고, 설명적 조사에 관한 내용은 상관연구에 관한 다음 장에서 다룬다. 여기서는 현상을 기술하기 위해 수행하는 기술적 조사를 중심으로 무엇을, 누구에게, 어떻게 조사하는지를 각각 조사 도구, 표본, 시행 방법을 통해 설명하고자 한다.

1) 조사 도구 설계

조사의 핵심 도구는 질문지다. 조사연구 대부분은 응답자가 질문지의 질문을 읽고 스스로 답하는 자기보고식 형태로 이루어지며, 면접 방식의 조사에서도 면접자가 질문을 읽어 주는 방식이지만 이는 기본적으로 질문지를 바탕으로 한다. 따라서 질문지를 잘 설계하는 것이 조사연구의 핵심이라고 할 수 있다. 질문지의 기본 단위는 문항이며, 문항은 다시 질문과 응답 부분으로 구분한다. 따라서 어떻게 질문하고 어떻게 응답을 받는 것이 좋은 방법인지 살펴본 다음, 이 문항들로 질문지를 설계하는 방법을 알아보고자 한다.

(1) 질문의 작성

면접이 사람들에게 직접 물어보고 그 응답을 면접자가 기록하는 방식을 사용하는 데 반해, 조사에서는 사람들이 스스로 질문을 읽고 응답하도록 하는 방식을 취한다. 물론 조사를 면접 방식으로 수행할 수 있지만, 여기서는 자기보고식으로 이루어지는 조사로 한정하고자 한다. 면접이든 조사든 두 가지 방식 모두에서 참가자들로부터 응답을 받기 위해서는 사전에 연구 주제에 관한 질문이 준비되어야 하는 것은 당연하다. 다시 말하면, 연구 도구로서 질문을 준비하는 것은 연구 시작 단계에서 가장 중요한 과정이다.

조사 질문을 작성할 때 가장 먼저 할 일은 연구 목적을 분명하고 구체적으로 결정하는 것이다. '무엇을 조사하고자 하는가?', '어느 범위의 내용까지 조사하는가?', '어느 정도의 깊이까지 질문해야 하는가?', '질문의 구체적인 항목은 무엇인가?' 등에 관한 결정이 우선 이루어져야 한다.

연구 목적이 구체적으로 결정되고 어떤 질문을 할지 정해졌다면, 그다음은 어떻게 질문할지를 결정해야 한다. 여기서 중요하게 고려해야 할 사항은 사람들이 질문에 대해 응답하는 인지과정을 연구자가 이해하고 있어야 한다는 점이다. 사람들이 질문을 읽고 응답하는 데는 복잡한 정보처리 단계가 반복된다. 이 과정은 질문을 이해하기 위해 질문을 해석하고 그 의도를 추론하는 것으로부터 시작하여, 관련된 정보를 기억에서 탐색하고 인출한 다음, 인출된 여러 정보로부터 판단과 추정을 통해 하나의 답변으로 통합하여 내적 답변을 생성한 후, 주어진 응답 형식에 맞추어 답변하는 과정을 포함한다 (Krosnick, 1999; Lietz, 2010). 이러한 과정은 응답자들이 질문에 대해 최적화하여 응답할 때 수반된다. 이러한 인지과정에 대한 이해를 바탕으로, 질문을 작성할 때 다음 사항을 반드시 원칙으로 고려해야 한다.

첫째, 질문은 가능한 한 짧게 작성한다(Holbrook, Cho, & Johnson, 2006). 질문의 길이가 너무 길면 읽는 동안 한 번에 기억할 항목이 많아져서 작업기억 부하가 커지고, 결과적으로 이해에 어려움을 겪기 때문이다(Graesser, Wiemer-hastings, Kreuz, Wiemer-hastings, & Marquis, 2000). 따라서 가능하면 짧게, 영어를 기준으로 일반적으로 20단어 이내로 작성하는 것을 권장한다.

둘째, 문법적으로 간결한 문장을 사용한다(Krosnick & Presser, 2010). 대명사를 사용하면 지시하는 단어가 불분명할 수 있으므로 가능한 한 명사를 반복하여 사용하며, 수동형보다는 능동형 문장을, 복문보다는 단문을 사용하는 것이 낫다. 예컨대, '기숙사를 증설해야 한다는 제안에 대해 찬성합니까?'보다는 '기숙사 증설에 찬성합니까?' 같은 표현이 적절하다.

셋째, 구체적인 용어를 사용한다(Holbrook, Cho, & Johnson, 2006). 일반적이거나 추상적인 용어는 다양한 의미를 나타낼 수 있어서 개인마다 다른 해석이 가능하므로 구체적인 용어를 사용해야 한다. 예컨대, '지난 일주일간 술을 마신 적이 있습니까?'보다는 '지난 일주일간 술(맥주 한 캔, 소주 한 잔, 와인 등의 한 잔을 말함)을 마신 적이 있습니까?'와 같이 구체적으로 표현한다. 또한 '아마도', '어쩌면' 등은 단어 자체가 모호함을 내포하고 있으므로 이러한 단어들은 사용하지 말아야 한다.

넷째, 이해하기 쉬운 단어로 표현한다(Jobe & Mingay, 1989). 공식적인 용어라고 하더라도 어떤 개념이 전문적이거나 특수분야에 한정된다면, 그 의미를 설명한 후에 질문하거나 쉬운 말로 바꾸어 사용한다. 예컨대, '상수도 불소화'보다는 '상수도에 불소가 첨가됨'이라는 진술이 더 낫다. 이런 경우 '상수도 불소화에 찬성합니까?'를 질문하기 전에 '상수도 불소화는 상수도에 불소가 첨가되는 것을 말합니다. 이에 관해 알고 있습니까?'와 같은 질문을 추가하여 복잡한 의미가 담긴 질문을 간단한 형태로 세분화하거나, '불소'에 대한 설명을 추가하는 것이 적절하다.

다섯째, 한 번에 하나의 질문만 한다(Lietz, 2010). 두 개의 서로 다른 동사나 개념을 포함하는 이중 질문은 질문의 의도를 파악하기 어렵게 만들기 때문에 사용하지 말아야 한다. 예컨대, '신문을 매일 읽을 시간이 있습니까?'라는 질문은 '시간이 있다'와 '신문을 매일 읽는다'라는 두 가지 측면을 포함하고 있으므로, '신문을 매일 읽습니까?' 같은 단일 목적의 질문이 더 명확하다. 혹은 '노인에게 여가활동과 식량 지원을 위해 더 많은 예산을 책정하는 데 찬성합니까?'라는 질문은 각각 '여가활동'과 '식량 지원'을 위한 질문으로 구분해야 한다.

여섯째, 긍정문을 사용한다(Lietz, 2010). 일반적으로 부정문은 긍정문보다 잘못 이해할 가능성이 높다(Dudycha & Carpenter, 1973). 긍정적 표현에 대한 긍정 응답과 부정적 표현에 대한 부정 응답이 결과적으로는 같은 응답인데, 사람들을 혼동시키기 때문이다. 예를 들어, '청소년 쉼터 확대 제안을 승인하지 말아야 한다고 생각합니까?'보다는 '청소년 쉼터 확대 제안을 승인해야 한다고 생각합니까?'라고 해야 한다. 더 좋지 않은 예는 '청소년 쉼터 확대 제안에 비동의하는 정책에 반대해야 한다고 생각합니까?'와 같은 이중부정이 사용된 경우다.

일곱째, 가치중립적인 표현을 사용한다(Krosnick & Presser, 2010). 가치중립적 표현을 사용하여 응답자가 실제 태도를 반영할 수 있도록 해야 한다. 유도 질문(leading question, loaded question)이나 특정 방향으로만 응답하도록 하는 질문은 사용하지 말아야 한다. 예컨대, '공공학교 예산에서 낭비되는 항목을 제외하는 것에 찬성합니까?'와 같은 질문은 공공학교 예산에서 낭비되는 부분이 있음을 가정할 뿐만 아니라, 응답자가 찬성하지 않는 경우 예산 낭비에 동의하는 것을 가정하고 있다. 따라서 이 예는 참가자들에게 질문에 동의하도록 유도하는 질문이다. 이렇게 정서적으로 강하게 반응할 수 있는 단어들(예: 위험한, 낭비, 비윤리적 등)이 포함되면 가치편향적 반응을 유도하게 된다. 또한 '당신은 중국음식점에서 짜장면과 볶음밥 중에 무엇을 먹습니까?' 같은 질문은 참가자에게 더 많은 선택지 중에서 둘 중의 하나에만 응답하도록 유도하는 경우다. 이는 '당신은 중국음식점에서 무엇을 주로 먹습니까?' 같은 개방형 질문이 더 타당하다.

질문이 범죄나 약물 사용 등 사회적으로 주목받는 민감한 문제에 관한 것이라면, 참가자의 사회적 바람직성(social desirability)에 의한 응답이 나타날 가능성이 크다. 이러한 가능성을 줄이기 위해서는 응답자 자신의 태도를 직접 묻는 대신에 다른 사람이 어떻게 생각하는지를 묻는 것도 한 가지 방법이다(Lietz, 2010). 예컨대, '향정신성 약물 사용에 대해 어떻게 생각합니까?' 대신에 '향정신성 약물 사용에 대해 다른 사람들은 어떻게 생각한다고 봅니까?' 같은 경우다. 이에 대한 응답을 통해 참가자의 태도를 간접적으로 측정할 수 있다.

(2) 응답의 측정

일부 연구자는 개방형 질문이 응답자의 주요 관심사를 더 잘 다룰 수 있는 장점이 있으므로 조사 질문에 더 많이 포함해야 한다고 주장하기도 하지만(Geer, 1991), 거의 모든 조사에서 자료의 수집과 분석의 편의성과 경제성의 장점으로 폐쇄형 질문을 사용하고 있다. 따라서 폐쇄형 질문에 대한 반응을 어떤 방식으로 받을지를 살펴볼 것인데, 참가자의 반응을 측정하기 위해서는 네 가지 측정척도 중에서 무엇을 사용할지 결정하는 것이 먼저다. 따라서 측정척도별로 고려할 사항을 순서대로 살펴보고자 한다.

대상을 범주화하여 측정하고자 한다면 명목척도를 사용한다. 이때 주의해야 할 점은 가능한 모든 범주를 응답 선택지에 포함하고, 각 선택지는 상호 배타적이야 한다는 것이다. 즉, '예/아니요'는 상호 배타적인 두 범주로 측정하는 응답으로, 타당한 예다. 하지만 '예/모름'은 모든 범주가 포함되지 않으므로 타당하지 않은 예다. 범주형의 많은 선택지를 제시해야 한다면, 응답자들이 대체로 앞 순서에 제시된 항목을 선택하는 경향이 있다는 점을 염두에 두어야 한다. 응답자는 첫 선택지부터 각 항목을 개별적으로 고려하여 해당 선택지에 확고한 방향으로 편향될 수 있기 때문이다(Yzerbyt & Leyens, 1991). 이는 둘 이상의 복수 선택 문항뿐만 아니라, 주어진 여러 항목을 중요도나 선호도 등 특정 기준에 따라 순위형으로 선택하는 문항에서도 마찬가지 고려사항이다.

수량화하거나 정도를 나타내는 경우, 등간척도나 서열척도를 사용한다. 연구자는 응답자들에게 해당 항목을 직접 제시하거나 일정한 기준에 따라 평정하도록 할 수 있다. 예를 들어, 자신의 신체적 건강 상태를 어떻게 평가하고 있는가를 묻고자 할 경우, 두 가지 방식으로 제시할 수 있다. 즉, '당신의 신체적 건강 상태를 어떻게 평가하겠습니까?'에 대해 같이 직접 제시하여 해당 응답을 선택하거나, '당신의 신체적 건강 상태는 매우 좋습니까?'에 대해 동의하는 정도를 평정하는 방식이다.

첫 번째 경우인 '당신의 신체적 건강 상태를 어떻게 평가하겠습니까?' 같은 질문에 '매우 좋다', '좋다', '보통이다', '나쁘다', '매우 나쁘다' 같은 선택지를 제시하는 방식이다. 이를 **항목 특정적 척도(item-specific scale)**라고 하는데, 얻으려는 응답 항목을 직접 제시하고 참가자가 선택하기 때문에, 항목 특정적이다. 이때 '항상', '가끔', '자주', '조금 자주', '정기적으로' 등 빈도를 나타내는 부사의 경우, 응답자마다, 질문 내용마다 서로 다르게 해석될 수 있음을 유의해야 한다(Schwarz, Grayson, & Knäuper, 1998). 이런 경우, 구체적으로 수치화하는 것이 더 나은 방법이 되는데, 예를 들면 '전혀', '한 달에 한두 번', '일주일에 한두 번', '거의 항상' 등을 사용하는 것이다. 이 경우 대체로 서열척도를 사용하게 된다.

두 번째 경우인 '당신의 신체적 건강 상태는 매우 좋습니까?'라는 질문에 '매우 그렇다', '그렇다', '보통이다', '그렇지 않다', '매우 그렇지 않다' 등으로 동의하는 정도를 평정하도록 하는 방식은 평정척도(rating scale)다. 이렇게 평정척도는 사람들에게 동의나 선호, 확신의 정도와 같이 어떤 특정 차원에서 어느 정도로 그런가에 대해 스스로 판단하도록 하는 절차로, 대부분 등간척도로서 조사연구에서 가장 많이 사용되는 유형이다.

다양한 방식의 평정척도를 사용할 수 있다. 가장 대표적인 절차가 리커트 척도(Likert scale)로 이는 '매우 그렇지 않다'에서 '매우 그렇다' 등의 표현을 양극단에 두며 간격이 일정하다고 가정하는 각 선택지를 둘 사이에 제시하고, 응답자는 자기의 생각과 가장 일치하는 선택지 하나를 선택하는 방식이다(4장에서 언급한 리커트 척도를 다시 살펴볼 것을 권한다). 리커트 척도를 사용할 때는 다음과 같은 몇 가지를 고려해야 한다.

첫째, 응답 선택지의 개수에 관한 것이다. 리커트 척도는 최초에 5점 척도로 개발되었다(Likert, 1932). 하지만 지금은 다양한 선택지를 활용하여 리커트 척도를 사용하고 있다. 직관적으로, 선택지가 적으면 응답자가 선택하기 쉽겠지만, 선택지가 많아질수록 응답의 정밀도와 신뢰도가 높아질 것이다. 과연 그러한가와 관련하여 연구자들이 몇 개의 응답 선택지를 사용하는 것이 가장 타당한가에 관한 연구를 수행하였다. 최근의 연구 결과에 따르면, 안정성 있는 신뢰도와 심리측정적 정밀도는 6점과 7점 척도에서 거의 최대치에 도달했고, 선택지가 더 증가함에 따른 이득은 관찰되지 않았다(Simms, Zelazny, Williams, & Bernstein, 2019). 반면, 2점과 3점은 신뢰도와 정밀도가 매우 낮았으며, 4점과 5점 척도는 6점과 7점과 통계적으로 차이는 없었지만, 수치상 6점과 7점 척도에서 가장 높았다. 따라서 연구자들은 6점이나 7점 척도를 사용하는 것이 가장 좋은 방법이라고 제안한다.

둘째, '보통'과 같은 중립 선택지 포함 여부에 관한 것이다. 중립 선택지는 실제로 응답자의 중간 정도의 태도를 표현할 수도 있지만(이 경우 전혀 문제가 되지 않는다), 일부 문제가 되는 경우가 있다. 즉, 응답자가 어떻게 답할지 결정하지 못했을 수도 있고('결정하지 못함'), 해당 질문에 대해 잘 이해하지 못했거나('잘 모름'), 응답이 맥락에 따라 다르다고 판단할 때('상황에 따라 다름')도 중립을 선택할 수 있다(Kulas & Stachowski, 2013). 이는 중립 선택지 포함이 측정에서 잠재적으로 문제가 될 수 있지만, 6점 척도나 7점 척도를 사용할 때는 거의 차이가 없는 것으로 보인다(Simms et al., 2019). 따라서 중립 선택지의 포함 여부는 연구 주제에 따라 연구자의 판단에 따르면 된다.

셋째, 각 선택지 수치에 의미를 부여하는 것에 관한 것이다. 평정척도 양극단에는 '매우 그렇지 않다'와 '매우 그렇다'처럼 극단을 의미하는 표현을 명시적으로 제시한다. 양극단 사이에 있는 선택지들에도 그 정도를 언어적으로 제시하는 경우가 많지만, 종종 각 선택지에 숫자만 제시하거나 언어적 표현 없이 빈칸만을 제시하기도 한다. 숫자만 제시할 때의 잠재적 문제를 보여 주는 한 연구에 따르면(Schwarz, Knäuper, Hippler, Noelle-Neumann, & Clark, 1991), 예컨대 11점 척도에서 숫자는 0에서 10, 또는 -5에서 +5 등과 같이 임의로 선택하여 제시하지만, 참가자는 해당 숫자 자체가 질문에 관련된 의미를 담고 있다고 가정하는 것처럼 보인다.

그렇다면, 어떤 방법이 더 나은 것일까? 조사연구들을 광범위하게 개관한 한 연구에 따르면, 각 선택지에 명시적으로 의미를 부여할 때, 양극단에만 제시할 때보다 더 높은 신뢰도와 타당도를 보였으며(Krosnick, 1999), 이는 가능한 한 각 선택지에 명시적으로 의미를 제시하는 것이 더 적절하다는 것을 보여 준다. 각 선택지에 의미를 명명하는 일반적인 방식을 〈표 5-2〉에 제시하였다(Simms et al., 2019).

마지막으로 고려해야 할 사항은 응답 선택지의 방향, 즉 '매우 동의한다'와 '매우 동의하지 않는다'와 같은 응답을 왼쪽에 제시할지 오른쪽에 제시할지에 관한 것이다. 연구에 따르면, 이런 차이는 큰 문제가 되지 않는 것으로 알려져 있다(Rammstedt & Krebs, 2007). 하지만 응답에 대한 채점 시에는 동의를 더 많이 할수록 큰 값을 갖는 방식을 사용해야 적절한 해석이 가능하다. 이와 관련하여 한 가지 권장 사항은 있는데, 응답자가 가능한 모든 선택지를 고려하지 않고 사회적으로 바람직한 응답을 선택할 가능성이 큰 '매우 동의한다'보다는 '매우 동의하지 않는다'를 왼쪽에 제시하는 것이다(Lietz, 2010).

응답 선택지와 관련한 이러한 특성과 고려사항에도 불구하고, 심리검사와 같이 이미 표준화된 측정 도구를 사용할 때는 해당 검사의 선택지 개수와 수준별 명칭 등을 그대로 사용해야 한다. 선택지의 개수가 달라지면 표준화 절차와는 다른 방식으로 채점해야 하는 문제가 발생하고, 수준별 명칭이 달라지면 응답자가 다른 반응을 할 수 있으며, 선행 연구 결과와의 직접적인 비교도 불가능해질 수 있다.

평정척도로 빈번하게 사용하는 또 다른 척도인 의미미분 척도(semantic differential scale)는 4장에서 설명한 바와 같이, 특정 주제나 개념, 대상 등에 대해 양극단에 반대의 의미를 지닌 형용사를 제시하고 자신의 태도를 7점 척도상에서 하나의 선택지에 응답하

표 5-2 리커트 척도의 응답 선택지 개수에 따른 명명 방식

척도	선택지별 명명 방식						
2점	1 그렇지 않다	2 그렇다					
3점	1 그렇지 않다	2 보통이다	3 그렇다				
4점	1 매우 그렇지 않다	2 그렇지 않다	3 그렇다	4 매우 그렇다			
5점	1 매우 그렇지 않다	2 그렇지 않다	3 보통이다	4 그렇다	5 매우 그렇다		
6점	1 매우 그렇지 않다	2 그렇지 않다	3 조금 그렇지 않다	4 조금 그렇다	5 그렇다	6 매우 그렇다	
7점	1 매우 그렇지 않다	2 그렇지 않다	3 조금 그렇지 않다	4 보통이다	5 조금 그렇다	6 그렇다	7 매우 그렇다

도록 하는 절차다. 다음 예에서 볼 수 있듯이 '좋다/나쁘다'에 대한 반응은 '좋다'에 대한 리커트식 반응과 다를 수 있는데, 의미미분 척도는 일상에서 사용하는 반대 형용사를 사용하기 때문에, 리커트 척도에서 '좋다'에 대한 동의의 정도를 평정한 결과와 다른 반응을 끌어낼 수 있다. 예컨대, 승용차에 대한 태도를 측정하기 위한 의미미분 척도는 다음과 같은 방식으로 제시할 수 있다.

승용차는 …

나쁘다 ______ ______ ______ ______ ______ ______ ______ 좋다
느리다 ______ ______ ______ ______ ______ ______ ______ 빠르다
추하다 ______ ______ ______ ______ ______ ______ ______ 아름답다
작다 ______ ______ ______ ______ ______ ______ ______ 크다
시원하다 ______ ______ ______ ______ ______ ______ ______ 따뜻하다
낯설다 ______ ______ ______ ______ ______ ______ ______ 친숙하다

다른 형태의 평정척도인 시각 아날로그 척도(visual analog scale)는 10cm의 수평선 양극단의 '전혀 그렇지 않다'와 '매우 그렇다' 사이에, 가장 적절한 응답자 자신의 태도에 해

당하는 위치에 짧은 수직선을 표시하도록 고안된 척도다(Hayes & Patterson, 1921). 표시된 지점은 '전혀 그렇지 않다' 시작점으로부터의 길이를 mm 단위로 자를 이용하여 연속변인 형태로 측정할 수 있다. 다음의 예처럼 양 끝의 짧은 수직선 사이에 있는 수평선 길이를 10cm로 제시하며, 응답자는 자기 생각과 가장 일치하는 위치에 짧은 수직선으로 표시하게 된다.

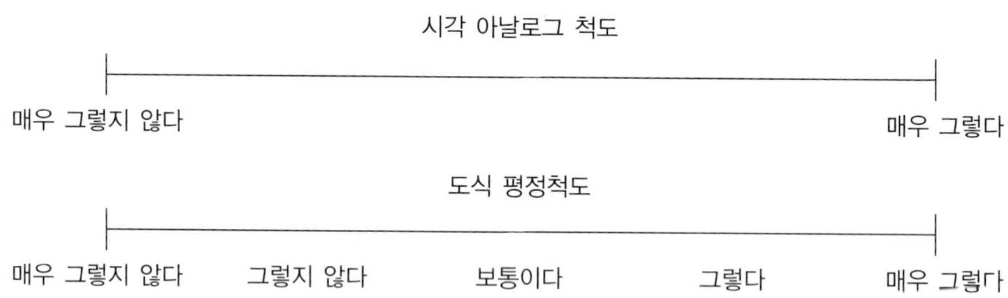

이렇게 지필 응답을 받을 때는 모든 응답에 대해 그 길이를 정확히 자로 측정해야 하므로 상당히 시간 소모적인 작업이 되지만, 온라인 방식이나 컴퓨터를 이용해 응답을 받을 때는 그 측정치를 바로 기록으로 저장할 수 있어 채점이 쉬워진다. 시각 아날로그 척도는 한 개인의 응답 하나만 비교하면 리커트 척도보다 더 정확할 수 있지만, 여러 문항에 대한 응답의 합과 비교하면 거의 다르지 않다(Simms et al., 2019). 또한 응답자는 리커트 척도 사용을 더 편리하다고 평가한다(van Laerhoven, van der Zaag-Loonen, & Derkx, 2004).

도식 평정척도(graphic rating scale)는 수평선의 양극단뿐만 아니라, 그 사이에도 리커트 척도의 명명 방식을 적용하여 의미를 제시하는 것을 제외하고는 시각 아날로그 척도와 같은 방식을 사용한다. 시각 아날로그 척도와 도식 평정척도 모두 임상 장면에서 개인의 통증 정도를 평정하는 목적으로 종종 사용하는데, 이때는 '통증이 없다'부터 '상상할 수 있는 가장 심한 통증'까지 연속선상에서 평정하게 된다.

(3) 질문지 설계

연구 주제에 관한 질문을 적절한 형식으로 작성하고 응답의 측정 방식을 결정하여 질문과 응답 선택지를 배치하면, 개별 문항은 완성된다. 그다음에는 모든 문항을 포함하는 하나의 질문지를 만들어야 한다. 이는 개별 문항들의 단순한 나열을 넘어 연구 목적에 따라 조사의 실제적인 실행이 가능하도록 계획을 세우는 '설계'의 과정이다. 질문지 설계의 목적은 연구 주제와 관련하여 사람들의 태도나 감정, 경험, 생각 등에 관해 최대한 정확한 응답을 받는 데 있다. 따라서 연구자는 질문지라는 하나의 틀 안에서 응답을 정확히 받기 위한 문항 배치를 해야 하며, 각 문항의 질문과 응답의 제시 방식 또한 전체 틀의 맥락에서 결정해야 한다. 이는 일반적으로 문항 수, 문항 배열, 표지 설명문 순으로 진행된다.

첫째, 질문지 설계에서 가장 먼저 고려할 부분은 질문지 길이, 즉 문항 수를 결정하는 것이다. 최적의 질문지 길이를 일반적 관점에서 정의할 수는 없지만, 응답자들은 대체로 긴 질문지보다 짧은 질문지를 더 선호하므로, 짧은 질문지를 사용할 때 답변이 성실하고 응답률이 높을 가능성이 크다. 따라서 연구에서 포함할 필수 문항을 구성하였다면, 필수적이지 않은 문항은 되도록 추가하지 않는 편이 좋다. 질문지가 길어질수록, 뒷부분에서는 참가자의 피로 증가로 인해, 응답이 누락되거나 측정의 신뢰도가 낮을 가능성이 크다는 점을 인식해야 한다(Galesic & Bosnjak, 2009; Herzog & Bachman, 1981).

둘째, 문항 배열을 고려해야 한다. 문항 배열은 질문지 설계에서 가장 중요한 부분 중의 하나다. 이는 질문지 내의 문항 위치에 따라 해당 질문에 대한 응답이 달라지기 때문이다. 이를 질문 순서 효과(question order effect)라고 하는데, A 질문 이후에 B 질문을 할 때와 비교하여 B 이후 A 질문을 할 때, 각각의 응답이 서로 달라질 수 있음을 일컫는다. 또한 A 질문 이전에 B 또는 C 질문이 있을 때 A에 대한 답변 또한 달라질 수 있다. 이는 일종의 맥락 효과(context effect)로, 질문이 어떤 맥락에서 제시되는가에 따라 그 응답이 달라질 수 있음을 뜻한다(Tourangeau, Singer, & Presser, 2003). 이러한 효과는 조사 결과 자체의 타당도뿐만 아니라 모집단에 대한 일반화 가능성을 위협할 수 있으므로 문제가 될 수 있다.

질문지를 설계할 때 일반적으로 다음과 같은 원칙에 따라 문항을 배열한다.

- 첫 질문은 연구 주제를 가장 명확히 나타내고 흥미로운 질문으로
- (개방형 질문이 포함된 경우) 첫 질문은 폐쇄형 질문으로
- 전반적인 질문에서 구체적인 질문으로
- 쉬운 질문에서 어려운 질문으로
- 사실에 관한 질문에서 추상적 내용에 관한 질문으로

- 비슷한 주제에 관한 질문은 그룹화해서
- 민감한 내용을 다루는 질문은 최대한 마지막으로
- 인구통계학적 질문은 마지막으로

질문지의 첫 번째 항목은 조사의 목적과 조사에 응답하는 것이 어떤 의미인지에 대한 응답자의 인식과 이해를 형성할 수 있으므로, 기꺼이 응답을 지속해서 하고자 하는 참가자의 의향에 영향을 미칠 수 있다. 따라서 첫 질문뿐만 아니라 질문지의 초기 문항들은 연구 주제 및 목적과 밀접하게 관련되어야 하며, 응답자의 흥미를 유발하고 응답 부담을 최소화해야 한다(Andrews, 1984). 응답 내용을 기억하기 어렵거나 민감한 사항이 아니라면 사실에 관한 문항도 초기 문항으로 적절하다. 마찬가지로, 나이, 학력, 소득 등 인구통계학적 질문을 마지막에 배치하는 이유 또한 응답자에게 민감한 내용일 수 있기 때문이다.

질문지의 문항들은 응답자가 논리적으로 이해할 수 있는 순서를 따라야 한다. 이러한 배치는 한 질문에서 다음 질문으로 부드럽게 이어지도록 하여 응답자가 질문의 맥락을 잘 이해할 수 있도록 해 준다. 따라서 비슷한 주제에 관한 질문들은 묶어서 함께 제시하는 것이 바람직하다(Knowles, 1988). 일관성 있는 그룹화를 통해 질문의 의미를 더 명확하게 제시할 수 있고, 참가자는 관련된 정보를 기억으로부터 더 쉽게 찾을 수 있다.

하지만 문항들을 묶어서 함께 제시할 때 고려사항은 연이은 문항에서 이전에 사용된 기준이 다음 문항에 사용되는 기준에 영향을 줄 수 있다는 점이다. 즉, 질문 순서 효과의 영향을 받기 쉬워진다. 예컨대, 역대 대통령 개개인의 수행 정도에 대한 평가를 그룹화해서 연이어 제시할 경우, 보통 정도의 수행을 보였던 동일한 대통령에 대한 평가는, 매우 우수했던 대통령 다음에 나오는지 아니면 매우 저조했던 대통령 다음에 나오는지에 따라 달라질 수 있다.

전반적인 문항에서 구체적인 문항으로의 구성은 앞선 문항으로부터의 영향을 덜 받지만, 반대의 경우, 즉 구체적인 문항의 제시는 이후의 전반적인 문항에 영향을 주기 쉽다. 예컨대, '당신의 학교생활은 행복합니까?' 다음에 '당신의 생활은 행복합니까?'의 순서에서, 앞 문항에서의 반응은 뒤 문항에 영향을 주기 쉽다. 이는 전반적인 문항은 더 다양한 장면에 적용되어 다양한 해석이 가능하기 때문이다(Schwarz, Strack, & Mai, 1991).

일반적으로 질문지 문항은 모든 응답자가 답변하도록 설계되지만, 연구에 따라 그렇지 않은 경우도 많다. 예컨대, 질문지의 일부 문항이 현재 대학에 재학 중인 사람들만 대상으로 한다면, 이들을 확인하고 해당 참가자만 응답하도록 배치하는 것이 필요하다. 이때 사용하는 것이 여과 질문(filter question)으로, 응답을 받지 않고 미리 걸러 내기 위한 문항이다. 종종 응답자가 연구 모집단에 해당하는지를 확인하거나, 연구 주제와 관련하여 해당 경험이 있는지를 확인할 때 여과 질문을 사용한다. 특히 사회적 이슈에 관한 질문을 할 때 여과 질문의 역할이 중요한데, '잘 모름' 선택지가 없는 경우, 그 이슈에 대해 잘 모르는 사람은 무응답하거나, 사회적 바람직성 등으로 인해 '동의'라고 하거나, 잘 모르기 때문에 '비동의'라고 할 수 있다. 이는 '동의'와 '비동의'의 응답 비율에 실질적 차이를 가져올 수 있다(Lietz, 2010). 따라서 질문 과정에서 그에 해당하는 사람들만 응답하는 것이 타당하다면, 여과 질문을 사용해야 한다. 여과 질문의 준거에 해당하지 않으면 질문지 응답을 종료하거나 다른 문항으로 건너뛰어 이동하도록 안내할 수 있다. 예를 들어, "위 문항에 '아니요'라고 응답했으면 11번은 건너뛰고 12번으로 가시오."라고 하거나 응답 선택지에 '아니요(12번으로 가시오)'라고 안내할 수 있다.

질문지 설계에서 추가로 고려해야 하는 사항은 반응 양식이 발생하지 않도록 하는 것이다. 반응 양식(response style)은 해당 상황에 따른 직접적 요인보다는 맥락과 시간에 따른 개인의 성향적 요인에 의해 발생하는 일반적인 반응 세트라고 정의할 수 있다. 질문지에서 반응 양식은 질문의 내용과 관계없이 특정 방향으로 질문에 답하는 경향으로 나타난다. 예컨대, 평정척도에서 주로 오른쪽이나 왼쪽, 혹은 가운데나 양극단으로 치중하여 응답하는 개인들은 실제로 질문에 대한 동의의 정도를 그렇게 선택했을 수도 있지만, 어떤 개인에게는 반응 양식이 나타났을 수도 있다. 따라서 질문지 설계 시 응답자가 반응 양식에 의한 응답을 나타내지 않도록 하는 절차를 포함하는 것, 그리고 질문지 시행 후 응답자의 응답 분석을 통해 반응 양식이 발생했는지를 확인하는 것이 중요하다.

반응 양식에 의한 영향을 최소화하기 위한 기본적인 절차로, 응답자가 질문에 한 방향으로만 응답하지 않도록 질문지를 구성한다. 주제와 관련한 문항을 작성할 때 특정 문항의 응답과 반대 방향으로 응답을 해야 하는 문항(역채점 문항)을 포함하는 것이다. 예컨대, 주의력에 관해 '나는 오랜 시간 집중할 수 있다'와 반대 방향으로 응답해야 하는 '나는 주의를 기울일 수 있는 시간이 짧다'와 같은 문항을 포함하는 것이다. 각각에 '그렇다'와 '그렇지 않다', 혹은 그 반대로 응답하는 것이 일반적이지만, 둘 다에 대해 '그렇다' 또는 '그렇지 않다'라고 응답하는 경우는 반응 양식에 의한 응답일 가능성이 크다. 이러한 문항에 대해 같은 방향으로 응답한 응답 개수를 바탕으로 반응 양식의 영향이 있는지를 판단할 수 있다.

이 외에도 반응 양식의 영향을 확인할 수 있는 여러 절차가 제안되었다(Van Vaerenbergh & Thomas, 2013). 그중 한 가지 방법은 탐지 문항을 의도적으로 추가하는 것이다. 즉, 어떤 질문에 대한 정확한 반대 진술문을 추가하여 응답을 받은 후, 분석 시 유사한 방향으로 응답했는지를 확인하는 방법이다. 예컨대, 주의력에 관해 '나는 오랜 시간 집중할 수 있다'와 '나는 오랜 시간 집중할 수 없다'를 추가하여, 유사한 방향으로 응답했는지를 확인함으로써 반응 양식이 발생했는지 점검한 후, 의도적으로 추가한 탐지 문항 결과는 결과분석에서 제외하는 방식이다. 또한 연구 주제와 관련 없는 문항을 추가하는 방법도 사용할 수 있는데, 이때 원 문항들에 대한 응답과 관련 없는 문항에 대한 응답 간에 상관이 관찰되면 자료에서 반응 양식이 발생했음을 추정할 수 있다. 여기서 다룰 범위는 아니지만, 그러한 경우가 관찰되었다면 편향된 수치를 일부 상쇄할 수 있도록 공변량을 활용하는 등의 통계적 절차를 적용할 수도 있다.

마지막으로, 질문지의 중요한 요소인 설명문에 관한 내용을 살펴보고자 한다. 모든 질문지는 참가자가 질문에 응답하기 전, 질문지 시행에 대한 전반적인 절차를 안내하는 설명문을 표지에 제공한다. 설명문은 조사의 목적, 기간, 질문지 길이나 문항 수, 응답에 예상되는 시간, 질문에 대한 응답의 방식, 응답에 대한 익명성 보장, 연구자나 기관의 연락처 등 전반적인 시행 방식과 유의사항에 대한 안내를 포함한다. 설명문은 질문지 설계라는 측면에서 질문지 내용 전체를 아우를 수 있어야 하며, 설명문의 역할을 분명히 인식하고 작성해야 한다.

그렇다면, 표지 설명문은 어떤 역할을 해야 하는가? 설명문은 일반적인 안내 역할 외에 응답자의 주의를 끌고 조사에 성실히 응답하도록 동기화하는 역할을 해야 한다. 앞서, 질문에 대한 응답은 여러 단계를 거치는 상당히 복잡한 인지과정을 거친다고 하였다. 이는 참가자들이 모든 질문에 대해 성실하게 정확히 응답할 수 있으려면, 충분한 동기를 제공해 주는 것이 필요함을 의미하며, 특히 질문지가 긴 경우에는 더욱 그러하다. 표지 설명문은 이러한 목적으로 활용해야 한다. 예컨대, 조사 목적이 참가자가 속한 사회의 환경 개선 혹은 정책 수립에 관련된다거나 생활에 중요한 제품의 더 나은 설계를 위해서라면, 참가자들은 질문에 성실히 응답할 가능성이 더 커질 것이다. 또는 참가자 자신의 자기 이해나 표현, 지적 호기심의 표현 등을 나타낼 수 있어도 성실한 답변을 기

대할 수 있을 것이다. 이렇게 설명문을 활용하여 여러 차원에서 그 중요도를 제시하여 조사 참여에 대한 동기를 유발할 수 있으며, 결과적으로 성실한 답변과 높은 응답률을 기대할 수 있을 것이다.

이렇게 질문지 설계가 완성되면, 인쇄하기 전 마지막으로 외형적 측면에서 전반적인 배열구성을 마무리한다. 좋지 않은 디자인으로 인해 응답자는 질문을 놓치거나 잘못된 순서를 따를 수도 있으며, 의도와 다르게 선택지에 응답할 수도 있다. 따라서 외형적 배열구성을 잘하는 것 또한 응답을 정확히 받기 위한 필수 준비에 해당한다. 예컨대, 글자 크기를 적절하게 하고, 문장 위아래 간격도 여유를 두어 가독성을 높여야 하고, 중간에 삽입된 지시사항은 쉽게 지나칠 수 있으므로 질문과 명확하게 구분하여 제시해야 하며, 질문과 응답을 위한 선택지를 세심하게 그룹화하여 질문에 대한 응답을 해당 선택지에 쉽게 표기할 수 있도록 해야 한다. 또한 평정척도의 형식은 특별히 다르게 해야 할 이유가 없는 한, 일정하게 유지하도록 한다.

(4) 질문지 평가

외형적 측면까지 고려하여 질문지 설계를 마치면, 실제 조사 시행 전 질문지에 대한 외부의 공식적인 평가를 받는 것이 필요하다. 가장 쉽게 접근할 수 있는 평가 방법은 관련 분야 전문가 검토를 통해 질문지를 평가하는 것이다. 이는 개인별로 이루어질 수도 있지만 2인 이상의 토론을 통해 완성도를 높일 수도 있다. 여기서 전문가는 질문지를 만드는 원칙이나 기준에 대한 전문성을 갖는 사람들로 구성되므로 연구자가 아닌 다른 관점에서 질문지를 객관적으로 평가할 수 있다.

비전문가 또한 질문지 평가를 시도해 볼 방법이 있다. 전문가 검토가 질문지를 만드는 원칙이나 기준에 따르기 때문에, 이 기준을 적절하게 적용할 수만 있다면 비전문가라도 어느 정도는 평가가 가능할 것이다. 이러한 도구로 널리 알려진 것이 질문지 평가체계(Questionnaire Appraisal System, QAS)다. 이는 질문지를 실제로 조사에 사용하기 전에 질문을 평가하여 잠재적 문제점을 찾고 수정할 수 있도록 8단계로 구성된 27개 항목의 점검표를 제공한다(Willis & Lessler, 1999).

읽어 보기 5-7

질문지 평가체계 활용하기

질문지를 객관적인 기준으로 평가할 수 있는 유용한 점검표(QAS-99)를 다음에 제시하였다(Willis & Lessler, 1999). 1단계는 면접 형식에 적용할 수 있으며 2단계부터는 모든 조사 형식에 사용되는 질문지에 다 적용할 수 있다. 각각에 대해 확인하여 '예'라고 판단되면 그 부분에 초점을 두어 문항을 수정하면 된다.

구분	점검 내용	확인
1단계 읽기	1a. 면접자가 질문의 어떤 부분을 읽어야 하는지 판단하기에 어려움이 있음	Y N
	1b. 면접자가 질문을 시행하는 데 필요한 정보가 질문에 포함되어 있지 않음	Y N
	1c. 완전한 대본 형식으로 작성되어 있지 않아 읽기 어려움	Y N
2단계 지시문	2a. 지시 또는 설명이 모순되거나 부정확함	Y N
	2b. 지시 또는 설명이 복잡함	Y N
3단계 명확성	3a. 길거나, 어색하거나, 문법적으로 틀리거나, 복잡한 구문을 포함함	Y N
	3b. 전문용어가 정의되어 있지 않거나, 명확하지 않거나, 복잡함	Y N
	3c. 질문의 해석이나, 항목에 대한 포함/제외 판단에 여러 방법이 있음	Y N
	3d. 참조 기간이 빠져 있거나, 구체적이지 않거나, 혼동하도록 작성됨	Y N
4단계 가정	4a. 응답자 또는 응답자의 생활 상황에 대해 부적절한 가정을 하고 있음	Y N
	4b. 다양한 상황에 대해 일정한 행동이나 경험을 가정함	Y N
	4c. 둘 이상의 질문을 내포하는 이중 질문임	Y N
5단계 지식/기억	5a. 응답자가 사실에 관한 질문의 답을 모를 가능성이 큼	Y N
	5b. 응답자가 질문에 대한 태도를 형성하고 있지 않을 가능성이 큼	Y N
	5c. 응답자가 질문하는 정보를 기억하지 못할 가능성이 큼	Y N
	5d. 어려운 계산을 요구하는 질문임	Y N
6단계 민감성/편향	6a. 부끄럽거나 매우 사적인 내용, 또는 불법행위를 포함하고 있음	Y N
	6b. 민감한 주제이므로, 민감도를 최소화할 수 있는 문구를 사용해야 함	Y N
	6c. 사회적으로 수용 가능한 응답이 질문에 암시되어 있음	Y N
7단계 응답 범주	7a. 부적절하거나 어려운 개방형 질문이 사용됨	Y N
	7b. 질문과 응답 범주가 서로 불일치함	Y N
	7c. 전문용어가 정의되어 있지 않거나, 명확하지 않거나, 복잡함	Y N
	7d. 응답 범주가 여러 가지로 해석되어 모호함	Y N
	7e. 응답 범주가 서로 중복됨	Y N
	7f. 응답 범주에 포함되어야 할 응답이 빠져 있음	Y N
	7g. 응답 항목들이 비논리적 순서로 배열됨	Y N
8단계 기타 문제	8. 1~7단계에서 확인되지 않은 다른 문제점이 있음	Y N

또한 문항에 대해 전산언어학적 기법을 적용하여 잠재적인 문제점이 있는 질문을 식별할 수 있는 웹 시스템도 있다(Graesser, Cai, Louwerse, & Daniel, 2006). 이 시스템은 앞서 질문 작성에 관한 설명에서 제시한 여러 가지 속성, 예를 들면 익숙하지 않은 전문용어, 모호하거나 부정확한 용어, 모호하거나 부정확한 문구, 복잡한 구문이나 작업기억 과부하 등 여러 유형의 문제를 식별하여 알려 준다(하지만 불행히도 영어만 인식한다).

질문지 평가가 마무리되면, 그다음은 예비검사를 시행하여 응답자가 이해하기 어렵거나 연구자의 의도를 혼동할 수 있는 문항을 식별할 수 있다. 일반적으로 20명 내외의 참가자들에게 예비검사를 실시하는데, 모든 응답이 끝난 후 사후설명 과정에서, 참가자들이 질문에 답하는 과정에서 겪은 경험을 수집할 수 있다. 이를 통해 추가 설명이 필요했거나 혼동되었던 문항, 혹은 읽기 어려웠던 문항이나 답변을 거부한 문항 등에 대한 정보를 수집할 수 있다. 이러한 정보를 바탕으로 질문지를 다시 수정할 수 있다.

사후설명을 통한 점검은 간편하고 직관적으로 질문지의 문제점을 쉽게 확인할 수 있는 장점이 있지만, 구조화된 방식으로 이루어지지 않기 때문에 문제점을 정확히 파악하지 못할 수 있다. 이를 보완하는 몇 가지 방법이 제안되었다(Krosnick, 1999; Krosnick & Presser, 2010). 예컨대, 사후설명 과정을 녹화하여 면접자와 참가자의 상호작용을 면밀하게 관찰하여 참가자가 어떤 문항에 대해 특히 혼동했는지 확인할 수 있다. 또는 참가자가 질문에 답하는 동안 말로 소리 내어 표현하도록 함으로써 질문에 답하는 참가자의 인지과정을 평가하여 각 문항을 이해하는 방식에 대한 통찰을 얻을 수 있고, 참가자가 혼동하는 문항을 파악할 수도 있다. 또한 문항별로 응답하는 데 걸리는 시간을 측정하여 정보처리가 어렵거나 신중한 응답을 유도하는 문항을 확인할 수도 있다. 정보처리가 어렵다면 일반적으로 문항 해석이나 응답 생성이 어렵다는 의미지만, 신중한 응답을 유도하는 경우라면 나쁜 경우는 아니다. 하지만 이 둘을 구분하기가 쉽지만은 않다.

이렇게 다양한 절차를 통해 평가하고 필요한 부분을 수정하면, 질문지를 최종 완성하게 된다. 만일 수정이 예상보다 많거나, 수정 내용 때문에 질문지에 대한 전반적인 변경이 필요한 경우, 수정을 통해 목표한 바를 달성했는지 아니면 새로운 문제가 발생하지는 않는지 등을 확인하는 또 다른 평가를 시행해야 할 수 있다. 이러한 과정이 비생산적이고 경제적이지 않다고 생각할 수도 있겠지만, 조사를 시행하고 자료를 수집한 이후에 잘못을 발견하여 조사를 처음부터 다시 시행하는 것보다는 훨씬 더 생산적이고 경제적이다.

2) 표본 설계

조사연구의 단계에서, 연구 목표에 따른 연구 문제나 가설이 구체적으로 설정되면, 관심 모집단의 특성을 구체화해야 한다. 즉, 일반화하고자 하는 모집단의 나이, 성별, 지역, 직업적 특성 등 인구통계학적 특성에 관한 결정과 표본을 구성하는 단위(unit)를 개인으로 하는지 아니면 집단으로 하는지에 관한 결정이다. 이렇게 이론적으로 모집단이 결정되면, 표본이 추출될 실제 모집단인 표집틀을 확인하고 연구 참가자인 표본의 크기를 정하게 된다. 이후에는 표집을 어떤 방식으로 시행할지 선택한다. 이와 관련한 내용을 살펴보자.

(1) 모집단과 표본

앞서 조사연구란 참가자에 대한 자료를 자기보고식 질문지나 면접의 형식으로 수집하여 그 결과를 모집단의 특성으로 추정하는 연구라고 하였다. 여기서 모집단(population)은 연구자가 관심을 두는 모든 단위로 구성된 집합을 말한다. 여기서 단위는 주로 개인이지만, 연구 주제와 목적에 따라 세대, 학교, 기업이나 기관, 부서 등 다양한 단위가 될 수 있다. 예를 들어, 대통령 선거에 관련한 관심 모집단은 18세 이상인 대한민국 국민 중 선거권이 있는 자의 집합이다. 이는 18세 미만인 자, 외국인, 선거권이 없는 자는 포함하지 않음을 의미하며, 실제로는 선거일 28일 전에 이 기준에 따라 만들어지는 선거인명부에 오른 사람들이 모집단이 된다. 대학에서 재학생을 대상으로 실시하는 학생 만족도 조사 같은 경우, 관심 모집단은 해당 대학의 재학생이므로 휴학생과 졸업생 등을 포함하지 않는다.

모집단은 고정되어 있지 않고 매일, 심지어 매 순간 변할 수 있다. 예컨대, 결혼 관련 조사를 위한 기혼자 모집단은 기혼이 아니게 되거나, 새롭게 기혼 상태가 되는 개인이 항상 존재하기 때문에, 매일 그 구성원이 달라질 수 있다. 대학의 재학생 모집단은 휴학이나 자퇴 등 다양한 이유로 그 구성원이 달라진다. 이렇게 모집단은 그 구성원이 지속해서 바뀔 수 있는 '이론적' 모집단으로 봐야 한다.

대단위 모집단의 전체 구성원을 대상으로 조사하는 것은 불가능하므로, 조사는 모집단으로부터 한정된 수의 개인이나 단위로 이루어진 표본(sample)이라는 모집단의 하위집단을 대상으로 한다. 연구자는 표본에 대한 조사 결과를 모집단의 특성으로 일반화하고자 하는 목적을 갖기 때문에, 대표성 있는 표본을 추출하는 것이 매우 중요하다. 따라서 조사하고자 하는 모집단을 정확하게 정의하여, 추출된 표본 구성원이 모집단 구성원의 주요 특성을 포함하고 있는지 확인할 수 있어야 한다. 이를 위해서는 모집단 구성원에 대한 완전한 목록을 바탕으로 표본을 추출하는 것이 필요하다. 만일 대통령 선거에 관한 어떤 조사에서 실제 선거인명부로부터 표본을 추출했다면 실제 모집단으로부터 표본을 추출한 것이다. 하지만 거의 모든 조사에서 모집단 구성원 전체의 완전한 목록을 확인하는 것은 현실적으로 불가능하다.

대신, 모집단에 가까운 목록 출처를 사용하는데, 이를 표집틀(sampling frame)이라고 한다. 따라서 표집틀은 표본을 추출하는 데 사용하는 '실제적'인 모집단이 된다. 앞선 선거인명부는 실제적인 완전한 표집틀에 해당한다. 하지만 조사연구 대부분은 불완전한 표집틀을 사용할 수밖에 없다. 예컨대, 우리나라에서 정기적으로 시행하고 있는 여론조사의 경우, 대체로 통신사 무선전화에 가입한 18세 이상 사용자 목록이 표집틀이 된다. 조사기관은 이 표집틀에서 무선적으로 만 명에서 2만 명 정도의 휴대전화 번호를 성별, 연령별 및 지역별 정보와 함께 통신사로부터 받아 조사를 시행한다. 하지만 조사 시행과 표집틀 제공의 시차로 인해 조사 때마다 수십 또는 수백 건 이상의 결번이 발생하고, 개인의 번호가 아니라 사업체의 번호거나, 외국인이 사용하는 번호가 포함되기도 한다. 또한 무선전화에 가입하지 않은 개인은 애초부터 표집틀에서 제외된다.

이렇게 표본 추출이 표집틀을 기반으로 이루어지기 때문에 표집틀은 조사에서 가장 중요한 도구 중 하나다. 따라서 이론적 모집단에 최대한 가까운 출처를 사용해야 한다. 이를 위해 표집틀은 최신의 상태로, 모집단에 포함되는 개인만 포함하고 누락되거나 중복된 개인이 없어야 하며, 각 개인을 고유하게 식별하고 연락할 수 있는 충분한 정보를 포함하고 있어야 한다.

그렇다면, 표본은 얼마나 커야 하는가? 직관적으로, 아마도 표본 크기는 크면 클수록 더 좋다고 생각할 것이다. 예를 들어, 1,000명의 모집단을 대표하기 위해서는 10명보다는 100명이 모집단 특성을 더 정확히 반영할 것이다. 실제로 그러하지만, 구체적으로 얼마나 커야 모집단을 잘 대표한다고 할 수 있는가? 이에 대한 답을 하기 위해서는 표집오차와 신뢰수준이라는 통계적 개념을 이해할 필요가 있다.

대중매체에서 보고하는 많은 조사 결과에서 '이 조사 결과는 95%의 신뢰수준에서 오차범위는 ±3%p였다' 같이 언급한 것을 보았을 것이다. 여기서 '±3%p'는 예측되는 모집단 값의 최솟값과 최댓값의 범위다. '오차범위'는 표본 통계치로 추정한 모수치와 실제 모수치 간 발생할 수 있는 오차의 범위를 말하며, 표집오차(sampling error)로 인해 발생한다.

예를 들어, 표본을 통해 A 정당에 대한 선호도가 35%일 때, 오차범위가 ±3%p라면, 모수치는 35±3%, 즉 32%에서 38%일 것이라는 의미다. B 정당에 대한 선호도가 28%라면, 모수치는 28±3%인 25%에서 31%라는 뜻이다. 이 예에서 두 정당에 대한 선호도 추정치는 7%p 차이가 나며, A 정당 최솟값과 B 정당 최댓값이 각각 32%, 31%이므로 이 차이는 오차범위 밖에 있다. 만약 오차범위가 ±5%p라면, A 정당 최솟값 30%와 B 정당 최댓값 33%는 그 차이가 오차범위 내에서 겹치므로, 실제 모집단에서는 차이가 없을 수도 있다.

그렇다면, 이 결과를 얼마나 신뢰할 수 있는가? 이 질문이 바로 신뢰수준에 관한 것이다. '95% 신뢰수준'은 표본을 통해 추정한 모수치가 실제로 모집단에서 관찰될 확률로, 100번 중 95번은 동일한 결과가 나올 것이라는 의미다. 더 정확히는 추정된 모수치의 실제값이, 주어진 신뢰구간(confidence interval) 범위 내에 포함될 확률이다. 따라서 95%보다는 99% 신뢰수준을 설정하면 더 정확하게 추정할 수 있다. 하지만 동일한 자료에서 신뢰수준을 95%에서 99%로 높이면, 신뢰구간의 범위는 더 넓어진다.

이 예에서 살펴본 바와 같이, 연구자는 표본을 통해 모집단을 추정하는 데 더 높은 신뢰수준과 더 작은 표집오차를 원할 것이다. 이는 모집단 크기와 표본 크기에 따라 달라진다(〈표 5-3〉). 더 높은 신뢰수준일수록, 더 작은 오차범위일수록, 관심 모집단 크기

표 5-3 모집단 크기와 신뢰수준, 오차범위에 따른 표본 크기

오차범위 / 모집단 크기	95% 신뢰수준			99% 신뢰수준		
	±3%	±5%	±10%	±3%	±5%	±10%
1,000	517	278	88	650	400	143
5,000	880	357	95	1,351	588	162
10,000	965	370	96	1,561	625	164
50,000	1,045	382	96	1,784	657	166
100,000	1,056	383	96	1,816	662	167
500,000	1,065	384	97	1,843	666	167
1,000,000	1,066	385	97	1,846	666	167
50,000,000 이상	1,068	385	97	1,849	666	167

가 더 클수록 더 큰 표본이 필요하다. 하지만 그 크기는 선형적으로 증가하지 않으며, 일정 크기 이상의 모집단에 대해서는 필요한 표본의 크기가 더이상 증가하지 않는 로지스틱 곡선과 같은 형태를 보인다. 〈표 5-3〉을 보면, 우리나라 사회 조사 결과의 대부분이 1,000명을 조금 넘는 이유를 짐작할 수 있을 것이다.

(2) 표집 방법

조사 결과를 표본에서 모집단으로 일반화하기 위해서는 대표성 있는 표본 추출이 필수적이다. 이렇게 관심 모집단의 특성을 잘 반영할 수 있는 표본을 추출하는 과정을 표집(sampling)이라고 한다. 연구자들은 오랫동안 모집단을 잘 대표하는 표본을 생성하기 위한 다양한 방법을 연구해 왔는데, 확률 표집(probability sampling)이 그 방법이다. 확률 표집은 모집단(혹은 표집틀)으로부터 각 참가자가 표본에 포함될 확률이 알려져 있거나 계산할 수 있도록 표본을 추출하는 방식이다. 이는 구체적으로 잘 정의된 모집단과 객관적인 선택 절차인 무선 선택(random selection)을 통해 이루어질 수 있다. 〈표 5-3〉에 제시한 표본 크기는 확률 표집을 가정하였을 때 추정할 수 있는 수치다.

확률 표집의 몇 가지 방법을 살펴보자. 첫째, 가장 기본적인 방식인 단순 무선표집(simple random sampling)은 모집단의 모든 구성원이 표본으로 추출될 확률이 동등한 표집 절차를 말한다. 만일 모집단 전체 구성원이 10만 명이고, 천 명으로 구성된 표본을 추출한다면, 각 개인이 표본으로 선택될 확률은 정확히 1%가 된다. 10만 명의 목록으로 구성된 표집틀 내 각 개인에게 순차적으로 번호를 할당한 후, 난수를 생성하여 할당된 1부터 1,000까지의 번호에 해당하는 개인을 개별적으로 추출한다면 단순 무선표집을 사용한 것이다. 이렇게 모집단을 하나의 큰 집단으로 간주하고 전체 구성원을 대상으로 하여 표집하므로 단순 무선표집이 된다. 이 절차는 접근하기 쉽고, 완전한 무선 절차를 사용하기 때문에 정확한 결과를 산출할 수 있지만, 표집틀이 완전해야 하고 비용이 많이 드는 편이다.

두 번째 방식은 계층화 무선표집(stratified random sampling)으로, 이는 모집단을 다양한 계층(하위 집단)으로 구분하고, 이 계층 각각에서 각 개인을 무선표집하여, 표본에 각 하위 집단 구성원이 포함되도록 하는 절차다. 이때 중요한 기준은 계층 내 구성원은 동질적으로, 계층 간 구성원은 이질적으로 만들어야 한다는 점이며, 계층의 수는 크게 고려하지 않아도 된다. 이렇게 구성한 계층을 바탕으로 표본을 추출하면 모집단에 대한 더 정확한 추정이 가능하다. 모집단을 하위집단으로 분할하기 위해서는 연구에서 다루는 문제와 관련되어야 한다. 예컨대, 재학생이 10,000명인 대학에서 학생 만족도 조사를 위해 500명을 표집한다고 가정하자. 이때 유학생 비율이 10%라면, 전체 모집단의 10%인 50명은 유학생 계층에서 표집하도록 계획하는 것이다. 단순 무선표집을 사용할 경우, '우연히' 유학생이 포함되지 않을 수도 있으므로, 이런 경우 계층화 무선표집이 모집단을 더 잘 대표할 수 있다. 이렇게 소수집단도 포함될 수 있도록 하는 절차이기 때문에 더 정확한 결과를 산출할 수 있고, 필요에 따라 하위 집단 간 차이를 확인할 수도 있는 장점을 갖고 있지만, 단순 무선표집보다 비용이 더 많이 드는 단점도 있다.

단순 무선표집과 계층화 무선표집 모두 무선표집(random sampling) 부분이 핵심이다. 무선표집이란, 표본을 선정할 때 우연적 절차를 사용하여 구체적으로 누가 선택되는지를 결정하는 절차다. 이는 각 참가자가 표본으로 선택될 확률을 계산할 수 있고, 누가 선택되는지는 어떠한 외부 요인과도 관계없이 단지 우연에 근거하기 때문에 일반화 가능성과 외적 타당도가 높은 표집 방식이다.

세 번째 방식은 상대적으로 간단하게 표본을 추출하는 방법인 체계적 표집(systematic sampling)으로, 표집틀의 개인을 한글 가나다순이나 영어 알파벳순, 혹은 기업의 직원 수 등 특정 기준으로 정렬한 다음, 고정 간격(예: 매 열 번째)에 있는 개인을 선택하는 절차를 말한다. 이때 고정 간격의 크기는 전체 모집단 크기 대비 표본 크기의 비율로 정하면 된다. 예를 들어, 모집단 크기가 10,000명, 표본 크기가 1,000명이라면 이때 고정 간격은 10이 된다. 이때 첫 시작점은 1부터 10 중에서 무선적으로 선택하며, 이후에는 10의 간격으로 표집하게 된다. 추가로, 체계적 표집은 앞선 계층화 방식과 결합하여 계층화 체계적 표집(stratified systematic sampling)도 가능하다. 즉, 계층화된 하위 집단 각각에 대한 체계적 표집을 말한다. 일반적으로 체계적 표집은 구성하기 쉬운 편이고, 대체로 정확한 결과를 산출할 수 있다는 장점이 있지만, 고정된 간격이 다른 요인과 체계적으로 함께 변화하는 속성이 있을 수 있고, 첫 시작점의 결정에 따라 이후의 표본이 결정되기 때문에 결과가 편향될 수 있다.

네 번째 방식은 군집표집(cluster sampling)이다. 이는 모집단을 주로 지리적 구분이나, 행정구역 구분으로 더 작은 군집으로 세분화한 다음, 개인이 아닌 군집을 무선표집하는 방식이다. 여기서 군집은 연구에 필요한 차원까지 더 하위의 군집으로 세분화할 수 있다. 예컨대, 첫 단계가 시/군/구라면, 그다음 단계는 읍/면/동 등으로 더 세분화하는 방식이다. 대학의 경우, 단과대학이 첫 단계라면, 그다음 단계는 학과나 전공과 같은 단위가 군집이 될 수 있다. 이렇게 군집이 표집되면, 군집 내 모든 개인은 표본에 포함된다. 군집표집은 모집단에 대한 모든 구성원을 포함하는 표집틀을 확인하는 것이 매우 어려울 때, 개인을 표집하는 대신에 명시적으로 확인 가능한 군집을 대상으로 표집하는 방식이다. 따라서 앞선 무선표집 방식보다 표집이 더 쉽다는 장점이 있지만, 상대적으로 모집단에 대한 대표성이 떨어진다는 단점이 있다.

지금까지 확률 표집이 각 참가자가 표본에 포함될 가능성이 알려져 있거나 계산할 수 있는 방식으로의 표집으로, 모집단으로 일반화할 수 있는 좋은 방법이라는 점을 살펴보았다. 각 방식에서 조금씩은 다르지만, 기본적으로 무선 선택이라는 절차가 이를 가능케 한다. 하지만 많은 연구에서 그렇지 않은 경우가 빈번한데, 각 참가자의 선택 확률을 알 수 없거나 계산할 수 없는 비무선 선택(nonrandom selection) 절차로 이루어지는 비확률 표집(non-probability sampling)을 사용한다. 이는 표본이 모집단을 얼마나 잘 대표하는지 판단하기 어려우므로, 결과의 일반화 가능성이 상당히 제한적이다.

자주 사용하는 비확률 표집 방법을 살펴보자. 첫째, 편의 표집(convenience sampling)은 확률 표집에서처럼 무선적이거나 체계적이지 않고, 현재 가용한 사람들이나 우연히 선택된 사람들을 표본으로 선택하는 절차로, 기회가 될 때마다 우발적으로 표본 구성원을 선정하는 접근이다. 특정 장소에서 특정 경험을 한 사람들을 표집하는 경우에 많이 사용된다. 예컨대, 쇼핑몰에서 매장 경험에 관한 조사를 하거나, 프로야구 경기를 보러 온 사람들에게 양 팀에 대한 선호도를 조사하거나, 도서관 앞에서 재학생들을 대상으로 질문을 하는 경우 등이 모두 해당한다. 정해진 표본 크기만큼 모집될 때까지 이렇게 계속 모집하게 된다.

둘째, 할당 표집(quota sampling)은 모집단의 여러 하위 집단에 대한 비율을 반영하는 표본을 구성하기 위한 목적으로, 연령, 성별, 학력 등 특정 속성을 가진 개인을 선정하여 표본을 구성하는 방법이다. 이는 앞서 설명한 계층화 표집 절차와 유사하지만 무선적이거나 체계적이지 않은 경우를 말한다. 예컨대, 학생 만족도 조사를 위해 전체 재학생의 학년 비율을 미리 조사한 후, 그 비율에 맞도록 전체 표본 내 참가자 수를 정해 놓고 표집하는 것이다. 이렇게 하위 집단별 할당된 수만큼 참가자를 모집하고 나면 그 하위 집단에 해당하는 참가자는 모집을 중단하고 아직 채워지지 않은 다른 하위 집단의 참가자를 모집하게 된다.

셋째, 목적 표집(purposive sampling)은 참가자의 특성과 자질에 따라 의도적으로 한정된 참가자를 선택하는 목적성 있는 표집 방법으로, 이 과정에서 연구자의 판단에 의존하여 대상을 선택하므로 판단 표집(judgment sampling)이라고도 한다. 예컨대, 프로야구 경기를 찾은 관람객 중, 해당 지역에 거주하면서 홈팀을 응원하는 사람들만을 대상으로 표본을 구성하는 것이 홈팀에 대한 정확한 평가가 가능하다고 판단한다면, 그 이외의 사람들을 제외하고 해당 자질에 맞는 사람들만 표집하게 된다. 대통령 선거 예측을 위해 해당 분야 전문가를 대상으로 하는 것이 타당하다는 판단으로 그 전문가들만을 표집하는 경우도 목적 표집에 해당한다.

넷째, 눈덩이 표집(snowball sampling)은 관심 모집단에 속하는 개인을 다양한 이유로 모집하기 어려울 때, 소수의 잠재적 참가자를 먼저 찾아서 조사를 시행하고, 그 참가자에게 잠재적인 참가자를 추천하도록 요청하는 방식으로 표본을 구성하는 방법을 말한다. 예컨대, 특정 제품을 장기간 사용한 경험이 있는 사람이나 흔하지 않은 질환을 경험한 사람, 사회적으로 소외된 집단 등을 조사할 때 눈덩이 표집을 사용할 수 있다.

마지막으로, 자원자 표집(volunteer sampling)은 연구 참여를 위한 모집 문건을 보고 자발적으로 참여 의사를 밝힌 참가자를 미리 정해진 표본 크기에 도달할 때까지 모집하는 방법으로, 아마도 심리학 연구에서 가장 흔히 사용하는 방법일 것이다. 대체로 잠재적 참가자들이 전단이나 게시판, 웹페이지, SNS 등 다양한 경로를 통해 연구 참여 홍보문을 보고 조사 목적에 적합한 특성을 보유하고 있는지를 스스로 판단하여 참가를 결정하게 된다. 온라인 패널을 대상으로 홍보를 하여 자원자를 모집하는 패널 표집(panel sampling)도 이와 유사하다. 패널 표집은 비확률 표집임에도 불구하고 패널의 주요 인구통계학적 구성을 모집단과 유사하게 관리함으로써 자원자 표집보다 일반화 가능성을 더 높일 수 있다.

3) 조사의 시행

조사는 다양한 형태로 시행한다. 이를 크게 구분하면 자기보고식 절차와 면접 절차로 구분할 수 있다. 두 방식의 차이는 참가자가 스스로 응답을 보고하는가 아니면 면접자가 참가자의 응답을 기록하는가를 기준으로 한다.

자기보고식 절차는 참가자에게 서면으로 질문지가 주어지고 이에 스스로 응답하도록

요청하는 방식이다. 주로 우편이나 온라인을 통해 질문지를 전달하지만 때로는 개인에게 직접 전달하는 직접 시행 방식을 사용하기도 한다.

첫째, 우편 조사는 가정이나 직장 주소로 질문지를 보내면, 표본으로 선택된 사람들이 질문지에 응답을 기록하고, 그다음 응답한 질문지를 반송용 봉투에 넣어 연구자에게 다시 보내는 절차를 포함한다. 우편 조사는 시간과 비용 측면에서 경제적이고, 개인이 사적 공간에서 충분히 시간적 여유를 두고 응답할 수 있어 민감한 문제를 다루는 데도 유리할 뿐만 아니라, 온라인 환경에 익숙하지 않은 사람들까지 포함하여 시행하기에 유용하다. 하지만 응답률이 낮고, 응답을 받을 때까지 시간이 오래 걸리며, 질문지의 내용이 모호할 때 추가 질문이 불가능하다는 단점이 있다.

둘째, 온라인 조사는 주로 이메일, 문자메시지, SNS, 웹페이지 등을 통해 시행한다. 온라인 조사는 많은 수의 잠재적 응답자에게 접촉할 수 있고, 질문지를 제작할 수 있는 간단한 온라인 도구를 제공해 주는 곳을 어렵지 않게 찾을 수 있어 누구나 시행할 수 있다는 장점이 있다. 또한 질문지 회수가 매우 빠르며, 자료 입력이 거의 자동으로 이루어져서 매우 편리하다. 뿐만 아니라, 대단위 패널을 보유한 조사기관은 특정 주제에 관심이 있는 사람들에 대해 즉각적인 조사가 가능하다. 하지만 온라인 환경에 익숙하지 않은 사람들은 잠재적 참가자로서 원천적으로 차단되고, 패널 활동에 동의한 사람들만을 대상으로 한다는 한계가 있다. 한동안 온라인 조사가 전통적인 지필 조사와 유사한 결과를 보일 것인가에 관한 논쟁이 있었다. 이는 질문과 응답 선택지를 제시하는 방식이 서로 다르고, 익명성의 확보 정도가 다르므로 참가자들이 두 가지 방식에서 서로 다른 응답을 할 것이라는 추론에 기인한다. 하지만 많은 선행연구는 지필 조사와 온라인 조사 간에 응답에서의 차이가 없음을 확인해 주고 있다(Bates & Cox, 2008; Denscombe, 2006).

셋째, 가장 전통적인 방식이라고 할 수 있는 직접 시행 방식은 질문지를 개인에게 직접 전달하여 바로 작성해 달라고 요청하거나 완료된 질문지를 회수하기 위해 다시 방문하는 형식으로 이루어진다. 때로는 어떤 집단을 대상으로 질문지를 배부할 수도 있고, 해당 장소에 머물면서 직접 시행할 수도 있는데, 예컨대 쇼핑몰 이용자를 대상으로 조사할 때, 연구자는 쇼핑몰에서 이용자에게 직접 질문지를 배부할 수 있다. 직접 시행 방식은 대체로 효율적이지 못한 방법이지만, 여전히 필요한 상황에서 적용하고 있다. 특히 연구자가 질문지에 대한 추가 질문에 답할 수 있다는 장점이 있다.

한편, 면접 절차는 면접자가 질문을 읽어 주고, 그에 대한 응답자의 응답을 기록하는 방식으로 진행된다. 전통적 방식인 면대면 면접(face-to-face interview)은 면접자가 응답자와 직접 만난 후 시행하는 것으로, 시간과 비용 면에서 비효율적이지만 표본 크기가 상당히 작고, 면접 상황이 주는 이득이 분명하다면 응답률이 매우 높다는 장점을 충분히 활용할 수 있다.

대단위 조사를 위한 면접은 모두 전화 면접으로 이루어진다. 전화 면접(telephone interview)은 대면 면접보다 시간과 비용 측면에서 훨씬 유리하다는 장점이 있으며, 우편 조사보다 상대적으로 더 빠른 자료 수집이 가능하다. 이는 많은 면접자가 동시에 조사를 시행할 수 있기 때문인데, 이는 한 가지 우려를 만들기도 한다. 즉, 많은 면접자가 동일한 절차를 실제로 따르는가에 관한 것이다. 조사의 일반적인 원칙 중 하나는 모든 응답자에게 동일한 질문을 동일한 방식으로 시행해야 한다는 것인데 면접자가 많은 경우에는 응답의 차이가 응답자 간의 실제 차이인지 아니면 절차에서의 차이인지를 확신할 수 없게 만든다. 따라서 모든 면접자가 모든 응답자에게 동일하게 읽도록 훈련하는 것이 매우 중요하다.

요즘은 이러한 절차를 컴퓨터 기반으로 자동화하여 더 효율적으로 정확하게 시행할 수 있다. 예컨대, 컴퓨터 지원 전화 면접(Computer Assisted Telephone Interviewing, CATI) 시스템을 활용하면, 면접자가 컴퓨터 화면에 나타나는, 질문을 포함하는 대본을 읽어 주고 이에 대한 응답자의 응답을 바로 입력할 수 있어, 면접자 오류를 줄일 수 있다. 한 걸음 더 나아가, 컴퓨터 지원 개인 면접(Computer-Assisted Personal Interviewing, CAPI) 시스템은 전자기기를 보조로 사용하여 질문에 답변할 수 있도록 지원하는 형태다.

이렇게 다양한 방식으로 조사를 시행할 수 있다. 이 중에서 어떤 방식이 좋은가에 대해서는 시간과 비용, 관심 모집단의 특성과 연구 주제 등 연구자의 판단이 가장 중요하다. 하지만 이보다 더 중요한 공통적인 사항은 응답률이 높아야 한다는 점이다. 앞서 확률 표집을 통해 모집단을 잘 대표하는 표본을 구성할 수 있다고 하였는데, 표본이 모집단을 잘 대표하려면 해당 표본의 응답률이 100%여야 할 것이다. 하지만 안타깝게도 현실은 전혀 그렇지 않다.

미국 여론조사협회(The American Association for Public Opinion Research, AAPOR)의 발표에 따르면, 2008년부터 2015년까지 시행한 대단위 조사에서 지속적으로 응답률이 감소하였는데, 유선전화는 평균 15.7%에서 9.3%로, 무선전화는 평균 11.7%에서 7.0%로 낮아졌다. 우리나라의 경우, 중앙선거여론조사심의위원회에 등록된 대단위 조사 결과를 웹사이트에서 살펴볼 수 있는데, 무선전화를 사용하여 2023년 실시한 한 대단위 여론조사에서, 전화접촉 후 응답한 사람의 비율이 약 14% 정도였다(국제표준 AAPOR 응답률 기준으로는 약 5.4%다).

극단적으로 말하면, 확률 표집을 사용하고 응답률이 100%인 경우 표본은 모집단을 거의 완벽하게 대표할 수 있다. 그러나 응답률이 증가함에 따라 표본의 대표성이 단순히 증가하는 것은 아니다. 아무리 체계적인 학술적 조사라고 할지라도 표본의 인구통계학적·태도적 구성에는 상당한 편향성이 존재할 수 있는데, 한 연구에서 대단위 학술적 조사 두 사례를 살펴본 결과, 특정 인구통계 집단이 우연 수준 이상으로 편향되어 응답하였음을 확인하였다(Brehm, 1993). 즉, 청년과 노인, 남성, 소득 수준이 매우 높은 사람들은 과소 대표되는 반면, 교육 수준이 가장 낮은 사람들은 과대 대표되었다.

하지만 또 다른 연구는 응답률이 매우 낮은 조사가 응답률이 훨씬 높은 조사보다 더 정확할 수 있음을 보여 준다(Visser, Krosnick, Marquette, & Curtin, 1996). 예컨대, 미국 오하이오주 전체 선거 결과를 예측하는 15년간의 우편 설문조사와 전화 설문조사의 정확도를 비교한 결과, 우편 조사의 응답률은 약 20%, 전화 조사의 응답률은 약 60%였지만, 전화 조사(오차 평균 5.2%)보다 우편 조사(오차 평균 1.6%)가 선거 결과를 더 정확하게 예측하였다. 뿐만 아니라, 우편 조사는 유권자의 인구통계학적 특성을 더 정확하게 반영하였다. 이는 응답률이 낮다고 해서 반드시 오류가 많다는 것을 의미하지 않으며, 응답률 자체보다는 체계적 무응답의 영향이 더욱 중요함을 시사한다.

따라서 단지 계획보다 더 많은 질문지를 발송하는 것이 더 좋은 것은 아니며, 응답률을 높이기 위한 세부 사항에까지 주의를 기울이는 것이 필요하다. 다음에 응답률이 높은 조사의 일반적인 특징이 나열되어 있다(Boynton, 2004).

- 질문지 설계가 명확하고 외형적으로 단순하다.
- 질문지의 초점과 목적이 명확하고 간결하다.
- 연구 목적과 질문지 작성 방법에 관한 설명이 명확하다.
- 참가자의 주의를 끌 수 있는 문항으로 이루어져 있다.
- 참가자 자신이 연구에 관련된다고 여긴다.
- 철저한 예비연구를 거친다.
- 참가자에게 개인별 맞춤형 초대장과 함께 연구에 대한 알림을 미리 제공한다.

- 응답 완료에 대한 대가로 참가자에게 상품 등 유인책을 제공한다.
- 면접 방식에서 응답자의 질문에 답변하고 작성된 설문지를 수거할 준비가 되어 있다.
- 우편 조사에서 우표가 찍힌 주소 봉투가 포함되어 있다.
- 적절한 간격으로 응답을 독려하는 연락을 취한다.

무응답한 사람들의 특성을 이해하는 것은 과학적 또는 실제적 견지에서 중요한데, 무응답 비율이 너무 높다면 연구 소개 방식이나 동의 절차를 개선할 수도 있고, 잠재적 응답자에 대한 전반적인 접근방식을 수정할 필요도 있다. 또는 잠재적 응답자가 가장 편리한 방식으로 응답할 수 있도록 다양한 조사 형식을 미리 준비하여 참가자가 선택할 수 있도록 하는 것도 한 가지 대안이 될 수 있다.

Keywords

관찰 연구(observational research)
관찰자 편향(observer bias)
은폐 관찰(concealed observation)
반동성(reactivity)
참여 관찰(participant observation)
입력 체계(coding system)
면접 연구(interview research)
초점집단 면접(Focus Group Interview, FGI)
비구조화 면접(unstructured interview)
면대면 면접(face-to-face interview)
전화 면접(telephone interview)
사례연구(case study)
심리전기(psychobiography)
사회적 바람직성(social desirability)
리커트 척도(Likert scale)
시각 아날로그 척도(visual analog scale)
질문 순서 효과(question order effect)
모집단(population)
표집틀(sampling frame)
표집(sampling)
단순 무선표집(simple random sampling)
자연관찰(naturalistic observation)
관찰자 간 신뢰도(interobserver reliability)
비은폐 관찰(unconcealed observation)
비참여 관찰(nonparticipant observation)
체계적 관찰(systematic observation)
실험실 관찰(laboratory observation)
심층 면접(in-depth interview)
구조화 면접(structured interview)
반구조화 면접(semi-structured interview)
면접자 편향(interviewer bias)
온라인 면접(online interview)
기록물 연구(archival research)
조사연구(survey research)
평정척도(rating scale)
의미미분 척도(semantic differential scale)
도식 평정척도(graphic rating scale)
반응 양식(response style)
표본(sample)
표집오차(sampling error)
확률 표집(probability sampling)
계층화 무선표집(stratified random sampling)

무선표집(random sampling)
계층화 체계적 표집(stratified systematic sampling)
비확률 표집(non-probability sampling)
할당 표집(quota sampling)
눈덩이 표집(snowball sampling)
패널 표집(panel sampling)
체계적 표집(systematic sampling)
군집표집(cluster sampling)
편의 표집(convenience sampling)
목적 표집(purposive sampling)
자원자 표집(volunteer sampling)

Review Questions

1. 자연관찰이란 무엇이며, 자연관찰 수행 시 관찰자 편향을 감소하는 방법은 무엇인가?
2. 참여 관찰의 장단점을 설명하시오.
3. 체계적 관찰을 위한 입력 체계란 무엇인가?
4. 실험실 관찰의 장단점을 설명하시오.
5. 심층 면접의 장단점을 설명하시오.
6. 초점집단 면접에서 면접자의 역할은 무엇인가?
7. 면접의 형식을 구조화 정도에 따라 분류하여 설명하시오.
8. 사례연구란 무엇인가?
9. 질문지에 포함될 다음 각 질문의 예에서 각각 어떤 원칙에 어긋나는지 표시하시오. 둘 이상에 해당하면 모두 표시하시오.

질문	짧은 문장	간결한 문법	구체적 표현	쉬운 표현	단일 질문	긍정문	가치 중립
1. 타인에게 동의 표현을 잘하는 것이 수동적인 성격이라고 오해받을 수 있는 행동이라는 주장에 동의합니까?							
2. 지난번 선거에서 투표에 참여하였습니까?							
3. 직전 학기 수업이 고등학교에서 들었던 수업보다 전반적으로 더 부담되고 흥미로웠습니까?							
4. 대기업 경영진이 노동조합과 임금협상을 순조롭게 진행하지 않는 것이 우리나라 경제에 해로운 영향을 준다고 생각합니까?							

5. 지난 일주일 동안 염화나트륨을 평소 보다 많이 섭취하였습니까?							
6. 방법론을 아는 것이 삶에 도움이 안 된다고 생각합니까?							
7. 영화를 보며 시간을 낭비하는 것을 선호합니까?							

10. 앞의 각 질문에 대해 구체적으로 무엇이 문제인지를 기술하고, 가능한 대안적 질문을 쓰시오.

11. 질문지를 설계할 때 문항 배열이 중요한 이유는 무엇인가?

12. 반응 양식에 의한 영향을 최소화하기 위한 기본적인 절차는 무엇인가?

13. 표집틀이란 무엇인가?

14. 다음의 각 자치단체에서 각 세대를 대상으로 사회경제적 조사를 시행하고자 한다. 모든 시에서 95% 신뢰수준에서 ±5%의 오차범위로 조사하고자 한다면 각각 몇 세대를 표집해야 하는가? 다음 표에 제시한 각 자치단체의 대략적인 세대수를 확인하고 필요한 표본 크기를 본문의 <표 5-3>을 참고하여 빈칸에 쓰시오.

자치단체	서울	부산	대구	울산	춘천	공주
세대수	4,500,000	1,550,000	1,100,000	130,000	130,000	52,000
표본 크기						

15. 확률 표집이란 무엇인가?

16. 무선표집은 무엇이며, 그 장점은 무엇인가?

제6장

상관연구의 시행

1. **상관연구의 시작**
   1) 연구 아이디어 생성
   2) 관계적 가설 수립
2. **연구 설계**
   1) 자료 수집 시기의 선택
   2) 참가자 선택
   3) 측정 도구 선택
   4) 시행 방법의 선택
3. **상관연구의 실행**
   1) 예비연구 시행
   2) 본연구 시행
4. **상관연구의 마무리**
   1) 상관연구 결과의 분석
   2) 상관연구 결과의 해석

상관연구는 현상에 대한 정확한 기술의 목적을 넘어 현상에서 관찰되는 변인 간 관계를 연구하기 위한 목적으로 수행한다. 상관연구는 조사연구나 현장연구의 형태로 이루어질 수 있는데, 6장은 특히 조사연구를 어떻게 수행하는가를 중심으로 살펴보고자 한다.

앞선 장들에서 설명한 바와 같이, 조사연구(survey research)란 참가자로부터 응답을 받거나 해당 참가자에 대한 자료를 자기보고식 질문지나 면접의 형식으로 수집하여 그 결과를 모집단의 특성으로 추정하는 연구를 일컫는다. 이에 따라 질문지를 어떻게 구성하며 참가자를 어떻게 표집하여 표본을 구성할 것인지가 매우 중요하다고 하였다. 또한 조사연구의 유형으로, 개방형 응답을 받아 특정 주제와 관련된 다양한 자료를 수집하는 질적 연구 형태인 탐색적 조사(exploratory survey)와 주로 폐쇄형 응답을 통해 어떤 현상을 양적으로 기술하고자 하는 기술적 조사(descriptive survey)를 설명하였다.

설명적 조사(explanatory survey)는 참가자의 여러 속성에 대한 하나 이상의 가설적 관계를 확인하고 예측하는 목적으로 수행하며, 변인 간 관계에 관해 연구하는 상관연구다. 설명적 조사에서 연구자는 추론통계 절차를 통해 가설을 검증하는데, 참가자의 응답을 바탕으로 관찰한 변인 간 관계가 연구자의 가설을 지지하는지, 그리고 얼마나 관계되는지를 확인하고자 한다. 여기서 '설명적'이라는 말은 인과관계를 규명함으로써 그 이유를 설명하고자 하는 '왜'에 관한 것이 아니라, 현상을 변인 간 관계로써 설명하는 것이라고 보아야 한다.

이번 장에서는 2장에서 소개한 연구의 일반적 과정에 따라 연구의 시작과 설계, 실행 및 마무리 단계에서 상관연구로서 조사연구를 어떻게 수행하는지, 그리고 유의해야 할 사항들은 무엇인지 단계에 따라 구체적으로 살펴보고자 한다.

1. 상관연구의 시작

1) 연구 아이디어 생성

2장에서 설명한 바와 같이 연구를 위한 아이디어는 다양한 출처로부터 얻을 수 있다. 주변 현상에 대한 관찰, 확인되지 않은 상식, 최근에 논쟁이 있는 사회 문제, 관련 분야의 선행연구나 이론 등 다양한 출처를 통해 아이디어를 만들 수 있다. 이와 관련하여 다음에 설명할 내용과 더불어 2장의 내용, 특히 〈읽어 보기 2-4〉를 다시 살펴보는 것이 많은 도움이 될 것이다.

좋은 아이디어는 기존의 아이디어나 연구와 차별성이 있어야 하고, 동시에 논리적이어야 한다. 즉, 좋은 아이디어는 창의적이면서 체계적이어야 한다. 이를 위해서는 관련 분야에 대한 전문지식이 필요하지만, 반드시 요구되는 조건은 아니다. 가령 작업기억에 관한 전문지식을 갖춘 해당 분야의 전문가는 작업기억의 하위 성분 간의 관련성을 기반으로 하는 아이디어를 쉽게 생각할 수 있지만, 작업기억과 정서적 상태와의 관련성을 떠올리는 것은 상대적으로 어려울 수 있다. 반대로 전문가가 아닌 경우, 두 변인 간 관계를 상대적으로 더 쉽게 떠올릴 수도 있다. 이는 비전문가가 전문가보다 특정 분야에 대한 경험이 적어서 고정적 견해가 적고, 편향 없이 더 자유로운 태도로 새로운 아이디어를 제시할 수 있기 때문이다(Angello, Storm, & Smith, 2015; Wiley, 1998).

연구 아이디어는 관심 변인을 포함하는 연구 질문이나 문제의 형태로 표현할 수 있다. 예컨대, 두 변인에 대한 관계의 경우, '학습 시간과 학업성적은 서로 관계가 있는가?', '청소년의 자기존중감은 학업성적과 관계가 있는가?'와 같은 형태다. 세 변인에 대한 관계에서는 '청소년의 학업성적과 행복감의 관계에서 자기존중감은 어떤 역할을 하는가?'와 같이 표현할 수 있을 것이다. 이때 세 변인 간 관계를 어떻게 가정하는가에 따라 서로 다른 형태로 표현할 수 있다. 예컨대, '자기존중감은 학업성적과 행복감 간 관계의 정도에 영향을 미칠까?' 또는 '학업성적과 행복감 간 관계에 자기존중감이 개입하고 있을까?' 등으로 표현할 수 있다.

상관연구를 위한 아이디어를 만들고 이를 구체화하는 과정에서 고려해야 하거나 도움이 되는 측면을 몇 가지 살펴보자.

첫째, 최소한 두 변인을 동시에 생각한다. 여론조사와 같은 기술연구는 하나의 항목에 대해 생각해도 되지만, 상관연구는 기본적으로 두 변인 이상의 관계에 관한 것이므로 아이디어를 만들 때부터 최소한 두 개의 변인을 떠올려야 한다. 일상 속 관찰로부터 시작된 어떤 현상에 관한 아이디어라면, 그 현상 자체에 포함된 둘 이상의 변인들을 고려하거나, 그 현상과 관련될 것으로 예상하는 또 다른 변인들을 추가로 고려해야 한다.

둘째, 적용할 연구방법을 제한하지 않는다. '상관연구를 위한 아이디어'를 생각하는 것이 아니라 '관심 있는 아이디어'를 생각하라는 의미다. 최초의 아이디어가 상관적 관

계에 관한 것인지 아니면 인과적 관계에 관한 것인지는 그다지 중요하지 않으며, 어떤 주제에 관한 것인지를 생각하는 것이 더 중요하다는 의미다. 이렇게 고안한 아이디어는 그다음 실행 가능한 방법을 적용하면 된다. 연구 문제로 구현하거나 구체적인 가설을 설정하는 단계에서 실행 불가능한 아이디어는 사용하지 않으면 그만이다. 즉, 어떠한 불완전한 아이디어라도, 없는 것보다는 있는 것이 백번 낫다는 생각이 중요하다.

셋째, 상관연구를 수행한 선행연구에 포함된 변인들을 면밀하게 살펴본다. 대부분의 상관연구는 두 개의 변인이 아니라 더 많은 변인을 포함한다. 어떠한 연구라도 주요 변인과 관련되는 다른 모든 변인을 포함하는 것은 불가능하다. 따라서 선행연구에 포함된 여러 변인 중에 주요 변인과 관련성이 작았거나, 다른 선행연구와 서로 다른 결과를 보이는 변인이 있다면, 그 변인을 다른 변인으로 바꾸거나, 또 다른 변인을 추가하는 등의 아이디어를 만들 수 있다. 예컨대, 선행연구에 포함된 변인에 더하여, 변인 간 관계의 크기를 변화시킬 수 있는 다른 변인이나(조절효과), 겉으로 드러나지 않지만 변인 간 관계를 연결해 줄 수 있는 다른 변인을 고려해 볼 수도 있다(매개효과).

넷째, 실험연구를 수행한 선행연구 결과가 현실에서도 그러할까를 생각한다. 실험연구 결과로서 인과성이 확인된 변인 간 관계에 대해 현상적으로 그러할까에 관심을 둔다면 상관연구를 위한 좋은 아이디어가 된다. 이러한 맥락에서 생각할 수 있는 한 유형은 개인의 특정 행동이 어떤 정보처리 과정을 거치는가에 관한 실험 결과를 바탕으로, 개인차를 연구하는 것이다. 예컨대, 작업기억 용량이 서로 다른 개인들이 창의성이나 학업수행 등 다른 변인에서 어떤 개인차를 보이는가를 연구할 수 있다. 다른 유형으로는 실험에서 발견한 인과성을 현실에서 직접 재현하는 것이 불가능하거나 비윤리적일 경우, 혹은 너무 큰 비용이 드는 경우, 상관연구를 통해 간접적 증거를 확보하고자 하는 것이다. 특히 변인 간 인과적 관계를 가정하는 경로모형과 같은 연구 아이디어를 생성하는 데 좋은 출처가 될 수 있다.

2) 관계적 가설 수립

상관연구를 위한 다양한 형태의 가설 수립에 관한 내용을 살펴보고자 한다. 이들은 모두 연구가설이다. 즉, 통계학적으로 대립가설(alternative hypothesis)을 말하는 것으로, 통계적 추론을 위해 직접 검증하는 영가설(null hypothesis)이 아니다. 많은 통계학 서적에서 설명하듯이, 통계적 추론에서는 연구를 통해 수집한 자료가 해당 연구가설을 지지하는가를 직접 검증할 수 없으므로, 영가설 검증을 통해 영가설을 기각함으로써 연구가설을 지지하는 절차로 이루어진다는 점을 먼저 상기할 필요가 있다.

(1) 두 변인 간 관계에 관한 가설

상관연구를 위한 가설은 최소한 두 변인을 포함하며, 변인 간 관계를 예측하는 진술이다. 예컨대, 연구자가 청소년의 자기존중감과 학업성적 간 관계에 관심이 있다면, '자기존중감'과 '학업성적'이라는 두 변인을 가설에 제시해야 한다. 이에 더하여, 변인 간 관계에 대해 예측되는 방향성을 기술해야 한다. 즉, 두 변인 간 '정적 관계' 혹은 '부적 관계'가 있을 것인지를 나타내야 한다. 이는 한 변인의 수준이나 값이 증가할 때 다른 변인의 수준이나 값이 어떻게 변할 것이라는 방향성을 나타낸다.

가설을 수립하는 데 논리적 추론을 적용하는 과정을 언급한 적이 있다. 하나의 연구라는 틀에서 규칙은 이론으로, 사례는 표본 특성으로, 결론은 연구 결과로 간주하면 된다. 예컨대, 청소년의 자기존중감과 학업성적 간 관계에 관한 가설을 수립할 때, 세 가지 논리적 추론이 어떻게 적용되는지를 〈표 6-1〉에 제시하였다.

연역에 의한 가설은 자기존중감이 높을수록 학업성적이 높다는 이론에 따라 실제로 그러한 현상을 관찰할 수 있는지를 확인하기 위해 수립된다. 따라서 '자기존중감이 높을수록 학업성적이 높을 것이다'의 가설이 될 것이다. 가설검증 결과, 예측된 결과를 관찰한다면 해당 이론을 지지하게 되고, 그렇지 않다면, 그 이론에 의해 설명되지 않으므로 이론을 수정하거나 그 이론에 오류가 있을 수 있다는 의미가 된다.

귀납에 의한 가설의 진술 형태는 연역에 의한 가설과 동일하다. 하지만 그 과정은 다

표 6-1 관계적 가설 수립에 필요한 논리적 추론의 세 가지 유형

구분	연역법		귀납법		가추법	
대전제	규칙	자기존중감이 높을수록 학업성적이 높다.	사례	이 청소년은 자기존중감이 높다.	규칙	자기존중감이 높을수록 학업성적이 높다.
소전제	사례	이 청소년은 자기존중감이 높다.	결과	이 청소년은 학업성적이 높다.	결과	이 청소년은 학업성적이 높다.
결론	결과	이 청소년은 학업성적이 높다.	규칙	자기존중감이 높을수록 학업성적이 높다.	사례	이 청소년은 자기존중감이 높다.

표 6-2 관계적 가설의 예시와 평가

진술문	명제 형식(진리값)	검증 가능성
1. 청소년의 자기존중감은 학업성적과 정적 상관이 있을 것이다.	종합적(T or F)	가능
2. 청소년의 자기존중감이 높을수록 학업성적이 높을 것이다.	종합적(T or F)	가능
3. 아동의 자기존중감은 사회적 자기존중감과 정적 상관이 있을 것이다.	분석적(T)	가능
4. 아동의 자기존중감이 높을수록 사회적 자기존중감은 낮을 것이다.	분석적(F)	가능
5. 아동기 무의식적 동기가 높을수록 청소년의 학업성적이 높을 것이다.	종합적(T or F)	불가능

른데, 어떤 청소년의 자기존중감이 높은데 그 청소년의 학업성적 또한 높은 것을 관찰했다면, 실제로 다른 청소년들도 그러한지를 확인하기 위해 가설을 수립할 수 있으며, 그 목적은 이론을 수립하기 위한 것이라고 볼 수 있다. 가추에 의한 방법은 자기존중감이 높을수록 학업성적이 높다는 이론에 따라, 학업성적이 높은 청소년이 있다면 그 청소년은 자기존중감이 높을 것이라는 가설적 추론을 하고, 실제로 그러한지 확인하는 가설을 수립할 수 있다. 이 또한 앞서 제시한 진술문의 형태와 같다. 이렇게 동일한 형식의 가설이라도 서로 다른 목적을 가지고 서로 다른 추론 과정을 통해 수립할 수 있다.

한편, 2장에서 설명한 바와 같이, 가설은 형식적 측면에서 종합적 명제로서 수립되어야 하고, 내용적 측면에서 경험적으로 검증 가능해야 한다고 하였다. 분석적 명제는 그 자체로서 참(True)이거나 거짓(False)이 정해진다. 또한 가설을 검증하기 위해서는 측정 변인의 조작화(operationalization), 즉 조작적 정의를 할 수 있는 절차가 가능해야 한다. 따라서 조작화가 불가능한 변인에 관한 가설은 검증할 수 없다. 이와 관련한 몇 가지 예를 〈표 6-2〉에 제시하였다. 각 예시 중에서 종합적 명제이면서 동시에 검증가능한 진술문만이 가설로 작용할 수 있다는 점을 분명히 인식해야 한다.

(2) 세 변인 이상의 관계에 관한 가설

두 변인 간 관계에 관한 아이디어는 상관연구를 위한 출발점으로 좋은 역할을 할 수 있지만, 그 자체를 주제로 실제 연구를 수행하는 것은 거의 불가능하다. 그 이유는 많은 연구가 이미 수행되어 지식이 많이 쌓였으며, 연구자들의 질문은 더욱 세분화되었기 때문이다. 이에 따라 두 변인 간 관계를 넘어서는 가설이 필요하다. 가장 단순한 유형으로 최소한 세 가지 변인이 포함될 수 있는데, '한 변인(X_1)이 기존의 변인(X_2)보다 또 다른 변인(Y)을 더 잘 예측할 것이다'와 같은 형태가 될 것이다. 예컨대, '자기효능감은 자기존중감보다 학업성적을 더 잘 예측할 것이다'와 같이 제시할 수 있다. 이러한 유형의 가설은 이후 다중회귀(multiple regression)나 부분상관(partial correlation)을 통해 검증할 수 있다.

더 많은 상관연구에서는 단순히 변인 간 상관이 있는가를 보고자 하는 것이 아니라, 변인 간 인과적 관계에 관한 모형의 타당성을 검증하는 데 관심을 둔다. 이는 실제 변인 간 인과관계를 규명하기 위한 목적이 아니라, 가설적으로 설정한 인과적 관계가 얼마나 타당한가를 통계 모형에서 확인하고자 하는 연구다. 이를 인과모형(causal model)이라고 하는데, 회귀모형(regression model)이나 구조방정식 모형(Structural Equation Model, SEM)에서 경로분석(path analysis)을 사용하여 관심 변인 간 인과모형의 적합도를 평가하는 목적으로 수행한다. 이 인과모형을 기반으로 조절효과나 매개효과를 검증하고자 하는 가설을 수립할 수 있다.

[그림 6-1]에 제시한 것처럼, 조절효과(moderating effect)는 제3의 변인이 독립변인과 종속변인 간 관계의 특성을 변화시키는 효과다. 예를 들어, 자기존중감과 학업성적 간 관계가 자기효능감이라는 조절변인에 의해 그 강도가 더 커지거나 작아지는 효과를 말한다. 매개효과(mediating effect)는 독립변인과 종속변인 간 경로에 개입하여 두 변인 간 관계를 변화시키는 효과로, 독립변인이 부분적으로 또는 전체적으로 매개변인을 통해 종속변인에 영향을 미치는 경우를 말한다.

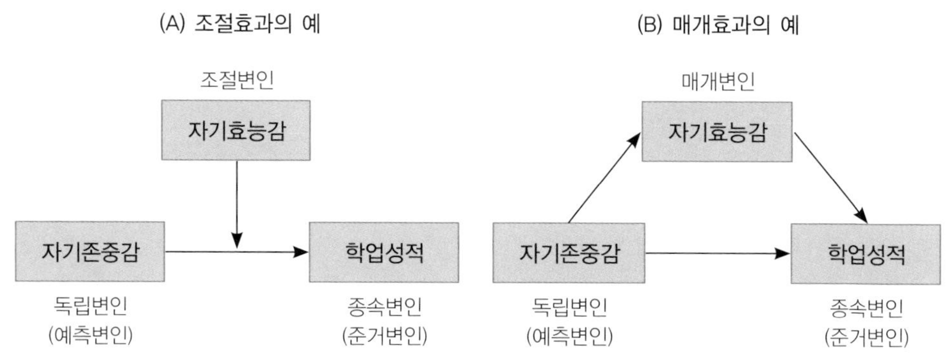

그림 6-1 조절효과와 매개효과의 예

조절효과에 관한 가설을 가장 일반적으로 표현하면 '독립변인이 종속변인에 영향을 미치며, 그 강도는 조절변인의 수준에 따라 달라질 것이다'와 같이 기술할 수 있다. 이때 조절변인이 연속변인이라면, '독립변인이 종속변인에 영향을 미치며, 조절변인의 값이 증가할수록 독립변인이 종속변인에 미치는 영향이 더 커질 것이다'와 같은 표현도 가능하다. 여기서 유의해야 할 점은 조절변인이 포함되기 전, 독립변인과 종속변인 간 관계가 이미 존재한다는 점이다.

매개효과에 관한 가설은 매개변인의 역할을 생각해 보면 떠올릴 수 있다. 매개변인은 독립변인의 영향을 종속변인에 전달하는 역할을 한다. 따라서 가설은 '독립변인이 매개변인에 영향을 주고, 그다음 종속변인에 영향을 미칠 것이다'와 같은 표현이 된다. 예컨대, '자기존중감은 자기효능감에 영향을 주고, 자기효능감은 학업성적에 영향을 미칠 것이다'와 같다. 독립변인과 종속변인 간 관계는 매개효과 이전에 존재한다. 이때 매개효과가 커질수록 독립변인이 종속변인에 미치는 영향인 직접효과(direct effect)는 작아지며, 매개효과가 매우 크다면, 직접효과가 사라질 수도 있다. 이를 완전매개효과(full mediating effect)라고 하는데, 이런 경우가 흔치는 않다. 어느 변인이 매개하여 독립변인의 설명량을 독점하는 형태는 거의 없기 때문이다. 따라서 대체로 부분매개효과(partial mediating effect)를 가정하고 가설을 생각하면 된다.

상당수의 연구는 잠재변인 모형(latent variable model)에 관한 검증을 다룬다. 잠재변인이란 둘 이상의 측정 변인을 통해 구성하는 이론적 구성개념으로, 직접 측정할 수 없으므로 여러 측정치를 통해 추정하게 된다. 예컨대 대학생의 성실성을 측정하기 위한 명시적인 도구를 만들 수는 없어도, 출석, 과제 제출, 지각 여부, 여가시간 활용 등의 측정치를 통해 요인분석(factor analysis)이나 구조방정식 모형 등을 활용하여 성실성이라는 잠재변인을 추정할 수는 있다. 이때 가설은 해당 모형이 적합한가에 관한 것이다. 예컨대, A와 B의 두 모형 중에서 A 모형이 더 타당하다고 예상한다면, 'A 모형의 적합도가 B 모형보다 더 높을 것이다'와 같은 형태의 진술이다. 실제 연구에서는 이보다 더 복잡하며, 다양한 형태로 가설을 제시한다.

2. 연구 설계

1) 자료 수집 시기의 선택

상관연구를 위한 연구 설계에서 가장 먼저 고려할 사항은 자료 수집 시기에 관한 것으로, 자료 수집을 시간에 걸쳐서 반복할 것인지 아니면 한 시점에 모든 자료를 수집할 것인지다. 구체적으로, 횡단 설계(cross-sectional design)는 한 시점에 자료를 수집하여 변인 간 관계를 확인하는 설계로, 대다수의 연구에서 사용한다. 반면, 종단 설계(longitudinal design)는 동일한 참가자들을 일정 기간에 걸쳐 반복하여 조사하는 설계를 말한다. 종단 설계의 한 형태인 패널 연구(panel study)는 관심 모집단을 대표할 수 있도록 표집한 참가자들로부터 동일한 주제에 관한 자료를 일정 기간마다 반복적으로 수집함으로써 시간 경과에 따른 변화를 연구하는 유형을 말한다. 유사하게, 코호트 연구(cohort study)는 구체적인 특성, 예컨대 연령이나 거주지역 등을 공유하고 있는 사람들을 여러 집단으로 구성하고 이들을 지속적으로 추적 연구하여 시간 경과에 따른 변화를 확인하는 유형을 말한다.

앞서 경로분석을 사용하여 인과모형을 구성할 수 있다고 설명하였는데, 종단연구를 통해서도 인과모형에 관한 연구를 설계할 수 있다. 이를 교차지연 패널 설계(cross-lagged panel design)라고 한다. 교차지연 패널 설계는 시간 경과에 따른 둘 이상의 변인 간 관계에 관한 것으로, 이전 시점에 측정한 한 변인이 이후 시점에 측정한 다른 변인과의 관계가 밀접하다면 두 변인 간 잠재적 인과관계가 있을 것이라고 추론하게 된다.

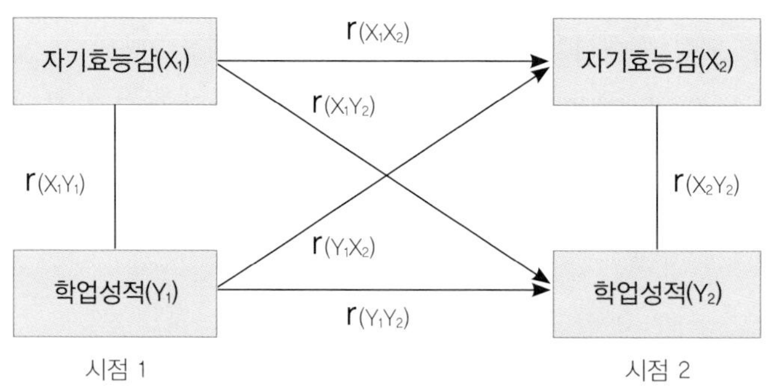

그림 6-2 **교차지연 패널 설계의 예**

[그림 6-2]에 예시한 바와 같이, 시점 1에서 자기효능감과 학업성적이 상관이 있는데 (X_1Y_1) 자기효능감이 높아서 학업성적이 높은 것인지 아니면 그 반대의 관계인지를 확인하고자 할 때, 시점 2에서 측정한 자료와의 상관계수를 살펴볼 수 있다. 만일 시점 1의 자기효능감과 시점 2의 학업성적(X_1Y_2) 간 상관이 그 반대의 경우(Y_1X_2)보다 더 크게 관찰된다면, 자기효능감이 높을수록 학업성적이 높을 것이라는 잠재적 인과성을 추론할 수 있지만, 그 반대의 해석은 가능성이 작다고 볼 수 있다. 하지만 이 결과가 인과관계에 관한 직접적인 증거는 아니라는 점은 분명히 인식하고 있어야 한다.

2) 참가자 선택

횡단연구인지 종단연구인지를 결정했다면, 그 연구를 수행하여 일반화하고자 하는 관심 모집단을 구체적으로 선택해야 한다. 상관연구 대부분은 동일한 연령집단(예: 젊은 성인, 청소년, 노인 등), 즉 하나의 코호트 내에서 변인 간 관계를 확인하고자 하지만, 연구 목적에 따라 여러 연령집단을 비교할 수도 있다. 어떤 경우든 관심 모집단을 구체화한 다음, 표본을 선정하게 되는데, 이때 몇 명을 어떻게 표집할 것인지를 구체화한다.

모집단을 구체화하는 과정은 연구 목적에 따라 달라지므로 일반적인 사항만 언급하고자 한다. 먼저, 일반화하고자 하는 모집단의 연령대, 성별, 특정 심리사회적 사건 경험 여부, 정신건강의학과적 질병 경험 여부 등 연구 대상이 되는 사람들의 속성을 구체적으로 결정한다. 이렇게 모집단 특성이 정해지면, 해당 속성을 지닌 사람들을 대상으로 표본을 구성한다. 한 가지 고려사항은 모집단 특성을 구체화할수록 다른 속성을 지닌 사람들에 대한 일반화 가능성은 작아지고 심할 경우 참가자 모집 자체가 어렵게 될 것이라는 점이다. 하지만 모집단 특성을 구체화할수록 모집단 구성원의 동질성은 높아진다. 예컨대, 우리나라 대학 재학생 모집단보다 특정 지역 4년제 대학 재학생 모집단의 동질성이 더 높다.

표본으로는 몇 명을 모집해야 하는가? 5장에서 살펴본 바와 같이 모집단 크기와 신뢰수준 및 오차범위를 고려하여 표본 크기를 정하는 것은 모수치 추정에 사용되는 방식이다. 하지만 상관연구에서는 영가설 검증을 통한 통계적 추론이 수반되기 때문에, 더 많은 고려가 필요하다. 연구자들은 이에 대한 적정 추정치를 산출할 수 있는 다양한 소프트웨어를 개발하였다. 그중에 많이 사용하는 것으로 'G*power'라는 프로그램이 있다

(Faul, Erdfelder, Buchner, & Lang, 2009; Faul, Erdfelder, Lang, & Buchner, 2007). 이 프로그램을 이용하기 위해서는 상관분석이나 회귀분석 등 사용할 통계검증 방법을 먼저 선택하고, 유의수준(α), 예상 효과크기(effect size)와 검증력(power), 연구에 포함되는 변인 수 등을 입력한다. 두 변인 간 상관의 경우, 유의수준 0.05 및 검증력 0.80에서 효과크기를 0.3으로 설정하면, 82명의 참가자가 필요하다. 효과크기가 0.5로 더 클 때는 26명, 0.2로 더 작을 때는 191명이 필요하다.

읽어 보기 6-1

상관연구를 위한 표본의 크기 결정하기

상관연구에서 표본 크기를 결정하기 위해 G*power를 사용하여 몇 명이 필요한지를 살펴보자(Faul et al., 2007, 2009). 몇 가지 경우를 가정하고 참가자 수를 결정하는 방법을 소개하고자 하는데, 연구의 대부분은 셋 이상의 변인 간 관계를 포함하며, 변인 수의 증가에 따라 필요한 표본 크기도 달라진다. 상관연구에서 자주 사용하는 다중회귀분석을 사용할 때 필요한 표본 크기를 산출한 결과를 보는 것이 아마도 도움이 될 것이다.

유의수준(0.05)을 고정하고, 독립변인의 수에 따라, 검증력과 효과크기를 달리할 때 필요한 표본 크기를 산출하면 다음과 같다. 이때 분석 방법은 전체 독립변인의 효과가 종속변인과 유의미한 관계를 갖는가를 검증하는 다중회귀분석을 기준으로 하였다. 다음 표를 보면 검증력이 클수록, 효과크기가 작을수록, 독립변인의 수가 많을수록 필요한 표본 크기가 커짐을 확인할 수 있다.

구분	검증력 0.80			검증력 0.90			검증력 0.95		
효과크기(f^2) / 독립변인 수	작음 (0.02)	중간 (0.15)	큼 (0.35)	작음 (0.02)	중간 (0.15)	큼 (0.35)	작음 (0.02)	중간 (0.15)	큼 (0.35)
2	485	68	31	636	88	40	776	107	48
3	550	77	36	713	99	45	863	119	54
4	602	85	40	776	108	50	934	129	59
5	647	92	43	830	116	53	995	138	63

연구 설계에 따라 독립변인 수가 결정되면, 검증력과 효과크기를 설정해야 한다. 이는 연구 주제와 방법, 분석 절차 등에 따라 달라지겠지만, 대체로 유의수준은 0.05, 검증력은 0.80(때때로 0.90)으로 설정하며, 질문지를 사용하는 연구의 경우, 작거나 중간 정도의 효과크기가 일반적이다.

다음은 추정된 참가자 수를 바탕으로 표본을 구성하기 위해 표집 방법을 결정한다. 여론조사와 같은 기술연구에서는 모수를 추정하는 것이 목적이므로 확률 표집을 사용하는 것이 매우 중요하다. 하지만 상관연구에서는 대체로 확률 표집의 중요성을 크게 인식하지 않으며, 따라서 비확률 표집인 편의 표집이나 자원자 표집을 사용하여 참가자를 모집하는 경우가 많다.

비확률 표집을 사용해도 되는 몇 가지 가능한 설명이 있다. 먼저, 상관연구는 정확한 모수 추정보다 변인 간 관계 확인이 중요하며, 다수의 연구에서 그 결과가 반복되는가를 확인함으로써 그 발견을 일반화하는 절차를 따른다. 또한 연구자가 관심 있는 변인 간 관계는 동질적인 모집단에 일반화하는 것이지 이질적인 모집단에 관한 것은 아니다. 따라서 이질적 집단을 포함하는 것은 예상하는 연구 결과를 관찰할 수 없게 만들 수 있다.

예를 들어 보자. 한 연구자가 젊은 성인 전체를 모집단으로 선택하고 재학이나 취업 여부와 관계없이 표본을 구성하여 디지털 기기의 사용 정도와 우울감의 관계를 조사한 결과, 두 변인 간 관계가 없다는 결론을 내렸다. 하지만 대학 재학생 모집단과 취업자 모집단이 처한 심리사회적 배경이 서로 다른 이유로 인해, 디지털 기기의 사용 정도와 우울감의 관계가 한 집단은 중간 수준의 정적 상관을, 다른 집단에서는 다소 약한 부적 상관을 보인다면, 이 두 모집단을 하나의 모집단으로 가정하고 내린 연구자의 결론은 타당하지 않다. 따라서 이질적인 참가자들로 구성된 표본일수록 연구자는 예상한 연구 결과를 발견하기 어렵게 된다.

3) 측정 도구 선택

질문지 기반의 연구에서는 질문지 구성이 핵심이라고 할 수 있다. 이와 관련한 세부적인 내용은 5장에서 이미 설명하였고, 여기서는 상관연구에서 특히 더 고려할 사항과 5장의 내용 이외에 추가로 더 고려해야 하는 사항을 살펴보도록 한다.

측정 도구와 관련하여 가장 먼저 고려할 것은 당연하게도 어떤 도구를 사용할지 결정하는 것이다. 연구에서 다루고자 하는 구성개념을 가장 잘 나타낼 수 있는 도구를 사용하는 것이 가장 중요한 기준인데, 이를 크게 세 가지 경우로 구분할 수 있다. 즉, 기존의 도구를 사용하거나, 연구자가 개발하거나, 둘 다에 해당하는 경우다.

첫째, 관심 변인의 구성개념을 잘 나타내는 도구가 이미 개발되어 많은 연구에서 사용하고 있다면 그 도구를 사용한다. 표준화된 심리검사나 타당화된 질문지 등 이미 널리 사용되는 도구는 연구자가 스스로 도구를 개발하는 과정을 생략할 수 있으므로 연구 수행에 상당히 유리한 측면이 있다. 측정 도구의 타당도나 신뢰도를 사전에 검증해야 하는 등의 문제를 대부분 고려하지 않아도 되기 때문이다.

둘째, 기존에 사용되고 있는 도구가 없다면 측정 도구를 개발해야 한다. 새로운 측정 도구는 5장에서 설명한 절차를 통해 질문지 형태로 개발할 수 있다. 다만, 새롭게 개발하는 도구는 측정의 타당도와 신뢰도를 확보해야 한다(4장 참고). 하지만 어떤 주제에 관한 연구에서 새로운 측정 도구의 타당도와 신뢰도를 철저하게 조사하고, 그 연구에 사용하는 것은 현실적으로 어려움이 있다. 따라서 새로운 측정 도구의 개발 및 타당화는 종종 하나의 다른 연구가 된다.

셋째, 상관연구가 최소한 두 변인 이상의 관계에 관한 것이라는 점을 생각해 보면, 측정 도구의 일부는 타당화된 도구를 사용하고, 다른 일부는 연구자가 개발하는 상황도 있을 것이다. 이때 개발하려는 도구의 응답 측정 방식은 가능한 한 타당화된 도구와 일관된 방식을 유지하는 것이 좋다. 이는 기존 도구와 새로운 도구가 포함되는 하나의 질문지 설계라고 볼 수 있기 때문이다. 하지만 반드시 그렇게 해야 하는 것은 아니며, 종종 그렇게 하지 못하는 경우가 더 빈번하다. 예컨대, 어떤 연구자가 창의적 성격과 자기존중감의 관계를 연구한다고 하자. 연구자는 창의적 성격을 측정하는 타당화된 척도 중 하나인 창의적 성격 척도(Gough's creative personality scale)를 사용하려고 한다. 이 척도는 형용사 단어 목록으로 이루어진 항목에 대한 '예/아니요' 응답 중 '예'의 합계로 측정하도록 고안된 도구다(Gough, 1979). 동시에 연구자는 새로운 자기존중감 질문지를 개발하려고 한다. 이때 자기존중감 질문지를 반드시 '예/아니요' 형식으로 만들 필요는 없다는 의미다. 오히려 널리 사용되는 리커트 형식을 적용하는 것이 더 적절할 수 있다.

이 외에 측정 도구와 관련한 부가적인 고려사항을 몇 가지 소개하면 다음과 같다.

첫째, 관심 모집단을 결정하고 해당 표본을 대상으로 새로운 도구를 개발하였다면, 이후에는 그 모집단을 대상으로만 사용한다. 물론 다른 모집단에도 적용할 수 있다는 증거가 확보된 후에는 확대하여 적용할 수 있다. 이와 유사하게, 기존 도구를 활용할 때는 관심 모집단에 실시할 수 있는 도구인가를 판단해야 한다. 특히 연령대나 사회문화적 특성을 확인하는 것이 필요하다. 예컨대, 앞서 언급한 창의적 성격 척도는 성인을 대상으로 하는 척도인데, 아동을 위한 척도로는 적절하지 못하다. 더 쉬운 예로, 젊은 성인

의 지능 측정을 위해 아동용 지능검사를 선택하거나 혹은 그 반대로 선택하는 것은 당연하게도 적절하지 않다.

둘째, 다른 문화에서 개발된 도구를 사용하기 위해서는 교차문화 타당도를 확인한다. 외국어(주로 영어)로 개발된 측정 도구를 번안하여 사용할 때가 종종 있는데, 이때는 번안하는 것만으로는 충분하지 않다. 원래의 도구와 번안한 것은 측정하는 구성개념이 서로 다를 수 있고, 동일한 구성개념이라고 하더라도 조작적 정의가 달라질 수 있기 때문이다. 이는 새로운 측정 도구의 타당도와 신뢰도를 확보하는 절차와 거의 유사하다. 상관연구에서는 언어적 도구의 사용이 대부분이기 때문에 이 절차가 특히 필요하다.

셋째, 타당화된 질문지 일부를 선택적으로 사용하는 것은 되도록 피한다. 5장에서 살펴본 바와 같이, 질문지는 하나의 구조 내에서 최적의 순서로 질문과 응답이 이루어지므로 그중 일부만 활용하면 구조가 변경되어 잘못된 측정이 될 수 있다. 예컨대, 자기존중감에 관한 타당화된 질문지가 사회적 자기존중감, 학업적 자기존중감의 두 가지 하위 요인으로 구성되어 있다고 가정해 보자. 이 질문지는 다양한 고려사항을 반영하여 개발되었으며, 그 결과 각 하위 요인에 해당하는 문항들은 전체 질문지 안에서 요인 간 구분 없이 배치되어 있다. 이때 학업적 자기존중감 문항들만 선별하여 재배치한다면, 질문 순서가 달라지며, 참가자들은 기존 질문지에서 의도했던 것과는 다른 응답을 할 가능성이 있다(Tourangeau, Singer, & Presser, 2003).

어떤 경우는 타당화된 기존의 도구 일부를 사용하는 것이 가능하며, 다른 도구를 개발하는 것보다 더 효율적일 수 있다. 그 일부가 전체 도구 시행 절차에서 독립적으로 이루어지는 경우는 대부분 그러하다. 다만, 이때는 조작적 정의를 더 구체화해야 한다. 예컨대, 개인의 어휘 능력 측정을 위해 새로운 측정 도구를 개발하는 것 대신에 한국판 웩슬러 지능검사의 소검사를 활용한다면, 이 경우 어휘 능력은 '한국판 웩슬러 지능검사의 어휘 문제 측정치'로 구체적으로 정의한다. 또한 타당한 이유가 없다면, 해당 소검사의 실시 방법을 그대로 따라야 한다.

 읽어 보기 6-2

번안 질문지 개발의 절차

질문지를 번안하여 사용하기 위해서는 타당한 절차를 따라야 한다. 이를 위해 국제검사위원회(International Test Commission)는 원본 검사를 다른 문화권에서 사용할 때 필요한 지침을 마련하였는데(International Test Commission, 2018), 번안 과정에서 점검해야 할 사항을 6개 범주 18개 항목의 기준으로 제공하고 있다. 이는 서로 다른 문화권 간 비교를 할 수 있도록 철저한 기준을 제공하기 때문에, 모든 질문지 번안에 확대하여 적용할 수는 없겠지만 최소한 번안 과정에 필요한 부분은 그 기준을 따라야 한다. 그 주요 내용을 다음에 요약하였다.

범주	지침 내용
사전 조건	• 번안 전에 검사의 지적 재산권자로부터 허가를 받는다. • 원본 검사에서 측정하는 구성개념의 정의와 내용이 연구자가 적용하고자 하는 대상을 측정하는 데 충분한 도구인가를 평가한다. • 검사의 원래 의도와 관계없는 문화적 · 언어적 차이의 영향을 최소화한다.
검사 개발	• 번역과 번안 과정에서 두 명 이상의 관련 분야 전문가가 참여하여 언어적 · 심리적 · 문화적 차이에 대해 확실하게 고려한다. • 적절한 번역 설계와 절차를 사용하여, 가장 적합한 번안이 되도록 한다. 예컨대, 순방향 및 역방향 번역을 포함하고, 두 번역자로부터 두 벌씩의 번역본을 마련한다. • 모집단 모두에 대해 지시사항과 문항 내용이 유사하다는 증거를 제시한다. 예컨대, 소규모 예비조사를 시행하여 이를 제시한다. • 모집단 모두에 대해 문항 형식, 평정척도, 채점 범주, 검사 요강, 시행 방법 등 모든 절차가 적합하다는 증거를 제시한다. 예컨대 충분한 연습 절차를 포함한다. • 번안 검사에 대한 문항 분석, 신뢰도 평가, 소규모 타당도 연구를 통해 번안 검사를 수정할 수 있도록 예비조사 자료를 수집한다.
검수	• 자료 분석에 충분한 크기의 표본을 선정한다. • 모집단 모두에 대한 구성개념, 방법, 문항 동등성에 관한 통계적 증거를 제시한다. • 대상 모집단에 대한 번안 검사의 규준, 신뢰도 및 타당도에 관한 증거를 제시한다. • 다른 언어의 검사와 채점 체계를 연결할 때는 동등한 설계와 분석 절차를 사용한다.
시행	• 시행 절차나 응답 방식 차이에 의한 문화 및 언어 관련 문제를 최소화할 수 있도록 필요한 자료와 지시사항을 준비한다. • 모집단 모두에서 엄격하게 준수해야 하는 검사 시행 요건을 구체화한다.
채점 체계와 해석	• 집단 간 점수 차이를 해석할 때는 관련된 모든 가용한 정보를 참조한다. • 채점 체계 간 동등성이 확립된 경우에만 서로 다른 모집단 간 점수를 비교한다.
문서화	• 검사를 다른 모집단에 사용할 목적으로 번안하는 경우, 동등성을 뒷받침하는 증거에 관한 설명을 포함하여 모든 변경사항을 기술 문서로 제공한다. • 새로운 모집단을 대상으로 번안 검사를 사용하는 데 실무적 사례를 지원해 줄 수 있도록 검사 사용자를 위한 문서를 제공한다.

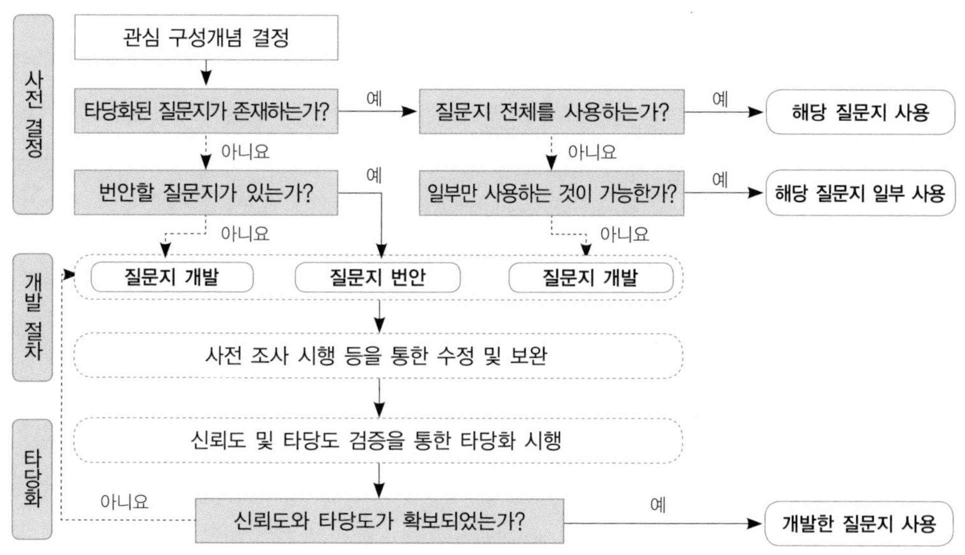

그림 6-3 **상관연구를 위한 질문지 선택의 절차**

지금까지 상관연구를 위한 측정 도구, 특히 질문지를 선택하는 과정을 살펴보았다. 이 과정에서 결정해야 할 사항을 간략하게 나타내면 [그림 6-3]과 같다. 질문지 타당화의 마지막 단계에서 신뢰도나 타당도가 적절하지 않다면, 개발 절차를 처음부터 재검토할 필요가 있다.

측정 도구 선택에서 실질적으로 매우 중요한 한 가지를 언급하고자 한다. 이를 요약하면, '가설검증에 필요한 변인만 측정하라'다. 예컨대, 앞서 예로 든 자기효능감, 자기존중감, 학업성적에 관한 상관연구라면, 구체적인 모형 설정 등의 연구 설계를 통해 관련한 변인들을 정확하게 측정해야 한다. 하지만 어떤 경우에는 원래의 가설과는 관련이 없지만, 해당 변인과는 관련이 있을 수 있는 다른 변인을 포함하려는 시도를 한다. 예를 들어, 여러 성격 변인을 포함하여 원래의 변인들과 함께 측정하는 것 같은 경우다. 측정이 끝난 후, 연구자는 원래의 연구 모형이 아닌, 상관계수가 유의미한 변인들만으로 연구 모형과 가설을 다시 설정하려고 할 수 있다. 이러한 행위를 '결과 확인 후 가설 만들기(Hypothesizing After the Results are Known, HARKing)'라고 부른다(Kerr, 1998). 자신의 연구 결과에서 유의미한 결과를 관찰하고 그 결과를 바탕으로 마치 사전에 설정한 가설인 것처럼 제시하는 것을 말한다.

이는 가설에 따라 예측된 결과가 아니라 전형적인 우연에 의한 발견으로, 자신의 연구에 1종 오류(영가설이 참일 때 영가설을 기각하는 오류, 즉 실제로는 관계가 없는데 관계가 있다고 결정하는 경우)의 가능성을 증가시키는 결과를 초래한다. 또한 과학의 네 가지 특징 중 검증 가능성이 없는 가설이 되어 버린다. 가설은 검증을 통해 '참'이 되거나 '거짓'이 되어야 하지만, 연구자는 가설의 결과가 '참'인 것을 알고 있는 상태에서 가설을 수립하였으므로, 이 가설은 논리적으로 성립되지 못한다. 그뿐만 아니라, 단지 통계적으로 유의미한 다른 변인을 제시함으로써, 연구자가 수립한 원래의 가설이 기각되었다고 하더라도 그 이유가 상당한 논리가 있다면 제시할 수도 있었던 타당한 발견을 무시하는 결과가 된다.

이와 유사한 행위를 과학계에서는 소위 낚시질(fishing 또는 trolling) 혹은 낚시 탐험(fishing expedition)이라고 부르는데, 연구자가 특정 가설을 수립하지 않은 상태에서 다양한 자료를 측정하거나 기존 자료를 탐색하여, 통계적으로 유의미한 결과를 찾으려는 행위를 말한다(Gelman & Loken, 2014). 이를 마치 사전에 가설을 수립한 것처럼 보고한다면, 앞선 예시 같은 문제가 발생한다.

특정 가설을 검증하지 않는 연구 자체는 문제가 없다. 이러한 연구는 탐색 목적으로 이루어지는 연구로, 이전까지 수행된 관련 연구가 거의 없을 때 연구자는 연구 문제를 기반으로 탐색 연구를 수행할 수 있으며, 연구의 목적이 관련 현상의 탐색임을 명확히 밝히게 된다. 추후 유사 주제에 관한 연구 결과들이 축적된 다음에는 그 결과들을 바탕으로 가설검증 목적의 연구를 수행할 수 있을 것이다. 다만, 마치 가설을 검증한 것처럼 보고하는 것이 문제가 된다.

4) 시행 방법의 선택

앞선 5장에서 조사연구를 시행하는 다양한 방식을 살펴보았다. 질문지를 사용하는 상관연구에서도 마찬가지로 자료 수집은 면접이나 자기보고식 절차를 통해 시행할 수 있다. 면접을 통해 이루어지는 연구들은 주로 표준화된 개인 심리검사처럼 구조화된 상황에서 면접의 형태로 측정하거나, 면접자가 참가자의 응답을 기록하는 경우들이다. 심리검사를 시행하는 과정에서 검사의 내용이 일반인에게 노출되어 향후 검사의 타당도를 손상시킬 가능성이 있는 경우에도 면접의 절차를 따르기도 한다.

자기보고식 절차는 자료를 수집할 대상이 되는 개인이나 관련 기관에 직접 또는 우편

등으로 지필 질문지를 배부하거나 온라인 질문지를 작성할 수 있는 링크를 배부하는 등의 형식을 따른다. 앞선 장에서 언급한 바와 같이 심리학 연구에서는 주로 자원자 표집이나 편의 표집 방식을 따르기 때문에 잠재적 참가자들이 연구에 쉽게 참여하고, 질문지에 쉽게 접근하여 스스로 응답할 수 있도록 하는 방안을 마련하는 것이 중요하다.

표준화 검사의 시행은 앞에서 언급한 것처럼, 면접을 기반으로 하거나, 온라인 검사의 형태로 진행할 수도 있다. 검사마다 그 절차가 다르므로, 해당 검사의 시행 요강을 철저히 따르는 것이 중요하다. 개인에 대한 심리검사 시행의 목적은 그 개인의 지능이나 성격, 정신병리적 특성 등을 확인하기 위한 것이다. 반면, 상관연구에서 표준화 검사의 사용은 표본에서 해당 검사와 다른 변인 간의 관계를 보기 위한 목적이므로, 다른 질문지나 도구를 함께 사용하게 된다. 이때 표준화 검사가 아닌 도구는 각각에 대해 가장 적절한 방식을 따르면 된다.

한편, 상관연구에서도 실험연구처럼 실험실 같은 상황에서 시행해야 하는 경우들이 있다. 주의, 작업기억, 창의성, 문제해결 등 전산화된 인지 과제를 통해 측정한 변인이 포함될 때 특히 그러하다. 이는 인지 과제 수행을 측정하는 방식이 대부분 실험실에서 컴퓨터로 측정할 수 있도록 설계되었기 때문이다. 이러한 연구는 인지 과제를 수행하는 맥락에서 이루어지며, 자기보고식 질문지를 함께 시행하는 경우라면, 응답을 반드시 지필로 해야 하는가를 생각해 볼 필요가 있다. 어떤 경우는 자기보고식 질문지를 전산화하여 참가자들이 컴퓨터를 기반으로 응답하도록 하는 것이 더 효율적일 수 있다.

상관연구의 한 형태로서 인지능력에 관한 개인차 연구는 실험연구에서 인지과정 규명을 위해 인지 과제의 사용을 수반한다. 실험에서 사용하는 인지 과제는 개인 내에서 실험적 조작을 통해 종속변인 측정치를 얻고, 그 결과에 대한 표본의 평균을 산출하는 방식으로 사용된다. 예컨대, 잘 알려진 스트룹 효과(Stroop effect)는 빨간색으로 칠해진 '빨강'의 색상을 명명할 때보다 파란색으로 칠해진 '빨강'의 색상을 명명할 때 반응시간이 더 느려지는 현상을 말하는데, 이는 참가자 내에서 조작되며, 그 측정치는 선택적 주의나 반응억제 능력의 지표로 사용된다. 반면, 개인차를 측정하는 상관연구에서는 인지 과제 수행에서 나타나는 개인차가 어떤 변인과 관련되는가를 확인하고자 한다. 따라서 이러한 연구를 수행할 때 연구 목적은 실험을 통한 정보처리 과정의 규명이 아닌 스트룹 효과와 같은 하나의 현상과 다른 변인과의 관계다(Goodhew & Edwards, 2019).

사람들의 행동 수행 측정은 전통적으로 실험실에서 이루어졌지만, 최근에는 실험실 환경의 한계를 극복하고자 온라인 상황에서 인지 과제 수행을 측정할 수 있는 방식을 제안하고 그 타당성을 반복하여 확인하고 있다(Hilbig, 2016; Ihme, Lemke, Lieder, Martin, Müller, & Schmidt, 2009; Reips & Lengler, 2005; Semmelmann & Weigelt, 2017). 더불어, 이러한 행동 수행을 측정할 수 있는 여러 플랫폼 간을 비교하는 연구도 이루어지고 있다(Peer, Rothschild, Gordon, Evernden, & Damer, 2022). 따라서 연구자의 연구 목적과 시행의 효율성과 타당성 등을 종합적으로 고려하여, 실험실에서 시행하거나 온라인으로 시행하는 방법 중에서 적절하게 선택하면 되겠다.

읽어 보기 6-3

실험연구 절차를 개인차 연구에서 활용하기

많은 연구에서 인지과정을 이해하기 위한 다양한 실험 절차들을 이용하여 개인차 연구를 수행한다. 하지만 근본적으로 인과성 규명이라는 실험연구의 목적과 개인차를 설명하는 연구의 목적은 다르다. 따라서 이 둘 간의 간격을 좁힐 수 있는 방법론적 절차가 마련되어야 하며, 개인차를 확인하기 위해 인지 과제를 사용할 때는 실험에서 그러하듯이 실험 환경에 대한 적절한 통제가 필요한 것은 물론이며, 실험과는 다른 고려사항이 요구된다. 최근 이를 위한 목적으로 다음과 같은 실제적 측면에서 권장 사항을 제시하고 있다(Goodhew & Edwards, 2019).

- 실험 과제를 포함한 모든 변인에 대한 신뢰도를 보고해야 한다.
- 과제 전반에서의 개인차와 처리 과정별 수행의 개인차를 분리해서 보아야 한다.
- 과제 수행의 안정성을 설명하는 상태 변인과 특질 변인을 구분할 수 있어야 한다.
- 어떤 형태의 과제가 개인 간 변산도와 개인 내 신뢰도를 가장 크게 측정하는지 알아야 한다.
- 집단 수준에서 실험의 효과가 작거나 개인 내 신뢰도가 낮은 과제는 개인 간 신뢰도를 검증한다. 이후 어떤 개인이 효과를 나타낼지를 구별할 수 있는 변인을 발견하는 단계로 진행할 수 있다.
- 연구의 실험적 측면이나 비교 목적을 위해 정당화되거나 필요한 경우가 아니라면, 고정된 순서나 블록화 순서의 사용을 우선해야 한다.
- 가능한 한 연속변인을 사용해야 한다.
- 개인 내 수행 평균뿐만 아니라 개인 내 변산도 또한 개인차의 출처로 활용할 수 있다.

3. 상관연구의 실행

1) 예비연구 시행

연구 준비를 마쳤다면 본연구에 들어가기 전에 예비연구를 시행한다. 2장에서 언급한 바와 같이, 예비연구(pilot study)는 본연구를 시행하기 전에 연구의 실행 가능성이나 측정의 신뢰성, 실시 시간 또는 예상치 못한 부작용 등을 사전에 평가하고 연구 설계를 개선하기 위해 소규모의 참가자를 대상으로 하는 시험적 성격의 절차다. 예비연구는 본연구에서 예정하고 있는 절차와 동일한 방식으로 시행하며, 상황에 따라 다르겠지만 상관연구에서는 대체로 보수적인 기준에서 20~30명 정도의 참가자들에게 시행한다.

측정 도구가 적절하게 구성되었다고 하더라도 시행 과정에서 문제가 발생할 수 있다. 연구자는 일반적으로 응답자들이 질문에 대해 적절한 응답을 할 능력과 동기가 있는 것으로 간주하고, 최적의 응답을 할 것이라 기대하지만, 실제로는 질문을 잘못 이해하더라도 응답하는 것 자체에 만족하며 응답하는 경향이 있다(Krosnick, 1991). 따라서 정확한 의사소통이 중요한데, 특히 연구가 면접 방식인 경우, 응답자가 지속해서 최적화된 응답을 할 수 있도록 하는 면접자의 역할이 중요하다. 이렇게 예비연구를 통해 다양한 문제 상황을 확인할 수 있으며, 연구자가 예상치 못했던 응답자의 반응에 적절하게 대처할 수 있는 준비를 할 수 있다.

조사연구의 일반적인 원칙 중 하나는 동일한 질문지는 모든 응답자에게 동일하게 시행해야 한다는 것이다. 이로 인해 발생할 수 있는 문제는, 만일 응답자가 명확하게 이해하지 못한 상황에서 면접자에게 질문을 할 때, 이에 대한 면접자의 관여를 배제하기 위해 '어떤 식으로 이해하든 그에 따라 답하면 된다'와 같이 반응하는 것이다. 이는 조사 자료의 질을 손상시키는데, 일상에서도 모호한 질문에 대해서는 질문자와 답변자 사이에 보완 질문과 답변을 통해 점차 질문에 대해 정확히 이해해 나아가는 것처럼, 조사에서도 질문에 대한 모호한 이해를 바탕으로 한 답변은 측정의 타당도를 저해한다(Schober & Conrad, 1997). 따라서 면접자는 응답자 개인에게 맞추어 유연하게 대처할 수 있도록 훈련받은 상태가 되어야 한다.

예비연구를 수행하는 궁극적인 목적은 연구에 적용하려는 연구 절차의 타당성을 확인함으로써 더 큰 규모로 이루어지는 본연구의 성공적 시행 가능성을 높이는 것이다. 따라서 예비연구는 모든 유형의 연구에서 필요하고, 특히 새로운 방법이나 절차를 적용하려고 할 때, 타당성 확보 등을 위해 특히 유용하다(Leon, Davis, & Kraemer, 2011). 예컨대, 연구 주제가 질문지 타당화라면, 이때 예비연구는 도구 개발을 위한 것이 된다. 또한 지필 질문지를 사용하던 기존 도구의 응답 방식을 전산화했다거나, 온라인으로 수집하는 경우, 예비연구를 통해 유용한 정보를 얻을 수 있다.

한편, 예비연구는 그 자체로서 하나의 연구가 되기도 하는데, 이는 선행연구를 통해 효과크기 추정치를 결정하지 못할 때 시행하는 경우로, 결과적으로 탐색적 연구의 형태가 된다. 효과크기를 결정할 수 없으면 적절한 통계검증력을 얻기 위한 표본 크기 계산을 선험적으로 결정할 방법이 없으므로, 연구자는 관련 변인들을 바탕으로 연구를 시행한 후, 결과에 대한 몇 가지 관찰 결과를 수집하여 변인 간 관련성의 정도를 확인할 수밖에 없다. 이는 앞서 설명한 소위 '낚시질'을 하지 않는 방안이기도 하다. 이러한 탐색적 연구는 일반적인 예비연구보다 더 많은 참가자를 포함하며, 실제로는 예비연구가 아닌 본연구로 보면 된다.

2) 본연구 시행

본연구는 사전에 계획한 바에 따라 체계적으로 시행한다. 모집단으로부터 표본을 구성하고, 참가자들에게 측정 도구를 시행하여 자료를 수집한다. 자기보고식 방식의 조사에서는 본연구를 시행하는 중에 연구자가 연구 진행을 관리할 수 있는 여지는 많지 않다. 참가자가 응답한 질문지를 현장에서, 우편으로, 혹은 온라인 형태로 받으면 그 자료에 대한 관리가 가장 중요한 관리라고 볼 수 있다. 질문지 배부 시에 관리번호를 부여했다면, 그 번호에 해당하는 질문지가 수집된 것에 대한 기록을 남기고, 사전 관리번호가 부여되어 있지 않은 경우라면 수집되는 모든 질문지에 사후 관리번호를 입력하여 기록해 두어야 한다.

실험실에서 개인차를 측정하는 절차를 포함하는 연구라면, 실험실에서 수행하는 과제의 참가자 번호와 질문지에 기록하는 번호를 일치시켜 기록하는 것 또한 중요한 관리 사항이다. 표준화된 심리검사 시행을 포함하여 서로 다른 측정 도구 여러 개를 사용할 때도 마찬가지로 참가자 번호를 일치시키는 것은 매우 중요한 관리 사항이다.

면접으로 이루어지는 경우는 자료 관리뿐만 아니라 자료 수집 과정에서 면접자가 연구 윤리를 계획대로 준수하고 있는지 늘 점검해야 한다. 만일 어떤 면접자의 행동에서 연구 윤리를 위반했을 것으로 의심되는 상황이 발생하면, 해당 면접자의 진행을 잠정적으로 중단시키고, 해당 사항이 위반에 해당하지 않는다는 것을 확실히 한 다음에 재개해야 한다. 윤리 위반의 경우라면 해당 면접자의 연구 참여를 중단시키고, 기관생명윤리위원회에 보고해야 한다.

연구자는 이렇게 수집한 자료의 수를 매일 점검하고 목표한 참가자 수에 도달했는지를 확인하여, 자료 수집을 종료할 시기를 정확히 설정하고 조사를 마쳐야 한다. 참가자 모집이 예상보다 더 적다면, 추가 모집 등을 통해 계획한 만큼의 참가자를 모집하는 노력을 해야 한다.

지필 질문지에 대한 응답 같은 개별 자료는 연구자가 직접 컴퓨터로 입력하거나, 전산화된 리더기 등을 이용하여 기록할 수 있다. 컴퓨터나 온라인 도구 등을 사용할 경우는 개인의 자료를 구분하여 기록하거나 전체 참가자의 자료를 누적한 형태로 기록하기도 한다. 어떠한 경우로 수집하든 자료는 통계분석에 사용할 수 있는 통합된 형태로 재구성해야 한다. 이때 연구자는 분석계획에 따라 자료를 통합하여 관리해야 하며, 참가자별로 응답을 정확하게 구분하여 기록해야 한다.

한편, 종단연구의 경우 참가자 모집보다 더 중요한 것은 모집한 참가자들을 어떻게

읽어 보기 6-4 **패널조사 자료를 활용하기**

대단위 종단연구는 시간과 비용이 매우 많이 소모되므로, 대단위 패널조사 자료를 이미 구축하고 있는 기관의 데이터베이스를 활용하는 것도 좋은 아이디어다. 다음에 대단위 패널조사 자료를 제공하고 있는 몇몇 기관을 나열하였다. 종단 자료의 주요 내용과 표본 구성 등은 해당 조사를 위한 웹페이지에서 확인할 수 있다.

- 한국청소년정책연구원: 한국아동 · 청소년패널조사, 한국청소년패널조사, 다문화청소년패널조사, 학업중단청소년패널조사
- 한국교육개발원: 한국교육종단연구
- 육아정책연구소: 한국아동패널연구
- 한국보건사회연구원: 한국복지패널
- 한국장애인고용공단: 장애인고용패널조사
- 국민연금연구원: 국민노후보장패널조사

연구에 계속 참여하도록 유도할 것인가다. 예컨대, 대인관계 변화에 대해 젊은 성인을 대상으로 하는 10년간의 종단연구의 경우, 최초에 대학생 표본을 모집하였다면, 해당 참가자가 대학을 졸업한 후에도 계속하여 자료를 수집해야 한다. 참가자들로부터 정기적으로 자료를 수집하기 위해서는 많은 연구자가 이들에게 지속적인 참여에 대한 정기적인 보상을 해야 참가자를 유지할 수 있다. 따라서 이러한 유형의 대단위 종단연구는 개인 수준에서는 거의 불가능하고, 국가기관이나 연구기관 등에서 수행하고 있다.

4. 상관연구의 마무리

1) 상관연구 결과의 분석

(1) 계획한 분석의 시행

본연구 시행이 종료되면 자료 입력까지 완료된 상태로, 그다음은 자료 분석의 단계다. 자료에 대한 분석계획은 연구 설계 시점에 미리 세워 두어야 하며, 계획된 분석 방법에 따라 통계분석이 이루어져야 한다는 점을 명심해야 한다. 이는 크게 두 가지 이유에서 매우 중요하다. 첫째, 표본 크기의 결정은 사전에 계획한 분석 방법에도 의존한다. 예컨대, 앞서 예로 든 다중회귀분석에 기반한 표본 크기는 검증력 0.80, 중간 효과크기 0.15 기준으로 독립변인이 2개일 때 68명이다. 하지만 동일한 기준에서 위계적 회귀분석을 사용한다면 55명이 적절한 표본 크기다. 따라서 위계적 회귀분석을 계획하였으나 실제로는 다중회귀분석을 사용한다면 참가자를 과다표집(oversampling)한 결과를 초래한다. 반대로 다중회귀분석을 계획하였으나 실제로는 위계적 회귀분석을 사용한다면 과소표집(undersampling)한 결과가 된다. 어느 경우라도 참가자 수 결정에서 편향된 추정을 하게 되어 정확한 통계적 의사결정에 부정적 요인이 된다.

둘째, 통계적으로 유의미한 결과를 얻을 때까지 다양한 방식으로 자료를 계속해서 분석하는 것은 '유의도 해킹'(P-hacking)이라고 부르는 '결과 확인 후 가설 만들기'(HARKing)에 해당한다. 즉, 가설검증의 목적이 아닌 유의미한 결과를 얻기 위한 목적의 분석이다(Head, Holman, Lanfear, Kahn, & Jennions, 2015). 필요에 따라 공변량을 사용하거나 제외하고, 측정치의 기준점을 변경하거나, 집단 구분을 위한 값을 서로 다르게

적용하는 등의 방식을 적용하여 여러 통계적 절차를 사용하여 분석한 후, 유의미한 결과를 보이는 분석 절차만을 보고하는 것 등이 여기에 해당한다. 앞서 설명한 바와 같이 이러한 분석 결과는 가설에 따라 예측된 결과가 아닌 우연적 발견으로, 1종 오류 가능성을 증가시킨다.

(2) 자료 점검과 신뢰도 확인

가설검증을 위한 본격적인 통계분석에 앞서 수집된 자료의 품질을 점검하는 것은 필수다. 자료 점검(data screening)은 자료에 대해 예비검토를 시행하는 절차로, 자료가 정확하게 입력되었는지, 무응답 항목이 있는지, 비정상적인 측정치를 포함하고 있는지, 수집된 자료가 통계분석을 위한 가정을 충족하는지 등을 확인하고 점검하는 목적으로 시행한다. 연구자는 자료 점검을 통해 실제로 통계분석을 위한 데이터 세트를 완성하게 된다. 각각에 대한 자료 점검 절차를 실제적 관점에서 소개하고자 한다. 대체로 다음과 같은 순서로 자료 점검을 수행하는 것이 유용한데, 정형화된 순서는 아니므로 연구자의 판단에 따라 수행하면 된다.

첫째, 자료가 정확하게 입력되었는지 확인한다. 지필 질문지로 받은 참가자들의 응답을 연구자가 입력하는 과정에서 오류가 발생할 수 있는데, 이를 모두 재확인하는 것은 매우 어려운 일이다. 따라서 자료 입력 시 신중하게 입력하는 것이 중요하다. 이를 점검하는 절차 한 가지는 응답의 범위를 고려하여 그 이외의 입력값이 있는지를 확인하는 것이다. 예컨대, 1점에서 7점으로 구성된 응답 선택지의 입력값은 1 미만 또는 7을 초과하는 값, 또는 정수가 아닌 값이 관찰될 수 없다. 그러한 경우는 입력 오류에 해당한다. 따라서 빈도분석을 통해 각 항목에서 관찰될 수 없는 값이 입력되었는지를 확인하고, 그러한 값이 있다면 원본 질문지의 응답을 다시 확인하여 수정해야 한다. 또한 입력 시 자료가 누락된 경우도 입력 오류다. 그런 경우가 있는지는 빈도분석을 통해 확인할 수 있으며, 만일 그런 경우가 있다면 다시 원본 질문지를 확인하여 입력해야 한다.

둘째, 무응답 항목이 있는지 확인한다. 이때 무응답은 연구자가 입력할 때 누락한 것이 아닌 참가자가 응답하지 않은 경우다. 자기보고식 질문지 기반의 연구 자료는 불가피하게 무응답이 발생할 수 있다. 무응답 항목은 기술통계치를 통해 각 항목의 관찰치 수가 일정한지를 점검하는 방법으로 쉽게 확인할 수 있다. 무응답은 특정 변인이나 관심 결과와 관계없이 무선적인 형태로 관찰될 수도 있지만, 특정 변인이나 관심 결과에 영향을 주는 방향으로 나타날 수도 있다. 따라서 무응답에서 편향성이 있는지를 확인하는 것이 중요하다. 편향성이 존재한다면 통계적 검증력이 감소하고, 최종 표본 크기와 그에 따른 표본의 대표성이 감소하며, 결과적으로 통계적 추론에 영향을 미치게 된다(Bennett, 2001).

무응답의 처리는 크게 삭제 혹은 추정의 두 가지 방식을 선택하여 적용할 수 있다. 무응답 항목이 결과에 영향을 미치지 않는다면 해당 무응답을 통계처리에서 삭제, 즉 무시하고 분석한다. 하지만 무응답이 많은 경우라면 결과적으로 관찰치 수가 감소하고, 그에 따라 통계 검증력은 감소한다. 특히 표본에 특정한 속성을 공유하는 하위 집단이 있고 그 집단 자료에 무응답이 많은 경우라면, 분석 결과가 왜곡될 수 있다. 따라서 적용할 수 있는 다른 방법은 무응답 항목을 해당 항목의 전체 평균으로 대체하거나, 더 좋은 방법은 회귀분석 등의 모형을 통해 무응답 항목을 예측한 값으로 대체하는 것이다. 이러한 방법들은 무응답이 무선적으로 관찰되었을 때 해당 사례를 처리하는 방법이다. 반면, 특정 개인에게서 무응답이 많이 관찰되는 경우는 불성실한 응답으로 간주하여 해당 사례 전체를 삭제하는 방법을 선택한다.

셋째, 자료에 비정상적인 측정치, 즉 극단값(outlier)이 있는지 확인한다. 극단값은 표본에서 관찰한 값 중에서 극단적인 값을 보이거나 다른 관찰치들과 현저하게 다른 값을 말한다. 이는 개별 항목이나 변인의 값을 히스토그램을 통해, 혹은 편차 기준으로 해당하는 값이 있는가를 통해 확인할 수 있다. 어떤 항목에 극단값이 있다면 히스토그램 상에서 관찰치 대부분과 떨어져 놓여 있는 형태로 나타난다. 표준편차 기준으로 확인하는 경우는 대체로 표준편차 2.5 또는 3 이상의 값을 극단값으로 본다. 일부에서는 표준편차 기준의 극단값 판단에 문제가 있으므로, 중앙값 절대편차(median absolute deviation) 기준으로 2, 2.5 또는 3 이상의 기준으로 하는 것이 더 타당하다는 견해도 있다(Leys, Ley, Klein, Bernard, & Licata, 2013).

한편, 극단값의 출처는 일반적으로 입력 오류, 표집 오류, 변산이 큰 분포, 이렇게 세 가지로 요약할 수 있다. 입력 오류로 인한 극단값은 앞서 설명한 것처럼 수정하면 쉽게 해결할 수 있다. 또한 해당 항목이나 변인이 자연적으로 변산이 큰 분포라면 편차가 크더라도 실제 극단값이 아닐 수 있다. 하지만 표집 오류로 인한 극단값이라면 문제가 된다. 이는 연구자가 구체적으로 설정한 모집단으로부터 표집된 참가자가 아니라 다른 모집단으로부터 표집된 경우다. [그림 6-4]는 모집단 분포상에서 a와 b라는 값이 관찰된

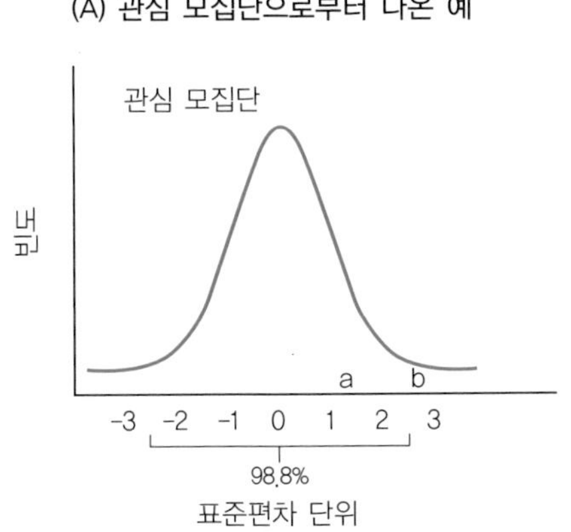

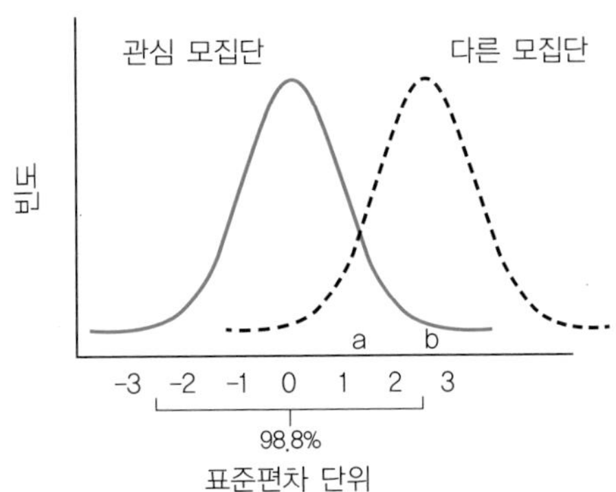

그림 6-4 관찰치가 다른 모집단으로부터 나왔을 가능성이 있는 예

예를 보여 주는데, (A)에서 관찰치 b는 a보다 평균으로부터 더 멀리 위치하며, z 점수 2.5 이상에 해당한다. 이는 b가 해당 모집단에서 관찰될 확률이 1.2% 미만임을 의미한다. 따라서 (B)에서 보듯이 실제를 확인할 수는 없지만 다른 모집단에서 표집되었을 가능성이 있다. 이런 경우, 연구 결과의 정확도에 영향을 미칠 수 있으므로 해당 관찰치는 극단값으로 간주하고 분석에서 제외하는 것이 타당하다. 하지만 이런 결정은 자료의 전반적인 분포와 함께 고려해야 하는데, 가장 보수적인 관점에서는 표준편차 또는 중앙값 절대편차가 3 이상이면서 관찰치 대부분과 떨어져 있는 경우로 한정한다.

넷째, 어떤 항목이나 변인에 대한 측정치가 분포의 정규성과 같은 통계적 가정을 충족해야 할 때, 실제로 충족하는지를 확인한다. 연구자마다 서로 다르게 적용하지만, 일반적으로 사용하는 기준은 왜도(skewness)와 첨도(kurtosis) 모두 ±2 정도로 본다. 개별 항목이 아닌 항목 평균이 정규분포를 이루어야 하는 가정이라면 해당 평균에 대한 정규성 충족 여부는 반드시 확인해야 하지만, 각 항목에 대해 모두 확인할 필요는 없다.

이렇게 자료 점검을 마치면, 특히 덜 보수적인 방식으로 자료 점검을 시행한다면 표본 크기가 최초 계획보다 작아질 것이라고 예상할 수 있다. 이에 따라 종종 연구자들은 표집 계획 단계에서 일정 수준의 과다표집을 계획하기도 한다(Hauner, Zinbarg, & Revelle, 2014). 예컨대, 자료 수집을 두 단계로 나눈 다음, 첫 단계에서 부족한 자료의 수를 고려하여 두 번째 단계에서 과다표집을 하거나, 예비연구 결과나 선행연구를 참고하여 과다표집 비율을 추정할 수도 있다. 특히 표본 크기가 작을 때는 효과크기를 과대 추정할 수 있으므로, 과다표집을 사용해야 할 수도 있다.

자료 점검을 통해 분석할 수 있는 자료가 준비되면 전반적인 측정이 신뢰할 정도로 이루어졌는지, 즉 측정의 신뢰도(reliability)를 확인한다. 신뢰도 계수는 일반적으로 크론바흐 알파(Cronbach's alpha) 기준으로 $\alpha=0.70$보다 크면 적정 수준이라고 판단하며, 대체로 $\alpha=0.80$보다 커야 신뢰할 만하다고 본다. 하지만 문항 수가 증가할수록 α 계수 또한 증가하기 때문에 측정 도구에 포함된 항목 수를 고려하여 판단하는 것이 필요하다(Cortina, 1993).

(3) 가설검증을 위한 분석의 시행

신뢰도 분석을 통해 자료에 대한 측정의 신뢰도를 확인한 다음에 비로소 가설검증을 위한 통계분석을 시행할 수 있다. 상관연구는 기본적으로 상관계수(correlation coefficient)를 산출하여 그 관계의 방향과 정도를 기반으로 가설을 검증한다. 두 양적 변인 간 상관계수는 피어슨 적률상관계수(Pearson's product-moment correlation coefficient) 또는 피어슨 상관계수(Pearson's r)로 나타낸다. 이미 설명한 바와 같이, 상관계수는 -1.00~+1.00 범위 내에서 표현할 수 있으며, 부호는 관계의 방향을, 숫자는 관계의 정도를 나타낸다. 0에 가까울수록 변인 간 관계가 없음을 나타내며 절댓값이 1에 가까울수록 관계의 정도가 증가한다. 이때 상관계수는 두 변인 간 선형 관계를 가정하고 있음을 기억해야 한다.

통계분석에서 가장 먼저 할 일은 통계 검증 이전에 기술통계치를 확인하는 것이다. 앞선 자료 점검 단계에서도 확인해야 하지만, 통계분석 절차에서도 필요하다. 측정 도구가 측정하는 범위를 고려하고, 선행연구에서 보고한 측정치와 비교하여, 예상된 범위 내에서 측정이 이루어졌는지를 먼저 확인한다. 예컨대, 젊은 성인을 대상으로 한국판 벡 우울척도 2판(Beck Depression Inventory-II)을 사용하여 표본 평균을 산출한 결과, 유사한 선행연구에서 평균 10점을 보고하였는데, 자신의 연구에서 평균 16점이 관찰되었다고 하자. 해당 표본은 선행연구보다 더 높은 수준을 보이는데, 분류 기준으로도 선행연구의 표본은 '약간의 우울'로 분류되지만, 해당 연구의 표본은 '경미한 우울'로 분류된다. 이 경우는 연구자의 관심 모집단이 아닌 다른 모집단으로부터 표집되었을 가능성이 크다. 따라서 기술통계치를 통해 측정치가 예상 범위 내에 있는지 먼저 확인해야 한다.

가설검증을 위한 통계분석에서 가장 중요한 원칙은 검증에 적합한 통계분석을 시행하는 것이다. 각 분석 방법에 관한 설명은 많은 통계학 서적에서 다루고 있으며 이 책의 범위를 넘어서기 때문에, 여기서는 상관분석에서 유의해야 할 기본적인 사항만 다루고자 한다. 두 변인 간 관계는 정적 선형, 부적 선형, 혹은 곡선형 등 다양한 관계로 나타날 수 있다. [그림 6-5]의 각각 예에 대해 상관계수를 확인해 보자. (A)와 (B)는 각각 선형 관계에서 유의미한 상관계수를 보이고 있지만, (C)와 (D)의 경우는 유의미하지 않다. 하지만 (C)는 곡선형 관계를 갖는 자료에 대해 선형 관계를 기반으로 하는 상관계수를 산출한 것으로, 분석 방법이 타당하지 않다. (D)의 경우는 두 변인 간 다른 뚜렷한 관계를 보이지 않는 경우다. 따라서 상관계수 산출 시 산포도를 통해 변인 간 관계를 구체적으로 확인해야 한다.

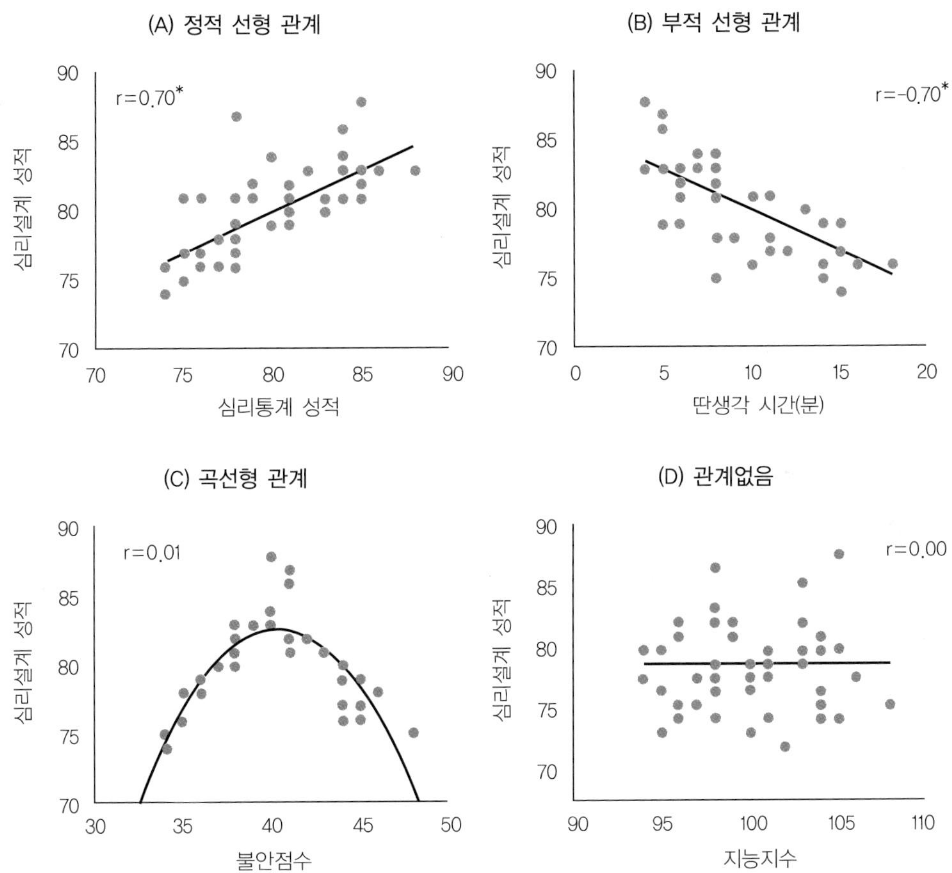

그림 6-5 심리설계 성적과 다양한 변인 간 상관계수의 예(*$p<0.05$ 수준에서 유의미함)

(4) 추가 분석의 시행

가설검증을 위한 통계분석을 마치면 수집된 자료를 전체적으로 이해할 수 있도록 철저하게 깊숙이 들여다보는 것이 중요하다. 연구자는 관심 변인에 관한 자료와 더불어, 종종 참가자의 인구통계학적 변인이나 기본적인 사회경제적 변인 등을 기초자료 형태로 수집하는데, 이는 기본적으로 해당 표본이 관심 모집단에 해당하는지를 확인하기 위한 자료다. 연구자는 추가 분석을 통해 이러한 변인들과 관심 변인 간의 관계를 상세히 확인해 볼 수 있다. 이를 통해 연구자가 수집한 자료 중에서 제3변인 문제를 일으키는 변인이 있는지 확인해 볼 수 있다. 즉, 추가 분석은 제3변인 개입의 가능성을 탐색할 수 있는 좋은 기회다.

또한 수집된 자료를 깊숙이 들여다봄으로써 관찰된 관계에서 혹시라도 이질적인 집단이 포함되어 있지는 않은지 확인할 수 있다. 예를 들어, 심리통계 성적과 심리설계 성적 간 관계에 관한 연구를 가정해 보자. 연구자는 수강생의 성적과 함께 성별, 학년, 주전공 여부 등의 기본정보를 함께 수집하였다. 연구 결과, 연구자는 [그림 6-6]의 (A)와 같은 유의미한 상관계수를 얻었다($r=0.41$). 하지만 연구자는 이러한 관계에서 성차나 학년 간 차이가 있는지, 혹은 주전공 여부가 관련이 있는지를 확인하고자 자료를 추가로 분석하였다. 그 결과, 성차 및 학년 간 차이는 없었지만, [그림 6-6]의 (B)와 같이 심리학 주전공 학생들은 전체 표본보다 수치상 더 큰 상관계수를 보였고($r=0.49$), 그렇지 않은 학생들은 상관계수가 유의미하지 않은 것을 확인하였다($r=0.20$). 즉, 표본에 서로 다른 이질적인 집단이 포함된 것이다. 연구자는 연구 설계 단계에서 표본 구성을 심리학 주

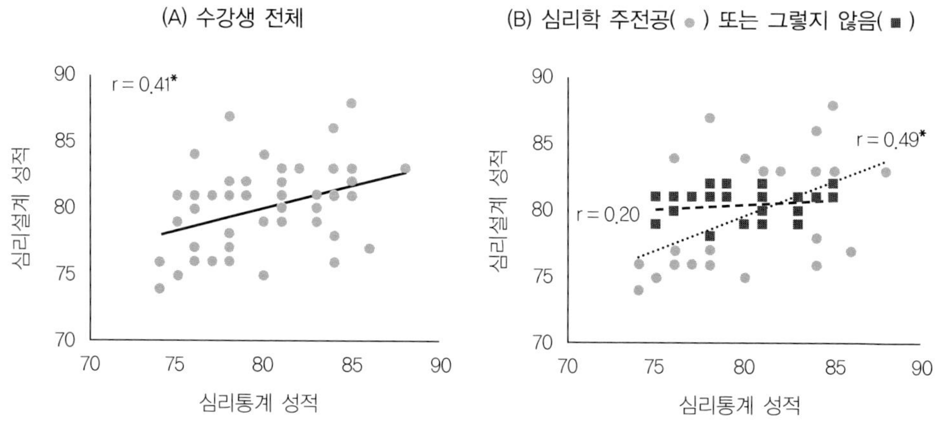

그림 6-6 이질적 집단이 포함된 표본에서 상관계수의 예(*$p<0.05$ 수준에서 유의미함)

전공으로 한정했어야 하거나 아니면 두 주전공 집단 간 두 성적 변인 간의 관계가 서로 다른지를 확인하는 연구가설을 수립했어야 한다.

종단연구에서도 추가적인 분석이 필요한 상황이 종종 발생하는데, 이는 참가자 탈락과 관련된다. 종단연구는 일정 간격을 두고 자료를 수집하므로, 시간이 지날수록 패널이나 코호트로부터 참가자들이 탈락하게 된다. 이때 탈락한 참가자들이 무선적인 경우라면 결과에 거의 영향을 주지 않는다. 하지만 탈락이 특정한 형태로 체계적으로 발생한다면 연구 결과를 왜곡시킬 수 있다. 따라서 참가자의 인구통계학적 특성이나 심리사회적 특성 등과 더불어, 수집한 모든 자료를 바탕으로 심층 분석이 필요하다. 탈락한 참가자와 계속 참여하는 참가자 간 어떤 차이가 있는지를 비교 분석하여 탈락이 무선적인지를 확인하며, 탈락에 체계적인 특성이 있다면 그 원인을 파악하고 대처 방안을 마련해야 한다.

2) 상관연구 결과의 해석

(1) 분석 결과의 해석

상관분석 기반의 결과를 해석하기 위해 가장 먼저 알아 두어야 할 것은 수치의 의미다. 앞서 상관계수는 -1.00에서 +1.00의 범위로 나타낸다고 하였는데, 이때 관계의 방향은 알 수 있지만, 수치가 의미하는 바를 실제적인 의미에서 정확히 알기는 어렵다. 하지만 이를 제곱한 r 제곱(r^2)은 한 변인이 다른 변인의 변화를 설명할 수 있는 비율을 나타낸다. 이를 결정계수(coefficient of determination)라고 하며, 상관계수를 제곱한 값이기 때문에 0에서 1 사이의 값을 갖는다. 예컨대, 앞선 심리통계 성적과 심리설계 성적 간 상관의 예에서, $r=0.41$이므로 이를 제곱하면 $r^2=0.168$이 된다. 이는 두 변인이 공유하는 변량이 16.8%라는 의미다. 한 변인이 다른 변인을 설명하는 정도를 백분율(%)로 나타내기 때문에 설명량이라고도 한다.

결정계수의 해석은 회귀분석을 사용한 결과에서도 마찬가지다. 이때 결정계수는 회귀모형 내 독립변인이 종속변인의 변화를 예측할 수 있는 비율로 정의할 수 있는데, 종속변인의 변량 중에서 독립변인과의 관계로 설명할 수 있는 비율을 뜻한다. 따라서 회귀분석에서 산출한 결정계수 $r^2=0.168$에 대해서는 회귀모형 내 독립변인이 종속변인을 16.8% 설명한다고 해석할 수 있다.

연구자들은 종종 서로 다른 표본에서 얻은 두 상관계수의 값이 서로 다를 때, 이를 '두 상관계수 간 차이가 있다'라고 해석할 때가 있다. 예컨대, 한 선행연구에서 r=0.32였고, 연구자의 측정에서는 r=0.56으로 관찰되었다고 하자. 이 두 상관계수는 수치상에서 차이가 있지만, 모집단에서도 그런지는 알지 못한다. 다시 말하면, 두 상관계수 간 차이가 있음을 공고히 하기 위해서는 그 정도가 통계적으로 유의미한지를 확인하는 가설검증을 해야 한다.

구체적으로, 82명의 표본이 포함된 선행연구에서 심리학개론 성적과 심리설계 성적 간 상관계수가 r=0.32였는데, 96명의 표본을 대상으로 한 다른 연구에서 심리통계 성적과 심리설계 성적 간 상관계수가 r=0.56이었다고 하자. 이 둘은 모두 유의수준 0.05에서 유의미하다. 두 계수 간 0.24의 차이가 있으므로 심리통계와 심리설계 성적 간 상관계수가 심리학개론과 심리설계 성적 간 상관계수보다 수치상으로 더 크다고 말할 수 있다. 하지만 이 값은 표본 통계치이기 때문에 모집단에서 그렇다고 할 수는 없다. 따라서 모집단에서도 그러할 것인가에 관한 가설과, 이에 대한 통계적 검증 결과가 필요하다.

두 독립적인 상관계수 간 통계적 차이를 검증하기 위해, 상관계수 r을 z 점수로 변환하여 확인하는 방법을 사용할 수 있는데, 이를 피셔의 z 변환(Fisher's z transformation)이라고 한다. 이를 활용하여 앞선 예의 두 상관계수 간 차이를 z 점수로 변환하면 z=1.97이 된다. 즉, 관찰된 z 값이 유의수준 0.05 수준에서 임계치인 1.96보다 크기 때문에 두 상관계수는 통계적으로 유의미한 차이가 있다고 결정할 수 있다. 이를 위한 연구가설은 '두 상관계수 간 차이가 있을 것이다'가 되며, 영가설은 '두 상관계수 간 차이가 없을 것이다'가 될 것이다.

(2) 결과해석의 유의사항

상관연구에서 분석 결과를 해석할 때 가장 유의해야 할 두 가지를 언급하고자 한다. 이를 위해 앞선 4장에서 설명한 변인 간 관계의 해석에서 유의할 점을 상기할 필요가 있다.

첫째, 변인 간 인과적 해석을 하지 말아야 한다. 인과적 관계가 있을 것이라는 가정을 바탕으로 수행한 상관연구를 통해 지지하는 증거를 수집한 경우라고 해도, 그 증거는 인과적 관계가 있을 때 나타날 것으로 예상되는 현상적 관계를 보여 줄 뿐이다. 따라서 완전한 상관(r=1.0)을 보이는 결과라고 하더라도 인과관계와는 전혀 관련이 없다.

변인 간 영향의 방향성을 가정하는 조절효과나 매개효과 등의 분석 결과를 해석할 때도 마찬가지다. 인과모형 결과에서 매우 큰 계수를 얻었다고 하더라도 인과관계를 직접 나타내지는 못한다. 이는 측정치들로부터 인과관계를 가정한 인과모형이 하나의 대안적 설명으로서 적합한지를 통계적으로 검증한 것으로, 해당 분석을 통해 직접적인 인과관계를 검증하지는 않았음을 명심해야 한다.

둘째, 제3변인 문제(third-variable problem)는 언제나 발생할 수 있다고 생각해야 한다. 예컨대, 화재 진압을 위해 출동한 소방관 수와 화재로 인한 피해 규모 간에 정적 상관이 있는데, 이 관계를 근거로 피해를 줄이기 위해 출동 소방관 수를 줄이는 것은 타당한가? 이 두 변인 간에 직접적인 관계는 없으며, 두 변인이 모두 화재 규모라는 제3변인에 의해 영향을 받는다. 따라서 출동하는 소방관 수를 줄이면 피해를 줄인다는 결론은 잘못된 해석이다. 흔한 다른 예로, 에어컨 판매량이 증가할수록 아이스크림 판매량도 증가하는데, 이는 기온 상승이 두 변인에 모두 영향을 주었기 때문이다. 이렇게 실제로는 관계가 없지만, 통계적으로만 상관이 있는 것으로 보이는 경우를 허위상관(spurious correlation)이라고 한다.

상관연구에서 통제되지 않은 많은 다른 변인이 연구자의 관심 변인 간 관계를 설명할 수 있다면 연구의 타당성이 훼손될 수 있다. 따라서 관찰된 관계가 변인 간 직접적인 관계가 아닌 다른 제3변인에 의해서 나타났을 가능성을 주시해야 한다. 이를 위해 연구 주제와는 직접 관련이 없어도 개인의 기본적 특성, 즉 인구통계학적 변인이나 사회경제적 변인, 또는 다른 심리사회적 변인과의 관계를 추가로 확인해 볼 필요가 있다. 제3변인이 개입했는지를 확인하기 위한 쉬운 방법은 부분상관(partial correlation)을 살펴보는 것이다.

(A) 제3변인을 포함한 변인 간 관계

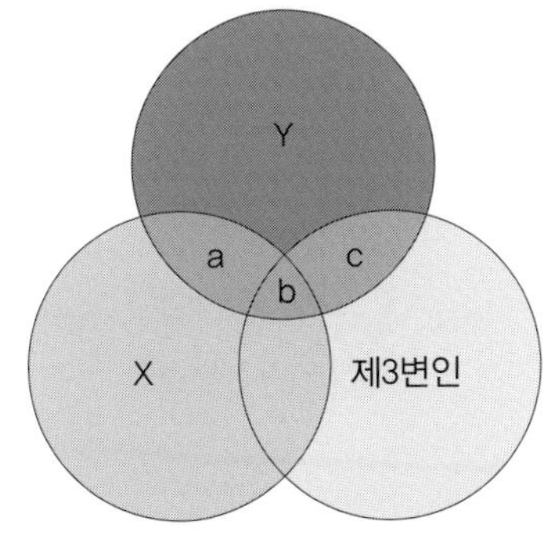

(B) 제3변인을 제외한 변인 간 관계

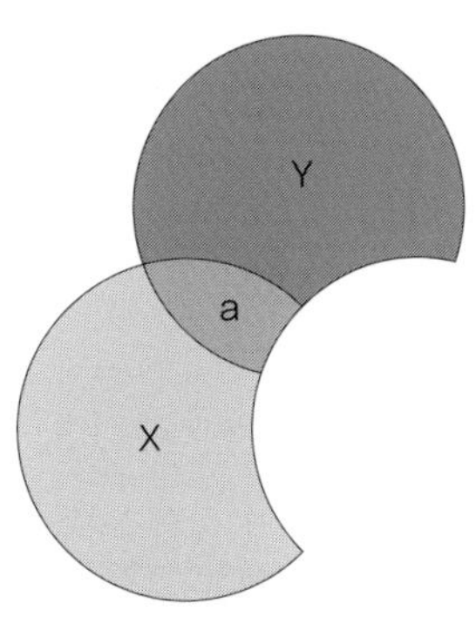

그림 6-7 부분상관을 이용하여 변인 간 관계에서 제3변인의 관련성을 확인하는 방법

부분상관은 제3변인이 설명하는 정도를 제외한 상태에서 관찰된 두 관심 변인 간 상관을 말한다. 이를 벤 다이어그램으로 나타내면 [그림 6-7]과 같다.

원래의 관심 변인인 X와 Y의 관계에서 제3변인이 설명하는 부분을 제외하면 (B)와 같은 형태가 된다. (A)에서는 a, b가 Y를 설명하고 있는데, 여기에는 X뿐만 아니라 제3변인도 포함된다. 이를 제외한 (B)에서는 X와 Y에 대한 제3변인의 설명 부분을 제외하고 오로지 X가 설명하는 부분인 a만을 확인할 수 있다. 예상할 수 있듯이, 제3변인이 X, Y와 더 많은 부분을 공유할수록 a의 크기는 작아지며, 이에 따라 통계적으로 유의하지 않을 가능성도 커진다. 따라서 관찰된 관계에서 제3변인의 개입을 확인하는 것은 결과해석에서 매우 중요한 절차다.

제3변인의 문제는 매개효과 등을 검증하고자 하는 인과모형에서도 발생할 수 있다. 예컨대, 앞선 자기존중감과 학업성적 사이의 관계에서 자기효능감의 매개효과를 확인하는 모형에서, [그림 6-8]의 (A)와 같은 경로계수(두 변인 간의 표준화 회귀계수)가 관찰되었고 이 모형의 적합도를 확인하였다고 가정하자. 하지만 이 모형이 세 변인 간의 관계에 의해서가 아닌 부모의 사회경제적 지위라는 제3변인에 의해 설명될 수 있다면, 기존에 유의미하였던 경로계수들이 (B)에서와 같이 모두 유의미하지 않게 되고, 모형에 포함되지 않았던 제3변인에 의해 모든 관계가 설명될 수 있다. 이러한 문제는 언제나 발생할 수 있음을 염두에 두어야 한다.

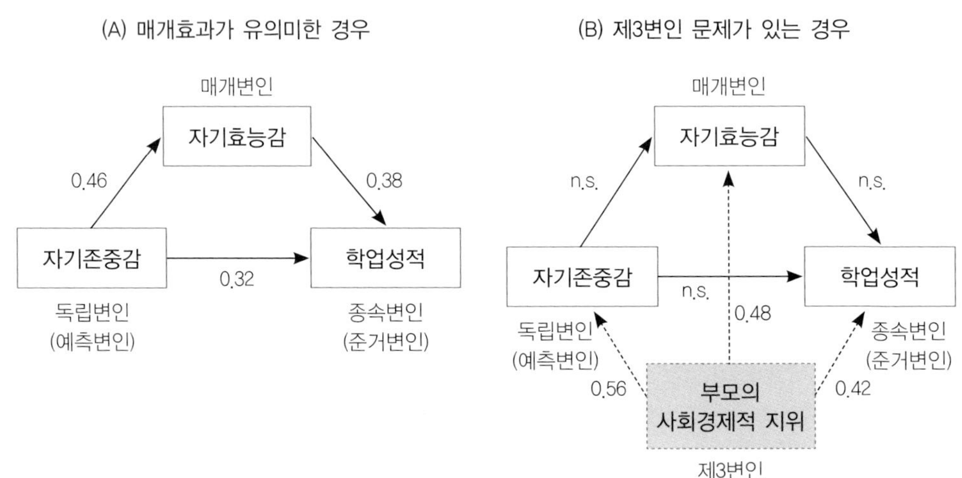

그림 6-8 제3변인의 문제가 있는 경우의 예(n.s., $p<0.05$ 수준에서 유의미하지 않음)

제3변인 문제는 아니지만 유사한 형태로서, 독립변인과 종속변인 간 매개효과에서 두 변인 간 직접효과가 아닌 매개변인의 간접효과만 존재할 수도 있고, 다른 매개변인이 추가됨으로써 기존 매개효과가 사라질 수도 있음을 고려해야 한다. 흔치 않은 경우이긴 하지만, 기존 모형에 변인이 추가됨으로써 직접효과가 사라지는 경우, 두 변인 간 관계는 직접적인 관계가 아니라 한 변인이 다른 변인을 연결하는 간접효과만이 남는다([그림 6-9]).

예컨대, 자기존중감과 학업성적의 관계에서 자기효능감의 매개효과가 유의미하고, 자기존중감의 학업성적에 대한 직접효과도 유의미한 [그림 6-9]의 (A) 모형에서, 교우관계라는 추가적인 매개변인이 포함되어 기존의 직접효과가 사라지는 (B) 모형이 유의미하다면, 기존 모형 (A)는 더이상 받아들여지지 않는다. 따라서 이러한 관계가 발생할 가능성을 추가 분석을 통해 확인함으로써, 연구자의 모형이 타당하다는 추가적인 근거로 제시할 수도 있다. 물론 이러한 상황이 제3변인 문제처럼 심각한 문제는 아니다. 사전에 그와 관련한 가설을 수립하고 연구를 수행하는 더 좋은 대안을 적용할 수 있기 때문이다.

상관계수에 관한 결과해석에서 유의해야 할 한 가지는 범위 한정(restriction of range)의 문제다. 범위 한정은 표집이나 측정 절차 등에서 사용하는 점수의 범위가 가용한 전체 점수보다 더 좁은 범위로 제한되는 것을 말한다. 한 변인에 대한 범위 한정만으로도 상관계수를 감소시킴으로써 존재하는 관계를 관찰하지 못하거나, 범위 바깥에는 없는 관

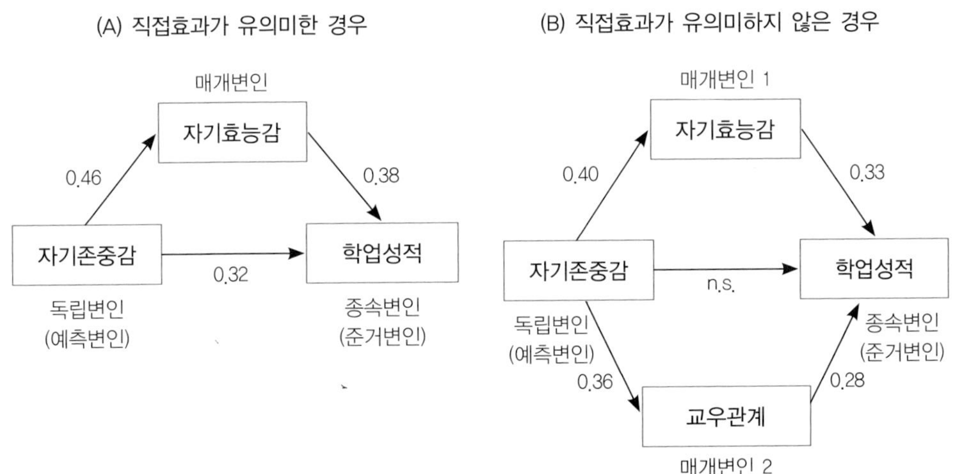

그림 6-9 변인 간 관계가 사라지는 경우의 예(n.s., $p<0.05$ 수준에서 유의미하지 않음)

계를 있는 것처럼 보이게 만드는 등 부적절한 결론을 내리는 결과를 초래할 수 있다. [그림 6-10]에 이러한 예를 제시하였다.

[그림 6-10]에 예시한 자료는 심리설계 성적이 대략 70~90점 사이에 분포하고 있음을 보여 준다. 이때 (A)의 경우, 전체 표본을 대상으로 할 때 r=0.70인 자료에서 심리설계 성적 80점 이상만을 대상으로 조사하는 경우, 상관계수가 r=0.16으로 유의하지 않게 되는 결과다. 심리통계 성적 80점 이상만을 대상으로 한 (B)의 경우에는 통계적으로 유의미하지만, 상관계수가 r=0.48로 감소한 것을 알 수 있다. 이 두 경우는 범위를 한정함으로 인해 상관계수 크기가 감소하는 예를 보여 준다. 더 심각한 경우는 불안과 심리설계 성적에 관한 예인데, (C)는 불안 점수가 40점 미만인 참가자만, (D)는 40점 이상인 참가자만을 대상으로 조사한 경우를 보여 준다. 이 두 경우는 전체 관계가 곡선형이지만, 범위 한정으로 인해 유의미한 선형 관계가 나타나는 잘못된 결과를 보여 준다. 이러한

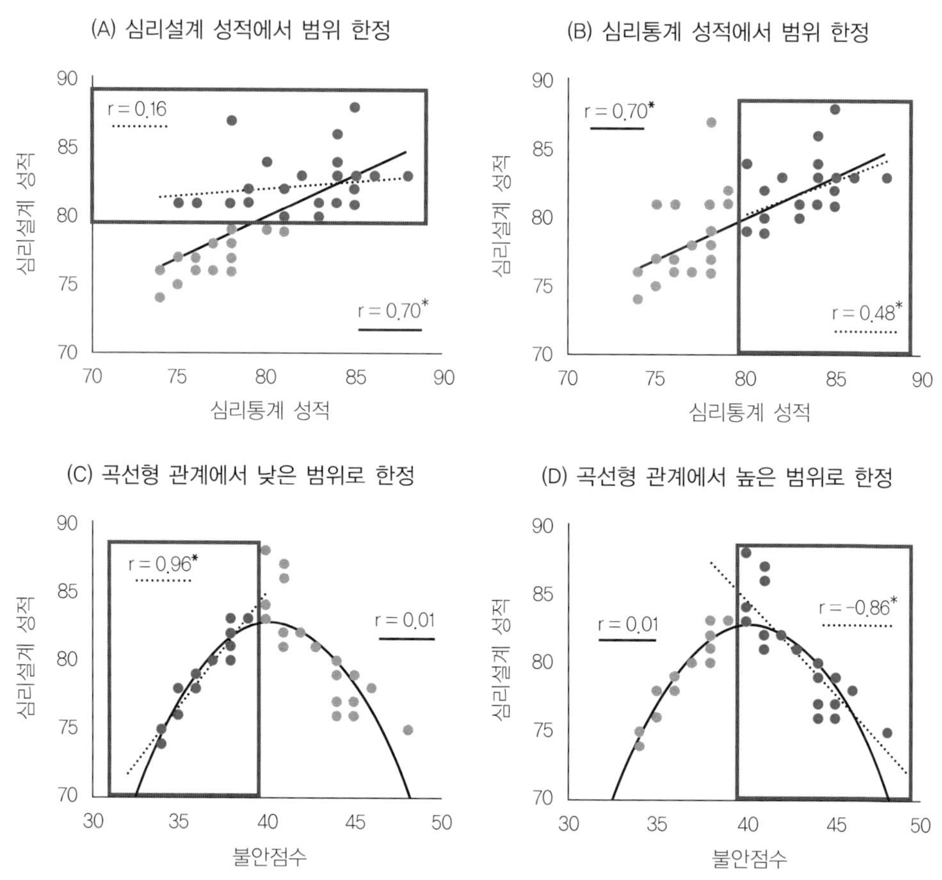

그림 6-10 상관계수 산출과 범위 한정에 관한 예(*p<0.05 수준에서 유의미함)

예들은 두 변인의 실제 관계를 왜곡할 수 있으므로 연구자는 자료 해석 시 범위 한정의 문제가 있는지를 유의해서 살펴야 한다.

범위 한정의 문제에서 더 중요한 것은, 결과해석에서 그 문제를 살피기 이전에, 표집이나 측정 절차 등에서 측정하고자 하는 범위를 충분히 확보함으로써 그러한 문제가 발생하지 않도록 대비하는 것이다. 이는 변인의 관계를 기술하는 측면에서 매우 중요한데, 연구자들은 해당 변인 간의 관계를 관찰 범위 내에서만 기술하는 것이 아니라 결과를 바탕으로 더 일반적인 형태로 기술하기 때문이다.

추가적으로, 여러 예측변인이 하나의 준거변인을 예측할 수 있는지를 확인하기 위한 다중회귀분석에서 예측변인 간 상관계수가 상당히 높은 경우라면, 다중공선성(multicollinearity)의 문제를 의심해야 한다. 이는 통계적 관점에서 회귀분석의 전체 가정인 변인 간 독립성을 위배한 것뿐만 아니라, 개념적으로 서로 잘 구분되지 않는 예측변인이 포함된 문제일 수 있다. 결과적으로는 회귀분석 결과를 신뢰하기 어려워지고, 각 예측변인의 실제 효과를 추정하기 어려워지게 된다. 따라서 다중공선성이 관찰되는지를 반드시 확인해야 한다. 예컨대, 변량 팽창 지수(variance inflation factor)를 산출하여 확인할 수 있는데, 일반적으로 이 지수가 10보다 크면 다중공선성이 있다고 판단한다(Thompson, Kim, Aloe, & Becker, 2017).

(3) 결과가 가설을 지지하지 않는 경우

사전에 설정된 가설을 검증하기 위해 세심한 주의를 기울여 통계분석을 했음에도 불구하고, 예상한 결과가 관찰되지 않을 수 있다. 연구자들은 터무니없는 가설을 수립하지 않기 때문에, 예상한 관계가 전혀 관찰되지 않는 경우보다는 연구자의 예상보다 상관계수가 더 작게 관찰되는 경우가 대부분이다. 이를 실제적 관점에서 보면, 표본 크기의 문제일 수 있다. 즉, 중간 정도의 효과크기를 가정하고 표본 크기를 결정하였지만, 실제로는 효과크기가 이보다 더 작아서 상대적으로 더 큰 표본으로부터 자료를 수집했어야 하는 경우다.

이런 경우, 연구자는 종종 참가자를 더 모집하고자 하는 결정을 하기 쉬운데, 이는 몇 가지 중요한 이유에서 타당하지 않다. 첫째, 조사 시기가 달라짐으로 인해 새로 모집하는 참가자는 기존 표본과 비교하여 이질적 속성을 가질 가능성이 발생한다. 둘째, 철저하게 계획된 설계로부터 나온 결과라면 통계적으로 근소하게 유의미하지 않은 결과 또한 그대로 가치가 있다. 셋째, 연구가설을 지지하는 결과를 얻을 때까지 참가자를 얼마나 더 모집해야 하는지 결정할 수 없다. 넷째, 그럼에도 불구하고 참가자 수를 더 늘리면 결과적으로 1종 오류가 증가하게 된다. 마지막으로, 유의미하지 않은 결과를 바탕으로 새로운 연구를 할 수 있는 기회를 잃어 버리게 된다. 즉, '결과 확인 후 가설 만들기'(HARKing)와 유사한 상황을 마주하게 된다.

드문 경우이긴 하지만 예상한 결과가 전혀 관찰되지 않을 수도 있다. 이 경우, 앞서 설명한 추가 분석을 더욱 면밀하게 수행함으로써, 예상치 못했던 제3변인의 영향이 있는지 확인할 필요가 있다. 예컨대, 추가로 수집한 다른 자료와 관심 변인 간의 관계를 살펴보는 것이다. 또한 연구 설계 시 결정했던 측정의 범위가 연구자의 의도와 달리 한정되지 않았는지도 확인해 볼 필요가 있다. 이런 과정을 통해 결과가 가설을 지지하지 않는 이유를 확인할 수 있을 것이다. 하지만 그렇지 않은 경우라면 원점으로 되돌아가서 생각해 볼 필요가 있다. 즉, 선행연구를 바탕으로 도출한 가설에서 핵심 내용을 놓쳐서 가설 수립에 오류가 있었을 수 있다. 이런 경우 가설을 재수립할 필요가 있는지 판단하고, 다음 연구에서 이를 보완하여 연구를 수행해야 할 것이다.

Keywords

조사연구(survey research)
설명적 조사(explanatory survey)
인과모형(causal model)
조절효과(moderating effect)
매개효과(mediating effect)
잠재변인 모형(latent variable model)
횡단 설계(cross-sectional design)
종단 설계(longitudinal design)
교차지연 패널 설계(cross-lagged panel design)
결과 확인 후 가설 만들기(Hypothesizing After the Results are Known, HARKing)
G*power
자료 점검(data screening)
신뢰도(reliability)
크론바흐 알파(Cronbach's alpha)
상관계수(correlation coefficient)
결정계수(coefficient of determination)
피셔의 z 변환(Fisher's z transformation)
제3변인 문제(third-variable problem)
허위상관(spurious correlation)
부분상관(partial correlation)
범위 한정(restriction of range)
다중공선성(multicollinearity)

Review Questions

1. 다음의 각 관계적 가설에 대해 형식적 측면에서 명제가 종합적 또는 분석적인지, 검증 가능성 측면에서 가능 또는 불가능한지를 판단하고, 결과적으로 가설로서 기능할 수 있는지를 평가하여 빈칸에 쓰시오.

진술문	명제 형식	검증 가능성	가설 기능
1. 아동의 ADHD 성향이 높으면 주의력은 낮을 것이다.			
2. 아동의 ADHD 성향은 주의력과 부적 상관을 보일 것이다.			
3. 아동의 ADHD 성향이 높으면 충동성이 높을 것이다.			
4. 아동의 ADHD 성향이 높으면 작업기억 능력이 낮을 것이다.			
5. 아동의 ADHD 성향이 높으면 장기기억 능력이 낮을 것이다.			

2. 조절효과와 매개효과를 각각 정의하시오.
3. 한 연구자가 자기존중감과 사회적 지지가 청소년의 진로결정 수준에 영향을 주는지를 다중회귀모형으로 검증하는 연구를 계획하였다. 이를 위해 연구자는 필요한 표본 크기를 결정하려고 한다. <읽어 보기 6-1>의 표를 참고하여 검증력이 0.80일 때 작은 효과크기를 예상해서 필요한 참가자 수를 쓰시오.
4. 상관연구에서 측정 도구를 결정할 때 중요한 고려사항 세 가지를 차례로 기술하시오.
5. '결과 확인 후 가설 만들기'(HARKing)가 문제가 되는 이유는 무엇인가?
6. 연구 중 수집한 자료에 대한 자료 점검을 시행할 때 검토할 사항을 기술하시오.
7. 수집한 자료에 대한 분석은 가설을 검증하기 위한 목적이지만, 그 외에 추가 분석이 필요할 수 있다. 그 이유는 무엇인가?
8. 두 독립적인 상관계수 간 통계적으로 차이가 있는지를 검증하는 방법은 무엇인가?
9. 허위상관이란 무엇인가?
10. 제3변인 문제가 있는지 확인하기 위해 부분상관을 어떻게 사용할 수 있는가?
11. 표집이나 측정 등에서 가용한 점수의 범위가 좁게 제한되는 경우 발생할 수 있는 문제점은 무엇인가?
12. 가설을 지지하지 않는 연구 결과를 통계적으로 유의미하게 만들기 위해 참가자를 추가로 더 모집하여 분석에 포함하고자 한다면 발생할 수 있는 문제는 무엇인지 설명하시오.

제7장

실험연구의 시행

1. **실험연구의 시작**
   1) 연구 아이디어 생성
   2) 인과적 가설 수립
2. **실험설계**
   1) 참가자 선택
   2) 독립변인 조작
   3) 종속변인 측정
   4) 외생변인 통제
3. **실험연구의 실행**
   1) 예비연구 시행
   2) 본연구 시행
4. **실험연구의 마무리**
   1) 실험연구 결과의 분석
   2) 실험연구 결과의 해석

실험연구는 변인 간 인과관계를 추론하기 위한 목적으로, 특정 변인을 체계적으로 조작하여 서로 다른 처치를 적용한 조건에 참가자를 할당한 후 관련될 것으로 예상하는 다른 변인의 변화를 관찰하는 연구다. 간단히 정의하면, '독립변인을 조작하고 종속변인을 측정하는 일련의 절차'라고 할 수 있다. 실험연구를 수행하는 연구자는 관심 변인의 영향을 제외한 다른 변인의 영향을 배제하기 위해 실험실과 같은 통제된 환경에서 연구를 수행함으로써 인과관계 추론의 타당성을 높게 확보하고자 하는 노력을 기울인다. 물론 현장에서 수행하는 현장실험도 실험연구에 포함되지만, 실험실 연구보다는 인과관계 추론의 타당성이 더 낮은 방법이므로 여기서는 실험실 연구를 중심으로 살펴본다.

실험연구의 목표는 인과관계를 확인하는 데 있다. 앞선 1장에서 인과관계를 확립하기 위해서는 최소한 세 가지 요건을 충족해야 한다고 설명하였다. 원인은 결과보다 시간상 선행해야 하고(수반성), 원인 사건이 발생하면 결과 사건 또한 변해야 하며(공변성), 결과를 이끄는 다른 원인이 없음을 공고히 할 수 있어야(대안적 설명의 배제) 인과관계를 확립할 수 있다.

실험연구는 이러한 세 가지 요건을 절차적으로 실행함으로써 변인 간 인과관계를 확인하려고 한다. 즉, 독립변인을 조작한 다음 종속변인을 측정하고(수반성), 독립변인 처치수준에 따른 종속변인 측정치의 차이를 확인하며(공변성), 연구자의 관심 변인에 다른 변인이 영향을 미치지 않도록 통제함으로써(대안적 설명의 배제), 변인 간 인과성을 추론한다.

7장에서는 2장에서 소개한 연구의 일반적 과정에 따라 연구의 시작부터 실험설계, 실행 및 마무리 단계에서 실험연구를 어떻게 수행하며, 유의해야 할 사항들은 무엇인지 구체적으로 살펴보고자 한다. 인과관계 추론을 위한 타당성에 관한 상세한 설명은 8장에서 다루며, 이번 장에서는 실험을 수행하는 절차를 중심으로 어떻게 변인 간 인과관계를 확인할 수 있는지를 설명하고자 한다.

1. 실험연구의 시작

1) 연구 아이디어 생성

상관연구와 마찬가지로 실험연구의 아이디어 또한 다양한 출처로부터 얻을 수 있다. 늘 그렇지는 않지만 대체로 연구자는 관심 주제를 먼저 정하고, 이를 더 구체적인 아이디어로 만들어 연구 질문의 형태로 제시한다. 다시 한번 강조하면, 좋은 아이디어는 창의적이면서 체계적이다. 창의적인 아이디어 생성을 위해서는 실험을 위한 아이디어여야 한다는 생각에 맞추기보다 관심 아이디어를 생성한 다음, 실험의 틀에 맞추는 편이 좋다. 반면, 체계적인 아이디어를 위해서는 실험의 틀 안에서 수행 가능한 아이디어를 생성하는 것이 좋다. 따라서 연구 아이디어를 만드는 과정에서 이 두 가지를 모두 고려하는 것이 중요한데, 이를 위해서는 자신의 아이디어가 실험의 틀에서 수행 가능한지를 염두에 두는 습관이 필요하다. 여기서 '실험의 틀'은 보수적으로 표현하면 실험실 환경을 말하는 것이고, 좀 더 일반적으로 표현하면 독립변인 조작과 종속변인 측정이 가능한가를 말한다.

연구 아이디어가 실험의 틀 안에서 수행 가능한지를 평가하기 위해서는 그 아이디어를 연구 질문이나 연구 문제 상태에서 대략적으로라도 먼저 평가하는 것이 필요하다. 6장의 상관연구 아이디어의 예에서, '학습 시간과 학업성적은 서로 관계가 있는가?', '청소년의 자기존중감은 학업성적과 관계가 있는가?'의 진술문을 실험을 위한 연구 질문 형태로 바꾸어 보면, 각각 '학습 시간을 증가시키면 학업성적이 향상될 것인가?', '청소년의 자기존중감을 높이면 학업성적이 향상될 것인가?' 정도로 표현할 수 있을 것이다. 이 질문을 바탕으로 실험의 틀에서 연구를 수행한다면, 다음의 세 가지 측면에서 평가해야 한다.

첫째, 독립변인을 조작할 가능성이 있는가다. '학습 시간'을 조작할 수 있는가? 구체적인 방법이나 다른 부분은 차치하고 대체로 가능한 것으로 보인다. '자기존중감'을 조작할 수 있는가? 가능성이 없진 않겠지만 윤리적인 고려를 해야 하므로 가능하지 않다고 보는 것이 타당하다. 둘째, 종속변인을 측정할 수 있는가다. '학업성적'은 측정할 수 있는가? 다른 사항을 고려하지 않는다면 실제 학교에서의 학업성적 자체는 측정할 수 있

다. 셋째, 독립변인 조작과 종속변인 측정이라는 맥락에서 연구할 수 있는가다. 학생의 '학습 시간'을 조작하여 실제 '학업성적'을 측정하는 것이 가능한가? 아마도 초중등 학생이든 대학생이든 학습 시간을 조작하여 학업성적에 실제로 영향을 미치는지를 확인하는 것은 윤리적으로 타당하지 않을 것이다.

구체적인 연구 문제가 실험으로 실행하기 어려운 것이라고 판단되면 그 연구 문제를 포괄하는 연구 주제 수준으로 확장하여 다른 구체적인 아이디어나 연구 문제를 생성할 수도 있다. '학습 시간을 증가시키면 학업성적이 향상될 것인가?'의 예에서, 연구자는 주제의 수준에서 학습 시간과 시험 결과에 관심이 있다고 볼 수 있을 것이다. 그렇다면 실제 학교 상황의 '학업성적'이 아니라 실험실에서 측정 가능한 성취도 검사나 과제 수행 정도를 종속변인으로 생각해 볼 수 있다. 또한 일상생활의 학습 시간이 아니라 실험실 내에서 주어지는 학습 시간으로 바꿀 수도 있다.

이렇게 해당 주제 내에서 변인을 구체적으로 바꾸어 본다면 아마도 실험연구 수행이 가능할 수도 있다. 하지만 변인이나 변인에 대한 조작적 정의를 바꾸는 것만으로는 실험 수행이 어렵다고 평가한다면, 연구 주제를 바꾸거나, 비실험 연구를 수행해야 할 것이다. 연구 아이디어의 수행 가능성을 평가하는 이러한 과정을 도식으로 나타내면 [그림 7-1]과 같다.

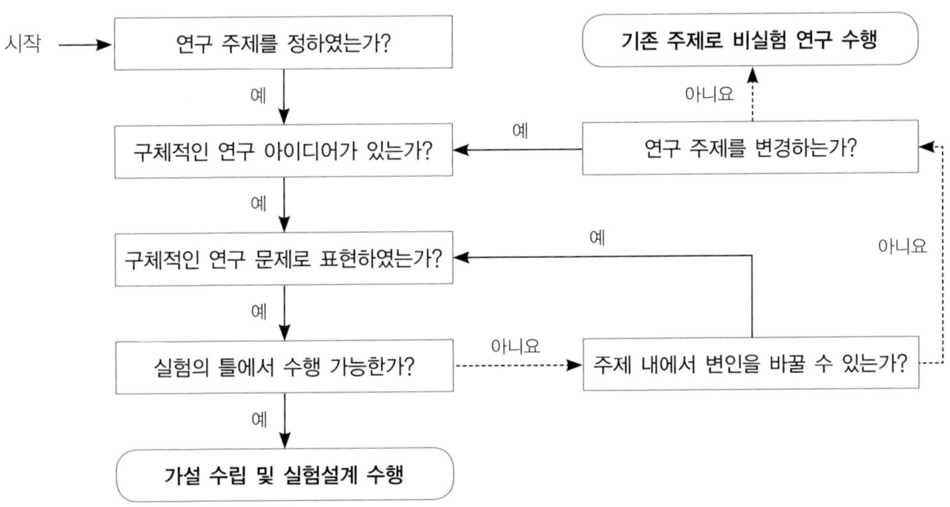

그림 7-1 연구 아이디어의 실험 수행 가능성 평가 과정의 대략적 묘사

다음은 실험연구 아이디어를 생성하는 초기 과정에 도움이 될 만한 몇 가지 전략을 소개하고자 한다. 또한 아이디어 생성에 관한 〈읽어 보기 2-4〉를 다시 살펴볼 것을 권한다.

첫째, 인과관계에 한정하여 생각하지 않는다. 앞서 언급한 것처럼 인과적 관점으로만 한정하면 자유로운 아이디어 생성에 방해될 수 있으므로, 관심 주제를 선정하는 단계에서는 주제와 관련한 변인들만 생각하는 것이 좋다.

둘째, 관심 주제에 관한 선행연구에서 시행한 실험 절차를 상세하게 살펴본다. 연구자가 관심을 두는 주제에 관한 선행연구는 연구자의 관심을 정확히 반영한 실험일 수도 있고, 혹은 상당히 유사한 실험일 수도 있다. 선행연구에서 사용한 변인과 절차를 구체적으로 파악하여 연구 범위를 더 확장하거나, 관심 모집단을 변경하거나, 구체적인 절차를 변경하여 독립변인 처치나 종속변인 측정 절차를 변경하는 등의 과정을 통해 구체적인 아이디어를 얻을 수 있다.

셋째, 잘 알려진 그럴듯한 인과관계에 대해 그렇지 않은 이유를 찾아본다. 잘 알려진 인과관계에 더하여 인과적 설명을 추가할 수 있는 다른 독립변인이 있는지를 생각해 봄으로써 해당 인과관계에 관련된 다른 변인을 찾을 수도 있다. 즉, 기존의 그럴듯한 인과관계를 기본으로 하여 변인을 추가하거나 다른 변인으로 변경하는 방법을 새롭게 고안할 수 있다.

넷째, 선행연구에서 다룬 변인을 유사한 다른 변인으로 바꾸어 본다. 관심 주제를 다룬 선행연구에서 사용한 독립변인 대신에 유사한 다른 독립변인을 사용함으로써 해당 주제에 관한 아이디어를 효율적으로 만들 수 있다. 종속변인을 여러 구성요소로 나눌 수 있다면 하위 요소를 측정할 수도 있고, 인지 과제를 사용하는 경우라면 유사한 능력을 측정하는 다른 인지 과제를 사용할 수도 있다. 이는 선행연구의 일반화라는 측면에서 의의가 있다.

다섯째, 독립변인 처치수준의 개수를 늘리는 방법을 살펴본다. 실험에 관한 아이디어는 대체로 독립변인을 조작의 효과를 검증하기 위한 조건들로 이루어진다. 따라서 선행연구에는 해당 연구 주제에 관한 최소한의 조건 개수만 포함되었을 가능성이 크다. 그런 경우에는 선행연구 처치수준에 더하여, 관심 처치수준을 추가해 보는 것도 좋은 아이디어가 될 수 있다.

2) 인과적 가설 수립

실험연구를 위한 가설은 최소한 두 변인을 포함하며, 이는 원인으로 여기는 독립변인 부분과 결과로 생각하는 종속변인 부분이다. 즉, '만일 [독립변인의 속성], 그렇다면 [종속변인의 속성]'과 같은 형태를 취한다. 또한 두 변인 간 인과관계를 진술해야 하므로, '만일 독립변인을 처치한다면, 종속변인 측정치에 변화가 있을 것이다'와 같은 형식으로 가설을 수립할 수 있다. 이 연구가설은 통계학적으로는 대립가설로서, 실제 가설검증에서는 연구가설과 반대 가설인 영가설, 즉 '독립변인의 처치에 따른 종속변인 측정치에 변화가 없다'에 대해 검증하고, 이를 기각할 수 있을 때 대립가설을 지지하는 절차를 따른다.

(1) 하나의 독립변인에 대한 가설

현실적으로는 하나의 독립변인만 포함된 단순한 형태의 실험보다는 둘 이상의 독립변인이 포함된 실험연구가 더 많이 수행되고 있다. 하지만 하나의 독립변인이 있는 실험연구에서 가설을 수립하는 과정을 먼저 확실하게 이해한다면, 둘 이상의 독립변인이 있는 실험의 가설을 수립하는 과정도 쉽게 이해할 수 있을 것이다.

상관연구에 관한 가설에서 설명한 바와 같이, 실험연구에서도 가설을 수립하는 데 연역과 귀납, 가추에 의한 논리적 추론을 적용하는 방식을 구체적으로 살펴보도록 하자. 하나의 연구의 틀에서 규칙은 이론으로, 사례는 표본 특성으로, 결론은 연구 결과로 간주한다. 실험연구에서 이론은 인과관계에 관한 것이다. 예컨대, 아동의 폭력성 높은 TV 프로그램 시청과 공격성에 관한 내용으로 세 가지 논리적 추론이 어떻게 적용되는지 살펴보면 〈표 7-1〉의 (A)와 같다. 두 변인 간 인과관계를 진술하는 연구가설은 '만일 아동이 TV 폭력 행동을 시청한다면, 공격성이 증가할 것이다'와 같이 될 것이다.

먼저, 연역에 의한 가설은 폭력 행동을 관찰하면 공격성이 증가한다는 이론에 따라 실제로 그러한 현상을 관찰할 수 있는지를 확인하기 위해 수립된다. 연구 결과, 가설로 예측한 결과를 얻는다면 해당 이론을 지지하는 증거가 되고, 그렇지 않다면 그 이론에 오류가 있거나 일부 수정되어야 한다는 의미가 된다. 귀납에 의한 가설은 TV 폭력 행동을 많이 시청한 어떤 아동이 공격성이 높아졌다고 보일 때, 다른 아동 또한 TV 폭력 행동을 많이 시청하면 실제로 공격성이 높아지는지 확인하기 위해 수립할 수 있다. 따라서 어떤

표 7-1 인과적 가설 수립에서 논리적 추론의 세 가지 유형

(A) TV 폭력 행동 시청과 공격성에 관한 예

구분	연역법		귀납법		가추법	
대전제	규칙	TV 폭력 행동을 관찰하면 공격성이 증가한다.	사례	이 아동은 TV 폭력 행동을 시청하였다.	규칙	TV 폭력 행동을 관찰하면 공격성이 증가한다.
소전제	사례	이 아동은 TV 폭력 행동을 시청하였다.	결과	이 아동은 공격성이 높다.	결과	이 아동은 공격성이 높다.
결론	결과	이 아동은 공격성이 높다.	규칙	TV 폭력 행동을 관찰하면 공격성이 증가한다.	사례	이 아동은 TV 폭력 행동을 시청하였다.

(B) 인지 통제를 설명하는 이론에 관한 예

구분	연역법		귀납법		가추법	
대전제	규칙	이전 시행에서 통제가 작용하면 현재 시행의 반응시간이 빨라진다.	사례	이전 시행에서 통제가 작용하였다.	규칙	이전 시행에서 통제가 작용하면 현재 시행의 반응시간이 빨라진다.
소전제	사례	이전 시행에서 통제가 작용하였다.	결과	현재 시행의 반응시간이 빠르다.	결과	현재 시행의 반응시간이 빠르다.
결론	결과	현재 시행의 반응시간이 빠르다.	규칙	이전 시행에서 통제가 작용하면 현재 시행의 반응시간이 빨라진다.	사례	이전 시행에서 통제가 작용하였다.

사례를 바탕으로 인과관계를 포함하는 이론을 수립하기 위한 가설 수립이 된다. 가추법에 따르면 'TV 폭력 행동을 관찰하면 공격성이 증가한다'라는 이론과 '이 아동의 공격성이 높다'라는 관찰을 기반으로, '공격성이 높은 아동은 TV 폭력 행동을 많이 시청하였을 것이다'라는 가설적 추론에 근거하여 이를 확인하기 위한 가설을 수립할 수 있다.

다른 예로, 인지 통제에 관한 갈등감시 이론(conflict monitoring theory)에 따르면, 연속적으로 제시되는 과제 시행에서 이전 시행의 과제 요구에 따라 통제 수준이 높아지는 경우, 그다음 시행인 현재 시행의 통제 수준이 높아져서 반응시간이 빨라진다고 설명한다(Botvinick et al., 2001). 이 이론과 관련한 내용으로 가설 수립에 적용할 수 있는 추론

의 방식은 〈표 7-1〉의 (B)와 같다. 가설은 '만일 이전 시행에서 통제가 작용한다면, 현재 시행의 반응시간이 빨라질 것이다'와 같이 진술할 수 있다. 해당 이론을 검증하기 위한 연역에 의한 방식으로 가설을 수립할 수도 있고, 관련한 현상 관찰을 일반화하기 위한 귀납의 방식으로도 가설 수립이 가능하며, 현재 시행의 반응시간이 빨라진 원인이 이전 시행의 통제에 의해서일 것이라는 가추법의 가설적 추론 절차를 통해 이를 검증하기 위한 가설을 수립할 수도 있다.

앞에서 소개한 가설의 진술문은 간단한 표현을 사용했는데, 이를 더 구체적으로 표현하면 독립변인이 처치된 조건과 그렇지 않은 조건을 비교하는 형태로 제시할 수 있다. 예컨대, '만일 아동이 TV 폭력 행동을 시청한다면, 공격성이 증가할 것이다'의 경우, '만일 아동이 TV 폭력 행동을 시청한다면, 비폭력 행동을 시청할 때보다 공격성이 더 증가할 것이다'와 같이 표현할 수 있다. 또한 '만일 이전 시행에서 통제가 작용한다면, 현재 시행의 반응시간이 빨라질 것이다'의 경우에는 '만일 이전 시행에서 통제가 작용한다면, 현재 시행의 반응시간이 통제가 작용하지 않았을 때보다 더 빨라질 것이다'와 같이 표현할 수 있다.

인과적 가설 또한 형식적 측면에서 종합적 명제로서 수립되어야 하고, 내용적 측면에서 경험적으로 검증 가능해야 한다. 이 둘을 만족시키기 위해서는 형식적으로 참 또는 거짓으로 판명될 수 있어야 하고 내용적 측면에서 독립변인과 종속변인의 조작화가 가능해야 한다. 다음 〈표 7-2〉에 이와 관련한 몇 가지 예시를 제시하였다.

연구자는 종종 하나의 독립변인이 세 수준 이상으로 이루어진 실험에서 구체적인 결과를 예측하는 가설을 수립하기도 한다. 이 경우, 독립변인 X가 a, b, c라는 세 조건으로 이루어져 있을 때, 연구자는 세 조건 중 어느 한 조건에서 독립변인 처치에 따른 효과가 다른 두 조건보다 더 크다는 가설을 수립한다. 이때는 '만일 독립변인 c 조건을 처치한다

표 7-2 인과적 가설의 예시와 평가

진술문	명제 형식 (진리값)	검증 가능성
1. 라디오를 들으면서 학습재료를 학습하면 기억 수행이 저조할 것이다.	종합적(T or F)	가능
2. 시공간 자극을 기억하면서 시각탐색을 하면 언어 자극을 기억하면서 시각탐색을 할 때보다 시각탐색의 수행이 더 저조할 것이다.	종합적(T or F)	가능
3. 학습재료를 모두 기억한다면 기억 수행이 높을 것이다.	분석적(T)	가능
4. 마음의 무게를 더 가볍게 한다면 과제 수행이 높을 것이다.	종합적(T or F)	불가능

면, a와 b 조건보다 종속변인 측정치에 변화가 더 클 것이다'와 같이 진술할 수 있다.

(2) 둘 이상의 독립변인에 대한 가설

앞서 언급한 바와 같이, 실제 실험연구에서는 둘 이상의 독립변인이 포함되는 경우가 대부분이다. 따라서 실제 연구를 위해서는 둘 이상의 독립변인이 있는 실험의 가설을 수립하는 과정을 이해하는 것이 중요하다. 이러한 연구를 위한 실험설계는 이후 10장에서 설명할 요인설계(factorial design)다. 요인설계에 관한 상세한 설명은 10장에서 다룰 것이므로, 여기서는 요인설계에서 가설을 수립하는 기본적인 방식만 간략히 소개하고자 한다.

'둘 이상의 독립변인이 포함'된다는 의미는 독립변인이 각각 개별 설계에 포함된다는 것이 아니라, '둘 이상의 독립변인이 결합'한 형태로 하나의 설계에 포함된다는 것을 말한다. 즉, 독립변인 X_1과 X_2에 대해 모두 2개의 수준(a, b)이 있다고 할 때, 실제 실험에 포함되는 조건은 두 독립변인의 각 수준이 결합하여 $X_1(a)X_2(a)$, $X_1(a)X_2(b)$, $X_1(b)X_2(a)$, $X_1(b)X_2(b)$, 이렇게 네 가지 조건이 된다. 이 네 가지 조건을 가진 실험이지만 독립변인 개수는 두 개라는 점을 기억하자. 따라서 가설은 기본적으로 두 개의 독립변인 각각의 효과에 관한 진술문이 된다. 여기서 더 중요한 점은, 두 독립변인이 결합한 효과에 관한 가설이 추가된다는 것이다.

예컨대, TV 폭력 행동 시청이라는 독립변인(X_1)과 폭력적 온라인 게임 이용이라는 다른 독립변인(X_2)이 아동의 공격성에 미치는 영향에 관한 연구라면, 먼저 두 가지 가설을 수립할 수 있다. 즉, X_1에 관한 '아동이 TV 폭력 행동을 관찰한다면, 공격성이 증가할 것이다'와 X_2에 관한 '아동이 폭력적 온라인 게임을 이용한다면, 공격성이 증가할 것이다'의 두 가지다. 그다음은 두 독립변인이 결합한 형태의 가설을 수립한다. '아동이 TV 폭력 행동을 관찰하고 폭력적 온라인 게임을 이용한다면, 공격성이 증가할 것이다'의 형태가 된다. 이 가설을 더 구체적으로 표현하면, '아동이 TV 폭력 행동을 관찰하고 폭력적 온라인 게임을 이용한다면, TV 폭력 행동만 관찰하거나 폭력적 온라인 게임만을 이용할 때보다 공격성이 더 증가할 것이다'와 같이 진술할 수 있다.

이러한 연구에서 독립변인이 결합한 형태의 가설은 '상호작용(interaction)'에 관한 가설로, 상호작용은 한 독립변인(X_1)이 종속변인에 미치는 영향이 다른 독립변인(X_2)의 수준에 따라 달라지는 효과를 말한다. 상호작용에 관한 가설은 6장의 상관연구에서 소개

한 조절효과에 관한 가설과 매우 유사하다. 다만, 요인설계에 기반하는 연구는 상호작용에 관한 가설을 검증하기 위한 목적으로 수행되며, 따라서 독립변인 각각에 관한 가설 없이도 상호작용에 관한 가설만을 수립할 수 있다. 사실, 이 부분이 요인설계를 사용하는 근본적인 목적으로, 10장에서 상세하게 다룬다.

2. 실험설계

1) 참가자 선택

실험연구 또한 6장의 상관연구와 마찬가지로 연구 수행을 통해 일반화하고자 하는 관심 모집단을 구체적으로 선택하는데, 대부분 동일 연령집단 내에서 인과관계를 밝히고자 한다. 즉, 성인 전체를 대상으로 하기보다는 젊은 성인 또는 노인으로 관심 모집단을 한정하여 연구를 수행하는 것이 일반적이다.

일반화하고자 하는 관심 모집단을 구체화한 다음에는 표본의 크기와 표집 방법을 결정한다. 표본 크기는 앞선 6장에서 설명한 바와 같이 'G*power'와 같은 프로그램을 사용하여 사전에 결정할 수 있다(Faul et al., 2007, 2009). 즉, 유의수준(α), 예상 효과크기(effect size)와 검증력(power), 집단 수 등을 결정하면 표본 크기 추정치를 확인할 수 있다. 예컨대, 두 독립집단 간 차이를 검증하는 t 검증을 사용하는 실험의 경우, 유의수준 0.05 및 검증력 0.80에서 큰 효과크기(d=0.80)로 설정하면, 전체 52명의 참가자가 필요하게 된다. 세 집단 간 차이를 일원 변량분석(one-way ANOVA)으로 검증하는 경우 동일한 유의수준(0.05)과 검증력(0.80), 그리고 큰 효과크기(f=0.40)에 대해 66명의 참가자가 필요하다.

표본 크기를 결정하는 다른 요인도 고려해야 하는데, 이는 실험에서 다루는 주제와 독립변인 처치의 방법과 관련된다. 문제해결에서 인지 전략을 사용하는 과제처럼 개인 간 편차가 크고, 한 개인에게 동일한 처치를 반복적으로 시행하기 어려운 실험에서는 집단 간 비교에 가능한 많은 참가자를 필요로 한다(Waskom, Okazawa, & Kiani, 2019). 반면, 정보처리 기반의 기본적인 인지과정에 관한 실험은 개인 간 편차가 작고, 한 개인에게 동일한 처치를 반복적으로 시행할 수 있으므로 상대적으로 더 적은 참가자만 포함해도 된다(Read, 2015). 즉, 참가자가 반복적으로 수행해야 하는 시행 수가 증가하면 필요한 표본 참가자 수는 더 적어진다(Baker et al., 2021). 또한 독립변인 처치를 집단 간 서로 다르게 하는 설계가 아닌 집단 내에서 서로 다른 조건의 처치를 하는 실험에서는 더 적은 참가자로 표본을 구성할 수 있다. 예컨대, 실험 조건에 따라 독립적인 집단을 구성하는 설계(참가자 간 설계)가 아니라 집단 내 조건을 반복하여 제시하는 반복측정 설계(참가자 내 설계)를 적용한다면 이보다 훨씬 더 적은 참가자로 표본을 구성할 수 있다. 이와 관련한 내용은 9장에서 다룬다.

실험연구에서는 대체로 편의 표집이나 자원자 표집을 사용하여 참가자를 모집하여 표본을 구성한다. 여론조사와 같은 기술연구는 정확한 모수 추정이 연구 목적이므로, 확률 표집을 사용하는 것이 매우 중요하지만, 실험연구는 여러 측면에서 다르다. 이를 나열하면 다음과 같다.

첫째, 실험연구는 특정 모집단에 관한 어떤 속성을 추정하는 것이 아니라 변인 간 인과관계의 타당성을 확보하는 것이 목표다.

둘째, 실험연구는 하나의 연구로 일반화를 이루는 방식이 아니라, 다양한 표본에 걸친 반복 연구를 통해 결과의 일반화를 이루고자 하는 방식을 취한다.

셋째, 실험연구는 참가자가 보유한 원래의 속성을 측정하고자 하는 것이 아니라, 참가자에게 시행한 처치의 결과로서 효과를 측정하고자 한다.

넷째, 실험연구는 동질적이라고 가정할 수 있는 하나의 표본으로부터 실험 처치를 통해 인위적으로 서로 다른 집단을 구성하여 비교하는 절차를 포함한다. 따라서 표본이 모집단을 대표하는 정도보다 동질적인 참가자로 구성된 표본에 대해 실험의 각 조건에 무선할당(random assignment)하는 절차가 더 중요하다.

다섯째, 독립변인 조작에 따라 처치되는 조건은 연구자가 의도한 임의적인 수준을 갖는다. 따라서 서로 다른 집단에 할당된 표본 참가자의 모집단을 가정하고, 그 값을 추정하는 것은 의미가 없다. 이는 다음의 독립변인 조작에 관한 내용에서 추가로 설명한다.

끝으로, 편의 표집이나 자원자 표집을 사용하는 실제적인 이유가 있다. 실험 결과를 통해 얻은 표본 통계치를 직접 모수 추정에 사용하는 것은 불가능하다는 점이다. 예컨대, 우리나라 젊은 성인 약 천백만 명의 모집단에 대해 실험 결과를 직접 추정하기 위해 확률 표집을 실시하는 것은 불가능하다. 즉, 5장에서 설명한 바와 같이, 모집단 크기와 신뢰수준, 오차범위에 따라 확률 표집을 한다면, 95% 신뢰수준에서 3%의 오차범위를

확보하기 위해 1,066명을 표집하여 실험을 수행해야 한다.

2) 독립변인 조작

독립변인(Independent Variable, IV)은 실험 결과에 미치는 영향을 평가하기 위해 종속변인 측정 이전에 연구자가 의도적으로 조작하는 변인이다. 여기서 '독립'이라는 말은 연구자가 다른 그 어떤 것에 의해서도 영향받지 않고 조작할 수 있다는 의미를 내포한다. 연구자는 독립변인의 임의의 값을 조작하는 과정에 실험 내에서 다른 어떠한 영향도 받지 않고, 해당 값을 가진 조건을 만들어 낸다. 참가자가 참여하는 조건에 관한 결정도 무선적으로 이루어지므로, 이 또한 독립변인 처치와 '독립'적인 상황에 놓인다. 따라서 독립변인은 종속변인보다 시간상에서 선행하며, 원인이 될 수 있는 선행조건이 된다.

독립변인의 조작(manipulation)은 독립변인의 수준을 체계적으로 변경하여 둘 이상의 조건을 만드는 처치를 말한다. 연구자는 실험에서 서로 다른 처치수준을 만드는 조작을 통해 해당 독립변인의 조건을 만들게 된다. 예컨대, 빛의 밝기라는 독립변인이라면, 밝기를 조작하여 밝은 조건과 어두운 조건을 만들 수 있다. 과제 난이도가 독립변인이라면, 고난이도와 저난이도의 두 조건, 혹은 저-중-고의 세 조건을 만들 수도 있다. TV 폭력 행동 시청이 독립변인이라면, 동일한 시간 동안 한 조건에서는 폭력성 등급이 높은 프로그램을 시청하는 조건을, 다른 조건에서는 등급이 낮은 프로그램을 시청하는 조건을 만들어 독립변인을 조작할 수 있을 것이다. 이렇게 독립변인 조작은 연구자의 연구 목적에 따른 가설을 검증하기 위한 처치수준과 그에 따른 조건을 만드는 절차를 일컫는다.

독립변인을 조작하기 위해서는 변인에 대한 조작적 정의가 반드시 선행되어야 한다. 독립변인에 대한 조작적 정의는 다양한 처치를 통해 실험의 조건을 만드는 구체적인 절차를 포함한다. 즉, 독립변인 조작은 조작적 정의를 통해 이루어진다. 예컨대, 시각탐색(visual search)에 관한 한 연구는 시각탐색 과제를 수행하는 동안 공간 작업기억을 유지하는 것이 시각탐색 과제 수행에 방해가 될 것인가를 확인하고자 하였다(Oh & Kim, 2004). 이때 독립변인은 공간 작업기억 유지 여부로, 연구자들은 시각탐색을 수행하기 1,000msec 전에 공간적 위치를 나타내는 자극을 500msec 동안 제시하는 조건과 이러한 제시 없이 시각탐색 과제만 수행하는 조건을 구성하였다. 이때 공간 작업기억의 유지 여부는 컴퓨터 화면에 제시되는 네 개의 자극 위치를 기억하는 과제를 추가로 수행하는가(이중과제 조건) 아니면 수행하지 않는가(단일과제 조건)로 조작적 정의를 하였다. 이처럼 독립변인 조작은 조작적 정의에 따른 구체적인 절차를 수반해야 한다.

독립변인 조작을 위한 조작적 정의가 마련되면, 조건들을 체계적으로 변화시켜 제시함으로써 참가자들에게 처치를 시행한다. 이는 전체 실험 환경의 맥락, 즉 실험의 틀 안에서 이루어진다. 심리학 실험에서 독립변인 처치는 대부분 컴퓨터 기반의 소프트웨어를 이용하여 시각이나 청각 자극을 사용하여 이루어지지만, 심리치료 프로그램 효과 검증을 위한 처치 같은 경우 해당 프로그램을 시행하는 연구자 또는 실험자에 의해 이루어지기도 한다. 어떤 경우든, 독립변인 조작이 그 효과를 나타내기 위해서는 다양한 측면을 고려해야 한다.

(1) 조작의 강도

독립변인 처치를 위한 조작은 얼마나 크게 해야 하는가? 독립변인 조작의 일반적인 원칙은 가능한 한 강하게 하는 것이다. 강한 조작은 조건 간 차이를 최대화하고, 그로 인해 독립변인이 종속변인에 미치는 영향이 관찰될 가능성이 커지기 때문이다. 이때 강한 조작의 의미는 조건 간 강도 차이를 크게 만드는 것을 말한다. 예컨대, 무관련 단어 쌍을 학습하는 데 물질적 보상이 미치는 영향을 확인하기 위해 보상의 정도를 조작하는 경우를 생각해 보자. 연구자는 단어 쌍 기억 재료를 제시한 다음, 참가자들에게 한 시간 동안 학습하라고 지시하면서 결과에 따른 보상을 서로 다른 수준으로 제공하는 절차를 시행하고, 그 결과를 확인하였다. [그림 7-2]는 보상의 크기와 인출 정확도가 정적 선형관계를 보이는 가상의 자료를 보여 준다.

[그림 7-2]에서 (A)는 물질적 보상이 증가함에 따라 사람들의 기억과제 수행 정확도가 증가하는 가상의 자료로, 보상이 2천 원일 때 인출 정확도가 78.5%며, 2천 원씩 증가할 때마다 수행이 1%씩 증가하는 관계를 보여 준다. 만일 연구자가 이런 선형적 인과관계를 예상한다면 두 조건 간 차이가 가장 큰 (B)의 2천 원과 1만 원을 선택하는 것이 타당하다. 반면, (C)는 두 조건 모두 보상의 크기가 작은 경우로, 조건 간 차이는 2천 원이다. (D)는 두 조건 모두 보상의 크기가 큰 경우이지만, 조건 간 차이는 (C)와 동일하다. 이 예에서 실제 통계분석 결과 또한 (C)와 (D)는 둘 다 유의미하지 않고, (B)는 유의미한 결과를 보인다.

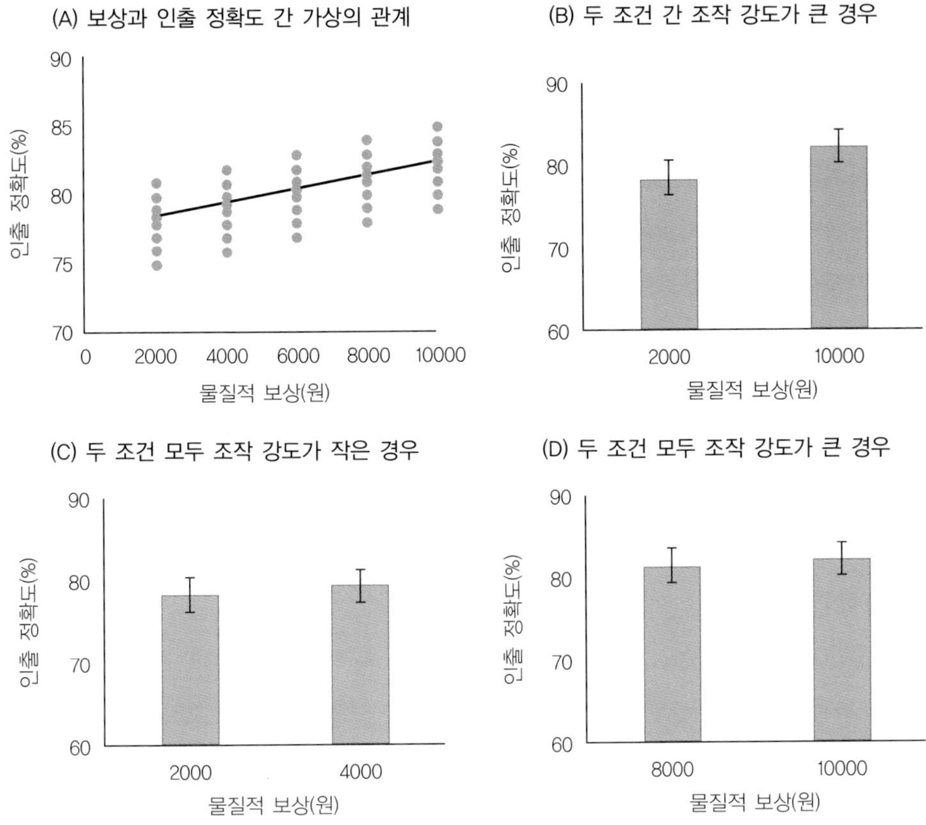

그림 7-2 **물질적 보상의 크기와 인출 정확도에 관한 가상의 예(오차막대는 표준편차)**

이렇게 조건 간 조작의 강도 차이를 크게 하는 것은 독립변인 수준에 따른 종속변인 변화량이 구체적으로 알려지지 않았을 때 더 효과적이다. 반면, 어떤 연구자는 물질적 보상과 수행과의 관계가 이렇게 선형적 관계를 보이는지 아니면 다른 관계를 보이는지를 확인하고자 연구할 수도 있으며, 이런 경우에는 독립변인의 수준을 더 세분화하여 여러 조건으로 조작할 수 있다.

독립변인 조작의 일반적인 원칙이 가능한 한 강하게 하는 것이지만, 이때 고려해야 할 두 가지 사항이 있다. 첫째, 외적 타당도에 대한 고려다. 앞선 보상과 인출 정확도의 예에서, 조작을 더 강하게 만들기 위해 학습 결과에 대한 보상 금액을 백만 원으로 조작한다고 하자. 보상의 크기가 더 커짐에 따라 참가자의 수행 또한 선형적으로 증가할 수도 있고 그다지 큰 폭으로 증가하지 않을 수도 있을 것이다. 하지만 여기서 고려할 점은 실제 세계에서 일어날 수 있는가다. 이러한 조작은 우연한 횡재 같은 경우로, 일상생활에서 일어나는 학습과 보상에 관한 현상을 실험적으로 설명해 줄 수 있는지 우리는 알지 못하게 된다.

둘째, 연구 윤리에 대한 고려다. 강한 조작이 연구 윤리의 범위를 벗어난다면 그 조작은 시행하지 말아야 한다. 학습 결과에 따른 백만 원 보상이라는 처치의 예는 윤리적 측면에서도 타당하지 않은데, 큰 금액의 보상을 받을 수 있거나 못 받는 상황을 조작하는 경우 참가자에게 심리적 스트레스나 생리적 긴장, 극도의 불안 등을 유발할 수 있기 때문이다.

결론적으로, 독립변인 조작의 강도에 관한 결정은 세 가지 원칙을 고려하여 이루어진다. 즉, 최대한 강하게 하되, 외적 타당도를 고려하고, 연구 윤리의 범위 내에서 이루어져야 한다.

(2) 조작의 유형

독립변인 조작은 해당 조작이 포함하는 절차적 특성을 기준으로 두 가지 유형으로 크게 구분할 수 있다. 먼저, 대부분의 실험에서 사용하는 단순 조작(straightforward manipulation) 또는 직접 조작은 참가자들에게 실험적 처치를 직접 제공하는 단순한 절차를 통해 조작하는 방식을 말한다. 인지 과제를 사용하는 실험에서는 이러한 조작이 대체로 컴퓨터를 기반으로 언어적 지시, 자극 재료의 제시 등을 통해 이루어진다. 참가자가 해당 조건에 참여하여 실험 절차를 수행하는 것 자체가 단순 조작에 따른 것이며, 이 과정에 어떤 다른 사건이나 추가적인 절차가 포함되지 않는다.

단순 조작을 사용한 한 연구에서 독립변인을 조작한 예를 간략히 살펴보자. 언어 작업기억에 관한 한 연구에서 연구자들은 음운 유사성 효과(phonological similarity effect)를 확인하기 위한 실험을 수행하였다(Larsen, Baddeley, & Andrade, 2000). 음운 유사성 효과는 기억할 단어 재료가 음운적으로 유사할 때, 그렇지 않을 때보다 기억 회상이 저조한 현상을 말한다. 말하기와 관련한 음운 유사성 효과를 검증하기 위해, 연구자들은 발음이 비슷한 단어 목록(FEE, HE, KNEE, LEE 등)과 비슷하지 않은 단어 목록(BAY, HOE, IT, ODD 등)을 미리 준비하였고, 참가자들에게 컴퓨터 화면에 제시되는 단어를 기억하라고 지시하였다. 참가자들은 단어 목록이 사라진 직후에 '회상하시오'라는 지시가 나오면 준비된 종이에 기억하는 단어들을 적어야 했다. 이렇게 서로 다른 단어 목록을 서로 다른 집단에 사용함으로써 연구자들은 독립변인 조작을 완료하였다.

이처럼, 단순 조작에서는 연구자가 미리 준비한 실험 재료와 절차를 참가자가 단순히 수행함으로써 조작이 이루어진다. 앞에서 예로 든 실험에서 참가자는 제시되는 단어 목록을 기억하고, 목록 제시가 끝나고 회상하라는 지시가 있을 때 종이에 그 목록을 써 내려가는 것 이외에 다른 추가적인 절차를 수행하지 않았다. 다른 분야의 실험에서도 독립변인에 대한 조작은 대체로 단순하게 이루어지는 경우가 많다. 이는 독립변인이 둘 이상인 경우에도 그러하다.

앞선 예처럼 언어 작업기억 과제 수행에 미치는 독립변인의 영향을 조사하기 위한 조작에 더하여, 부적 정서 상태에서 그러한 효과가 관찰될 것인가를 확인하고자 한다면, 이는 단계화 조작(staged manipulation) 또는 사건 조작(event manipulation)을 시행하는 것이다. 즉, 독립변인 조작에 서로 다른 사건이나 처치가 여러 단계로 제시되는 경우를 말한다. 따라서 단계화 조작은 참가자들을 일시적으로 어떤 심리적 상태에 이르도록 한 다음, 다른 독립변인 처치가 필요한 경우에 종종 사용된다.

단계화 조작을 사용한 한 연구에서, 연구자들은 참가자들에게 컴퓨터 화면에 제시되는 심리학 관련 학습 재료를 충분히 읽은 다음에 재료에 관한 이해력을 검사하는 실험을 수행하였다(Bowman, Levine, Waite, & Gendron, 2010). 이때 연구자들은 한 집단의 참가자들에게는 재료를 읽는 중에 문자 메시지를 받고 응답하는 절차, 즉 다른 사건을 추가하였다. 그 결과, 문자 메시지 사용이 없었던 참가자들보다 재료를 읽고 학습하는 시간이 더 오래 걸린 것을 확인하였다. 이렇게 하나의 독립변인이 조작되는 상황에서 어떤 사건이 일시적으로 추가되는 경우 또한 단계화 조작 또는 사건 조작의 형태다.

단계화 조작의 다른 형태로서, 밀그램의 실험처럼 조력자가 독립변인 조작에 포함되기도 한다. 예컨대, 사회심리학자인 솔로몬 애쉬(Solomon Asch)의 유명한 동조 실험(conformity experiment)은 조력자의 역할이 독립변인 조작의 핵심이었던 실험이었다(Asch, 1956). 이 연구에서 참가자들은 8명의 그룹으로 참가하였고, 기준선과 길이가 같은 선분 하나와 그렇지 않은 선분 두 개에 대해 각각 기준선과 길이가 같은지를 응답하는 절차를 수행하였다. 여기서 8명의 그룹 중 1명만이 실제 참가자였고, 나머지는 조력자 역할을 하였다. 조력자들은 실제로는 기준선과 길이가 같지 않음에도 불구하고, 해당 선분이 기준선과 같다는 응답을 다양한 방식으로 표현하였다. 연구 결과, 실제 참가자는 조력자의 틀린 답에 상당한 비율로 동조함을 확인하였다. 연구자들은 이후의 연구에서 조력자 수, 전체 조력자 중에서 몇 명이 오답을 제시하는가 등의 또 다른 단계화 조작을 시행하여 동조와 관련한 다양한 속성을 연구하였다.

표지 이야기(cover story)를 사용하는 심리학 연구들 또한 단계화 조작의 예다. 표지 이야기는 실제 연구 주제를 구체적으로 공개하지 않기 위해 참가자에게 그럴듯한 다른 정보를 제공해 주는 절차를 말한다. 표지 이야기는 참가자가 실험의 실제 목적을 알게 되면 그 자체로서 행동에 영향을 받기 쉬운 실험에 많이 사용하는데, 참가자들이 표지 이야기 처치를 받은 상태에서 실제 실험에 참여하게 되므로 최소한 두 번의 단계를 거치는 단계화 조작이 된다.

읽어 보기 7-1 독립변인을 조작할 수 없을 때

한 연구자가 미디어에서 가장 최근에 인기를 끈 A 치킨 광고가 소비자 행동에 미치는 영향을 검증하고자 하였다. 이를 위해 참가자들을 모집하여 두 집단에 할당한 다음, 한 집단에는 해당 광고를 제시하고 다른 집단에는 A 치킨의 다른 광고를 제시하였다. 이후 연구자는 구매 의도 등 소비 행동에 관한 참가자들의 자기보고식 응답을 통해 두 집단 간 차이를 측정하였다.

이 실험에 문제가 있는가? 있다면 어떤 문제인가?

독립변인 조작은 관련 처치를 받지 않은 참가자를 모집하여 해당 처치를 시행하는 과정이다. 하지만 이미 그 처치를 받았거나 사건이 벌어진 경우는 어떻게 해야 하는가? 이 예에서 적어도 참가자 일부는 해당 광고를 이미 접한 경험이 있어, 실험 처치 전 이미 사건이 벌어졌다. 처치의 효과가 실험 조작 이전에 이미 발생함으로 인해 실험에서 독립변인을 조작할 수 없는 상황이 되었다.

그렇다면 해당 광고를 접하지 않은 사람들을 모집하여 실험하면 어떨까? 관심 모집단으로 일반화하는 데 복잡한 문제가 발생할 것이다. 따라서 이미 광고를 접한 사람들과 그렇지 않은 사람들의 차이를 보는 방향으로 연구 설계를 수정하는 편이 낫다. 이런 경우는 소급설계(ex post facto design)를 고려해야 한다. 하지만 소급설계를 적용하는 경우, 상관연구와 마찬가지로 인과관계 추론은 불가능하다. 소급설계는 11장에서 소개한다.

3) 종속변인 측정

종속변인(Dependent Variable, DV)은 독립변인 처치의 영향으로 값이 변화하거나 결과로서 발생하는 변인이다. 연구자가 의도적으로 조작한 독립변인의 영향을 받아 그 처치에 '종속'하여 변화한다는 의미를 지닌다. 독립변인이 연구자의 의도에 따라 조작되기 때문에 실험 내 다른 어떤 것에 의해서도 영향을 받지 않는 반면, 종속변인은 독립변인 처치의 영향을 받는 정도에 따라 서로 다른 값을 나타내게 된다. 이렇게 종속변인은 독립변인보다 시간상 후행하고, 독립변인 처치에 따라 변화하는 공변성을 갖고 있다.

종속변인은 독립변인 처치에 따른 변화를 측정함으로써 그 값을 나타낼 수 있다. 따라서 종속변인의 값을 종속측정치(dependent measure)라고 한다. 6장의 상관연구에서 설명한 변인의 측정은 자연 상태에서 발생하여 현상으로 관찰되는 변인에 관한 측정이었다면, 실험에서 종속변인의 측정은 실험의 틀 안에서 독립변인 처치 이후에 관찰된 변화에 대한 것이다. 따라서 이 종속측정치는 자연 상태에서 발생할 수도, 그렇지 않을 수도 있는 값이다.

예컨대, 스트룹 효과(Stroop effect)는 빨간색으로 칠해진 '빨강'이라는 단어의 색을 '빨강'이라고 명명할 때보다 파란색으로 칠해진 '빨강'이라는 단어의 색을 '파랑'이라고 명명할 때 반응시간이 더 느려지는 현상으로, 스트룹 과제를 시행한 결과로 얻는 종속측정치다. 이 스트룹 효과를 측정하는 자극은 자연 상태에서 실제로 관찰되는가? 거의 그렇지 않다. 그런데도 스트룹 효과를 측정하는 이유는 무엇인가? 이는 개인의 선택적 주의나 반응억제 능력을 실험의 틀 안에서 효과적으로 측정하기 위함이다.

종속측정치는 연구에서 사용하는 측정 도구에 따라 달라지는데, 이는 해당 도구의 사용을 포함하는 종속변인에 대한 조작적 정의에 따라 결정된다. 예컨대, 인지 과제의 경우 화면에 제시되는 자극에 대해 키보드로 반응할 때의 반응시간 평균이나, 과제에서 정확 반응을 한 비율로 측정할 수 있다. 태도 변화에 관한 실험에서는 자기보고식 응답을 통해 측정하거나, 자극에 대한 태도 변화를 나타내는 대뇌피질의 신호를 탐지하여 종속변인을 측정할 수도 있다.

(1) 측정의 민감도

종속변인의 측정은 독립변인 처치에 따른 차이를 탐지하는 데 충분할 정도로 정밀하고 민감한 도구를 사용해야 한다. 측정의 민감도(sensitivity of measurement)는 측정치에 변화가 있을 때 그 변화를 실제로 탐지할 수 있는 정도를 말한다. 이는 측정 단위와 범위의 측면에서 평가할 수 있다. 측정 단위의 경우, 4장의 측정수준에 따른 측정척도에서 설명한 것처럼, 명목척도보다는 서열척도가, 그보다는 등간척도가, 그보다도 비율척도가 더 정밀하고 민감하다. 따라서 가능한 한 더 민감하게 측정할 수 있는 측정척도를 사용하는 도구를 마련해야 한다. 예컨대, 실험에서 종종 사용하는 인지 과제들에서는 인출 정확도, 반응시간, 오류 개수 등을 사용할 수 있다.

측정척도에 대한 고려가 측정 단위 차원의 민감도에 관한 것이라면, 과제 난이도에 대한 고려는 측정의 범위 측면에서의 민감도다. 실험에서는 독립변인 처치에 따른 종속변인의 변화, 다시 말하면 집단 간 종속측정치의 차이를 민감하게 관찰할 수 있어야 하므로, 실제적 의미에서 중요하게 고려할 부분이다. 독립변인 조작 강도를 크게 하면 측정 도구에서 그 변화를 탐지할 가능성은 커진다. 하지만 측정 도구가 측정할 수 있는 값의 범위는 한정되므로, 어떤 경우는 그 변화를 탐지하지 못할 수 있다. 이를 천장효과와 바닥효과라고 한다([그림 7-3]).

[그림 7-3]의 세 가지 예에서 모두 위아래 음영으로 칠해진 천장과 바닥이 있다고 가정해 보자. 이에 따라, 바닥 점수(20%) 이하, 그리고 천장 점수(80%) 이상은 모두 측정범위를 벗어나고, 결국 해당 값이 존재하더라도 주어진 도구로는 측정이 불가능하다. 이를 구체적으로 살펴보자. 어떤 연구자가 기억 재료에 대한 처리 수준을 조작하여, 한 집단에게는 깊은 처리를 통한 학습을, 다른 집단에게는 얕은 처리를 통한 학습을 하도록 하였다. 이후 두 집단에 대해 회상 절차를 통한 인출 정확도를 측정한 결과, (A)와 같은 결과를 얻었다. 즉, 측정범위 내에서 적절한 값(40%, 70%)을 관찰하였다.

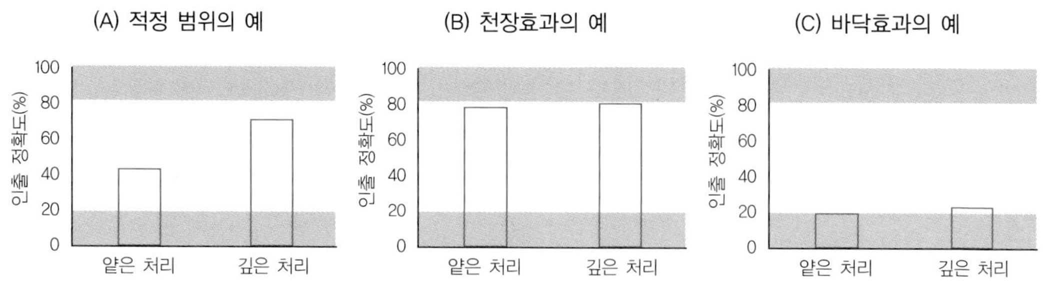

그림 7-3 **천장효과와 바닥효과에 따른 측정 오류**

반면, (B)는 천장효과(ceiling effect)가 나타난 것으로, 종속측정치 대부분이 측정 도구의 측정범위 내에서 상한값에 근접하여 나타난 결과를 보여 준다. 동일한 실험에서 두 집단 간 인출 정확도를 측정한 결과, 두 집단 간 차이가 관찰되지 않았다. 이는 독립변인 처치의 효과가 없었던 것이 아니라, 너무 쉬운 과제를 사용함으로써 두 집단 모두 범위의 상한값에 근접하였기 때문이다. 이렇게 과제 난이도가 너무 낮은 경우에는 처치와 관계없이 참가자 대부분의 수행이 측정범위의 최고치에 가까운 결과를 보일 수 있어 독립변인의 처치효과를 민감하게 측정할 수 없다. 이와 반대로 (C)는 바닥효과(floor effect)인데, 천장효과와 반대로 측정치 대부분이 측정 도구의 측정범위 하한값에 근접한 상황이 발생한 경우다. 이 또한 독립변인의 처치효과가 없었던 것이 아니라, 너무 어려운 과제를 사용하여 두 집단 모두 범위의 하한값에 근접했기 때문이다. 결과적으로, 집단 간 처치의 효과를 민감하게 측정하지 못하게 되었다.

실험 결과에서 천장효과 또는 바닥효과가 발생했다면, 두 경우 모두에서 실제로는 있었을 수 있는 처치효과를 측정하지 못하게 된다. 또한 종속변인 측정에서 이런 상황이 발생하면 통계분석 과정에서도 부가적인 문제점이 발생하는데, 상한이든 하한이든 어느 한쪽으로 측정치가 집중됨으로 인해, 집단 간뿐만 아니라 개인 간 변산도가 거의 발생하지 않게 되어, 결과적으로 실험 결과를 의미 있게 분석할 수 없게 된다.

(2) 측정의 유형

측정은 실험에서 빈번하게 사용하는 측정치를 중심으로 세 가지 유형으로 분류할 수 있다.

첫째, 참가자 스스로 평정하는 자기보고식 측정치다. 앞선 장들에서 설명한 바와 같이 자신의 태도나 정서 상태 등에 대해 스스로 보고하는 형식의 측정치로, 실험에서는 독립변인의 처치에 따라 사람들의 태도가 변화하는지, 특정 정서 상태가 유발되는지, 특정 자극에 대한 선호에서 차이가 발생하는지 등을 확인하기 위한 측정치로 종종 사용한다.

둘째, 참가자 행동에 대한 직접적인 관찰을 통한 행동 측정치다. 정해진 시간 동안 특정 행동이 얼마나 빈번하게 일어나는지(빈도와 비율), 제시되는 자극에 대해 얼마나 빨리 반응하는지(반응시간), 자극 재료를 얼마나 많이 기억하는지(정확도), 행동이 얼마나 오래 지속되는지(지속시간) 등의 측정치다. 이는 실험의 전형적인 측정치들로, 대부분 도구의 민감도가 높은 등간척도나 비율척도가 사용된다. 현장실험 같은 경우는 종종 민감도는 낮지만, 특정 행동이 발생하는가 아닌가의 명목척도 수준으로 측정하기도 한다. 예컨대, 대규모와 소규모 수업에서, 수업 시간에 교수자가 동일한 질문을 하고, 정해진 시간 내에 수강생이 답변하는지의 여부를 관찰한다면 이분변인인 명목척도로 측정하는 것이다. 물론 동일한 환경에서 몇 명이 답변하는가를 측정할 수도 있으며 이는 비율척도다.

셋째, 참가자의 신경계 반응이나 생리적 반응에 관한 신경생리학적 측정치다. 심박수, 피부 전도도(Skin Conductance Level, SCL), 피부 전기 반응(Galvanic Skin Response, GSR), 근전도(electromyogram, EMG), 손바닥 땀(palmar sweat) 등 개인의 생리적 기능에 대한 정보를 활용하는 경우다. 이들은 주로 해당 측정치의 변화를 바탕으로 정서적 각성이나 불안, 스트레스 등의 수준을 나타낼 수 있다. 시선 추적(eye tracking)은 초점시의 위치, 안구운동, 동공 크기 등의 측정치로, 시각 정보처리나 주의 등과 관련한 종속변인으로 사용한다.

뇌파(electroencephalogram, EEG)나 사건 관련 전위(Event-Related Potential, ERP)의 경우 주로 뇌 신경세포의 전기적 활동을 측정하여 의식 수준의 전반적 활동을 평가하거나, 자극에 대한 처리, 혹은 반응에 따른 뇌 활동의 변화를 측정하는 데 사용된다. 기능적 자기공명영상(functional Magnetic Resonance Imaging, fMRI)은 인지 과제를 수행하는 동안 뇌의 어떤 영역이 관여하는가를 구체적으로 살펴볼 수 있는 측정치를 제공해 준다. 예컨대, 단어를 기억하는 언어 작업기억 과제를 수행할 때와 공간상 위치에 관한 공간 작업기억 과제를 수행할 때의 뇌 활동을 비교함으로써 각 처리에 관여하는 뇌 영역과 활동의 특성을 측정할 수 있다.

이렇게 다양한 유형의 종속변인 측정이 가능한데, 연구자는 연구 주제와 방법 등에 따라 적절한 측정치를 사용하면 된다. 이때 하나의 측정 도구만이 아니라 여러 도구를 사용하여 측정하는 것이 일반적으로 더 좋은데, 그 이유는 해당 종속변인은 다양한 방법으로 조작적 정의가 가능하며, 다중 측정을 통해 다양한 조작적 정의에 따른 서로 다른 측정치들에서 유사한 결과를 얻었을 때 연구의 타당도를 더 확보할 수 있기 때문이다. 하지만 측정 과정이 다른 측정치에 영향을 줄 가능성이 있다면 측정 순서를 참가자 간 역균형화하거나 중요한 측정치를 먼저 측정함으로써 이러한 문제의 가능성을 낮추어야 한다.

한편, 측정의 유형은 측정 방법적 측면에서 크게 네 가지 유형으로 분류할 수 있는데, 이는 자료 수집 시기와 관련된다.

첫째, 독립변인 처치와 종속변인 측정이 거의 동시에 반복적으로 이루어지는 경우다. 이는 인지 과제에 포함되는 시행(trial)과 같이, 독립변인 처치가 우선하여 발생하고, 매우 짧은 지연 후에 종속변인 측정이 이루어지는 경우를 말한다. 인지 과제의 경우 대부분 한 조건에 많은 시행이 포함되는데, 여기서 독립변인 처치가 반복하여 이루어지며, 그 처치 결과로 나타나는 종속변인 측정치 또한 반복적으로 수집된다. 하나의 인지 과제가 종료되면 전체 시행의 평균이나 합계가 계산되어 해당 참가자의 종속측정치가 된다. 이를 묘사한 것이 [그림 7-4]의 (A)에 제시되어 있다.

둘째, 어떤 실험은 일련의 처치가 연이어 이루어지고 그 처치가 모두 종료된 다음에 종속변인을 측정한다. [그림 7-4]의 (B)와 같이 앞서 예로 들었던 애쉬의 동조 실험이 여기에 해당한다. 일반적인 실험에서 빈번하게 사용하는 형태로, 종속변인을 한 번만 측정하는 절차를 말한다.

셋째, 종종 (C)와 같이 일련의 처치 이전과 이후에 종속변인을 측정하기도 하는데, 이 두 측정을 각각 사전검사와 사후검사라고 한다. 사전검사는 독립변인 처치 이전에 이루어지는데, 처치 전 집단 간 무선적으로 존재하는 종속변인의 차이를 확인하는 목적이거나, 독립변인 처치 후 사후검사 측정치 변화량의 크기를 확인하기 위한 참조 기준점을 마련하기 위한 목적으로 시행한다. 예컨대, 새로운 심리치료 프로그램의 효과를 확인하

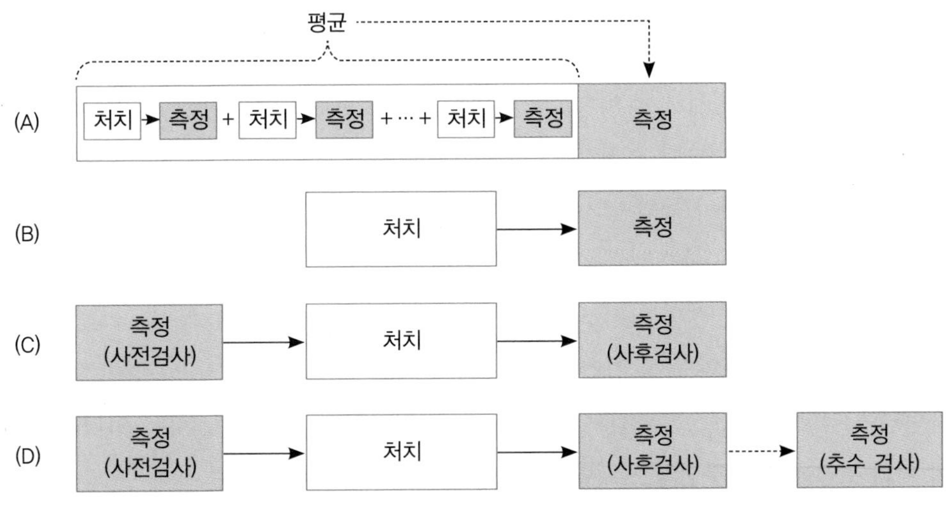

그림 7-4 **독립변인 처치에 따른 종속변인 측정 시기의 예**

기 위해 한 집단에게 새로운 프로그램을, 다른 집단에게는 기존 프로그램을 시행할 수 있다. 이때 두 집단 모두에게 사전검사를 실시하여 프로그램 시행 전 종속변인에 서로 차이가 없음을 확인할 수 있다(만약 차이가 존재한다면, 사후검사에 사전검사의 차이가 반영되어 나타나고, 이는 문제가 될 수 있다). 또한 실험 종료 후 사후검사 점수가 사전검사와 비교하여 더 높은지 확인하여, 그 변화량이 기존 프로그램보다 새로운 프로그램에서 더 크다면 새로운 프로그램의 효과가 더 크다는 결론을 내릴 수 있다.

넷째, 사전검사와 사후검사를 측정하고, 일정 기간이 지난 후 다시 측정하는 경우다. 심리치료 프로그램의 효과성에 관한 실험에서 프로그램이 종료되고 장기간 시간이 지난 후 종종 [그림 7-4]의 (D)처럼 추가적인 측정을 한다. 이러한 측정 계획을 세우는 목적은 심리치료의 효과가 얼마나 지속하는지 확인하는 데 있다. 프로그램 직후에만 보이는 일시적인 효과라면 임상적 치료의 실효성이 낮기 때문이다. 이를 위해 처치가 종료된 이후 몇 주에서 일 년 이상의 시간이 지난 후 그 효과를 다시 측정하는 추수 검사 또는 추수 평가(follow-up assessment)를 시행한다. 심리치료의 중재 효과를 확인하기 위한 한 연구에서는 이러한 목적에 따라 각각 6개월, 12개월, 24개월 이후에 추수 평가를 통해 그 효과가 얼마나 지속되는지 확인하고자 하였다(Dugas et al., 2003).

4) 외생변인 통제

앞에서 독립변인이 먼저 조작되고 이후에 종속변인 측정이 이루어지는 절차가 인과성 확립을 위한 하나의 요건인 수반성을 충족하는 것이라고 설명하였다. 또한 독립변인 처치에 따라 종속측정치가 체계적으로 변화한다면 공변성을 충족하는 것이다. 하지만 인과성 확립을 위해서는 한 가지가 더 필요하다. 즉, 대안적 설명의 배제가 가능해야 한다. 이는 실험 절차에서 독립변인을 제외한 다른 어떠한 변인도 종속변인에 영향을 미치지 않았음을 공고히 함으로써 가능하다. 이때 독립변인이 아니면서 잠재적으로 종속변인에 영향을 줄 가능성이 있는 모든 변인을 외생변인(extraneous variable)이라고 한다.

외생변인은 연구자의 관심 변인이 아니므로 실험에 포함되지 않지만, 잠재적으로 종속변인에 영향을 주어 실험 결과에 영향을 미칠 가능성이 있는 변인이다. 이러한 영향이 여러 조건에 걸쳐 무선적으로 발생한다면 모든 조건의 종속측정치에 더 큰 범위의 측정오차를 만들어 낸다. 이렇게 실험 절차에서 통제하지 못한 외생변인의 영향으로 인해

무선적으로 발생하는 변산성을 실험 오차(experimental error)라고 한다. 외생변인이 실험에 전반적으로 작용하여 실험오차가 커지면, 변산도의 크기를 증가시키게 되어 통계적 유의도 검증과 효과크기에 부정적인 영향을 준다.

외생변인은 실험에 전반적으로 작용할 수도 있지만, 독립변인의 처치와 함께 체계적으로 변화하여 특정 조건의 종속변인에 더 큰 영향을 줄 수도 있다. 보상의 크기에 따른 단어 쌍 학습과 관련한 앞선 예에서, 쉽게 떠올릴 수 있는 외생변인 중의 하나는 단어의 난이도다. 이때 외생변인의 체계적인 변화는 집단에 따라 단어의 난이도가 다름을 의미한다. 만일 보상이 큰 집단에 제시한 단어 쌍의 난이도가 보상이 작은 집단보다 더 낮다면, 보상이 큰 집단의 인출 정확도가 더 높을 것이다. 이 예에서, 실험 결과는 독립변인 처치에 의한 것인가 아니면 외생변인에 의한 것인가?

이렇게 외생변인이 독립변인 처치와 함께 체계적으로 변화하여 종속변인에 영향을 줌으로써 독립변인의 효과와 외생변인의 효과를 분리할 수 없는 상태를 혼입(confound)이라고 하고, 이러한 상태를 만드는 외생변인을 혼입변인(confounding variable)이라고 한다. 실험에서 혼입변인이 작용했다면 관찰된 결과가 독립변인 처치에 의한 효과인지, 혼입변인의 영향인지, 아니면 두 변인이 결합한 효과인지를 구분하는 것은 불가능하며, 결과적으로 인과적 추론에 심각한 위협을 준다. 다시 말하면, 내적 타당도에 심각한 손상을 입힌다. 내적 타당도(internal validity)는 독립변인과 종속변인 간 인과관계가 존재하는지를 결정할 수 있는 정도로, 이를 최대로 확보하기 위해 가장 중요한 것 중의 하나가 외생변인이 혼입되지 않도록 만드는 통제 절차다.

(1) 실험적 통제

잠재적인 혼입변인의 영향을 제거하기 위해서는 연구자가 관심을 두는 독립변인을 제외한 다른 모든 외생변인이 체계적으로 작용하지 않도록 하는 절차를 마련해야 하는데, 이를 실험적 통제(experimental control)라고 한다. 앞선 무관련 단어 쌍 학습에 관한 예에서, 연구자는 서로 다른 두 조건에 서로 난이도가 다른 단어 목록이 제시되지 않도록, 자극을 구성할 때 단어 쌍들의 난이도를 조사하고, 두 조건에 제시되는 단어 쌍의 난이도를 동등하게 만들어야 한다. 이렇게 실험적 통제는 연구자가 직접 통제할 수 있는 실험 환경이나 재료의 속성과 관련하여 발생하는 외생변인에 적용할 수 있다.

실험적 통제를 적용한 외생변인을 통제변인(control variable)이라고도 하는데, 이때 통제변인은 실험 조건에 걸쳐 일정하게 유지되므로, 실제로는 변인이 아니게 된다. 즉, 외생변인에 대한 실험적 통제는 그 변인을 변수(변인)에서 상수(비변인)로 만드는 절차다. 실험적 통제를 통한 상수화의 개념을 구체적으로 살펴보자. 상관계수에서 설명한 결정계수와 마찬가지로, 외생변인의 영향이 완전히 제거된 상태의 상수를 0, 외생변인이 모든 조건에 최대치로 개입한 상태의 상수를 1이라고 한다면, 가능한 상수의 범위는 0에서 1이라고 표현할 수 있고, 이때 관찰된 행동을 해당 상수로 설명할 수 있는 설명량은 0%에서 100% 범위가 된다. 외생변인의 영향이 완전히 제거되어 0이라는 상수가 된다면 실험의 통제가 완벽한 상태를 말하고, 0에 가깝다면 상당히 잘 적용된 실험적 통제로 볼 수 있다. 반대로 외생변인의 영향이 1 또는 1에 가깝다면, 관찰된 종속측정치는 실험적 처치가 아닌 외생변인에 의해 이미 거의 100% 설명될 것이다. 따라서 실험적 통제는 외생변인의 설명량을 0에 가까운 상수가 되도록 하는 절차라고 이해할 수 있다. 예컨대, 인지 과제를 수행하는 데 어느 한 조건의 참가자들에게 소음이 노출될 가능성이 크다는 이유로 모든 참가자에게 큰 소음을 노출하는 것은 타당하지 않다는 말이다. 잠재적 혼입변인인 소음 노출의 가능성을 제거함으로써 모든 참가자가 소음이라는 외생변인의 효과를 제거한다는 의미다.

여기서 앞서 설명한 천장효과와 바닥효과를 잠시 상기해 보자. 무관련 단어 쌍 학습에 관한 예에서, 연구자는 난이도가 다른 두 단어 목록이 서로 다른 조건에 제시되지 않도록 만들기 위해 두 목록을 모두 유사한 난이도로 구성한다고 가정해 보자. 이때 적정 난이도를 결정하기 어려운 이유로 중간 난이도는 제외하였다. 그 대신 첫 번째 실험에서는 두 조건에 대해 모두 고난이도 단어 쌍을 제시하고, 두 번째 실험에서는 모든 조건에 대해 저난이도의 단어 쌍을 제시한다면, 각 실험 결과에서 어떤 결과가 나타날 것으로 생각하는가? 전자에서는 천장효과가, 후자에서는 바닥효과가 발생할 것이다. 즉, 외생변인을 상수로 만든다는 것은 해당 외생변인이 체계적으로 개입하지 않도록 그 영향을 제거하는 것을 뜻하는 것이지, 실험에 걸쳐 강하게 개입하도록 하는 것이 아니다. 따라서 인지 과제를 수행하는 데 어느 한 조건의 참가자들에게 소음이 노출될 가능성이 크므로 모든 참가자에게 큰 소음을 노출하는 것은 통제가 아니며, 결과적으로 과제의 난이도를 증가시킴으로써 바닥효과를 보이게 될 것이다. 이때는 실험 환경을 통제함으로써 잠재적 혼입변인인 소음 노출의 가능성을 제거하여, 모든 참가자에게 소음이라는 외생변인이 개입하지 않도록 해야 한다.

읽어 보기 7-2 **실험적 통제를 통해 외생변인을 일정하게 유지하기**

어떤 연구자가 실험실에서 실험을 시행하고 있다. 참가자는 컴퓨터 스피커로부터 일련의 단어들을 듣고 있다. 동시에 다른 스피커에서는 커다란 소음이 계속해서 흘러나오고 있다.

이 상황으로 무엇을 상상할 수 있는가? 이 상황에 관해 상상한 다음의 시나리오를 살펴보자.

1. 서로 다른 연구 주제

#1-1. 연구자는 외부 소음이 불규칙하게 발생하는 실험실 상황에서 실험적 통제를 위해, 모든 참가자에게 일정한 크기의 시끄러운 소리를 들려주면서 단어 작업기억 능력을 측정하고 있다.

#1-2. 연구자는 소음이 단어 범주 판단에 미치는 영향을 확인하기 위해, 실험 과정에서 참가자들에게 큰 소음을 들려주고 있다.

2. 서로 다른 실험적 통제

#2-1. 연구자는 한 조건의 실험을 진행 중일 때만 들리는 외부 스피커의 노랫소리가 참가자의 수행에 미치는 영향을 통제하기 위해, 다른 조건에서는 실험실 스피커로 노랫소리를 들려주고 있다.

#2-2. 연구자는 한 조건의 실험을 진행 중일 때만 들리는 외부 스피커의 노랫소리가 참가자의 수행에 미치는 영향을 통제하기 위해, 그 조건의 실험에서 실험실 스피커로 백색소음을 들려주고 있다.

실험이라는 관점에서 어떤 시나리오에 문제가 있는가? (답: 1-2를 제외한 모두)

(2) 무선화와 대응

실험 환경이나 재료 등 일정부분은 실험적 통제로 외생변인의 혼입을 통제할 수 있다. 하지만 연구자가 알아차리지 못한 외생변인이 혼입될 가능성은 여전히 존재한다. 더 중요한 점은, 참가자가 지닌 어떤 속성에서 혼입이 발생한다면 실험적 통제를 통해 제거할 수 없다는 것이다. 참가자를 집단에 할당한 후 그 참가자의 속성을 제거할 수 있는가? 다시 말하면, 참가자 속성으로부터 발생할 수 있는 외생변인의 영향을 제거할 수 있는가? 예컨대, 무관련 단어 쌍 학습에 관한 예에서, 고-보상 조건에 할당된 참가자들의 언어 유창성 점수가 저-보상 조건 참가자들보다 더 높다면, 고-보상 조건에서의 높은 수행이 보상 차이 때문인지, 아니면 언어 유창성 차이 때문인지를 결정할 수 없다. 이런 경우 실험적 통제를 적용한다면 참가자의 언어 유창성 점수를 모두 같게 만들어야 한다. 하지만 이러한 통제가 가능한가?

연구자가 인식하지 못한 외생변인이나, 참가자 속성으로부터 발생하는 외생변인은 실험적 통제가 불가능하다. 따라서 다른 접근이 필요한데, 이를 무선화(randomization)라고 한다. 인식하지 못한 외생변인이라면 그 영향이 있더라도 조건 간 미치는 영향이 무선적으로 발생하도록 함으로써 결과적으로 상쇄하는 방법을 말한다. 이를 참가자 할당에 한정하여 말하면 무선할당(random assignment)이 되는데, 참가자를 서로 다른 조건에 완전히 무선적으로 배정하여 개별 참가자가 특정 조건에 할당될 확률이 동등하도록 보장하는 절차를 말한다.

무선할당이 완전히 무선적이라는 점은 어떤 개인을 어떤 조건에 할당하는 과정에서 연구자의 통제를 벗어나 마치 자연적으로 발생한 것처럼 작용한다는 의미다. 이를 통해 할당된 각 집단 내 참가자는 서로 개인차가 있지만 무선적이며, 마찬가지로 집단 간 비교해도 집단 차가 있지만 무선적이다. 이런 무선화 절차는 외생변인이 작용할 가능성을 집단 간 동등하게 해 준다. 서로 다른 집단이 완전히 동일하지는 않지만, 집단 간 체계적 차이는 발생하지 않기 때문에 동등한 집단이라고 간주할 수 있다. 따라서 실험적 통제를 통해 모든 개인에게 동일한 절차가 시행되지는 않지만, 무선화를 통해 집단 간 차이가 상쇄될 수 있다.

무선화를 통한 집단 간 동등성은 표본 크기가 증가할수록 확보할 가능성이 커진다. 하지만 종종 다양한 이유로 인해 충분한 참가자 확보가 어려운 경우가 발생할 수 있다. 이때는 무선화보다 대응(matching)이 더 효과적일 수 있다. 대응은 참가자를 조건에 할당하기 전에 종속변인에 영향을 미칠 수 있는 주요 변인들의 측정치를 기준으로, 유사한 특성을 보이는 참가자들을 짝지어 서로 다른 조건에 할당하는 절차를 말한다. 이를 위해서는 실험 조작 이전에 참가자들에게 주요 변인들에 대한 측정이 이루어져야 한다. 예컨대, 무관련 단어 쌍 학습에 관한 예에서, 대응 절차를 통해 참가자들을 할당하기 위해서는 단어 쌍 학습 능력과 관련성이 높은 다른 변인을 사전에 측정하고, 그 측정치를 기반으로 유사한 점수를 지닌 개인들의 짝을 만든 다음, 그중 한 명을 한 집단에, 다른 한 명을 다른 집단에 무선적으로 할당하는 것이다. 이 예에서는 언어 유창성 점수와 같은 측정치를 활용하는 것도 한 가지 방법이 된다.

3. 실험연구의 실행

1) 예비연구 시행

실험설계가 완료된 후 독립변인을 처치하고 종속변인을 측정할 수 있는 실험 도구와 재료, 장치 등이 실험 환경에서 작동할 수 있게 준비가 되면 실험을 시작할 수 있는 준비가 완료된 것이다. 이제 본연구 전에 실험을 위한 예비연구, 즉 예비실험(pilot experiment)을 시행할 단계다. 인지 과제를 사용하는 실험에서 예비연구의 첫 참가자는 연구자다(Barbosa et al., 2023). 연구자가 참가자로서 해당 실험을 수행하면서 절차적 문제점이나 더 나은 절차를 발견할 수 있으며, 그 결과를 실험 절차에 통합하여 반영할 수 있다. 그 다음은 같은 연구실 동료를 대상으로 시행할 수 있는데, 이를 통해 상당히 구체적인 피드백을 받을 수 있다. 하지만 연구실 동료는 이미 실험과 관련된 정보를 충분히 알고 있을 가능성이 크기 때문에, 이들만을 대상으로 하면 안 되며, 이후에 일반 참가자를 대상으로 예비실험을 시행해야 한다.

예비실험은 일반적으로 본연구에서 예정하는 실험 절차 전체를 그대로 시행함으로써 그 절차를 점검하고 보완하는 단계다. 하지만 종종 그중 일부만을 시행하기도 하는데, 이는 실험 조작이 허용 범위 내에서 최대한 강하게 이루어졌는지를 확인하는 조작 점검(manipulation check)을 목적으로 할 때다(Hauser, Ellsworth, & Gonzalez, 2018). 이 경우는 독립변인 처치가 연구자가 실제로 의도한 효과를 나타내는지에 초점을 두기 때문에 종속변인을 측정하지 않을 수 있다. 예컨대, 시각적 간섭을 일으켜야 하는 자극의 강도가 실제로 그러한지, 불안을 유발하는 조작이 실제로 의도한 효과를 나타내는지 등 조작의 적절성을 점검할 때를 말한다.

예비실험의 궁극적인 목적은 큰 규모의 본연구에 사용하려는 실험 절차의 타당성과 실행 가능성을 미리 확인하고 최적의 실험 절차를 마련함으로써 연구의 성공 가능성을 높이는 데 있다. 이를 위해 연구자는 본연구 절차와 동일한 절차로 예비실험을 시행해야 하며, 다음과 같은 구체적인 사항에 주의를 기울여야 한다.

첫째, 실험 절차에 대한 문제점을 보완하여 본연구에 반영한다. 예비실험 과정에서는 실험의 문제점을 사전에 확인하고 이를 보완할 수 있으며, 실험을 더 효과적으로 수행하는 방안을 발견할 기회를 가질 수 있다. 예컨대, 과제 수행을 위한 지시문이 연구자가 의도한 대로 참가자에게 정확하게 전달되는지 검토하여 문제가 있는 경우 이를 보완해야 한다. 참가자가 실험에 참여하는 예상 시간이 적절하게 지켜지는지도 확인하여 본연구에 반영해야 한다.

둘째, 독립변인 처치에 관련되는 여러 속성에 대해 미세조정을 시행하여 조작을 최적화한다. 실험에서 중요하게 관심을 두는 처치 절차를 세밀하게 관찰하여 독립변인 처치 절차에서 미세한 조정이 필요한지를 확인하고 이를 반영해야 한다. 예컨대, 자극의 개수, 크기, 제시 시간, 시행 간 간격, 피드백이 포함된 경우라면 그 제시 방법 등 다양한 측면에서 조작이 적절하게 이루어지는지 실험 절차를 세밀하게 확인해야 한다.

셋째, 실험 절차가 참가자에게 과도한 스트레스나 긴장을 유발하지 않는지 살핀다. 일부 절차는 실험 목적과 관계없이 참가자에게 과하게 피로감을 유발하거나, 지루하게 만들거나, 불편한 운동 반응 절차를 수반하기도 한다. 예컨대, 주의를 요구하는 과제를 한 시간 동안 수행해야 하는 실험은 참가자가 실험 전반에 걸쳐 지속적으로 주의를 기울이기 어려울 것이다. 이런 경우는 실험을 몇 개의 블록으로 나누어 제시함으로써 피로도를 줄일 수 있다.

넷째, 예비실험 결과에서 종속측정치가 적정한 범위 내에서 관찰되는지 확인한다. 이는 과제 난이도가 적절하게 이루어졌는지를 확인하는 과정이며, 앞서 설명한 천장효과나 바닥효과와 관련된다. 사용하는 인지 과제에 따라 정확도와 반응시간의 범위를 예상할 수 있는데, 특히 정확도를 측정하는 일반적인 실험의 경우 70~90% 정도의 정확도가 이상적이다(Barbosa et al., 2023). 정보처리를 측정하는 단순 주의 과제의 경우 기본적인 반응시간은 일반적으로 400~700msec 내외에서 관찰되면 타당하다고 볼 수 있다. 물론 이러한 범위는 과제에 따라 다르므로, 연구 주제에 따라 적정 범위를 예상해야 한다. 예컨대, 해당 과제를 사용한 선행연구 결과를 참고하여 예상할 수 있다. 또한 일반적인 기준과 비교하여 과제 난이도나 복잡성 등이 높다면 더 낮은 정확도와 더 긴 반응시간을 예상할 수 있다.

다섯째, 연구자가 예상하지 못했던 참가자의 행동이 나타나는지 확인한다. 어떤 인지

과제에서는 참가자가 실험 목적에서 벗어나는 대안적인 전략을 사용하여 문제해결을 시도할 수도 있다. 이런 경우 연구자가 미리 인식하지 못했지만, 독립변인 조작이나 반응 형식, 또는 과제 제시 방식이 잘못되었을 가능성이 있다. 따라서 참가자가 그러한 전략을 사용했는지를 확인할 필요가 있다. 이는 예비실험이 끝난 다음 해당 참가자들에게 어떤 전략을 사용했는지, 이해했거나 이해하지 못한 절차들이 무엇인지 등에 관한 개방형 질문을 함으로써 확인할 수 있다.

예비실험에는 얼마나 많은 참가자가 필요할까? 의약학 관련 대규모 임상 실험에서는 예비연구 참가자의 수 또한 중요한데, 예비연구 결과를 통해 효과크기를 계산하고, 그 효과크기를 최종 임상 실험의 표본 크기를 계산하는 데 활용하기 때문이다. 이런 목적의 예비연구에는 조건당 12명에서 30명 정도의 참가자 수가 권장된다(Browne, 1995; Julious, 2005). 이때 참가자 수가 적을수록 본연구에서 관찰될 것으로 예상하는 실제 효과크기를 과소 또는 과대평가할 수 있는데, 이는 이후의 대규모 임상 실험 결과의 불확실성을 증가시킬 수 있어서 문제가 된다(Kraemer, Mintz, Noda, Tinklenberg, & Yesavage, 2006). 즉, 예비연구의 효과크기가 지나치게 크면, 실제로는 효과가 없지만 있는 것으로 결정하는 1종 오류 가능성이 커지고, 효과크기가 지나치게 작으면 실제로는 효과가 있지만 없는 것으로 결정하는 2종 오류(영가설이 거짓인데 영가설을 기각하지 않는 오류) 가능성이 커지게 된다.

심리학 기반의 실험에서는 예비연구를 통한 효과크기 추정으로 대규모 실험의 참가자 수를 산출하지는 않는다. 예비연구의 구체적인 참가자 수에 대한 기준을 제시하는 연구도 없다. 따라서 앞서 표본 크기에 관한 설명에서처럼 연구 주제와 독립변인 처치의 방법 등을 고려한 최소한의 수로 생각하면 되며, 관습적으로 전체 참가자 수의 5%에서 10% 정도를 대상으로 한다. 더 단순한 표현으로는 한 집단 기준으로 최대 열 명 내외로 보면 될 것이다.

예비연구를 통해 얻은 데이터는 어떤 목적으로 분석하는가? 예비연구는 실험 절차가 문제없이 타당하게 진행될 수 있음을 사전에 확인하기 위한 목적이라고 하였다. 따라서 가설검증 목적의 통계분석은 하지 말아야 한다. 소수의 참가자를 대상으로 하는 예비실험이므로, 사전에 예상한 효과크기가 관찰되지 않으며, 검증 결과의 오류 가능성이 매우 크다. 즉, 예비연구 결과를 통해 가설검증을 하고 그 결과가 어느 정도 충족됨을 확인한 다음에 본연구를 시행하는 결정을 내리면 안 된다는 의미다. 이는 '결과 확인 후 가설 만들기'(HARKing)에 해당하며(Kerr, 1998), 1종 오류 가능성을 증가시킨다.

그렇다면 예비연구 데이터 분석은 무엇을 포함하는가? 예비연구 결과분석은 연구가설과 관련 없는 것이어야 한다. 즉, 예비연구 자체에는 연구가설이 없으므로, 연구가설과 독립적인 방식으로 기술통계치만 확인해야 한다. 예컨대, 연구가설이 두 조건 간 정확도 차이에 관한 것이라면, 예비연구 결과분석은 전체 정확도가 예상 범위에 있는지를 평가하는 것이어야 한다. 또한 특정 문항이나 시행에 난이도 문제가 있는지를 확인하기 위해서는 기술통계치를 확인함으로써 특정 항목의 정확도나 반응시간 측정치가 예외적으로 관찰되는지 평가할 수 있다.

2) 본연구 시행

본연구는 예비연구까지를 통해 실험의 전반적인 절차뿐만 아니라 참가자 개인에 대한 세부적인 절차까지 모두 확립된 이후에 시행한다. 본연구 절차의 일반적인 시작은 모집된 참가자가 실험실에 도착하면서부터다. 참가자가 실험실에 도착하면, 연구자는 준비된 실험 설명서를 참가자에게 제공하여 충분히 이해할 수 있도록 한 다음, 실험 참여에 대한 동의를 서면으로 받는다. 본실험을 시작하기에 앞서, 참가자가 연습 과제를 통해 구체적인 실험 절차를 충분히 숙지할 수 있도록 연습 시간을 제공한다. 그다음 본실험을 위한 과제를 제시하여 실험의 각 단계를 진행한다. 실험 시간이 길 경우, 연구의 목적을 해치지 않는 범위 내에서 실험 중간에 잠깐의 휴식을 취할 수 있도록 함으로써, 실험이 종료될 때까지 참여 동기를 높게 유지할 수 있게 해 주어야 한다.

연구 절차에서 실험을 통해 얻는 자료 외에 추가적인 자료를 수집하는 절차가 포함되어 있다면, 주요 측정치인 실험 자료를 얻은 다음에 시행하는 것이 좋다. 이렇게 실험을 포함한 모든 자료 수집이 끝나면 참가자에게 사후설명을 제공한다. 이때 참가자가 실제로 실험을 연구자 의도대로 이해했는지를 확인하는 간단한 질문을 하는 것이 좋다. 참가자가 실험에서 적용한 문제해결 전략을 물어보는 것도 좋은 예다. 또한 사전에 설명하지 않은 실험의 구체적인 내용에 관해 설명할 부분이 있다면 이때 설명을 추가할 수 있고, 참가자가 경험했을 수 있는 불편감을 확인하는 절차를 반드시 포함해야 한다.

장기간 이루어지는 실험이라면, 참가자의 실험 참여가 1회로 종료되는 것이 아니기 때문에, 이후의 실험 일정에 대한 안내를 추가한다. 다음 일정까지 참가자가 지켜야 하

는 절차가 있다면 설명하고, 다음 일정의 실험에서는 실험 전에 그 절차를 지켰는지 확인해야 한다. 이때 유의할 점은 참가자는 모두 자원자로, 연구자의 연구에 자발적으로 참여했다는 사실이다. 따라서 참가자에 대한 존중을 반드시 표현해야 한다.

이렇게 실험 절차를 체계적으로 수행하는 것도 중요하지만, 실험 과정에서 자료가 정확히 기록되고 있는지를 확인하는 것 또한 중요하다. 컴퓨터 기반의 실험이라 하더라도 참가자 번호를 잘못 입력하거나 저장된 로그파일이 우연한 작업에 의해 삭제될 가능성은 늘 존재하기 때문이다. 또한 기술적인 문제로 참가자의 반응 입력이 기록되지 않을 가능성도 있다. 따라서 참가자별로 하나의 블록이나 실험이 종료되면, 연구자는 해당 참가자의 자료가 온전하게 기록되었는지 반드시 확인해야 한다. 이때 참가자 수행을 기록한 로그파일 등의 파일명은 일정한 규칙을 적용하여 저장해 두며(예: 참가자 번호와 날짜 등의 조합), 그 참가자와 관련한 모든 데이터는 별도 저장소에 안전하게 옮겨 놓아야 한다. 이에 더하여, 실험 과정에서 발생한 사소한 사건까지 모두 기록하는 것도 중요하다. 이는 특이사항을 보였던 참가자의 자료를 어떻게 처리할 것인가에 관한 결정을 내리는 자료로 사용할 수 있다.

4. 실험연구의 마무리

1) 실험연구 결과의 분석

상관연구에서도 언급한 바와 같이, 실험연구의 결과분석 또한 사전 계획에 따라 수행하는 것이 중요하다. 실험은 가설검증을 하기 위한 설계로 구성되었기 때문에 가설검증 목적의 적절한 통계분석이 이루어져야 한다. 양적 연구에서 모두 마찬가지지만, 자료를 수집하고 난 다음에는 먼저 해당 자료가 적절한가에 대한 평가를 한 이후에 가설검증과 해석이 뒤따른다.

(1) 자료 점검

실험연구에서도 종속측정치에 대한 자료 점검(data screening)의 내용은 일반적으로 상관연구와 유사하다. 여기서는 인지 과제를 포함하는 실험 데이터를 중심으로 자료 점검에서 다루어야 할 세 가지 주요 내용을 살펴본다.

첫째, 정확도의 제시 방법은 연구 주제에 따라 달라진다. 기억과 관련한 주제의 실험은 대체로 얼마나 기억하고 있는가를 종속측정치로 사용한다. 이 경우 정확도는 정확 반응률(%)로 제시하는 것이 좋다. 예컨대, 작업기억을 측정하는 절차가 포함되거나, 기억 향상을 위한 중재 프로그램에 관한 연구 등이다. 더 일반적으로 표현하면, 얼마나 높은 인지능력을 보이는가에 관한 경우라면 정확 반응률을 사용하는 편이 좋다. 기억과 관련되지만, 주제가 기억 오류에 관한 것이라면 오류율(%)로 제시한다. 또한 주의와 관련한 실험과 같이 반응시간이 중요한 종속측정치라면 대체로 오류율로 제시하는 편이 이후 결과의 분석과 해석에서 효율적이다.

둘째, 반응시간의 계산은 정확 반응한 시행만을 대상으로 한다. 반응시간이 주요 관심인 실험에서는 더욱 그러한데, 이는 참가자가 정확히 반응하는 과정에서 측정한 반응시간을 바탕으로 결과를 해석해야 하는 연구이기 때문이다. 따라서 오류 반응에 대한 반응시간은 제외하고 정확 반응한 시행만을 대상으로 반응시간을 계산해야 한다. 정확도가 주요 관심인 경우에도 일반적으로 반응시간을 보고하는데, 이때도 마찬가지다. 과제 수행 시 발생하는 오류에 관한 연구에서는 오류 발생의 이유가 오반응이거나 무반응인 누락일 수도 있으므로(Reason, 1990), 이 둘을 구분하여 제시해야 한다.

셋째, 극단값 처리와 관련하여 다양한 측면에서 고려한다. 실험 결과분석은 주로 평균을 기본적으로 사용하기 때문에 극단값의 영향을 많이 받는다. 따라서 측정치 분포를 반드시 살펴야 한다. 일부 연구자들은 극단값을 삭제하지 않은 자료가 모집단을 더 잘 대표할 수 있다고 주장하지만(Orr, Sackett, & Dubois, 1991), 그러한 값이 모집단에 존재할 수는 있으나 극히 소수의 극단값이 표본 평균을 심각하게 왜곡하기 때문에 그 값들은 제외하는 것이 타당하다.

실험에는 여러 개의 실험 조건이 있으므로 극단값을 정의하는 방법이 다양할 수 있다. 예컨대, 각 처치 조건 내에서 정확도의 극단값을 살펴볼 수도 있지만, 전체 자료를 통합해서 살펴볼 수도 있다. 이와 관련하여 인지 과제의 정확도에 관한 예를 [그림 7-5]에 제시하였다. 앞서 제시했던 처리 수준과 인출 정확도에 관해 예에서, 얕은 처리와 깊은 처리 조건에서 참가자들의 인출 정확도를 비교한 가상의 결과다. 먼저, 전체 자료 기준으로 살펴보면 관찰된 자료에는 3표준편차 기준으로 극단값에 해당하는 값은 없다. 하지만 조건별로 관찰하면 상황은 달라진다. 깊은 처리 조건에서는 여전히 극단값이 없

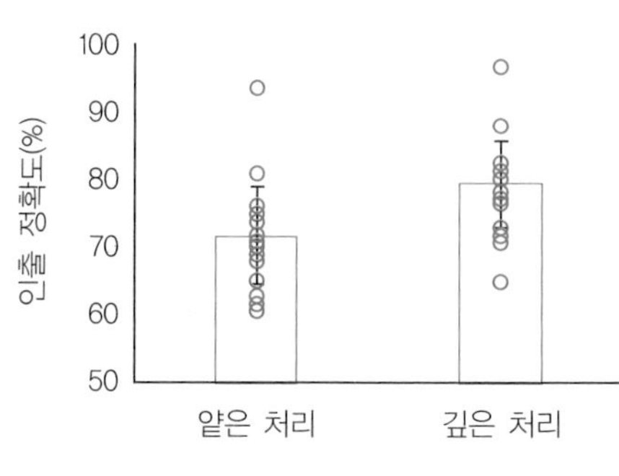

기술통계치(%)

	얕은 처리	깊은 처리	전체
평균	71.70	79.35	75.53
표준편차	7.29	6.60	7.88
최솟값	61	65	61
최댓값	94	97	97
+3표준편차	93.58	99.14	99.17
-3표준편차	49.82	59.56	51.88

그림 7-5 실험 결과에서 극단값이 있는 예(오차막대는 표준편차)와 주요 기술통계치

지만, 얕은 처리 조건에서는 94%라는 측정치가 극단값이 된다.

구체적으로, 얕은 처리 조건의 평균은 깊은 처리 조건보다 더 작다. 이에 따라 얕은 처리 조건에서 최댓값은 깊은 처리의 최댓값보다 더 작은 것을 볼 수 있다. 얕은 처리 조건 최댓값인 94는 전체 기준으로는 극단값에 해당하지 않지만, 해당 조건 내에서는 극단값이 된다. 이렇게 두 조건을 가진 실험에서 조건 간 평균 차이가 있고 표준편차가 유사한 경우, 일반적으로 이러한 방식으로 극단값이 나타나는 경향이 있다. 따라서 극단값은 전체가 아닌 조건 내 표준편차를 기준으로 평가하는 것이 바람직하다(Berger & Kiefer, 2021).

이러한 이유에 더하여, 실험은 동등한 집단을 구성하여 실험 처치를 통해 서로 다른 집단을 인위적으로 구성한 다음, 종속변인을 측정하는 절차를 따른다. 이때 서로 다른 집단을 인위적으로 구성한다는 의미는, 서로 다른 속성을 갖는 가상의 모집단이 되도록 조작한다는 의미를 담고 있다. 따라서 극단값 여부는 일반적으로 조건 내에서 평가하는 것이 타당하다.

한편, 측정치 분포에 따른 극단값이 아닌 경우라도 참가자의 수행, 특히 정확도가 지나치게 낮은 경우는 연구자의 판단에 따라 극단값으로 간주할 수 있다. 예를 들어, 두 개의 반응 선택지 중 하나에 반드시 반응해야 하는 인지 과제[two-alternative forced choice(2AFC) task]를 사용한 실험에서, 무선적 반응의 결과로 관찰되는 우연 수준의 정확도는 50%다. 예컨대, 동전 던지기에서 동전의 면을 맞추는 과제에서 앞면 또는 뒷면을 무선적으로 선택한다면 얻을 수 있는 결과가 50%에 수렴하는 것과 같다. 따라서 연구자는 우연 수준에 가깝거나 그보다 더 낮은 수행을 보이는 자료를 제외할 수 있다.

인지 과제를 사용하는 실험은 한 조건에 많은 시행을 포함한다는 점을 상기해 보자.

참가자는 반복적으로 어떤 처치 조건에서 반응하게 되는데, 매번 일정한 반응시간을 보일 수는 없다. 단순히 주의 수준이 감소하거나, 피로가 발생할 수도 있으며, 일시적으로 과제와 관련이 없는 다른 방해 요인으로 인해 반응시간이 급격히 증가할 수 있다(Cousineau & Chartier, 2010; Whelan, 2008). 반대로 자극이 제시되면 그 자극을 정확히 인식하고, 그에 따른 반응을 실행하는 정보처리 과정에 절대적인 시간이 걸리는데, 그보다 반응시간이 지나치게 빠른 경우는 정상적인 반응이 아니라고 볼 수 있다. 예컨대, 자극 제시 후 약 100~200msec 이전의 반응은 일반적으로 추측에 의한 반응이라고 볼 수 있다(Whelan, 2008).

이렇게 개인 내에서 관찰할 수 있는 시행 간 서로 다른 반응시간의 존재는 개인 내 반응 변산도(intra-individual response variability)의 원인이 된다(Fiske & Rice, 1955). 개인의 반응시간은 시행에 따라 변동하는 값들로 이루어지며, 한 참가자의 반응시간은 전체 시행의 평균이다. 이에 따라 지나치게 빠르거나 지나치게 느린 몇몇 반응은 해당 참가자의 반응시간 평균을 왜곡시킬 수 있다. 따라서 개인 내에서도 반응시간 극단값을 중요하게 살펴야 한다.

극단값의 처리는 이후의 통계분석에서 유의도 검증에 영향을 미칠 수 있다. 하지만 자료 점검 단계에서 중요한 것은 해당 관찰치를 사용할 것인가 아니면 제외할 것인가를 판단하는 것으로, 이후의 유의도 검증 결과와 독립적이어야 한다. 만일 극단값 제외 여부에 따라 통계검증 결과가 달라지는 것을 확인한 후에 제외 여부를 결정한다면, 이는 '유의도 해킹'(P-hacking) 혹은 데이터 변조에 해당할 수 있는 심각한 문제이므로 특히 주의해야 한다.

(2) 가설검증을 위한 분석의 시행

실험연구에서 가설은 앞서 살펴본 바와 같이, 최소한 원인으로 생각하는 독립변인과 결과로 생각하는 종속변인의 두 부분으로 이루어진다. 즉, '만일 독립변인을 처치한다면, 종속변인 측정치에 변화가 있을 것이다.'와 같은 형식이다. 이러한 가설을 검증하기 위해 실험을 설계하고 독립변인을 조작하여 종속변인을 측정한다.

독립변인을 조작한다는 것은 변인의 수준을 체계적으로 변경하여 참가자가 해당 수준에 노출되도록 하는 절차로서, 참가자 간 서로 다른 수준에 노출되거나, 동일한 참가자가 두 수준 이상에 반복적으로 노출된다. 이후 서로 다른 조건에 대한 종속변인 측정

치를 관찰한다. 이런 절차를 통해 수집한 자료는 연구 결과가 가설에서 예상한 바와 같이 실제로 나타나는지를 통계적으로 검증하는 단계를 거친다. 이때 실험 결과에 대한 가설검증은 영가설 검증을 통해 연구자가 연구가설을 받아들일 수 있는가를 확률적으로 의사결정하는 과정이다.

가설검증은 적용하는 통계 모형에 따라 서로 다른 절차를 거친다. 이는 실험설계마다 다르게 적용되므로, 여기서는 일반적인 절차와 기본 개념에 관해서만 살펴보고자 한다. 통계분석을 통해 확인해야 하는 최소한의 결과는 기본적으로 평균과 표준편차(또는 표준오차)를 포함하는 기술통계치, 그리고 이를 바탕으로 분석한 가설검증 결과(유의도 검증 결과)다.

첫째, 기술통계치를 확인한다. 처치 조건 간 종속측정치의 비교는 실험설계의 유형에 따라 집단 간 혹은 집단 내 조건 간 차이에 관한 통계검증을 통해 이루어진다. 따라서 기술통계치 확인도 집단이나 조건 내에서 각각 이루어져야 한다. 이는 앞서 극단값 판단의 기준을 조건 내에서 결정한다는 것과도 관련된다. 각 조건에서 가장 먼저 확인할 부분은 통계 검증을 위한 기본 가정이 충족되는지다. 일반적으로 통계 검증을 위해서는 해당 검증이 수행될 수 있는 기본적인 가정이 요구되는데, 대체로 분포의 정규성(자료가 정규분포를 따르는가)과 집단이나 조건 간 변량의 동질성(조건 간 변량의 크기가 같은가)이다.

분포의 정규성(normality of distribution) 가정은 조건당 참가자 수가 충분하면 대체로 충족하는 것이 일반적이다. 따라서 눈여겨보아야 할 부분은 주로 변량의 동질성(homogeneity of variance) 가정이다. 일반적으로 인지 과제에 대한 자료에서 변량은 저난이도에서 작고, 고난이도에서 크다. 따라서 고-저 난이도에 따른 수행의 차이를 비교할 때 두 조건 간 변량이 서로 다를 수 있다. 이때 조건 간 변량의 차이가 너무 크지 않은지 확인해야 한다. 그렇지 않다면 일반적인 통계분석 절차를 따르면 되고, 예외적으로 큰 경우라면 그에 따른 보정 절차를 따라야 한다. 이와 관련한 상세한 내용은 많은 통계학 서적에서 다루므로 참고하면 된다.

둘째, 설계에 적합한 통계분석 절차를 선택하여 분석한다. 실험에서 설계는 주로 독립변인 개수가 하나인가 둘 이상인가, 독립변인 수준이 둘인가 셋 이상인가, 독립변인 처치가 참가자 간에 이루어지는가 참가자 내에서 이루어지는가의 기준으로 구분할 수 있으며, 이에 따른 통계분석 또한 다른 절차로 이루어진다. 이에 더하여 종속변인 개수가 하나인가 둘 이상인가 또한 기준이 되지만, 이는 이 책의 범위를 벗어나므로 더 언급하지 않는다.

표 7-3 독립변인의 수, 수준의 수, 참가자 간 처치 여부에 따른 적절한 통계 모형

독립변인 / 처치방식	독립변인 수: 1		독립변인 수: 2 이상	
	수준 수: 2	수준 수: 3 이상	수준 수: 2	수준 수: 3 이상
참가자 간	독립표본 t 검증 일원 변량분석	일원 변량분석	요인 변량분석	요인 변량분석
참가자 내	대응표본 t 검증 반복측정 변량분석	반복측정 변량분석	반복측정 변량분석	반복측정 변량분석

다른 장에서 각 설계를 상세히 설명하겠지만, 여기서는 설계에 따라 적용하는 통계 모형을 간략히 언급하도록 하겠다. 이에 관한 요약을 〈표 7-3〉에 제시하였다.

독립변인이 하나이고, 처치수준이 둘인 경우는 주로 두 조건 간 평균 차이를 검증하는 t 검증(t test)을 사용한다. 참가자 간 처치를 적용한 실험이라면 독립표본 t 검증(independent sample t test)을, 참가자 내 처치를 한 반복측정 설계라면 대응표본 t 검증(paired sample t test)을 통해 처치 조건 간 평균 차이가 유의미한지 검증하는 절차를 따른다. 변량분석을 사용할 수도 있는데, 이 경우 조건(집단) 내 변량 대비 조건(집단) 간 변량이 얼마나 더 큰가를 바탕으로 계산한 F 비(F ratio)가 통계적으로 유의미한지를 검증한다. 두 경우에 산출되는 통계적 유의도는 서로 같다.

독립변인이 하나이고, 조건이나 집단이 셋 이상이라면 변량분석을 사용하는데, 이때는 추가적인 절차가 뒤따른다. 이는 다중비교(multiple comparison)로, 셋 이상의 조건 간에 실제로 차이가 발생한 조건이 무엇인가를 확인하는 절차다. 예컨대, A, B, C의 세 조건이 있을 때 변량분석 검증 결과는 세 조건이 모두 같을 것이라는 영가설을 기각할 확률에 관한 것으로, 통계적으로 유의미하다면 세 조건 중 최소한 하나는 나머지 조건과 다르다는 의미다. 하지만 구체적으로 어떤 조건에서 서로 다른지 알 수 없으므로(A≠B, B≠C, A≠C 등), 다중비교 절차를 통해 구체적인 차이의 양상을 확인해야 한다.

독립변인이 둘 이상일 때는 요인설계가 되는데, 다른 장에서 설명하겠지만 요인(독립변인) 간 상호작용(interaction)에 대한 검증이 주목적이다. 따라서 이원(two-way) 또는 삼원(three-way) 상호작용 등을 포함하는 설계에서는 요인 변량분석(factorial ANOVA)을 사용하여 해당 상호작용에 관한 가설을 검증한다. 이때도 마찬가지로 어느 한 독립변인이라도 수준이 셋 이상이라면 다중비교를 통해 차이의 출처를 확인해야 한다.

(3) 추가 분석의 시행

실험연구 또한 가설검증을 위한 통계분석을 마치면 수집된 자료를 전체적으로 이해하기 위한 추가 분석을 하는 것이 중요하다. 이는 실험연구의 인과성을 확립하기 위한 절차로서 연구에서 수집한 자료 내에서 대안적 설명이 가능한가를 확인하는 의미에서 매우 중요하다. 즉, 수집한 자료에 대한 추가 분석을 통해 다른 원인으로는 관찰된 결과가 설명되지 않음을 확인하는 필수 절차다. 예를 들어, 수집한 자료 중 범주변인이 있다면 이를 하나의 독립변인으로 취급하여 요인 변량분석을 시행하여 해당 변인의 영향이 있었는지를 확인할 수 있다.

구체적으로, 어떤 실험에서 무선할당을 통해 각 집단에 참가자를 할당한 결과, 집단별 성비가 유사한 경우와 그렇지 않은 경우가 있었다고 가정해 보자. 이 상황에서 연구자는 몇 가지 가능한 추론을 해야 한다. 첫째, 전자의 경우는 성비 차로 인한 혼입변인이 발생하지는 않았을 것이지만, 후자는 혼입되었을 가능성이 있다. 둘째, 전자의 경우에서도 종속측정치에서 남녀 차이가 서로 다르게 나타난다면 연구 결과에 따른 결론이 의미가 없을 수도 있다. 셋째, 남녀 비율이 다른 것이 잠재적 혼입변인일 수 있지만, 실제로 혼입되었는지 평가를 통해 확인해야 한다. 이러한 상황에 관한 가상의 예를 〈표 7-4〉에 제시하였다.

표 7-4 실험 결과에서 참가자 특성의 영향이 있거나 없는 예

보상조건	성비가 유사한 경우					성비의 차이가 있는 경우				
	성별(N)	(A)		(B)		성별(N)	(C)		(D)	
		평균	표준편차	평균	표준편차		평균	표준편차	평균	표준편차
저	남(9)	77.9	2.0	77.9	2.0	남(6)	77.5	1.8	77.3	1.6
	여(11)	79.9	1.6	79.9	1.2	여(14)	79.6	1.8	79.7	1.8
	전체(20)	**79.0**	2.0	**79.0**	2.0	전체(20)	**79.0**	2.0	**79.0**	2.0
고	남(10)	80.9	2.2	83.1	1.0	남(13)	81.2	1.9	82.7	1.8
	여(10)	83.1	1.0	80.9	2.2	여(7)	83.5	1.3	81.0	2.0
	전체(20)	**82.0**	2.0	**82.0**	2.0	전체(20)	**82.0**	2.0	**82.0**	2.0
전체	남(19)	79.4	2.6	80.6	3.1	남(19)	80.0	2.6	81.0	3.1
	여(21)	81.4	2.1	80.4	1.9	여(21)	80.9	2.4	80.1	1.9
	전체(40)	80.5	2.5	80.5	2.5	전체(40)	80.5	2.5	80.5	2.5

〈표 7-4〉의 (A)부터 (D)까지는 모두 고-보상 조건이 저-보상 조건보다 더 수행이 높은 결과를 보여 준다. 연구자는 이 결과를 바탕으로 보상이 클수록 수행이 향상된다고 해석하였다. 이후 연구자는 이 결과에서 성차에 따라 결과가 달라지는지 확인하였다. 이때 남녀를 고려한 세부적인 결과를 살펴보면 각각 서로 다른 결론에 다다르게 된다.

먼저, (A)와 (B)는 모두 남녀 성비가 유사한 경우인데, (A)에서는 전체적인 고-저 보상 조건의 차이가 남녀 모두에서 동일한 양상으로 관찰된다. 이는 요인설계 관점에서, 보상요인과 성별요인 간 상호작용이 없다는 의미이며, 연구자의 앞선 해석이 타당한 경우다. 반면, (B)는 남성의 경우 저-보상 조건보다 고-보상 조건이 더 높은 것으로 관찰되었지만(저: 77.9, 고: 83.1), 여성의 경우 그 차이가 거의 없는 것으로 나타났다(저: 79.9, 고: 80.9). 즉, 연구 설계에 포함하지 않았던 상호작용이 관찰되었다. 이러한 경우는 조건 간 남녀 성비에서 차이가 있지는 않기 때문에 그 자체로서 혼입된 결과는 아니지만, 성차라는 주요 변인을 실험에서 고려하지 못하고 놓친 결과다. 이는 남성의 경우는 보상이 클수록 수행이 향상된다는 해석이 타당하지만, 여성의 경우는 타당하지 않음을 보여 준다. 따라서 이는 이후의 연구에서 성차라는 요인을 추가한 후속 연구를 통해 보완할 수 있다.

다음은 집단 간 성비의 차이가 발생한 (C)와 (D)를 살펴보자. (C)의 경우 두 집단 간 성비의 차이가 있음에도 불구하고, 저-보상 조건보다 고-보상 조건이 더 높은 결과에서 남성(저: 77.5, 고: 81.2)과 여성(저: 79.6, 고: 83.5) 간 성차가 관찰되지는 않았다. 즉, 집단 간 성비가 다른 점이 혼입변인으로 작용했다고 할 수는 없으므로, 연구자의 해석은 타당하다. 반면, (D)는 저-보상 조건과 고-보상 조건에서 남성(저: 77.3, 고: 82.7)과 여성(저: 79.7, 고: 81.0)의 차이가 발생했으며, 이는 두 집단의 참가자 성비가 달랐기 때문일 수 있다. 즉, 집단 간 참가자 성비의 차이가 혼입했을 가능성이 있다.

범주변인이 아닌 경우에는 수집한 자료를 공변량 형태로 통계 모형에 추가할 수 있다. 그 논리는 앞선 상관연구에서 설명한 바와 비슷한데, 독립변인이 종속변인을 설명하는 변량 중에서 다른 변인과의 공변량 부분을 제외한 효과를 확인하는 것으로, 해당 공변량의 영향을 제거했음에도 그 효과가 유효한지를 확인하는 데 있다. 그 결과에서 여전히 가설을 지지한다면 문제가 안 되지만, 기각하게 된다면 이는 혼입변인의 영향이 컸다고 판단할 수 있다.

실험 결과, 독립변인 처치의 효과가 유의미하다고 하더라도 이러한 추가 분석은 필수

적인 절차다. 이를 통해 가설을 지지하는 결과를 얻었을 때도 혼입변인의 문제가 있는지 점검할 수 있으며, 만일 혼입의 영향이 있음에도 주요 가설검증 결과가 유효하다면, 가설검증 결과뿐만 아니라 추가 분석 결과까지 연구보고서에 제시함으로써 그 타당성을 확보할 수 있다. 잠재적 혼입의 영향이 없다면, 그 영향이 없음을 확증하는 근거로서 연구보고서에 제시해야 한다.

하지만 혼입으로 인해 주요 가설을 지지하는 증거를 얻는 데 실패한 경우, 연구자는 이후 단계에서 매우 어려운 상황을 맞게 된다. 이 경우 연구가설에 따른 실험설계와 통계분석 과정 전반에서 혼입변인의 영향을 배제하지 못하므로, 실험 결과로서 변인 간 인과관계를 주장할 수가 없다. 만일 해당 혼입변인을 통계적으로 어느 정도 통제할 수 있다고 판단하여 통계 모형에 포함한 분석 결과를 보고한다면, 정확히 '결과 확인 후 가설 만들기'(HARKing)에 해당한다(Kerr, 1998). 이때는 이후 연구에서 혼입변인을 고려하여 보완한 후 다시 연구를 수행하는 것이 가장 타당한 방법이다.

이렇게 가설검증 이후 추가 분석은 필수적이며, 이런 방식으로 데이터에서 발생할 수 있는 다양한 경우의 수를 탐색해야 한다. 이를 통해 연구의 타당도를 질적으로 향상시킬 수 있다.

2) 실험연구 결과의 해석

(1) 분석 결과의 해석

가설검증 결과가 유의미하다면, 연구자의 가설을 지지하는 것으로 해석하며, 이에 따라 변인 간 인과관계에 관한 해석이 가능하다. 하지만 결과의 해석에서 주의 깊게 들여다볼 부분은 독립변인 처치의 크기를 보여 주는 효과크기(effect size)다. 통계검증을 통해 영가설을 기각하는 절차는 연구가설을 채택하는 의사결정에 필요한 정보만을 알려준다. 하지만 독립변인 처치의 효과가 얼마나 큰가를 확인하는 것은 유의미한 차이를 발견하는 것보다 더 중요하다.

연구자의 실제 관심은 통계검증에서 '영가설을 기각하는가'에 있지 않고, 연구가설이 현상을 '얼마나 설명하는가'에 있다. 따라서 최근에는 거의 모든 학술지에서 통계분석 결과로서 유의도 검증 결과뿐만 아니라 효과크기를 반드시 제시하도록 요구한다. 이를 위해 대부분 처치 조건 간 평균 차이에 기반하여 표준편차 단위로 나타내는 코헨의

d(Cohen's d) 측정치, 또는 상관계수에 기반하는 에타 제곱(eta squared, η^2) 또는 오메가 제곱(omega squared, ω^2)을 사용하여 제시한다. 효과크기는 앞선 가설검증을 위한 통계 검증 과정에서 기술통계치, 유의도 검증과 더불어 통계 소프트웨어에서 통계검증 절차를 시행할 때 한번에 산출되므로 개별적으로 계산할 필요는 없지만, 출력된 통계검증 결과에서 반드시 별도로 확인해야 한다.

한편으로, 연구자는 관찰된 효과크기가 자신이 사전에 예상한 정도에 근접하는지 확인해야 한다. 통계적으로 유의미한 결과가 관찰되었다고 하더라도 효과크기가 예상보다 더 작다면, 실험 절차를 전반적으로 다시 검토할 필요가 있다. 독립변인 처치가 적절했는지, 실험 진행 과정에서 특이한 현상이 관찰되지 않았는지, 불필요한 절차가 개입하지 않았는지 등을 검토하여 향후 실험을 위한 참고자료로 삼아야 한다.

(2) 결과해석의 유의사항

결과를 해석할 때 유의할 몇 가지 사항을 간단히 소개하고자 한다. 첫째, 분석 결과에 잠재적인 혼입변인의 영향이 있었는지 고려한다. 연구자가 수집한 자료로부터 이러한 영향의 여부를 확인할 수 있는 경우는 앞서 설명한 바와 같이 후속 조치를 마련하면 된다. 하지만 문제가 심각한 경우는 혼입의 가능성이 추측 또는 추론되지만, 이를 확인할 수 있는 자료가 없을 때다. 이때는 관련 변인을 연구한 선행연구를 참고하여 논리적으로 혼입의 가능성이 없음을 보장해야 한다. 그렇지 못한다면 여전히 연구의 내적 타당도를 의심할 수밖에 없다.

둘째, 결과를 바탕으로 독립변인 처치 조건 간 보간(intrapolation)이나 처치범위 바깥으로의 외삽(extrapolation)을 통한 추정에 유의한다. 독립변인 처치수준에 따른 종속변인의 변화를 잘 알려진 관계로 정의할 수 있다면 보간이나 외삽에서 큰 문제는 발생하지 않는다. 하지만 그렇지 않은 경우는 신중해야 한다. 대체로 보간은 큰 문제가 되지 않지만 외삽은 종종 문제가 된다. 예컨대, 앞서 물질적 보상의 크기가 증가함에 따라 기억 인출의 정확도가 선형적으로 증가하는 것을 확인하였지만([그림 7-2] 참조), 그 범위가 한정적이라면 그 범위를 넘어서는 외삽은 부정확해진다. 즉, 이 예에서처럼 선형적 관계를 가정할 때, 1만 원이라는 보상 조건을 넘어서 10만 원이 되면 약 87%의 정확도를, 20만 원이라면 97%의 정확도를 예상할 수 있다. 하지만 기억 인출의 정확도는 이렇게 선형적으로 증가하지 않고 어느 수준에는 변화가 어느 값으로 수렴되는 정적 단조함수(positive

monotonic function)의 형태를 보인다. 따라서 어느 정도의 범위를 벗어난 외삽은 항상 신중해야 한다.

셋째, 실험 결과의 해석에서 타당도가 확보되었는지를 확인한다. 실험에서 인과관계를 타당하게 정립하기 위해서는 인과적 추론에 관한 타당도를 고려하는 것이 핵심이며, 타당도를 위협하는 다양한 요인들이 적절하게 통제되었는지를 판단해야 한다(Cook & Campbell, 1979; Shadish, Cook, & Campbell, 2002). 결과에 관한 추론의 타당성은 크게 내적 타당도와 외적 타당도로 분류할 수 있으며, 관련 내용은 8장에서 상세하게 다룬다.

(3) 결과가 가설을 지지하지 않는 경우

많은 연구에서 연구가설을 지지하는 근거를 찾지 못하는 결과를 마주한다. 이를 다르게 기술하면, 통계적으로 유의한 결과를 얻지 못하고, 효과크기도 매우 작은 경우다. 연구자는 이런 경우 연구 전반을 면밀하게 살펴야 하는데, 먼저 실험 절차에 문제가 없었는지를 검토한다. 이는 앞서 설명한 혼입변인이 개입하였는지를 살펴보는 절차다. 실험설계를 기반으로 독립변인을 강하게 조작했는지, 종속변인을 민감하게 측정할 수 있는 도구를 사용했는지, 외생변인을 통제하기 위한 실험적 통제와 무선화를 적절하게 사용했는지, 불필요한 절차가 개입하여 측정치에 영향을 미치지 않았는지 등에 관하여 철저하게 검토한다.

다음은 실험 데이터에 대해 철저한 검토를 시행했는지 살펴본다. 각 종속측정치의 계산은 계획대로 이루어졌는지, 극단값이 포함된 데이터를 그대로 사용했는지, 참가자들의 수행이 전반적으로 너무 높거나 낮지는 않은지 등을 다시 한번 확인해 본다. 또한 기술통계치에서 통계검증을 위한 기본적인 가정이 충족되었는지, 실험설계에 적합한 통계 모형을 사용하였는지, 철저한 추가 분석을 통해 잠재적인 설명 가능성을 확인하였는지 등을 검토한다.

그럼에도 불구하고 가설을 지지하지 않는 원인을 찾지 못한다면, 연구가설에 문제가 있을 수 있다. 선행연구를 충분히 검토하지 못했거나, 사소하게 보였던 어떤 속성을 누락했을 수도 있으며, 관련한 다른 이론에서 설명하는 중요한 부분을 놓쳤을 수도 있다. 이러한 정보의 누락이 가설과 그에 따른 실험설계에 영향을 줌으로써 결과적으로 문제가 되었을 수 있다.

일반적으로 연구 결과가 유의하지 않은 경우는 약한 효과크기를 갖는 독립변인을 연구할 때다. 상관연구에서도 설명한 바와 같이, 이런 경우 종종 참가자를 더 모집하면 해결될 것으로 생각하기 쉬운데, 이는 타당하지 않다. 대신에, 이후 연구에서 이러한 검토 결과를 보완하고 연구를 수행하는 결정을 해야 한다.

Keywords

독립변인(Independent Variable, IV)
단순 조작(straightforward manipulation)
단계화 조작(staged manipulation)
종속변인(Dependent Variable, DV)
종속측정치(dependent measure)
측정의 민감도(sensitivity of measurement)
천장효과(ceiling effect)
바닥효과(floor effect)
외생변인(extraneous variable)
실험 오차(experimental error)
혼입변인(confounding variable)
내적 타당도(internal validity)
실험적 통제(experimental control)
통제변인(control variable)
무선화(randomization)
무선할당(random assignment)
대응(matching)
예비실험(pilot experiment)
조작 점검(manipulation check)
자료 점검(data screening)
개인 내 반응 변산도(intra-individual response variability)
분포의 정규성(normality of distribution)
변량의 동질성(homogeneity of variance)
다중비교(multiple comparison)
정적 단조함수(positive monotonic function)

Review Questions

1. 다음 각각의 연구 문제가 실험의 연구 문제로서 가능한지, 불가능한지, 혹은 주제 내에서 수정하면 가능한지 판단하시오. 가능하거나 불가능한 경우는 그 이유를 설명하고, 수정이 필요하다면 왜 수정이 필요한지 그 이유를 설명하시오.

연구 문제	가능	불가능	수정	이유
1. 교재 또는 요약본 중심으로 학습하는 것 중에 무엇이 학습효과가 더 클까?				
2. 부모의 양육 태도 유형에 따라 아동의 사회적 상호작용이 달라지는가?				
3. 각성 수준이 선택적 주의 능력에 영향을 미치는가?				
4. 유명 연예인의 특정 제품 선호가 대중의 제품 구매에 영향을 미치는가?				

2. 다음 각각의 가설에 대해 명제의 형식적 측면에서 종합적 또는 분석적인지, 검증 가능성 측면에서 가능 또는 불가능한지를 판단하고, 결과적으로 실험으로 검증할 수 있는 인과적 가설로서 타당한가를 평가하여 빈칸에 쓰시오.

진술문	명제 형식	검증 가능성	타당성
1. 주의 능력을 감소시키면 시각탐색 수행이 저조할 것이다.			
2. 방해 자극 수가 증가하면 시각탐색 수행이 저조할 것이다.			
3. 미래에 대한 불안한 생각을 많이 하면 기억 수행이 저조할 것이다.			
4. 과거 특정 시점을 회상하면 선택적 주의 수행이 향상될 것이다.			
5. ADHD 성향이 높으면 작업기억 능력이 낮을 것이다.			

3. 한 연구자가 참가자 간 설계를 기반으로 실험을 하고자 한다. 이때 표본 크기를 결정하는 데 필요한 정량적 기준 네 가지를 쓰시오.

4. 독립변인을 정의하고, 여기서 독립의 의미가 무엇을 나타내는지 설명하시오.

5. 독립변인 조작의 강도를 크게 해야 하는 이유는 무엇인가?

6. 독립변인 조작의 일반적인 원칙은 무엇인가?

7. 종속변인을 정의하고, 여기서 종속의 의미가 무엇을 나타내는지 설명하시오.

8. 종속측정치의 유형을 측정 도구를 중심으로 세 가지로 분류하시오.

9. 실험 오차는 무엇이며, 실험 결과에 어떤 영향을 미치는가?

10. 혼입변인이란 무엇이며 실험 결과에 어떤 영향을 미치는가?

11. 본문의 <읽어 보기 7-2>를 읽어 보고, 각 시나리오에서 무엇이 문제이고 무엇이 문제가 아닐까를 쓰고, 문제가 있는 시나리오는 왜 문제인가도 설명하시오.

12. 무선할당은 무엇이며, 어떤 의미를 갖는가?

13. 예비연구 결과를 통해 가설검증을 하고 그 결과가 어느 정도 충족되었을 때 실험을 계속 진행하는 결정을 내리면 안 되는 이유는 무엇인가?

14. 연구가설을 검증하기 위한 통계분석 이외에 실험 결과에 대한 추가 분석이 필요한 이유는 무엇인가?

15. 독립변인 처치 조건 변화에 따른 종속측정치가 선형적으로 변화한다는 가정을 할 수 있을 때, 처치 조건 범위를 벗어나는 외삽을 적용할 때 유의해야 하는 이유는 무엇인가?

제8장

실험의 타당도

1. 내적 타당도

1) 내적 타당도와 통제

2) 내적 타당도를 위협하는 요인

2. 외적 타당도

1) 외적 타당도와 일반화

2) 외적 타당도에 대한 고려

8장은 실험을 타당하게 시행하고 그 결과를 바탕으로 타당하게 추론하는 과정에 관해 다룬다. 연구방법의 개별 요소들이나 자료, 결과 자체에 관한 타당성이 아니라 실험 절차를 시행하고 이를 통해 얻은 결과를 바탕으로 추론하는 과정이 타당한가에 관한 내용이다. 이를 실험의 타당도(validity of experiment)라고 한다. 측정의 타당도가 실제로 측정하고자 하는 것을 얼마나 정확하게 측정하는지에 관한 것이라면, 실험의 타당도는 실험 결과가 인과관계의 추론에 있어, 그리고 확립된 인과관계의 적용에 있어 얼마나 정확하게 이루어지는가에 관한 것이다. 이는 크게 내적 타당도와 외적 타당도로 구분할 수 있다. 첫 번째 절은 실험을 통해 독립변인과 종속변인 간 인과관계가 존재하는 것으로 결정하는 추론에 관한 내적 타당도를 살펴본다. 두 번째 절에서는 실험 결과로서 인과관계를 다른 사람들이나 다른 변인, 또는 다른 상황에도 적용되는지에 관한 외적 타당도를 살펴본다.

1. 내적 타당도

1장과 7장에서 인과관계 확립을 위한 세 가지 조건을 소개하였다. 시간적 측면에서 원인은 결과에 앞서 발생해야 하고, 원인은 결과와 공변해야 하며, 관찰된 결과의 원인에 대한 대안적 설명이 배제되어야 인과관계가 확립된다. 이 세 가지 기본 조건을 충족하여 인과관계를 추론할 수 있는 유일한 연구방법은 실험이다. 즉, 원인이라고 생각하는 변인을 조작한 다음, 그 결과를 관찰하고, 원인의 변화에 따라 효과의 변화가 관련되는지를 확인하며, 관찰된 효과에 대한 다른 가능한 설명을 배제할 수 있기 위해 실험 과정에서 실험적 통제나 무선화 등 다양한 통제 방법을 적용하게 된다.

실험을 수행했다는 것만으로는 인과관계 확립을 위한 추론이 타당하다고 말할 수는 없다. 다시 말하면, 관찰된 결과에 대해 대안적 설명이 가능하지 않도록 타당한 절차로 시행해야 인과관계 추론이 가능하며, 이와 관련한 추론의 타당성이 내적 타당도다.

1) 내적 타당도와 통제

내적 타당도(internal validity)는 독립변인과 종속변인 간 인과관계가 존재하는지를 결정하는 추론이 타당한 정도를 일컫는다(Campbell, 1957; Cook & Campbell, 1979; Shadish, Cook, & Campbell, 2002). 즉, 종속변인에서 관찰된 어떤 변화가 독립변인 처치 때문에 발생했다고 합리적으로 확신할 수 있는 정도를 말한다. 앞서 언급한 인과관계 확립을 위한 세 가지 조건은 높은 내적 타당도를 확보할 수 있는 기본 요건이 된다. 연구자는 연구의 내적 타당도를 감소시킬 수 있는 다양한 측면의 위협을 구체적으로 인식하고, 이러한 위협을 제거하거나 최소화하기 위해 가능한 모든 방안을 실행함으로써 내적 타당도를 확보하기 위한 다양한 노력을 기울여야 한다.

이전 장에서, 연구의 범위에 포함되지 않음에도 불구하고 실험 과정에서 잠재적으로 종속측정치에 영향을 줄 수 있는 외생변인에 관해 설명하였다. 또한 외생변인이 혼입되어 독립변인 처치와 함께 체계적으로 변화하여 개입함으로써 결과에 영향을 미쳤다면, 관찰된 실험 결과가 독립변인 처치에 의한 것인지, 아니면 혼입변인에 의한 것인지 구분하는 것이 불가능하다고 설명하였다. 따라서 높은 내적 타당도를 확보하기 위해서는 외생변인의 혼입을 방지하고 통제하는 절차가 가장 중요하다.

[그림 8-1]은 실험의 내적 타당도가 높은 경우(A)와 그렇지 않은 두 가지 경우를 묘사하여 제시한다. 실험은 기본적으로 독립변인의 처치와 종속변인의 측정으로 이루어진다. 이 과정에서 입력되는 어떤 심리적 속성에 대한 처치의 효과를 그대로 관찰하기 위해서는 처치 과정을 외생변인으로부터 보호하기 위한 통제가 필요하며, 이를 통해 혼입을 방지할 수 있다. (A)와 같이 이렇게 적절한 통제가 이루어진 절차를 사용함으로써, 처치의 결과로서 측정한 심리적 속성의 출력을 애초의 입력과 비교하여 실험의 효과를 확인할 수 있다. 이러한 절차는 독립변인 처치 이외에는 영향을 미칠 수 있는 다른 변인의 영향을 통제함으로써, 인과관계를 구체적으로 특정할 수 있으며, 높은 내적 타당도를 확보할 수 있다.

반면, 실험 절차를 보호할 통제적 요소가 완전하지 못하여 (B)처럼 처치 과정에 외생변인이 영향을 미친다면, 처치 과정에서 발생한 변화가 독립변인 처치의 영향인지, 외생변인 혼입에 의한 영향이 포함되었는지 모르는 상태에서 결과를 측정하게 된다. 따라서 관찰된 변화가 처치의 영향인지, 아니면 혼입변인의 영향인지 확인할 수가 없다. 이런

경우, 인과관계를 특정하는 것이 불가능하게 되고, 내적 타당도는 낮아지게 된다.

외생변인의 혼입을 방지할 수 있도록 통제가 잘 이루어졌다고 할지라도 실험 절차가 표준화되지 않거나 잘못된 절차가 포함되어서 (C)와 같이 입력 상태가 달라지면, 외부로부터의 혼입이 없었다고 하더라도 실험 내부로부터 혼입변인이 발생하여 실험 결과에 영향을 미칠 수 있다. 예컨대, 컴퓨터를 이용하여 주의 능력을 측정하는 인지 과제가 포함된 실험에서, '빠르고 정확하게' 반응하라고 안내해야 하는 것이 전형적이지만, '정확하고 빠르게' 반응하라고 안내한다면, 실험 지시문이 혼입변인이 되어 왜곡된 결과를 보여 줄 것이다.

혼입변인이 존재한다면 실험의 인과관계를 보장할 수 없는데, 문제는 앞선 7장에서도 설명한 바와 같이 혼입변인이 개입했는지조차 모를 때가 있다는 점이다. [그림 8-1]에서는 처치 과정이 보이는 것으로 표현했지만, 실제로 실험을 시행할 때는 이렇게 실험 처치 과정이 드러나 보이지 않기 때문이다. 따라서 (C)의 경우는 연구자가 실험 과정이나 종료 후라도 혼입의 영향을 확인할 수 있지만, (B)의 경우는 혼입변인의 개입을 확인하는 것이 매우 어렵다.

인과관계 확립을 위한 세 가지 요건 중에서 앞선 두 가지 요건인 수반성(독립변인을 조작한 다음, 종속변인을 측정)과 공변성(독립변인 처치수준에 따른 종속변인 측정치의 차이를 확인)은 절차상으로, 그리고 결과 관찰을 통해 상대적으로 쉽게 확보할 수 있다. 하지만 세 번째 요건인 대안적 설명의 배제는 실험 절차에서 다양한 외생변인을 사전에 충분히

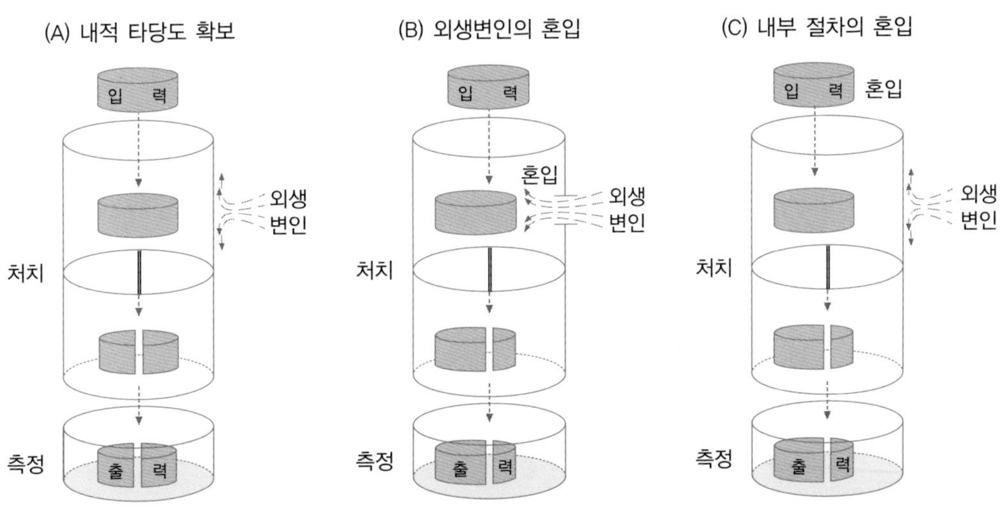

그림 8-1 **실험의 내적 타당도가 높거나 낮은 경우에 대한 묘사**

인식하여 실험에 혼입되지 않도록 통제해야만 확보할 수 있다. 따라서 통제를 위한 노력이 많으면 많을수록 내적 타당도 또한 증가하게 된다.

앞서 실험을 간단히 정의할 때, '독립변인을 조작하고 종속변인을 측정하는 일련의 절차'라고 하였다. 하지만 실제로 실험에서 더 중요한 요소는 대안적 설명을 배제할 수 있도록 해 주는 통제 절차다. 따라서 이제는 실험의 정의를 '독립변인을 조작하고 외생변인을 통제하며 종속변인을 측정하는 일련의 절차'라고 하겠다.

혼입변인은 실험에서 조건에 따라 체계적으로 변화하면서 개입하는 외생변인이라는 점을 기억해 보자. 이는 조건마다 서로 다른 영향을 체계적으로 주었을 때를 말한다. 따라서 실험에 혼입변인이 작용했다면 실험 결과가 독립변인의 처치에 의한 효과인지, 아니면 혼입변인의 영향인지 구분하는 것이 불가능하여 내적 타당도에 심각한 위협을 준다.

반면, 외생변인이 체계적으로 작용하지 않고 여러 실험 조건에 걸쳐 무선적으로 영향을 미쳤다면 이는 혼입변인이 아니다. 이런 원인으로 발생하는 변산도를 실험 오차(experimental error)라고 하는데, 실험 오차는 변산도의 크기를 증가시키게 되어 통계적 유의도 검증과 효과크기에 부정적인 영향을 준다. 이는 종속측정치의 변산도 크기를 증가시켜 처치의 효과를 찾아내기 어렵게 만듦으로써 통계적 결론 타당도(statistical conclusion validity)에 부정적인 영향을 준다. 통계적 결론 타당도는 독립변인과 종속변인 간 공변량과 관련한 통계적 근거에 기초하는 인과관계 추론에 관한 타당성으로, 유의도 검증 및 효과크기와 관련된다(Cook & Campbell, 1979; Shadish, Cook, & Campbell, 2002).

2) 내적 타당도를 위협하는 요인

앞서 설명한 바와 같이, 내적 타당도의 확보는 실험의 핵심이라고 할 만큼 매우 중요한 부분이다. 이를 위해 실험적 통제나 무선화를 통해 외생변인을 통제하는 것뿐만 아니라, 어떤 외생변인들이 잠재적으로 내적 타당도를 위협할 수 있는지를 아는 것 또한 중요하다. 따라서 상당히 오래전부터 잘 알려진 내적 타당도를 위협하는 요인들과 함께, 실험 절차에서 참가자와 실험자에 의해 발생할 수 있는 위협 요인을 함께 살펴보도록 한다.

(1) 내적 타당도에 대한 고전적 위협

실험의 타당도에 관한 가장 영향력 있는 심리학자 중의 한 명인 도널드 캠벨(Donald Campbell)은 다양한 주제의 실험에 걸쳐 내적 타당도를 위협할 수 있는 여러 외생변인의 출처를 확인하였다. 이러한 일곱 가지 유형의 기본적인 외생변인에 더하여 위협 요인 간의 상호작용에 의한 유형 한 가지를 더하여 총 여덟 가지 위협을 내적 타당도에 대한 고전적 위협(classic treats to internal validity)이라고 부른다(Campbell, 1957; Cook & Campbell, 1979). 실험연구에서도 이러한 고려가 중요하지만, 준실험에서는 이러한 요인들의 위협이 연구의 내적 타당도에서 핵심이 될 수 있는데, 이 유형들을 각각 살펴보도록 하자.

① 역사

내적 타당도에 대한 첫 번째 위협 요인인 역사(history)는 참가자가 실험에 참여하는 동안 실험 처치 이외에 경험한, 실험과 관련되지 않은 사건의 영향을 말한다. 실험에서 실험 처치와 더불어 여러 번의 측정이 포함되는 경우, 예컨대 사전 측정 이후 실험 처치가 있고, 이후 사후 측정이 있는 실험에서 사전-사후 측정 사이에 어떤 사건이 발생했다면, 그 사건은 실험 조작에 혼입되어, 결과적으로 사후 측정에서 변화된 값이 독립변인의 영향인지 역사의 영향인지 알 수 없게 된다.

역사로 표현되는 이러한 사건은 실험과 직접 관련된 것일 수도 있고 그렇지 않을 수도 있다. 또한 참가자가 직접 경험한 것일 수도 있고, 사회적으로 발생한 것일 수도 있다. 예컨대, 우울증에 관한 새로운 인지행동치료 프로그램의 효과를 검증하는 수개월에 걸친 실험에서, 유사한 형태의 치료를 받아 효과를 보았다는 유명 연예인의 우울증 치료 소식을 뉴스 기사로 접한 참가자들은 그 기사로 인해 체계적인 영향을 받을 수 있다. 특정 조건에 참여한 참가자들이 연구에 참여했던 다른 참가자로부터 연구와 관련한 정보를 우연히 들었다면, 해당 효과에 대한 다양한 반응이 발생할 수 있고 이는 연구에 혼입될 수 있다.

특히 서로 다른 집단 간 참가자들의 역사가 서로 다르면, 이는 독립변인이 아닌 역사로 인한 체계적인 차이를 만들어 낼 수 있으며, 결과적으로 실험 결과에 혼입될 수 있다. 따라서 처치 기간이 필요한 실험, 특히 장기간에 걸친 실험을 수행할 때, 연구자는 실험에 참여한 참가자들의 역사가 동일하였는지 확인하는 절차를 포함해야 한다.

② 성숙

성숙(maturation)은 시간의 흐름에 따라 발생하는 참가자의 내적 변화를 말한다. 이는 장기간에 걸쳐 발생하는 발달적 변화뿐만 아니라, 지루함, 피로, 과몰입, 각성, 배고픔 등 생리적 변화나 문제해결 전략의 습득과 같은 인지적 변화 등 짧은 기간 내에 발생할 수 있는 영향도 포함한다. 따라서 성숙은 역사 요인처럼 어떤 사건에 기반한 변화를 뜻하는 것은 아니다.

지루함이나 피로 등은 실험에서 주의 능력을 요구하는 인지 과제를 수행할 때 종종 관찰된다. 이를 보완하기 위해서는 실험 블록을 짧게 구성하는 등의 추가적인 통제가 요구된다. 또한 특정 조건에서 시행의 반복이 참가자의 과몰입을 유발하여 각성 수준을 높일 수도 있다. 이는 결과적으로 과제 수행 동기를 강화하여 수행에 영향을 줄 수 있다. 이와 같은 변화는 주로 단기간의 생리적 변화를 유발하는 경우다. 한편, 문제해결을 요구하는 과제에서 반복적인 시행을 통해 특정 유형의 전략을 학습하게 되는 경우도 발생할 수 있다. 이는 특히 아동이나 청소년을 대상으로 하는 연구에서 관찰될 수 있는데, 반복적 문제해결이 인지발달을 촉진함으로써 참가자의 인지발달에서 질적 변화가 발생할 가능성이 있다. 따라서 연구자는 독립변인 처치와 더불어, 어느 한 조건에 이러한 성숙의 효과가 혼입되는 설계가 아닌지 확인해야 한다.

③ 검사

검사(testing) 요인은 이전의 검사 시행이 이후에 시행하는 검사 점수에 영향을 미치는 것을 말한다. 실험의 종속측정치를 처치 전과 후에 측정하는 설계에서, 사전검사 시행의 영향을 말한다. 실험에서는 종종 독립변인의 처치효과가 참가자들에게서 나타나는지 확인하고 그 크기를 측정하기 위해 사전검사를 시행한 다음, 독립변인 처치 후 사후검사를 시행하기도 한다. 하지만 사전검사를 시행하는 것 자체가 사후검사 점수에 영향을 미칠 수 있다면, 처치의 효과인가 사전검사 때문인가에 대한 결론을 내리기 어려워진다.

두 번째 측정은 아무런 처치를 받지 않아도 첫 번째 측정과 다른 경우가 많다. 앞선 4장에서 설명한 검사-재검사 신뢰도를 생각해 보자. 첫 번째 측정과 두 번째 측정이 서로 완전히 같은 값을 보인다면 이때의 신뢰도는 1로, 완벽한 정적 상관을 보일 것이다. 하지만 이미 우리가 알다시피, 그런 값은 나오지 않는다. 이는 처치가 없어도 종속측정치가 변한다는 점을 보여 주는 예로, 사전검사와 사후검사 사이에 처치가 이루어지면,

종속측정치의 차이가 처치에 의한 것일 수도 있지만, 검사 시행 자체의 영향일 수도 있다는 것이다. 특히 성취도 검사나 지능검사 같은 경우, 참가자들이 해당 검사의 문항을 기억하거나 더 효율적인 전략으로 접근할 수 있게 만들 수 있으므로 수행이 더 좋아질 가능성이 크다.

또한 사전검사가 참가자들을 더 반동적 행동을 하도록 만들 수 있다. 예컨대, 사전검사 경험이 참가자들에게 실험 목적에 더 예민해지도록 하여, 사회적으로 더 바람직한 응답을 하도록 만들 수도 있다. 이뿐만 아니라, 사전검사로 인해 관련 변인에 대한 인식을 더 예민하게 만들어 연구 기간에 특정 방향의 행동을 더 하도록 유도할 수도 있다. 예컨대, 식습관에 관한 사전검사는 참가자가 자신의 식습관에서 잘못된 부분을 생각하도록 만들어, 연구 과정에서 스스로 개선하게 할 수도 있다. 운동량에 대한 측정 또한 마찬가지로 초기 측정을 통해 참가자는 자신의 운동량이 부족하다고 인식하게 되어 연구 기간에 운동량을 스스로 늘릴 수도 있다.

④ 도구화

도구화(instrumentation)는 측정을 반복함에 따라 도구의 측정 능력이 변화하는 경우를 말한다. 측정은 전자기기나 기계장비, 관찰자의 관찰이나 평정 등 연구자를 포함해 다양한 측정 도구를 사용하여 이루어진다. 이때 측정 도구는 반복적인 측정을 통해 기계적이거나 전자적인 원인으로 측정 민감도가 달라질 수 있다. 즉, 특정한 측정 수단이 도구화가 진행됨에 따라 점차 그 도구의 측정 정확도가 변화하게 된다. 예컨대, 일반적으로 사용하는 개인용 컴퓨터는 장시간 작동하고 나면 입력이나 출력 등에서 조금씩 지연이 발생할 수 있다. 따라서 시간이 지날수록 부정확한 값을 나타낼 수 있다.

관찰을 통해 사람들의 행동을 평정할 때도 마찬가지다. 관찰을 통한 평정을 시행하는 연구자는 측정을 위한 '도구화'가 되어 사전검사 때보다 사후검사 때 덜 정확한 측정치를 산출할 수 있다. 반대의 경우도 가능한데, 관찰자는 관찰 경험이 많아질수록 관찰을 더 정확하게 할 수 있으므로, 연구 초기보다 후기에 더 정확한 평정 결과를 보일 수도 있다. 이러한 측정에서의 기준 변화를 방지하기 위해서 평정을 담당하는 연구자나 관찰자는 실험을 시작하기 전에 이미 철저한 훈련을 받은 상태여야 한다. 또한 측정과 측정 사이에 충분한 시간을 두어 초기의 측정 기준을 일정하게 유지할 필요가 있다.

매우 사소한 것이라도 집단 간 측정 도구에서 차이가 생기면 혼입변인이 발생할 수 있다. 예컨대, 참가자들이 지필 검사에 참여할 때 우연히 한 집단에 시행하는 검사지의 인쇄 상태가 양호하지 않았다면, 집단 간 차이는 독립변인 처치 때문인지 잘 보이지 않는 검사지의 차이 때문인지 알 수 없다. 이러한 혼입이 발생하면 실험의 조작은 결과적으로 왜곡될 것이다.

⑤ 통계적 회귀

어떤 변인의 초기 측정치를 바탕으로 평균보다 매우 높거나 낮은 점수를 보이는 참가자들을 이후에 다시 측정하면, 그 측정치는 초기보다 평균에 더 가까운 값을 보이는 경향성을 통계적 회귀(statistical regression)라고 한다. 평균보다 먼 쪽에 있던 측정치가 더 가까운 방향으로 변하기 때문에, 평균으로의 회귀(regression toward the mean)라고도 한다. 결과적으로, 극단적으로 높은 점수를 받았던 참가자의 점수는 이후에 더 낮아지고, 반대로 극단적으로 낮은 점수를 보였던 참가자의 점수는 이후에 더 높아지게 된다.

이러한 경향성을 이해하기 위해서는 측정치가 진점수와 측정오차의 두 가지 성분으로 구성된다는 점을 상기할 필요가 있다. 즉, 어떤 개인이 극단적으로 높은 점수를 보인다면, 그 개인의 측정치에는 정적 방향으로 큰 측정오차가 포함되었을 가능성이 매우 크다. 반대로 극단적으로 낮은 점수를 보이는 개인은 그 측정치에 부적 방향의 큰 측정오차가 포함되었을 것이다. 이러한 측정오차는 무선적이기 때문에 그다음 측정에서는 더 작은 값, 또는 반대 방향의 측정오차로 관찰될 확률이 훨씬 더 크다. 따라서 극단값을 보이는 참가자의 점수는 이후의 측정에서 평균에 더 가까운 측정치를 보이게 된다.

이렇게 해당 참가자가 초기 측정치에서 평균보다 매우 높거나 낮은 이유로 연구에 참여하게 된 참가자는 독립변인 처치와 관계없이 다음 측정에서 그 반대의 방향으로 관찰될 가능성이 있으므로 내적 타당도에 위협이 된다. 이러한 속성은 검사-재검사 신뢰도를 낮추는 요인이 되기도 한다. 만일 완벽한 신뢰도가 있다면 처치가 없는 상태에서 해당 측정치는 동일하게 관찰될 것이다. 하지만 측정오차의 존재 때문에 진점수에 먼 측정치일수록 다음 측정치에서 반대 방향의 측정치를 보임으로써 검사-재검사 신뢰도에 부정적인 영향을 준다.

⑥ 선택 편향

참가자를 서로 다른 실험 조건에 할당할 때, 참가자가 선택할 수 있거나 이미 자연적

으로 존재하는 집단을 선택함으로써 발생하는 집단 간 차이를 선택 편향(selection bias)이라고 한다. 실험은 참가자를 실험 조건에 완전히 무선적으로 배정하여 각 참가자가 특정 조건에 할당될 확률을 동등하도록 보장하는 무선할당(random assignment)을 통해 이루어져야 한다. 하지만 참가자가 실험 조건 중 하나를 선택해서 참여한다면, 서로 다른 실험 조건에 참여한 사람들은 시작부터 서로 동등하지 않은 집단이 되므로, 독립변인 처치도 동등하지 않은 집단에 시행되는 결과가 된다. 예컨대, 새로운 심리치료 프로그램의 효과를 검증하기 위한 실험에서 참가자들에게 새로운 프로그램 조건에 참여할지 기존 프로그램 조건에 참여할지를 선택하게 한다면, 선택 편향이 발생한다.

더 명확한 상황이 있는데, 실험에서 서로 다른 조건에 참여하는 참가자들이 무선할당되는 것이 아니라, 이미 존재하는 자연적 집단으로 구성될 때 선택 편향이 발생한다. 한 수업의 수강생을 대상으로 어떤 실험 조건에 참여하도록 하고 다른 수업의 수강생은 다른 조건에 참여하도록 한다면, 해당 수업을 수강하는 학생들의 원래의 차이가 실험에 혼입된다. 다른 예로, 아동의 체중 감량 프로그램에 참여할 참가자를 모집하는 과정에서 먼저 신청한 가족을 실험 조건에 할당하고, 늦게 신청한 가족은 통제 조건에 할당하는 경우다. 이때 먼저 신청한 참가자는 체중 감량의 동기가 더 강한 참가자일 수 있으므로, 실험 결과는 집단 간 처치효과가 아니라 사전에 이미 존재하는 참가자 간 차이를 반영할 수 있다.

또 다른 예로, 오전에 참여하는 참가자를 실험집단으로, 오후에 참여하는 참가자를 통제집단으로 배정한다면, 참여 시간을 결정한 순간 이미 참가자의 집단이 결정된다. 이는 참여 시간에 따라 자연적으로 존재하는 집단을 선택한 결과가 되며, 두 집단에게는 점심 식사 여부라는 체계적 차이가 발생하게 된다. 입실 순서 또한 마찬가지다. 홀수 번째 참가자를 실험집단(또는 통제집단)으로, 짝수 번째는 다른 집단으로 배정하면, 참가자들은 참여 순서라는 외부 조건에 의해 집단이 결정된다. 이 모든 유형의 참가자 배정은 무선할당에서 벗어난 예들이다.

⑦ 참가자 손실

참가자 손실(participant mortality)은 서로 다른 조건에 참여한 참가자의 탈락이 차등적으로 발생하는 경우를 말한다. 이때 차등적이라는 의미는 참가자 수가 될 수도 있지만, 탈락한 참가자들의 특성이 될 수도 있다. 실험에 참여한 참가자는 실험 진행 중에 스스로 중단할 수 있으며, 모든 실험에서 이러한 참가자 탈락(participant drop-out)은 발생한다. 기간이 짧은 실험에서도 발생하지만, 장기간 처치가 수반되는 실험에서는 더 높은 비율로 발생한다. 실험 도중에 탈락한 참가자의 자료는 분석에 포함할 수 없으며, 이는 집단 구성원을 처음 할당할 때 동등하게 구성하였다 할지라도, 집단 간 무선할당으로 구성된 집단 간 속성을 서로 다르도록 편향시키기 때문에 내적 타당도를 훼손할 수 있다. 특히 집단 간 탈락률이 서로 다르다면 내적 타당도의 손상은 더욱 심각해진다.

실험 조작과 관계없이 참가자는 실험에서 탈락할 수 있다. 갑작스러운 질병이나 당일의 스트레스 등으로 탈락하는 경우는 무선적인 탈락이라고 볼 수 있어서 일반적으로 내적 타당도에 큰 영향을 주지는 않는다. 하지만 일반적으로 독립변인 처치 강도가 더 큰 실험 조건의 참가자들에게는 더 어려운 절차나 더 큰 노력을 요구하기 때문에, 그렇지 않은 조건의 참가자보다 탈락률이 더 높을 수 있다. 이러한 탈락은 실험 처치와 크게 관련되는데, 탈락률이 지나치게 높은 경우라면, 처치와 함께 혼입된 다른 이유 때문일 수도 있다. 이런 경우, 마지막까지 참여하는 참가자들이 지닌 속성은 중도에 탈락한 참가자들과 다를 것이다.

내적 타당도를 유지하기 위해서는 참가자 손실을 최소화하는 노력을 기울여야 한다. 그렇다면 어느 정도의 탈락률까지 허용할 수 있을까? 이때 정답은 0%다. 참가자 탈락이 없어야 무선할당의 결과로서 집단 간 동등성을 확보할 수 있다. 하지만 안타깝게도 참가자 손실은 거의 언제나 어느 정도 발생한다. 따라서 연구자들은 경험법칙으로 5% 미만의 손실은 편향이 거의 없고, 20% 이상의 손실은 내적 타당도에 심각한 위협이 될 정도의 편향을 일으킨다는 기준을 적용한다(Schulz & Grimes, 2002). 하지만 이는 단순한 기준으로, 참가자 연령이나 특성, 연구 기간 등 다양한 요인에 의해 더 높은 탈락률도 타당한 것으로 간주할 수 있다.

⑧ 선택 편향과 다른 요인 간 상호작용

선택 편향과 다른 요인 간 상호작용(interaction with selection bias)은 비동등한 집단을 만들게 되는 선택 편향 요인이 다른 고전적 위협과 함께 상호작용하여 나타나는 위협을 말한다. 두 가지 요인의 상호작용으로 나타나는 위협이기 때문에, 하나의 요인보다 더 심각한 위협이 된다. 특히 선택-성숙, 선택-역사, 선택-도구화 간의 상호작용이 그러하다.

선택-성숙 상호작용은 집단 간 참가자의 성숙 속도가 서로 다를 때를 말한다. 특히

아동 연구에서 서로 다른 연령대의 아동을 서로 다른 집단으로 선택하고 독립변인을 처치할 때, 아동의 성숙은 집단 간 서로 다른 속도를 보이므로, 상호작용 결과로서 종속측정치에 혼입될 수 있다. 선택-역사 상호작용은 비동등한 집단이 구성되고, 특정 집단에게만 어떤 사건의 영향이 발생하는 경우를 말하며, 선택-도구화 상호작용은 비동등한 집단에 측정 기준을 다르게 적용한 결과로서 나타날 수 있다.

지금까지 내적 타당도에 대한 고전적 위협 요인을 살펴보았다. 실험을 시행할 때는 이러한 위협에 대하여 적절한 통제 절차를 사용하거나 적절한 통제집단을 사용하여 이 요인들을 제거해야 한다. 하지만 현실에서는 이러한 고전적 위협 요인이 제거되지 못하는 상황에서 연구를 수행해야 하기도 한다. 이러한 연구 형태를 준실험이라고 하는데, 이와 관련한 내용은 11장에서 상세하게 다루기로 한다. 준실험은 형태적으로 실험과 유사하지만, 실험이 아니므로 준실험의 결과를 실험과 같이 인과관계로 해석하는 데 늘 주의를 기울여야 한다.

(2) 참가자 요인과 내적 타당도

참가자는 실험 환경 내에서 연구자가 제시하는 절차에 따라 실험에 참여한다. 연구에서 조작하는 독립변인이 종속변인에 영향을 미치는 과정에서 실험 처치와 관계없이 참가자의 어떠한 속성이라도 독립변인 처치와 함께 체계적으로 변화한다면, 참가자 요인이 실험에 혼입될 수 있다. 따라서 내적 타당도를 위협할 수 있는 요인을 참가자 중심으로 살펴보고자 한다.

첫째, 연구에 포함된 요구특성(demand characteristics)이 내적 타당도를 위협할 수 있다. 요구특성은 참가자에게 연구 목적이나 가설 등을 포함하여 연구의 세부 내용에 대한 정보를 줄 수 있는 모든 단서를 말한다(Orne, 1962). 실험 참가자는 연구 참여에 대한 동의 과정에서 해당 연구에 관해 어느 정도의 내용을 알고 실험에 참여한다. 이후 실험 절차를 거치면서 연구의 세부 내용에 관해 더 많은 정보를 알게 된다. 따라서 점차 실험에서 요구하는 사항이 무엇인지를 더 구체적으로 알 수 있게 된다. 참가자들이 요구특성에 대해서 더 많이 아는 것이 그들의 행동과 아무런 관련이 없다면 내적 타당도와도 관련이 없지만, 그렇지 않은 경우는 잠재적인 문제를 일으킬 수 있다(Eveleth & Pillutla, 2003; Nichols & Maner, 2008).

연구를 성공적으로 수행하기 위해, 실험자는 실험 환경 내에서 참가자가 어떻게 행동해야 하는지를 설명하고 참가자는 실험자가 요구하는 행동을 해야 한다. 이 과정에서 참가자는 실험 환경에서 필요한 행동을 하는데, 중요한 점은 참가자가 실험 처치에 따라 필요한 행동만을 정확히 해야 한다는 것이다. 이렇게 해야 연구자의 가설을 검증할 수 있다. 하지만 참가자가 실험에서 요구하는 내용에 대해 상세히 알면 알수록 참가자의 행동은 연구자의 연구 목적과 가설 등에 의해 과도한 영향을 받는다(Nichols & Maner, 2008).

실험 참가자들은 스스로 자원하여 연구에 참여했으며, 따라서 실험에 가장 적절한 행동을 함으로써 가치 있는 기여를 했다고 스스로 확인하려는 동기를 가지고, 실험 환경에서 실험자가 요구하는 사항을 기꺼이 수행하려는 경향을 보인다. 즉, 소위 선한 참가자 효과(good participant effect)라고 불리는 현상이 발생한다(Goldstein, Rosnow, Goodstadt, & Suls, 1972; Orne, 1962). 일부 연구에서는 이러한 참가자들은 좋은 참가자가 될 기회를 모색하기 위해 실험 가설을 확인하려는 방식으로 행동할 수 있으며, 경험적 증거 또한 이를 지지한다(Nichols & Maner, 2008). 이뿐만 아니라, 참가자는 자신의 역할을 충실히 하려고 행동하며 그 결과로서 자신이 어떻게 평가될지를 염려하기도 한다(Weber & Cook, 1972).

실험에서 참가자들에게 제시하는 요구특성이 많아질수록 내적 타당도를 더욱 위협할 수 있다. 이를 고려하여, 연구자는 실험에서 참가자들이 반드시 알아야 하는 정보만을 제공함으로써, 실험 과정에서 드러날 수 있는 요구특성을 줄이기 위해 노력해야 한다. 이를 위해 참가자들에게 구체적이면서 명확한 정보를 제공함으로써 추측에 의한 행동을 하지 않도록 하고, 어떤 경우는 참가자들이 연구의 실제 목적이나 가설을 알아차리지 못하도록 그럴듯한 다른 정보를 제공해 주는 표지 이야기를 사용할 수도 있다. 또한 잠재적 참가자들이 실험에 관한 정보를 서로 교환하지 못하도록 안내하는 것도 필요하다.

한편, 연구자는 독립변인 처치가 연구자의 의도대로 잘 이루어졌는지를 확인하기 위해 종종 조작점검을 시행한다. 대체로 독립변인 조작의 효과를 평가하기 위한 자기보고식 조작점검 절차가 사용되는데, 예비실험을 통한 조작점검은 문제 되지 않지만, 본연구에서 조작점검 절차를 시행할 때는 문제가 될 가능성이 있다. 예컨대, 독립변인 처치와 종속변인 측정 사이에 조작점검이 시행되는 경우, 그 자체가 참가자에게 연구 목적이나 가설을 구체적으로 드러나게 하여, 참가자의 반응에 영향을 줄 수 있다. 이러한 이유로 일부 연구자들은 본연구에서 실험 도중에는 조작점검을 시행하지 말아야 한다고 제안한다(Fayant, Sigall, Lemonnier, Retsin, & Alexopoulos, 2017; Hauser, Ellsworth, & Gonzalez,

2018; Kidd, 1976).

하지만 실험 절차에서 조작점검을 적절하게 사용할 경우, 조작의 강도를 정량적으로 평가할 수 있다는 장점이 있다(Ejelöv & Luke, 2020). 따라서 본연구에서 조작점검을 포함할 때는 요구특성에 따른 참가자의 반동적 행동이 혼입되지 않도록 세심한 주의를 기울여야 한다. 예컨대, 불안 수준을 조작한 다음, 인지 과제를 수행할 때, 연구자는 참가자들에게 유도한 불안 상태가 과제를 수행하는 동안 지속되기를 원하며, 실제로 그렇게 유지되었는지 자기보고식 응답을 통해 조작점검을 시행할 수 있다. 이러한 절차에서 참가자는 과제의 블록과 블록 사이에 자신의 불안 수준을 응답하도록 요청받을 수 있다. 이때 참가자는 불안 수준 측정을 명시적으로 알아차리기 때문에 요구특성에 의한 효과가 관찰될 가능성이 커진다. 즉, 실험 처치에 따라 유발된 불안을 보고하는 것이 아니라 알아차린 요구특성에 따른 반동적 응답을 할 가능성이 있다. 따라서 이러한 연구에서는 불안 수준을 유발한 다음, 실험 도중에 반복적인 조작점검 절차를 시행하는 것보다는 과제 시작 전과 종료 후에 시행하는 편이 타당하다(김초복, 이윤지, 2019).

읽어 보기 8-1

참가자가 가설을 알아차렸는지 알 수 있을까?

참가자가 연구의 구체적인 가설을 알아차렸다면, 특히 이러한 상황이 서로 다른 집단에서 서로 다른 정도였다면 내적 타당도가 낮아지게 된다. 따라서 참가자들이 실제로 그러했는지를 확인하는 절차가 종종 필요할 수 있다. 특히 태도에 관한 사회심리학 실험에서는 이러한 요인이 실험의 내적 타당도와 밀접하게 관련되기 때문에 매우 중요하다.

이를 위한 한 가지 방법으로, 연구가설에 대한 지각된 인식 척도[Perceived Awareness of the Research Hypothesis (PARH) scale]를 사용할 수 있다(Rubin, 2016; Rubin, Paolini, & Crisp, 2010). 이 척도는 7점 리커트 형식의 4문항으로 다음과 같이 제시한다.

1. 나는 연구자들이 이 연구에서 무엇을 조사하는지 알고 있었다.
2. 나는 연구자들이 이 연구에서 무엇을 입증하려고 했는지 잘 모르겠다.
3. 나는 이 연구의 가설이 무엇인지 잘 파악하고 있었다.
4. 나는 이 연구에서 연구자들이 무엇을 검증하고자 했는지 정확히 알 수 없었다.

이 문항 중에서 2번과 4번은 역채점 문항이다. PARH 점수는 전체 문항의 평균인데, 점수가 높을수록 참가자들이 연구가설을 인식하고 있었다고 스스로 믿는 정도가 더 높음을 나타낸다.

둘째, 참가자 기대(participant expectancy)가 내적 타당도를 위협할 수 있다. 약물의 치료 효과를 검증하는 임상 실험에서, 참가자가 실험집단에 할당되어 해당 약물을 투여받은 다음, 약물을 투여받지 않은 다른 참가자들보다 효과가 더 크다는 것을 관찰했다면, 이것은 약물에 의한 치료의 효과일 수도 있지만, 약물의 효과에 관한 참가자의 기대에 의한 것일 수 있다. 만일 약물에 의한 효과만이 아니라 기대에 의한 효과가 나타난다면, 이는 위약효과가 작용한 것으로 볼 수 있다.

위약효과(placebo effect)는 효과가 없는 치료 물질이나 절차에 대해 임상적으로 나타나는 유의미한 반응을 말한다. 이는 치료적 개입에 대한 참가자의 기대로 인해 발생한다. 예컨대, 두통 완화를 위해 위약을 처치 받은 환자는 아무 처치를 받지 않은 환자와 비교하여 두통의 정도가 유의하게 감소할 수 있다. 여기서 위약(placebo)은 그 자체로서 효과가 없는 의학적 또는 심리적 개입이나 치료 절차로, 관심 있는 개입이나 치료의 효과와 비교하기 위한 통제조건에서 사용한다. 위약에 대해서도 효과가 나타났다면, 이는 참가자 기대에 의한 효과다.

과거에는 위약효과를 임상 연구에서 치료 효과에만 관련된 것으로 인식하였으나, 그 효과의 대부분이 참가자의 기대에 의한 것이라는 경험적 근거가 제시되면서, 이제는 비임상 연구에서도 참가자의 기대에 따른 부가적인 효과를 설명하는 데 사용된다(Kirsch, 1985; Petrie & Rief, 2019; Stewart-Williams & Podd, 2004). 따라서 위약효과가 혼입된 실험은 내적 타당도에 심각한 손상을 입게 된다.

실험 절차에서 참가자가 위약효과를 나타낼 수 있다면, 그러한 기대를 하지 않도록 하는 실험 절차를 마련하는 것이 중요하다. 예컨대, 카페인 음용이 주의 능력을 높이는지를 확인하고자 하는 실험에서, 참가자들은 카페인이 포함된 커피를 알아차리는 것만으로 주의 능력에 영향을 받을 수 있으므로, 자신이 마시는 커피에 카페인이 포함되어 있는지 아닌지를 모르도록 하는 절차를 사용해야 한다. 이를 단일은폐 실험(single-blind experiment)이라고 하는데, 참가자는 자신이 받는 처치가 실제 처치인지 위약 처치인지를 모르는 상태에서 실험에 참여하게 되어, 기대에 따른 효과를 제거할 수 있다. 여기서 '단일은폐'라는 의미는 실험자는 참가자가 어떤 처치를 받는지 알고 있지만, 참가자는 모른다는 의미다.

더 나아가, 자신의 실험에서 위약효과가 실제로 발생할 수도 있지만, 그럼에도 불구하고 처치의 효과가 있다는 것을 확증하기 위한 실험이라면, 이를 위한 절차를 실험에 포함해야 한다. 이를 균형화된 위약 설계(balanced placebo design)라고 부른다. 예컨대, 카페인 음용과 주의 능력에 관한 예에서, 참가자들은 네 개의 서로 다른 집단에 무선할당된다. 첫 번째 집단은 디카페인 커피를 마시는 것으로 알고 실제로도 디카페인 커피를 마시는 집단, 두 번째는 디카페인 커피를 마시는 것으로 알지만 실제는 카페인 커피를 마시는 집단, 세 번째는 카페인 커피를 마시는 것으로 알지만 실제로는 디카페인 커피를 마시는 집단, 네 번째는 카페인 커피를 마시는 것으로 알고 실제로도 카페인 커피를 마시는 집단이다. 이러한 실험 처치가 적용된 다음, 참가자들의 주의 능력을 측정한다. 만일 위약효과가 있다면, 카페인 커피를 마실 것으로 기대한 집단들의 주의 능력이 높게 관찰될 것이다.

[그림 8-2]에 이와 관련한 가상의 결과를 제시하였다. 만일 기대 효과 없이 음용의 효과만 있다면 실제로 카페인 커피를 마신 집단의 주의력 점수가 높게 나올 것이다(A). 반면, 기대의 효과만 있다면, 실제 마신 커피와 관계없이 카페인을 기대한 집단에서 주의력이 높을 것이다(B). 만일 음용과 기대의 효과가 모두 작용한다면, 기대와 음용에서 디카페인을 마신 집단이 가장 낮고, 카페인을 기대하고 카페인을 마신 집단에서 가장 높게 관찰될 것이다(C).

이때 위약효과에 더 큰 관심이 있다면, 종속측정치로서 심박수나 혈압, 각성 수준 등도 함께 측정하여 그 변화를 볼 수 있다. 또한 주의 능력에 관한 위약효과의 크기를 측정하고자 한다면 모든 참가자에게 실험 처치 전에 사전검사를 먼저 시행하고, 실험 처치 적용 후 사후검사로서 주의 능력을 다시 측정하여 사전검사 측정치와의 차이를 확인할 수 있다.

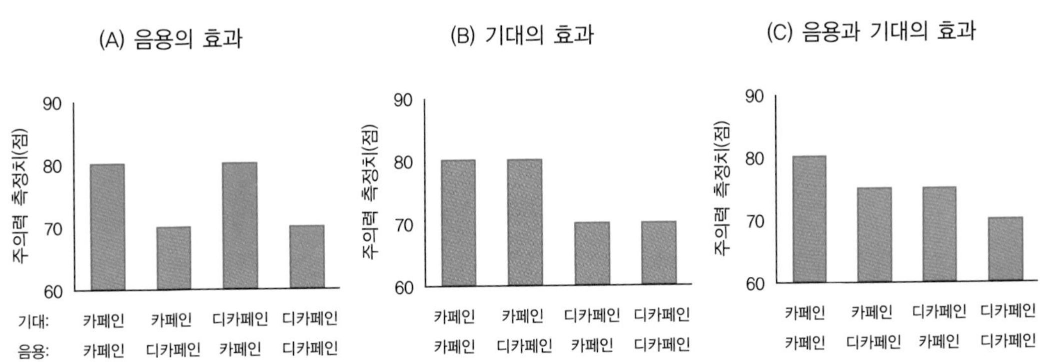

그림 8-2 균형화된 위약 설계를 시행한 가상의 결과

셋째, 참가자의 반동성(reactivity)이 내적 타당도를 위협할 수 있다. 실험에 참여한 모든 참가자에게 반동성을 유사하게 유발하는 절차가 포함되면, 모든 종속측정치에는 반동성에 따른 변화가 이미 포함되고, 이렇게 변화된 측정치에 독립변인의 효과가 추가되는 형태가 된다. 따라서 독립변인 효과의 크기를 일반적으로 감소시킨다. 이 경우는 내적 타당도보다는 측정의 타당도 관점에서 더 심각한 문제가 된다. 내적 타당도 관점에서 심각한 경우는, 서로 다른 조건의 참가자들에게 반동성이 서로 다르게 나타나 실험에 혼입될 때다. 호손 효과(Hawthorne effect)에 관한 예가 대표적인데, 이는 물리적 환경이나 보상 등이 작업 생산성에 미치는 효과를 확인하는 실험에서, 독립변인 처치의 효과보다는 태도 변화라는 참가자의 반동성이 종속측정치에 혼입되어 나타난 경우다. 참가자의 반동성은 이렇게 실험에서 독립변인 처치뿐만 아니라 반동성이 공변할 때 문제가 심각해지며, 특히 참가자 요인으로서만이 아니라 다음에 설명하는 실험자 요인과 결합하여 발생할 때 더욱 심각해진다.

(3) 실험자 요인과 내적 타당도

실험자는 연구자가 설계한 실험 환경에서 참가자에게 실험 절차를 시행하는 주체가 되는 사람을 말한다. 주로 연구자가 실험자가 되지만, 그렇지 않은 경우도 종종 있다. 일반적으로 실험자는 연구의 성공적 수행을 위해 연구의 목적과 가설 등 세부 내용을 구체적으로 알고 있는 상태에서 실험 절차를 시행한다. 하지만 이러한 속성이 오히려 실험의 내적 타당도에 부정적인 영향을 미칠 수 있는데, 실험자는 특정 조건의 참가자들이 어떻게 반응해야 하는지를 알고 있으므로 이에 대한 기대를 만들 수 있다. 이러한 일반적인 문제를 실험자 효과(experimenter effect) 혹은 실험자 편향(experimenter bias)이라고 한다(Rosenthal, 1967).

실험자는 실험 진행의 전 과정에서 참가자와 의사소통을 하게 되는데, 이때 실험자 기대의 정도에 따라 수행이 달라지는 실험자 편향을 로젠탈 효과(Rosenthal effect) 또는 피그말리온 효과(Pygmalion effect)라고도 부른다(Rosenthal & Jacobson, 1968). 이는 실험자의 기대가 높은 상태에서 참가자와 의사소통한 결과로서 참가자의 수행이 더 높아지거나, 반대로 기대가 낮을 때 의사소통한 결과로서 참가자의 수행이 더 낮아질 수 있음을 말한다.

따라서 실험자 편향은 참가자가 어떤 조건에 속하는지를 실험자가 알고 있는 상황에

서는 언제든지 일어날 수 있는 잠재적인 혼입변인이다. 이러한 혼입이 발생할 수 있는 두 가지 주요 상황은 참가자와 의사소통할 때와 참가자의 행동을 평정할 때다. 참가자와 의사소통할 때, 실험자가 특정 조건의 참가자에게만 더 친절하게 대하거나, 상호작용을 더 많이 하거나, 실험의 특정 부분을 강조하는 등의 행동을 하는 경우다. 이러한 편향은 참가자에게 반동성을 유발함으로써 참가자의 행동이 실험자가 의도하는 방향으로 유도될 수 있다.

참가자의 행동 결과를 평정할 때, 집단 간 기준을 서로 다르게 적용하는 것 또한 실험자 편향의 출처가 된다. 예컨대, 실험자가 평정척도를 잘못 인식하거나 채점에서 오류를 일으킬 수 있는데, 이러한 잘못된 평정이 무선적으로 발생한다면 통계적 결론 타당도에만 문제가 되겠지만, 실험자의 기대가 작용하여 집단 간 차등적으로 발생하는 경우는 내적 타당도에 문제가 된다(Rosenthal, 1978).

실험자 효과가 연구 결과에 영향을 미치는 것은 분명하며, 이를 통제할 때 내적 타당도는 향상된다. 이를 위해서는 전문적으로 훈련 받은 실험자가 실험을 진행하며, 모든 참가자에게 일정한 방식으로 행동해야 한다. 다시 말하면, 실험을 시작하기 전에 실험자는 모든 절차에 대해 이미 충분히 훈련되어 있어야 한다. 또는 주요 실험 절차를 전산화함으로써 실험자 효과를 최소화해야 한다. 따라서 전문적으로 훈련 받은 실험자가 컴퓨터 기반의 전산화된 절차를 시행한다면 일반적인 실험에서 실험자 효과를 대부분 제거할 수 있다.

그럼에도 불구하고, 실험자 편향을 통제하는 것이 더 중요한 실험 절차가 필요하다면 이중은폐 실험(double-blind experiment)을 적용할 수 있다. 이 절차는 참가자와 실험자가 모두 실험 처치의 주요 내용을 모르는 상태에서 실험을 시행하는 방법이다. 앞선 '단일은폐'가 실험 처치에 관한 정보를 참가자만 모르는 상황을 지칭하는 것에 비교하여, '이중은폐'는 참가자와 실험자가 모두 모르는 상태에서 실험이 이루어짐을 말한다. 이중은폐 실험에서 실험자는 참가자가 어떤 조건에 할당되었는지 모르기 때문에, 참가자를 특정한 방식으로 체계적으로 편향시키는 것은 불가능하다. 참가자 또한 자신이 어떤 조건에 속하는지 모르므로 해당 조건에서 유도하는 행동을 알아차릴 수 없어 반동성이 발생하지 않는다.

읽어 보기 8-2

결과를 알고 싶은가? 그렇다면 기대하지 마라.

연구자의 기대는 실험을 진행하는 동안에만 나타나는 것이 아니다. 연구자는 예상하는 결과를 기대하기 때문에 연구 전반에 이 기대가 관여할 수 있다. 다음을 생각해 보자.

- 표본 크기를 결정할 때, 자신의 예상보다 효과크기가 더 작을 수 있을 것을 대비하여 더 많은 참가자를 모집하려고 할 수도 있다.
- 참가자 정보나 첫인상 등을 바탕으로 이미 할당된 집단 소속을 바꾸고 싶을 수도 있다.
- 검증에 유리해 보이는 극단값은 포함하고, 불리해 보이는 극단값만 제외하고 싶을 수도 있다.
- 유의수준에 근사하게 결과가 나와서 몇 명 더 모집하여 참가자 수를 늘리고 싶을 수도 있다.

이 모든 유혹에서 벗어나 타당한 연구를 수행하기 위해서는 기대를 버리고 객관적인 제삼자의 관점을 유지하는 것이 매우 중요하다. 이를 통해 주관적 '기대'가 아닌 객관적 '검증'의 태도로 연구를 대해야 한다.

2. 외적 타당도

상관연구는 관심 변인의 측정을 통해 변인 간 관계를 조사함으로써 일상에서 관찰되는 현상 간에 어떤 관계가 있는지를 알아보려고 한다. 실험적 조작이 없는 실생활에서 측정한 결과를 바탕으로 하므로, 그 결과는 상대적으로 넓게 일반화하여 적용할 수 있다. 반면, 실험연구의 결과는 실험실 상황에서 인과관계를 검증한 것으로, 실험실 바깥으로 적용할 수 있는가의 문제가 늘 고려대상이 된다. 이와 관련한 문제의 인식은 외적 타당도, 즉 일반화 가능성(generalizability)과 관련된다.

1) 외적 타당도와 일반화

내적 타당도는 하나의 실험 결과가 실제로 독립변인의 처치 때문에 발생하였고, 이를 통해 종속변인과 인과관계가 있다고 결정하는 추론이 타당한 정도에 관한 것이다.

반면, 외적 타당도(external validity)는 하나의 실험 결과가 다른 모집단, 다른 조작적 정의, 그리고 다른 상황에 대해 일반화하여 설명할 수 있는 정도다(Campbell, 1957; Cook & Campbell, 1979; Shadish, Cook, & Campbell, 2002). 즉, 인위적으로 만들어진 실험실 맥락에서의 관찰된 결과가 실험실 바깥의 다른 맥락에서도 그러할까의 정도를 말한다. 이를 다른 집단, 다른 조작적 정의, 그리고 다른 환경에 대한 일반화로 구분하여 살펴보자.

(1) 다른 집단에서의 일반화

일반화 관점에서 첫 번째로 생각해야 할 다른 집단은, 실험 참여를 위해 실험실에 방문한 표본 참가자가 아닌 다른 사람들, 즉 관심 모집단 전체다. 실험 결과가 추론통계를 통해 가설검증 절차를 거친다는 점은 해당 모집단에서도 그러할 것이라는 추론을 타당하게 할 수 있음을 말해 준다. 하지만 안타깝게도, 실험연구는 대부분 비확률 표집 방법인 자원자 표집이나 편의 표집을 통해 표본을 구성한다. 이미 언급한 바와 같이, 이러한 절차를 통한 추론이 타당하기 위해서는 확률 표집을 기반으로 해야 한다. 연구자가 참가자를 서로 다른 실험 조건에 무선적으로 할당하는 절차는 실험의 내적 타당도를 위한 방안이지 확률 표집과는 관계가 없다. 따라서 하나의 연구 결과로서 모집단에 일반화할 수 있다는 믿음은 비확률 표집이라는 점을 고려하여 보수적으로 인식하는 것이 필요하다.

연구 대상을 선택할 때, 연구자는 관심 모집단의 나이, 성별, 특정 질병 여부, 직업적 특성 등에 관해 구체적인 범위를 결정한다. 7장에서 설명한 바와 같이, 실험에서는 동질적이라고 가정하는 모집단을 선택하여 참가자를 모집하며, 실험 처치를 통해 표본을 인위적으로 구성하는 절차를 시행한다. 이때 모집단을 특정하는 범위가 좁을수록 모집단 구성원의 동질성은 높아지지만, 다른 모집단으로의 일반화 가능성은 작아지므로, 결과적으로 내적 타당도에는 도움이 되지만, 외적 타당도에는 도움이 안 된다. 반대로 모집단 속성을 더 다양한 구성원으로 확대하면 외적 타당도에는 도움이 되겠지만, 처치효과를 찾는 데 실패할 가능성은 더 커진다.

젊은 성인을 대상으로 표본을 구성할 때, 특히 심리학 실험에서는 대부분 특정 지역의 특정 대학의 재학생을 대상으로 한다. 이들은 관심 모집단이 아니라 모집단의 하위 집단에 해당한다. 그렇다면 이렇게 구성된 표본으로 젊은 성인이라는 모집단에 일반화할 수 있을까? 이는 반복 연구를 통해 가능하다. A 지역의 A 대학 재학생을 대상으로 수행한 연구 결과는 A 지역의 다른 대학, 다른 지역 대학생, 대학생이 아닌 젊은 성인 등을 대상으로 반복함으로써 일반화 가능성을 점차 높일 수 있다. 또한 대학생인 젊은 성인과 대학생이 아닌 젊은 성인의 속성이 합리적으로 다를 것으로 예상하는 경우라면 모집단 범위를 더 축소하거나 이후 연구를 통해 그 차이를 밝힐 수 있다. 따라서 일반화에는 반복 연구가 중요하다.

또한 종종 남녀 비율에 차이가 있는 표본으로 연구를 수행하는데, 성차가 있는 경우라면, 그 결과를 전체 모집단으로 일반화하는 것이 어려울 수 있다. 대체로 사회적 상호작용이나 태도, 정서 등에 관한 연구에서는 성차를 인식하고 그 차이를 고려하여 실험을 수행하는 편이지만, 인지기능에 관한 연구들에서는 종종 남녀 차이를 심각하게 고려하지 않는 경향이 있다. 이는 해당 인지기능에서 성차가 없을 것이라고 가정하기 때문인데, 이는 잘못된 가정일 수 있다. 성별에 따라 특정 유형의 과제를 더 선호하거나 서로 다른 문제해결 전략을 사용하는 등 차이가 있을 수 있으므로(Bosco, Longoni, & Vecchi, 2004; Frings, Wagner, Unterrainer, Spreer, Halsband, & Schulze-Bonhage, 2006), 이런 요인이 실험에 포함된 경우라면 해당 모집단 전체에 대한 일반화에도 유의해야 한다.

두 번째 유형의 다른 집단은 관심 모집단이 아닌 다른 모집단이다. 실험연구의 목적이 변인 간 인과관계 확인을 통해 '관심 모집단'에 일반화하는 것이므로 연구 결과를 '다른 모집단'에 일반화하는 것은 별도의 문제로 다루어야 한다. 다른 모집단으로의 일반화는 해당 연구의 다른 모집단을 대상으로 하는 연구가 있어야 한다. 예컨대, 젊은 성인 대상의 실험 결과를 아동이나 청소년, 혹은 노인 집단으로 일반화하는 것은 그 연구를 통해 주장하기는 거의 불가능하다고 보아야 하며, 다른 모집단을 대상으로 하는 또 다른 연구를 통해서만 가능하다.

다양한 반복 연구의 누적 결과로서 광범위하게 적용할 수 있는 실험 결과는 외적 타당도가 매우 높다. 하지만 심리학이나 행동과학 연구는 광범위하게 적용할 수 없는 한계를 근본적으로 지니고 있다. 심리학 연구는 기이한(Western, Educated, Industrialized, Rich, and Democratic, WEIRD) 사람들을 대상으로 하기 때문이다(Henrich, Heine, & Norenzayan, 2010). 관련 연구에 따르면, 심리학 연구에 포함된 96%의 표본이 전 세계의 12%에 불과한 국가로부터 표집되었으며, 이는 인간 본성과 인간 행동의 본질적인 측면을 이 기이한 사람들로부터 얻은 실험 결과로 일반화할 수 있는가의 문제를 제기한다.

다행인 것은 기이한 사람들에 관한 문제가 생각보다 심각하지 않을 수 있다는 점이다. 서로 다른 문화권에 있는 백여 명 이상의 연구자들이 이러한 차이를 확인해 본 결과

문화적 이질성에 따른 차이가 없음을 확인하였다(Klein, Vianello, Hasselman et al., 2018). 더 중요한 것은 서로 다른 문화에 속한 사람들의 행동을 이해할 수 있어야 한다는 점이다(Henrich et al., 2010). 즉, 문화에 따라 다른 특성을 가진 속성인지, 문화 보편적인 속성인지에 따라 일반화의 범위는 달라져야 한다.

세 번째로 일반화에 관해 생각해야 할 다른 집단은 비자원자 모집단이다. 실험에 참여하는 참가자는 모집 방법에 따라 다른 경로를 통해 실험에 참여하겠지만, 자원자라는 공통점을 갖고 있다. 자원자와 비자원자가 실제로 서로 다른 속성을 보인다면, 일반화할 수 있는 대상은 자원자로 한정해야 한다. 실례로, 한 연구에서 조사연구에 참여한 사람과 그렇지 않은 사람들의 성격 특성을 직접 비교하였다. 그 결과, 연구에 참여한 자원자는 비자원자보다 성격 특성 중에 신경증 점수가 더 낮았고, 성실성, 외향성, 우호성에서는 점수가 더 높은 것을 확인하였다(Lönnqvist, Paunonen, Verkasalo, Leikas, Tuulio-Henriksson, & Lönnqvist, 2007). 어떤 사람들이 어떤 연구에 자원하는지도 서로 다른 것으로 보인다(Hood & Back, 1971). 즉, 참가자를 모집하는 많은 광고의 실험 내용에 따라, 어떤 사람은 컴퓨터 기반의 인지 과제가 포함된 실험을 선호할 수도 있고, 어떤 사람은 집단상담의 효과를 검증하는 프로그램에 더 관심을 가질 수 있다. 따라서 참가자가 자원자라는 점은 일반화에서 늘 고려할 문제다.

끝으로, 연구에서 사전검사 절차가 포함된 경우라면, 사전검사를 받지 않은 집단에 대한 일반화에서 문제가 생길 수 있다. 사전검사가 포함된 실험 참가자들은 사전검사를 경험하지만, 모집단의 개인들은 사전검사를 받지 않은 사람들이다. 따라서 사전검사의 영향이 없었다고 확실히 할 수 없는 한, 외적 타당도의 관점에서 이러한 점을 고려해야 한다.

(2) 다른 조작적 정의에서의 일반화

앞선 장들에서 조작적 정의(operational definition)는 어떤 속성에 대해 일상적 의미로서의 개념을 연구에서 관찰할 수 있게 조작하거나 측정할 수 있도록 체계적 절차를 통해 명세화한 정의라고 설명하였다. 따라서 다양한 조작적 정의가 가능하며, 개별 연구자들은 서로 다른 조작적 정의를 바탕으로 연구를 수행한다. 이로부터 발생할 수 있는 외적 타당도의 문제는, 하나의 실험에서 확인된 인과관계가 다른 조작적 정의를 통해서도 관찰될 수 있는가다.

한 연구에서 변인으로 다루는 조작적 정의는 관심을 두는 구성개념 전체에 관한 것이 아니라 연구자가 정의할 수 있는 일부 속성에 관한 것이다. 이를 모집단과 표본으로 비유하면, 구성개념 전체를 모집단이라고 한다면 연구자의 조작적 정의는 표본에 해당한다. 따라서 조작적 정의마다 구성개념을 대표하는 정도가 달라질 수 있으며, 이를 구성 타당도(construct validity)라고 한다(Cook & Campbell, 1979; Shadish et al., 2002). 구성 타당도는 이론적 개념 내에서 다른 조작적 정의에 의해서도 동일한 결과가 관찰되는가에 관련된다.

독립변인과 종속변인에 대한 조작적 정의는 구체적인 형태로 고안된다. 여기서 외적 타당도의 개념은 이 조작적 정의를 다른 방식으로 조작화하여 연구를 수행해도 동일한 결과가 관찰되는가에 관한 것이다. 예컨대, 선택적 주의에 관한 실험에서 수반자극 과제를 사용하여 일치조건과 불일치조건을 조작하고 간섭효과를 측정하여 어떤 결과를 확인했다고 하자. 이제 다른 실험에서 시각탐색 과제를 사용하여 4개와 8개의 자극 조건을 조작하고 시각탐색 효율성을 측정할 때도 이전 연구와 동일한 결과를 얻을 것인가를 평가할 수 있다. 이러한 반복적인 연구를 통해 하나의 구성개념에 관한 서로 다른 조작적 정의를 바탕으로 동일한 결과를 얻는다면, 결과적으로 해당 주제와 관련한 이론의 타당성이 점차 증가하게 된다.

더 구체적인 수준에서, 독립변인 처치의 강도가 해당 실험에서 조작한 수준과 달라질 때도 유사한 결과를 얻는가에 관한 일반화도 평가할 수 있다. 이는 독립변인 처치의 수준에서 외삽할 수 있는가를 포함하는데, 예컨대 시각탐색 과제에서 탐색 자극 수가 8개가 아니라 20개로 증가하여도 동일한 결과를 관찰할 것인가, 학습 결과에 대한 보상을 만 원이 아닌 3만 원으로 더 많이 지급해도 동일한 결과가 관찰될 것인가 등에 관한 평가다. 이는 외적 타당도 관점의 일반화가 아니라, 좁은 의미의 실험 결과해석에서의 일반화를 말하며, 7장에서 설명한 결과의 해석 부분과 관련된다.

추가적으로, 외적 타당도와 구성 타당도에 관한 한 개관연구에 따르면(Calder, Phillips, & Tybout, 1982), 연구에 대한 구성 타당도는 다양한 맥락에 대한 많은 후속 연구를 통해 확인할 수 있지만, 이론적 개념에 대해서는 외적 타당도를 확인할 수 없다는 점을 지적한다. 즉, 구성 타당도는 단일 연구의 맥락에서도 확보할 수 있지만, 이론 자체의 외적 타당도를 확보하는 것은 불가능하다고 주장한다. 이러한 관점에서 이론의 외적 타당도 확보를 위해서는 그 이론을 바탕으로 한 구성 타당도가 확보되는 것이 전제되어야 한다.

(3) 다른 환경에서의 일반화

좁은 의미에서 다른 환경에서의 일반화는 다른 실험자와 다른 실험실에 대한 일반화로 생각할 수 있다. 실험을 진행한 실험실 환경은 물리적 환경뿐만 아니라 실험자도 포함한다. 따라서 외적 타당도의 관점에서, 다른 실험실에서 다른 실험자가 해당 연구를 수행해도 동일한 결과를 얻을 수 있을까를 먼저 고려해야 한다. 실험에서는 종종 실험 절차를 일정하게 유지하기 위해 한 명의 실험자가 실험을 진행하는데, 이는 내적 타당도를 높일 수는 있지만 다른 실험자가 진행할 때 결과가 반복되지 않을 가능성도 배제하지 못한다. 이를 고려한다면 둘 이상의 실험자가 실험을 진행하는 것이 일반화 가능성을 높일 수 있다. 실험실 또한 마찬가지인데, 외적 타당도를 고려한다면 하나의 실험실이 아닌 둘 이상의 실험실에서 실험을 진행할 수도 있다. 하지만 다시 한번 강조하지만, 이러한 절차가 내적 타당도를 저해하는 요인이 된다면 시행하지 말아야 한다.

하나의 연구에서 관찰한 결과가 다른 시간과 상황에서 반복될 때 일반화 가능성은 더 크다. 과학에서 재현(replication)은 시간과 상황에 걸쳐 일반화할 수 있는 정도를 결정할 수 있게 해 주는 연구의 반복 절차를 말한다. 하나의 실험을 동일한 절차로 반복 시행하여 이전 결과를 거의 유사하게 얻을 수 있다면 그 실험은 외적 타당도가 높은 연구로 평가받을 수 있다. 이는 단일 연구에서 주장하기 어려운 일반화의 문제를 극복할 수 있는 좋은 방법이다(Shrout & Rodgers, 2018). 재현은 다음의 세 가지 유형으로 구분할 수 있다.

첫째, 정확 재현(exact replication)은 이전 연구에서 사용된 절차를 최대한 정확히 직접 재현하여 결과가 동일한지 확인하는 방법이다. 예컨대, 애쉬의 동조 실험(Asch, 1956)에 대한 정확 재현을 위해서는, 7명의 남성 조력자와 1명의 남성 참가자를 대상으로 하여, 동일한 기준선을 준비하여 동일한 순서로 제시하는 등 원래의 절차를 그대로 따라야 한다.

둘째, 체계적 재현(systematic replication)은 이전 연구를 재현하되, 연구자가 의도적으로 이전 연구에 포함된 하나 혹은 그 이상의 부가적인 속성(예, 자극 제시 순서)을 변경하여 시행하는 직접적인 재현을 말한다. 이를 통해 해당 속성이 이전의 연구 결과에 어떤 영향을 미쳤는지를 확인할 수 있다.

셋째, 개념적 재현(conceptual replication)은 동일한 주제를 다룰 수 있는 다른 절차를 사용하여 이전 연구를 반복하는 방법이다. 동일 주제에 관한 다른 구성개념이나 조작화를 바탕으로 반복하거나, 다른 모집단을 대상으로 동일한 가설을 검증하기 위한 절차를 시행한다. 예컨대, 애쉬의 동조 실험에 대한 개념적 재현을 위해 4명의 남녀 조력자와 1명의 남녀 참가자를 대상으로 한다거나, 아니면 '호두는 땅콩처럼 땅에서 수확한다'에 동조하는가를 확인하는 등의 절차를 시행할 수 있다. 따라서 개념적 재현은 정확 재현이나 체계적 재현과는 다르게 선행연구의 일반화 가능성의 정도를 평가하기 위해 시행한다(Fabrigar & Wegener, 2016).

재현 연구에서 반복된 결과를 얻지 못한다면, 이것은 무엇을 의미하는가? 실제로 이전 연구가 여러 가지 측면에서 타당하지 않았을 수 있다. 하지만 결과에 대한 재현이 불가능한 것만으로 이전 연구가 타당하지 않다고 결론 내릴 수는 없다. 이는 재현 시도에 결함이 있었을 수도 있고, 해당 구성개념의 조작적 정의가 시간이 흘러 이제는 타당하지 않을 수도 있기 때문이다. 특히 사회심리학 주제의 실험은 더욱 그러한데, 이러한 이유로 재현 연구에서 때때로 개념적 재현은 가능하지만, 정확 재현이 불가능할 수도 있다. 이는 개념적 측면은 상대적으로 더 일정하게 유지되지만, 조작적 정의는 시간이 흐름에 따라 변할 수 있기 때문이다. 따라서 재현 연구에서는 원 연구에서 시행한 이론적 변인에 대한 조작화가 애초의 의도대로 실현되는지 확인하는 것이 중요하다(Stroebe & Strack, 2014).

한편, 실험 결과는 그 자체로서 의미가 있지만, 실생활에서 그 결과를 유사하게 관찰할 수 있을 때 더 큰 의미가 있을 것이다. 넓은 의미에서 다른 환경에 대한 일반화는 이렇게 연구 결과를 실험실 바깥인 실생활의 다른 상황과 환경에 타당하게 적용할 수 있는지에 관한 것이며, 이를 생태학적 타당도(ecological validity)라고 부른다.

예컨대, 실험실 내 컴퓨터 화면의 무선적인 위치에서 제시되는 흰색 점들이 위치를 바꿀 때마다 노란색 점이 있으면 탐지하여 키보드를 누르는 실험 절차에서, 한 집단에게는 스피커에서 들리는 미리 녹음된 덧셈 문제에 대해 답하도록 하고, 다른 집단에게는 응답하지 않도록 하였다. 그 결과, 덧셈 문제에 답하도록 한 집단의 탐지 수행이 감소하였다. 이 결과를 바탕으로 운전 중에 계산 수행과 같은 인지 활동이 운전 수행을 방해한다고 일반화하여 말할 수 있을까? 그럴듯한 추론으로 보이지만, 해당 결과만으로는 그렇다고 확신할 수 없다. 이 실험은 생태학적 타당도가 낮기 때문이다. 생태학적 타당도가 높은 연구가 되기 위해서는 운전을 실제로 하거나 최소한 모사할 수 있는 상황에서 사람들의 운전 수행을 측정해야 한다.

실험은 엄격한 통제가 적용된 실험실 환경에서 수행한다는 사실을 상기할 필요가 있

다. 이렇게 하는 이유는 인과관계 확립을 위한 것이며, 내적 타당도를 확보하기 위한 절차다. 하지만 실생활은 이렇게 통제된 상황이 아니므로 모든 유형의 외생변인들이 자연스럽게 발생하여 독립변인의 효과에 영향을 미칠 수 있다. 따라서 실험실 연구 결과를 실생활에 직접 적용하는 것은 매우 어렵다.

이렇게 생태학적 타당도가 낮은 사실과 관련하여 실험실 실험연구의 가치에 대해 의문을 제기할 수도 있을 것이다. 하지만 이에 관한 분명한 가치를 제시할 수 있다(Mook, 1983). 실험실에서는 현실 세계에서 발생하는 결과를 예측하는 것이 아니라, 실험을 통해 발생할 수 있는 결과를 예측하고자 한다. 더 나아가, 실험에 따른 결과가 일상에서는 직접 관찰되지 않는 인위적인 어떤 것이라 하더라도 인과관계를 보여 주는 것만으로 실험은 분명한 가치가 있다. 따라서 연구 목적이 인과관계를 확인하는 것일 때는 실생활에 대한 일반화와 관계없이 실험실의 잘 통제된 상황에서 그 목적을 달성하는 것이 중요하다. 실험실 실험연구의 생태학적 타당도는 실생활 적용을 위한 추가 연구 결과를 통해 점차 확보해 나아갈 수 있다.

2) 외적 타당도에 대한 고려

실험은 애초에 동질적인 표본을 대상으로 실험 처치를 통해 인위적으로 서로 다른 표본을 구성하는 절차를 포함한다. 따라서 인위적으로 조작된 표본이 대표할 것으로 생각하는 모집단이 실생활에 존재하지 않는다면 외적 타당도는 낮다고 할 수 있다. 실험에서 효과크기를 증가시키기 위해 조작 강도를 크게 하면 할수록 그러한 사람들이 일상에 존재하지 않을 가능성이 커지며, 결과적으로 외적 타당도는 낮아진다. 조작 절차에 윤리적 측면이 고려되었다고 하더라도, 현실에 그러한 모집단이 없다면 일반화 가능성은 작아질 것이다.

내적 타당도와 외적 타당도는 직선적 관계로, 본질적으로 서로 상충하는 관계를 갖는다. 통제를 많이 하면 할수록 내적 타당도는 증가하지만, 외적 타당도는 감소하며, 연구를 더 넓은 맥락에 적용하여 외적 타당도를 증가시킬수록, 통제 가능성이 감소하여 내적 타당도는 감소한다. 앞서 설명한 바와 같이, 실험에서 가장 중요한 점은 인과관계의 확립이므로 내적 타당도가 가장 중요하다. 실험연구의 외적 타당도는 이후의 반복된 연구를 통해 축적된 결과로서 나타난다. 이렇게 특정 주제에 관한 연구의 일반화는 개별 연구에서 다루는 외적 타당도에 의해서가 아니라 축적된 연구 결과로서 이루어진다. 결론적으로, 실험연구를 수행할 때 외적 타당도를 고려하지 않아도 된다(Calder, Phillips, & Tybout, 1982).

(1) 현장실험

하지만 종종 어떤 연구에서 실생활 환경에서 실험 결과가 관찰되는지 확인하고자 하는 경우가 있다. 이는 연구에서 다른 내적 타당도의 희생을 어느 정도 감수하면서 외적 타당도를 증가시키기 위한 실험인데, 이를 현장실험(field experiment)이라고 한다. 현장실험이 실험실 실험과 어떻게 다른지 이해하기 위해 유명한 사례를 하나 살펴보자.

몇몇 연구자들이 실생활에서 에너지 절약을 유도하는 요인이 무엇인가를 확인하기 위해 캘리포니아에 거주하는 사람들을 대상으로 현장실험을 수행하였다(Nolan, Schultz, Cialdini, Goldstein, & Griskevicius, 2008). 연구자들은 1,000여 가구의 현관문에 에어컨 대신 선풍기를 사용함으로써 에너지 절약을 촉구하는 내용의 문손잡이 걸이를 걸어 두었다. 여기서 독립변인은 에너지 절약의 이유였다. 각각은 사회적 규범, 자신의 경제적 절약, 환경보호, 사회적 책임, 그리고 에너지 절약에 관한 정보만 준 조건, 이렇게 다섯 조건이었다. 이 조건들은 전체 가구를 대상으로 무선적으로 배정되었고, 해당 가구 각각에 대해 전기계량기를 이용하여 처치 전후에 여러 번 전기 사용량을 측정하였다. 연구자들은 많은 이웃이 에너지를 절약하려고 노력하고 있음을 알려 준 사회적 규범 집단에서 1개월 후까지 에너지 소비량이 가장 적어진 것을 확인하였으며, 사회적 규범을 통한 동기 부여가 가장 효과적인 에너지 절약을 이끌 수 있다고 결론 내렸다.

이 예에서 본 것처럼 현장실험은 다양한 장점이 있다(Baldassarri & Abascal, 2017). 첫째, 일상에서 관찰할 수 있는 사람들의 실제 행동에 대한 인과관계를 보여 주는 타당한 증거를 제공할 수 있다. 참가자들이 실험에 참여한다는 점을 알아차림으로써 나타날 수 있는 사회적 바람직성 같은 반동성의 영향을 배제하면서, 실생활에서 발생하는 종속변인 변화에 대한 객관적 측정치를 제공한다는 점에서 생태학적 타당도가 매우 높다. 둘째, 관련 이론의 발전에 기여할 수 있는데, 앞선 예에서는 다양한 설득 기제에 대한 체계적 비교를 통해 기술적 사회 규범이 행동을 형성하는 데 지속적인 효과를 나타낸다는 증거를 제공하였다. 셋째, 사회정책에 직접 영향을 미칠 수 있다. 예컨대, 앞선 연구의 결과는 요금 청구서에 주변 다른 가구의 에너지 소비량 그래프를 표시하여 발송하는 등,

사람들을 에너지 절약에 참여하도록 촉구하기 위한 정책 수립에 실제로 기여하였다.

이렇게 현장실험은 자연 상황에서 발생하는 사람들의 행동을 조사하기 위해 조작과 무선할당을 사용하는 연구 유형이라고 정의할 수 있다(Baldassarri & Abascal, 2017). 이때 '현장'은 독립변인 처치나 참가자, 맥락, 종속측정치 등에서 그 정도에 따라 실험실 환경에 더 가까울 수도, 실생활에 더 가까울 수도 있다. 대부분의 현장실험에서 참가자는 실험에 참여하고 있다는 사실을 인식하지 못하기 때문에 반동성에 따른 행동을 나타내지 않으며, 조건에 할당되는 과정이 무선적이어서 실험과 마찬가지로 외생변인이 체계적으로 혼입될 가능성도 작아진다. 이뿐만 아니라 일상 상황에서 측정할 수 있어서 자연관찰의 속성도 갖고 있다. 이런 점에서 현장실험은 실험실 실험과 자연관찰의 중간 정도의 속성을 갖는다고 볼 수 있다.

하지만 종종 현장실험 연구들은 무선할당과 같은 실험적 속성을 포함하여 설계하였음에도, 시간이 흐름에 따라 해당 속성을 약화시키는 요인들이 자연적으로 발생하게 되어, 내적 타당도가 점차 낮아지게 된다(Levitt & List, 2009). 이뿐만 아니라, 현장실험에서는 무선할당이 중요하지 않다고 주장하는 학자들도 있다(Harrison, 2013). 이는 외적 타당도의 잠재적 이득이 내적 타당도의 잠재적 손실을 보상하기 때문이라는 이유다. 반대 관점에서, 실험에서 엄격한 통제를 유지하는 것은 내적 타당도의 이득이 외적 타당도의 잠재적 손실을 보상하는 것과 같은 맥락이다.

그럼에도 불구하고, 현장실험에서도 내적 타당도를 확보하는 것이 타당하다는 합리적 이유는 아무리 외적 타당도가 높은 연구라고 할지라도 다양한 모집단과 환경에 대한 반복을 통해서만 일반화될 수 있기 때문이다(Calder et al., 1982). 이는 하나의 연구 결과를 반복하여 일반화에 기여하기 위해서는 해당 연구의 내적 타당도 확보가 더 중요하다는 의미다. 따라서 연구자는 현장실험에서도 내적 타당도를 감소시키는 요인을 최소화하도록 세심하게 고려해야 한다.

(2) 웹 기반 실험

현장실험 이외에 하나의 실험연구에서 외적 타당도를 높이기 위한 다른 방법으로 웹 기반 실험(web-based experiment)을 시행할 수 있다. 웹 기반 실험은 1990년대 후반부터 시작되었고, 지금은 상당히 많은 수의 연구자가 다양한 실험연구에 웹 기반 플랫폼을 활용하고 있다(Krantz & Reips, 2017). 초기의 연구들은 웹 기반의 실험이 신뢰성과 타당성을 갖는지 확인하고, 실험실 연구의 낮은 외적 타당도를 극복하는 한 가지 대안으로 시행되었다. 실험실에서 한정된 표본을 대상으로 하는 실험을, 웹 기반에서 다양한 표본을 대상으로 시행함으로써 외적 타당도를 높일 수 있기 때문이다.

하지만 참가자의 중도 탈락률이 높고, 측정 민감도에서 차이가 날 수 있으며, 실제로 참가 모집단에 포함되는 참가자가 참가했는지 확인할 수 없는 등, 그 타당성에 관한 의문이 지속적으로 제기되었다. 이러한 의문을 해소하기 위한 목적으로 많은 연구에서 실험실 표본과 웹 표본 모두로부터 자료를 수집하여 서로 비교하였다. 이러한 초기의 실험 중의 하나는 여성의 매력도를 평가하는 방식에서 실험실 실험과 대규모 웹 기반 실험의 결과가 서로 유사한지 비교하고, 추가로 실험실 실험에서 확보하기 어려운 다양한 연령대로부터 자료를 수집하여 이를 비교하고자 하였다(Krantz, Ballard, & Scher, 1997). 연구 결과, 두 환경에서 시행한 실험 결과가 거의 동일하였고, 웹 기반 실험에서 연령차를 비교한 결과, 주요 변인에서 연령차가 있음을 확인하였다. 이를 통해 웹 기반 실험이 실험실 실험과 마찬가지로 타당하며, 다양한 표본에 시행할 수 있는 장점이 있으므로 외적 타당도가 높다고 주장하였다.

지능과 같은 인지능력 측정을 포함하는 실험을 시행한 다른 연구들에서도 웹 기반 실험의 타당성을 확인하였다(Ihme, Lemke, Lieder, Martin, Müller, & Schmidt, 2009), 이뿐만 아니라, 스트룹 과제나 수반자극 과제, 시각탐색 과제 등을 사용하는 다양한 인지 실험에서도 정확도와 반응시간의 측정 등에서 본질적인 문제가 없음을 확인함으로써 웹 기반 실험의 타당성을 지지하였다(Semmelmann & Weigelt, 2017). 이러한 타당성을 확보하기 위해서는 실험실 실험의 표본보다 훨씬 더 큰 표본을 대상으로 해야 한다(Ryan, Wilde, & Crist, 2013).

웹 기반 실험의 장점은 짧은 기간 동안 많은 참가자에게 시행할 수 있고, 외적 타당도를 높일 수 있다는 점에 있다. 하지만 웹 기반으로 시행하는 것만으로 외적 타당도를 확보하는 것은 아니다. 오히려 통제 정도가 감소함으로써 내적 타당도만 감소시키게 된다. 따라서 앞선 예처럼 많은 참가자를 대상으로 다양한 표본을 구성하여 서로 다른 집단에 일반화하는 목적이거나, 반복을 통해 재현되는지 확인함으로써 외적 타당도를 확보할 수 있다.

Keywords

실험의 타당도(validity of experiment)
내적 타당도(internal validity)
실험 오차(experimental error)
통계적 결론 타당도(statistical conclusion validity)
내적 타당도에 대한 고전적 위협(classic treats to internal validity)
역사(history)
성숙(maturation)
검사(testing)
도구화(instrumentation)
통계적 회귀(statistical regression)
선택 편향(selection bias)
참가자 손실(participant mortality)
요구특성(demand characteristics)
선한 참가자 효과(good participant effect)
참가자 기대(participant expectancy)
위약효과(placebo effect)
단일은폐 실험(single-blind experiment)
균형화된 위약 설계(balanced placebo design)
반동성(reactivity)
호손 효과(Hawthorne effect)
실험자 효과(experimenter effect)
로젠탈 효과(Rosenthal effect)
이중은폐 실험(double-blind experiment)
외적 타당도(external validity)
조작적 정의(operational definition)
구성 타당도(construct validity)
재현(replication)
정확 재현(exact replication)
체계적 재현(systematic replication)
개념적 재현(conceptual replication)
생태학적 타당도(ecological validity)
현장실험(field experiment)
웹 기반 실험(web-based experiment)

Review Questions

1. 내적 타당도란 무엇인가?
2. 실험을 정의하시오.
3. 통계적 결론 타당도는 무엇인가?
4. 내적 타당도에 대한 고전적 위협 요인을 쓰시오.
5. 참가자 기대를 통제할 수 있는 실험 절차는 무엇인가?
6. 균형화된 위약 설계를 사용하는 이유는 무엇인가?
7. 실험자 효과란 무엇인가?
8. 이중은폐 실험은 무엇이며 왜 사용하는가?
9. 외적 타당도란 무엇인가?
10. 외적 타당도의 관점에서 일반화를 고려해야 하는 대상 모집단을 쓰시오.
11. 재현 연구가 중요한 이유는 무엇인가?
12. 생태학적 타당도란 무엇인가?
13. 내적 타당도의 희생을 어느 정도 감수하면서 외적 타당도를 증가시키기 위한 실험은 무엇인가?

제9장

기초 실험설계

1. **참가자 간 설계**
   1) 두 수준 설계: 독립집단 설계
   2) 두 집단 사전사후 설계
   3) 대응 짝 설계
2. **참가자 내 설계**
   1) 두 수준 설계: 반복측정 설계
   2) 참가자 내 설계의 선택
3. **독립변인 수준의 확장**
   1) 세 수준 이상의 독립변인
   2) 세 수준 이상의 참가자 간 설계
   3) 세 수준 이상의 참가자 내 설계

7장에서는 실험연구를 어떻게 시행하는지를 전반적 관점에서 설명하였다. 이번 장은 하나의 독립변인을 적용하는 기본적인 실험설계의 유형을 몇 가지 살펴보고 각 설계에서 실험을 어떻게 시행하는지 설명하고자 한다. 먼저, 두 수준으로 이루어진 설계부터 시작하여 세 수준 이상의 실험까지 확장하는데, 각 설계에 따른 분석 방법과 설계 유형에 따른 내적 타당도의 고려사항도 함께 살펴볼 것이다. 이를 위해 첫 번째 절에서는 참가자 간 설계를 어떻게 시행하는지 살펴보고, 두 번째 절에서는 참가자 내 설계를 설명하고자 한다. 세 번째 절은 독립변인을 세 수준 이상으로 설계하는 방법에 관해 설명한다.

1. 참가자 간 설계

참가자 간 설계(between-participants design)는 참가자를 모집하여 서로 다른 집단에 무선할당(random assignment)하고 각 집단의 참가자들에게 서로 다른 수준으로 조작된 독립변인을 처치한 후, 집단 간 종속측정치의 차이를 확인함으로써 가설을 검증하는 형태의 설계다. 각 집단에 서로 다른 독립변인의 수준을 처치하기 때문에 하나의 처치가 다른 처치와 서로 독립적으로 이루어지며, 따라서 독립집단 설계(independent group design)라고도 부른다. 이 절에서는 독립변인의 수준이 두 개인 설계를 중심으로 설명하고자 한다.

1) 두 수준 설계: 독립집단 설계

실험에서 가장 간단한 설계는 하나의 독립변인을 포함하고, 독립변인은 변인이 될 수 있는 최소한의 기준인 두 개의 수준만으로 서로 다른 집단에 처치하는 참가자 간 설계로서, 이를 두 집단 참가자 간 설계(two-group between-participants design) 혹은 전통적인 표현으로 두 독립집단 설계(two-independent group design)라고 한다.

(1) 설계 방법

두 집단 참가자 간 설계는 '서로 다른 독립변인 처치를 받은 두 집단 간 종속측정치에서 차이가 있을 것이다' 또는 '실험집단의 종속측정치가 통제집단보다 높을 것이다'와 같은 가설을 검증하는 데 적용하는 설계다. 이에 따라 연구자는 (1) 관심 모집단으로부터 참가자를 모집하여 표본을 구성하고, (2) 참가자들을 실험집단(experimental group)과 통제집단(control group)이라는 두 집단에 무선할당한다. 그다음 (3) 각 집단에 해당하는 조건의 처치를 시행한 후, (4) 두 집단 모두에 대해 종속변인을 측정한다. 이 절차를 [그림 9-1]에 제시하였다.

이 절차를 상세히 살펴보자.

첫째, 연구자는 관심 모집단으로부터 표본을 구성하는데, 이때 두 집단에 할당할 전체 참가자 수만큼 표집하게 된다. 즉, 한 집단에 필요한 참가자 수를 n이라고 하면, 2n만큼의 참가자를 모집한다. 이때는 어떤 참가자가 어떤 처치를 받을지, 어떤 집단으로 할당될지 전혀 모르는 상태다.

둘째, 이렇게 모집한 참가자는 무선할당을 통해 실험집단과 통제집단으로 배정된다. 다시 강조하면, 무선할당은 참가자를 집단으로 할당하는 과정이 완전히 무선적으로 이루어짐으로써 각 참가자가 특정 조건에 할당될 확률을 동등하도록 보장하는 절차다. 이렇게 무선할당을 적용하면 실험집단과 통제집단이 동일한 집단은 아니지만, 집단 간 체계적 차이는 발생하지 않은 동등한 집단이 된다. 각 집단에 외생변인이 작용하더라도 그 가능성은 동등하며, 독립변인 처치 이전까지 두 집단은 모든 면에서 동등한 집단이 된다.

셋째, 그다음은 독립변인 두 수준을 처치한다. 실험집단에는 연구자의 관심 조건인 실험조건을 처치하고, 통제집단에는 이와 비교하기 위한 통제조건을 처치한다. 여기서 두 집단 간 차이는 독립변인 처치수준의 차이이다. 실험집단에는 고강도의 처치가, 통제

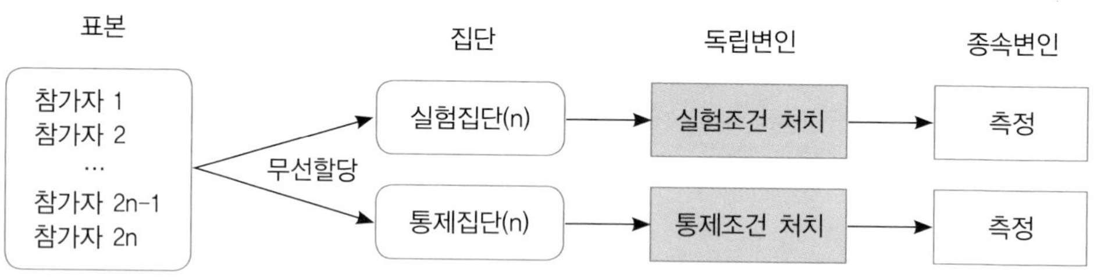

그림 9-1 두 집단 참가자 간 설계의 절차

집단에는 저강도의 처치가 이루어지며, 이전에 동등했던 두 집단 간 유일한 차이는 독립변인 처치에 따른 차이다. 예컨대, 외국어 학습에 관한 토론식 수업이 학생의 학업 수행을 높일 것이라는 가설을 검증하고자 실험집단에는 주어진 시간의 100%를 토론식으로 구성하여 시행하고, 통제집단에는 주어진 시간의 10%를 토론식으로 구성하여 시행할 수 있다.

넷째, 두 집단 모두에 대해 종속변인을 측정한다. 예컨대, 외국어 학습에 관한 실험에 참여한 모든 참가자에게 학업 수행을 측정하는 동일한 시험을 시행하는 것이다. 이렇게 동일한 측정 절차가 두 집단 모두에 시행되므로 독립변인 처치의 효과를 집단 간 차이를 통해 비교할 수 있다. 이러한 일련의 절차로 두 집단 참가자 간 설계를 시행할 수 있다.

한편, 하나의 완전한 실험설계로서 두 집단 참가자 간 설계는 가장 간단하며, 모든 설계의 기본적인 형태가 된다. 이후에 살펴보겠지만, 참가자 내 설계는 처치 조건을 집단 간이 아니라 동일한 참가자에게 제시하는 형태가 되고, 두 집단에 대한 처치 원리는 세 집단으로 확장하여 적용할 수 있다. 그렇다면, 두 집단 참가자 간 설계보다 더 간단한 설계가 왜 실험으로서 작동할 수 없는지를 살펴보자. [그림 9-2]에 이러한 세 가지 설계의 예를 제시하고 있다.

가장 간단한 형태를 보이는 (A)는 단일집단 사후설계(one-group posttest-only design)이며, 실험집단에 포함될 참가자만을 모집하여 그들에게 실험조건 처치를 한 후 종속변인을 측정하는 절차를 말한다. 예컨대, 외국어 학습에 관한 토론식 수업에 참여하는 학생의 학업 수행이 우수할 것이라는 가설을 검증하고자, 참가자들에게 해당 수업 유형을 적용한 후, 시험 결과를 확인했다고 하자. 평균 85점이 나온 결과를 보고 연구자는 해당 토론식 수업이 학생의 학업 수행에 긍정적인 영향을 미쳤다고 결론 내릴 수 있을까? 애초부터 그 집단의 평균이 85점이 아니라고 어떻게 확신할 수 있으며, 다른 형식의 수업에 참여하는 학생보다 더 우수하다는 확인을 어떻게 할 수 있는가? 이는 불가능하다. 만일 토론식 수업 참여 전에도 85점이었다면 이 수업은 예상한 효과가 있는 것인가?

두 번째 유형인 (B)는 실험조건을 처치하기 전에 사전측정을 함으로써 독립변인 처치에 따라 종속측정치가 얼마나 변화하는가를 측정할 수 있도록 만든 설계로, 단일집단 사전사후 설계(one-group pretest-posttest design)라고 부른다. 예컨대, 토론식 수업에 참여하기 전 학생의 학업 수행을 평가한 후, 토론식 수업에 참여시키고, 이후에 다시 평가하여 학업 수행이 증가하는가를 확인하는 설계다. 이 설계는 사후검사 측정치를 사전검사 측정치와 비교할 수 있으므로, 단일집단 사후설계보다는 그럴듯해 보인다. 이때 실험조건 처치 이전에 75점이었는데 처치 후 85점이었다고 하자. 만일 토론식 수업이 아닌 강의식 수업을 들은 학생의 평균이 90점이라면 토론식 수업은 효과가 있다고 할 수 있는가? 더 나아가, 수업을 듣지 않고서도 시간이 흘러 자연스러운 변화로서 85점이 나온다면 이 수업은 예상한 효과가 있는 것인가?

세 번째 유형은 단일집단 사후설계인 (A)에 더하여 기존에 이미 존재하는 통제집단에 대한 측정을 추가하여 실험집단과 비교하는 절차를 보여 준다. 이는 단일집단 사후 설계에 더하여, 어떠한 조작 절차도 포함하지 않은, 즉 정적인 상태의 집단으로부터 비교 측정치를 추가하는 절차다. 이 또한 단일집단 사후설계보다는 그럴듯해 보인다. 하지만 통제집단 참가자들을 별도로 모집하여 측정하기 때문에 실험집단과 통제집단은 애초부터 동등하지 않은 집단이다. 통제집단은 처치를 받지 않은 정적인 상태의 별개의 집단이기 때문에 이러한 방식을 정적 집단 비교 설계(static-group comparison design)라고 부른다. 예컨대, 참가자들을 모집하여 토론식 수업을 적용한 후, 토론식 수업을 적용하지

(A) 단일집단 사후설계

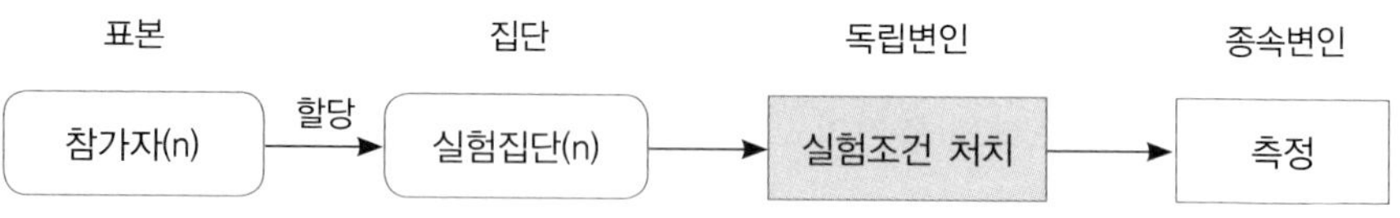

(B) 단일집단 사전사후 설계

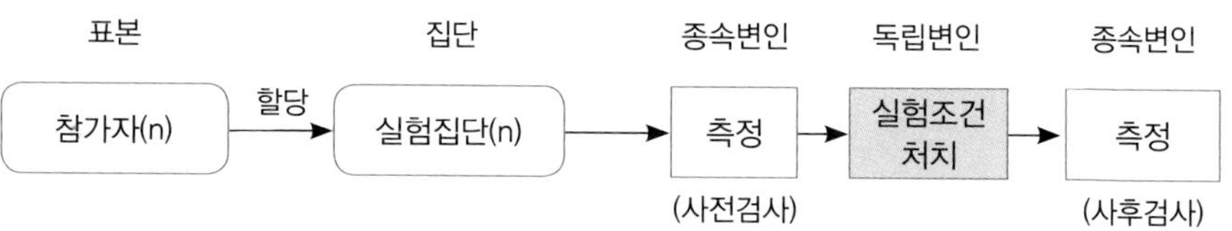

(C) 정적 집단 비교 설계

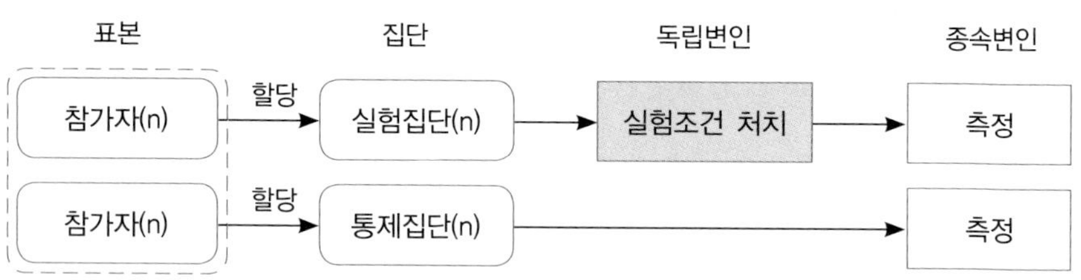

그림 9-2 **실험처럼 보이지만 실제로는 인과관계 규명이 불가능한 전실험 설계의 유형**

않은 기존의 다른 학급을 대상으로 학업 수행을 비교한다면, 이 비교는 타당한 것인가? 만약 토론식 수업을 시행한 실험집단의 평균이 85점이고 통제집단이 75점이라면, 토론식 수업의 효과가 있는 것일까? 그렇지 않다. 이 두 집단은 원래부터 다른 집단이기 때문에 처치의 효과를 비교할 수가 없다.

이 세 가지 유형은 그럴듯한 실험처럼 보일 수 있지만 실제로는 실험이 아니다. 이 세 가지 유형을 전실험 설계(pre-experimental design)라고 하며(Campbell, 1957; Cook & Campbell, 1979; Shadish, Cook, & Campbell, 2002), 이는 인과관계를 규명할 수 없는 비실험이다. 따라서 타당한 유형으로서 실험설계에 포함할 수 없다. 다만, 어떤 현상을 탐색하기 위한 목적으로 실험과 별개로, 혹은 실험 이전에 전실험적 성격으로 사용할 수는 있겠다.

한편, 앞서 두 집단 참가자 간 설계의 통제집단은 실험집단과 비교되는 통제조건 처치를 받는 집단이며, 통제조건은 실험조건보다 낮은 수준의 처치를 포함한다고 설명하였다. 이보다 더 간단한 형태로, 통제집단을 독립변인의 처치가 없는 집단으로 정의하면 어떤 일이 발생하는지 살펴보자. 이 절차를 [그림 9-3]에 제시하였다. 그림에서처럼, 표본을 구성하여 두 집단에 무선할당한 후 실험집단에만 처치를 시행한 후 두 집단 모두를 대상으로 종속변인을 측정한다. 이때 통제집단에는 아무런 처치를 시행하지 않았으므로, 두 집단 간에는 독립변인 처치수준의 차이가 아니라, 처치의 시행과 미시행이라는 근본적인 차이가 발생한다.

예컨대, 참가자들을 모집하여 두 집단으로 무선할당한 후, 통제집단에는 아무런 처치를 시행하지 않고 실험집단에만 주어진 시간 동안 외국어 학습에 관한 토론식 수업을 진행한 다음, 외국어 능력을 평가하는 시험을 본다면, 토론식과 비토론식의 차이가 아니라, 수업 참여와 비참여라는 더 큰 차이가 발생한다. 여기서 연구자의 가설은 원래 무엇이었을까? '토론식 수업은 비토론식 수업보다 학습 효과가 클 것이다'였다. 하지만 실제 설계는 '수업에 참여하면 학업 수행이 향상될 것이다'에 관한 것으로, 애초의 가설을 검증하는 설계가 아닐뿐더러 실제 가설도 타당하지 않다. 이렇게 비처치 통제집단(non-treatment control group)은 실험에서 사용하면 안 되며, 이러한 설계를 적용하는 연구는 실험이 아니다.

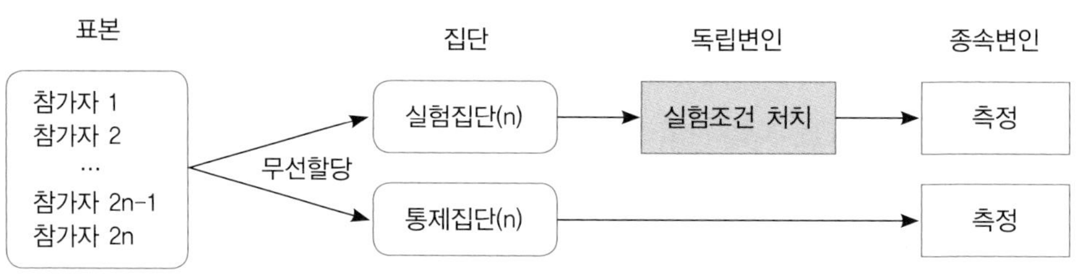

그림 9-3 비처치 통제집단을 포함한 설계

두 집단 참가자 간 설계에서는 실험집단에서 측정한 종속측정치의 크기를 통제집단과 비교하게 되는데, 이때 독립변인 처치의 효과를 확인하기 위해서는 실험조건과 통제조건의 차이가 오직 처치 유무여야만 한다. 이때 '처치 유무'의 정확한 개념을 알 필요가 있는데, 독립변인 처치가 있다는 것은 고강도의 구체적인 처치가 있음을, 처치가 없다는 것은 다른 모든 조건은 같지만, 구체적인 해당 처치가 없거나 저강도임을 말한다. 이는 비처치 통제집단에서처럼 처치 자체가 생략되는 것을 말하는 것이 아니다. 이를 구체적으로 살펴보자.

실험집단에는 처치에 필요한 모든 변인이 함께 가해진다. 반면, 비처치 통제집단은 처치에 수반하는 다른 모든 변인이 생략된다. 이때 두 조건 간 비교는 구체적인 처치의 효과 이외에 처치에 수반되는 다른 모든 절차의 효과가 함께 포함된다. 따라서 마치 혼입변인이 개입한 것처럼 처치의 효과인지 처치에 수반되는 다른 변인이 혼합된 효과인지 분리할 수 없게 된다. 또한 비처치 통제집단의 참가자는 실험집단의 참가자가 처치를 받는 동안 아무것도 하지 않기 때문에, 실험과 무관한 다른 외생변인이 추가로 혼입될 수 있다. 이런 가능성을 제거하기 위해서는 통제집단 참가자들 또한 실험집단 참가자들이 처치를 받는 동안 실험조건의 처치와는 다른 어떤 처치를 받아야 한다. 즉, 통제조건은 독립변인 처치의 효과를 비교하기 위한 목적을 갖기 때문에, 통제조건의 다른 모든 요소는 실험조건과 동일하되, 독립변인 처치의 속성만 제외한 조건이어야 한다. 따라서 실험집단과 통제집단 간 처치 유무의 차이는 결국 처치의 속성이 많이 포함된 조건 및 해당 속성이 없거나 거의 포함되지 않은 조건, 즉 고-처치와 저-처치의 개념이 된다.

〈표 9-1〉에는 동일한 실험집단을 다양한 통제집단과 비교할 때, 통제조건의 처치 유형에 따라 달라지는 집단 간 차이의 결과를 예시하였다. 이 예에서 연구자는 작업기억의 조작 능력 향상을 위해 고안된 훈련 프로그램의 효과성을 검증하고자 하였다. 훈련

표 9-1 동일한 실험집단 처치와 다양한 통제집단 처치 유형과의 비교 결과

구분	실험집단	통제집단	비교 대상	비교 결과
(A)	언어 유지, 비언어 유지, 언어 조작, 비언어 조작 요소를 2:2:4:4 비율로 12회기 시행	훈련하지 않음	(훈련) - (비처치)	훈련에 수반된 모든 변인을 포함한 처치효과
(B)		언어 유지, 언어 조작 요소를 6:6 비율로 12회기 시행	(언어+비언어) - (언어)	비언어 작업기억 훈련의 효과
(C)		언어 유지, 비언어 유지, 언어 조작, 비언어 조작 요소를 1:1:2:2 비율로 6회기 시행	(12회기) - (6회기)	훈련 회기 증가의 효과
(D)		언어 및 비언어 재료를 포함한 선택적 주의 훈련을 6:6 비율로 12회기 시행	(작업기억) - (선택적 주의)	선택적 주의 훈련 대비 작업기억 훈련의 효과
(E)		언어 유지, 비언어 유지 요소를 5:5 비율로 12회기 시행	(조작+유지) - (유지)	작업기억 조작 기능 훈련의 효과

프로그램은 작업기억의 유지 및 조작 기능을 사용하여 언어 및 비언어 재료에 대해 훈련할 수 있는 네 가지 요소로 구성되었다. 연구자는 이 훈련 프로그램을 실험집단에 12회기 동안 시행하였다. 종속변인은 언어 및 비언어 작업기억 조작 능력을 측정할 수 있는 과제 수행의 정확률이었다. 통제집단에 대한 구체적인 처치의 시행 내용은 표에 제시한 바와 같다.

〈표 9-1〉에서 어떤 통제집단이 가장 타당한가? 연구자의 목적을 정확하게 달성하기 위해서는 작업기억 조작 훈련의 효과를 보기 위한 통제조건(E)을 구성해야 한다. 이와 다른 방식으로 통제조건을 만들면 비교 대상이 적절하지 않게 구성되고, 타당하지 않은 결과를 만들게 된다. 따라서 통제조건은 관심 독립변인의 속성만을 조작하여 그 속성이 최소한으로 포함되도록 통제집단에 처치함으로써 실험집단과 타당하게 비교할 수 있어야 한다.

(2) 분석 방법

두 집단 참가자 간 설계를 기반으로 하는 실험연구에서 데이터 분석은 상대적으로 간단하며, 두 가지 방식을 채택할 수 있다. 즉, 독립표본 t 검증(independent sample t test)과 일원 변량분석(one-way analysis of variance, ANOVA)이다.

독립표본 t 검증을 통한 가설검증 절차는 집단 내에서 관찰된 표준편차 개념의 개인차와 비교하여 집단 간 평균 차이가 얼마나 큰가를 기준으로 계산되는 t 값을 기반으로 한다. 이렇게 계산된 t 값을 해당 자유도에 따른 t 분포에서 그 값이 관찰될 유의확률을 유의수준($\alpha = 0.05$)과 비교하는 과정으로 이루어진다. 집단 간 평균차가 크고 집단 내 개인차가 작으면 더 큰 t 값을 얻게 되며, 해당 t 값이 관찰될 확률이 낮아짐으로써 통계적으로 유의미한 결과를 얻을 가능성이 커진다. 통계분석 결과, 유의수준에서의 t 임계치보다 더 큰 t 값을 얻었을 때 영가설을 기각하는 결정을 하게 된다. 독립표본 t 검증 결과에서 효과크기는 집단 간 평균 차이에 기반하여 표준편차 단위로 나타내는 코헨의 d(Cohen's d) 측정치를 사용한다.

일원 변량분석을 통한 가설검증 절차는 동일한 처치 조건에 포함된 집단 내 참가자들의 개인차인 집단 내 변량을 기준으로, 처치에 따른 차이인 집단 간 변량을 비율로 나타낸 F 값을 해당 자유도에 따른 F 분포에서 평가하여, 그 값이 관찰될 확률이 유의수준($\alpha = 0.05$)보다 작은지를 판단하는 과정이다. 더 큰 F 값을 얻을 때 그 값을 관찰할 확률이 낮아지며, 유의수준에서의 F 임계치보다 더 큰 F 값을 얻었을 때 영가설을 기각하게 된다. 변량분석에서 효과크기는 t 검증과 달리 상관계수에 기반하는 에타 제곱(eta squared, η^2)을 사용하여 제시한다.

앞 장에서도 언급한 바와 같이, 여기서는 통계적 설명을 상세히 다루지 않는다. 또한 7장에서 가설검증을 위한 분석을 어떻게 시행하며 어떻게 해석하는지 일반적인 관점에서 다루었으므로, 이 장에서는 가설검증이라는 목적을 중심으로 분석에서 고려해야 할 사항만 살펴본다.

두 집단 참가자 간 설계에서 연구의 가설은 대체로 '두 집단 간 종속측정치에서 차이가 있을 것이다' 또는 '실험집단의 종속측정치가 통제집단보다 높을 것이다'와 같은 진술을 포함한다. 이 둘은 서로 비슷해 보이지만, 실제로는, 특히 통계적 관점에서는 매우 다르다. 먼저, '차이가 있을 것이다'라는 가설은 실험집단 종속측정치가 통제집단보다 높을 수도 있고 낮을 수도 있음을 전제로 한 가설이다. 독립표본 t 검증을 사용할 때 이러한 가설에 대한 확률적 판단은 실험집단이 통제집단보다 클 때와 작을 때를 모두 고려해야 한다. 결과적으로, 유의수준 $\alpha = 0.05$ 기준에 따른 판단은 t 분포의 양극단에서 각각 0.025보다 더 작은지에 관한 판단이 된다. 이렇게 양쪽에서 검증하기 때문에 이를 양방검증(two-tailed test)이라고 한다.

반면, '높을 것이다'와 같은 가설은 실험집단 종속측정치가 통제집단보다 높다는 예측에 관한 가설이다. 따라서 유의수준 $\alpha = 0.05$ 기준에 따른 판단은 t 분포에서 유의수준 $\alpha = 0.05$ 기준을 한 방향에서 판단하므로, 해당 극단에서 0.05보다 더 작은지에 관한 것이 된다. 이를 일방 검증(one-tailed test)이라고 한다. 결과적으로, 유의수준 $\alpha = 0.05$ 기준에 대한 양방 검증의 t 임계치보다 일방 검증의 t 임계치가 더 작아지며, 이는 더 작은 t 값으로 영가설을 검증할 수 있다는 의미다. 참고로, 일방 검증의 방식은 상관계수에 대한 유의도 검증에서도 마찬가지로 적용되지만, 방향성이 없는 통계치인 F 값에는 적용되지 않는다.

연구자들은 관습적으로 일방 검증보다는 양방 검증을 사용하곤 한다. 이는 방향성에 관한 구체적인 가설을 수립하기 어려운 연구이거나 확고한 방향성을 수립하기에 안전하지 못하다고 생각하는 이유가 대부분이다. 반대로, 분명한 방향성이 있는 가설을 검증하고자 한다면 일방 검증을 사용하는 것이 더 타당하므로, 연구자는 자신의 가설을 분명하게 수립할 필요가 있다.

2) 두 집단 사전사후 설계

앞 절에서는 실험에서 가장 간단한 설계인 두 집단 참가자 간 설계의 방법을 살펴보았다. 때때로 연구자는 무선할당한 두 집단이 실험 처치 이전에 실제로 동등했는지 확인하려고 할 수 있다. 이 목적으로 사전검사를 시행하여 두 집단이 실제로 동등한 상태에서 실험 처치를 받았다는 근거를 마련할 수 있다.

하지만 참가자 수가 충분하고, 참가자들이 두 집단에 무선할당되었다면 서로 동등하다고 가정할 수 있으므로 이러한 절차는 사실 불필요하다. 이때 충분한 참가자 수의 기준은 연구자마다 또는 접근방식마다 다른 값을 제시하는데, 일반적으로 각 집단에 대해 최소 20명이라고 생각하면 된다(Simmons, Nelson, & Simonsohn, 2011). 이 기준보다 적은 참가자를 대상으로 한다면 각 집단이 동등하지 않을 가능성이 있다. 단, 여기서 20명은 최소한의 기준이지 충분한 기준이 아님을 반드시 기억해야 한다.

또한 연구자는 실험조건 처치의 효과가 해당 집단에서 얼마나 크게 작용하는지 확인하려고 할 수도 있다. 물론 통제집단과의 비교를 통해 그 크기를 확인할 수 있지만, 연구에 따라서는 참가자의 변화, 즉 사전검사에서 사후검사로 얼마나 크게 변화했는지를 확

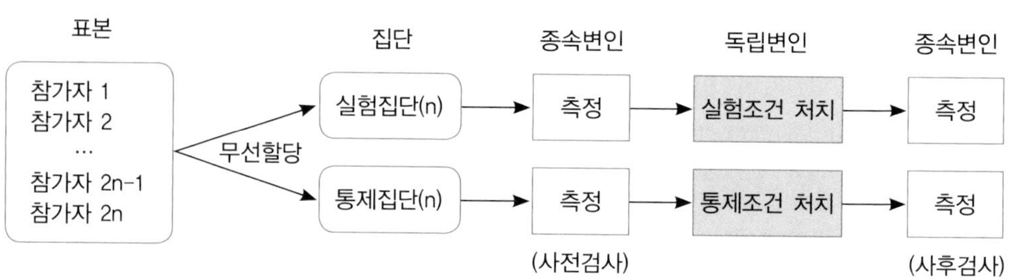

그림 9-4 두 집단 사전사후 설계

인하는 데 초점을 두기도 한다. 예컨대, 우울증 치료를 위한 인지행동치료 프로그램 시행의 효과는 프로그램 시행 후 통제집단보다 더 낮은 우울증 측정치를 보이는 것을 확인하는 것에 더하여, 그 효과가 얼마나 큰가를 확인하는 것 또한 주요 관심사다. 따라서 이러한 경우에는 대체로 두 집단 사전사후 설계(two groups pretest-posttest design)를 사용한다.

[그림 9-4]에 제시한 바와 같이, 참가자들에게 사전검사와 사후검사를 시행하여 종속변인을 측정하는데, 사전검사는 처치 이전에, 사후검사는 처치 이후에 시행함으로써 처치에 따른 변화의 크기를 확인할 수 있다. 이 설계는 두 집단 참가자 간 설계와 모든 절차가 동일하며, 사전검사만 추가된 것이다. 따라서 두 집단 사전사후 설계를 사용한다면, 사전검사를 추가하는 목적이 분명해야 한다. 첫째, 참가자 개인 내 변화의 크기를 확인해야 할 때 사용한다. 앞서 언급한 것처럼, 프로그램 등의 시행 효과가 정적인 방향으로 나타나는지를 확인할 목적이 있어야 한다. 둘째, 실험 참가자가 종속측정치에서 특정한 규준 범위에 해당하는지를 확인해야 할 때 사용한다. 예컨대, 불안 수준이 높은 사람들을 대상으로 참가자를 구성할 때, 잠재적 참가자들을 대상으로 사전검사를 시행하여 불안 측정치가 높은 사람들만을 참가자로 포함하는 목적이 있을 때 사용한다. 셋째, 장기간 지속되는 실험에서 집단 간 참가자 탈락이 차등적으로 발생할 경우, 그 이유를 평가하기 위한 목적이 있을 때 사용한다. 즉, 탈락한 사람들의 특성을 확인하여 연구 결과에 대한 대안적 설명을 배제하거나, 반대로 그러한 탈락이 타당한 대안적 설명인지에 대한 평가가 필요할 때 사용할 수 있다.

하지만 사전검사의 시행은 처치에 따른 참가자의 행동 변화를 관찰하기 이전에 종속변인 측정을 추가하는 것만으로도 사후검사 결과에 영향을 미칠 수 있다. 종속변인 측정에 포함된 요구특성에 참가자들이 더 민감해질 수 있고, 참가자의 반동성이 발생할 수도 있는 등 내적 타당도에 대한 고전적 위협인 '검사' 요인이 발생할 수 있다. 따라서 연구에 따라 이러한 요인이 발생했는지 확인해야 하는 상황이 발생한다. 이를 확인하기 위해서는 두 집단 참가자 간 설계와 두 집단 사전사후 설계를 통합하여 그 영향을 직접 평가할 수 있다. 이러한 설계를 솔로몬 네 집단 설계(Solomon four-group design)라고 한다([그림 9-5]).

두 집단 사전사후 설계의 결과에서 관찰된 효과가 독립변인 처치에 의한 것인지, 아니면 사전검사 시행의 영향인지를 확인하기 위해, 사전검사 시행 절차가 포함된 실험집단 및 통제집단과 포함되지 않은 또 다른 실험집단 및 통제집단을 구성한다. 만일 사전검사의 영향이 없다면, 사전검사 시행 여부와 관계없이 두 통제집단 간에 사후검사 점수가 같아야 하고, 두 실험집단 간 사후검사 점수도 같아야 한다. 반대로 사전검사의 영향이 있는 경우라면, 사전검사를 시행한 실험집단과 통제집단 간에는 사후검사에서 차이가 발생하겠지만 사전검사를 시행하지 않은 실험집단과 통제집단 간에는 그 차이가 더 작거나 없을 것이다.

두 집단 사전사후 설계와 솔로몬 네 집단 설계는 실제로는 독립변인이 하나가 아니라 두 개가 포함된 요인설계다. 즉, 두 집단 사전사후 설계는 독립변인 처치수준(실험조건, 통제조건)과 함께 측정 시기(독립변인 처치 전, 후)라는 독립변인이 포함되며, 솔로몬 네 집단 설계는 독립변인 처치 여부 및 사전검사 측정 여부가 독립변인이 된다. 따라서 독립변인이 하나일 때 적용할 수 있는 독립표본 t 검증이나 일원 변량분석을 사용해서는 분석할 수 없다. 이러한 설계의 분석에 관해서는 요인설계에 관한 10장에서 상세히 다룬다.

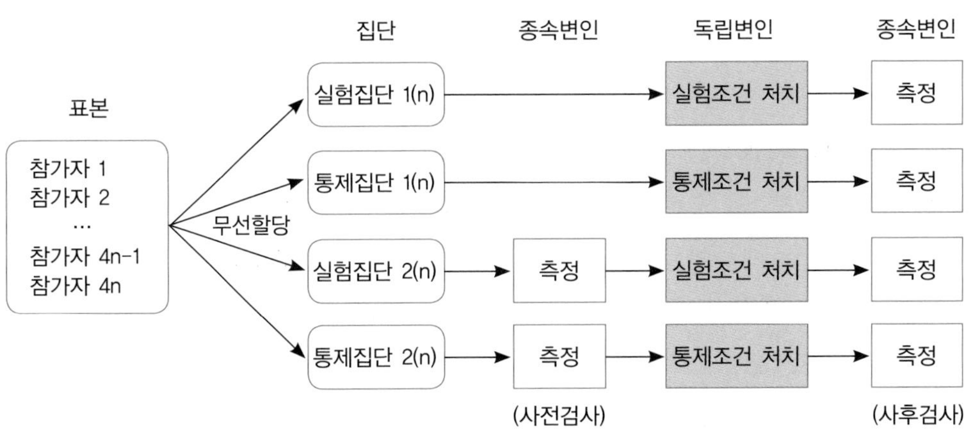

그림 9-5 솔로몬 네 집단 설계

한편, Campbell과 동료들은 여기서 설명한 두 집단 참가자 간 설계, 두 집단 사전사후 설계, 그리고 솔로몬 네 집단 설계의 세 가지 유형을 진실험 설계(true experimental design)로 분류하였다(Campbell, 1957; Cook & Campbell, 1979; Shadish et al., 2002). 이러한 유형의 설계를 적용해야 실험에서 밝히고자 하는 인과관계를 규명할 수 있다는 주장이다. 하지만 이후에 설명할 반복측정 설계 또한 인과관계를 타당하게 밝힐 수 있는 효율적인 설계다.

3) 대응 짝 설계

연구자는 실험 결과에 영향을 미칠 수 있는 참가자의 주요 특성이 두 집단 간 동등하다는 점을 공고히 하려고 한다. 집단에 걸쳐 참가자를 무선할당하는 것으로 동등하다고 가정할 수 있지만, 어떤 경우에는 참가자의 개인적 특성이 실험 결과에 전반적인 영향을 미칠 수도 있으므로, 이를 확인하는 것은 타당한 절차일 수 있다. 예컨대, 수업 유형에 따른 학습 수준의 차이를 검증하고자 하는 실험에서, 연구자는 기본 인지능력에서 두 집단 간 차이가 없음을 보장하는 것이 필요하다고 판단할 수 있다. 이런 경우 지능검사 점수를 측정하여 모든 참가자의 순위를 매기고, 이 점수가 가장 유사한 참가자들을 서로 대응하여 짝을 만든다. 이후 하나의 짝에 포함된 두 명을 서로 다른 집단에 배정함으로써 어느 한 집단의 지능검사 점수가 다른 집단보다 더 높지 않도록 구성할 수 있다.

이렇게 연구의 주요 초점은 아니지만, 종속측정치에 영향을 줄 수 있는 하나 이상의 외생변인이 서로 일치하거나 가장 유사한 참가자 둘을 짝으로 만든 다음, 둘 중 한 명은 실험집단에, 다른 한 명은 통제집단에 할당하는 방식을 사용할 수 있는데, 이를 대응 짝 설계(matched pairs design)라고 한다. [그림 9-6]에 제시한 것처럼 대응하는 변인의 측정치에 따라 참가자들을 순위에 따라 배열하고, 그 순위에서 가장 가까운 참가자 두 명씩을 하나의 짝으로 만들어, 그 짝 중의 한 명을 무선적으로 한 집단에 배정하고, 다른 한 명은 다른 집단에 배정한다. 이후 시행 절차는 두 집단 참가자 간 설계와 같다.

대체로 충분한 표본크기를 바탕으로 참가자를 두 집단에 무선할당하는 절차를 사용하기 때문에, 독립변인 조작이 이루어지기 전에 대응하는 변인 또한 두 집단 간 동등하다는 점을 확실히 할 수 있다. 따라서 대응 짝 설계는 표본크기가 충분하여 무선할당에

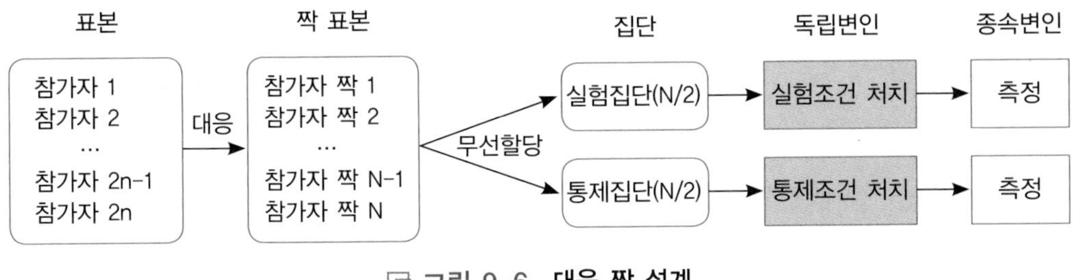

그림 9-6 **대응 짝 설계**

의해 집단 간 동등성을 확보할 수 있을 때보다는 연구 특성상 소규모 표본으로 실험을 해야 할 때 효과적인 방법이다. 주제에 따라 크게 다르겠지만, 주로 참가자의 연령, 성별, 학력 등 인구통계학적 정보와 같은 기본적 특성이나 지능검사 점수 등의 심리적 변인들도 대응하는 변인이 될 수 있다.

대응 짝 설계는 두 집단 사전사후 설계와 다르다. 두 집단 사전사후 설계는 독립변인 처치 전 종속변인을 측정하는 절차를 포함하는 것이지만, 대응 짝 설계는 처치 전 종속변인과 밀접한 관계가 있는 다른 변인을 기준으로 참가자들을 짝지어 배정하는 절차를 포함한다. 따라서 이후에 설명할 반복측정 설계와 같이 개인차가 상쇄되는 장점이 있으며, 통계분석 절차 또한 반복측정 설계와 같은 방식으로 적용한다. 하지만 연구 수행 전에 이미 대응할 변인이 종속변인과 강한 관련성을 갖는다는 점을 분명히 해야 하고, 이와 관련하여 어떤 변인을 기준으로 대응하는 것이 가장 적절한지에 대한 불확실성이 있으므로, 흔히 사용하지는 않는다.

2. 참가자 내 설계

참가자 내 설계(within-participants design)는 참가자를 모집하여 서로 다른 수준으로 조작된 독립변인 처치 조건을 참가자 내에서 반복하여 시행한 후, 종속측정치에서 관찰되는 조건 간 차이를 확인함으로써 가설을 검증하는 형태의 설계다. 참가자에게 종속변인을 반복하여 측정하는 설계라는 점에서 흔히 반복측정 설계(repeated-measures design)라고 한다. 또한 독립변인의 서로 다른 처치가 기본적으로는 완전히 독립적이지 않으므로, 독립집단 설계와 대비하기 위해 종속집단 설계(dependent group design)라고도 하는데,

이는 흔히 사용하는 표현은 아니다. 이 절에서는 독립변인의 수준이 두 개인 설계를 중심으로 설명한다.

1) 두 수준 설계: 반복측정 설계

앞서 실험에서 가장 간단한 설계라고 소개한 두 집단 참가자 간 설계와 비교하여, 반복측정 설계에서도 마찬가지로 가장 간단한 설계는 하나의 독립변인을 포함하고, 독립변인은 두 개의 수준을 가지는 설계다. 이를 두 수준 반복측정 설계(two-level repeated-measures design)라고 한다.

(1) 설계 방법

두 수준 반복측정 설계는 '서로 다른 독립변인 처치를 받은 두 조건 간 종속측정치에서 차이가 있을 것이다', 또는 '실험조건의 종속측정치가 통제조건보다 높을 것이다'와 같은 유형의 가설을 검증하는 데 적용하는 설계 방법이다. 이에 따라 연구자는 (1) 관심 모집단으로부터 참가자를 모집하여 표본을 구성하고, (2) 이들에게 실험조건(experimental condition)과 통제조건(control condition) 중 한 조건의 처치를 시행하고 종속변인을 측정한다. 그다음 (3) 다른 조건의 처치를 시행하고 종속변인을 측정한다. 이때 인지 과제의 형태로 제시되는 실험에서는 실험조건과 통제조건에 해당하는 수십 번의 처치와 측정이 포함된 시행들이 반복되어 제시된다. 이러한 대략적 절차를 [그림 9-7]에 제시하였다.

두 수준 반복측정 설계에서, 참가자는 실험조건과 통제조건 각각에 대한 서로 다른 두 처치를 받게 된다. [그림 9-7]의 (A)는 실험조건 처치를 먼저 받고 이후에 통제조건 처치를 받는 경우를, (B)는 그 반대의 경우를 보여 준다. (C)는 인지 과제가 포함된 실험에서 실험조건과 통제조건 시행들이 반복되어 제시되는 경우를 보여 준다.

앞선 두 집단 참가자 간 설계와 비교해 보면 이 설계의 장점을 쉽게 이해할 수 있다. 첫째, 필요한 참가자 수가 더 적다. 두 집단 참가자 간 설계에서는 2n만큼의 표본을 구성하여 실험집단과 통제집단에 각각 n만큼의 참가자를 할당하지만, 두 수준 반복측정 설계에서는 n만큼 모집하여 참가자에게 실험조건과 통제조건 모두를 처치하기 때문에, 더 적은 참가자로 실험을 시행할 수 있다. 둘째, 시간과 경제적 측면에서 효율적이다. 특히 많은 훈련이 필요한 실험이거나, 많은 참가자를 포함할 때 비용이 급격히 증가하는

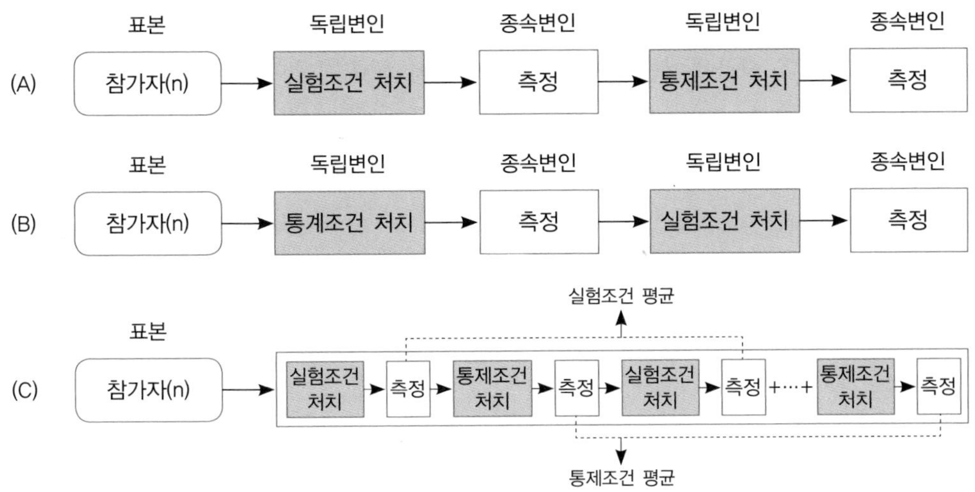

그림 9-7 두 수준 반복측정 설계

실험 등에서는 훈련 시간이나 실험 비용을 줄일 수 있으므로 반복측정 설계가 효율적인 방법이 된다. 셋째, 조건 간 통계적으로 유의미한 차이를 민감하게 확인할 수 있다. 이는 실험의 모든 조건에 포함된 동일한 참가자들로부터 자료를 얻기 때문이다. 이를 좀 더 구체적으로 살펴보기 위해 〈표 9-2〉를 살펴보자.

표 9-2 두 집단 참가자 간 설계와 두 조건 참가자 내 설계를 사용한 가상의 자료

(A) 참가자 간 설계

불일치 조건		일치 조건	
참가자	반응시간(ms)	참가자	반응시간(ms)
s01	800	s11	650
s02	900	s12	850
s03	700	s13	650
s04	800	s14	700
s05	900	s15	850
s06	700	s16	700
s07	900	s17	850
s08	700	s18	700
s09	600	s19	550
s10	500	s20	500
평균	750	평균	700

(B) 참가자 내 설계

참가자	불일치 조건	일치 조건	스트룹 효과 (ms)
	반응시간(ms)	반응시간(ms)	
s01	800	650	150
s02	900	850	50
s03	700	650	50
s04	800	700	100
s05	900	850	50
s06	700	700	0
s07	900	850	50
s08	700	700	0
s09	600	550	50
s10	500	500	0
평균	750	700	50

〈표 9-2〉에는 스트룹 효과를 검증하기 위해 각각 두 집단 참가자 간 설계와 두 수준 참가자 내 설계를 사용하여 수집한 가상의 데이터를 보여 준다(실제로는 스트룹 효과를 측정하기 위해 참가자 간 설계를 사용하지는 않는다). 참가자 간 설계에서는 각 집단에 10명씩 전체 20명이 실험에 참여하였고, 불일치 조건의 반응시간이 750ms, 일치 조건의 반응시간이 700ms로, 50ms의 스트룹 효과에 해당하는 집단 간 반응시간 차이가 관찰되었다(A). 동일한 데이터를 (B)의 참가자 내 설계를 통해 수집했을 때, 마찬가지로 스트룹 효과는 50ms가 관찰되었다.

두 결과에서 서로 다른 점은 (B)의 경우는 참가자가 두 조건 모두에 참여했고, 이에 따라 참가자별로 스트룹 효과를 확인할 수 있다는 점이다. 이 자료를 분석한 결과에서도 통계적 유의도에서 큰 차이를 보이는데, (A)의 경우 독립표본 t 검증을 사용하여 분석하는데, 양방검증이나($p=0.398$), 일방검증에서($p=0.199$) 모두 영가설을 기각할 수 없어 두 집단 간 차이가 없다고 결정해야 한다. 하지만 (B)는 대응표본 t 검증(paired-sample t test)을 사용하여 분석하는데, 영가설을 기각할 수 있어($p=0.004$), 스트룹 효과가 유의미하다고 결론 내릴 수 있다.

두 설계 모두에서 동일하게 평균 50ms의 스트룹 효과를 보이지만, 설계 방법에 따라 이렇게 서로 다른 결과를 얻게 된다. 이는 참가자 간 개인차에 기인하는 무선오차 때문이다. 예컨대, 불일치 조건에 참여한 참가자 중에 매우 빠른 반응시간을 보인 개인도 있고(500ms), 일치 조건에 참여한 참가자 중에 매우 느린 반응시간을 보이는 개인도 있다(850ms). 즉, 이러한 개인차에 기인하는 변산성을 포함한 집단 간 비교를 해야 하기 때문이다. 하지만 반복측정 설계에서는 이러한 개인차에 의한 무선오차를 처치의 효과와 분리할 수 있다. 즉, 모든 참가자에서 스트룹 효과가 0ms 이상, 최대 150ms인 처치효과가 유의미한가를 검증하게 된다.

(2) 분석 방법

두 수준 참가자 내 설계를 기반으로 하는 실험연구에서 데이터 분석 또한 상대적으로 간단하며, 두 가지 방식을 채택할 수 있다. 대응표본 t 검증(paired-sample t test)과 반복측정 변량분석(repeated measures ANOVA)이다.

대응표본 t 검증을 통한 가설검증 절차에서는, 개인 내에서 계산되는 조건 간 차이점수의 전체 평균을 계산하고, 이 평균이 표준편차 개념의 개인차(평균의 표준오차)와 비교

하여 얼마나 더 큰가를 나타내는 t 값을 산출한다. 이후 영가설 차이점수인 0보다 얼마나 더 큰가를 해당 자유도에 따른 t 분포에서 평가한다. 이 값이 관찰될 확률이 유의수준(α=0.05)보다 작은지를 판단함으로써 유의도 검증이 이루어진다. 따라서 조건 간 평균차가 크고 표본 내 개인차가 작으면 더 큰 t 값을 얻는다. 분석 결과, 임계치보다 t 값이 더 클 때 영가설을 기각하며, 효과크기는 차이점수를 표준편차 단위로 나타내는 코헨의 d(Cohen's d) 측정치를 사용한다.

반복측정 변량분석을 통한 가설검증 절차는 처치 조건 간 차이를 나타내는 변량의 크기를 F 비율로 나타낸 다음, 해당 F 값을 해당 자유도에 따른 F 분포에서 평가하여 그 값이 관찰될 확률이 유의수준(α=0.05)보다 작은지를 판단한다. 분석 결과, 유의수준에 따른 F 임계치보다 더 큰 F 값을 얻을 때 영가설을 기각하는 결정을 한다. 또한 효과크기는 상관계수에 기반하는 에타 제곱(eta squared, η^2)을 사용한다.

(3) 처치 순서의 통제

더 나아가기 전에, [그림 9-7]을 다시 한번 자세히 들여다보자. 문제점이 있는데, 과연 무엇일까? 이미 문제점을 발견한 독자도 있겠지만, 그 문제점이 정확히 무엇이며, 또 그것을 어떻게 해결할 수 있는지 상세하게 살펴보고자 한다.

반복측정 설계의 주요 문제는 서로 다른 조건이 참가자 내에서 어떤 순서를 가지고 제시되어야만 한다는 사실 때문에 발생한다. 7장에서 예로 들었던 깊은 처리와 얕은 처리 조건에 대해 참가자 간 설계가 아닌 참가자 내 설계를 통해 실험을 시행하고 회상 절차를 통해 참가자들의 인출 정확도를 측정했다고 하자. 두 독립집단 설계에서는 무선적으로 할당된 각 집단 참가자들에게 깊은 처리 또는 얕은 처리 조건을 시행함으로써 두 처치 조건 간 기억 인출 정확도의 차이를 확인할 수 있다. 하지만 반복측정 설계에서는 깊은 처리 조건이 먼저 시행되면 얕은 처리 조건은 그 이후에, 또는 그 반대의 순서로 처치를 가하게 된다.

이렇게 실험조건이나 통제조건을 먼저 제시한 다음, 다른 조건이 이후에 제시됨으로써, 두 종속측정치에는 제시 순서라는 외생변인이 혼입된 결과가 포함된다. 이를 순서효과(order effect)라고 하는데, 반복측정 설계에서 독립변인 처치의 제시 순서가 종속변인에 미치는 영향을 말한다. 예컨대, 얕은 처리 다음에 깊은 처리가 제시된 절차에서, 깊은 처리 조건의 회상 수준이 높았다면, 첫 번째 조건 시행에 따라 두 번째 과제의 수행이 향상되었을 가능성이 있다. 이러한 수행의 향상을 연습효과(practice effect)라고 한다. 반대로 깊은 처리 다음에 얕은 처리가 제시된 절차에서 깊은 처리 조건의 회상 수준이 높았다면, 두 번째 조건에서 참가자들이 수행을 반복함으로 인해 지치거나 지루해져서, 얕은 처리 조건의 수행이 낮아졌을 수 있다. 이를 피로효과(fatigue effect)라고 한다.

인지능력에 관한 실험에서, 대체로 짧은 실험에서는 피로효과보다는 연습효과가 더 크게 나타날 수 있고, 긴 실험에서는 그 반대일 가능성이 크다. 결과적으로, 연습효과가 더 크게 작용한 경우라면, 두 번째 종속측정치가 첫 번째보다 더 높게 관찰될 것이며, 피로효과가 더 크게 작용한 경우라면 이와 반대로 두 번째 측정치가 더 낮게 나타날 것이다. 따라서 이러한 체계적인 영향을 제거하는 것은 반복측정 설계의 핵심이 되며, 그 방법을 역균형화(counterbalancing)라고 한다. 역균형화의 의미는 서로 반대로 대응하여 균형을 맞춘다는 의미로, 순서의 역균형화는 조건의 제시 순서를 서로 반대로 대응하여 제시하는 방법이다. 예컨대, 독립변인 두 처치 조건을 A와 B라고 한다면, 제시 순서는 AB와 BA의 두 가지다. 여기서 역균형화는 참가자들에게 AB와 BA의 순서를 동일한 빈도로 제시함으로써, 어느 한 제시 순서에서 나타나는 순서효과가 다른 제시 순서의 순서효과와 상쇄되도록 보장하는 절차다.

이러한 역균형화를 참가자 내에서 적용하면 ABBA의 순서로 제시할 수 있고, 결과적으로 모든 참가자는 AB와 BA의 순서를 모두 경험하게 되어 순서효과가 상쇄될 수 있다. 하지만 다른 제시 순서인 BAAB를 고려해 보자. 이 또한 모든 참가자에게 AB와 BA의 순서를 모두 경험하게 한다. 둘 중에 어떤 순서가 더 타당한가? 이를 확인하기 위해서는 두 제시 순서를 각각 제시한 서로 다른 집단 간 결과를 비교해야 한다. 하지만 이 절차는 단지 순서효과만을 확인하기 위한 절차로, 원래의 실험 목적과는 관계가 없다. 또한 참가자 내 역균형화는 각 참가자에게 같은 조건을 불필요하게 두 번 제시해야만 하며, 이로 인해 다양한 문제가 발생할 수 있다. 이런 이유로 참가자 내 역균형화의 방법은 잘 사용하지 않는다.

다른 방안으로, 역균형화를 참가자 간에 적용하는 방법을 살펴보자. 앞서 언급한 것처럼 두 수준 반복측정 설계에서 기본적인 제시 순서는 AB와 BA의 두 가지다. 이를 참가자 간 서로 다른 방식으로, 즉 참가자의 절반에게는 AB의 순서로, 나머지 절반에게 BA의 순서로 제시하는 절차가 [그림 9-8]에 제시되어 있다.

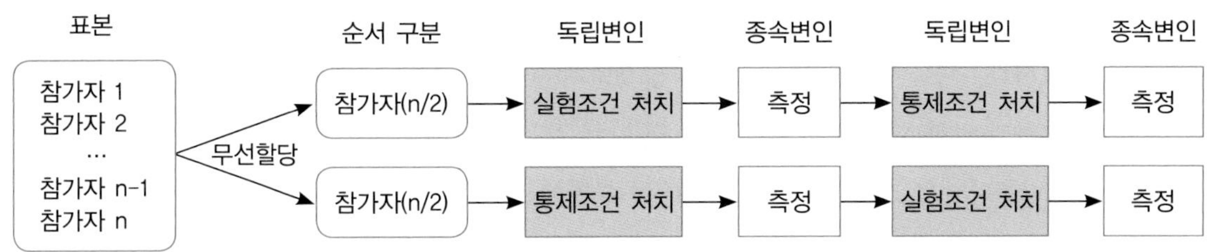

그림 9-8 참가자 간 역균형화를 적용한 두 수준 반복측정 설계

이 방법을 참가자 간 역균형화라고 하는데, 표본 참가자를 AB 순서와 BA 순서에 무선할당함으로써 모든 참가자는 각 조건에 대해 한 번의 처치를 받도록 하는 절차다. 이때 참가자를 무선할당하는 것은 참가자 간 설계에서처럼 집단 구분의 목적이 아니라 처치의 순서를 구분하기 위한 배정 절차다. 이 절차를 통해 두 번째 처치에 따른 연습효과 또는 피로효과가 실험조건과 통제조건 모두에서 일관되게 작용하도록 만들 수 있다. 따라서 AB 순서와 BA 순서에 따른 순서효과가 참가자 간에 절반씩 발생하여, 표본 전체로 보면 그 효과가 상쇄된다.

이렇게 역균형화를 통해 순서효과가 실험 결과에 개입하는 것을 효과적으로 상쇄할 수 있다. 하지만 어떤 경우는 첫 번째 처치에 대한 경험이 참가자의 상태나 행동에 영향을 주어 두 번째 조건을 처치하는 동안에도 참가자에게 지속해서 영향을 줄 수 있다. 이를 이월효과(carryover effect)라고 하며, 이월효과가 발생하면 두 번째 처치에 따른 종속측정치에서 처치와 무관한 혼입이 발생하여 처치효과를 왜곡시킨다.

한 가지 예로, 약물 처치에 따른 학습 능력의 향상 효과를 확인하고자 설계한 반복측정 설계에서, 첫 처치에 A 약물을 투여하고 학습 정도를 측정한 후, 두 번째 처치에서 B 약물을 투여하고 학습 정도를 측정한다면, B 약물의 효과에 A 약물의 처치효과가 아직 남아 있을 수 있다. 다른 예로, 문제 해결에 관한 반복측정 설계에서, 첫 처치에서 획득할 수 있는 문제 해결 전략이 두 번째 처치에도 작용한다면, 두 번째 실험조건에 따른 결과에 영향을 줄 수 있다. 또 다른 예로, 유발된 불안 정서가 주의 과제 수행에 미치는 영향을 확인하는 반복측정 설계에서, 불안을 유발한 첫 처치가 중성 조건인 두 번째 처치의 정서 상태에 영향을 미칠 수 있다. 하지만 반대 순서로 제시할 때 중성 조건에 관한 첫 처치는 불안을 유발하는 두 번째 처치에 미치는 영향이 거의 없을 것이다. 이렇게, 특히 AB 순서와 BA 순서에 따라 나타날 수 있는 이월효과가 체계적으로 다르다면, 내적 타당도에 매우 부정적인 영향을 미칠 것이다.

조건의 제시 순서에 따라 이월효과가 서로 다르게 관찰될 수 있는 예를 [그림 9-9]에 제시하였다. 불안을 유발하여 각성수준이 높아진 조건에서 주의력이 향상되는지를 확인하기 위한 실험에서, 불안 조건과 이완 조건을 독립적으로 처치했을 때 주의력이 각각 90, 80이라고 가정해 보자. 반복측정 설계에서 불안 조건이 선행했을 때 이완 조건에 미친 영향이 8점 증가로, 이완 조건이 선행했을 때 이월효과가 8점 감소로 나타난다면, 제시 순서에 따라 이월효과가 반대 방향으로 발생했다고 볼 수 있다. 독립적인 조작이었다면 10점 차이를 보였을 테지만, 반복측정으로 인한 이월효과가 발생함으로써 처치효과가 2점으로 감소하였다.

이렇게 이월효과가 발생할 수 있는 실험에서는, 처치 간 시간 간격을 더 길게 하거나, 처치들 사이에 처치와 무관한 다른 과제를 포함하여 가능한 한 첫 처치의 영향이 사라지도록 하는 것이 바람직하다. 하지만 실험 시간이 길어질수록 통제할 다른 외생변인들이 더 많아지며, 참가자 탈락 등 내적 타당도를 위협하는 요인들이 발생하기 쉬워진다는 점을 기억해야 한다.

추가로, [그림 9-7]의 (C)와 같이, 인지 과제가 포함된 실험에서 실험조건과 통제조건의 시행 순서의 통제는 크게 두 가지로 구분할 수 있는데, 참가자 내 역균형화와 무선화를 변형하여 포함하는 방법이다. 이는 각 조건에 약 30회 이상의 시행이 포함되기 때문에 가능하다. 첫 번째는 모든 참가자에게 시행을 동일한 순서로 제시하는 방법이다. 이 방법에서는 먼저 조건 A와 B가 서로 선행하고 후행하는 빈도가 같다는 제한을 둔 상태에서 제시 순서를 무선화한다. 이를 유사무선화(pseudo-randomization)라고 하는데, ABABAB……AB와 같이 동일한 AB의 반복이 아니라 ABBAAAB……BA처럼 무선적인 순서로 제시하되 AB와 BA 제시 빈도를 결과적으로 동일하게 맞추는, 즉 역균형화하는

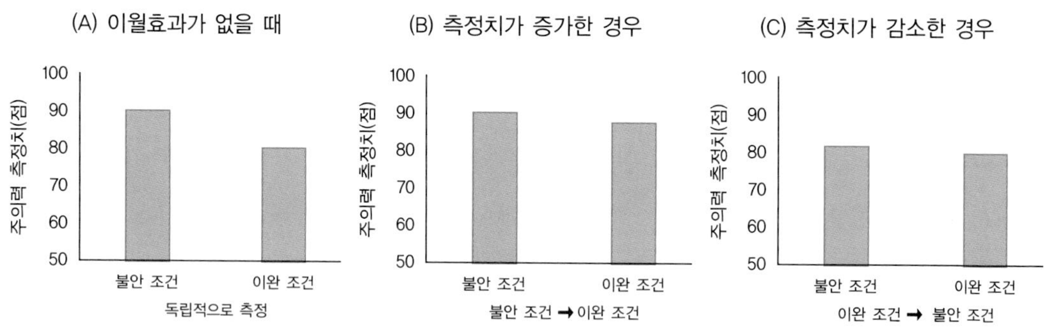

그림 9-9 **처치 순서에 따라 이월효과에 체계적 차이가 있을 때 나타날 수 있는 결과의 예**

읽어 보기 9-1

순서효과나 이월효과가 있는지 어떻게 알 수 있을까?

연구의 가설을 검증하기 위한 목적으로 순서효과나 이월효과가 있는지 확인하는 경우가 아니라면, 반복측정 설계에서 그러한 효과를 별도로 관찰할 필요는 없다. 그러한 효과를 통제하는 실험을 설계하기 때문이다. 하지만 순서효과나 이월효과가 어느 하나의 조건에만 발생한다면, 실제로는 없는 효과가 있다고 판단하거나, 있는 효과가 없다고 판단할 수 있는 등 실험의 타당도가 감소할 것이다. 이런 경우 실험의 내적 타당도를 추가로 확인해야 하는 경우가 발생할 수도 있다. 따라서 그러한 효과의 발생 여부를 확인할 수 있는 절차를 알아 두면 도움이 된다.

시간상 선행하는 조건은 후행하는 조건의 영향을 받을 수 없다. 따라서 두 번째 제시되는 조건에 대해 순서효과나 이월효과가 개입하였는지 확인하는 설계가 된다. 이는 앞서 본문에서 소개한 솔로몬 네 집단 설계를 변형한 형태로, 솔로몬 네 집단 설계에서 사전검사를 측정하는 두 집단에 대해, 반복측정 설계를 구성하면 된다. 결과적으로, 다음 도식과 같은 형태로 설계할 수 있다.

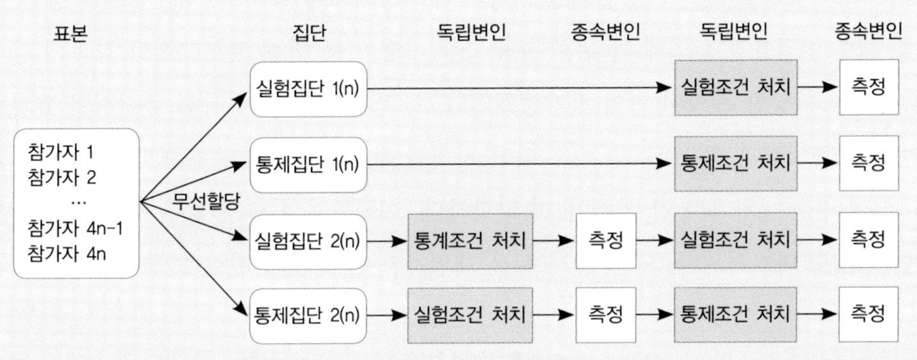

실험조건 결과에 통제조건 선행에 따른 영향이 있었는지는 실험집단 2의 실험조건 처치 결과와 실험집단 1의 결과 간 비교를 통해 알 수 있다. 통제조건에 대한 실험조건 선행의 영향은 통제집단 2에서 통제조건 처치 결과와 통제집단 1을 비교하여 알 수 있다. 각 비교에서 차이가 발생한다면, 반복측정 설계에서 순서효과나 이월효과가 발생했음을 알 수 있다.

방법이다. 두 번째 방법은 이러한 방식을 참가자마다 서로 다르게 제시하는 방법으로, 참가자 수가 충분하면 AB 및 BA 제시 순서가 서로 유사한 비율로 수렴하게 된다.

2) 참가자 내 설계의 선택

앞에서 참가자 간 설계와 참가자 내 설계를 살펴보면서 그 특징을 확인하였다. 언급한 바와 같이, 참가자 내 설계는 참가자 간 설계와 비교하여 확실한 장점이 있다. 첫째, 실험에 필요한 참가자 수가 더 적다. 둘째, 시간 경제적 측면에서 효율적이다. 셋째, 독립변인 처치의 효과를 민감하게 확인할 수 있다. 반면, 이월효과나 순서효과를 배제할 수 있도록 처치 순서와 시간 간격을 면밀히 고려해야 하는 단점이 있다. 따라서 순서효과나 이월효과를 통제할 수 있고, 다른 제약이 없다면 참가자 내 설계를 우선 고려하는 것이 타당하다. 이러한 대략적인 기준에 따른 판단 과정을 [그림 9-10]에 제시하였다.

연구 목적에 따라 참가자 간 설계가 필요한 경우가 아니라면, 참가자 내 설계를 우선으로 고려하여 그림에 제시한 절차에 따라 설계 방법을 선택하되, 참가자 내 설계를 적용하면 안 되는 이유가 있는지 상세하게 살펴볼 필요가 있다. 예컨대, 서로 다른 두 중재 프로그램의 효과를 반복측정 설계를 사용하여 검증하고자 한다면, 역균형화를 통한 통제를 해도 이월효과로 인해 첫 번째 프로그램 시행이 두 번째 프로그램의 효과에 간섭을 일으켜, 타당한 측정이 거의 불가능해진다. 한 번의 처치로 상당히 긍정적인 효과를 보이는 프로그램의 적용이라면 이후 다른 처치의 적용은 윤리적인 문제도 일으킬 수 있다. 이런 경우는 참가자 간 설계가 더 타당하다. 이월효과의 크기가 두 처치 간 비대칭적인 경우도 마찬가지다. 또한 참가자 간 개인차가 큰 속성에 관한 연구라면 개인차를

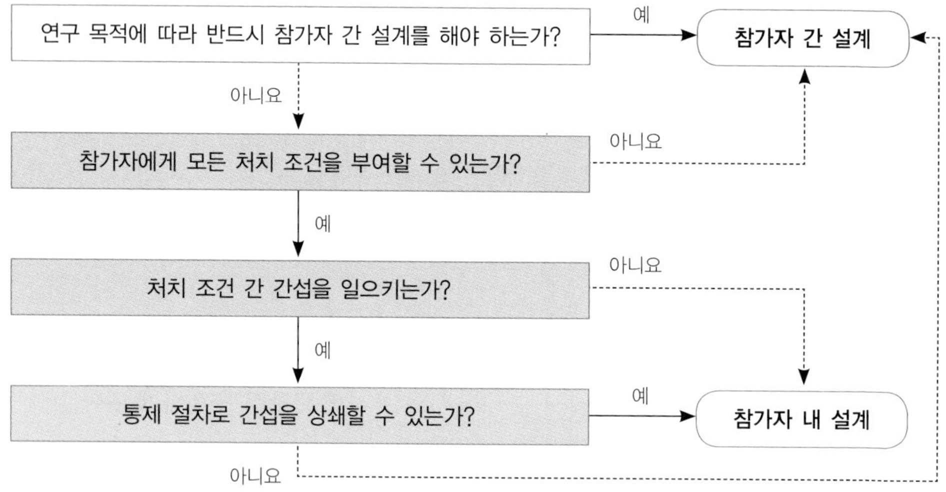

그림 9-10 **참가자 간 설계와 참가자 내 설계 선택을 위한 판단 과정**

상쇄할 수 있는 참가자 내 설계를 시행하는 것이 처치효과를 탐지하는 데 더 효과적이겠지만, 많은 수의 참가자 탈락이 예상되거나, 실험 기간이 너무 길어지는 경우라면, 참가자 간 설계를 선택하는 것이 더 나은 선택이 된다.

3. 독립변인 수준의 확장

1) 세 수준 이상의 독립변인

앞서 가장 단순한 실험설계로서 독립변인에 두 수준이 포함된 경우를 설명하였다. 하지만 많은 연구에서 여러 가지 이유로 셋 이상의 수준을 포함하는 실험을 설계해야 하는데, 이는 연구 목적에 따라 달라진다.

첫째, 독립변인 수준의 변화에 따라 종속변인 변화의 양상을 정확히 확인하고자 하는 목적이 있을 때 사용한다. 예컨대, 작업기억 훈련의 효과를 확인하는 실험에서, 훈련 기간이 8회기일 때와 4회기일 때를 비교한 결과, 8회기 조건에서 4회기 조건보다 작업기억 수행 능력이 7% 증가했다고 가정해 보자. 연구자는 이를 바탕으로 12회기 훈련은 4회기보다 14%의 증가 효과가 있다고 주장할 수 있을까? 그렇지 않다. 이러한 주장은 독립변인 처치의 수준과 종속측정치가 정적 선형관계에 있다는 타당한 증거가 있을 때 가능하다. 오히려 훈련 기간이 증가한다고 해도 어느 정도의 상한선에 수렴하는 정적 단조함수 관계를 보일 가능성이 더 크다.

두 조건으로만 구성된 설계에서는 독립변인과 종속변인 간 이러한 형태를 파악할 수 없다. 따라서 정확한 관계 확인을 위해서는 해당 처치 조건, 즉 12회기 조건을 실험설계에 포함하여 확인해야 한다. 앞선 7장에서, 연구 결과를 바탕으로 독립변인 처치 조건 범위 바깥으로 외삽할 때 유의해야 한다고 설명하였는데, 이러한 외삽을 처치 조건으로 포함해야 하는 목적을 갖고 설계한다면 독립변인이 세 수준 이상을 갖게 된다. 보간의 경우도 마찬가지인데, 독립변인의 수준에서 세밀한 처치의 변화가 있을 때 종속변인 변화가 어떤 형태로 나타나는지를 확인하고자 할 때, 세 수준 이상의 독립변인을 갖는 실험을 설계하게 된다.

이러한 목적으로 세 수준, 혹은 그 이상의 독립변인 처치 조건을 갖는 연구에서는 가설 또한 두 수준일 때와 달라진다. 예컨대, 바로 앞의 예를 활용해 보면, 연구자는 자신의 가설을 '작업기억 훈련의 효과는 4회기일 때보다 8회기일 때 더 크며, 12회기일 때는 이보다 더 클 것이다'와 같이 제시할 수 있다. 또는 '작업기억 훈련의 효과는 4회기, 8회기 및 12회기로 증가함에 따라 선형적으로 증가할 것이다'와 같은 형태도 가능하다. 만약 8회기까지는 효과가 증가하지 않지만 12회기 조건에서 증가할 것을 예상한다면, '작업기억 훈련의 효과는 4회기 및 8회기 조건보다 12회기 조건에서 더 클 것이다.'와 같이 진술할 수 있다.

둘째, 독립변인의 수준이 양적 속성이 아닌 범주적 속성을 지닌 변인일 때, 여러 범주의 처치효과를 비교하는 목적으로 세 수준 이상을 사용한다. 예컨대, 작업기억 유지 훈련(통제조건), 조작 훈련(비교조건), 유지+조작 훈련(실험조건)의 세 가지 서로 다른 범주의 훈련 프로그램의 효과를 비교하고자 하는 경우를 말한다. 이런 경우 연구자는 '작업기억 유지 훈련보다 조작 훈련의 효과가 더 크며, 유지+조작 훈련의 효과는 조작 훈련보다 더 클 것이다' 또는 '작업기억 유지 훈련 또는 조작 훈련보다 유지+조작 훈련의 효과가 더 클 것이다'와 같이 연구자가 예상하는 가설을 진술할 수 있다. 이렇게 서로 다른 범주의 형태로 처치하는 실험에서 세 수준 이상의 독립변인이 포함되는 경우는 대체로 통제조건, 비교조건, 실험조건으로 구성하여 다른 조건보다 실험조건의 처치효과가 더 크다는 가설을 검증하고자 할 때 사용한다.

이처럼 연구 목적에 따라 세 수준 이상의 독립변인이 필요하다는 점은 분명하다. 이러한 실험의 장점 중의 하나는 두 수준만 포함하는 경우보다 외적 타당도가 높다는 점이다. 실험조건과 통제조건만 있는 실험에서처럼 두 수준 비교만을 통해 일상의 다양한 상황에 일반화하기는 어렵다. 반면, 다양한 수준에 걸친 실험은 그만큼 일상에 적용할 가능성이 커진다는 장점이 있다. 이보다 외적 타당도가 더 높은 실험설계는 독립변인 둘 이상을 하나의 실험에서 동시에 다루는 방법인 요인설계로, 이는 10장에서 상세하게 다룬다.

얼마나 많은 독립변인의 수준이 필요한가는 연구에 따라 달라지므로 최적의 개수를 단정할 수는 없다. 다만, 일반적으로 처치 조건의 수를 결정하는 기준은 제시할 수 있다. 첫째, 가설을 검증할 수 있는 가장 단순한 설계가 되어야 한다. 작업기억 훈련 회기를 1부터 10까지 10개의 수준을 갖는 실험을 할 필요는 없다는 의미다. 둘째, 선행연구에서 다루었던 수준의 개수를 고려하여 자신의 연구에 적절한 수준의 수를 결정한다. 셋째, 예비실험을 통해 적절한 수준의 개수를 결정한다. 넷째, 실행 가능한 범위를 결정

한다. 예컨대, 시간상 가능한지, 확보 가능한 표본의 크기에서 시행 가능한지, 통계검증에서의 복잡성을 다룰 수 있는지 등을 고려하여 필요한 수준의 범위를 결정한다.

2) 세 수준 이상의 참가자 간 설계

세 수준을 포함하는 참가자 간 설계에서 실험의 절차와 시행에서 유의해야 할 사항을 살펴보자. 기본적으로 세 독립집단이 필요하며, 이 집단 간 처치효과의 차이를 확인하는 것이 연구 가설이 된다. 이때 처치효과는 집단 간 종속측정치의 차이로 정의한다. 표본은 각 집단에 필요한 수의 3배수만큼 모집하며, 참가자들을 각 집단에 무선할당하여 실험을 시행한다. 참가자들은 각 조건에 해당하는 처치를 받게 되며, 집단의 수가 셋인 점을 제외하면 앞서 설명한 두 독립집단 설계와 같은 과정을 거쳐 실험을 시행하게 된다.

두 독립집단 설계와 다른 점은 연구의 가설과 그에 따른 분석 방법이다. 연구의 가설은 앞에서 설명한 바와 같이 집단 간 차이를 중심으로 진술할 수 있으며, 처치효과가 세 수준에서 어떻게 관찰될 것인가를 예측하는 형태가 된다. 대체로 '통제집단 및 비교집단보다 실험집단에서 효과가 더 크다', '통제집단보다 비교집단 및 실험집단에서 효과가 더 크다', 또는 '통제집단보다 비교집단에서, 비교집단보다 실험집단에서 효과가 더 크다'와 같은 식이다.

서로 다른 형태의 가설을 수립할 수 있는 것처럼 결과분석에서 가설검증을 위해서는 서로 다른 형태의 분석이 이루어진다. 두 집단의 차이를 보는 분석에서는 한 집단과 다른 집단 간의 차이가 통계적으로 유의미한지만을 판단하면 되지만, 세 집단 이상이 되면 조금 달라진다. 먼저, 독립표본 t 검증은 사용할 수 없다. 이 절차는 두 집단 간 차이에 대해서만 검증할 수 있기 때문이다. 따라서 통계분석은 일원 변량분석을 사용한다. 그런데 일원 변량분석은 특정 집단 간 서로 차이가 있음을 검증하는 것이 아니라, 전체 집단에서 어느 한 집단이라도 다른 집단과 차이가 있다면 통계적으로 유의미한 결과를 산출하는 절차다. 따라서 구체적인 가설검증을 위해서는 다른 접근이 필요하며, 여기에는 두 가지 접근방법이 있다.

첫째, 변량분석 검증 결과를 확인하지 않고 계획비교(planned comparison)를 사용한다. 계획비교는 독립변인 수준 간 독립적으로 선형적인 형태로 구성된 비교 세트를 가설에 따라 미리 정의한 다음, 해당 비교를 통해 가설을 검증하는 절차다. 〈표 9-3〉에 이러한 비교 세트를 예시하였다.

표에서 보듯이, 계획비교는 구체적인 집단 간 평균 차이가 있는지를 확인할 수 있는 절차다. 이런 비교를 통해 연구자의 구체적인 가설을 검증할 수 있는데, 이를 직교 대비라고 한다. 직교 대비(orthogonal contrast)는 설계에 포함된 집단의 비교를 한 번씩만 포함하도록 하는 절차로서, 유의도 검증에서 다중비교에 따른 유의수준 α를 보정할 필요 없이 그대로 적용할 수 있다. 직교대비를 사용하지 않는다면, 독립적이지 않은 여러 쌍을 비교해야 하는데, 유의수준 α는 한 번의 검증 때 적용하는 기준이므로, 비교가 독립적이지 않으면 이를 보정하는 절차를 통해 검증에 적용해야 한다. 이와 관련한 상세한 내

표 9-3 가설검증을 위한 계획비교의 예

(A) 세 집단 간 비교

번호	가설의 내용	대비	독립변인 처치 조건에 따른 집단		
			통제집단	비교집단	실험집단
1	(통제=비교)<실험	대비 1	−1	−1	2
		대비 2	−1	1	0
2	통제<(비교=실험)	대비 1	−2	1	1
		대비 2	0	−1	1
3	통제<비교<실험	대비 1	−1	0	1
		대비 2	1	−2	1

(B) 네 집단 간 비교

번호	가설의 내용	대비	독립변인 처치 조건에 따른 집단			
			통제집단	비교집단 1	비교집단 2	실험집단
1	(통제=비교 1=비교 2)<실험	대비 1	−1	−1	−1	3
		대비 2	−2	1	1	0
		대비 3	0	−1	1	0
2	(통제=비교 1)<(비교 2=실험)	대비 1	−1	−1	1	1
		대비 2	−1	1	0	0
		대비 3	0	0	−1	1
3	통제<비교 1<비교 2<실험	대비 1	−3	−1	1	3
		대비 2	1	−1	−1	1
		대비 3	−1	3	−3	1

용은 다른 통계학 서적을 참고하면 되고, 이와 관련한 간단한 개념은 다음의 사후분석에서 설명하도록 한다.

둘째, 변량분석 결과를 확인하고, 그 이후에 사후분석(post-hoc analysis)을 사용한다. 변량분석 결과가 유의미하면 구체적으로 어떤 집단 간 차이가 유의미한지를 확인해야 하는데, 이를 사후분석이라고 한다. 사후분석에서 유의할 점은, 유의수준 α는 한 번의 비교에 관한 것이라는 점이다. 즉, 두 번의 검증에서 유의수준 α보다 낮은 유의도가 관찰될 확률은 이보다 두 배 더 크다. 따라서 비교마다 유의수준을 0.05로 유지한 상태에서 유의도 검증을 시행해야 한다. 이를 고려한 여러 가지 사후분석 방법이 있으나, 가장 간단한 방법으로 본페로니 보정(Bonferonni correction)이 있다. 이는 유의수준 α를 비교 횟수로 나누는 방법으로, 비교의 횟수가 다섯 번이라면 비교당 유의수준은 $\alpha = 0.05/5$가 된다. 즉, 유의수준 α를 0.01로 설정해야 비교당 유의수준이 0.05가 된다는 의미다. 사후분석은 Dunn-Šidak, Scheffé, Dunnett's, Tukey HSD 등 다양한 방법이 있는데, 분석의 목적에 따라 선택하여 적용하면 된다.

3) 세 수준 이상의 참가자 내 설계

세 수준을 포함하는 참가자 내 설계에서 유의해야 할 사항을 살펴보자. 이때는 세 조건 간 처치효과의 차이를 확인하는 것이 연구 목적이며, 독립변인의 효과는 처치 조건 간 종속측정치의 차이로 정의할 수 있다. 참가자들은 실험에 포함된 모든 처치 조건에 참여하게 되며, 조건의 수가 셋인 점을 제외하면 앞서 설명한 두 수준 반복측정 설계와 같다. 분석 방법에서는 대응표본 t 검증을 사용하지 못하며, 반복측정 변량분석을 사용하여 앞선 세 수준 참가자 간 설계처럼 계획비교와 사후분석의 방식을 적용한다.

연구의 가설은 앞에서 설명한 바와 같이 조건 간 차이를 중심으로 진술할 수 있으며, 처치효과가 세 수준에서 어떻게 관찰될 것인가를 예측하는 형태가 된다. 대체로 통제조건 및 비교조건보다 실험조건에서 효과가 더 크다거나, 통제조건보다 비교조건 및 실험조건에서 효과가 더 크다거나, 또는 통제조건보다 비교조건에서, 비교조건보다 실험조건에서 효과가 더 크다는 식이다. 네 조건의 경우는 〈표 9-3〉의 B를 참고하면 된다.

짐작할 수 있듯이 반복측정 설계의 주요 문제인 처치 조건의 순서는 두 수준 설계보다 더 복잡해진다. 두 수준 설계에서는 AB와 BA가 나타날 수 있는 모든 가능한 경우의 수가 되는데, 이 두 제시 순서에 동일한 수만큼의 참가자가 실험에 참여하면 모든 제시 순서에서 역균형화를 이룰 수 있다. 이를 완전 역균형화(complete counterbalancing)라고 한다. 하지만 세 조건이 있는 반복측정 설계에서는 모든 가능한 제시 순서가 6개(3!=6), 네 조건이라면 24개가 만들어진다(4!). 즉, 처치 조건의 수를 N이라고 한다면 N 계승(N!)만큼 제시 순서가 만들어져, 다섯 조건이면 120개의 순서가 만들어진다. 이런 제시 순서에 참가자 수를 동일하게 배정하기 위해서는 해당 순서 개수의 배수만큼의 참가자가 필요하다. 다섯 조건의 경우 각 순서에 참가자를 한 명 또는 두 명만 참여시킨다고 해도 120명 또는 240명이 필요하다. 따라서 처치 조건의 수가 많을 때는 완전 역균형화를 시행하는 것이 사실상 불가능에 가깝다.

대안적으로, 역균형화를 부분적으로 적용하는 부분 역균형화(partial counterbalancing) 방법을 선택해야 한다. 무선적인 제시 순서를 조건의 수만큼 생성하여 그 제시 순서에 참가자를 배정하는 방법이다. 하지만 이 방식은 제시 순서가 순서효과나 이월효과를 효과적으로 배제하지 못하는 단점이 있다. 따라서 부분 역균형화를 일정한 기준으로 만드는 방법을 사용할 수 있는데, 이를 균형 라틴방진(balanced Latin square)이라고 한다. 이러한 순서에서는, 각 조건이 각 순서의 위치에 한 번씩 나타나고, 각 조건이 다른 각 조건을 선행하고 후행하는 순서가 한 번씩 나타난다. 이러한 원리로 만든 네 조건에 대한 균형 라틴방진을 〈표 9-4〉에 제시하였다.

표를 상세히 살펴보면, 각 위치에 각 조건이 한 번씩 제시될 뿐만 아니라, 조건별 선행과 후행이 한 번씩 포함되어 있음을 알 수 있다. 예컨대, A를 기준으로 보면, AB, AC, AD 및 BA, CA, DA가 각각 한 번만 포함되어 있다. 이렇게 균형 라틴방진을 사용하여 부분 역균형화를 적용하면, 모든 반복이 균형화되지는 않지만, 부분적으로 각각 대응하여 순서의 균형을 이룰 수 있어서 잠재적인 순서효과나 이월효과가 실험 전체에 균형화

표 9-4 네 조건에 대한 균형 라틴방진과 참가자 배정 방법

순서 유형	처치 조건의 위치				참가자 수(명)			
	1	2	3	4	전체 24	전체 28	전체 32	전체 40
순서 1	A	B	D	C	6	7	8	10
순서 2	B	C	A	D	6	7	8	10
순서 3	C	D	B	A	6	7	8	10
순서 4	D	A	C	B	6	7	8	10

될 수 있다. 참가자 수는 각 순서에 동일한 수로 배정해야 하므로, 필요한 전체 참가자 수는 4의 배수가 된다.

Keywords

참가자 간 설계(between-participants design) 무선할당(random assignment)
독립집단 설계(independent group design)
두 집단 참가자 간 설계(two-group between-participants design)
실험집단(experimental group) 통제집단(control group)
전실험 설계(pre-experimental design) 비처치 통제집단(non-treatment control group)
독립표본 t 검증(independent sample t test) 일원 변량분석(one-way analysis of variance, ANOVA)
양방 검증(two-tailed test) 일방 검증(one-tailed test)
두 집단 사전사후 설계(two groups pretest-posttest design)
솔로몬 네 집단 설계(Solomon four-group design)
진실험(true experimental design) 대응 짝 설계(matched pairs design)
참가자 내 설계(within-participants design) 반복측정 설계(repeated-measures design)
두 수준 반복측정 설계(two-level repeated-measures design)
실험조건(experimental condition) 통제조건(control condition)
코헨의 d(Cohen's d) 에타 제곱(eta squared, η 2)
대응표본 t 검증(paired-sample t test) 반복측정 변량분석(repeated measures ANOVA)
순서효과(order effect) 연습효과(practice effect)
피로효과(fatigue effect) 역균형화(counterbalancing)
이월효과(carryover effect) 유사무선화(pseudo-randomization)
계획비교(planned comparison) 직교 대비(orthogonal contrast)
사후분석(post-hoc analysis) 완전 역균형화(complete counterbalancing)
부분 역균형화(partial counterbalancing) 균형 라틴방진(balanced Latin square)

Review Questions

1. 두 집단 참가자 간 설계의 절차를 요약하여 설명하시오.
2. 통제집단으로서 비처치 통제집단을 구성하면 안 되는 이유를 설명하시오.
3. 두 집단 사전사후 설계를 사용하는 경우는 언제인가?
4. 두 집단 사전사후 설계에서 사전검사의 영향을 평가하는 목적으로 필요한 설계는 무엇이며, 그 설계에 포함되어야 하는 모든 집단을 설명하시오.
5. 대응 짝 설계를 설명하시오.
6. 참가자 내 설계란 무엇인가?
7. 두 수준 반복측정 설계의 대략적인 절차를 설명하시오.
8. 순서효과란 무엇인가?
9. A와 B의 두 수준 반복측정 설계에서, 참가자 간 역균형화 방법을 설명하시오.
10. 이월효과란 무엇인가?
11. 참가자 내 설계의 장단점을 설명하시오.
12. 참가자 내 설계를 선택할 때 일반적으로 고려해야 할 사항을 순서대로 쓰시오.
13. 세 수준 이상의 독립변인을 포함하는 설계가 필요한 경우는 언제인가?
14. 세 수준 이상의 독립변인이 포함된 설계에서 집단 또는 조건 간 차이를 구체적으로 확인하는 분석 방법은 무엇인가?
15. 다음의 각 설계에서 내적 타당도에 대한 고전적 위협 요인 중 어떤 요인이 주로 문제가 될 수 있는가? 해당 위협과 관련되지 않는 경우는 빈칸으로 남기고, 해당 위협에 관련되지만, 통제 절차로써 해결할 수 있는 경우에는 ○, 그럴 수 없는 경우에는 × 표 하시오.

설계 유형	역사	성숙	검사	도구화	통계적 회귀	선택 편향	참가자 손실
단일집단 사후설계							
단일집단 사전사후 설계							
정적 집단 비교 설계							
두 집단 참가자 간 설계							
두 집단 사전사후 설계							
솔로몬 네 집단 설계							
역균형화 두 수준 반복측정 설계							

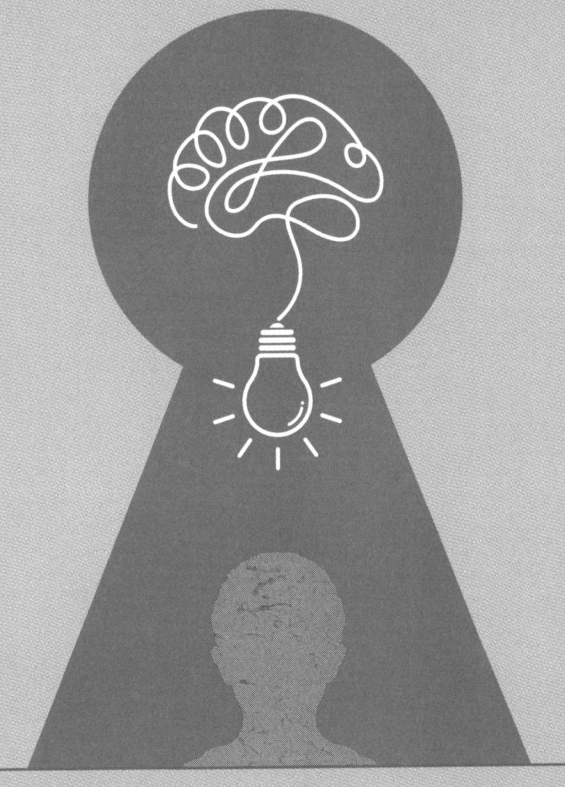

제10장

요인설계

1. 요인설계의 개념
   1) 요인설계와 외적 타당도
   2) 요인설계의 다양한 형식
2. 이원 요인설계
   1) 2×2 요인설계
   2) 독립변인 수준의 확장
3. 고차 요인설계: 셋 이상의 독립변인
   1) 고차 요인설계의 구성
   2) 삼원 요인설계: 세 개의 독립변인

이전 9장에서는 독립변인 하나의 효과를 실험에서 다루는 방법을 소개하였다. 하지만 대부분의 실험은 그보다 더 다양하게, 더 복잡하게 이루어진다. 앞선 장에서 살펴본 방법을 기초로 하여 실험설계를 확장하는 다양한 방법이 있다. 이때 핵심은 독립변인의 수를 늘리는 절차를 포함한다는 사실이다. 이번 장은 둘 이상의 독립변인 효과를 하나의 실험에서 설계하는 방법인 요인설계에 관해 다루고자 한다. 실험법을 사용하는 거의 모든 연구는 둘 이상의 독립변인의 효과를 동시에 다루며, 따라서 그 연구들은 모두 요인설계를 사용하고 있다고 보면 된다. 그만큼 실험에서 요인설계를 이해하는 것은 실험설계의 핵심이라고 할 수 있다.

첫 번째 절에서는 요인설계가 무엇이며 어떤 형태로 구성할 수 있는지를 살펴보고, 두 번째 절에서는 독립변인이 두 개인 경우를 바탕으로 요인설계와 이 설계에서 확인할 수 있는 독립변인의 효과를 상세히 살펴보고자 한다. 마지막 절에서는 요인설계를 더 확장하는 방법을 설명하고자 한다.

1. 요인설계의 개념

1) 요인설계와 외적 타당도

실험이란 '독립변인을 조작하고 외생변인을 통제하며 종속변인을 측정하는 일련의 절차'라고 하였다. 여기서 중요한 부분은 독립변인을 제외하고는 모두 외생변인이라는 점이며, 따라서 독립변인을 제외한 모든 변인을 통제해야 높은 내적 타당도를 확보할 수 있고, 그 결과로서 변인 간 인과관계를 타당하게 검증할 수 있다.

하지만 일상에서는 어떠한가? 모든 변인이 그대로 있는 상태에서 하나의 변인만이 변화하는, 즉 다른 모든 변인을 통제한 상태에서 독립변인 하나만 변화하는 경우는 없을 것이다. 따라서 하나의 독립변인만을 갖는 실험 결과를 일상으로 일반화하는 것보다는 둘 이상의 독립변인을 갖는 실험의 결과를 일반화하는 것이 더 현실감이 있을 것이다. 즉, 둘 이상의 변인이 함께 변화하는 상황에서 인과관계를 규명할 수 있다면 외적 타당도가 높아진다. 이러한 실험 유형을 요인설계(factorial design)라고 한다. 요인설계란, 실험에서 두 개 이상의 독립변인을 동시에 조작함으로써 이 변인들이 함께 종속변인에 미치는 효과와 각 독립변인이 개별적으로 미치는 효과를 동시에 확인할 수 있는 설계다. 이때 독립변인을 요인(factor)이라고 한다. 9장에서 소개했던 독립변인이 하나인 실험은 요인이 하나인 경우로, 요인설계와 대비하여 일요인설계(one factor design) 또는 일원 설계(one-way design)라고 부른다.

독립변인, 즉 요인을 둘 이상 동시에 조작한다는 의미는 독립변인 각각을 서로 관련 없이 독립적으로 조작한다는 것이 아니라, 각 독립변인의 수준을 교차결합하여 제시한다는 의미다. A와 B의 두 독립변인이 있고 각 독립변인이 두 수준을 갖는다면, 각각 A_1과 A_2, B_1과 B_2라고 표현할 수 있는데, 이 독립변인 각 수준을 교차결합하여 제시하면 A_1B_1, A_1B_2, A_2B_1, A_2B_2라는 네 개의 조건이 만들어진다. 여기서 분명히 해야 할 것은 독립변인 A와 B의 각 수준이 별개로 제시되는 것이 아니라, 서로 교차결합하는 형태라는 것이다. 이를 비교하여 나타내면 [그림 10-1]과 같다.

[그림 10-1]의 (A)와 같이 독립변인이 서로 별개로 제시되면, 일원 설계의 단순한 나열일 뿐이다. 반면, 요인설계는 일원 설계의 나열이 아니라 (B)와 같이 독립변인의 각 수준이 서로 결합하여 교차하는 선형결합 형태의 설계다. 이러한 방식의 독립변인 배치를 하나의 행렬(matrix)이라고 하며, 각 칸을 셀(cell)이라고 한다. (A)의 경우, 네 개의 셀이 있지만 각 셀은 독립변인 A에 해당하거나 B에 해당할 뿐으로, 독립변인 간의 관련성이 없는 서로 다른 별개의 설계다.

반면, (B)에서 각 셀은 독립변인 A와 B 모두의 어느 한 수준에 반드시 포함된다. A_1과 A_2는 B의 1수준과 2수준 모두에, B_1과 B_2 또한 A의 1수준과 2수준 모두에 완전히 교차결합한다. 따라서 독립변인 A의 효과는 독립변인 B의 1수준과 2수준에서 각각 확인할

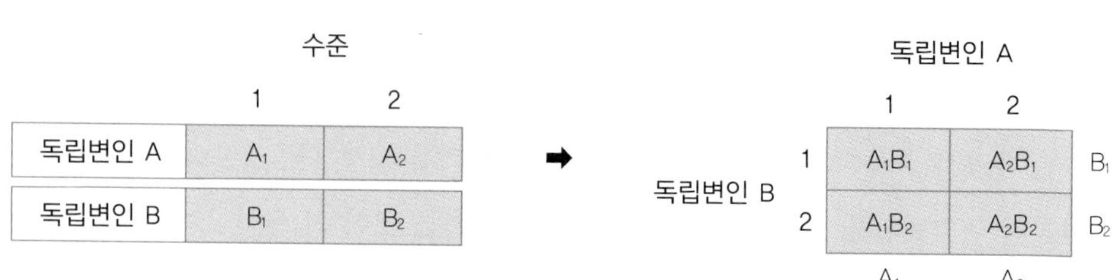

그림 10-1 **두 개의 독립변인을 요인설계로 제시하는 방법**

수 있고, 독립변인 B의 효과 또한 A의 각 수준에서 확인할 수 있다. 이렇게 독립변인 두 개가 결합한 요인설계를 이원 요인설계(two-way factorial design)라고 한다(이요인 설계, 또는 이원 설계로 줄여 부르기도 한다). 또한 이 예처럼 독립변인 각 수준이 2개인 경우를 2×2 요인설계(two by two factorial design)라고 한다. 서로 결합할 수 있는 최소의 독립변인 개수가 두 개이고, 각 독립변인에 포함할 수 있는 최소의 수준 개수가 두 개이므로, 2×2 요인설계는 요인설계 중에서 가장 간단하며 기초가 되는 실험설계가 된다. 이후에 소개하겠지만, 다양한 형식의 요인설계는 2×2 요인설계를 기초로 한다.

[그림 10-1] (B)의 이러한 배열 특징으로 인해, 요인설계에서는 일원 설계와 달리 두 가지 효과를 확인할 수 있다.

첫 번째는 독립변인의 주효과(main effect)로, 각 독립변인이 다른 독립변인의 수준과 관계없이 종속변인에 미치는 효과를 말한다. 이는 일원 설계에서 얻을 수 있는 독립변인의 효과인 $[A_2-A_1]$와 같은 효과다. 하지만 일원 설계와 달리 요인설계에서 A_1은 A_1B_1과 A_1B_2 조건에서 관찰된 종속측정치의 평균이고, A_2는 A_2B_1과 A_2B_2 조건의 종속측정치 평균이다. [그림 10-1] (B)의 행렬 아래쪽 주변에 독립변인 A의 두 수준인 A_1과 A_2가 제시된 것을 확인할 수 있듯이, A의 주효과는 B요인 모든 수준에 걸친 평균 효과다. 독립변인 B의 주효과도 마찬가지며, 행렬의 오른쪽 주변에 독립변인 B의 두 수준인 B_1과 B_2가 제시된 것을 확인할 수 있다. 이렇게 이원 요인설계는 독립변인 두 개를 포함하므로, 두 개의 주효과를 확인할 수 있다. 이때 두 주효과는 서로 직교하여 나타나므로, 서로 독립적이다. 즉, A 독립변인의 주효과는 B 독립변인의 주효과와 관계가 없다.

두 번째 효과는 독립변인 간 상호작용(interaction)으로, 한 독립변인이 종속변인에 미치는 영향이 다른 독립변인의 수준에 따라 달라지는 효과를 말한다. 예컨대, 독립변인 A가 종속변인에 미치는 영향이 독립변인 B의 수준에 따라 달라지는 효과다. 주효과는 주변 평균을 기반으로 이해할 수 있지만, 상호작용은 셀 간의 관계를 기반으로 이해할 수 있다. [그림 10-1] (B)의 각 셀을 상세히 들여다보자. 유의미한 상호작용은 $[A_2-A_1]$의 크기가 B_1과 B_2에서 서로 다름을 의미한다. 다시 말하면, A_1의 $[B_2-B_1]$ 크기와 A_2의 $[B_2-B_1]$ 크기가 서로 다르다는 말이다. 주효과가 유의미하다는 것은 주변 평균 기준으로 차이가 있음을 말하는 데 반해, 상호작용이 유의미하다는 것은 주변 평균과 관계없이 셀 간 차이를 기준으로 차이가 있음을 의미하므로, 주효과와 상호작용은 서로 독립적이다.

요인설계는 일원 설계와 비교하여 이러한 고유 특징이 있으며, 이에 따라 분명한 장점

세 가지를 갖고 있다.

첫째, 요인설계는 일원 설계보다 더 효율적인 방법이다. 독립변인 A와 B의 효과에 관해 알고 싶다면, 각각을 독립변인으로 하는 두 개의 일원 설계를 시행할 수 있다. 하지만 이 방식은 두 개의 서로 다른 실험을 시행한다는 것을 의미하므로, 요인설계를 시행할 때보다 더 많은 실험 재료와 준비시간 등이 필요하다. 반면, 요인설계에서는 하나의 실험에서 두 독립변인의 처치효과를 주효과의 형태로 한번에 확인할 수 있다.

둘째, 요인설계에서는 일원 설계에서 확인할 수 없는 효과인 상호작용을 확인할 수 있다. 일원 설계에서는 독립변인 간 결합하는 셀을 구성할 수 없으므로, 일원 설계를 수없이 반복해도 상호작용을 확인할 수는 없다. 하지만 요인설계에서는 하나의 설계에서 둘 이상의 변인이 결합하여 만들어지는 셀들을 바탕으로 그 효과를 확인할 수 있다. 따라서 요인설계의 가장 중요한 목적은 상호작용의 검증이다. 다른 말로 하면, 실험이 상호작용의 검증을 목적으로 하지 않는다면 [그림 10-1] (A)와 마찬가지로 일원 설계를 해도 무방하다.

셋째, 요인설계는 일원 설계보다 외적 타당도가 더 높다. 그 이유를 세 가지로 요약할 수 있다. 첫째, 통제해야 하는 주요 외생변인의 수가 증가한 독립변인의 수만큼 감소한다. 앞서 설명한 것처럼, 일원 설계에서는 독립변인 하나를 제외한 다른 주요 외생변인을 모두 통제해야 하지만, 이원 요인설계에서는 독립변인 두 개를 제외하고 통제한다. 이때 한 독립변인은 다른 독립변인을 기준으로 일원 설계에서의 주요 외생변인에 해당한다. 결과적으로, 일원 설계보다 잠재적 외생변인에 대한 통제를 덜 하는 것과 마찬가지가 된다. 둘째, 한 독립변인의 효과가 다른 독립변인의 다른 수준에서도 관찰되는지를 확인할 수 있다. 일원 설계에서는 하나의 독립변인에 관한 처치효과만을 확인할 수 있지만, 요인설계에서는 한 독립변인 처치의 효과가 다른 여러 상황(즉, 다른 독립변인의 여러 수준)에서 관찰되는가를 실험에서 직접 확인할 수 있다. 셋째, 둘 이상의 독립변인이 동시에 변화할 때 종속변인에 미치는 효과를 확인할 수 있다. 이는 요인설계에서 상호작용을 관찰함으로써 가능한데, 일원 설계보다 현실 세계에서 관찰할 가능성이 더 큰 상황에서 처치효과를 확인할 수 있다.

이렇게 요인설계는 일원 설계보다 외적 타당도 측면에서 더 유리하다. 또한 9장에서 언급한 것처럼, 독립변인 수준의 수를 증가시키면 일상의 다양한 상황에 일반화시킬 가능성이 커진다. 이를 종합하면, 요인설계이면서 독립변인 수준의 수가 많으면 외적 타

당도가 더 높아진다는 의미가 된다. 하지만 9장에서도 설명한 바와 같이 최적의 수준 개수는 연구에 따라 달라지므로 신중하게 결정해야 한다. 또한 외적 타당도도 중요하지만, 실험에서 가장 중요한 것이 인과관계의 확립이므로 내적 타당도가 더 중요하다는 점을 먼저 고려해야 한다.

2) 요인설계의 다양한 형식

요인설계는 둘 이상의 독립변인의 각 수준을 교차결합하여 제시하는 설계 방법이다. 이에 따라 다양한 형태의 설계가 가능하다. 몇 가지 기준을 바탕으로 이를 설명하고자 한다.

첫째, 독립변인의 개수에 따라 이원 요인설계, 삼원 요인설계, 사원 요인설계 등으로 구분한다. 이는 독립변인 개수가 두 개, 세 개, 네 개 등으로 증가할 때 각각을 가리키는 말이다. [그림 10-1]의 (B)가 이원 요인설계를 나타낸다. 삼원 요인설계(three-way factorial design)는 이원 요인설계에 독립변인 하나를 더 추가하여 교차결합한 형태다([그림 10-2]). 삼원 요인설계는 세 개의 독립변인 모두 둘 이상의 수준을 가진 설계로, 가장 간단한 형태는 2×2×2 요인설계가 된다. 삼원 요인설계는 이원 요인설계가 하나 더 추가된 것으로, (A)와 같이 삼차원 큐브 형태의 설계가 되며, 8개의 셀이 구성된다. (B)는 이를 요인 A를 기준으로 두 개의 이원 요인설계 형태로 나타낸 것이다. 독립변인 수준이 각 2개씩인 사원 요인설계는 2×2×2 요인설계가 하나 더 추가된 형태가 되며, 2×2×2×2 요인설계라고 한다. 이때는 삼차원 큐브 두 개가 있는 형태의 설계가 되고, 16개의 셀이 필요하다.

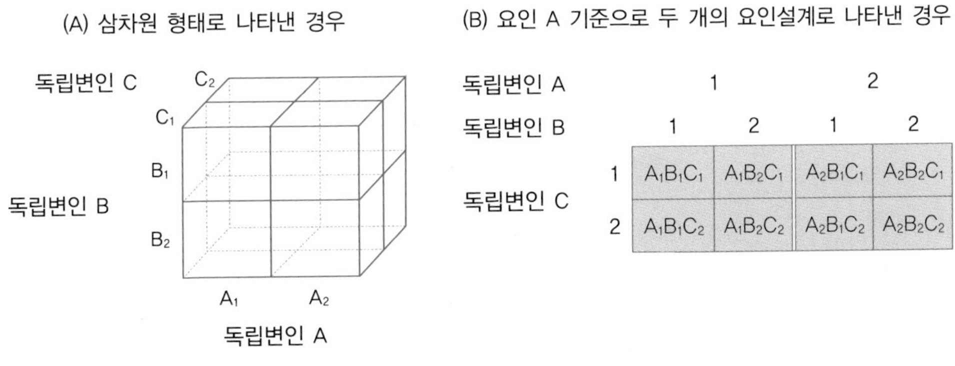

독립변인 A		1		2	
독립변인 B		1	2	1	2
독립변인 C	1	$A_1B_1C_1$	$A_1B_2C_1$	$A_2B_1C_1$	$A_2B_2C_1$
	2	$A_1B_1C_2$	$A_1B_2C_2$	$A_2B_1C_2$	$A_2B_2C_2$

그림 10-2 **삼원 요인설계의 도식**

독립변인 개수가 증가하면 더 많은 현상을 설명할 수 있을 것으로 생각할 수 있지만, 실제로 일상에서 그러한 경우를 만나는 것은 흔치 않은 일이며, 따라서 일반화 가능성을 오히려 감소시킨다. 예컨대, 독립변인 10개가 동시에 변화하는 일상적 상황을 상상할 수 있는가? 또 다른 이유로 대부분의 실험에서 사원 설계 이상은 잘 시도하지 않는다. 그 이유는 바로 상호작용에 대한 통계분석과 해석의 복잡성 때문이다. 따라서 여기서는 주로 이원 요인설계를 바탕으로 설명하며, 삼원 요인설계는 이 장의 마지막에 추가로 설명하고자 한다.

둘째, 반복측정 요인의 포함 여부에 따라 참가자 간 요인설계(between-participants factorial design)와 참가자 내 요인설계(within-participants factorial design), 그리고 혼합 요인설계(mixed factorial design)로 구분한다. 요인설계에 포함된 각 독립변인은 9장에서 설명한 바와 같이 참가자 간, 또는 참가자 내에서 제시할 수 있다. 또한 하나의 요인은 참가자 간, 다른 요인은 참가자 내로 제시할 수도 있는데, 이를 혼합 요인설계라고 한다. 이렇게 반복측정 요인의 포함 여부에 따라 요인설계는 각각 참가자 간 요인설계, 참가자 내 요인설계, 또는 혼합 요인설계라고 부른다.

반복측정 여부에 따른 이러한 세 가지 유형의 요인설계에서 2×2 요인설계를 기준으로 셀당 10명의 참가자를 할당하는 방식을 [그림 10-3]에 제시하였다. (A)는 참가자 간 요인설계로, 각 셀에 서로 다른 참가자가 할당되어 40명이 필요하다. 반면, 참가자 내 요인설계인 (B)는 모든 참가자가 모든 셀에 할당됨으로써 10명이 필요하다. (C)의 혼합 요

(A) 참가자 간 요인설계

		독립변인 A (참가자 간)	
		1	2
독립변인 B (참가자 간)	1	**S01** S02 S03 S04 S05 S06 S07 S08 S09 **S10**	**S11** S12 S13 S14 S15 S16 S17 S18 S19 **S20**
	2	**S21** S22 S23 S24 S25 S26 S27 S28 S29 **S20**	**S31** S32 S33 S34 S35 S36 S37 S38 S39 **S40**

(B) 참가자 내 요인설계

		독립변인 A (참가자 내)	
		1	2
독립변인 B (참가자 내)	1	**S01** S02 S03 S04 S05 S06 S07 S08 S09 **S10**	**S01** S02 S03 S04 S05 S06 S07 S08 S09 **S10**
	2	**S01** S02 S03 S04 S05 S06 S07 S08 S09 **S10**	**S01** S02 S03 S04 S05 S06 S07 S08 S09 **S10**

(C) 혼합 요인설계

		독립변인 A (참가자 간)	
		1	2
독립변인 B (참가자 내)	1	**S01** S02 S03 S04 S05 S06 S07 S08 S09 **S10**	**S11** S12 S13 S14 S15 S16 S17 S18 S19 **S20**
	2	**S01** S02 S03 S04 S05 S06 S07 S08 S09 **S10**	**S11** S12 S13 S14 S15 S16 S17 S18 S19 **S20**

그림 10-3 2×2 요인설계에서 반복측정 요인의 포함 여부에 따른 참가자 할당 방식

인설계는 참가자 내 요인 B에 대해서는 참가자들이 두 셀에 반복하여 참여하는 반면, 참가자 간 요인 A에 대해서는 서로 다른 참가자들이 각 셀에 할당되어 20명이 필요한 것을 확인할 수 있다.

셋째, 요인설계의 요인에 참가자 변인이 포함되는 경우 IV×PV 설계(independent variable × participant variable design)라고 부른다. 이때 삼원 요인설계라면 IV×IV×PV 또는 IV×PV ×PV 같은 형태로 구성될 수 있다. 이때 IV는 독립변인, 즉 연구자가 조작하는 변인을 말하고, PV는 연구자가 조작하지 않는 참가자 변인이다. IV×PV 설계는 실험적 조작이 가해지는 독립변인과 실험적 조작 없이 이미 범주화할 수 있는 개인들을 집단으로 구분하여, 이들 간의 독립변인 처치의 차이를 검증하고자 할 때 사용한다. 이때 조작하지 않는 참가자 변인의 범주화는 연구 목적에 따라 성별, 연령, 학력 등 인구통계학적 변인뿐만 아니라, 성격이나 선호도, 신경학적 특징, 인지능력에서의 개인차 등 다양한 기준을 적용할 수 있다.

만일 IV×PV 설계에서 IV 없이 두 개의 PV만 있다면 어떻게 되는가? 이는 이미 구분된 두 개의 참가자 변인에 대한 종속변인의 차이만을 보는 것으로, 실험의 정의에서 '독립변인을 조작'하는 절차가 없으므로 결국 실험이 아니게 된다. 따라서 연구 결과를 통해 인과관계를 밝힐 수 없다. 반면, IV×PV 설계는 서로 다른 참가자 집단에서 독립변인 처치의 효과가 서로 다르게 나타나는지를 확인하는 목적이기 때문에 실험이다.

2. 이원 요인설계

1) 2×2 요인설계

앞서 2×2 요인설계는 요인설계에서 가장 간단하며 기초가 되는 실험설계라고 하였다. 또한 요인설계의 가장 중요한 목적은 상호작용의 검증이라고 하였다. 이제 이 설계를 어떻게 설계하고 주효과와 상호작용을 어떻게 확인하고 해석할 수 있는지 구체적으로 살펴보자.

(1) 설계 방법

2×2 요인설계를 구성하기 위해서는 가장 먼저 두 요인을 조작적으로 정의하고 그에 따라 처치의 수준을 결정해야 한다. 간단히 생각하면, 두 독립집단 설계를 구성하는 것처럼 두 독립변인의 두 수준을 결정하면 된다. 연구자는 참가자를 모집하여 표본을 구성하고 네 개의 집단에 무선할당한 후, 각 집단의 조건에 해당하는 처치를 시행한다. 그 다음 종속변인을 측정한다.

[그림 10-4]에는 2×2 참가자 간 요인설계를 기준으로 이러한 절차를 제시하였다. 4n에 해당하는 참가자를 모집하여 네 개의 서로 다른 집단으로 무선할당한 후, 각 조건을 처치한 다음, 종속변인을 측정하는 절차다. 참가자 내 요인설계라면, 집단이 아닌 조건이 되며, 처치 순서를 역균형화해야 한다. 그런데 조건의 수가 4개이므로 가능한 제시 순서의 경우의 수가 24개가 된다. 따라서 균형 라틴방진을 사용한 부분 역균형화를 적용하여 실험을 시행하면 된다. 이때 필요한 참가자 수는 n이 되며, 참가자는 서로 다른 처치를 네 번 받게 된다.

혼합 요인설계의 경우에는 참가자들을 2n만큼 모집하여 집단 간 요인에 대해서는 무선할당을 통해 실험집단과 통제집단(A_1과 A_2)을 구성하고, 각 집단 내에서 참가자 내 요인 두 조건(B_1과 B_2)에 대해 역균형화하여 실험을 시행한다. 이 절차를 [그림 10-5]에 제시하였다. 그림에서처럼 먼저 참가자 간 요인(A)을 기준으로 참가자들을 두 집단으로 무선할당하며, 이후 역균형화를 위해 각 집단의 참가자들의 절반과 나머지 절반에 대해 무선적으로 역균형화에 따른 처치 조건을 적용하면 된다.

요인설계에서도 각 요인은 실험조건과 통제조건으로 구성된다. 이때 각 요인의 실험

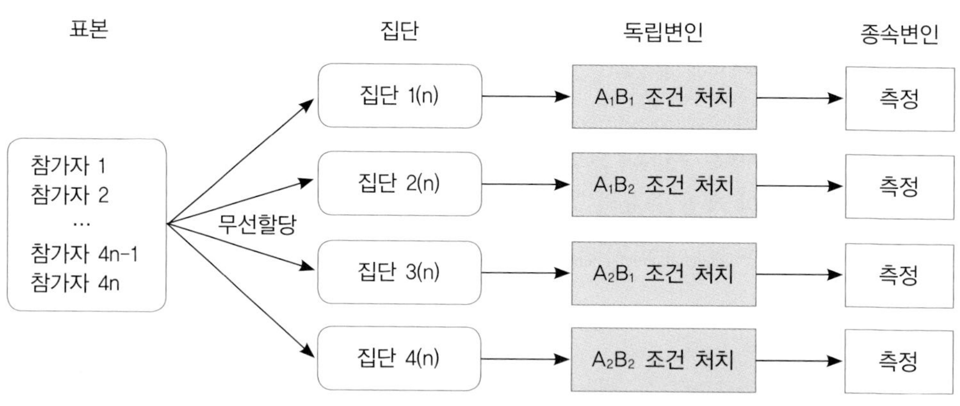

그림 10-4 **요인설계의 절차: 2×2 참가자 간 요인설계**

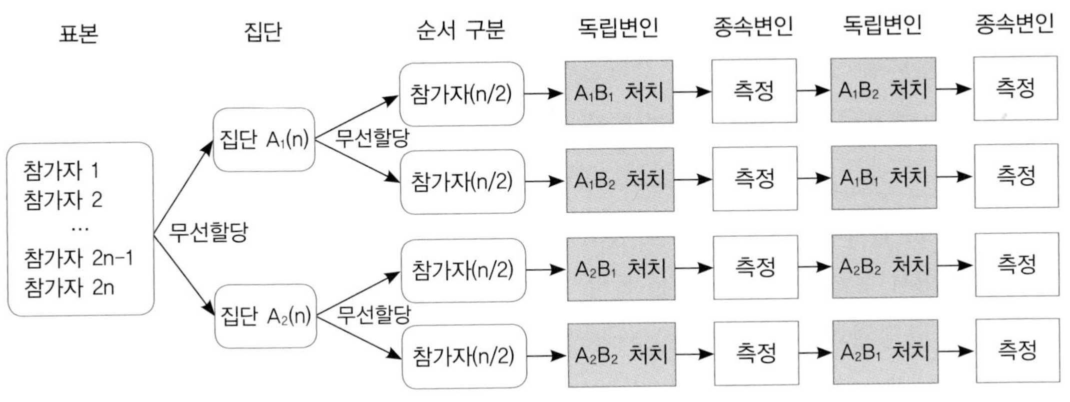

그림 10-5 **요인설계의 절차: 2×2 혼합 요인설계**

조건은 연구자가 관심을 두는 변인의 속성이 강하게 조작되는 강도가 큰 처치를 말하며, 통제조건은 그러한 속성의 처치가 최소화되거나 없는 경우다. 요인설계에서는 두 요인이 결합한 형태이므로, 네 개의 셀 중에 두 요인의 실험조건이 동시에 발생하는 조건(A_2B_2)과 두 요인의 통제조건이 동시에 발생하는 조건(A_1B_1)이 반드시 포함된다. 나머지 두 셀은 각각 A의 실험조건과 B의 통제조건(A_2B_1), A의 통제조건과 B의 실험조건(A_1B_2)이 포함된다. 따라서 [그림 10-2]의 (B)에서 표기된 설계를 통제조건과 실험조건을 사용하여 표기하면 다음 [그림 10-6]과 같다.

참고로, 9장에서 소개한 진실험 설계의 한 유형인 사전사후 설계를 소개하였다. 지금 다시 이 설계를 확인해 보면, 이 설계가 왜 2×2 요인설계인지 분명히 알 수 있다. 즉, 첫 번째 요인은 참가자 간 요인인 독립변인이고, 두 번째 요인은 참가자 내 요인인 측정 시기가 된다. 따라서 두 집단 사전사후 설계는 2×2 혼합 요인설계의 한 형태다. 또한 사전검사의 영향이 있었는지 확인하는 방법으로 솔로몬 네 집단 설계를 설명하였다. 이 또한 요인설계인데, 첫 번째 요인은 독립변인 처치수준(실험조건, 통제조건)이며, 두 번째 요인은 사전검사 시행 여부(사전검사 시행, 사전검사 미시행)가 된다. 두 번째 요인의 한

독립변인 B \ 독립변인 A	1	2
1	A_1B_1	A_2B_1
2	A_1B_2	A_2B_2

➡

독립변인 B \ 독립변인 A	1	2
1	$A_{통제}B_{통제}$	$A_{실험}B_{통제}$
2	$A_{통제}B_{실험}$	$A_{실험}B_{실험}$

그림 10-6 **2×2 요인설계에서 요인별 통제조건과 실험조건의 배치**

수준은 비처치 통제조건이 되는데, 이는 앞에서 실험에 사용하지 말아야 한다고 했지만, 솔로몬 네 집단 설계에서는 사전검사 시행 조건과 미시행 조건을 비교하는 목적이므로, 사전검사 요인에 대한 비처치 통제조건이 포함된 것이다.

(2) 결과의 해석: 주효과와 상호작용

앞서 주효과와 상호작용은 독립적이라고 설명하였다. 하지만 하나의 요인설계를 통해 얻은 결과는 주효과와 상호작용을 동시에 살펴야 하며, 타당한 결론에 도달하기 위해서는 둘 모두를 통합적으로 이해해야 한다. 이를 위해 2×2 요인설계에서 나타날 수 있는 가상의 결과를 이용하여 주효과와 상호작용 각각을 어떻게 확인하고 해석할 수 있는지 설명하고자 한다.

먼저, 상호작용이 없을 때 나타나는 다양한 형태의 결과를 살펴보자. 이를 [그림 10-7]에 제시하였다. 그림의 (A)부터 (D)까지 아래쪽 수식은 주변 평균과 셀 값을 바탕으로, 각각 A의 주효과(A_2-A_1), B의 주효과(B_2-B_1), A×B 상호작용, 즉 $[(A_2B_2-A_1B_2)-(A_2B_1-A_1B_1)]/2$를 계산한 결과를 나타낸다. 이때 상호작용 항에서 2로 나눈 것은 각 셀의 평균이 2회 포함되기 때문에, 주효과와 크기의 단위를 맞추기 위한 단계일 뿐이다. 각각의 계산 결과가 0이 아닌 경우는 해당 요인의 효과가 있다고 생각하면 된다. 물론 실제로 각 효과가 유의미한지는 통계검증 결과에 따르지만, 여기서는 수치상으로 0인지 아닌지를 기준으로만 해석한다. 따라서 이 예에서 (A)는 두 개의 주효과 모두 유의미하지 않은 경우, (B)는 A의 주효과만 유의미한 경우, (C)는 B의 주효과만 유의미한 경우, 그리고 (D)는 두 주효과가 모두 유의미한 경우다. 반면, 상호작용은 모든 경우에서 유의미하지 않은 것을 계산 결과를 통해 확인할 수 있다. 또한 막대 그래프를 선 그래프로 그려보면 두 선분이 서로 평행한 것을 확인할 수 있다. 즉, 그래프에서 두 선분 간 기울기가 같으면 상호작용이 없음을 나타낸다.

주효과만 유의미할 때, 연구자는 해당 독립변인의 수준 변화에 따른 종속측정치의 차이만을 보고하면 된다. [그림 10-7]에 나타난 것처럼 효과에 대한 해석이 상대적으로 쉽다. 예컨대, 첫 번째 요인을 기억 재료 부호화에서의 처리 수준이고, 각 수준이 얕은 처리와 깊은 처리라고 하자. 두 번째 요인은 불안 수준이며, 저불안 조건과 고불안 조건으로 처치했다고 가정하자. 이때 종속측정치가 회상률일 때, (B)에서는 깊은 처리에서의 회상률이 더 높고, (C)에서는 고불안 상태에서 회상률이 더 높으며, (D)에서는 각각 깊은

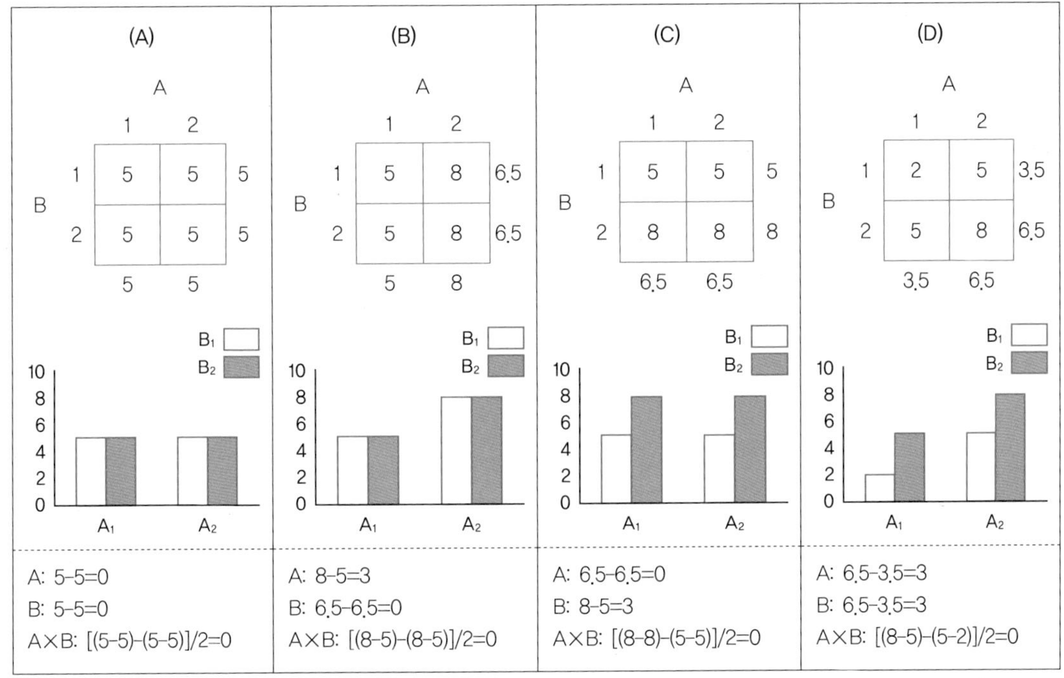

그림 10-7 2×2 요인설계에서 상호작용이 없는 경우의 예시

처리일 때 고불안 상태에서 회상률이 더 높은 것을 말한다.

다음으로, 상호작용이 있을 때 주효과가 나타나는 다양한 형태를 살펴보자. 이를 [그림 10-8]에 제시하였다. 마찬가지로, 수치상 0이 아니면 해당 효과가 유의미하다고 본다. 따라서 어떤 효과가 유의미할 때, 그 크기에 대해서도 해석할 필요 없이 0인가 아닌가만 살펴보면 된다.

각 예는 상호작용이 유의미한 경우로, (A)는 두 개의 주효과 모두 유의미하지 않고, (B)는 A의 주효과만 유의미하고, (C)는 B의 주효과만 유의미하며, (D)는 두 주효과가 모두 유의미하다. 이렇게 상호작용이 유의미한 경우를 그렇지 않은 경우와 비교해 보면, 한 요인의 수준 변화에 따른 종속측정치 차이의 크기가 다른 요인의 수준에 따라 서로 다르다는 점이다. 즉, '한 독립변인이 종속변인에 미치는 영향이 다른 독립변인의 수준에 따라 달라지는 효과'를 확인할 수 있다. 마찬가지로, 각각을 선 그래프로 그려 보면 두 선분이 서로 평행하지 않음을 확인할 수 있다. 즉, 그래프에서 두 선분 간 기울기가 서로 다르면 상호작용이 있음을 나타낸다.

상호작용이 유의미할 때는 해석에 조금 더 심사숙고가 필요하다. 앞서와 동일한 내용

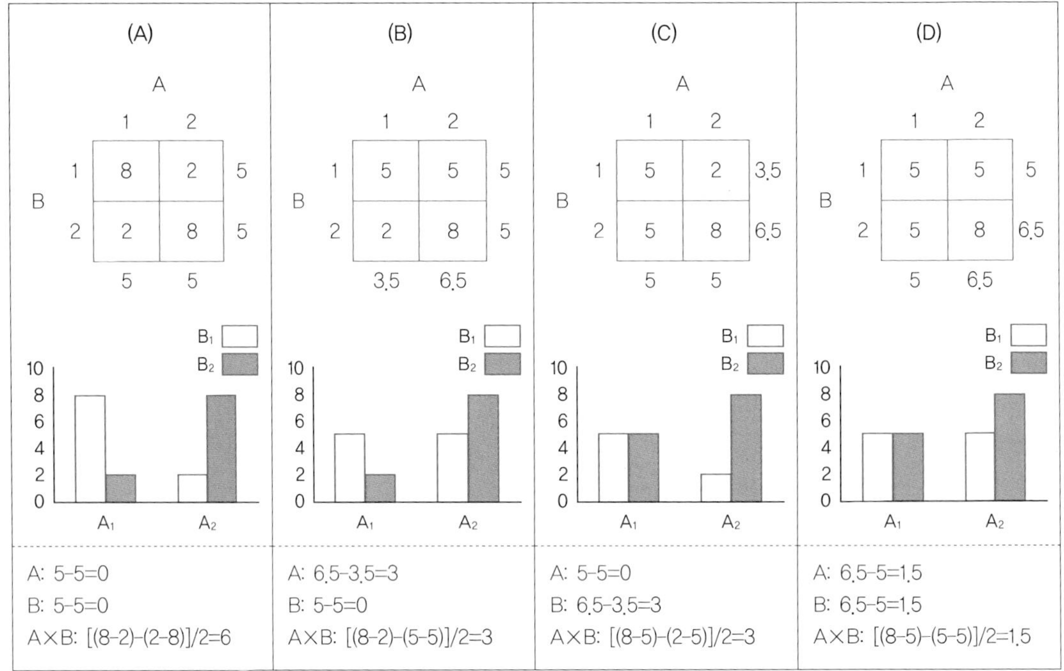

그림 10-8 2×2 요인설계에서 상호작용이 있는 경우의 예시

의 실험이라고 할 때, [그림 10-8]의 (A)는 얕은 처리(A_1)일 때는 고불안 상태(B_2)에서 회상률이 감소하는 반면, 깊은 처리(A_2)일 때에는 고불안 상태(B_2)에서 회상률이 증가하는 것을 확인할 수 있다. 이런 경우 주효과는 유의미하지 않기 때문에 상호작용과 관련지어 설명할 필요가 없다. 하지만 (B)부터는 조금 다르다. (B)는 깊은 처리일 때 회상률이 높은 주효과가 관찰되었고, 저불안 상태에서는 처리 수준과 관계없이 회상률이 동일하였으나, 고불안 상태에서 얕은 처리보다 깊은 처리의 회상률이 더 높게 나타난 경우다. (C)는 고불안 상태에서 회상률이 더 높은 주효과가 관찰되었으며, 얕은 처리 때는 불안 수준이 회상률과 관계없지만 깊은 처리 때에는 고불안 상태에서 회상률이 더 높은 것으로 나타났다.

한편, (D)는 깊은 처리일 때 회상률이 더 높은 주효과와 더불어 고불안 상태에서 회상률이 더 높은 주효과가 모두 나타나며, 깊은 처리이면서 고불안 상태일 때 회상률이 더 높은 상호작용을 보여 준다. 이때 두 주효과가 유의미한 것은 어떤 의미인가? 상호작용에서 나타난 A_2B_2 셀에서의 증가로 인한 효과는 아닌가? 하나의 셀에서 관찰된 측정치가 모든 효과에서 중요하다면 주효과는 어떤 의미를 갖는가? (D)의 경우는 관찰된 주효과가 그 정의인 '각 독립변인이 다른 독립변인의 영향과 관계없이 종속변인에 미치는 효과'라고 할 수 없는 사례다. 이러한 이유로 상호작용이 관찰되었을 때는 주효과에 대한 의미는 크게 중요하지 않다. 이는 하나의 주효과만 나타난 (B)와 (C)의 경우도 마찬가지다.

(3) 상호작용의 해석: 단순효과

앞서 살펴본 것처럼 상호작용이 관찰되었을 때 결과의 해석은 다소 복잡해질 수 있다. 하지만 요인설계의 목적은 상호작용을 확인하는 데 있다. 따라서 상호작용을 구체적으로 확인하는 것은 요인설계의 핵심이 된다. 이를 위해서 상호작용 항인 [$(A_2B_2-A_1B_2)-(A_2B_1-A_1B_1)$]을 두 부분으로 나누어 그 효과를 확인해야 한다. 이러한 분석 방법을 단순효과(simple effect) 또는 단순 주효과(simple main effect)라고 한다. 단순효과는 둘 이상의 독립변인을 포함하는 실험설계에서 한 독립변인의 수준을 고정한 상태에서 관찰되는 다른 독립변인의 효과를 말하는데, 2×2 요인설계에서 이를 계산하는 방법을 [그림 10-9]에 제시하였다. 그림에서 굵은 실선 내의 행(B) 또는 열(A)에서 각각 비교하게 되는데, 각 셀에서 음영으로 칠해진 부분은 그 행 또는 열에 공통으로 포함된 요인의 수준으로, 고정된 수준을 가리킨다.

먼저, 상호작용 항을 [$A_2B_2-A_1B_2$] 부분과 [$A_2B_1-A_1B_1$] 부분으로 분해하여 각각의 크기를 확인함으로써 어떤 부분이 상호작용에 기여하는지를 확인할 수 있다. 이는 B의 각 수준을 고정한 상태에서 각각 A의 효과를 살펴보는 방법이다([그림 10-9]의 (B)). A 수준을 고정하고 B의 효과를 확인하는 경우라면, 상호작용 항을 [$(A_2B_2-A_2B_1)-(A_1B_2-A_1B_1)$]로 표기할 수 있고, 이때는 [$A_2B_2-A_2B_1$] 부분과 [$A_1B_2-A_1B_1$] 부분으로 분해해서 확인해야 한다([그림 10-9]의 (A)).

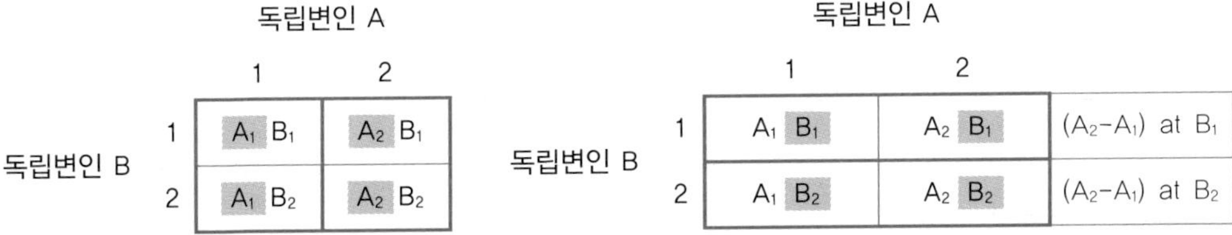

그림 10-9 2×2 요인설계에서 요인별 단순효과 계산의 방법

다음 단계로, 이제 두 주효과가 모두 유의미하고 상호작용 또한 유의미한 다양한 경우에 대해 상호작용이 어떻게 관찰되며, 그 효과를 확인하기 위한 단순효과를 어떻게 계산할 수 있는지 살펴보고자 한다. 물론 유의도 판단은 통계검증 결과를 따라야 한다. 통계검증에서는 효과를 검증하고자 하는 관심 셀을 제외한 다른 모든 셀의 데이터에 대해서 제외하는 방식을 취하기 때문에 검증력이 더 높은 검증을 시행할 수 있다. 상세한 통계적 절차에 관해서는 다른 통계 서적을 참고하면 되겠다. 여기서는 통계검증 절차가 아닌 비교 절차에 관한 논리와 해석에 관해 설명하고자 한다.

이러한 다양한 경우를 [그림 10-10]에 제시하였다. (A)부터 (D)까지 각각 상호작용 항을 기술하는 두 가지 방식을 제시하였고, 두 방식 각각에 대해 단순효과를 계산하는 방법을 나타냈다. 이때 각 상호작용 항과 단순효과 계산 항의 순서를 구체적으로 확인해야 하는데, 여기서는 일관성 있게 2수준을 1수준보다 먼저 제시하였다.

[그림 10-10]의 (A)는 이전 [그림 10-8]의 (D)와 같은 예다. 이때 단순효과는 A를 고정하든 B를 고정하든 A_2B_2 조건으로 인한 증가만 나타나며, 그 둘은 크기가 같다. (B)의 경우에서, A의 효과는 B_2에서는 증가하고 B_1에서는 감소하는 모습으로 나타난다. 이 결과를 B_2가 B_1보다 더 큰 B의 주효과와 함께 고려해 보자. 이 주효과는 A_1에서 B_2가 B_1보다 더 낮은 값을 보이는 단순효과 결과와 상충되며, A_2가 A_1보다 더 큰 A의 주효과 또한 B_1에서 A_2가 A_1보다 더 낮은 결과와 상충된다. 따라서 이렇게 주효과가 유의미한 경우라고 할지라도, 이보다 더 중요한 것은 두 변인 간 상호작용에 따른 해석이다.

(C)는 (A)와 유사하지만, B_1 수준에서는 A의 단순효과가 없고, 나머지 단순효과는 모두 있는 경우다. (D)는 주효과의 방향과 상호작용의 방향이 서로 일치하는 경우로, A와 B 모두 1수준보다 2수준에서 종속측정치가 더 높은 주효과가 있고, 그 효과가 2수준에서 더 크게 나타나는 상호작용이 있다.

이렇게 다양한 유형의 상호작용에 대해 단순효과를 확인할 수 있다. 하지만 가능한 모든 쌍의 단순효과를 확인할 필요는 없다. 단순효과 분석은 상호작용에 관한 가설 검증에서 그 구체적인 출처를 확인하기 위한 목적으로 수행한다. 또한 불필요한 분석을 많이 하게 되면 1종 오류 증가에 대한 유의수준 α의 보정이 필요하므로 실제 효과를 탐지하지 못할 수도 있다.

단순효과 분석에서 한 가지 유의할 사항은, 2×2 상호작용은 그 형태만으로도 상호작

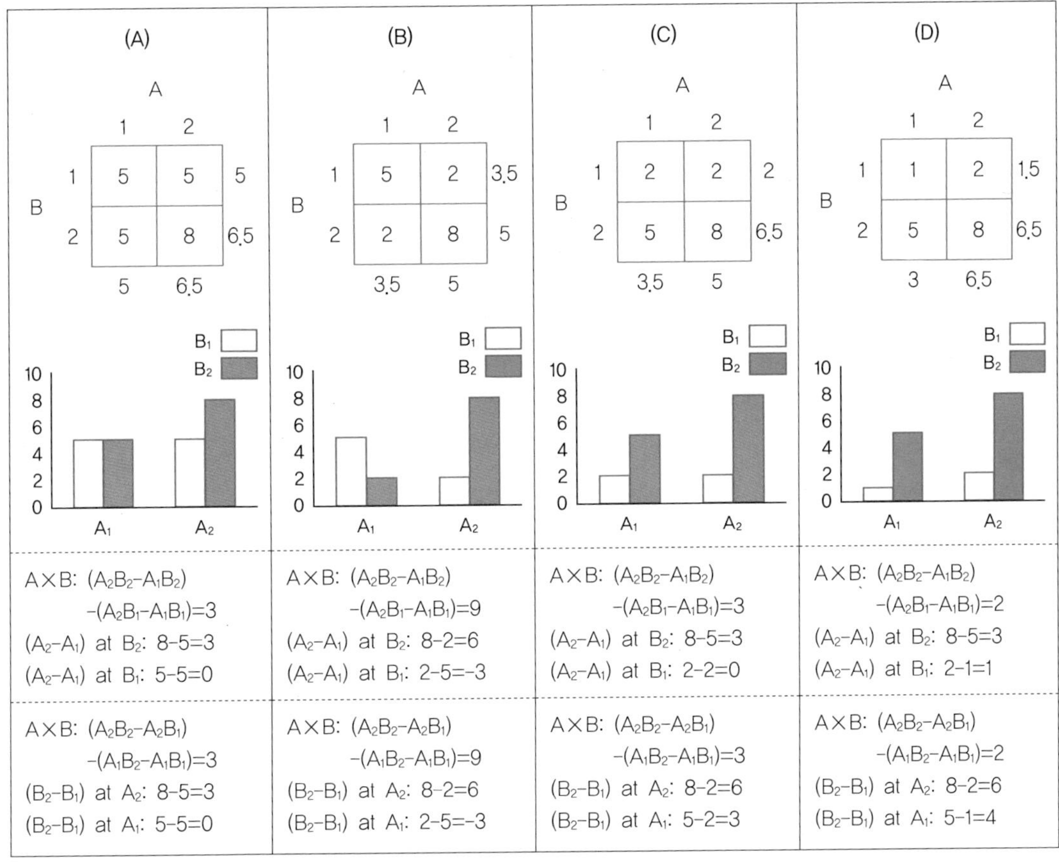

그림 10-10 2×2 요인설계에서 유의미한 상호작용에 대한 단순효과 분석의 예

용의 해석이 가능하므로 분석이 필수적이지 않을 수 있다는 점이다. 연구자의 가설이 첫 번째 수준과 두 번째 수준에서 효과의 크기가 서로 다를 것이라는 2×2 상호작용에 관한 것이라면, 유의미한 상호작용을 확인하는 것만으로도 가설검증은 충족할 수 있다. 따라서 이런 경우에는 단순효과 분석을 반드시 시행할 필요는 없다. 다만, 2×2 요인설계보다 복잡한 설계에서 상호작용이 유의미하다면 반드시 단순효과를 확인해야 한다. 이에 관해서는 이후에 다시 설명한다.

2) 독립변인 수준의 확장

요인설계에서 독립변인을 요인이라고 부른다고 설명하였다. 하나의 요인에는 둘 이상의 수준, 즉 조건이 포함되는데, 이때 조건이라는 용어는 한 독립변인 기준으로 수준을 명명할 때 사용할 수도 있고 전체 요인설계 맥락에서 셀을 나타낼 때 사용할 수도 있다. 따라서 2×2 요인설계에서 독립변인 A는 두 조건을 가지고, 독립변인 B 또한 두 조건을 가지며, 이 요인설계에는 네 개의 조건이 포함된다고도 표현한다. 이 절에서는 독립변인 수준이 확장됨에 따라 조건도 확장되는 원리를 확인하고, 주효과와 상호작용이 어떻게 나타날 수 있는지를 살펴보고자 한다.

(1) 설계 방법

9장에서는 일원 설계에서 독립변인 수준을 셋 이상으로 확장하는 절차에 관해 설명하였다. 요인설계에서는 독립변인의 수가 둘 이상이므로, 각 독립변인에서 수준의 수를 확장할 수 있다. 일원 설계에서와 마찬가지로, 얼마나 많은 수준을 포함하는지는 연구 목적에 따라 달라질 것이다. 이 절에서는 각 요인에서 수준의 수를 확장하는 과정을 살펴보는데, 이원 요인설계에서 각 수준의 수를 확장한 예를 [그림 10-11]에 제시하였다.

요인설계에서는 각 독립변인의 수준을 교차결합하여 제시한다고 하였다. 즉, A와 B의 두 독립변인 각 수준이 다른 독립변인 각 수준과 교차결합하므로, 독립변인 A가 세 수준으로 증가하고 독립변인 B가 이전처럼 두 수준이라면 [그림 10-11]의 (A) 형태가 된다. 이를 3×2 요인설계라고 한다. 반면, 독립변인 A가 두 수준이고 B가 세 수준이라면 (B)와 같이 2×3 요인설계가 된다. 또한 둘 다 세 수준이라면 (C)처럼 3×3 요인설계가 된다. 이렇게 각 요인에서 수준의 수를 증가시키면서 완전한 행렬을 만들면 수준의 수가 확장된다. 이때 포함되는 셀의 수는 [첫 번째 요인의 수준 수 × 두 번째 요인의 수준 수]가 된다.

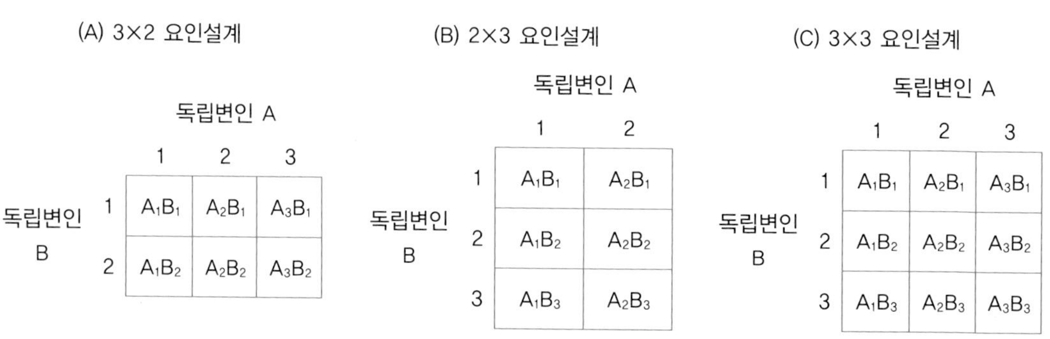

그림 10-11 **이원 요인설계에서 요인별 수준 수의 확장**

(2) 결과의 해석: 주효과와 상호작용

앞선 2×2 요인설계를 확장하여 3×2 요인설계에서 주효과와 상호작용이 유의미한 경우에 나타날 수 있는 다양한 형태를 살펴보자. 먼저, 상호작용이 없고 주효과만 유의미할 때 나타날 수 있는 결과의 다양한 예를 [그림 10-12]에 제시하였다.

[그림 10-12]의 네 가지 예는 A와 B 두 요인의 주효과가 나타나는 방식을 보여 준다. 이때 요인 A는 세 개의 조건을 갖고 있으므로, 주효과를 확인하는 방법은 쌍으로 비교한 다음, 그 결과를 통합하는 것이다. 즉, 그림에 제시한 A_3-A_2, A_2-A_1의 결과를 통합하여 고려함으로써 요인 A의 주효과를 확인할 수 있다. 이러한 절차를 사용하는 이유는 변량분석의 결과가 세 조건 중에서 어느 한 조건만이라도 다르다면 주효과가 유의미하게 나타나기 때문이다. 요인 B의 경우는 조건이 둘이므로 이전의 2×2 요인설계에서와 마찬가지다.

결과적으로, (A)와 (B)는 요인 A만 유의미한 경우를 나타내는데, (A)는 A_2와 A_1에서의 차이에 기인하는 반면, (B)는 A_3와 A_2, A_2와 A_1의 차이 모두에 기인하는 형태다. 반면, (C)는 요인 B의 주효과만 유의미한 경우를 보여 준다. 끝으로, (D)는 두 요인 모두의 주효과가 유의미한 경우를 나타내고 있다.

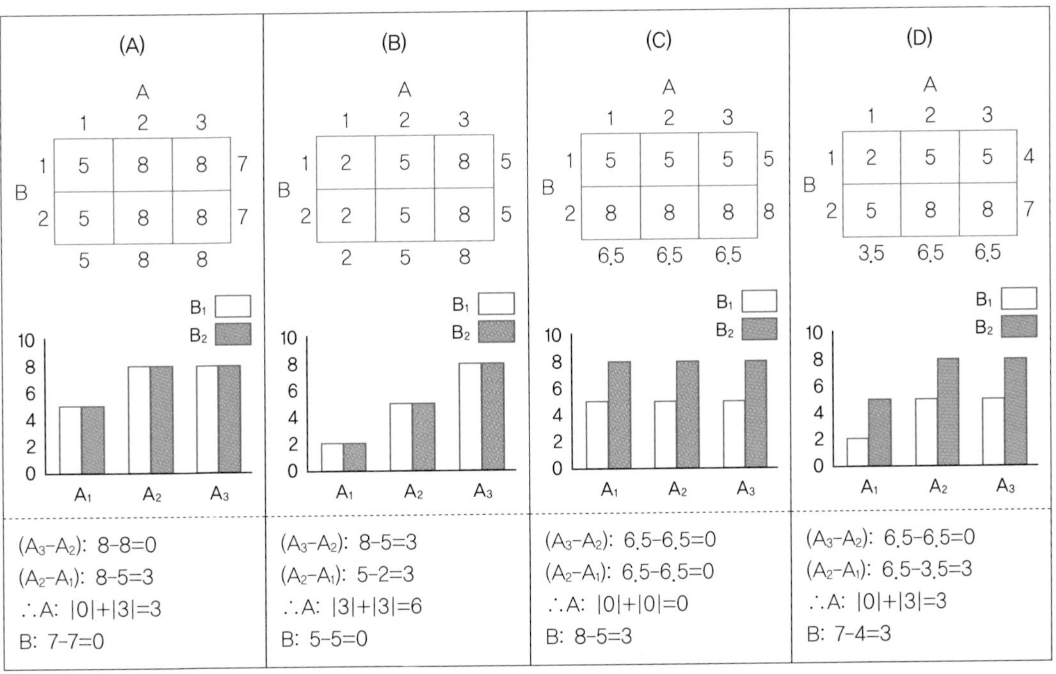

그림 10-12 3×2 요인설계에서 상호작용 없이 주효과가 나타나는 경우의 예시

[그림 10-12]에서는 상호작용에 관해 표시하지 않았는데, 그 효과는 모두 0이다. 반면, [그림 10-13]에는 두 개의 주효과와 상호작용이 모두 유의미한 경우에 나타날 수 있는 결과를 보여 주며, 주효과와 상호작용의 계산 결과는 모두 0보다 크다. 다만, 이 값은 통계분석 결과에서 나오는 값이라기보다는 각 효과의 존재 여부만을 판단하기 위한 것임을 기억해야 한다.

상호작용을 확인하는 방법 또한 앞선 세 조건이 포함된 요인의 주효과를 확인하는 방식과 유사하다. 즉, A의 각 수준에서 나타난 B_1과 B_2 간 차이를 통합하여 A×B 상호작용을 확인할 수 있다. 상호작용의 정의인 '한 독립변인이 종속변인에 미치는 영향이 다른 독립변인의 수준에 따라 달라지는 효과'를 다시 상기하면 된다. 이때 요인 A의 수준이

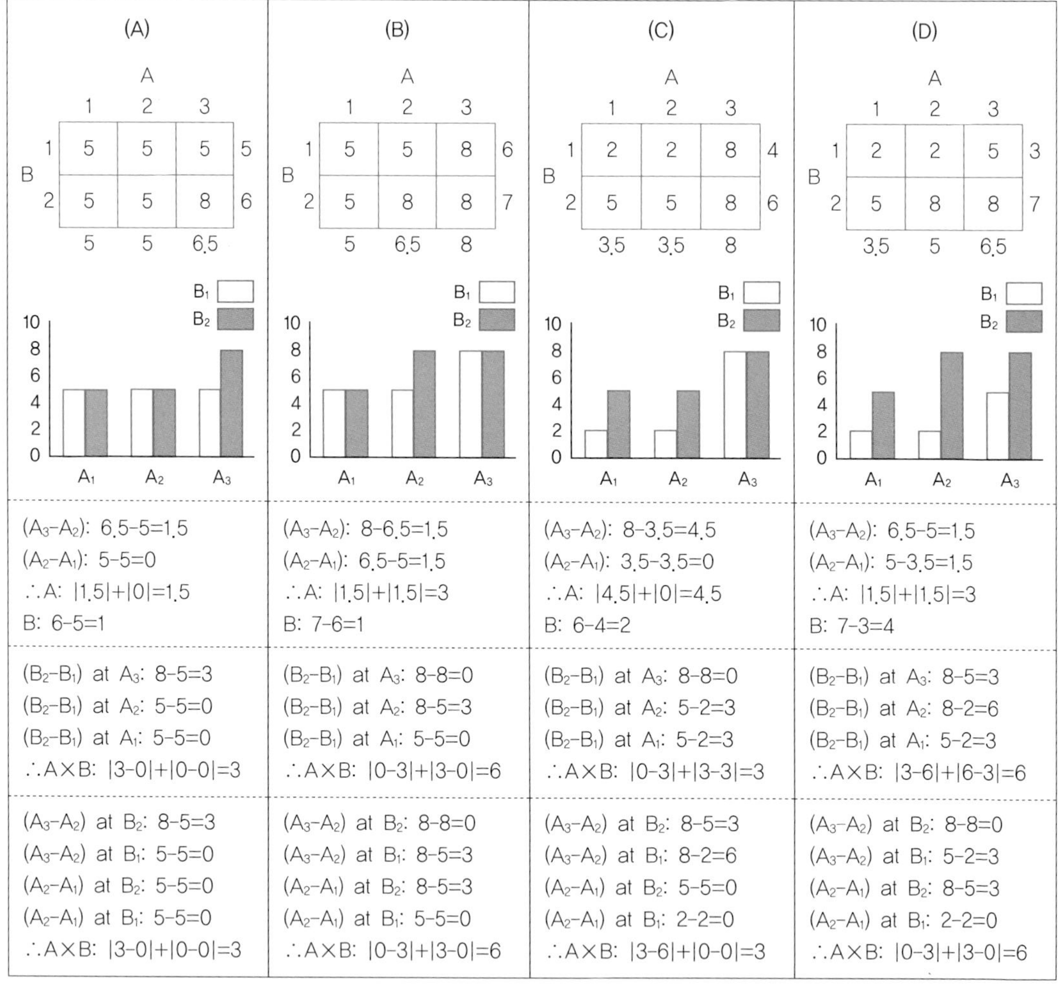

그림 10-13 3×2 요인설계에서 상호작용이 주효과와 함께 나타나는 경우의 예시

셋이므로, A의 어느 한 수준에서라도 B_1과 B_2 간 차이의 크기가 다른 수준의 차이 값과 다르다면 상호작용이 발생한 것이다.

(3) 상호작용의 해석: 단순효과

요인의 수준이 모두 두 개로 구성된 2×2 요인설계에서는 상호작용에 대한 단순효과 분석은 매우 단순하다. 하지만 3×2 요인설계에서는 조금 양상이 달라진다. 요인 A의 수준이 셋이므로, B_1과 B_2 간 차이의 크기가 어느 수준과 어느 수준에서 서로 다른지 구체적으로 확인해야 한다. [그림 10-13]에 상호작용에 대한 단순효과를 제시하였다. 다시 말하지만, 여기서는 통계분석 절차에 대해서 다루지는 않는다. 다만, 상호작용이 어떤 형태로 나타날 수 있는지를 이해하기 위한 목적으로 설명하고자 한다. 또한 2×2 요인설계의 예에서와 마찬가지로, 주효과가 유의미한 경우라고 할지라도, 더 중요한 것은 두 변인 간 상호작용이다.

3×2 요인설계도 2×2 요인설계에서와 마찬가지로, 요인의 수가 두 개이므로 각 요인의 한 수준에서 다른 요인의 수준 간 종속측정치의 차이가 어떻게 나타나는지를 확인해야 한다. 먼저, 요인 A의 각 수준을 고정한 다음, B의 두 수준 간 차이, 즉 단순효과를 계산하면 세 개의 결과가 산출된다. (A) 예에서 B의 단순효과는 A_1과 A_2에서 크기가 0으로 동일하며, A_3에서는 3으로 나타나, A_1 및 A_2와 서로 다르다. 따라서 이 예에서 상호작용은 다른 조건과 비교하여 A_3B_2 조건에서 B 효과의 증가로 인해 발생한 것으로 해석할 수 있다. 요인 B를 고정한 A의 단순효과를 기준으로 하면 A_3B_2 조건에서 A 효과의 증가로 인한 것으로 해석할 수 있다. 즉, A를 기준으로 B의 변화를 해석하거나, A를 기준으로 A의 변화를 해석하는 것 둘 다 가능하다. 다만, 연구 목적에 따라 더 적합한 방식으로 해석하면 된다.

이러한 방식으로, (B)와 (D)의 예에서 B 단순효과의 크기는 A_1과 A_3 수준에서 서로 같지만, A_2에서는 이와 다른 크기를 보인다. B를 고정하고 확인한 A_3와 A_2의 차이, 그리고 A_2와 A_1의 차이 또한 B_1과 B_2에서 서로 반대의 형태를 보인다. (C)는 A_1과 A_2에서는 B의 단순효과가 같지만, A_3에서 이들과 서로 다름을 알 수 있다. 또한 B를 고정한 상태에서 확인한 A_3과 A_2의 차이는 B_1과 B_2에서 다르지만, A_2와 A_1의 차이는 B_1과 B_2에서 동일하다.

3. 고차 요인설계: 셋 이상의 독립변인

1) 고차 요인설계의 구성

삼원 요인설계에서는 [첫 번째 요인의 수준 수 × 두 번째 요인의 수준 수 × 세 번째 요인의 수준 수]만큼의 셀이 만들어진다. 2×2×2 요인설계에서는 8개의 셀이, 3×3×3 요인설계라면 27개의 셀, 즉 조건이 만들어진다. 이는 각 셀에 세 요인의 어느 한 수준이 모두 포함된다는 의미가 된다. 조건의 수가 가장 적은 경우에도 8개의 조건이 포함되므로, 대체로 삼원 설계는 참가자 간 요인과 참가자 내 요인이 함께 포함되는 혼합 요인설계의 형태가 많다.

사원 요인설계 이상은 상호작용이 유의미할 때 그 의미를 정확히 해석하기 어려울 뿐만 아니라, 실험의 시행 또한 매우 복잡하여 대체로 하지 않는다. 또한 앞서 언급한 바와 같이, 오히려 외적 타당도가 낮아질 수 있으므로 설계의 필요성이 그다지 요구되지 않는다. 요인 내 수준의 개수가 증가하면 증가할수록 이는 더욱 그러하다.

다만, 요인설계의 형식을 갖지만, 종종 불완전한 형태로 설계할 수는 있는데 이를 내재설계(nested design) 또는 위계적 설계(hierarchical design)라고 한다. 내재설계는 요인에 포함된 모든 수준 간 교차결합하는 형식이 아니라 일부만 결합하도록 하는 설계다. 예컨대, 요인 A의 1수준은 요인 B의 1 및 2 수준과 결합하고, A의 2수준은 요인 B의 3 및 4 수준과 결합하는 것처럼 설계할 수 있다. 따라서 이원 설계에서도 내재설계를 고안할 수 있고, 삼원 또는 사원 설계에서 내재설계를 사용할 수 있다. 이 설계의 장점은 요인에 포함되는 수준의 수가 많지만, 일부에 대해서는 연구자의 관심이 아니거나, 또는 그렇게 결합할 수 없는 수준들에 대해서 요인 간에 서로 결합하지 않도록 하여, 효과적인 시행이 가능하고, 검증력이 높아진다는 점이다(Krzywinski, Altman, & Blainey, 2014).

2) 삼원 요인설계: 세 개의 독립변인

(1) 설계 방법

요인설계에서는 모든 요인의 모든 수준이 서로 교차결합한다고 하였다. 삼원 요인설

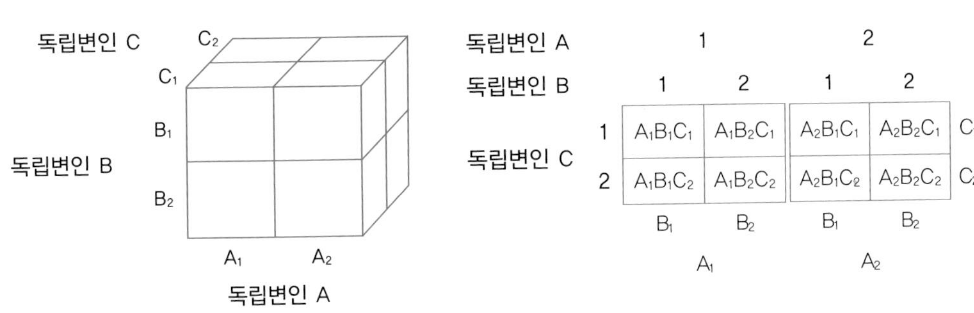

그림 10-14 **2×2×2 요인설계의 방법**

계는 요인이 세 개이므로 세 요인의 모든 수준이 교차결합한다. 2×2×2 요인설계를 나타낸 [그림 10-14]를 보자. 이때 한 요인의 한 수준은 여덟 개의 셀 중에서 네 개의 셀에 포함되는데, (B)를 보면 이를 구체적으로 확인할 수 있다. 이렇게 각 셀은 세 요인의 특정 수준 하나씩을 반드시 포함하게 된다.

(2) 결과의 해석: 주효과와 상호작용

주효과는 각 요인의 각 수준이 포함된 셀에서 관찰된 종속측정치 평균을 바탕으로 계산한다. [그림 10-14]에 제시된 바와 같이, 2×2×2 요인설계에서는 셀 안에 각 요인의 각 수준이 포함되며, 한 요인의 한 수준이 포함된 셀(예: A_1이 포함된 모든 셀)들의 평균과 그 요인의 다른 수준이 포함된 셀(예: A_2가 포함된 모든 셀)들의 평균에서의 차이가 해당 요인의 주효과가 된다. 따라서 주효과는 세 개가 된다. 예컨대, (A)에서 볼 수 있듯이 주변 평균의 차이인 A_2-A_1, B_2-B_1, C_2-C_1을 계산하여 확인할 수 있으며, (B)에서도 마찬가지다. 다만, (B)에서는 B_1과 B_2에 대해 주변 평균이 각각 두 번 표현되어 있으나, 이들의 평균으로 보면 된다.

앞서 이원 요인설계의 목적이 상호작용을 확인하기 위한 것이라고 설명하였다. 삼원 요인설계의 목적 또한 상호작용을 확인하기 위한 것이다. 그런데 삼원 요인설계에서는 이원 요인설계와 달리, 상호작용이 하나가 아니다. 이때 상호작용은 두 개의 차원으로 볼 수 있다. 먼저, 이원 요인설계에서처럼 이원 상호작용을 확인할 수 있는데, 요인이 세 개이므로 A×B, A×C, B×C의 상호작용을 확인할 수 있다. A×B 상호작용은 C의 각 수준을 고려하지 않고 요인 A가 종속변인에 미치는 영향이 요인 B의 수준에 따라 달라지는지를 보면 된다. A×C와 B×C 상호작용도 마찬가지 방식으로 상호작용을 확인할 수 있다.

삼원 요인설계에서 가장 중요한 것은 이원 요인설계에서 확인할 수 없는 삼원 상호작용을 확인할 수 있다는 점이다. 이때 삼원 상호작용은 요인 A가 종속변인에 미치는 영향이 요인 B의 수준에 따라 달라지는 정도가 요인 C의 수준에 따라서 달라지는 효과를 의미한다. 즉, '두 요인 간 상호작용의 양상이 세 번째 요인에 의해 달라지는가'다. 예컨대, A×B 상호작용이 C_1에서는 나타나지 않고 C_2 수준에서 나타났거나, A×B 상호작용이 C_1에서는 A_2B_2 셀에서 증가하는 형태지만 C_2 수준에서는 해당 셀에서 감소하는 형태로 나타났다면 삼원 상호작용이 관찰되었다는 의미다.

[그림 10-15]에는 삼원 상호작용이 유의미하지 않거나 유의미한 경우 각각을 제시하였다. (A)에서는 세 주효과가 모두 유의미하고, B×C 이원 상호작용은 유의미하지만, 다른 이원 및 삼원 상호작용이 유의미하지 않은 예를 보여 준다. (B)는 B와 C의 두 주효과가 유의미하고, 세 가지 이원 상호작용뿐만 아니라, 삼원 상호작용 또한 유의미한 예를 보여 주고 있다. 이때 주효과는 각 요인의 주변 평균을 통해 쉽게 확인할 수 있다. 즉, 한 요인의 한 수준이 포함된 모든 셀의 평균을 산출하여 그 요인의 다른 수준이 포함된 모든 셀의 평균과 비교하면 된다.

이원 상호작용은 해당 두 요인의 각 수준에 대해 나머지 한 요인의 모든 수준에 대한 평균을 계산한 후 이원 상호작용을 확인하는 방식을 사용하면 된다. 예컨대, A×B 상호작용은 C_1과 C_2를 고려하지 않고 C의 평균을 사용하면 되는데, 그림의 (A)에서는 C의 수준을 고려하지 않고, $[A_2B_2-A_1B_2]$와 $[A_2B_1-A_1B_1]$의 차이, 즉 [(6.5-3.5)-(5-2)]의 계산을 통해 확인할 수 있다. 마찬가지로, A×C 상호작용은 B의 수준을 고려하지 않고 $[A_2C_2-A_1C_2]$와 $[A_2C_1-A_1C_1]$의 차이를 통해 확인할 수 있으며, B×C 상호작용은 A 수준은 고려하지 않고 $[B_2C_2-B_1C_2]$와 $[B_2C_1-B_1C_1]$의 단순 차이를 통해 확인할 수 있다. 이런 방식을 통해 A×B 및 A×C 상호작용은 유의미하지 않지만, B×C 이원 상호작용이 나타났음을 확인할 수 있다.

A×B×C 상호작용은 A_1과 A_2 수준 각각에서 나타나는 B×C 상호작용의 크기를 비교함으로써 확인할 수 있다. 이원 상호작용에서 한 요인의 각 수준을 고정한 다음, 세부 항을 분석한 것과 마찬가지로 삼원 상호작용에서도 A 요인의 각 수준을 고정하고 나타나는 B×C 상호작용을 확인하는 절차를 단순 상호작용 분석(simple interaction analysis)이라고 한

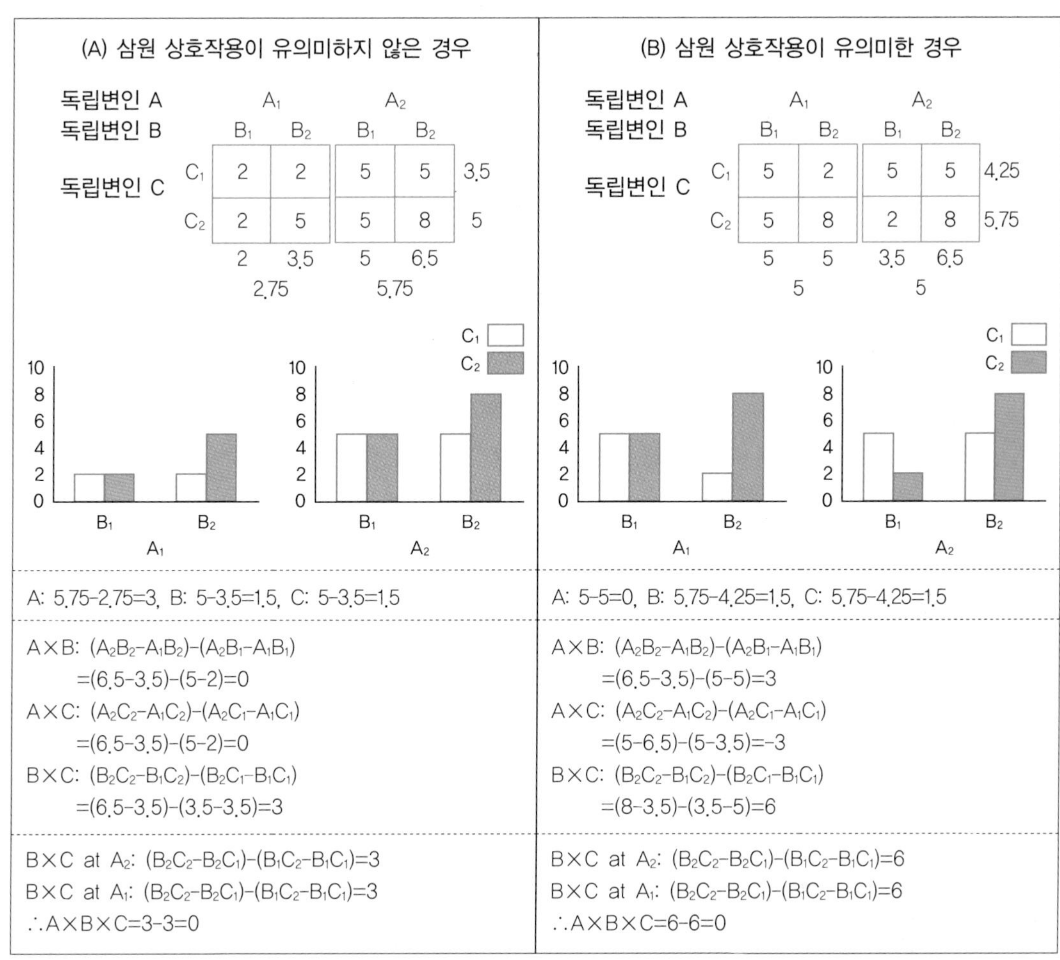

그림 10-15 2×2×2 요인설계에서 주효과와 상호작용이 나타나는 경우의 예시

다. 또는 C_1과 C_2 수준을 고정한 상태에서 나타나는 A×B 상호작용의 크기를 비교하거나 B_1과 B_2 수준에서 나타나는 A×B 상호작용의 크기를 비교할 수도 있다. 이 결과에서 서로 차이가 있으면 삼원 상호작용이 유의미하다고 보면 된다. 단, 이 값이 0이 되더라도 [그림 10-15]의 (B)의 예처럼 삼원 상호작용이 유의미할 수 있다. 이렇게 삼원 상호작용은 이원 상호작용보다 해석하는 과정이 쉽지 않다. 이는 다음의 단순효과와 함께 설명하기로 한다.

(3) 상호작용의 해석: 단순효과

앞서 상호작용을 해석하기 위해서는 단순효과 분석이 필요하다고 설명하였다. 당연하게도, 이는 삼원 요인설계에서도 마찬가지다. 앞서 설명한 바와 같이 삼원 요인설계는 세 개의 이원 상호작용과 하나의 삼원 상호작용을 확인할 수 있다. 이원 상호작용이 유의미한 경우 이원 요인설계와 같은 방식의 단순효과를 확인하면 된다. 다만, 두 요인 간 상호작용은 다른 요인의 전체 수준 평균을 사용한다는 점이 다르다. 이런 방식으로 살펴보면, [그림 10-15] (A)의 B×C 상호작용은 [$B_2C_1-B_1C_1$]에서 차이가 없는 것에 비교하여 [$B_2C_2-B_1C_2$]에서 관찰된 효과, 즉 [(6.5-3.5)-(3.5-3.5)]에 기인한다.

[그림 10-15] (B)의 경우, A×B 상호작용은 [$A_2B_1-A_1B_1$]에서는 차이가 없지만 [$A_2B_2-A_1B_2$]에서 차이가 있음에 기인하며, A×C 상호작용은 [$A_2C_2-A_1C_2$]와 [$A_2C_1-A_1C_1$] 차이의 방향이 반대인 것에 의해 나타난다. B×C 상호작용 또한 [$B_2C_2-B_1C_2$]와 [$B_2C_1-B_1C_1$] 차이가 서로 반대로 나타나는 것에 기인한다.

한편, 앞서 (B)는 삼원 상호작용이 유의미하지만 두 이원 상호작용 크기의 차이 값이 0인 점을 언급하였다. 계산된 차이 값은 A_1과 A_2에서 각각 산출된 A×B 상호작용의 크기로, 그 값이 동일하여 결과적으로 0이 된 경우다. 하지만 그래프를 보면 A_1과 A_2에서 상호작용의 형태가 다른 점을 알 수 있다. 구체적으로, A_1 수준에서는 B_1C_1과 B_1C_2는 값이 같고 B_2C_1와 B_2C_2는 차이가 있는 형태지만, A_2 수준의 B_1에서는 C_2가 더 작고, B_2에서는 C_2가 더 큰 형태를 보인다. 이렇게 단순 상호작용 분석에 따른 상호작용 항의 크기가 같음에도 불구하고 삼원 상호작용이 유의미할 수 있으므로, 계산 결과에 따라 삼원 상호작용이 나타나지 않더라도 차이의 방향을 확인해야 한다. 더 나아가, 이를 계산할 수도 있는데, 구체적인 해석을 위해서는 다음과 같이 각 단순 상호작용 항에 대해 이원 상호작용에서처럼 단순효과 분석을 시행해야 한다.

[그림 10-16]의 두 예에서 보여 주듯이, A_1과 A_2 수준에서 각 이원 상호작용이 서로 크기가 동일하지만, 삼원 상호작용이 유의미하지 않은 (A)의 경우, A_2 수준에서 이원 상호작용에 대한 단순효과 분석 결과와 A_1 수준에서의 결과가 서로 동일한 것을 알 수 있다. 반면, (B)의 경우에는 A_2 수준에서는 각각 3과 -3으로 계산되고, A_1 수준에서는 6과 0으로 계산되어 있음을 알 수 있다. 즉, B×C 상호작용의 방향이 A_1과 A_2에서 서로 다르게 나타나는 것을 구체적인 수치를 통해 확인할 수 있다.

이렇게 삼원 상호작용에 대한 구체적인 해석은 그 절차가 단순하지 않다. 이에 더하여, 세 개의 이원 상호작용이 동시에 유의미한 경우에 직면할 경우, 이를 하나의 기준에서 이해하거나 해석하기에는 상당한 어려움이 따른다. 특히 요인에 세 수준 이상이 포

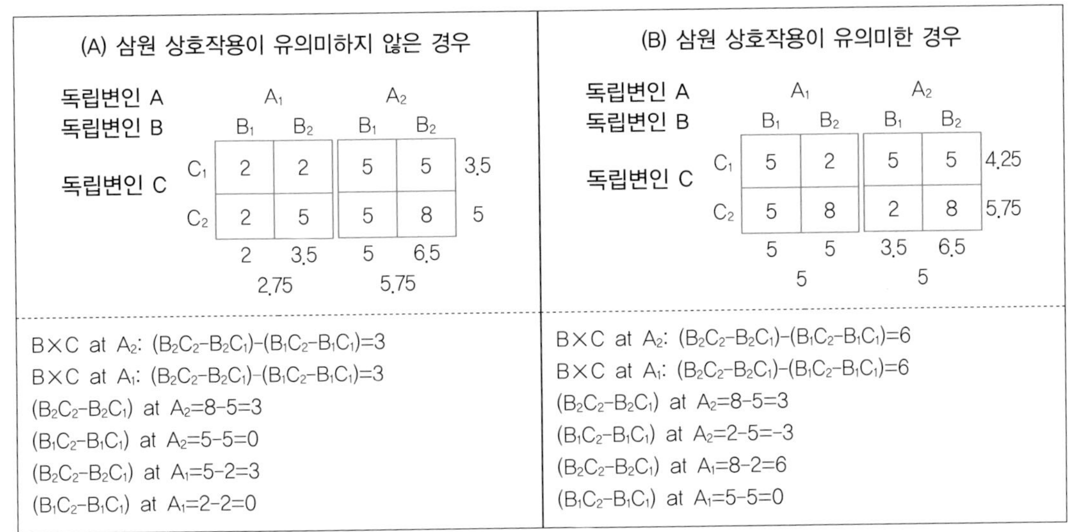

(A) 삼원 상호작용이 유의미하지 않은 경우
독립변인 A
독립변인 B
독립변인 C
A1 A2
B1 B2 B1 B2
C1 2 2 5 5 3.5
C2 2 5 5 8 5
2 3.5 5 6.5
2.75 5.75
B×C at A2: (B2C2−B2C1)−(B1C2−B1C1)=3
B×C at A1: (B2C2−B2C1)−(B1C2−B1C1)=3
(B2C2−B2C1) at A2=8−5=3
(B1C2−B1C1) at A2=5−5=0
(B2C2−B2C1) at A1=5−2=3
(B1C2−B1C1) at A1=2−2=0
(B) 삼원 상호작용이 유의미한 경우
독립변인 A
독립변인 B
독립변인 C
A1 A2
B1 B2 B1 B2
C1 5 2 5 5 4.25
C2 5 8 2 8 5.75
5 5 3.5 6.5
5 5
B×C at A2: (B2C2−B2C1)−(B1C2−B1C1)=6
B×C at A1: (B2C2−B2C1)−(B1C2−B1C1)=6
(B2C2−B2C1) at A2=8−5=3
(B1C2−B1C1) at A2=2−5=−3
(B2C2−B2C1) at A1=8−2=6
(B1C2−B1C1) at A1=5−5=0

그림 10-16 2×2×2 요인설계에서 삼원 상호작용 해석을 위한 단순효과 분석의 예시

함된다면 더욱 어려워질 것이다. 통계분석을 통해 이원 상호작용이 유의미하다면, 그 이후 삼원 상호작용을 이원 상호작용의 틀 안에서 설명해야 할 수도 있고, 독립적으로 설명해야 할 수도 있다. 또한 추가적인 단순 상호작용과 단순효과 분석을 통해 그 효과의 방향성을 구체적으로 해석해야만 실험 결과를 충분히 이해할 수 있다.

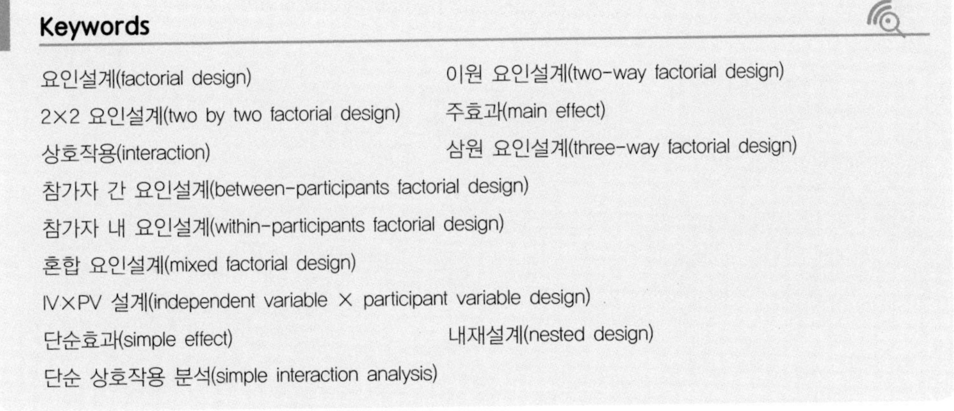

Keywords

요인설계(factorial design)
이원 요인설계(two-way factorial design)
2×2 요인설계(two by two factorial design)
주효과(main effect)
상호작용(interaction)
삼원 요인설계(three-way factorial design)
참가자 간 요인설계(between-participants factorial design)
참가자 내 요인설계(within-participants factorial design)
혼합 요인설계(mixed factorial design)
IV×PV 설계(independent variable × participant variable design)
단순효과(simple effect)
내재설계(nested design)
단순 상호작용 분석(simple interaction analysis)

Review Questions

1. 요인설계를 정의하시오.
2. 주효과와 상호작용을 각각 정의하시오.
3. 요인설계를 시행하는 가장 큰 이유는 무엇인가?
4. 요인설계의 외적 타당도가 일원 설계보다 더 높은 이유는 무엇인가?
5. 대부분의 실험에서 사원 요인설계 이상을 잘 시도하지 않는 실제적인 이유는 무엇인가?
6. A, B, C의 세 요인이 포함된 삼원 요인설계에서, 삼원 상호작용을 정의하시오.
7. A(3)×B(3)×C(2) 요인설계에서 C 요인이 참가자 내 요인인 혼합 요인설계일 때, 셀당 30명이 포함된다면 필요한 참가자 수는 몇 명인가?
8. 단순효과란 무엇인가?

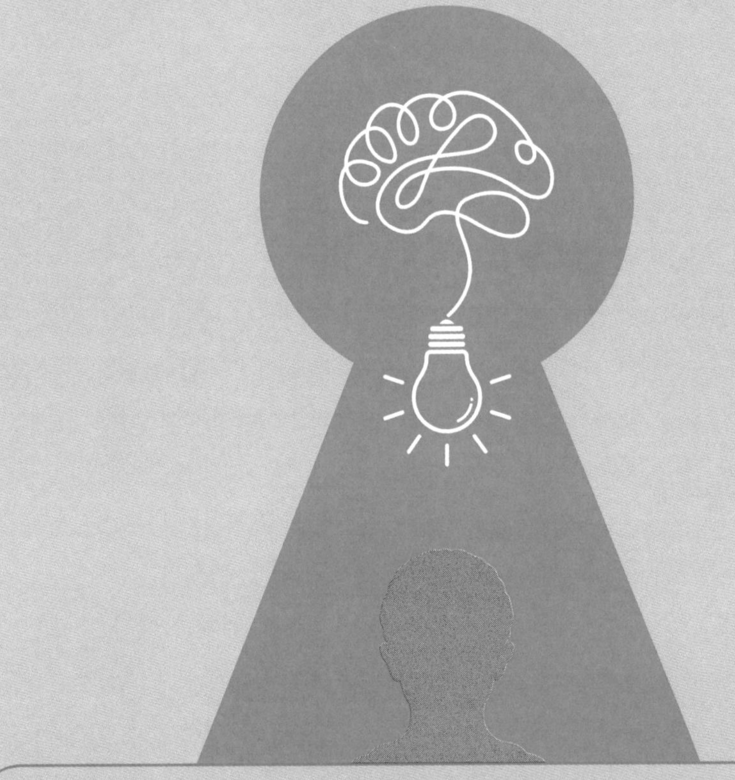

제11장

준실험과 단일사례 설계

1. 준실험
    1) 준실험의 개념
    2) 준실험설계의 유형
    3) 발달연구

2. 단일사례 설계
    1) 역전 설계
    2) 다중 기저선 설계

앞선 몇 개의 장들에서는 모두 실험에 관한 내용을 다루었다. 하지만 실험 절차를 통해 연구를 수행하고자 해도 종종 통제나 무선할당 등에서 심각한 어려움에 맞닥뜨리며, 결과적으로 실험 절차를 온전하게 따르지 못하는 연구를 수행해야 하는 경우가 있다. 또한 일정 수 이상의 참가자를 모집하여 집단을 구성하는 것이 아니라 특정 사례나 소수의 개인에게 처치의 효과를 확인하기 위한 목적으로 실험 절차를 적용해야 하는 경우도 발생한다. 11장은 이러한 경우들에서 적용하는 연구 설계인 준실험설계와 단일사례 설계를 다룬다. 첫 번째 절에서는 준실험설계의 개념과 유형, 그리고 준실험설계의 특수한 유형인 발달연구를 살펴보고, 두 번째 절에서는 단일사례 설계를 시행하는 여러 방법을 살펴보고자 한다.

1. 준실험

1) 준실험의 개념

준실험(quasi-experiment)에서 접두사 '준(quasi)'은 '닮은', '유사한'이라는 뜻으로, 준실험은 실험과 유사하지만 진정한 실험은 아닌 연구방법을 말한다(Campbell, 1957; Cook & Campbell, 1979; Shadish, Cook, & Campbell, 2002). 즉, 준실험은 독립변인을 조작하여 처치하지만, 현장 상황에서와 같이 실질적 이유, 또는 윤리적 이유로 인해 참가자를 처치 조건에 무선할당하지 못하는 설계다. 대신에, 준실험은 참가자 스스로 조건을 선택하거나, 사전에 분류되었거나, 자연적으로 구분된 집단을 처치 조건에 할당하는 절차를 따른다.

준실험은 참가자를 서로 다른 집단이나 조건에 무선할당할 수 없을 때, 주로 일상 상황에서 이미 구분된 집단인 학교의 학급, 조직의 부서 등을 단위로 집단이 구성되어 있을 때 시행하는 방법이다. 예컨대, 한 학급에서는 토론식 수업을 시행하고 다른 학급에서는 강의식 수업을 시행한 후, 두 집단 간 외국어 학습 정도를 평가하는 경우, 참가자가 두 집단에 무선할당되지 않고 기존에 이미 분류되었기 때문에 준실험이 된다. 또한 심리 치료나 교육적 개입의 효과를 평가하기 위한 경우에도 준실험을 사용하는 경우가 많다. 예컨대, 우울증에 관한 심리 치료 연구에서 명상이 포함된 새로운 인지행동치료 프로그램의 효과를 평가하기 위해, 한 대학병원에 내원하는 우울증 환자들로부터 새로운 프로그램 참여에 대한 자원을 받고, 프로그램 종료 후 이 집단의 우울증 감소 정도를 기존의 인지행동치료 프로그램에 참여한 집단의 우울증 감소 정도와 비교한다면, 이 또한 준실험을 적용한 것이다.

인과관계의 확립이라는 관점에서 준실험은 실험과 두 가지 측면에서 유사하지만, 한 가지 중요한 차이가 있다. 먼저, 독립변인 처치가 종속변인 측정보다 먼저 발생하기 때문에 실험과 마찬가지로 수반성을 충족한다. 독립변인 처치에 따른 집단 간 종속변인의 차이를 확인할 수 있다면, 공변성 또한 충족하게 된다. 하지만 인과관계에 관한 대안적 설명을 배제할 수는 없다. 즉, 참가자가 무선할당되지 않았기 때문에, 실험적 조작 이전에 집단 간 서로 동등했다는 보장을 할 수가 없다. 결과적으로, 처치에 의해 발생한 어떠한 변화라도 독립변인 조작에 의한 결과가 아닌 다른 외생변인에 의한 영향일 수 있다는 점을 배제할 수가 없다. 앞서 든 예처럼, 참가자 할당은 개인이 소속된 집단에 따라 결정되거나, 참가자 선택에 따라 이루어지게 되므로, 내적 타당도에 심각한 위협이 된다. 따라서 준실험에서는 8장에서 다룬 내적 타당도에 대한 고전적 위협의 하나인 선택 편향이 기본적으로 혼입된다.

준실험설계를 더 명확하게 이해하기 위해서는 이전 몇 개의 장에서 살펴본 실험설계와 전실험설계(pre-experimental design)와의 비교를 통해 준실험설계의 속성을 살펴보는 것이 필요하다. 앞선 9장에서 전실험은 실험처럼 보이지만 실제로는 인과적 추론을 할 수 없는 비과학적 설계라고 소개하였다. 여기서 전실험과 차이를 만드는 실험의 특징은 무엇인가? 실험에서 참가자는 실험 전에 모집단으로부터 표집되어 표본 내 개인차가 존재하지만, 이 개인차는 독립변인 처치와 아무런 관련이 없다. 그다음 이들을 서로 다른 집단에 무선적으로 할당하여 서로 다른 처치를 시행하거나(참가자 간 설계), 개인 내에서 역균형화를 적용하여 조건 간 다른 처치를 시행함으로써(참가자 내 설계), 독립변인 수준에 따른 조건 간 차이를 갖도록 하는 절차를 따른다. 결과적으로, 실험 결과를 비교할 수 있는 '타당한 조건이나 집단'을 구성할 수 있다. 반면, 전실험은 형식적 측면에서 타당한 비교 대상이 없는 설계이기 때문에 결과적으로 인과관계에 관해 아무런 결론을 내릴 수가 없다.

이와 비교하여 준실험은 형식적으로 실험의 형태를 따르므로 비교 대상을 구성하고

있는 것으로 볼 수 있다. 하지만 참가자를 서로 다른 처치 조건에 무선적으로 할당하지 못하는 한계 때문에, 실험 결과에 대한 대안적 설명을 배제하는 것이 근본적으로 불가능하다. 이런 관점에서 준실험과 비교하여 실험을 진실험(true experiment) 또는 무선화 실험(randomized experiment)이라고 부르기도 한다.

실험에서와 마찬가지로, 준실험에서도 내적 타당도를 높이기 위해서는 가능한 한 모든 외생변인에 대한 통제가 필요하다. 특히 독립변인 처치 전의 집단 간 차이를 최대한 유사하게 구성함으로써 종속측정치에 영향을 줄 수 있는 집단 간 차이를 최소화하는 것이 필요하다. 예컨대, 교수 방법 차이에 따른 학생의 외국어 학습 정도를 평가하는 예에서, 어느 학급이 토론식 수업을 진행하기로 한다면, 그 학급을 구성하는 학생들의 특징과 가장 유사한 다른 학급을 대상으로 강의식 수업을 진행하는 방안을 마련해야 한다. 그렇지 않고 외국어 능력에서 차이가 이미 큰 두 학급을 선택하거나, 평균 연령에서 서로 다른 학급들을 선택한다면 내적 타당도는 더욱 낮아질 것이다. 〈표 11-1〉에는 상관연구, 준실험 및 실험에서 인과관계 확립을 위한 요건을 얼마나 충족하는지를 비교하여 제시하였다.

하지만 준실험의 결과를 바탕으로 인과관계 추론이 전혀 불가능하다는 것은 아니다. 발생 가능한 외생변인의 영향을 가능한 한 모두 제거하고 타당한 비교 대상을 추가하며 내적 타당도를 가능한 한 높이는 절차를 통해 더 강한 추론을 할 수 있도록 보완할 수 있다.

표 11-1 연구 유형별 인과관계 확립을 위한 요건의 충족 여부

인과관계 확립 요건	연구 유형		
	상관연구	준실험	실험
공변성 확보	가능	가능	가능
수반성 확보	불가능	가능	가능
대인적 설명의 배제	불가능	불가능	가능

2) 준실험설계의 유형

(1) 비동등 집단 설계

참가자 간 설계를 사용하는 실험에서, 참가자는 서로 다른 처치 조건에 무선적으로 할당되며, 그 결과로서 그 집단들은 평균적 개인 속성에서 상당히 유사해지며, 집단을 구성하는 참가자 수가 충분할 때는 그 집단들을 서로 동등하다고 간주한다. 하지만 앞선 설명에서처럼, 참가자를 조건에 무선할당하지 않으면 집단 간 차이가 없다고 보장할 수 없으므로, 결국 동등하지 않은 집단들이 된다. 따라서 비동등 집단 설계(nonequivalent groups design)는 참가자가 조건에 무선할당되지 않은 참가자 간 설계의 형태가 된다. [그림 11-1]의 (A)에 이러한 형태의 설계를 제시하였다.

비동등 집단 설계는 이미 존재하는 학급이나 부서 등의 집단을 대상으로, 혹은 전체 참가자 집단에서 새로운 프로그램에 참여를 원하는 개인들을 대상으로 하여 독립변인 처치를 시행할 실험집단을 구성하고, 또 다른 학급이나 부서, 혹은 자원하지 않은 개인들을 통제집단으로 구성하여 독립변인 처치의 효과를 검증하고자 하는 설계를 말한다. [그림 11-1]의 (A)에 제시된 것처럼, 이 설계는 표본을 구성하여 참가자를 할당하는 방식을 제외하고는 [그림 9-1]의 두 집단 참가자 간 설계와 동일하다.

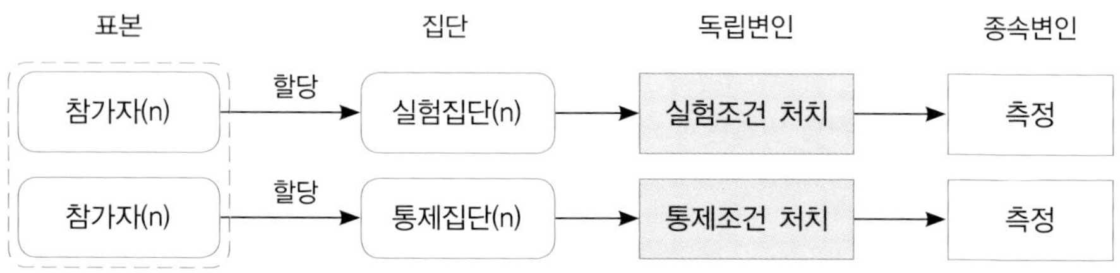

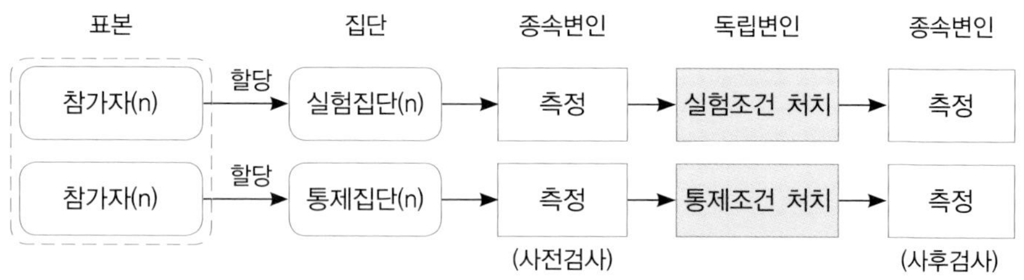

그림 11-1 비동등 집단 설계와 비동등 집단 사전사후 설계의 도식

예컨대, 외국어 학습에서 토론식 교수법의 효과를 실험으로 확인하기 위해서는 참가자를 모집하여 토론식 처치 조건과 강의식 처치 조건에 무선할당한 후, 처치 시행이 완료된 후 두 집단의 외국어 능력을 측정하면 된다. 하지만 현장에서 이러한 실험을 구현하는 것은 불가능하다. 따라서 연구자는 한 학급에는 토론식을, 다른 학급에는 강의식 수업을 시행한 후 두 집단의 외국어 능력을 평가하는 비동등 집단 설계를 사용하게 된다.

9장에서 처치효과의 크기를 확인해야 하거나, 참가자가 특정 규준 범위에 속하는지 확인해야 하거나, 참가자 탈락의 이유를 평가하기 위한 목적으로 사전사후 설계를 사용한다고 설명하였다. 비동등 집단 설계에서도 유사한 목적으로 사전검사를 추가 시행하는 설계를 구성할 수 있는데, 이를 비동등 집단 사전사후 설계(nonequivalent groups pretest-posttest design)라고 한다([그림 11-1]의 (B)). 앞선 교수법 효과의 예에서, 두 학급의 외국어 능력을 사전검사로 먼저 측정하여 동등한 정도를 평가한 후 독립변인 처치 이후에 사후검사를 시행하는 절차를 시행한다면, 이는 비동등 집단 사전사후 설계에 해당한다. 9장에서 이미 설명한 것처럼, 사전검사를 시행하게 되면 내적 타당도에 대한 고전적 위협인 '검사' 요인이 추가로 문제가 될 수 있으므로 주의를 기울여야 한다.

비동등 집단 설계를 사용하는 것 자체는 대안적 설명을 배제하기 매우 어려우므로 내적 타당도에 문제가 있다고 생각하는 것은 타당하다. 하지만 연구자들은 이러한 한계를 보완하기 위한 다양한 방법을 적용하여 내적 타당도를 높이고자 노력한다. 앞선 교수법 효과의 예에서, 연구자는 두 집단을 최대한 동등하게 만들기 위한 다양한 방안을 적용할 수 있다. 예컨대, 학교 간 차이를 없애기 위해 동일한 학교의 동일한 학년의 두 학급을 선택하고, 두 학급 학생들이 이미 알려진 외국어 능력 평가에서 유사한 점수를 받았는지를 확인하며, 두 학급 담당 교사의 성별이 같고 비슷한 연령대이며, 교수 방식이 유사한지를 확인하는 것이다. 이렇게 다양한 측면을 더 많이 고려하면 할수록 대안적 설명을 배제할 가능성이 커지고, 내적 타당도가 높아지며, 결과적으로 인과관계 추론이 더 타당해질 수 있다(Shadish et al., 2002).

앞선 9장의 [그림 9-2]에서 소개한 전실험의 한 유형인 정적 집단 비교 설계의 형태를 살펴보면 비동등 집단 설계와 유사하다고 볼 수도 있을 것이므로, 이 두 설계 간 차이를 이해하는 것도 필요하다. 정적 집단 비교 설계는 실험조건을 처치하는 표본과는 또 다른 별도의 통제집단에 대한 비교 측정치만을 추가하는 절차로, 비동등 집단 설계와 질적으로 다르다. 정적 집단 비교 설계에서 통제집단 기능을 하는 참가자 표본은 비처치 집단이면서 동시에 애초부터 비동등 집단이다. 반면, 비동등 집단 설계에서 통제집단은 독립변인의 다른 수준에 해당하는 처치를 받는 집단이면서 동시에 최대한 실험집단과 유사하게 구성되는 집단이다.

또한 비동등 집단 설계에서, 참가자 할당이 이미 분류된 집단에 따라 결정된다는 점을 살펴보면, 이는 소급설계와 유사하다고 볼 수도 있을 것이다. 하지만 실험적 처치를 포함한다는 점에서 소급설계와도 질적으로 다르다. 소급설계(ex post facto design)란 과거에 참가자에게 이미 발생한 사건이나 참가자가 과거부터 지니고 있던 특정 속성에 따라 집단을 분류하고, 관심 변인을 측정한 후, 집단 간 해당 변인의 차이를 확인함으로써 참가자의 현재 상태를 이해하고자 하는 설계다. 여기서 'ex post facto'는 '무언가 일어난 후'라는 뜻의 라틴어에 어원을 두고 있다. 즉, 소급설계는 과거에 일어난 일에 대한 소급적 설명을 위한 설계다. 집단을 구분하고 분석하는 절차가 실험과 유사하게 이루어지기 때문에 마치 실험이나 준실험처럼 생각할 수 있지만, 소급설계는 명백히 비실험적 접근으로, 상관연구에 해당한다.

준실험설계인 비동등 집단 설계를 명확히 이해하기 위해서는 소급설계를 더 구체적으로 이해하는 것이 필요할 수 있다. [그림 11-2]에 제시한 것처럼, 소급설계에서는 특정 사건을 경험한 사람들과 그렇지 않은 사람들, 또는 특정 속성을 보유한 사람들과 그

(A) 특정 사건 경험을 기준으로 집단을 구성하는 경우

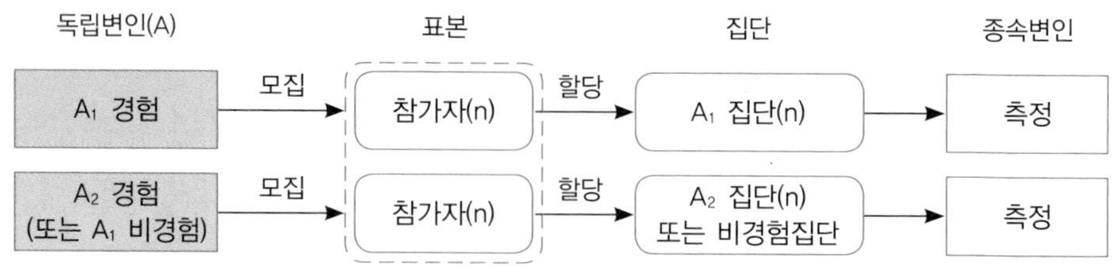

(B) 개인의 속성에 따른 분류 기준으로 집단을 구성하는 경우

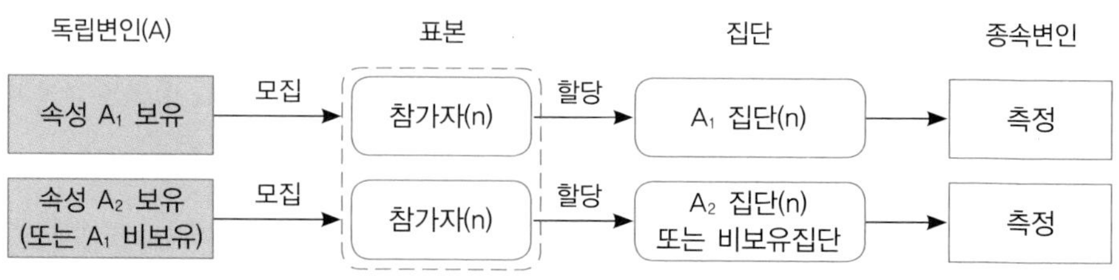

그림 11-2 소급설계의 도식

렇지 않은 사람들을 별개의 서로 다른 표본으로 모집하고, 각각 서로 다른 집단으로 구성하여 관심 종속변인을 측정하는 절차를 따른다. 비동등 집단 설계에서 독립변인 처치는 참가자를 모집하고 집단을 구성한 이후에 이루어지지만, 소급설계에서는 독립변인 처치에 해당하는 절차가 집단 구성 다음이 아니라 참가자 모집 이전에 이미 이루어짐을 주목해야 한다.

예컨대, 아동이 TV 폭력 프로그램에 더 많이 노출될수록 그 아동의 공격성이 증가하는가를 확인하기 위한 실험은, 아동을 모집하여 폭력적 장면의 노출 정도를 달리하는 두 처치 조건에 무선할당하고, 해당 처치를 시행한 다음 공격성을 측정하는 절차로 이루어질 것이다. 이때 폭력적 장면의 노출 정도가 높은 집단의 공격성이 높다면, TV 폭력 프로그램 노출이 아동의 공격성 증가의 원인이라고 추론할 수 있다. 하지만 이러한 처치는 윤리적으로 문제가 되기 때문에 직접적인 처치가 포함된 실험이 아닌 소급설계를 선택하는 것이 타당하다. 즉, 평소 TV 폭력 프로그램 노출 시간에 관한 관찰 자료 혹은 양육자의 자기보고를 바탕으로, TV 폭력에 더 많이 노출된 아동을 한 집단으로, 적게 노출된 아동을 다른 집단으로 구성한 다음, 두 집단의 공격성을 측정한다. 이 경우 TV 폭력 장면의 노출 정도를 조작하지 않고, 이미 해당 속성에 차이가 있는 참가자들을 집단으로 구성했기 때문에 소급설계가 된다. 연구 결과, 폭력 장면의 노출 정도가 높은 집단의 공격성이 높다면, TV 폭력 노출이 아동의 공격성 증가와 상관이 있다고 기술할 수 있지만, 아동 공격성 증가의 원인이라고 추론할 수는 없다.

이처럼 소급설계에서는 서로 다른 속성을 지닌 참가자들을 서로 다른 집단으로 구성하여 종속변인 측정만이 이루어지므로 연구자의 독립변인 처치가 없는 설계인데, 이러한 점이 비동등 집단 설계와 가장 큰 차이점이다. 또한 비동등 집단 설계는 내적 타당도 증가를 위해 가능한 한 서로 유사한 속성을 지닌 참가자들을 서로 다른 집단으로 구성하는 반면, 소급설계에서는 이미 큰 차이가 있는 개인들을 서로 다른 집단으로 구성한다.

요인설계에 관한 설명에서 조작하지 않는 참가자 변인이 포함된 IV×PV 설계(independent variable × participant variable design)를 소개하였다. 이때 참가자 변인으로 연구의 목적에 따라 참가자의 성별, 연령, 학력 등 인구통계학적인 변인이나 성격, 선호, 태도, 신경학적 특징, 인지능력에서의 개인차 등 다양한 기준을 적용할 수 있다고 하였는데, 소급설계에서 독립변인에 해당하는 변인이 바로 참가자 변인이다. 즉, IV×PV 설계는 조작이 포함된 독립변인과 조작이 없는 소급설계의 결합이라고 볼 수 있다.

(2) 틈입 시계열 설계

실생활에서 관찰할 수 있는 다양한 변인들은 한 번만 발생하는 것이 아니라, 지속해서 관찰할 수 있는 경우가 많다. 이러한 변인들은 학업성적, 우울, 불안, 신체적 변화와 같이 개인 단위의 변인뿐만 아니라, 조직이나 사회적 단위에서 관찰할 수 있는 교육, 경제, 보건 등 다양한 분야의 관련 통계치들이 될 수도 있다. 이러한 자료는 관찰 단위의 특정 변인들에 대한 측정치를 구체적인 시간 간격에 따라 시계열 설계(time-series design)로 제시할 수 있다.

어떤 변인에 관한 이러한 시계열 설계에서 특정 처치가 작용한 전후의 측정치를 비교하면 그 처치의 효과가 있었는지를 확인할 수 있다. 이러한 목적의 설계를 틈입 시계열 설계(interrupted time-series design)라고 하는데, 실험적 처치가 도입되기 전과 후의 여러 시간 간격에서 얻은 측정치를 서로 비교하여 해당 처치의 효과를 평가하는 준실험 설계를 말한다. [그림 11-3] (A)에 이러한 설계를 제시하였는데, 여기서 표본은 개인 수준의 참가자가 될 수도 있고, 사회적 수준의 통계 자료가 될 수도 있다. 예컨대, 어느 회사에서 일주일에 하루를 재택근무하도록 정책을 시행하고, 그 효과를 확인하려고 하는 경우를 생각해 보자. 이를 위해 먼저 일 년 동안 매주 직원들의 생산성을 측정한 다음, 정책을 시행하고 나서 다시 일 년간 생산성을 측정한다. 이때 정책 시행 전 일 년 동안의 직원 생산성 측정치가 기저선이 되고, 정책 시행 후 일 년간의 측정치를 기저선과 비교함으로써 정책의 효과를 확인할 수 있을 것이다.

(A) 틈입 시계열 설계

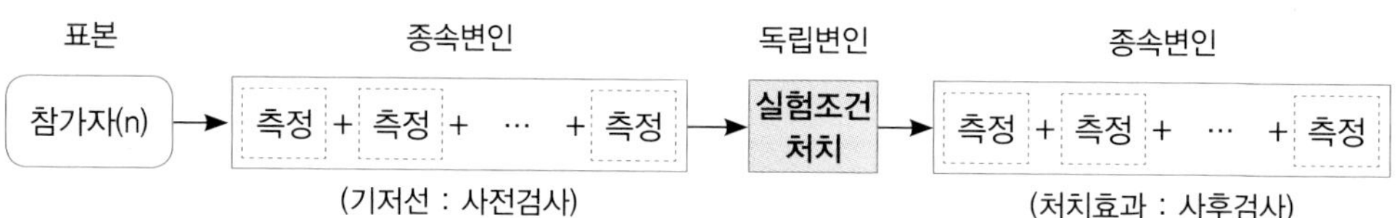

(B) 통제 틈입 시계열 설계

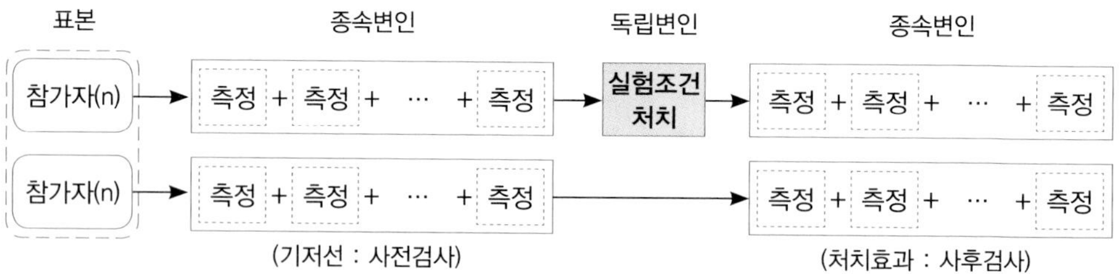

그림 11-3 **틈입 시계열 설계와 통제 틈입 시계열 설계의 도식**

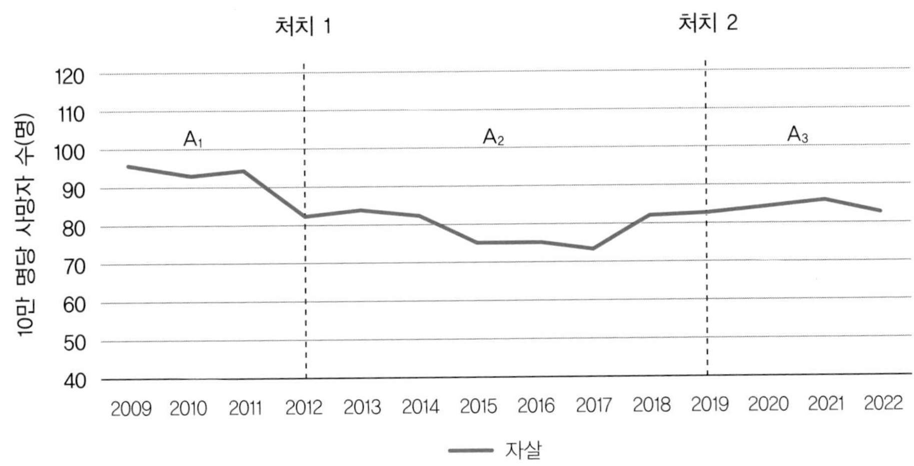

그림 11-4 **우리나라 10대부터 40대까지의 자살에 의한 사망자 수 변화**

틈입 시계열 설계는 처치 전과 후를 비교함으로써 독립변인의 처치효과가 나타났는지를 확인할 수 있지만, 시간에 따라 자연적으로 발생하는 역사 요인이 처치효과에 혼입되어 내적 타당도가 크게 위협받을 수 있다. 따라서 타당한 통제집단 측정치와 비교하는 절차가 필요한데, [그림 11-3] (B)에 제시한 것처럼 이러한 설계를 통제 틈입 시계열 설계(controlled interrupted time series)라고 한다. 이때 통제집단에 해당하는 자료는 해당 처치를 받지 않은 표본의 자료, 또는 비교 가능한 다른 측정치가 될 수 있다.

실제 자료를 사용한 하나의 예를 살펴보자. 우리나라는 오랫동안 OECD 회원국 중 자살률 1위라는 매우 좋지 않은 통계치를 갖고 있다. 이에 따라 2012년 「자살예방 및 생명존중문화 조성을 위한 법률」(약칭: 「자살예방법」)을 제정하여 현재까지 이르고 있는데, 특히 2019년에는 구체적인 실행 방안을 포함한 법률 개정을 통해 다양한 정책을 시행하고 있다. 만일 이러한 정책이 효과를 보였다면, 자살로 인한 사망자 수가 두 시점을 지나면서 줄어들었을 것으로 예상할 수 있다. 이를 확인하기 위한 틈입 시계열 설계의 결과를 [그림 11-4]에 제시하였는데, 이 자료에는 젊은 연령대에 해당하는 10대에서 40대까지의 사망자 수만 포함하였다. 또한 두 번의 서로 다른 처치가 2012년과 2019년에 시행되었음을 나타낸다.

[그림 11-4]를 보면, 2012년에 법률이 제정되어 다양한 정책이 시행되기 이전 기간(A_1) 평균보다 시행 이후(A_2)에 사망자 수가 평균적으로 감소한 것으로 보인다($A_1-A_2=15.1$). 하지만 2019년 시행 이후(A_3)에는 오히려 다소 증가하는 것을 볼 수 있다(A_2-

A_3=-4.6). 이렇게 틈입 시계열 설계를 통해 해당 처치가 시행되기 전과 후를 비교함으로써 그 효과를 확인할 수 있다. 하지만 이러한 수치의 변동은 해당 연령대의 전체 인구의 변동이나, 또 다른 사회적 변화 등 다양한 이유에 의해 설명될 수도 있을 것이다. 따라서 이와 비교할 수 있는 다른 통제 시계열을 포함하여 비교하는 방법이 더 타당하다.

[그림 11-5]에는 앞서 제시했던 자살에 의한 사망자 수와 비교할 수 있도록 암에 의한 사망자 수를 통제 시계열로 추가하여 제시하였다. 두 시계열 자료를 바탕으로 처치 1 전후에 서로 다른 시계열에서 처치의 효과에 차이가 있는지를 비교할 수 있다. 즉, $[(A_1-A_2)-(B_1-B_2)]$의 방식으로 계산할 수 있는데, 이를 계산하면 약 2의 차이가 있다(15.1-13.1=2.0). 한편, 처치 2 전후에 원래의 시계열과 통제 시계열 간 차이는 $[(A_2-A_3)-(B_2-B_3)]$의 방식으로 계산할 수 있으며, 이는 약 -15.5로 나타난다(-4.6-10.9=-15.5). 즉, 2012년 「자살예방법」이 시행된 처치 1의 효과는 암으로 인한 사망자 수의 변동과 유사한 정도로 나타나고, 2019년 개정안이 시행된 처치 2의 효과는 암으로 인한 사망자 수의 변동과 비교하여 더 크게 관찰됨으로써 자살에 의한 사망자 수가 통제 시계열보다 더 증가하였음을 알 수 있다. 이를 바탕으로, 「자살예방법」의 효과가 자살에 의한 사망자 수를 줄이는 데 크게 작용하지 않고 있음을 추론할 수 있다. 물론 의학의 발전에 따라 암으로 인한 사망자가 감소한 측면 또한 고려해야 하는 것은 당연하다.

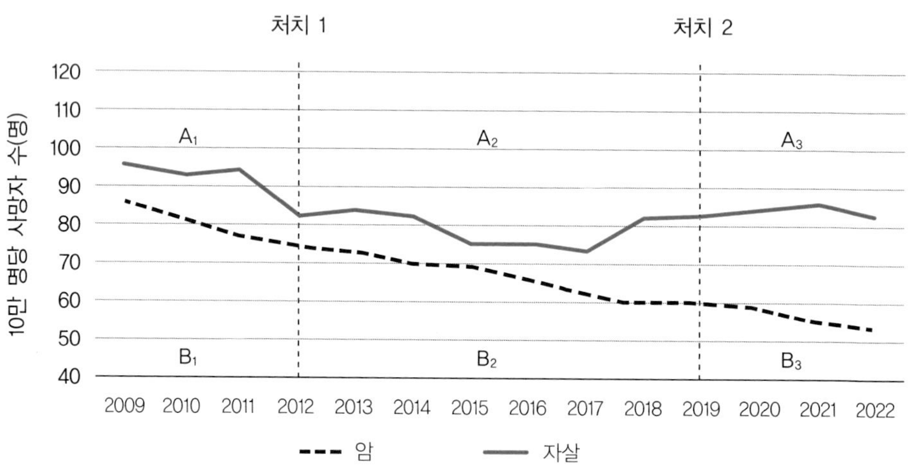

그림 11-5 우리나라 10대부터 40대까지의 자살 또는 암으로 인한 사망자 수의 변화

3) 발달연구

발달연구에서는 연령 변화에 따라 개인의 인지, 정서 등 다양한 속성이 어떻게 변화하는지를 조사한다. 이때 연령은 독립변인이지만, 참가자를 처치 조건에 무선적으로 할당하지 못하는 변인이므로, 이미 구분된 집단을 독립변인으로 간주하는 절차를 따르게 된다. 따라서 발달연구 설계는 연령이 독립변인이며, 연령 증가에 따른 연령집단 간 차이를 비교하는 준실험의 형태가 된다. 연구자는 독립변인인 연령을 조작할 수 없으므로, 이미 존재하는 연령집단을 독립변인의 각 수준으로 간주하고 다양한 심리사회적 속성을 측정하여 집단 간 차이, 즉 발달적 변화를 측정하게 된다. 이때 각 연령집단을 구성하는 방식에 따라 크게 두 가지 방식의 연구를 설계할 수 있다.

첫째, 종단설계(longitudinal design)는 동일 연령대의 참가자들로 하나의 연령집단을 구성하여 관심 속성을 측정하고, 일정한 시간이 지난 후에 이 집단 구성원들의 연령이 다음 검사 시기에 도달하면, 해당 속성을 다시 측정하는 방식을 따른다. 엄밀한 의미에서 종단설계는 사람들의 발달적 변화를 연구하는 가장 확실한 방법이다. 즉, 독립변인 수준 변화에 따라 달라지는 종속변인의 변화를 보는 것이, 종단설계에서는 연령이 증가함에 따라 달라지는 사람들의 변화를 관찰하는 형태로 이루어질 수 있다. 또한 종단설계를 통해 사람들이 특정 연령대에서 어떤 변인의 측정치가 이후 연령대에서 다른 변인과 어떻게 관련되는가를 연구할 수 있는 우수한 자료를 얻을 수 있다. 예컨대, 어린 시절 측정한 어머니와의 관계에 관한 자료를 바탕으로 이후 해당 속성이 개인의 사회적 성공과 어떤 관련이 있는가를 확인할 수 있을 것이다(Vaillant & Mukamal, 2001).

종단설계가 발달적 변화를 확인할 수 있는 가장 확실한 방법이지만 연구에서 목표로 하는 연령차에 해당하는 자료를 얻기 위해서는 그 기간만큼 참가자 집단을 유지해야 한다. 예컨대, 14세부터 20세까지의 발달적 변화를 연구하기 위해서는 6년간 연구를 지속해야 한다([그림 11-6] (A)). 이렇게 장기간에 걸쳐 연구에 참여해야 하므로, 일부 참가자는 질병 등이 발생하여 애초의 모집단 속성을 잃거나, 참여를 거부하거나, 연락이 닿지 않을 수도 있다. 따라서 종단설계를 사용하여 발달연구를 수행하려면 연구자에게 오랜 기간 연구를 진행하기 위한 경제적 · 시간적 자원과 함께 참가자 관리를 위한 체계적인 노력이 필요하다.

(A) 종단설계

출생년도	검사시점 1 (2020년)	검사시점 2 (2020년)	검사시점 3 (2020년)	검사시점 4 (2020년)
2006년	14세	16세	18세	20세

(B) 횡단설계

집단구분	출생년도	검사시점 (2020년)
코호트 A	2000년	20세
코호트 B	2002년	18세
코호트 C	2004년	16세
코호트 D	2006년	14세

(C) 코호트 계열설계

집단구분	출생년도	검사시점 1 (2020년)	검사시점 2 (2022년)	검사시점 3 (2024년)
코호트 A	2000년	20세	22세	24세
코호트 B	2002년	18세	20세	22세
코호트 C	2004년	16세	18세	20세
코호트 D	2006년	14세	16세	18세

〈코호트 효과 여부 확인 방법〉
- 시점 2의 코호트 A와 시점 3의 코호트 B 비교
- 시점 1의 코호트 A, 시점 2의 코호트 B, 시점 3의 코호트 C 비교
- 시점 1의 코호트 B, 시점 2의 코호트 C, 시점 3의 코호트 D 비교
- 시점 1의 코호트 C와 시점 2의 코호트 D 비교

그림 11-6 발달연구를 위한 세 가지 설계 유형

둘째, 종단설계는 상당한 어려움을 수반한다는 단점이 있으므로, 그 대안으로 시간 지연 없이 한 시점에 다양한 연령대의 참가자를 모집하고 그들을 대상으로 자료를 수집하여 비교하는 방법을 택할 수 있으며, 이를 횡단설계(cross-sectional design)라고 한다. 예컨대, 14세부터 20세까지 매 2년간의 발달적 변화를 한 시점에서 연구하기 위해 횡단설계를 사용한다면, 해당 연령대에 해당하는 사람들을 동시에 모집하여 이들의 특성을 비교할 수 있다([그림 11-6] (B)). 종단설계와 비교하여 횡단설계의 확실한 장점은 훨씬 더 적은 비용으로 즉시 결과를 산출할 수 있다는 점이며, 이러한 장점으로 인해 발달연구에서 횡단설계가 많이 사용된다.

하지만 횡단설계의 중요한 단점이 있다. 한 시점에 모집한 서로 다른 연령집단은 연령 차이뿐만 아니라, 서로 다른 사회적 변화를 경험하고, 서로 다른 사회경제적 상황에서 살아왔다는 차이가 있다. 반면, 동일 연령집단 내 개인들은 동일한 사회적 변화를 경험한 사람들, 즉 하나의 코호트(cohort)를 이룬다. 이렇게 횡단설계에서 하나의 연령집단은 구성원 모두 유사한 경험을 공유함으로써 나타나는 고유의 속성을 지닐 수 있다. 이를 코호트 효과(cohort effect), 혹은 동년배 효과라고 부른다. 예컨대, 대학 입학 후 코

로나19를 경험한 연령대와 그렇지 않은 연령대는 서로 다른 고유 속성을 지닐 수 있으며, 이에 따라 대학 생활 적응과 관련된 심리적 속성의 발달적 변화에서 연령 변화가 아닌 코호트 효과로 인한 연령집단 간 차이를 보일 수 있다. 따라서 횡단설계의 가장 큰 단점은 연령집단 간 관찰된 차이가 연령에 따른 차이가 아니라, 실제로는 해당 연령대의 참가자들이 해당 연도에 출생함으로 인해 갖는 코호트 효과 때문일 수 있다는 점이다 (Schaie, 1965).

따라서 종단설계와 횡단설계의 장점을 살리고 단점을 제거할 수 있다면 최적의 방법일 것이다. 이를 위해 종단설계와 횡단설계를 결합하는 방식을 취할 수 있는데, 이를 코호트 계열설계(cohort-sequential design)라고 한다([그림 11-6] (C)). 예컨대, 14세부터 20세까지 매 2년간 발달 사항에 관한 코호트 계열설계를 적용한다면, 각 연령집단을 모집하여 종속변인을 측정한 다음, 2년 후에 다시 검사를 시행한다. 이 자료를 바탕으로 첫 번째 검사 시기에서 16세, 18세, 20세 집단을 각각 두 번째 검사 시기에서 16세, 18세, 20세 집단과 비교하여 코호트 효과가 관찰되는지 확인할 수 있다. 만일 코호트 효과가 관찰되지 않는다면, 이들의 발달 사항을 연속적으로 해석할 수 있다. 만일 코호트 효과가 관찰된다면, 그 효과를 고려하여 발달 사항을 해석하면 된다. 이렇게 6년간의 종단연구 효

읽어 보기 11-1

가장 유명한 종단연구: 하버드 성인 발달연구

미국의 대공황 시기가 끝나갈 무렵인 1938년, 하버드 대학에서 당시 2학년에 재학 중이던 남성 268명을 대상으로 종단연구를 시작하였다. 이후 지금까지 80년 이상 계속해서 이루어지고 있고, 1970년대부터는 456명의 보스턴 거주자를 비교집단으로 포함하였으며, 현재는 천 명이 넘는 그들의 자손까지를 포함하는 연구로 확대되었다. 지금까지 최소 2년마다 신체 및 정신 건강, 결혼생활의 질, 직업적 행복과 은퇴 경험 등에 관한 자료를 수집해 오고 있으며, 이제는 하버드 성인 발달연구(the Harvard Study of Adult Development)의 일부로서 이루어지는 가장 유명한 종단연구 중 하나다.

주요 발견으로는 친밀한 인간관계로부터의 행복감이 건강에 긍정적인 영향을 미친다는 점인데, 이는 사회계층이나 지능, 유전에 의한 설명량보다 더 큰 것으로 확인되었다. 또한 어린 시절 어머니와의 친밀한 관계는 이후 사회적 성공과 관련이 있고, 아버지와의 친밀한 관계는 성인 이후의 불안을 낮추고, 노년기의 높은 삶의 만족도와 관련되는 것으로 나타났다(Vaillant & Mukamal, 2001).

참고: https://www.adultdevelopmentstudy.org/

과를 2년 동안의 연구를 통해 확인할 수 있다. 여기에서 더 나아가, 검사 시기를 한 번 더 반복하면, 더 장기간의 발달 사항을 확인할 수 있다. 코호트 계열설계는 이렇게 단기간에 종단설계를 시행할 수 있는 장점으로 인해 가속화 종단설계(accelerated longitudinal design)라고도 부른다.

2. 단일사례 설계

실험에서는 둘 이상의 조건에 참가자를 무선할당하거나 참가자 내에서 역균형화한 후, 실험 절차를 시행하여 그 결과를 통계 절차를 통해 가설검증하는 과정을 거친다. 일반적으로 실험은 모집단으로 일반화하기 위한 목적으로 수행한다. 하지만 실험 처치를 통해 긍정적인 변화가 필요한 개별 참가자를 대상으로 해당 처치를 시행하여 실제로 그러한 효과가 나타나는지를 확인하고자 하는 목적의 연구도 필요하다. 또한 집단의 결과를 개인에게 적용할 때 일부 참가자에게는 행동의 변화에 효과적일 수 있지만, 다른 참가자에게는 그렇지 않은 경우가 많은데, 이는 개인에게 효과적인 처치의 방법이 다르기 때문일 수 있다. 이런 경우는 개인에게 효과적인 다른 처치를 적용할 필요가 있다.

이러한 필요에 따라 시행하는 연구 설계를 단일사례 설계(single-case design), 또는 단일참가자 설계(single-participant design)라고 한다. 이때 '사례'는 개인에 국한되는 단위가 아니라 가족이나 특정 집단, 조직의 부서 등 하나로 간주할 수 있는 단위의 개념으로 폭넓게 볼 수 있다. 예컨대, 가족이 단위라면 가족의 개별 구성원이 지닌 속성이 아니라, 한 가족으로부터 측정할 수 있는 속성(예: 가족 친밀도, 가족관계의 질 등)이 관심 변인이 된다.

단일사례 설계에서 연구자는 어떤 속성(종속변인)에서 긍정적인 변화가 필요한 특정 사례에 대해 독립변인 처치를 하고, 그 처치가 종속변인 변화에 효과를 보이는지를 확인하고자 한다. 따라서 단일사례 설계는 임상 장면에서 치료 효과를 검증하거나, 상담이나 교육 장면 등에서 프로그램의 효과를 검증하는 등 대체로 응용 장면에서 특정 사례에 대한 처치의 효과를 확인하기 위한 목적으로 사용한다(Kazdin, 2011). 이를 위해 현장에서 참가자의 평상시 행동, 즉 기저선(baseline)에 해당하는 행동을 여러 시간에 걸쳐 측정한 후, 필요한 독립변인 처치를 처치 기간에 시행하면서 참가자의 행동을 지속적으로

관찰한다. 이 처치 기간 동안에 기저선과 비교하여 참가자의 행동 변화가 관찰된다면 그 변화가 독립변인 처치의 효과에 대한 증거가 된다. 이러한 방식을 AB 설계(AB design)라고 하는데, 여기서 A는 처치 전 기저선 기간을 말하고, B는 독립변인 처치가 도입된 후의 처치 기간을 말한다.

AB 설계는 내적 타당도의 관점에서 중요한 문제점이 있다. 성숙이나 역사와 같은 요인에 의해 실험적 처치가 아닌, 다른 대안적 설명이 그 결과를 설명할 수 있다는 점이다. 이를 보완하기 위해서는 타당하게 비교할 다른 조건이 필요하다. 앞선 준실험에 관한 설명에서, 내적 타당도를 향상시키기 위한 중요한 요소가 타당한 비교 대상을 추가하는 것이라고 하였는데, AB 설계도 마찬가지다. AB 설계의 이러한 단점을 보완하는 설계 두 가지를 살펴보자.

1) 역전 설계

AB 설계의 기본적인 문제는 독립변인 처치의 효과가 있다고 결정할 수 있는 능력이 부족하다는 점이다. 이 문제를 보완할 수 있는 한 가지 방법은 기저선 다음의 처치 기간에 관찰된 종속변인의 변화가 처치가 없어진 이후에 다시 원래대로 되돌아가는지를 확인하는 것이다. 즉, 처치 이후에 조건을 역전하여 실험 처치가 적용되지 않는 원래의 기저선 조건으로 되돌려서 종속변인 측정치가 원래의 기저선 수준으로 되돌아간다면, 이는 처치 기간의 종속변인 변화가 독립변인 처치에 의한 것이라고 결론 내릴 수 있게 해주는 근거가 된다.

이렇게 기저선(A), 처치(B), 그리고 기저선(A)의 형태로 시행하는 단일사례 설계를 역전 설계(reversal design) 또는 ABA 설계(ABA design)라고 한다. 예컨대, 아동의 타인에 대한 공격행동 감소를 위해 칭찬 행동을 강화하는 것이 공격행동을 감소시키는지 검증하고자 ABA 설계를 시행할 수 있다. 기저선 동안 아동의 평상시 공격행동의 빈도를 정해진 시간 동안 매일 측정한 다음, 칭찬 행동을 강화하는 처치를 일정 기간 시행한다. 이후 이 처치는 두 번째 기저선 기간에 중단되고 공격행동의 빈도를 다시 관찰한다. 이러한 역전 설계의 가설적 시행 결과를 [그림 11-7]에 제시하였다.

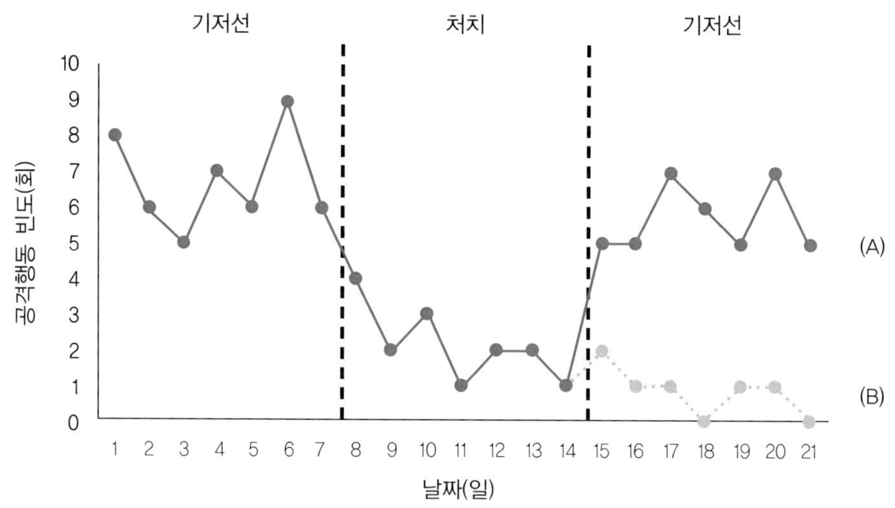

그림 11-7 ABA 설계의 가설적 결과

그림에 두 가지 가설적 결과를 제시하였는데, (A)의 경우는 강화 절차를 시행한 처치 기간에 첫 번째 기저선보다 공격행동의 빈도가 줄어든 다음, 처치가 중단된 이후의 두 번째 기저선 기간에 다시 공격행동이 증가하여 첫 번째 기저선 수준으로 되돌아온 것을 보여 준다. 반면, (B)의 경우에는 처치 기간에 감소한 공격행동의 빈도가 두 번째 기저선 기간에도 다시 증가하지 않고 있음을 보여 준다. 이때 (A)는 처치효과가 있었다고 해석할 수 있지만, (B)는 시간 경과에 따른 변화, 즉 성숙의 효과로 해석하는 것이 타당할 것이다.

하지만 이 결과에서 더 고려해야 할 사항들이 있다.

첫째, (A) 결과가 처치의 효과라면 처치를 다시 시행할 때 공격행동 빈도가 다시 감소하는 변화를 보여야 한다. 다시 말하면, 관찰된 공격행동 감소가 무선적 변동이나 역사와 같은 외생변인의 혼입으로 나타났을 수 있으므로, ABA 설계를 더 확장한 ABAB 설계, 또는 ABABAB 설계 등을 통해, 처치효과에 관한 더 강력한 증거를 확보할 필요가 있다. 이렇게 처치의 효과가 두 번 이상 관찰된다면 무선적 변동이나 외생변인의 혼입보다는 처치의 효과라고 볼 수 있는 가능성이 더 커진다.

둘째, 기본적인 역전 설계인 ABA 설계는 참가자에게 긍정적인 변화를 이끈 처치를 제거함으로써 다시 되돌리는 절차를 포함하는데, 이러한 절차가 효과가 있다면 오히려 윤리적으로 문제가 된다. (A)에서는 아동의 공격행동 감소를 이끈 처치를 제거함으로

써, 해당 아동의 공격행동은 다시 이전만큼 빈번하게 보이게 되었다. 이렇게 참가자에게 이득이 될 수 있는 처치를 제거한 상태에서 설계를 종료하는 것은 윤리적으로 문제다(Barlow, Nock, & Hersen, 2009). 따라서 비록 ABA 설계를 역전 설계의 예로 제시하였지만, 가장 간단한 역전 설계의 형태는 ABA 설계가 아닌 ABAB 설계(ABAB design)가 된다.

셋째, (B)처럼 성숙의 효과로 보이는 결과가 실제로는 단순한 성숙 때문이 아니라 되돌릴 수 없는 속성을 처치 기간에 획득했기 때문일 수 있다. 이 가능성은 역전을 반복한다고 확인할 수 있는 것이 아니다. 넷째, 어떤 행동의 역전은 윤리적으로 문제가 될 수 있다. 공격행동 감소에 관한 이 예에서도, 감소한 공격행동을 다시 증가시킬 수 있는 처치의 제거는 비윤리적이다. 이런 경우 독립변인 처치의 효과를 공고히 하기 위해서는 한 개인에 대한 역전 설계보다는 여러 사례에 단일사례 설계를 적용하는 것이 바람직하다.

2) 다중 기저선 설계

바로 앞에서 언급한 바와 같이, 어떤 유형의 행동은 역전이 불가능하거나 비윤리적일 수 있다. 이런 경우는 역전을 통해서가 아닌 여러 사례에 걸쳐 AB 설계를 적용할 필요가 있다. 또한 어떤 경우는 하나의 행동이 아니라 둘 이상의 행동에 관한 별도의 처치를 한 개인에게 적용해야 한다. 이 설계 유형을 다중 기저선 설계(multiple baseline design)라고 한다.

둘 이상의 참가자에 대한 다중 기저선 설계에서는 각 참가자의 기저선 행동을 측정한 후, 서로 다른 시점에 처치를 시행한다. 같은 시기에 모든 참가자에게 처치를 시행하면, AB 설계의 반복과 다르지 않게 됨으로써, 역사나 성숙의 효과를 배제할 수 없게 된다. [그림 11-8]에는 세 명의 아동을 대상으로 강화 절차를 통해 공격행동을 감소시키기 위해 다중 기저선 설계를 적용한 가상의 결과를 제시하였다. 처치에 따른 행동의 변화가 각 개인의 처치 시기와 함께 나타난다면, 이는 처치의 효과라고 할 수 있다.

한편, 한 개인에게 둘 이상의 행동에 대한 서로 다른 처치를 시행하는 다중 기저선 설계의 경우는, 해당 행동을 기저선 동안 측정한 후, 첫 번째 행동에 효과가 있지만 다른 행동과는 관련이 없는 처치를 시행하고, 이후 두 번째 행동에는 효과가 있지만, 첫 번째 행동과 관련 없는 처치를 시행한 다음, 각 처치효과가 관찰되는지를 확인하는 절차로 이

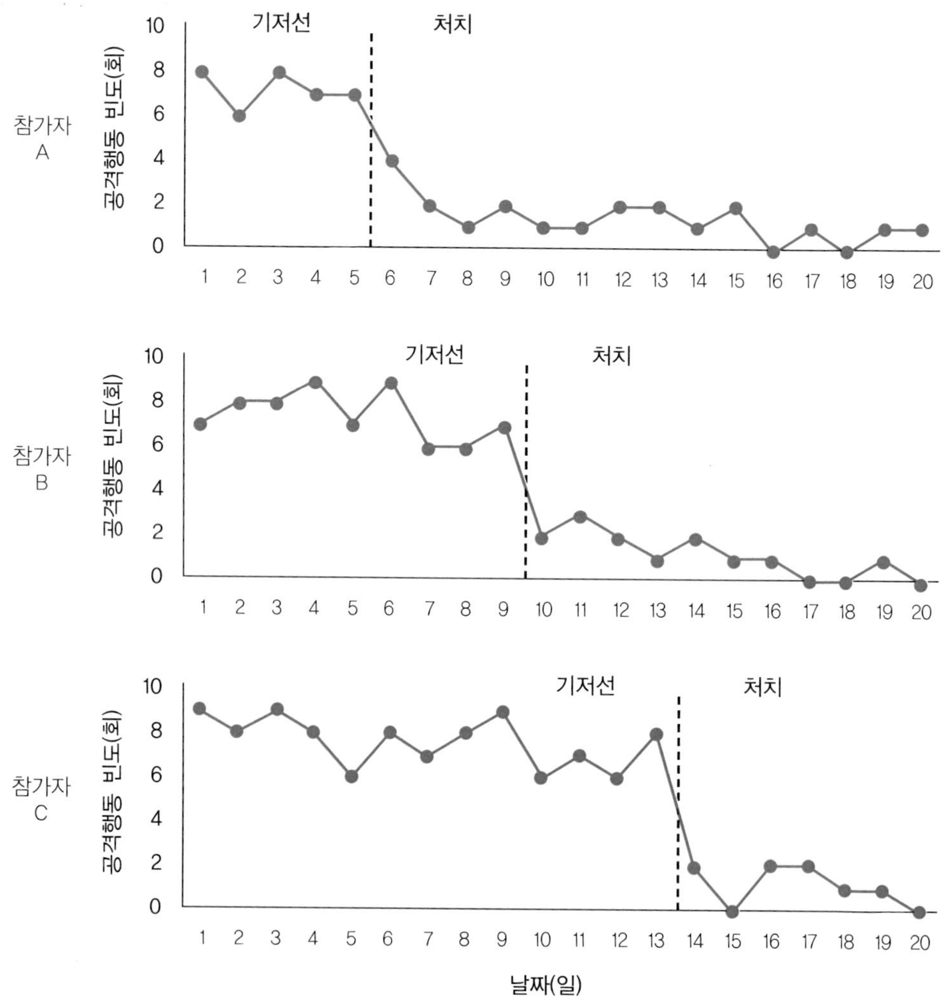

그림 11-8 서로 다른 참가자에 대한 다중 기저선 설계의 가설적 결과

루어진다. [그림 11-9]에는 아동의 공격행동과 불안행동 감소를 위해 각각 서로 다른 강화 절차를 사용하여 처치를 시행한 다중 기저선 설계의 결과를 예시하였다. 이 예처럼 공격행동 감소를 위한 강화 처치는 불안행동의 변화와 관련이 없으며, 불안행동에 대한 처치 또한 공격행동의 변화와 관련이 없다면, 각 처치가 해당 행동의 감소에 효과가 있는 것으로 해석할 수 있다.

이렇게 다중 기저선 설계는 독립변인 처치를 중단하는 것이 비윤리적이거나 행동에 지속적인 변화를 초래하여 역전 설계를 적용할 수 없는 다양한 상황에 유용하게 사용할 수 있다. 하지만 이 설계는 처치의 서로 다른 시작점을 형성하기 위해 일정 기간 독립변

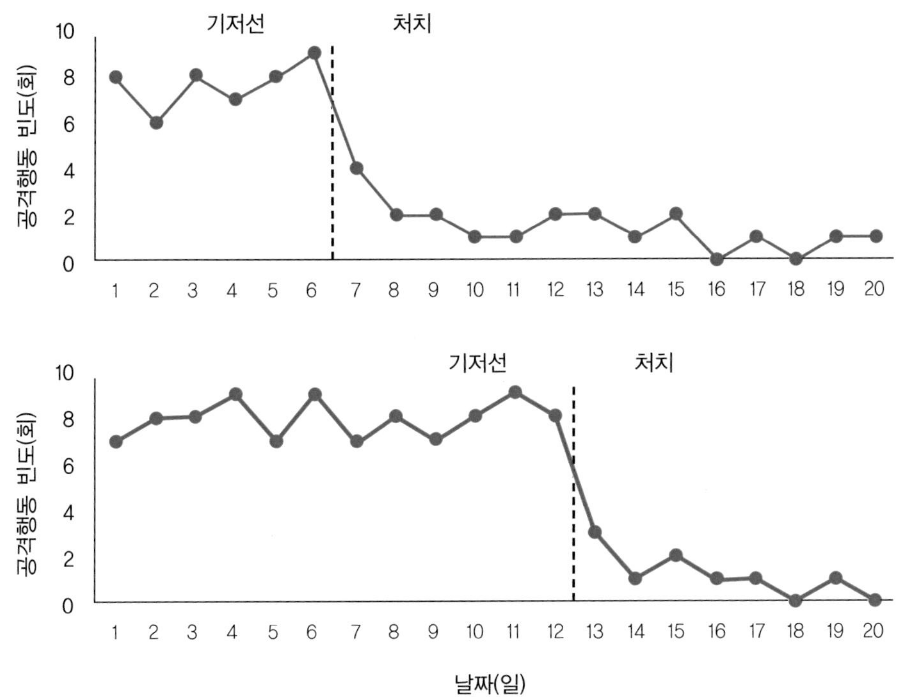

그림 11-9 서로 다른 행동에 대한 다중 기저선 설계의 가설적 결과

인 처치를 보류해야 하는 참가자를 포함해야 한다. 따라서 더 늦은 시점에 처치를 시작하는 참가자에게 연구의 이득을 더 이른 시기에 제공하지 못한다는 잠재적 문제가 있을 수 있다. 이러한 잠재적 문제의 가능성에도 불구하고 다중 기저선 설계가 갖는 장점으로 인해 연구들에서 가장 빈번하게 사용하고 있다. 단일사례 설계에 관한 한 체계적 개관연구에 따르면, 다중 기저선 설계가 전체 단일사례 설계 중 약 70%에 이르고, 그다음이 역전 설계(17%)로 나타났다(Smith, 2012).

참고로, 역전 설계와 다중 기저선 설계 이외에도 연구자들이 종종 사용하는 단일사례 설계 유형을 소개하고자 한다. 먼저, 대안 처치 설계(alternating treatment design)는 서로 다른 처치를 서로 다른 처치 기간에 적용하는 방식을 취하여 그중 어떤 처치의 효과가 더 큰가를 확인하는 목적으로 사용된다. 예컨대, ABACABAC 설계와 같이 적용할 수도 있고, AB와 AC의 적용을 분리하여 서로 다른 상황에 적용하는 형태가 될 수도 있다. 또 다른 유형으로 준거 변경 설계(changing criterion design)가 있는데, 이는 역전 설계처럼 처치를 제거하는 절차 없이, 처치의 강도를 변화시킴에 따라 행동이 어떻게 변화하는지 확인하는 데 사용된다. 만일 독립변인 처치의 강도에 따라 행동의 변화 또한 체계적으로 변화한다면 독립변인 처치의 효과라고 해석할 수 있을 것이다. 앞서 역전 설계에서 처치를 제거하는 것이 윤리적 문제를 가질 수 있다고 한 것과 비교하여, 준거 변경 설계는 처치를 지속하기 때문에, 심리적 개입과 같은 장면에 유용하게 적용될 수 있다.

Keywords

준실험(quasi-experiment) 진실험(true experiment)
비동등 집단 설계(nonequivalent groups design)
비동등 집단 사전사후 설계(nonequivalent groups pretest-posttest design)
소급설계(ex post facto design) IV×PV 설계(independent variable × participant variable design)
틈입 시계열 설계(interrupted time-series design)
통제 틈입 시계열 설계(controlled interrupted time series)
종단설계(longitudinal design) 횡단설계(cross-sectional design)
코호트 효과(cohort effect) 코호트 계열설계(cohort-sequential design)
단일사례 설계(single-case design) AB 설계(AB design)
ABAB 설계(ABAB design) 역전 설계(reversal design)
다중 기저선 설계(multiple baseline design) 대안 처치 설계(alternating treatment design)
준거 변경 설계(changing criterion design)

Review Questions

1. 다음의 각 설계에서 내적 타당도에 대한 고전적 위협 요인 중 어떤 요인이 주로 문제가 될 수 있는가? 해당 위협과 관련되지 않는 경우는 빈칸으로 남기고, 해당 위협에 관련되지만, 통제 절차로써 해결할 수 있는 경우에는 O, 그럴 수 없는 경우에는 × 표 하시오.

설계 유형	역사	성숙	검사	도구화	통계적 회귀	선택 편향	참가자 손실
비동등 집단 설계							
비동등 집단 사전사후 설계							
틈입 시계열 설계							
통제 틈입 시계열 설계							
AB 설계							
ABA 설계							
다중 기저선 설계							

2. 준실험에서 독립변인 처치와 참가자 할당의 방식을 실험과 비교하여 설명하시오.
3. 인과관계 확립을 위한 세 가지 요건이 준실험에서 어떻게 나타나는지를 설명하시오.
4. 준실험에서 내적 타당도를 높이기 위해 반드시 고려해야 하는 통제 절차는 무엇인가?
5. 비동등 집단 설계는 어떤 목적으로 시행하는가?
6. 비동등 집단 설계는 소급설계와 어떤 점에서 유사하고 어떤 점에서 다른가?
7. 통제 틈입 시계열 설계에서 관심 시계열의 처치 전(A_1)과 처치 후(A_2)의 자료를 사용하여 처치의 효과가 있었는지를 확인하기 위해 통제 시계열의 처치 전(B_1)과 처치 후(B_2)를 비교하고자 한다. 어떤 방식으로 비교할 수 있는지 수식으로 나타내시오.
8. 횡단설계의 장단점을 종단설계와 비교하여 쓰시오.
9. 역전 설계에서 ABA 설계가 아닌 ABAB 설계를 사용하는 이유 두 가지를 쓰시오.

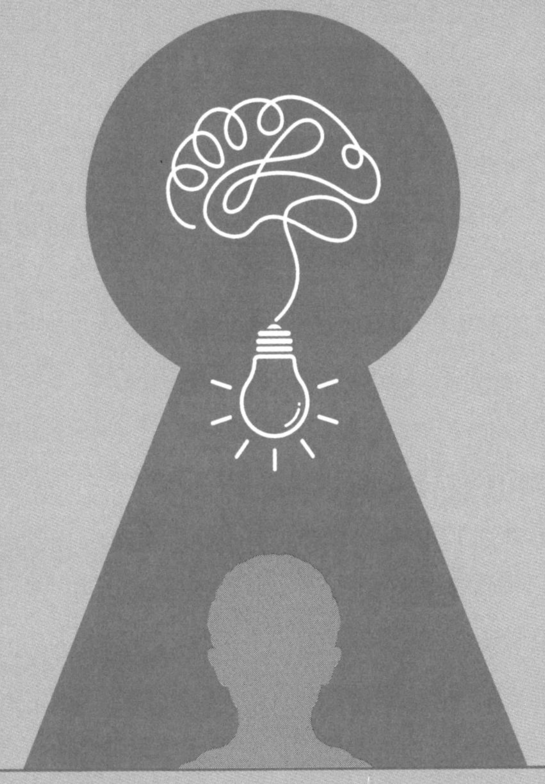

제12장

연구 결과의 통합적 이해

1. **연구 결과의 이해**
   1) 가설검증의 논리
   2) 통계적 의사결정과 오류
   3) 효과크기

2. **연구의 반복과 통합**
   1) 연구의 재현 가능성
   2) 연구 결과의 통합
   3) 연구의 평가

마지막 장인 12장에서는 연구 결과를 타당하게 이해하는 데 필요한 핵심 개념들을 살펴보고자 한다. 또한 연구 결과를 일반화하여 통합적으로 이해하기 위해 반드시 알아야 할 사항을 주로 실험연구의 관점에서 설명하고자 한다. 첫 번째 절에서는 가설검증을 통해 독립변인의 처치효과를 확인하는 것의 의미를 분명히 하기 위해, 가설검증의 논리와 가설검증 과정에서 수행하는 의사결정, 그리고 효과크기가 무엇인지를 설명한다. 두 번째 절에서는 연구를 반복하고 통합하여 이해하는 것이 왜 중요하며 이러한 과정을 통해 연구를 어떻게 일반화하여 이해할 수 있는지를 살펴보고자 한다.

1. 연구 결과의 이해

1) 가설검증의 논리

가설에 관해서는 1장과 2장, 6장과 7장 등에서 이미 여러 번 설명하였다. 연구자는 자신의 연구 문제를 기반으로 검증 가능한 가설을 수립한 다음, 이를 확인하기 위한 실험을 시행하고 수집된 자료를 바탕으로 가설검증을 시행한다. 이때 연구자의 가설은 연구가설(research hypothesis)로, 해당 연구를 통해 확인할 수 있는 결과에 대한 연구자의 예측을 진술하는 가설로, 대체로 '차이가 있을 것이다', '효과가 있을 것이다' 등의 형태다.

연구 대상 모집단이 실험 참가자로 한정된다면, 조건 간 측정치에 수치상 차이가 있는 것을 확인하는 것만으로도 자료가 가설을 지지하는지 확인할 수 있다. 하지만 연구에서 가설은 표본이 아닌 모집단에 관한 것이다. 참가자 집단은 모집단이 아니라 모집단으로부터 표집한 표본이다. 따라서 가설은 서로 다른 조건에서 관찰된 표본 통계치의 차이가 실제로 서로 다른 모집단 조건의 모수에서의 차이를 나타내는가에 관한 것이며, 관찰된 표본 통계치가 모집단에서 그러할 것인가를 판단하는 과정을 수반한다.

연구가설이 '효과가 있을 것이다'와 같은 형식을 취함으로써 가지는 근본적인 한계가 있다. 즉, 이 가설을 직접 검증하기 위해서는 표집 가능한 모든 표본에 대해 실제로 그러한가를 확인하고 그 결과를 수용하는 절차를 가져야 하며, 결국 모든 표본의 합은 모집단이 될 것이다. 또한 연구가설에서는 그 효과가 얼마나 커야 하는지를 특정할 수 없으므로 얼마나 효과가 커야 수용할 수 있을지에 관한 기준이 없다. 이러한 한계 때문에 연구가설을 직접 검증하는 것은 불가능하다. 따라서 연구자의 연구가설은 간접적으로 검증할 수밖에 없다.

연구가설에 대한 검증은 효과의 크기에 관한 기준을 구체적으로 설정할 수 없고, 모든 가능한 표본을 대상으로 해야 하는 문제가 있으므로, 연구가설과 관련하여 효과의 크기에 관한 기준을 세울 수 있고, 하나의 표본을 대상으로 검증할 수 있는 다른 가설이 있다면 연구가설의 한계를 극복할 수 있을 것이다. 이때 연구자의 관심인 연구가설과 관련이 있으면서 다른 방식으로 수립할 수 있는 유일한 가설은 연구가설의 반대 가설인 영가설이다. 영가설은 '차이가 없을 것이다', '효과가 없을 것이다' 등의 형태로, 검증을 위해 효과의 크기에 관한 기준(효과가 없을 것이므로 효과의 크기는 0)을 특정할 수 있다. 또한 모든 가능한 표본을 조사하지 않더라도 하나의 표본에서 효과의 크기가 0이 아닌 것을 확인한다면 영가설을 기각할 수 있으므로, 결과적으로 효과의 크기와는 무관하게 효과가 있다는 결론을 내릴 수 있도록 해 준다. 따라서 가설검증은 실제로는 영가설을 채택하거나 기각하는 영가설 검증(null hypothesis testing)이 된다. 그리고 연구가설은 영가설에 대해 대립적 관계를 가지므로, 통계학적으로 대립가설(alternative hypothesis)이라고 한다.

영가설을 채택하느냐 혹은 기각하느냐의 결정은 결과적으로 대립가설인 연구가설을 기각하느냐 혹은 채택하느냐로 연결된다. 영가설은 검증의 기준점을 제시하므로 효과의 크기가 0이라면 채택하고 0이 아니라면 기각하는 절차를 따르면 된다. 하지만 여기서 고려해야 할 가설검증의 중요한 특성이 있다. 효과가 0이라는 의미는 그 효과에 관한 모집단의 평균이 0이라는 것으로, 모집단을 이루는 개별 값들의 전체 평균이 0이고 특정 변산도를 가지는 분포(예: 정규분포)를 이룬다는 점을 말한다. 또한 표본 측정치는 개인차와 측정오차로 인해 발생하는 무선오차를 포함하기 때문에, 모집단 평균이 0이라고 하더라도 표본 평균은 거의 0이 되지 않는다. 따라서 표본 통계치는 모집단 분포에서 어느 한 지점의 값을 나타내며, 때로는 0에 가까이, 때로는 0에서 멀리 떨어져서 관찰된다.

이러한 특성으로 말미암아, 가설검증은 확률적 판단에 근거한다. 표본에서 관찰된 효과의 크기가 영가설 모집단 분포에서 대부분의 값이 속하는 범위, 즉 평균을 중심으로 95% 내에 위치하는 값이라면 그 모집단에 포함될 것이라고 추론할 수 있겠지만, 그 범

위를 벗어나 95% 바깥에 위치하는 값이라면, 그 모집단에 포함된다고 결정하기는 어려울 것이다. 영가설이 참이라면 관찰된 표본 통계치는 적어도 평균을 중심으로 95%가 속한 어느 값으로 관찰될 것이라고 예상함이 타당하기 때문이다. 이때 95%를 벗어나는 범위의 기준인 5% 확률을 유의수준(significance level), 즉 α라고 하며, 이는 어떤 속성을 실제로 갖고 있지 않더라도 해당 속성이 우연에 의해 발생할 수 있는 확률로 정의한다. 따라서 유의수준보다 작은 유의확률(significance probability)로 관찰된 어떤 결과(예: $p=0.04$)는 그 사건이 발생한 것이 우연적이므로 해당 모집단에 포함되지 않는다고 확률적으로 추론하게 된다. 이러한 절차를 유의도 검증(significance testing)이라고 한다. 결론적으로, 가설검증은 영가설에 대해 유의수준을 기준으로 유의도 검증을 통해 확률적 판단을 수행하는 통계적 추론 절차가 된다.

예컨대, '외국어 학습에 관한 토론식 수업과 강의식 수업에 참여하는 학생의 학업 수행에 차이가 있을 것이다'라는 연구가설의 영가설은 '외국어 학습에 관한 토론식 수업과 강의식 수업에 참여하는 학생의 학업 수행에 차이가 없을 것이다'가 되며, 영가설 모집단의 평균은 0이 된다. 5% 유의수준을 기준으로 가설검증한 결과, 계산된 유의확률이 0.03이라면, 영가설을 기각하게 된다. 이 가설검증 결과에 따라 연구자는 연구가설을 지지하며, '외국어 학습에서 토론식 수업과 강의식 수업의 차이가 유의미하다'라고 추론하게 된다.

2) 통계적 의사결정과 오류

앞서 살펴본 바와 같이, 가설검증 절차는 관찰된 결과가 발생할 확률을 기반으로 이루어지는 의사결정과정이다. 즉, 영가설을 바탕으로 해당 결과가 발생할 확률을 계산하여 그 가설을 '채택'하거나 '기각'하는 일련의 통계적 의사결정이 된다. 이때 영가설의 '채택'이 그것이 참이라는 것을 '증명'한다거나, '기각'이 영가설이 거짓임을 '증명'하는 것은 아니다.

영가설을 채택하거나 기각하는 결정은 그 가설이 실제로 참이거나 거짓이어서가 아니라, 실제를 모르는 상태에서 확률을 기반으로 내리는 통계적 의사결정의 결과다. 따라서 그 결정은 실제의 상태를 나타냄에 있어서 옳을 수도 있고, 그를 수도 있다. 즉, 통계적 추론을 사용함으로써 의사결정에서 오류가 발생할 수 있다. 이렇게 영가설의 채택과 기각이라는 의사결정에 따라 결과적으로 발생할 수 있는 정확한 결정과 오류에 관한 네 가지 경우를 나타낸 의사결정표를 [그림 12-1]에 제시하였다.

연구자는 유의도 검증을 통해, 관찰된 연구 결과가 유의수준을 기준으로 발생할 확률이 있을지를 판단하게 된다. 이때 그림에서 볼 수 있듯이 실제 모집단의 상태는 영가설이 참일 수도 있고 거짓일 수도 있다. 따라서 연구자가 영가설을 채택하거나 기각할 때 모집단의 실제 상태에 따라 그 의사결정의 결과가 달라진다.

첫째, 모집단의 실제 상태가 영가설이 참일 때를 살펴보자. 연구자는 모집단의 실제 상태를 모르므로 자료를 바탕으로 가설검증을 통해 영가설을 채택하거나 기각하는 결정을 내릴 수 있다. 이때 영가설이 참임에도 불구하고 영가설을 기각하는 결정을 한다면 이는 의사결정의 오류로, 이 오류를 1종 오류(type Ⅰ error, α)라고 부른다. 예를 들어, $\alpha=0.05$ 유의수준을 기준으로 가설검증한 결과, 자료로부터 계산된 유의확률이 $p=0.03$이라고 하자. 이는 유의수준보다 더 작은 확률로서, 타당한 결정은 영가설을 기각하는 것이지만, 이 결정이 실제로는 오류일 수 있다는 의미다. 이때 1종 오류의 확률은 5%가 된다. 계산된 유의확률이 0.01, 0.002 등처럼 더 작아진다고 하더라도 1종 오류의 확률이 달라지는 것은 아니다. 의사결정의 기준은 연구자가 사전에 결정한 0.05로 동일하기 때문에, 유의도 검증의 결과는 5%의 1종 오류 확률을 갖게 된다. 영가설을 기각한다면, 그 결정이 틀릴 확률이 100번 중 5번은 된다는 의미다. 반대로 영가설을 채택한다면 정확한 결정을 한 것으로, 그 확률은 95%($1-\alpha$)가 된다. 만일 α를 0.01이나 0.001 등으로 더 작게 설정한다면, 1종 오류의 확률은 그만큼 더 낮아지게 된다.

둘째, 모집단의 실제 상태가 영가설이 거짓인 경우, 연구자는 마찬가지로 모집단의 실제 상태를 모르므로 가설검증 결과로서 영가설을 채택하거나 기각하는 결정을 할 것이다. 이때 영가설이 거짓임에도 불구하고 영가설을 채택하는 결정을 한다면 이 또한

		실제	
		영가설이 참	영가설이 거짓
결정	영가설 채택	정확한 결정 ($1-\alpha$)	2종 오류 (β)
	영가설 기각	1종 오류 (α)	정확한 결정 ($1-\beta$)

그림 12-1 통계적 의사결정에서 얻을 수 있는 네 가지 결과

의사결정의 오류로, 이를 2종 오류(type II error, β)라고 한다. 연구의 본래 목적을 생각해 보면, 의사결정에서 영가설이 거짓일 때, 즉 실제로 효과가 있을 때 효과가 있다고 결정하는 정확한 결정($1-\beta$)이 매우 중요하다는 것을 알 수 있다. 따라서 연구에서 2종 오류(β)의 가능성을 낮추어 $1-\beta$의 가능성을 높이는 것이 중요하며, 이때 $1-\beta$를 검증력(power)이라고 한다. 즉, 모집단에서 실제로 처치효과가 있을 때 그 효과가 있음을 탐지해 낼 수 있는 확률이다.

1종 오류는 연구자가 의사결정의 기준을 설정하기 때문에 간단하게 그 확률을 알 수 있지만, 2종 오류는 다양한 요인에 의해 영향을 받는다.

첫째, 1종 오류의 가능성을 낮추기 위해 낮은 유의수준을 적용하면 2종 오류는 증가한다. [그림 12-2]에는 [그림 12-1]에 제시한 의사결정의 결과를 시각화하여 1종 오류와 2종 오류가 어떤 관계를 갖는지 제시하였는데, (A)는 $\alpha=0.05$일 때 관찰할 수 있는 가설적 결과다. 이때 1종 오류를 감소시키기 위해 α를 0.01로 낮춘 결과는 (B)와 같이 β의 증가 및 검증력의 감소로 나타난다. [그림 12-2]의 각 분포에서 음영으로 칠해진 부분이 오류에 해당하는 면적인데, α의 감소는 β의 증가를 수반하고 있음을 알 수 있다. 이때 영가설 및 연구가설 분포는 해당 가설이 참일 때 관찰할 것으로 기대하는 분포로서 정규분포를 가정할 수 있다.

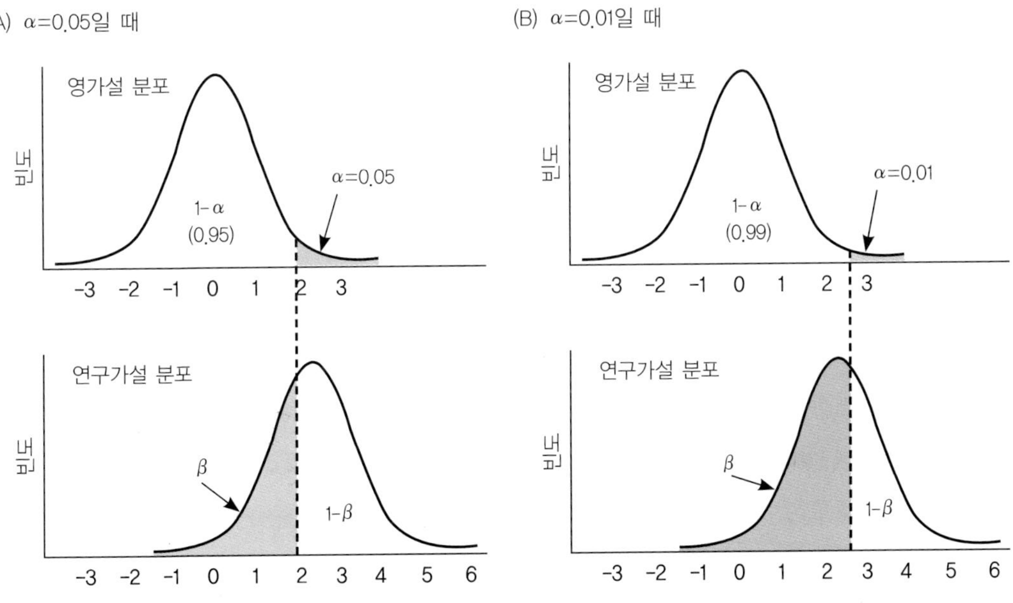

그림 12-2 서로 다른 유의수준에서 1종 오류와 2종 오류의 관계

둘째, 독립변인 처치의 효과크기가 클수록 2종 오류는 감소한다. 즉, 실제 모집단에서 영가설 평균과 연구가설 평균의 차이가 클수록 2종 오류는 감소한다.

셋째, 표본크기가 클수록 2종 오류의 가능성이 작아지는데, 이는 표본크기가 클수록 모집단에 대한 더 정확한 추정치를 제공하여 실제 효과를 더 민감하게 탐지할 수 있기 때문이다.

3) 효과크기

바로 이전에 독립변인 처치효과의 크기가 클수록 2종 오류의 가능성이 작아진다고 하였다. 앞선 여러 장에서도 이미 여러 번 언급한 바와 같이, 효과크기(effect size)는 독립변인 처치의 효과가 얼마나 큰가에 관한 것이다. 연구자의 실제적 관심은 영가설을 기각하는 것으로 끝나는 것이 아니라 연구가설이 효과를 얼마나 많이 설명하는가에 있다. 예컨대, 어떤 프로그램의 시행 효과가 참가자의 우울 증상을 5% 감소시킨다, 혹은 0.8 표준편차만큼의 효과가 있다 등과 같이 변인 간 관계나 처치의 크기를 나타내는 효과크기는 중요하다. 과거에는 효과크기를 제시하는 것이 필수적이지 않을 때도 있었으나, 이제는 모든 학술지에서 통계분석 결과로서 유의도 검증 결과에 더하여 효과크기를 반드시 제시하도록 요구한다. 한국심리학회지 또한 마찬가지로, 통계적으로 유의미한 여부와 관계없이 효과크기를 반드시 보고하도록 요구한다.

7장에서도 소개한 바와 같이, 효과크기는 처치 조건 간 평균 차이에 기반하여 표준편차 단위로 나타내는 코헨의 d(Cohen's d) 측정치, 또는 상관계수에 기반하는 r 또는 r^2, 에타 제곱(eta squared, η^2), 또는 오메가 제곱(omega squared, ω^2) 등을 사용하여 제시한다. 이때 제곱으로 표현하는 효과크기들은 설명량(%)의 개념으로 이해하면 된다. 이때 효과크기가 크거나 작은 것의 기준은 무엇인가? 효과크기와 검증력 등의 분야에서 가장 영향력 있는 심리학자이자 통계학자인 제이콥 코헨(Jacob Cohen)은 〈표 12-1〉과 같이 효과크기 해석의 지침을 제공하였다(Cohen, 1992). 코헨의 d 같은 경우는 1보다도 더 클 수 있는데, 이때는 코헨의 효과크기 해석을 바탕으로 더 세분화하여 제시하는 지침을 사용할 수도 있다(Sawilowsky, 2009). 구체적으로, 코헨의 d를 매우 작음(d=0.01), 작음(d=0.2), 중간(d=0.5), 큼(d=0.8), 매우 큼(d=1.2), 거대함(d=2.0) 등으로 구분하여 해석하기도 한다.

표 12-1 **효과크기의 해석**

유형	검증	효과크기		
		작음(small)	중간(medium)	큼(large)
d	두 집단 간 평균차(t 검증)	0.20	0.50	0.80
f	일원 변량분석(ANOVA)	0.10	0.25	0.40
r	피어슨 적률상관계수(r)	0.10	0.30	0.50
q	두 상관계수 간 차이(r_1-r_2)	0.10	0.30	0.50

한편, 효과크기는 연구자가 가설검증의 결과를 어떻게 이해할 수 있는가와 밀접한 관계가 있다. 즉, 가설검증을 통해 통계적으로 유의미한 결과를 얻었을 때, 그 결과를 효과크기에 관한 추가적인 평가 없이 그대로 받아들이는 것은 타당하지 않다. 〈표 12-2〉를 먼저 살펴보자. 이 표는 사례 수(혹은 자유도)가 증가함에 따라 영가설을 기각할 수 있는 상관계수의 임계치(critical value), 즉 최솟값을 제시하고 있다.

〈표 12-2〉에서 확인할 수 있듯이 사례 수가 적을 때 유의미한 결과를 얻기 위해서는 매우 큰 상관계수가 관찰되어야 한다. 즉, 상당히 큰 효과크기를 갖고 있어야 유의미한 결과를 얻을 수 있다. 반대로 사례 수가 증가하면 더 적은 상관계수가 관찰되어도 영가설을 기각할 수 있게 된다. 자유도가 10이면, 상관계수가 0.576이 되어야 임계치에 도달하지만, 500이 되면 상관계수가 0.088만 되어도 통계적으로 유의미한 결과를 얻을 수 있고, 1,000이면 이보다 더 작은 상관계수로도 통계적 유의성을 확인할 수 있다. 하지만 효과크기 기반으로 이들을 살펴보면, 상관계수 0.088과 0.062는 코헨의 기준에서 작은 효과크기보다도 더 작은 효과를 나타내며, 설명량을 살펴보면, 각각 0.8%와 0.4%만을 설명할 뿐이다. 따라서 대단위 표본을 대상으로 통계적으로 유의미한 차이를 확인한다고 할지라도, 이 차이의 실질적인 의미는 거의 없을 수 있다. 또한 대단위 표본을 대상으로 하여 작은 효과크기를 지닌 결과를 발견한다고 하더라도 이 작은 효과를 다른 연구에서 재현을 통해 발견하기는 매우 어려울 것이다.

표 12-2 **자유도의 크기에 따른 상관계수의 임계치(α=0.05)와 설명량**

자유도(사례 수-2)	10	20	50	200	500	1000
상관계수(r)	0.576	0.413	0.273	0.138	0.088	0.062
설명량(%)	33.2	17.1	7.5	1.9	0.8	0.4

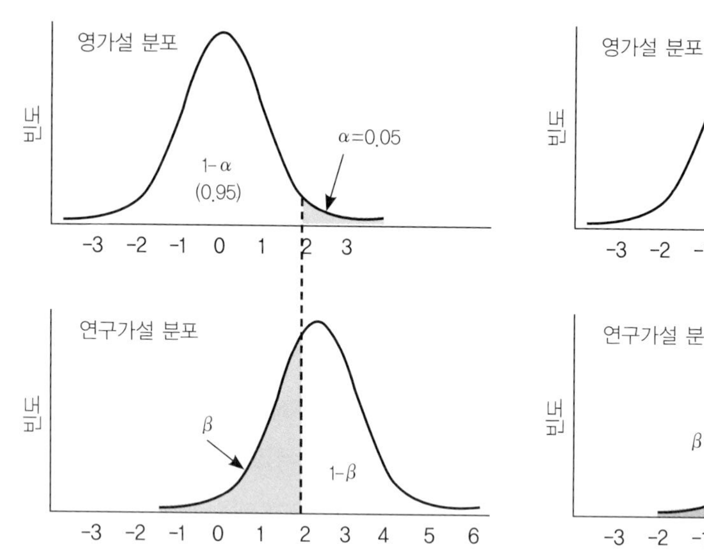

그림 12-3 효과크기의 크기에 따른 1종 오류와 2종 오류의 관계(α=0.05)

효과크기는 또한 2종 오류와도 관련된다. 즉, 효과크기가 클수록 2종 오류는 감소한다. [그림 12-3]에 가설적 예로 제시한 바와 같이, 유의수준은 $\alpha=0.05$로 동일하지만, (A)보다 효과크기가 더 작은 (B)의 경우에는 음영 면적인 β가 증가하는 것을 알 수 있다. 연구가설의 평균은 (A)에서 약 2.2이고 (B)에서 1.8로, 영가설 평균인 0과 각각 비교해 보면 표준편차 단위로서 효과크기는 둘 다 크다고 볼 수 있지만, (A)보다 (B)에서 보이는 효과크기가 상대적으로 더 작음을 알 수 있고, 그 결과로서 2종 오류 가능성인 β는 더 커지게 된다.

2. 연구의 반복과 통합

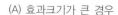

가설검증에서 의사결정은 차이가 없다는 결정을 기각하고자 하는 절차를 따른다. 심리학을 비롯한 인간의 행동을 연구하는 여러 학문 분야에서는 이러한 의사결정의 1종 오류 가능성을 5%로 둔다. 따라서 한두 번의 연구 결과만으로 그 결정을 일반화하여 받아들이는 것은 다시 1종 오류가 될 수 있다. 반면에 반복적인 연구를 통해 해당 결과 또한 반복적으로 관찰됨을 확인한다면 그 연구 결과의 일반화 가능성은 커진다. 특히 확

률 표집을 통해 모집단 특성을 추론하는 방식이 아닌 실험연구와 같은 연구에서 일반화는, 기본적으로 반복이라는 틀을 통해 이루어진다. 따라서 연구의 반복은 반복 연구 그 자체도 중요하지만, 반복을 통해 통합적 결론의 틀을 마련해 줌으로써 연구의 일반화를 평가해 줄 수 있다는 점에서 매우 중요하다.

8장의 외적 타당도와 일반화에 관한 설명에서 이미 반복 연구, 즉 재현(replication)의 중요성을 설명하였다. 이전의 연구를 그대로 정확 재현(exact replication)하여 그 결과가 반복적으로 관찰되는지를 확인하거나, 체계적 재현(systematic replication)을 통해 연구의 일부 속성을 의도적으로 변경하여 해당 속성이 연구에 미친 영향을 확인해 보거나, 연구의 일반화 가능성 정도를 평가하기 위해 이전과 다른 절차를 사용하거나, 다른 모집단을 대상으로 하여 동일한 주제를 다루는 개념적 재현(conceptual replication)이라는 접근을 통해 이전의 연구를 재현해 볼 수 있다. 이렇게 재현은, 결국 연구의 일반화에 관한 중요한 주제다.

1) 연구의 재현 가능성

과학철학자인 카를 포퍼(Karl Poper)에 따르면, 반증(falsification)이 진정한 과학적 가설과 이론의 본질적 특성이며, 이를 통해 과학이 발전한다고 1장에서 이미 소개하였다. 이론은 결론적인 형태로 직접 채택되는 검증을 할 수 없지만, 단 한 번의 반대되는 결과로써 그 이론은 기각될 수 있다는 것이다. 따라서 이론의 강력한 추론을 위해서는 대안적으로 접근할 수 있는 다른 가설의 가능성을 제거하는 것이 필수적이다(Platt, 1964). 하지만 과학자들은 많은 과학적 이론이 반증보다는 확증에 더 많은 기반을 두고 있다고 비판하고 있다(Sanbonmatsu, Cooley, & Butner, 2021). 반증을 통한 이론의 발전보다 확증을 통한 이론 구축의 결과로서 나타나는 문제점은, 크게는 이론의 일반화와 관련되며, 작게는 연구의 재현과 관련된다.

2012년 한 연구는 사회심리학 분야에서 상당히 잘 알려진 한 연구에 대한 정확 재현에 실패하였다(Doyen, Klein, Pichon, & Cleeremans, 2012). 원 연구는 나이에 대한 고정관념은 사람들이 의식하지 못한 상태에서 자동으로 점화(priming)되어 걸음걸이 속도에 영향을 미친다는 내용으로, 사회심리학 교재에 실릴 정도의 유명한 연구다(Bargh, Chen, & Burrows, 1996). 같은 해 오픈 사이언스 협업체(Open Science Collaboration)를 구성한 연구자들은 심리학 연구의 재현 가능성을 확인하고자 하는 노력을 공동으로 시작하였다. 이들은 세 개의 주요 심리학 학술지에 출판된 100개의 연구에 대해 재현하는 대단위 연구를 수행하였다. 그 결과, 단지 36%의 재현에서만 유의미한 결과를 재확인하였고, 효과크기는 원 연구의 약 절반 정도의 크기로 나타났다(Open Science Collaboration, 2015).

연구자들은 재현이 되지 않은 연구가 주로 인지심리학 분야보다는 사회심리학 분야에 많았고, 또한 직관적으로 그렇게 여겨질 수 있는 결과보다 상당히 놀라운 결과를 보고한 연구들에서 이러한 경향이 더 높았다고 보고하였다. 또한 원 연구에서 통계적 유의수준이 더 작고(0.05보다는 0.01 또는 0.001), 동시에 효과크기가 큰 연구일수록 이후 재현에서도 유사한 결과가 나타날 가능성이 더 크게 나타나는 것을 확인하였다.

이러한 일련의 상황을 겪으면서, 연구자들은 재현 가능성 위기(replicability crisis) 또는 재현 위기(replication crisis)라는 표현과 함께 낮은 재현 가능성에 대한 우려를 표하기 시작하였다. 하지만 이러한 우려는 완전히 새로운 것이어서 문제가 되는 것이 아니라, 과거에서부터 꾸준히 제기되어 왔다(Spellman, 2015). 이는 연구 부정행위나 의심스러운 연구 관행 등 연구 윤리와 관련해서 발생할 수 있는 문제이기도 하지만, 기본적으로 가설검증에 수반되는 1종 오류의 가능성 때문에 재현이 안 되는 연구가 있다는 것은 어쩌면 당연한 현상일 수 있으며, 자료 수집이나 분석 과정에서 1종 오류의 가능성이 더 커진 원인일 수도 있다(Simmons, Nelson, & Simonsohn, 2011). 따라서 연구 결과가 타당하다고 일반화하는 과정은 한 연구의 한 번의 재현 여부가 아니라, 지속적인 반복을 통해 그 타당성을 점진적으로 갖추어 나아가는 것이 핵심이다.

2) 연구 결과의 통합

재현을 통해 하나의 연구 결과가 반복되는가를 확인하는 것이 중요한 만큼, 유사한 주제의 연구 결과를 통합하는 일 또한 일반화의 관점에서 매우 중요하다. 문헌 개관(literature review) 혹은 개관연구는 특정 주제를 다루는 수많은 선행연구를 검토하여 주요 내용을 요약하고 평가하는 연구로, 개관논문(review article)의 형태로 출판되는 연구를 말한다. 즉, 여기서 말하는 문헌 개관은 경험적 논문의 서론에서 연구 문제를 도출하고 연구 목적을 구체화하기 위한 문헌 연구를 지칭하는 것이 아니라, 그 자체로서 연구 목적을 달성하기 위해 이루어지는 하나의 연구 유형을 말한다.

문헌 개관은 일반적으로 현재까지의 발견을 소개하고, 그 발견이 다양한 선행연구에서 어떻게 평가되었는지를 검토하며, 일관성 있는 증거이거나 그렇지 않은 발견을 제시하고, 이를 바탕으로 향후 연구의 방향을 논의하는 형태를 갖춘다. 이렇게 특정 주제에 관련된 많은 선행연구 결과에 대한 요약과 평가를 포함하기 때문에, 하나의 연구에서 추론할 수 없는 타당한 결과를 도출할 수 있는 큰 장점이 있다.

이에 더하여, 연구 목적에 따라 그 내용과 형식에서 서로 다른 문헌 개관을 수행할 수 있다. 예컨대, 선행연구들에 대한 심층 분석을 통해, 최근의 경험적 증거나 이론적 발전을 종합하여 제시함으로써 지금까지의 여러 연구 결과들을 통합하는 이론을 제시할 수 있다. 또한 서로 상충하는 이론 간 비교를 위해 관련된 연구를 개관함으로써 경험적 증거를 통해 더 타당하게 평가되는 이론을 제시할 수도 있다. 뿐만 아니라, 특정 주제에 관해 잘 알려진 것이나 그렇지 않은 것은 무엇인지를 제시하고, 논쟁이 있는 주요 내용을 제시하는 등 심층 분석을 통해 앞으로의 구체적인 연구 방향을 제공할 수도 있다.

이렇게 다양한 목적과 형태로 이루어지는 문헌 개관을 이해하거나 수행하기 위해서는 먼저 일반적인 연구 절차에 대해 살펴볼 필요가 있다. 여러 연구에서 문헌 개관에 일반적으로 적용 가능한 절차적 평가 지침을 다양한 선행연구를 바탕으로 종합하여 제공하고 있는데, 그중 하나를 〈표 12-3〉에 제시하였다(Snyder, 2019).

다양한 문헌 개관의 유형 중에서 대표적인 세 가지 유형을 소개하고자 한다.

먼저, 통합적 개관(integrative review)은 다루자 하는 주제에 대한 새로운 틀과 관점을 생성할 수 있도록 해당 주제에 대한 대표적인 문헌을 중심으로 통합적으로 검토, 비판 및 종합하는 연구 형태를 말한다. 일반적으로 빠르게 성장하는 연구 분야에서 상당 기간 종합된 검토가 이루어지지 않은 주제에 대해 통합적 개관 형태의 문헌 개관이 이루어진다. 문헌에서 제기하는 증거 간 불일치나 상반된 결과를 종합할 수 있는 새로운 주제에 대해 다루기도 하며, 이를 위해 선행연구에 대한 충분한 검토와 비판을 제공한다.

이렇게 통합적 개관은 기본적으로 특정 주제에 관한 대표적인 발견을 검토하고, 비판하며, 종합하는 특성으로 인해 주제에 대한 새로운 틀과 관점을 생성할 수 있도록 해 준다(Torraco, 2005). 따라서 연구 주제가 향후 연구 방향을 제시하는 다소 도전적인 내용을 다루기도 하고, 이전 연구 결과를 종합하기 위한 개념적 분류 방식을 적용함으로써 새로운 이론 제시를 위한 구조를 제공해 주기도 한다. 또는 기존 틀에 대한 비판과 종합을 통해 새로운 개념적 틀을 제공해 주거나, 향후 연구를 통해 이론적 영역 전반에 걸친

표 12-3 문헌 개관의 질적 평가를 위한 일반적 지침

단계	점검 내용
설계	• 해당 연구 분야에서 개관이 필요하며, 실질적 · 실용적 · 이론적 공헌을 하는가? • 연구 목적과 질문이 명확하게 제시되고 필요성이 나타나는가? • 선행 문헌 개관 및 관련 선행연구를 고려하고 있는가? • 접근법이나 방법론이 명확하게 제시되며, 이는 가장 적절한 방법인가? • 방법론과 문헌 검색 전략이 명확하고 투명하게 기술되어 있는가?
수행	• 검색 절차가 해당 문헌 개관에 적합하며, 실제적인 절차가 기술되어 있는가? • 검색된 논문의 포함이나 제외 과정이 투명하게 제시되는가? • 연구의 질을 보장하기 위한 적절한 측정이 이루어졌는가? • 최종적으로 포함된 논문들이 적절하고 연구 목표에 부합하는가?
자료 분석	• 논문으로부터 추출된 데이터가 논문의 목적에 부합하는가? • 데이터를 종합하는 절차가 명시되어 있으며, 적절하게 이루어졌는가? • 분석 방법이 연구 목적과 데이터 종합에 적절하며, 투명하게 기술되어 있는가?
논문 작성	• 문헌 개관이 전반적인 접근방식과 연구 문제와 관련하여 일관성이 있는가? • 방법에 관한 전반적인 내용이 반복할 수 있을 정도로 충분히 기술되어 있는가? • 개관의 결과가 적절하고 명확한 방식으로 기술되어 있는가? • 해당 주제에 대해 명확하고 가치 있는 공헌이 될 수 있도록 종합하고 있는가? • 추후 연구를 위한 질문이나 방향이 포함되어 있는가?

상위이론을 개발하는 기초를 제공해 주기도 한다.

통합적 개관의 특징을 잘 이해하기 위해서는 논문 작성을 위한 지침을 살펴보는 것이 효과적일 것이다. 〈표 12-4〉에 제시한 바와 같이 통합적 개관 형식의 논문은 준비 단계, 조직화 단계, 그리고 논문 작성 단계 각각에서 중요하게 고려하여 점검해야 할 사항이 있다(Torraco, 2005, 2016).

두 번째 유형은 비판적 개관(critical review)으로, 이는 주제와 관련한 주요 선행연구를 광범위하게 검토하여 그 결과를 비판적 견지에서 질적으로 평가하는 문헌 개관의 형태다. 여기서 비판적 평가의 범위는 단순한 요약과 설명만이 아닌, 분석적 검토와 종합에 더하여 발전된 견해 제시를 포함한다. 이는 기존의 서로 다른 이론을 통합하거나 새로운 접근방식을 적용한 새로운 가설이나 모형의 형태로 제시된다. 이렇게 제안된 가설이나 모형은 이후의 경험적 연구를 통한 검증을 거쳐 새로운 이론적 틀을 체계화하는 기초가 될 수 있다.

표 12-4 통합적 개관 논문 작성을 위한 점검표

단계	점검 내용
준비	• 어떤 유형의 문헌 개관을 계획하는가? ※ 예: 새로운 주제인가, 아니면 오래된 주제인가? • 연구 문제를 다루는 데 문헌 개관이 가장 적절한 방식인가? • 해당 분야에서 새로운 연구 방향 제안에 유의미한 공헌을 하는가? • 문헌 개관에 대한 저자의 관점을 설명하는가? ※ 예: 중립적인 입장인가, 아니면 특정한 견해를 제시하는가?
조직화	• 문헌 개관이 효과적으로 조직화되는가? ※ 예: 논리적 흐름, 일관된 개념적 구조 등 • 문헌 연구를 수행하는 방식을 충분히 기술하는가? ※ 예: 문헌 선택의 방식이나 기준, 활용한 데이터베이스, 개관 방식 등
작성	• 해당 주제에 관한 선행연구를 비판적으로 분석하였는가? ※ 예: 선행연구의 강점과 약점, 생략되거나 부정확한 점 등 • 기존 지식을 새로운 지식으로 유의미하게 공헌하도록 종합하였는가? • 추가적인 연구 질문을 명확히 제시하여 향후 연구의 기초를 제공하는가? • 개념적 틀을 종합하기 위해 사용한 논리나 개념적 추론을 기술하고 있는가? • 해당 주제의 전망이나 관련된 요인을 탐색하는가? • 명확하고 간결하며, 이해하기 쉬운 표현으로 작성되었는가?

일반적으로 비판적 개관은 선행연구를 어떻게 체계적으로 수집했는지를 반드시 포함할 필요는 없다. 통합적 개관이나 체계적 개관의 경우는 문헌 선택을 어떤 기준으로 했는지, 어떤 데이터베이스를 활용했는지 등을 반드시 제시해야 하지만, 비판적 개관은 각 문헌이 해당 주제와 관련한 이론적 발전에 개념적으로 어떻게 기여했는지에 중점을 두기 때문에, 상대적으로 문헌 탐색의 체계를 크게 고려하지 않는다. 따라서 비판적 개관은 특정 주제에 대한 연구자의 특정 관점을 바탕으로 해석이 주로 이루어지며, 결과적으로 연구자의 주관적 견해가 개입될 수 있다.

세 번째 유형은 체계적 개관(systematic review)으로, 이는 하나의 주제에 관련된 주요 연구들에 대한 체계적 검색, 평가 및 종합을 통해 투명하고 재현 가능한 방식으로 이루어지며, 문헌 개관의 가장 대표적인 방식이다. 체계적 개관은 특정 연구 문제나 가설에 대해 답을 하기 위해 사전에 설정한 기준에 부합하는 모든 경험적 증거를 확인하고자 한다. 따라서 관련 연구를 확인하고 비판적으로 평가하며, 확인된 연구들로부터 자료를 수집하여 분석하는 방법과 절차를 아우른다(Liberati et al., 2009; Moher et al., 2015).

체계적 개관은 앞선 통합적 개관이나 비판적 개관과는 달리 명시적인 작성 기준이 있으며, 다른 두 가지 유형을 대부분 질적 연구로 분류하는 데 반해, 대체로 양적 연구로 분류한다. 이에 따라 다음과 같은 특징을 갖는다(Moher et al., 2015). 첫째, 분명하고 재현 가능한 방법론의 사용으로 명시적인 연구 목표를 지닌다. 둘째, 적격성 기준에 충족하는 모든 연구를 확인하려는 체계적인 문헌 탐색을 수행한다. 셋째, 개관에 포함된 연구들에서 제시한 결과의 타당성을 평가한다. 넷째, 포함된 연구의 특징과 결과들을 체계적으로 제시하고 종합한다.

이러한 특징을 가짐으로 인해, 체계적 개관은 절차적으로 타당한 결과를 도출할 수 있으며, 그 결과를 바탕으로 연구 문제나 가설에 대한 의사결정을 내릴 수 있도록 해 준다. 특히 연구 결과로서 약물이나 치료법의 효과성에 대한 의사결정과 같은 상황에서 과학적으로 타당한 결과를 바탕으로 한다는 것은 매우 중요한 전제로 작용한다. 이러한 이유로 의과학 분야에서는 체계적 개관에 대한 작성 기준을 철저하게 수립하고 있으며, 체계적 개관을 통한 연구 결과를 치료의 효과성이나 적절성, 타당성 등에서 과학적 근거로서 가장 높은 수준의 근거로 평가한다(Evans, 2003).

모든 체계적 개관이 그렇지는 않지만, 대부분은 메타분석과 같은 통계적 방법을 사용하여 개관에 포함된 연구 결과를 통합된 결과의 방식으로 나타낸다. 메타분석(meta-analysis)은 동일한 주제에 관한 여러 연구에서 관찰된 일관성 있는 결과를 확인하기 위해 연구 결과를 결합하여 비교하는 통계적 방법이다. 연구 결과 전체를 종합하여 효과크기(effect size)를 계산할 수 있어서, 체계적 개관의 해석에서 통계적 결과를 근거로 제시할 수 있다. 게다가, 메타분석은 동일 주제의 많은 연구 결과들에 관한 정량적 통계치를 제시해 주기 때문에 그 자체만으로 하나의 연구가 된다.

지금까지 문헌 개관의 대표적인 세 가지 유형을 소개하였다. 하지만 이는 문헌 개관의 일부 유형이며, 더 많은 유형으로 구분하기도 한다. 예컨대, 일부 연구자는 문헌 탐색과 평가, 종합 및 분석의 네 단계에 적용하는 방법을 구분하여 문헌 개관을 14가지 세부적인 유형으로 분류하기도 한다(Grant & Booth, 2009). 또 다른 분류 방식으로, 질적 접근인가(통합적 개관, integrative review), 양적 접근인가(체계적 개관, systematic review), 혹은 혼합된 접근인가(반체계적 개관, semi-systematic review)의 기준으로 세 가지 범주로 구분하기도 한다(Snyder, 2019).

읽어 보기 12-1 **체계적 개관과 메타분석을 위한 문헌 검색 절차**

PRISMA(Preferred Reporting Items for Systematic Reviews and Meta-Analyses)는 체계적 개관과 메타분석에서 포함되어야 하는 근거로서 최소한의 항목을 제안하고 있다(Page et al., 2021). 또한 문헌 검색의 체계를 제안하고 있는데, 그중에서 가장 단순한 절차를 표현하면 다음 흐름도와 같다.

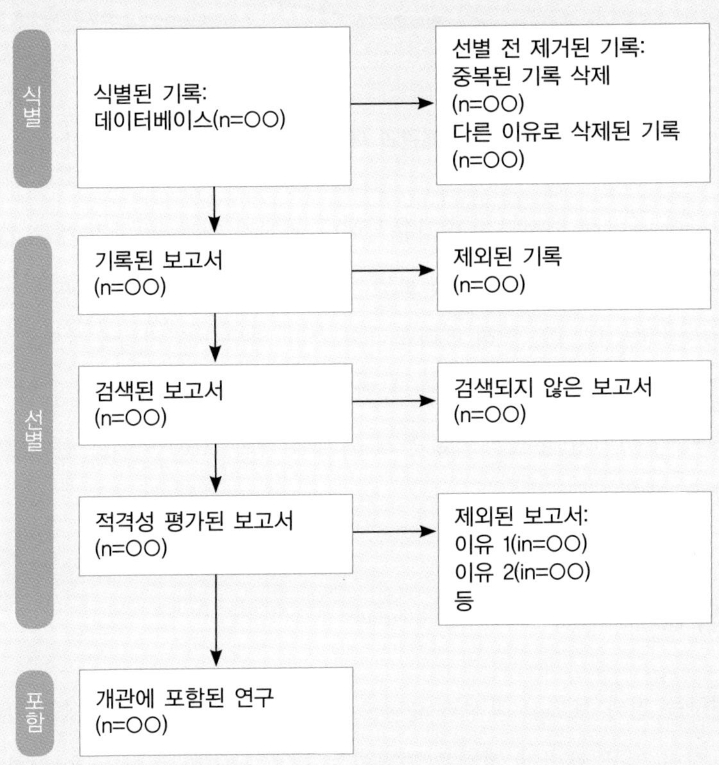

이 기준에 따르면, 여러 학술 데이터베이스에서 특정 주제어를 입력하여 기록을 확인하고, 중복되거나 다른 이유가 있는 경우에는 삭제하며, 실제 확인된 보고서를 추출한 다음, 체계적 개관이나 메타분석을 위해 다양한 적격성 평가를 수행함으로써, 최종적으로 포함될 연구를 확정하는 절차를 시행해야 한다.

연구자들은 이렇게 다양한 문헌 개관을 통해 지속해서 연구 결과를 통합하고자 시도하고 있고, 그 통합된 결과가 어느 범위까지 일반화할 수 있을까를 점검하고 있으며, 이러한 관심과 요구는 점차 커지고 있다. 실제로 Web of Science 데이터베이스를 통해 심

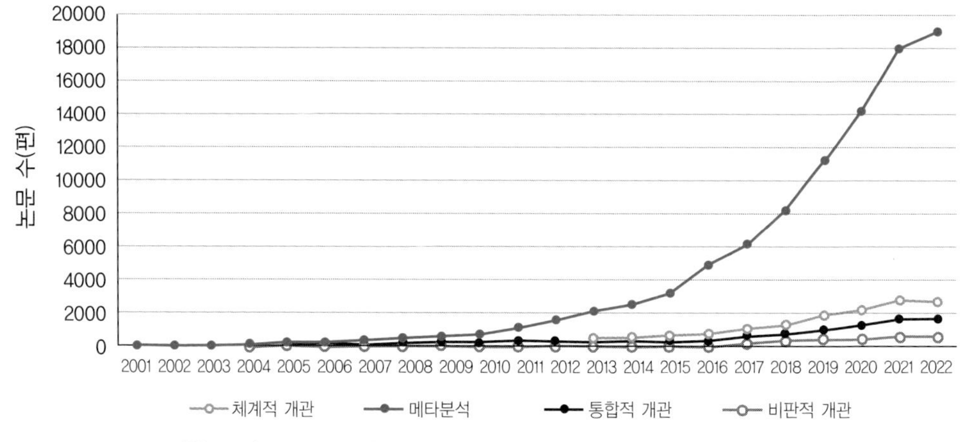

그림 12-4 **문헌 개관과 메타분석 논문 수의 증가 추이**

리학과 사회과학 분야에 한정하여 메타분석이나 체계적 개관, 비판적 개관, 통합적 개관 등을 제목에 포함한 논문 수를 추출해 보면 지난 이십여 년간 그 수가 매우 증가한 것을 확인할 수 있다([그림 12-4]). 특히 메타분석의 출판 편수는 기하급수적으로 증가하였으며, 그다음은 체계적 개관, 비판적 개관, 통합적 개관 순으로 증가한 것을 알 수 있다. 특히 재현 가능성의 위기가 본격적으로 문제 되기 시작한 2010년 이후 큰 폭으로 증가한 것을 확인할 수 있다.

3) 연구의 평가

하나의 연구는 결과 보고서 작성과 출판으로 마무리된다. 연구자가 결과 보고서를 작성하면서 자신의 연구 과정과 결과를 평가하는 것은 당연한 절차다. 이러한 평가 과정에서 중요하게 고려할 사항을 몇 가지 살펴보고자 한다.

첫째, 연구의 시작과 종료까지 모든 절차에서 내적 타당도가 확보되었는지를 평가하는 것이 가장 중요하다. 내적 타당도의 확보와 관련해서는 이미 많은 설명을 하였다.

둘째, 통계적 근거에 기초하는 인과관계의 추론에 관한 타당성, 즉 통계적 결론 타당도를 평가하는 것도 중요한 절차다. 예컨대, 측정척도의 유형에 맞는 통계분석을 시행했는지, 여러 번의 다중비교를 수행하면서 1종 오류 수준을 보정했는지, 너무 적은 참가자를 포함하여 검증력이 낮아지지는 않았는지, 반대로 너무 많은 참가자를 포함함으로 인해 효과크기가 너무 작은 처치효과를 과대 해석하지는 않았는지 등을 포함하여, 통계

적 결론 타당도(statistical conclusion validity)에 대한 체계적인 평가를 수행해야 한다.

셋째, 인과적 추론을 어느 정도로 강력하게 할 수 있는가, 그리고 어느 범위까지 적용할 수 있는가를 평가한다. 이는 통계적 추론 결과와 대상 모집단의 범위와 관련된다. 즉, 가설검증을 통해 연구가설을 지지하는 것뿐만 아니라, 관찰된 처치효과가 얼마나 큰 효과크기를 보이는지, 그리고 연구에 포함된 다양한 종속측정치에서 유사한 결과를 관찰했는지를 평가해야 한다. 효과크기가 크고 이러한 결과가 여러 종속측정치에서 유사하다면 인과적 추론이 더 강력해질 수 있다. 또한 이러한 인과적 추론의 결과를 일반화할 수 있는 모집단의 범위를 타당하게 규정하고 있는지도 평가해야 한다.

넷째, 자신의 연구가 인간 행동의 특정 측면에 관해 기존의 설명을 넘어서 어떠한 추가적인 설명을 해 줄 수 있는지 평가한다. 흔히 연구의 독창성이나 기대효과라고 부르는 것으로, 해당 연구가 어떤 측면에서 기존의 연구와 다르며, 그 연구를 통해 어떠한 학술적 · 사회적 측면에 기여할 수 있는지에 관한 정성적 측면의 평가를 말한다.

자신의 연구에 관한 평가와 유사하게, 기존에 출판된 연구를 평가하는 것 또한 매우 중요하다. 자신의 연구에 참고하고자 검색한 논문의 인용 횟수를 확인하는 것이 바람직하다고 2장에서 언급한 바와 같이, 어떤 연구를 평가할 때 가장 간단한 평가 방법도 인용 횟수를 확인하는 것이다. 인용 횟수는 다른 연구자들이 그만큼 많이 인용했고, 연구 결과가 영향력을 넓게 미치고 있음을 보여 주는 정량적 근거이기 때문이다. 다른 표현으로, 인용 횟수가 많은 연구는 다른 많은 연구자에 의해 이미 다양한 측면에서 타당하다고 평가를 받고 있다는 의미다.

인용 횟수의 확인은 정량적 근거를 바탕으로 하는 연구에 대한 단순한 평가다. 하지만 더 중요한 것은 인간 행동에 관한 보편적 원리를 추구하는 데 얼마나 큰 공헌을 하는가에 관련된다. 이 관점에서 행동과학의 네 가지 세부 목표에 얼마나 근접하는가를 확인하는 것이 연구를 평가하는 중요한 기준이 될 수 있다. 즉, 해당 연구가 인간의 행동과 현상을 얼마나 구체적으로 기술하는가, 연구 결과를 바탕으로 인간의 행동을 얼마나 타당하게 예측할 수 있는가, 현상의 원인을 타당한 근거에 기반하여 체계적으로 설명하는가, 그리고 실생활에 적용함으로써 인간의 삶에 도움이 될 수 있는가의 네 가지 기준으로 연구를 평가할 수 있다. 이 평가 기준은 인간의 행동에 관한 모든 연구에 적용되며, 따라서 자신의 연구에 대한 평가에도 적용해야 한다.

연구의 평가에서 핵심은 '인간에 의한, 인간을 위한 연구'를 충실히 이행했는가다. 연구를 위한 연구, 논문을 위한 연구는 앞서 설명한 정량적 또는 정성적 평가 준거에서 높은 평가를 받을 수 없으며, 시간이 흐르면 그 가치는 더욱 희미해질 것이다. 연구자 자신의 창의적인 생각을 기반으로 이루어진, 인간의 안녕과 복지를 위한 연구는 시간이 흐를수록 그 가치가 더욱 빛날 것이다.

Keywords

연구가설(research hypothesis)
영가설 검증(null hypothesis testing)
대립가설(alternative hypothesis)
유의수준(significance level)
유의확률(significance probability)
유의도 검증(significance testing)
1종 오류(type I error, α)
2종 오류(type II error, β)
검증력(power)
효과크기(effect size)
코헨의 d(Cohen's d)
에타 제곱(eta squared, η^2)
오메가 제곱(omega squared, ω^2)
임계치(critical value)
재현(replication)
반증(falsification)
재현 가능성 위기(replicability crisis)
문헌 개관(literature review)
통합적 개관(integrative review)
비판적 개관(critical review)
체계적 개관(systematic review)
메타분석(meta-analysis)
통계적 결론 타당도(statistical conclusion validity)

Review Questions

1. 연구가설을 직접 검증하는 것이 불가능한 이유는 무엇인가?
2. 영가설을 검증할 수 있는 이유는 무엇인가?
3. 유의수준이란 무엇인가?
4. 1종 오류란 무엇인가?
5. 2종 오류란 무엇인가?
6. 검증력이란 무엇인가?
7. 2종 오류의 크기에 영향을 미치는 요인을 설명하시오.
8. 대단위 표본을 대상으로 하는 연구 결과에서 유의미한 결과를 얻는 것이 어떤 문제를 일으킬 수 있는가?
9. 과학의 발전에서 반증이 중요한 이유는 무엇인가?

10. 통합적 개관과 체계적 개관을 설명하시오.
11. 비판적 개관이란 무엇인가?
12. 연구자가 자신의 연구를 평가하는 기준을 설명하시오.

부록

부록 1. 데이터

부록 2. 〈Review Questions〉의 답

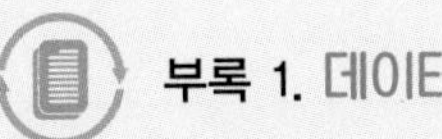

부록 1. 데이터

1. [그림 4-2]에 사용된 데이터

참가자	심리 설계 성적	심리 통계 성적	딴생각 시간	불안 점수	지능 지수	참가자	심리 설계 성적	심리 통계 성적	딴생각 시간	불안 점수	지능 지수
평균	80	80	10	40	100						
S01	74	74	15	34	102	S26	80	83	13	38	100
S02	75	75	8	48	100	S27	81	83	11	41	95
S03	75	75	14	34	95	S28	81	83	11	43	105
S04	76	76	10	35	101	S29	81	84	11	38	95
S05	76	76	14	35	105	S30	81	84	10	38	105
S06	76	77	18	45	96	S31	81	85	10	43	104
S07	76	78	16	35	98	S32	81	85	10	43	103
S08	76	74	14	44	104	S33	81	75	6	43	94
S09	77	75	12	44	108	S34	81	76	8	41	101
S10	77	76	15	44	96	S35	81	78	6	38	101
S11	77	76	15	45	97	S36	81	79	8	38	105
S12	77	78	11	45	104	S37	82	79	8	41	96
S13	78	77	11	46	100	S38	82	81	8	42	96
S14	78	78	9	35	104	S39	82	81	8	38	99
S15	78	78	9	36	95	S40	82	85	6	38	104
S16	78	78	8	36	98	S41	83	85	6	39	98
S17	79	78	6	36	100	S42	83	82	5	39	103
S18	79	78	5	36	97	S43	83	84	4	40	98
S19	79	80	15	36	101	S44	83	86	8	38	99
S20	79	80	15	44	94	S45	83	88	7	38	96
S21	79	80	14	45	106	S46	84	84	8	40	98
S22	79	81	14	45	98	S47	84	80	7	40	98
S23	80	81	13	37	98	S48	86	84	5	41	103
S24	80	81	13	44	101	S49	87	78	5	41	98
S25	80	83	13	37	103	S50	88	85	4	40	105

2. [그림 4-3]에 사용된 데이터

A		B		C		D	
2학년	3학년	2학년	3학년	2학년	3학년	2학년	3학년
65	85	55	75	55	65	45	55
66	86	56	76	56	66	46	62
67	87	58	78	58	68	50	67
67	87	59	80	59	70	50	73
67	87	60	80	60	70	51	74
68	88	62	80	62	70	51	75
68	88	63	81	63	71	52	78
69	89	66	82	66	72	53	78
69	89	66	83	66	73	58	80
70	90	70	97	70	87	60	82
70	90	70	97	70	87	68	84
70	90	70	98	70	88	82	84
70	90	74	98	74	88	85	85
71	91	79	98	79	88	89	86
72	92	80	99	80	89	90	86
73	93	81	99	81	89	93	89
74	94	81	99	81	89	94	90
74	94	82	100	82	90	94	90
75	95	83	100	83	90	94	90
75	95	85	100	85	90	95	92

부록 2. <Review Questions>의 답

제1장

1. 행동과학은 인간과 동물의 행동에 관해 체계적인 관찰과 실험 등의 과학적 연구를 수행하는 분야이며, 사회과학은 인간 경험의 공통적 요소와 집합적 차원과 관련된 학문 분야다.
2. 사람들의 일반적인 경험에서 파생된 심리학적 주제에 관한 생각이나 지식은 대부분 과학적 방법을 통해 밝혀진 것이 아니므로 근거가 없다.
3. 잘 정립된 지식체계가 없으므로 내용이 전혀 변화하지 않거나 혹은 무작위로 변경된다. 일관적이지 않은 절차나 서로 무관한 여러 전제를 기반으로 하는 모호한 절차를 따른다. 느슨하고 왜곡된 논리를 사용하여 주장하며 그 논리를 수정하지 않는다. 비판적 사고를 용납하지 않으므로 어떠한 의문도 갖지 않는다. 이미 확립된 결과를 무시하고 새로운 주장만을 강조한다.
4. 촉진자에 의해 의사소통이 가능한 것으로 보였던 결과가 실제로는 아동의 생각이 아니라 손을 잡아 준 촉진자의 생각을 표현한 것으로, 이는 아동의 의사소통이 촉진된 것이 아니다.
5. 매체는 연구를 요약하여 주요 사항만을 전달하기 때문에 중요한 정보가 생략될 수 있다. 또한 관심이 높을 수 있는 연구 주제이지만 연구 자체가 좋은 연구가 아닐 수 있다.
6. 어떠한 주장이라도 세심한 논리적 적용과 과학적 접근으로부터 나온 결과에 기초하여 평가되어야 한다는 것을 의미한다.
7. 착각적 상관, 확증편향, 과신편향, 사후확신편향(또는 후견편향)
8. 도박사의 오류는 특정 사건이 평소보다 더 자주 발생했다면 앞으로는 그 사건이 일어날 가능성이 작고, 반대로 더 적게 발생했다면 앞으로 일어날 가능성이 더 크다고 믿는 현상이다. 결합 오류는 두 가지 사건이 결합하여 발생할 확률을 각 사건이 발생할 확률보다 더 높다고 판단하는 현상이다.
9. 귀납법은 개별 현상을 바탕으로 그 현상을 설명할 수 있는 일반적 이론을 이끌어 내는 방법이다. 연역법은 이미 알고 있는 이론을 기반으로 하는 판단을 근거로 특정 사례에 관한 결론을 내리는 방법이다. 가추법은 규칙과 결론을 바탕으로 가장 잘 설명할 것 같은 사례를 추론하는 과정이다.
10. 관찰 가능성, 검증 가능성, 반복 가능성, 반증 가능성

11. 기술, 예측, 설명, 적용
12. 수반성, 공변성, 대안적 설명의 배제

제2장

1. 기술연구의 목표는 이미 존재하는 조건이나 관계에 관한 개요를 제공하거나, 사전에 설정된 가설에 따른 현상이 관찰되는지를 확인하기 위함이다. 상관연구의 목표는 변인에 대한 통제나 조작 없이, 현 상황에서 관찰되는 변인 간 관계를 측정하여 그 관련성을 평가하기 위함이다. 실험연구의 목표는 참가자를 조건에 무선적으로 할당하고 변인을 체계적으로 조작한 후 행동의 변화를 관찰하는 절차를 통해 변인 간 인과관계를 추론하기 위함이다.
2. 참가자를 여러 조건에 무선적으로 할당하고 인과관계와 관련이 있는 변인을 제외한 다른 변인의 영향을 배제하기 위해 주로 실험실과 같은 통제된 환경에서 수행하여 인과관계 추론의 가능성은 크지만, 실생활에서의 일반화 가능성은 작기 때문이다.
3. 실험은 독립변인을 조작하고 종속변인을 측정하는 일련의 절차다.
4. 준실험은 참가자를 무선할당하지 못함으로 인해 독립변인 이외의 외생변인의 영향을 통제할 수 없는 상태에서, 실험설계와 유사한 형태를 적용하여 수행하는 연구다.
5. 기초연구의 목적은 인간의 행동과 정신과정에 관한 근본적인 질문에 관한 규명에 있다. 응용연구의 목적은 현실에서 발생하는 다양한 구체적인 문제와 그 문제에 대한 가능한 해결책을 찾고 적용하기 위함이다.
6. 관찰, 상식, 사회적 문제, 선행연구, 이론
7. 종합적 명제는 술어 개념이 주어 개념에 포함되지 않으면서 서로 관련되는 진술문이므로 경험적 증거를 통해 참과 거짓을 결정할 수 있기 때문이다. 반면, 분석적 명제는 술어 개념이 주어 개념에 포함되는 명제로, 형식적으로 항상 참인 진술문이 되므로 경험적으로 결정할 수 없다.
8. 일상적 의미로서의 개념을 연구에서 관찰하고 측정할 수 있도록 체계적 절차를 통해 명세화하는 것이다.
9. 독립변인 조작이 의도한 효과를 나타냈는지를 확인하는 절차다.
10. 예비연구를 시행함으로써 대단위 본연구에서 사용하려는 연구 절차의 타당성 확인과 다양한 잠재적 문제점 확인을 통해 본연구의 성공적 시행 가능성을 높일 수 있다.
11. 연구 아이디어 생성, 가설 수립, 연구 설계, 제안서 작성, 예비연구, 본연구, 결과분석, 결과해석, 보고서 작성과 출판

12. 서론, 방법, 결과, 논의
13. 다양한 출처 활용, 다양한 키워드 활용, 핵심 논문 중심으로 추가 논문을 검색에 활용, 논문의 인용 횟수 확인, DOI 활용

제3장

1. 뉘른베르크 강령으로, 참가자의 자발적 동의가 필수적이므로 참가자가 자발적 동의를 할 수 있는 법적 능력과 충분한 인지능력이 있어야 하며 이 과정에 어떠한 강압도 없어야 한다는 점을 명시하고 있다.
2. 인간 대상의 의학 연구를 위한 윤리 원칙
3. 인간 존중, 선행, 정의
4. 참가자들에게 공개한 절차보다 더 강압적인 촉구를 하였고, 속임수를 사용했음에도 불구하고 사후설명을 적절하게 시행하지 않았으며, 참가자들에게 문제가 있었는지 확인하지 않았다.
5. 연구 참여를 결정할 수 있을 정도의 충분한 정보를 제공해야 한다. 충분히 이해할 수 있도록 제공해야 한다. 동의 과정에서 자발성이 확보되어야 한다.
6. 발생 가능한 다양한 피해와 예상되는 이익의 크기와 확률을 분석하여 평가한다.
7. 공정한 절차와 결과가 있어야 한다는 윤리적 기준을 적용하되, 개인적 수준과 사회적 수준 모두를 고려해야 한다.
8. 연구계획서의 과학적·윤리적 타당성, 적법한 절차에 따른 동의 획득 여부, 참가자의 안전 확보, 개인정보 보호 대책, 취약한 집단의 참가자가 참여 시 추가사항
9. 연구에서 참가자에게 발생할 수 있는 피해나 불편함의 가능성과 강도가 일상생활에서 경험할 정도, 또는 일상적인 신체검사나 심리검사에서 발생할 수 있는 정도보다 크지 않은 정도의 위험 수준
10. 사후설명은 참가자의 참여가 종료될 때, 연구자가 연구의 세부 사항에 관해 참가자와 논의할 기회를 제공하는 절차로, 구체적인 연구 목적을 참가자에게 설명할 수 있으므로 특히 연구 절차에서 속임수를 사용한 경우, 연구자는 사후설명을 통해 그 속임수가 왜 불가피하게 사용되었는지를 참가자에게 설명할 수 있다.
11. 책임 있는 연구 수행에 필수적인 윤리 원칙과 전문적 기준을 적극적으로 실행하는 것
12. 위조(fabrication)는 존재하지 않는 결과를 허위로 만들어 기록하거나 보고하는 것이며, 변조(falsification)는 연구 재료나 장비, 절차 등을 조작하거나, 수집된 자료나 결과를 임의로 변형하거나 삭제하여 연구 결과를 왜곡하여 제시하는 것을 말한다.

13. 구체적인 과학적 발견이나 주장, 견해 등 기존에 다른 연구자가 산출한 업적에 대해 적절한 표현을 하지 않거나 인정하지 않은 채 다른 사람의 아이디어, 처리 과정, 결과, 혹은 글 등의 업적을 도용하는 행위

제4장

1. 양적변인은 대상의 속성을 수량화할 수 있는 양적 자료로 표현할 수 있는 변인이며, 키, 몸무게, 부피 등이 그 예다. 범주변인은 대상의 속성을 수치화한 형태로 제시할 수 없고, 범주의 묶음으로 정의되는 변인이며, 동전의 양면, 대학 전공, 출생지 등이 그 예다.
2. 어떤 행동을 설명하기 위해 심리적 현상에 대해 가설적으로 설정한 개념
3. 표본에서 관찰된 관계의 정도가 모집단에서도 그러한가를 확률에 기반하여 의사결정을 하는 통계적 추론에서, 해당 값이 우연히 발생했을 가능성이 작아진다.
4. 두 변인 간 관찰된 관계가 두 변인 간의 실질적인 관계에 의해서가 아니라 각 변인이 숨겨져 있는 제3변인과 관련됨으로써 나타난 것으로, 결과적으로 변인 간 관계를 잘못 해석하게 되는 문제다.
5. 명목척도, 서열척도, 등간척도, 비율척도
6. 가장 넓은 의미에서 구성 타당도는 변인 측정과 변인 조작을 포함하는 모든 유형의 조작적 정의가 구성개념을 제대로 반영하는가에 관한 타당도를 의미한다. 측정의 구성 타당도는 구성개념 측정을 위한 조작화가 그 이론에 의해 정의된 구성개념을 제대로 측정하는가의 정도를 말한다. 좁은 의미에서 구성 타당도는 하나의 구성개념이 여러 하위 요인으로 이루어져 있을 때, 그 하위 요인들이 해당 구성개념을 실제로 측정하는 정도를 말한다.
7. 내용 타당도는 측정하고자 하는 개념의 모든 측면을 실제로 측정하는 정도를 말하고, 안면 타당도는 측정 도구가 해당 구성개념을 측정하는 데 적절하게 보이는 정도를 말한다.
8. 수렴 타당도는 어떤 구성개념에 관한 측정 결과가 그 구성개념과 관련성이 높거나, 또는 같은 구성개념을 측정하는 이미 잘 정립된 다른 측정 도구를 사용한 결과와 얼마나 높은 상관을 보이는가로 정의한다. 변별 타당도는 어떤 구성개념에 관한 측정 결과가 개념적으로 서로 관련이 없는 다른 측정치와 서로 구분되어 상관이 없는가로 정의한다.
9. 예언 타당도는 측정이 이루어지고 난 후 그 측정이 미래의 행동을 얼마나 예측할 수 있는가의 정도를 말한다. 소급 타당도는 어떤 측정이 그 행동을 나타내는 과거의 사건과 관련성이 얼마나 높은가의 정도를 말한다.
10. 동일한 측정 도구로 동일한 참가자의 행동을 동일한 조건에서 반복해서 측정했을 때 동일

한 측정치가 나오는 정도

11. 검사-재검사 신뢰도는 동일한 개인을 두 시점에서 반복 측정하는 과정을 통해 평정하는 절차로, 다른 시점에서 측정한 두 측정치 간 상관계수를 통해 나타낸다. 내적 일관성 신뢰도는 변인을 측정하기 위해 사용되는 다수의 문항이나 소검사 시행 결과의 일관성 정도를 평정하는 절차로, 크론바흐 알파 계수로 나타낸다.
12. 참가자는 자신이 관찰되는 것을 인식하는 것만으로도 실제와 다르게 행동할 수 있음을 말하며, 호손 효과나 사회적 바람직성으로 나타날 수 있다.
13. 참가자에게 연구의 목적이나 세부 내용에 대해 정보를 줄 수 있는 가능한 모든 단서로, 참가자에게 요구되는 특성을 알려 줄 수 있는 단서를 말한다.
14. 천장효과는 측정치 대부분이 측정에서 나타날 수 있는 최고점에 근접하게 나타나는 결과를 말하며, 바닥효과는 측정치 대부분이 나타날 수 있는 최저점에 근접하게 나타나는 결과를 말한다.

제5장

1. 자연관찰은 실험적 통제나 변인 조작 등 인위적 요소가 없는 자연적 상황에서 관찰된 자료를 수집하는 연구로, 관찰자 편향을 감소하기 위해 둘 이상의 관찰자가 관찰하며 관찰자들 간의 일관성을 확인하기 위해 관찰자 간 신뢰도를 산출한다.
2. 집단 역동을 내부에서 관찰할 수 있기 때문에, 다른 참가자들과 마찬가지 방식으로 사건을 경험할 수 있다는 장점이 있지만, 관찰자의 주관적인 해석이 포함되어 관찰 내용이 왜곡될 가능성이 크다.
3. 어떤 행동에 대해 어떤 범주로 행동을 분류하여 기록할 것인가의 구체적인 기준을 설정하는 절차
4. 자연관찰보다 관찰 상황에 대한 통제를 더 많이 할 수 있고, 반응을 측정하기 위해 잘 준비된 환경에서 이루어져야 하는 연구에 효과적이지만, 통제된 환경에서 이루어지는 점 때문에 실험실 관찰에서 관찰한 행동이 실제 생활에서 발생하는 행동과 다를 수 있다는 단점이 있다.
5. 양적 연구보다 훨씬 더 자세한 정보를 제공하며, 면접을 시행하는 동안 참가자의 행동을 관찰할 수 있어 조사와 같은 다른 연구에서 얻지 못하는 자료를 얻을 수 있다. 반면, 연구 수행에 시간 소모적인 속성이 있고, 소수의 사람을 대상으로 하므로 일반화 가능성이 작으며, 면접 과정에서 윤리적 문제가 발생할 가능성이 있다.
6. 개방형 질문을 명확히 잘 전달하고, 구성원들 간 의사소통을 촉진하며, 구성원 간 기존 관계

를 관리해야 할 뿐만 아니라, 서로 모르는 구성원에게 편안한 상태에서 해당 주제에 대한 자신의 견해나 느낌, 생각 등을 교환할 수 있는 환경을 조성해야 한다.

7. 구조화 면접은 연구 목적과 주제에 따른 질문의 내용과 형식, 시행 순서 등이 사전에 구체적으로 정해진 절차에 따라 이루어지는 면접을 말한다. 비구조화 면접은 면접의 목적은 명확하지만, 면접자가 시행하는 질문의 내용과 형식, 제시 순서 등에 정해진 패턴이 없이 이루어지는 가장 유연한 형태의 면접이다. 반구조화 면접은 이 두 가지 형태의 조합으로, 특정 주제 내에서 질문하면서도 면접자가 응답을 명확히 해야 할 때 추가적인 질문을 할 수 있고, 질문의 순서도 유연하게 시행할 수 있는 면접을 말한다.

8. 예외적이거나 현저한 속성을 보이는 한 개인에 관한 심층적인 조사로, 개인의 심리사회적 이력이나 정신병리적 증상, 심리검사, 행동 관찰 등 주로 관찰과 면접을 통해 다양한 유형의 자료를 수집하는 연구방법을 말한다.

9.

질문	짧은 문장	간결한 문법	구체적 표현	쉬운 표현	단일 질문	긍정문	가치 중립
1	○	○					○
2			○				
3					○		
4	○					○	○
5				○			
6			○			○	
7							○

10.

번호	문제점	가능한 대안
1	문장 복잡한 구조, 긴 문장, 가치 편향 가능성	타인에게 동의 표현을 잘하는 것이 수동적인 성격과 관련됩니까?
2	'지난번 선거'의 의미가 불분명	지난 21대 국회의원 선거에서 투표에 참여하였습니까?
3	'부담되고 흥미롭다'는 두 가지 질문	1. 직전 학기 수업이 고등학교에서 들었던 수업보다 전반적으로 더 부담되었습니까? 2. 직전 학기 수업이 고등학교에서 들었던 수업보다 전반적으로 더 흥미로웠습니까?
4	'해로운', '진행하지 않는'은 대기업 경영진이 나쁘다고 묘사하여 가치 편향적	대기업 노동조합의 임금협상과 우리나라 경제 상황이 관련된다고 생각합니까?

5	'염화나트륨'은 어려운 표현	지난 일주일 동안 소금을 평소보다 많이 섭취하였습니까?
6	'삶'의 개념이 모호하고 부정문을 사용	방법론을 아는 것이 일상생활에 도움이 된다고 생각합니까?
7	'낭비'는 가치 편향적	영화를 보며 시간을 보내는 것을 선호합니까?

11. 질문지 내에서 문항의 위치에 따라 해당 질문에 대한 응답자의 응답이 달라지는 질문 순서 효과가 발생하기 때문이다.
12. 응답자가 질문에 일관성 있는 방향으로 동의하는 상황이 발생하지 않도록 질문지를 구성하기 위해 역채점 문항을 포함한다.
13. 모집단으로부터 표본을 구성하는 데 사용되는 모집단에 가까운 목록의 출처로, 표집을 위한 실제적인 모집단이 된다.
14.

자치단체	서울	부산	대구	울산	춘천	공주
표본 크기	385	385	385	384	383	382

15. 모집단으로부터 각 참가자가 표본으로 포함될 확률이 알려져 있거나 계산 가능한 방식으로 표본을 추출하는 방식
16. 무선표집은 표본을 선정할 때, 우연적 절차를 사용하여 구체적으로 누가 선택되는지를 결정하는 절차로, 각 참가자가 표본으로 선택될 확률을 계산할 수 있고, 누가 선택되는지는 어떠한 외부 요인에도 관계없이 단지 우연에 근거하기 때문에 일반화 가능성과 외적 타당도가 높다.

제6장

1.

진술문	명제 형식	검증 가능성	가설 기능
1	분석적	가능	불가능
2	분석적	가능	불가능
3	분석적	가능	불가능
4	종합적	가능	가능
5	종합적	가능	가능

2. 조절효과는 제3의 변인이 독립변인과 종속변인 간 관계의 특성을 변화시키는 효과이며, 매개효과는 제3의 변인이 독립변인과 종속변인 간 경로에 개입하여 두 변인 간 관계를 변화시키는 효과를 말한다.
3. 485명
4. 첫째, 관심 변인의 구성개념을 잘 나타내는 도구가 이미 개발되어 많은 연구에서 사용하고 있다면 그 도구를 사용한다. 둘째, 기존에 사용되고 있는 도구가 없다면 연구자가 측정 도구를 개발한다. 셋째, 일부는 이미 타당화된 도구를 사용하고, 다른 일부는 연구자가 개발해야 하는 경우, 개발하는 도구의 응답 측정 방식을 가능한 한 타당화된 도구와 일정한 방식을 유지한다.
5. 가설에 따라 예측된 결과가 아니라 전형적인 우연에 의한 발견으로, 연구의 1종 오류 가능성을 증가시키며, 검증 가능성이 없는 가설로서 가설이 논리적으로 성립하지 못한다. 또한 잠재적으로 타당한 발견을 무시하는 결과가 될 수 있다.
6. 자료가 정확하게 입력되었는지 확인하고, 정규분포와 같은 통계적 가정을 충족해야 할 때 실제로 충족하는지 확인하며, 극단값이나 무응답 항목이 있는지 확인한다.
7. 제3변인 개입의 가능성을 탐색해 볼 수 있고, 관찰된 관계에서 이질적인 집단이 포함되어 있는지 확인해 볼 수 있다. 또한 종단연구의 경우 참가자 탈락의 원인을 확인해 볼 수 있다.
8. 피셔의 z 변환을 사용하여 두 상관계수 간 차이를 z 점수로 변환하여 검증할 수 있다.
9. 실제로는 서로 관계가 없지만, 통계적으로만 상관이 있는 것처럼 보이는 경우를 말한다.
10. 제3변인이 설명하는 정도를 제외한 상태에서 두 관심 변인 간 상관을 확인한다.
11. 다른 변인과의 상관계수를 감소시킴으로써 존재하는 관계를 관찰하지 못하거나, 이와 반대로 실제로는 없는 관계를 있는 것처럼 보이게 만드는 등 부적절한 결론을 내리는 결과를 초래할 수 있다.
12. 첫째, 조사 시기가 다르므로 새로운 참가자는 기존 표본과 비교하여 이질적인 속성을 가질 가능성이 있다. 둘째, 철저하게 계획된 설계로부터 나온 결과라면 통계적으로 근소하게 유의미한 결과 또한 그대로 가치가 있다. 셋째, 더 유의미한 연구가설을 지지하는 결과를 얻을 때까지 참가자를 얼마나 더 모집해야 하는지 결정할 수 없다. 넷째, 참가자 수를 더 늘리면, 결과적으로 1종 오류가 증가하게 된다. 다섯째, 유의미하지 않은 결과를 바탕으로 새로운 연구를 할 수 있는 기회를 잃어버리게 된다.

제7장

1.

연구 문제	가능	불가능	수정	이유
1	○			교재나 요약본 처치를 조작할 수 있고, 학습 효과를 측정할 수 있으며, 맥락적으로 시행할 수 있다.
2		○		독립변인을 조작할 수 없다.
3	○			각성 수준을 조작할 수 있고, 선택적 주의 능력을 측정할 수 있으며, 연구 맥락에서 시행할 수 있다.
4			○	실험 처치 전 연예인의 제품 선호가 이미 있는 상태이므로 독립변인 조작이 불가능하다.

2.

진술문	명제 형식	검증 가능성	가설 기능
1	분석적	가능	불가능
2	종합적	가능	가능
3	종합적	불가능	불가능
4	종합적	불가능	불가능
5	종합적	가능	불가능

3. 유의수준, 예상 효과크기, 검증력, 집단 수
4. 독립변인은 실험에서 결과에 미치는 영향을 평가하기 위해 종속변인 측정 이전에 연구자가 의도적으로 조작하는 변인이다. 독립적이라는 의미는 연구자가 다른 그 어떤 것에 의해서도 영향을 받지 않고 조작할 수 있다는 것으로, 실험 내에서 다른 어떠한 영향도 받지 않으면서 변인의 속성을 만들어 낼 수 있음을 말한다.
5. 강한 조작은 조건 간 차이를 최대화할 수 있으므로, 그로 인해 독립변인이 종속변인에 미치는 영향을 관찰할 가능성을 증가시킬 수 있기 때문이다.
6. 최대한 강하게 하되, 외적 타당도를 고려하고, 연구 윤리의 범위 내에서 이루어져야 한다.
7. 종속변인은 독립변인 처치의 영향을 받아 처치 이후에 값이 변화하거나 발생하는 변인으로, 연구자가 의도적으로 조작한 독립변인의 영향을 받아 그 처치에 종속하여 변화한다는 의미다.
8. 참가자 스스로 평정하는 자기보고식 측정치, 직접적인 관찰을 통한 행동 측정치, 신경계 반응이나 생리적 반응에 관한 신경생리학적 측정치
9. 실험 오차는 실험 절차에서 통제하지 못한 외생변인의 영향으로 인해 무선적으로 발생하는 변산성이며, 오차가 클수록 변산도의 크기를 증가시키게 되어 통계적 유의도 검증과 효과크기에 부정적인 영향을 미친다.

10. 혼입변인은 독립변인 처치와 함께 체계적으로 변화하여 종속변인에 영향을 줌으로써 독립변인의 효과와 분리할 수 없는 상태를 만드는 외생변인으로, 혼입변인이 작용했다면 관찰된 결과가 독립변인의 처치에 의한 효과인지 확신할 수 없으며 결과적으로 내적 타당도에 심각한 손상을 입힌다.
11. 1-2는 문제가 없으며, 1-1, 2-1, 2-2의 시나리오에 문제가 있다. 1-1은 단어 작업기억 능력 측정을 방해하는 시끄러운 소리를 배제하지 않았다. 2-1에서 큰 노랫소리의 제시는 참가자의 수행을 전반적으로 방해한다. 2-2에서 큰 노랫소리와 큰 백색소음 모두 참가자의 수행을 방해할 뿐만 아니라, 소음의 유형이 다르므로 서로 다른 영향을 줄 수 있다.
12. 무선할당은 참가자를 실험 조건에 완전히 무선적으로 배정하여 각 참가자가 특정 조건에 할당될 확률을 동등하도록 보장하는 절차로, 어떤 개인이 어떤 조건에 할당하는 과정에서 연구자의 통제를 벗어나 자연적으로 발생한 것처럼 작용한다는 의미다.
13. 소수의 참가자를 대상으로 하므로 사전에 예상한 효과크기보다 더 작거나, 때로는 더 큰 효과크기를 관찰할 수도 있으며, 따라서 예비연구 결과에 대한 가설검증은 오류 가능성이 매우 크다. 또한, '결과 확인 후 가설 만들기'(HARKing)에 해당하며, 1종 오류 가능성을 증가시킨다.
14. 실험연구의 인과성을 확립하기 위한 절차로서 연구에서 수집한 자료 내에서 대안적 설명이 가능한가를 확인하는 의미에서 매우 중요하다. 즉, 수집한 자료를 바탕으로 혼입이 발생하지 않았음을 확인함으로써, 혼입으로 인한 대안적 설명을 배제하기 위한 필수 절차다.
15. 처치 조건 변화에 따른 종속측정치가 선형적으로 변화하더라도 그 범위가 한정적이라면 그 범위를 넘어서는 외삽은 부정확해져, 정적 단도함수와 같은 변화를 나타낼 수 있기 때문이다.

제8장

1. 내적 타당도는 독립변인과 종속변인 간 인과관계가 존재하는지를 결정하는 추론이 타당한 정도, 즉 종속변인에서 관찰된 어떤 변화가 독립변인 처치 때문에 발생했다고 합리적으로 확신할 수 있는 정도를 말한다.
2. 독립변인을 조작하고 외생변인을 통제하며 종속변인을 측정하는 일련의 절차
3. 독립변인과 종속변인 간 공변량과 관련한 통계적 근거에 기초하는 인과관계의 추론에 관한 타당성
4. 역사, 성숙, 검사, 도구화, 통계적 회귀, 선택 편향, 참가자 손실, 선택 편향과 다른 요인 간

상호작용

5. 단일은폐 실험
6. 위약효과가 발생할 수도 있는 실험에서 처치의 효과가 있다는 것을 확증하기 위한 목적으로 사용한다.
7. 실험자가 특정 조건에 참여한 참가자들이 어떻게 반응해야 하는지를 알고 이에 관한 기대를 발달시킴으로써 발생할 수 있는 내적 타당도에 대한 부정적인 영향
8. 참가자와 실험자 모두 지금 이루어지는 처치가 어떤 조건인지 모르는 상태에서 실험을 수행하는 방법으로, 실험자 편향을 통제하기 위해 사용한다.
9. 하나의 실험 결과가 다른 모집단이나 다른 상황에 대해, 또는 다른 조작적 정의에 따른 독립변인이나 종속변인을 사용하여 일반화하여 설명할 수 있는 정도
10. 관심 모집단, 관심 모집단이 아닌 다른 모집단, 비자원자 모집단, 사전검사가 포함된 실험에서 사전검사를 받지 않은 모집단
11. 재현은 시간과 상황에 걸쳐 일반화할 수 있는 정도를 결정할 수 있는 반복 절차로, 하나의 실험을 이후에 동일한 절차로 반복하여 이전 결과를 거의 유사하게 관찰할 수 있다면 해당 실험은 외적 타당도가 높은 연구로 평가받을 수 있는데, 단일 연구에서 주장하기 어려운 일반화의 문제를 극복할 수 있는 좋은 방법이기 때문이다.
12. 연구 결과를 실험실 바깥인 실생활의 다른 상황과 환경에 타당하게 적용할 수 있는 정도
13. 현장실험

제9장

1. 관심 모집단으로부터 참가자를 모집하여 표본을 구성하고, 참가자들을 실험집단과 통제집단으로 무선할당하여 두 집단을 구성한 다음, 각 집단에 해당하는 조건의 처치를 시행하고, 두 집단 모두에 대해 종속변인을 측정한다.
2. 비처치 통제집단은 실험집단과 비교하여 처치의 시행과 미시행이라는 근본적인 차이를 만들어, 독립변인 처치의 차이보다 처치와 비처치의 차이가 더 중요하게 작용하기 때문이다.
3. 참가자 개인 내 변화의 크기를 확인해야 하거나, 실험 참가자가 종속측정치에서 특정한 규준 범위에 속하는 것을 확인해야 하거나, 장기간 지속되는 실험에서 집단 간 참가자 탈락이 차등적으로 발생할 수 있고 결과해석에서 그 이유를 평가해야 할 때
4. 솔로몬 네 집단 설계로, 사전검사 시행 절차가 포함된 실험집단 및 통제집단과 포함되지 않은 또 다른 실험집단 및 통제집단이 포함되어야 한다.

5. 종속측정치에 영향을 줄 수 있는 하나 이상의 외생변인이 서로 일치하거나 가장 유사한 참가자 둘을 짝을 이룬 다음, 둘 중 한 명은 실험집단에, 다른 한 명은 통제집단에 할당하는 방식의 설계를 말한다.
6. 참가자를 모집하여 서로 다른 수준으로 조작된 독립변인 조건을 참가자 내에서 반복하여 처치한 후, 종속측정치에서 관찰되는 조건 간 차이를 확인함으로써 가설을 검증하는 형태의 설계다.
7. 관심 모집단으로부터 참가자를 모집하여 표본을 구성하고, 이들에게 실험조건과 통제조건 중 한 조건의 처치를 시행하고 종속변인을 측정한 후, 나머지 조건의 처치를 시행하고 종속변인을 측정하거나, 실험조건과 통제조건에 해당하는 수십 번 이상의 처치 시행들이 반복되어 제시된 후 평균 측정치를 비교한다.
8. 반복측정 설계에서 실험조건이나 통제조건을 먼저 제시한 다음, 나머지 다른 조건이 제시됨으로써, 두 종속측정치에는 제시 순서라는 외생변인이 혼입된 결과로 종속변인에 미치는 영향을 말한다.
9. AB와 BA의 두 가지 제시 순서에 대해 참가자의 절반에게는 AB의 순서로, 나머지 절반에게 BA의 순서로 무선할당하여 제시한다.
10. 첫 처치 조건에 참여한 것이 참가자의 상태나 행동에 영향을 주어 두 번째 처치에 참여할 때도 첫 처치가 영향을 주는 효과를 말한다.
11. 실험에 필요한 참가자 수가 적고, 시간 경제적 측면에서 효율적이며, 독립변인 처치의 효과를 민감하게 확인할 수 있는 장점이 있는 반면, 이월효과나 순서효과를 배제할 수 있도록 처치 순서와 시간 간격을 면밀히 고려해야 하는 단점이 있다.
12. 참가자 간 설계가 반드시 필요한가, 참가자에게 모든 처치 조건을 부여할 수 있는가, 처치 조건 간 간섭을 일으키는가, 통제 절차를 통해 간섭을 상쇄할 수 있는가의 순서로 고려한다.
13. 독립변인 수준의 변화에 따라 종속변인에 미치는 영향의 정확한 형태를 확인하고자 할 때, 또는 독립변인의 수준이 양적 속성이 아닌 범주적 속성을 지닌 변인일 때 필요하다.
14. 계획비교, 사후분석
15.

설계 유형	역사	성숙	검사	도구화	통계적 회귀	선택 편향	참가자 손실
단일집단 사후설계	×	×				×	
단일집단 사전사후 설계	×	×	×	○		×	○
정적 집단 비교 설계						×	×

두 집단 참가자 간 설계							
두 집단 사전사후 설계			○	○			○
솔로몬 네 집단 설계							
역균형화 두 수준 반복측정 설계							

제10장

1. 실험에서 두 개 이상의 독립변인을 동시에 조작함으로써 이 변인들이 함께 종속변인에 미치는 효과와 각 독립변인이 개별적으로 미치는 효과를 동시에 확인할 수 있는 설계
2. 주효과는 각 독립변인이 다른 독립변인의 영향과 관계없이 종속변인에 미치는 효과이며, 상호작용은 한 독립변인이 종속변인에 미치는 영향이 다른 독립변인의 수준에 따라 달라지는 효과다.
3. 상호작용을 검증할 수 있기 때문이다.
4. 통제해야 하는 주요 외생변인의 수가 증가한 독립변인의 수만큼 감소하고, 한 독립변인의 효과가 다른 독립변인의 다른 수준에서도 관찰되는지를 확인할 수 있으며, 둘 이상의 독립변인 수준이 동시에 변화할 때 종속변인에 미치는 효과를 확인할 수 있어 일상생활에서 관찰 가능한 현상에 더 가깝기 때문이다.
5. 상호작용에 대한 통계분석과 해석의 복잡성 때문이다.
6. 요인 A가 종속변인에 미치는 영향이 요인 B의 수준에 따라 달라지는 정도가 요인 C의 수준에 따라 달라지는 효과
7. 270명
8. 둘 이상의 독립변인을 포함하는 실험설계에서 한 독립변인의 수준을 일정하게 고정한 상태에서 관찰되는 다른 독립변인의 효과

제11장

1.

설계 유형	역사	성숙	검사	도구화	통계적 회귀	선택 편향	참가자 손실
비동등 집단 설계					○	×	
비동등 집단 사전사후 설계			○	○	○	×	○
틈입 시계열 설계	×	×				○	

통제 틈입 시계열 설계		○				○	
AB 설계	×	×				○	
ABA 설계	○	○				○	
다중 기저선 설계						○	○

2. 실험과 마찬가지로 독립변인을 조작하여 참가자들에게 처치하는 것은 동일하지만, 실험처럼 참가자를 처치 조건에 무선할당하는 것이 아니라, 실질적 이유, 또는 윤리적 이유로 인해 참가자 스스로 조건을 선택하거나 이미 구분된 집단을 처치 조건에 할당하는 절차를 따른다.
3. 집단 간 서로 다른 독립변인 처치가 종속변인 측정보다 먼저 발생하기 때문에 수반성을 충족한다. 또한 독립변인 처치에 따른 집단 간 종속변인의 차이를 확인할 수 있다면, 공변성 또한 충족하게 된다. 하지만 참가자가 무선할당되지 않았기 때문에, 실험적 조작 이전에 집단 간 서로 동등했다는 보장을 할 수 없으므로, 인과관계에 관한 대안적 설명을 배제할 수 없다.
4. 종속측정치에 영향을 줄 수 있는 집단 간 차이를 최소화하기 위해, 독립변인 처치 전 집단 간 차이를 가능한 한 유사하게 구성한다.
5. 이미 존재하는 학급이나 부서 등의 집단을 대상으로, 혹은 전체 참가자 집단에서 새로운 프로그램에 참여를 원하는 개인들을 대상으로 하여 독립변인 처치를 시행할 실험집단을 구성하고, 또 다른 학급이나 부서, 혹은 새로운 프로그램 참여에 자원하지 않은 개인들을 통제집단으로 구성하여 독립변인 처치의 효과를 검증하고자 하는 목적으로 시행한다.
6. 참가자 할당이 이미 분류된 집단에 따라 결정된다는 점은 유사하나, 소급설계가 과거에 일어난 일에 대한 소급적 설명을 위한 설계여서 독립변인 처치를 포함하지 않지만, 비동등 집단 설계는 실험적 처치를 포함한다. 또한 소급설계에서는 이미 큰 차이가 있는 개인들을 서로 다른 집단으로 구성하여 그 차이를 보고자 하지만, 비동등 집단 설계는 내적 타당도 증가를 위해 가능한 한 집단 간 서로 유사한 속성을 지니도록 참가자들을 구성한다.
7. $(A_1-A_2)-(B_1-B_2)$
8. 종단설계가 오랜 기간 연구를 진행하기 위한 경제적 · 시간적 소모가 크지만, 횡단설계는 훨씬 더 적은 비용으로 즉시 결과를 산출할 수 있다. 하지만 한 시점에 모집한 서로 다른 연령집단은 구성원 모두 유사한 경험을 공유함으로써 나타나는 코호트 효과를 배제하지 못한다.
9. 한 번의 처치가 아닌 두 번 이상의 처치를 통해 처치효과에 관한 더 강력한 증거를 확보할

수 있으며, 참가자에게 이득이 될 수 있는 처치를 제거한 상태에서 설계를 종료하는 것은 윤리적으로 문제이기 때문에 처치가 적용된 다음, 종료하는 설계를 사용한다.

제12장

1. 표집 가능한 모든 표본에 대해 실제로 그러한가를 확인하고 그 결과를 수용하는 절차를 가져야 하는데, 이는 불가능하며, 또한 효과가 얼마나 커야 하는지를 특정할 수 없으므로 얼마나 효과가 커야 수용할 수 있을지에 관한 기준이 없다.
2. 검증을 위해 효과의 크기에 관한 기준을 특정할 수 있고, 하나의 표본에서 효과의 크기가 0이 아닌 것을 확인한다면 영가설을 기각할 수 있기 때문이다.
3. 어떤 속성을 실제로 갖고 있지 않더라도 해당 속성이 우연에 의해 발생할 수 있는 확률
4. 영가설이 참임에도 불구하고 영가설을 기각하는 결정을 하는 오류
5. 영가설이 거짓임에도 불구하고 영가설을 채택하는 결정을 하는 오류
6. 모집단에서 실제로 처치효과가 있을 때 그 효과가 있음을 탐지해 낼 수 있는 확률
7. 낮은 유의수준을 적용한다면 2종 오류는 증가하고, 독립변인 처치의 효과크기가 클수록 2종 오류는 감소하며, 표본크기가 클수록 2종 오류의 가능성이 작아진다.
8. 작은 효과크기가 유의미할 수 있기 때문에 실질적인 의미가 거의 없을 수도 있고, 다른 연구에서 재현하여 발견하는 것이 매우 어려울 수 있다.
9. 이론은 결론적인 형태로 직접 채택되는 검증을 할 수 없지만, 단 한 번의 반대되는 결과로써 그 이론은 기각될 수 있다. 따라서 어떤 이론의 강력한 추론을 위해서는 대안적으로 접근할 수 있는 다른 가설의 가능성을 제거하는 것이 필수적이며, 따라서 반증이 중요하다.
10. 통합적 개관은 다루는 주제에 대한 새로운 틀과 관점을 생성할 수 있도록 해당 주제에 대한 대표적인 문헌을 중심으로 통합적으로 검토, 비판 및 종합하는 연구로, 질적인 형태다. 반면, 체계적 개관은 하나의 주제에 초점을 두고 관련된 주요 연구들에 대한 체계적 검색, 평가 및 종합을 통해 투명하고 재현 가능한 방식으로 이루어지는 문헌 개관의 가장 대표적인 방식으로, 양적 형태를 보인다.
11. 주제와 관련한 주요 선행연구를 광범위하게 검토하여 그 결과를 비판적 견지에서 질적으로 평가하는 문헌 개관
12. 연구의 모든 절차에서 내적 타당도가 확보되었는지, 통계적 결론 타당도가 확보되었는지, 인과적 추론을 어느 정도로 강력하게, 어느 범위까지 적용할 수 있는지, 기존의 설명을 넘어서 어떠한 추가적인 설명을 해 줄 수 있는지 평가한다.

참고문헌

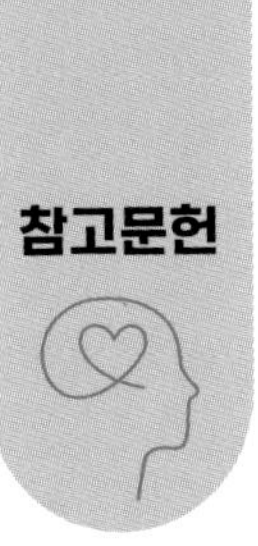

김초복, 이윤지(2019). 불안상태가 초점주의 향상에 의한 방향선택 수행에 미치는 영향. 한국심리학회지: 인지 및 생물, 31, 181-190. https://doi.org/10.22172/cogbio.2019.31.2.009

신경희, 김초복(2013). 대상, 공간 및 언어 인지양식에 따른 작업기억 과제 수행의 개인차. 한국심리학회지: 인지 및 생물, 25, 539-563. https://doi.org/10.22172/cogbio.2013.25.4.008

진산산(2021). 말뭉치 기반 '틀리다'의 사용 양상 연구. 인문사회 21, 12(6), 2055-2069. https://doi.org/10.22143/HSS21.12.6.145

Adhikari, D. (2016). Exploring the differences between social and behavioral science. *Behavioral Development Bulletin, 21*(2), 128-135. https://doi.org/10.1037/bdb0000029

Albers, C., & Lakens, D. (2018). When power analyses based on pilot data are biased: Inaccurate effect size estimators and follow-up bias. *Journal of Experimental Social Psychology, 74*, 187-195. https://doi.org/10.1016/j.jesp.2017.09.004

Alexander, J. A., & Hearld, L. R. (2009). Review: What Can We Learn From Quality Improvement Research?: A Critical Review of Research Methods. *Medical Care Research and Review, 66*(3), 235-271. https://doi.org/10.1177/1077558708330424

Andrews, F. M. (1984). Construct validity and error components of survey measures: A structural modeling approach. *Public Opinion Quarterly, 48*(2), 409-442. https://doi.org/10.1086/268840

Angello, G., Storm, B. C., & Smith, S. M. (2015). Overcoming fixation with repeated memory suppression. *Memory, 23*(3), 381-389. https://doi.org/10.1080/09658211.2014.889167

Asch, S. E. (1956). Studies of independence and conformity: I. A minority of one against a unanimous majority. *Psychological Monographs: General and Applied, 70*(9), 1-70. https://doi.org/10.1037/h0093718

Bakeman, R., & Brownlee, J. R. (1980). The strategic use of parallel play: A sequential analysis. *Child Development, 51*(3), 873-878. https://doi.org/10.2307/1129476

Baker, D. H., Vilidaite, G., Lygo, F. A., Smith, A. K., Flack, T. R., Gouws, A. D., & Andrews, T. J. (2021). Power contours: Optimising sample size and precision in experimental psychology and human neuroscience. *Psychological Methods, 26*(3), 295-314. https://doi.org/10.1037/met0000337

Baldassarri, D., & Abascal, M. (2017). Field Experiments Across the Social Sciences. *Annual Review of Sociology, 43*, 41-73. https://doi.org/10.1146/annurev-soc-073014-112445

Barbosa, J., Stein, H., Zorowitz, S., Niv, Y., Summerfield, C., Soto-Faraco, S., & Hyafil, A. (2023). A practical guide for studying human behavior in the lab. *Behavior Research Methods. 55*, 58-76. https://doi.org/10.3758/s13428-022-01793-9

Bargh, J. A., Chen, M., & Burrows, L. (1996). Automaticity of social behavior: Direct effects of trait construct and stereotype activation on action. *Journal of Personality and Social Psychology, 71*(2), 230-244. https://doi.org/10.1037/0022-3514.71.2.230

Barlow, D. H., Nock, M. K., & Hersen, M. (2009). *Single case experimental designs: Strategies for studying behavior change* (3rd ed.). Boston, MA: Pearson.

Bates, S. C., & Cox, J. M. (2008). The impact of computer versus paper-pencil survey, and individual versus group administration, on self-reports of sensitive behaviors. *Computers in Human Behavior, 24*(3), 903-916. https://doi.org/10.1016/j.chb.2007.02.021

Belsky, J. (1979). Mother-father-infant interaction: A naturalistic observational study. *Developmental Psychology, 15*(6), 601-607. https://doi.org/10.1037/0012-1649.15.6.601

Bennett, D. A. (2001). How can I deal with missing data in my study? *Australian and New Zealand Journal of Public Health, 25*(5), 464-469. https://doi.org/10.1111/j.1467-842X.2001.tb00294.x

Berger, A., & Kiefer, M. (2021). Comparison of Different Response Time Outlier Exclusion Methods: A Simulation Study. *Frontiers in Psychology, 12*, 675558. https://doi.org/10.3389/fpsyg.2021.675558

Blazhenkova, O., & Kozhevnikov, M. (2009). The new object-spatial-verbal cognitive style model: Theory and measurement. *Applied Cognitive Psychology, 23*(5), 638-663. https://doi.org/10.1002/acp.1473

Bosco, A., Longoni, A. M., & Vecchi, T. (2004). Gender effects in spatial orientation: cognitive profiles and mental strategies. *Applied Cognitive Psychology, 18*(5), 519-532. https://doi.org/10.1002/acp.1000

Botvinick, M. M., Braver, T. S., Barch, D. M., Carter, C. S., & Cohen, J. D. (2001). Conflict monitoring and cognitive control. *Psychological Review, 108*(3), 624-652. https://doi.org/10.1037/0033-295x.108.3.624

Bowman, L. L., Levine, L. E., Waite, B. M., & Gendron, M. (2010). Can students really multitask? An experimental study of instant messaging while reading. *Computers & Education, 54*(4), 927-931. https://doi.org/10.1016/j.compedu.2009.09.024

Boyce, C., & Neale, P. (2006). *Conducting in-depth interviews: A guide for designing and conducting in-depth interviews for evaluation input* (Vol. 2). MA: Pathfinder international.

Boynton, P. M. (2004). Administering, analysing, and reporting your questionnaire. *BMJ,*

328(7452), 1372-1375. https://doi.org/10.1136/bmj.328.7452.1372

Brehm, J. (1993). *The Phantom Respondents: Opinion Surveys and Political Representation.* MI: University of Michigan Press. https://doi.org/10.3998/mpub.23659

Browne, R. H. (1995). On the Use of a Pilot Sample for Sample-Size Determination. *Statistics in Medicine, 14*(17), 1933-1940. https://doi.org/10.1002/sim.4780141709

Calder, B. J., Phillips, L. W., & Tybout, A. M. (1982). The Concept of External Validity. *Journal of Consumer Research, 9*(3), 240-244. https://doi.org/10.1086/208920

Campbell, D. T. (1957). Factors relevant to the validity of experiments in social settings. *Psychological Bulletin, 54*(4), 297-312. https://doi.org/10.1037/h0040950

Christensen-Szalanski, J. J., & Willham, C. F. (1991). The hindsight bias: A meta-analysis. *Organizational Behavior and Human Decision Processes, 48*(1), 147-168. https://doi.org/10.1016/0749-5978(91)90010-Q

Cohen, J. (1992). A power primer. *Psychological Bulletin, 112*(1), 155-159. https://doi.org/10.1037/0033-2909.112.1.155

Cook, T. D., & Campbell, D. T. (1979). *Quasi-experimentation: Design and Analysis Issues for Field Settings.* Boston: Houghton Mifflin.

Cortina, J. M. (1993). What is coefficient alpha? An examination of theory and applications. *Journal of Applied Psychology, 78*(1), 98-104. https://doi.org/10.1037/0021-9010.78.1.98

Cousineau, D., & Chartier, S. (2010). Outliers detection and treatment: a review. *International Journal of Psychological Research, 3*(1), 58-67. https://doi.org/10.21500/20112084.844

Curtis, G. J., & Vardanega, L. (2016). Is plagiarism changing over time? A 10-year time-lag study with three points of measurement. *Higher Education Research & Development, 35*(6), 1167-1179. https://doi.org/10.1080/07294360.2016.1161602

Darley, J. M., & Latane, B. (1968). Bystander intervention in emergencies: Diffusion of responsibility. *Journal of Personality and Social Psychology, 8*(4, Pt.1), 377-383. https://doi.org/10.1037/h0025589

Denscombe, M. (2006). Web-based questionnaires and the mode effect - An evaluation based on completion rates and data contents of near-identical questionnaires delivered in different modes. *Social Science Computer Review, 24*(2), 246-254. https://doi.org/10.1177/0894439305284522

Derry, G. N. (1999). *What Science Is and How It Works.* NJ: Princeton University Press.

Dien, J. (2023). Editorial: Generative artificial intelligence as a plagiarism problem. *Biological Psychology, 181*, 108621. https://doi.org/10.1016/j.biopsycho.2023.108621

Doyen, S., Klein, O., Pichon, C. L., & Cleeremans, A. (2012). Behavioral Priming: It's all in the Mind, but Whose Mind? *PLOS ONE, 7*(1). https://doi.org/10.1371/journal.pone.0029081

Dudycha, A. L., & Carpenter, J. B. (1973). Effects of item format on item discrimination and difficulty. *Journal of Applied Psychology, 58*(1), 116-121. https://doi.org/10.1037/h0035197

Dugas, M. J., Ladouceur, R., Léger, E., Freeston, M. H., Langolis, F., Provencher, M. D., et al. (2003). Group cognitive-behavioral therapy for generalized anxiety disorder: Treatment outcome and long-term follow-up. *Journal of Consulting and Clinical Psychology, 71*(4), 821-825. https://doi.org/10.1037/0022-006X.71.4.821

Egner, T. (2007). Congruency sequence effects and cognitive control. *Cognitive, Affective, & Behavioral Neuroscience, 7*, 380-390. https://doi.org/10.3758/CABN.7.4.380

Ejelöv, E., & Luke, T. J. (2020). "Rarely safe to assume": Evaluating the use and interpretation of manipulation checks in experimental social psychology. *Journal of Experimental Social Psychology, 87*, 103937. https://doi.org/10.1016/j.jesp.2019.103937

Emerson, R. M. (1981). Observational Field Work. *Annual Review of Sociology, 7*(1), 351-378. https://doi.org/10.1146/annurev.so.07.080181.002031

Evans, D. (2003). Hierarchy of evidence: a framework for ranking evidence evaluating healthcare interventions. *Journal of Clinical Nursing, 12*(1), 77-84. https://doi.org/10.1046/j.1365-2702.2003.00662.x

Eveleth, D. M., & Pillutla, A. (2003). Task Demands, Task Interest, and Task Performance: Implications for Human Subjects Research and Practicing What We Preach. *Ethics & Behavior, 13*(2), 153-172. https://doi.org/10.1207/S15327019EB1302_03

Fabrigar, L. R., & Wegener, D. T. (2016). Conceptualizing and evaluating the replication of research results. *Journal of Experimental Social Psychology, 66*, 68-80. https://doi.org/10.1016/j.jesp.2015.07.009

Fanelli, D. (2009) How Many Scientists Fabricate and Falsify Research? A Systematic Review and Meta-Analysis of Survey Data. *PLOS ONE, 4*(5), e5738. https://doi.org/10.1371/journal.pone.0005738

Faul, F., Erdfelder, E., Buchner, A., & Lang, A.-G. (2009). Statistical power analyses using G*Power 3.1: Tests for correlation and regression analyses. *Behavior Research Methods, 41*(4), 1149-1160. https://doi.org/10.3758/BRM.41.4.1149

Faul, F., Erdfelder, E., Lang, A.-G., & Buchner, A. (2007). G*Power 3: A flexible statistical power analysis program for the social, behavioral, and biomedical sciences. *Behavior Research Methods, 39*(2), 175-191. https://doi.org/10.3758/BF03193146

Fayant, M.-P., Sigall, H., Lemonnier, A., Retsin, E., & Alexopoulos, T. (2017). On the Limitations of Manipulation Checks: An Obstacle Toward Cumulative Science. *International Review of Social Psychology, 30*(1), 125-130. https://doi.org/10.5334/irsp.102

Fischhoff, B. (1975). Hindsight is not equal to foresight: The effect of outcome knowledge on judgment under uncertainty. *Journal of Experimental Psychology: Human Perception and Performance, 1*(3), 288-299. https://doi.org/10.1037/0096-1523.1.3.288

Fischhoff, B., Slovic, P., & Lichtenstein, S. (1977). Knowing with certainty: The appropriateness of extreme confidence. *Journal of Experimental Psychology: Human Perception and Performance, 3*(4), 552-564. https://doi.org/10.1037/0096- 1523.3.4.552

Fiske, D. W., & Rice, L. (1955). Intra-individual response variability. *Psychological Bulletin, 52*(3), 217-250. https://doi.org/10.1037/h0045276

Frings, L., Wagner, K., Unterrainer, J., Spreer, J., Halsband, U., & Schulze-Bonhage, A. (2006). Gender-related differences in lateralization of hippocampal activation and cognitive strategy. *NeuroReport, 17*(4), 417-421. https://doi.org/10.1097/01.wnr.0000203623.02082.e3

Furukawa, T. (1930). A Study of Temperament and Blood-Groups. *The Journal of Social Psychology, 1*(4), 494-509, https://doi.org/10.1080/00224545.1930.9714153

Galesic, M., & Bosnjak, M. (2009). Effects of Questionnaire Length on Participation and Indicators of Response Quality in a Web Survey. *Public Opinion Quarterly, 73*(2), 349-360. https://doi.org/10.1093/poq/nfp031

Geer, J. G. (1991). Do open-ended questions measure "salient" issues?. *Public Opinion Quarterly, 55*(3), 360-370. https://doi.org/10.1086/269268

Gelman, A., & Loken, E. (2014). The Statistical Crisis in Science. *American Scientist, 102*(6), 460-465. https://doi.org/10.1511/2014.111.460

Gibson, S. (2013). "The last possible resort": A forgotten prod and the in situ standardization of Stanley Milgram's voice-feedback condition. *History of Psychology, 16*, 177-194. https://doi.org/10.1037/a0032430

Glogowska, M., Young, P., & Lockyer, L. (2011). Propriety, process and purpose: considerations of the use of the telephone interview method in an educational research study. *Higher Education, 62*(1), 17-26. https://doi.org/10.1007/s10734-010-9362-2

Goldstein, J. H., Rosnow, R. L., Goodstadt, B., & Suls, J. M. (1972). The "good subject" in verbal operant conditioning research. *Journal of Experimental Research in Personality, 6*(1), 29-33.

González, M. A., Campos, A., & Pérez, M. J. (1997). Mental Imagery and Creative Thinking. *The Journal of Psychology, 131*(4), 357-364. https://doi.org/10.1080/ 00223989709603521

Goodhew, S. C., & Edwards, M. (2019). Translating experimental paradigms into individual-differences research: Contributions, challenges, and practical recommendations. *Consciousness and Cognition, 69*, 14-25. https://doi.org/10.1016/j.concog.2019.01.008

Goodstein, D. (2002). Scientific Misconduct. *Academe, 88*(1), 28-31. https://doi.org/10.2307/40252116

Gough, H. G. (1979). A creative personality scale for the Adjective Check List. *Journal of Personality and Social Psychology, 37*(8), 1398-1405. https://doi.org/10.1037/0022-3514.37.8.1398

Graesser, A. C., Cai, Z. Q., Louwerse, M. M., & Daniel, F. (2006). Question Understanding Aid (QUAID) - A Web facility that tests question comprehensibility. *Public Opinion Quarterly, 70*(1), 3-22. https://doi.org/10.1093/poq/nfj012

Graesser, A. C., Wiemer-hastings, K., Kreuz, R., Wiemer-hastings, P., & Marquis, K. (2000). QUAID: A questionnaire evaluation aid for survey methodologists. *Behavior Research Methods, Instruments, & Computers, 32*(2), 254-262. https://doi.org/10.3758/BF03207792

Grant, M. J., & Booth, A. (2009). A typology of reviews: an analysis of 14 review types and associated methodologies. *Health Information & Libraries Journal, 26*(2), 91-108. https://doi.org/10.1111/j.1471-1842.2009.00848.x

Green, J., Draper, A., & Dowler, E. (2003). Short cuts to safety: Risk and 'rules of thumb' in accounts of food choice. *Health, Risk, & Society*, *5*(1), 33-52. https://doi.org/10.1080/1369857031000065998

Griggs, R. A., & Whitehead, G. I. (2015). Coverage of recent criticisms of Milgram's obedience experiments in introductory social psychology textbooks. *Theory & Psychology, 25*(5), 564-580. https://doi.org/10.1177/0959354315601231

Hamilton, D. L., & Rose, T. L. (1980). Illusory correlation and the maintenance of stereotypic beliefs. *Journal of Personality and Social Psychology, 39*(5), 832-845. https://doi.org/10.1037/0022-3514.39.5.832

Harrison, G. W. (2013). Field experiments and methodological intolerance. *Journal of Economic Methodology, 20*(2), 103-117. https://doi.org/10.1080/1350178x.2013.804678

Hauner, K. K., Zinbarg, R. E., & Revelle, W. (2014). A latent variable model approach to estimating systematic bias in the oversampling method. *Behavior Research Methods, 46*(3), 786-797. https://doi.org/10.3758/s13428-013-0402-6

Hauser, D. J., Ellsworth, P. C., & Gonzalez, R. (2018). Are Manipulation Checks Necessary? *Frontiers in Psychology, 9*, 998. https://doi.org/10.3389/fpsyg.2018.00998

Hayes, M. H. S., & Patterson, D. G. (1921). Experimental development of the graphic rating method. *Psychological Bulletin, 18*, 98-99.

Head, M. L., Holman, L., Lanfear, R., Kahn, A. T., & Jennions, M. D. (2015). The Extent and Consequences of P-Hacking in Science. *PLOS Biology, 13*(3), e1002106. https://doi.org/10.1371/journal.pbio.1002106

Henrich, J., Heine, S., & Norenzayan, A. (2010). The weirdest people in the world? *Behavioral and Brain Sciences, 33*(2-3), 61-83. https://doi.org/10.1017/S0140525X0999152X

Hertwig, R., & Gigerenzer, G. (1999). The 'conjunction fallacy' revisited: How intelligent inferences look like reasoning errors. *Journal of behavioral decision making, 12*(4), 275-305. https://doi.org/10.1086/268687

Herzog, A. R., & Bachman, J. G. (1981). Effects of Questionnaire Length on Response Quality. *Public Opinion Quarterly*, *45*(4), 549-559. https://doi.org/10.1086/268687

Hilbig, B. E. (2016). Reaction time effects in lab- versus Web-based research: Experimental evidence. *Behavior Research Methods, 48*(4), 1718-1724. https://doi.org/10.3758/s13428-015-0678-9

Holbrook, A., Cho, Y. I. K., & Johnson, T. (2006). The Impact of Question and Respondent Characteristics on Comprehension and Mapping Difficulties. *Public Opinion Quarterly, 70*(4), 565-595. https://doi.org/10.1093/poq/nfl027

Hood, T. C., & Back, K. W. (1971). Self-disclosure and the volunteer: A source of bias in

laboratory experiments. *Journal of Personality and Social Psychology, 17*(2), 130-136. https://doi.org/10.1037/h0030380

Ihme, J. M., Lemke, F., Lieder, K., Martin, F., Müller, J. C., & Schmidt, S. (2009). Comparison of ability tests administered online and in the laboratory. *Behavior Research Methods, 41*(4), 1183-1189. https://doi.org/10.3758/Brm.41.4.1183

International Test Commission (2018). ITC Guidelines for Translating and Adapting Tests (Second Edition). *International Journal of Testing, 18*(2), 101-134. https://doi.org/10.1080/15305058.2017.1398166

Jacobson, J. W., Mulick, J. A., & Schwartz, A. A. (1995). A history of facilitated communication: Science, pseudoscience, and antiscience science working group on facilitated communication. *American Psychologist, 50*(9), 750-765. https://doi.org/10.1037/0003-066X.50.9.750

Jara-Ettinger, J., Gweon, H., Schulz, L. E., & Tenenbaum, J. B. (2016). The naïve utility calculus: Computational principles underlying commonsense psychology. *Trends in Cognitive Sciences, 20*(8), 589-604. https://doi.org/10.1016/j.tics.2016.05.011

Jobe, J. B., & Mingay, D. J. (1989). Cognitive research improves questionnaires. *American Journal of Public Health, 79*(8), 1053-1055. https://doi.org/10.2105/AJPH.79.8.1053

Julious, S. A. (2005). Sample size of 12 per group rule of thumb for a pilot study. *Pharmaceutical Statistics, 4*(4), 287-291. https://doi.org/10.1002/pst.185

Kazdin, A. E. (2011). *Single-case research designs: Methods for clinical and applied settings* (2nd ed.). Oxford University Press.

Kerr, N. L. (1998). HARKing: Hypothesizing After the Results are Known. *Personality and Social Psychology Review, 2*(3), 196-217. https://doi.org/10.1207/s15327957pspr0203_4

Kidd, R. F. (1976). Manipulation checks: Advantage or disadvantage? *Representative Research in Social Psychology, 7*(2), 160-165.

Kim, C., Hur, M., Oh, Y., Choi, J. H., & Jeong, J. J. (2016). The Effect of the Running-Man Emergency Exit Sign and Its Installed Location on Human Directional Choice. *Applied Cognitive Psychology, 30*(6), 1014-1019. https://doi.org/10.1002/acp.3293

Kim, M.-S., Kondo, T., Takada, I., Youn, M.-Y., Yamamoto, Y., Takahashi, S., et al. (2009). DNA demethylation in hormone-induced transcriptional derepression. *Nature, 461*(7266), 1007-1012. https://doi.org/10.1038/nature08456

Kirsch, I. (1985). Response Expectancy as a Determinant of Experience and Behavior. *American Psychologist, 40*(11), 1189-1202. https://doi.org/10.1037/0003-066X.40.11.1189

Klein, R. A., Vianello, M., Hasselman, F., et al. (2018). Many Labs 2: Investigating Variation in Replicability Across Samples and Settings. *Advances in Methods and Practices in Psychological Science, 1*(4), 443-490. https://doi.org/10.1177/2515245918810225

Knott, E., Rao, A. H., Summers, K., & Teeger, C. (2022). Interviews in the social sciences. *Nature Reviews Methods Primers, 2*(1), 73. https://doi.org/10.1038/s43586-

022-00150-6

Knowles, E. S. (1988). Item context effects on personality scales: Measuring changes the Measure. *Journal of Personality and Social Psychology, 55*(2), 312-320. https://doi.org/10.1037/0022-3514.55.2.312

Kővåry, Z. (2011). Psychobiography as a method. The revival of studying lives: New perspectives in personality and creativity research. *Europe's Journal of Psychology, 7*(4), 739-777. https://doi.org/10.5964/ejop.v7i4.162

Kraemer, H. C., Mintz, J., Noda, A., Tinklenberg, J., & Yesavage, J. A. (2006). Caution Regarding the Use of Pilot Studies to Guide Power Calculations for Study Proposals. *Archives of General Psychiatry, 63*(5), 484-489. https://doi.org/10.1001/archpsyc.63.5.484

Krantz, J. H., & Reips, U. D. (2017). The state of web-based research: A survey and call for inclusion in curricula. *Behavior Research Methods, 49*(5), 1621-1629. https://doi.org/10.3758/s13428-017-0882-x

Krantz, J. H., Ballard, J., & Scher, J. (1997). Comparing the results of laboratory and World-Wide Web samples on the determinants of female attractiveness. *Behavior Research Methods, Instruments, & Computers, 29*(2), 264-269. https://doi.org/10.3758/BF03204824

Krosnick, J., & Presser, S. (2010). Question and Questionnaire Design. In J. Wright & P. Marsden (Eds.), *Handbook of Survey Research* (pp. 631-658). Bingley, UK: Emerald Group Limited.

Krosnick, J. A. (1991). Response Strategies for Coping with the Cognitive Demands of Attitude Measures in Surveys. *Applied Cognitive Psychology, 5*(3), 213-236. https://doi.org/10.1002/acp.2350050305

Krosnick, J. A. (1999). Survey Research. *Annual Review of Psychology, 50*(1), 537-567. https://doi.org/10.1146/annurev.psych.50.1.537

Krueger, R. A. (1994). *Focus Groups: A Practical Guide for Applied Research* (2nd ed.). Thousand Oaks, CA: Sage Publications.

Krzywinski, M., Altman, N., & Blainey, P. (2014). Nested designs. *Nature Methods, 11*(10), 977-978. https://doi.org/10.1038/nmeth.3137

Kulas, J. T., & Stachowski, A. A. (2013). Respondent rationale for neither agreeing nor disagreeing: Person and item contributors to middle category endorsement intent on Likert personality indicators. *Journal of Research in Personality, 47*(4), 254-262. https://doi.org/10.1016/j.jrp.2013.01.014

Kung, T. H., Cheatham, M., ChatGPT, Medenilla, A., Sillos, C., De Leon, L., et al. (2022). Performance of ChatGPT on USMLE: Potential for AI-Assisted Medical Education Using Large Language Models. *medRxiv*, 2022.12.19.22283643. https://doi.org/10.1101/2022.12.19.22283643

Kung, T. H., Cheatham, M., Medenilla, A., Sillos, C., De Leon, L., Elepaño, C., , et al. (2023).

Performance of ChatGPT on USMLE: Potential for AI-assisted medical education using large language models. *PLOS Digital Health, 2*(2), e0000198. https://doi.org/10.1371/journal.pdig.0000198

Larsen, J. D., Baddeley, A., & Andrade, J. (2000). Phonological similarity and the irrelevant speech effect: Implications for models of short-term verbal memory. *Memory, 8*(3), 145-158. https://doi.org/10.1080/096582100387579

Lauri, M. A. (2011). Triangulation of data analysis techniques. *Papers on Social Representations, 20*(2), 34.1-34.15.

Lee, S. W. S., Schwarz, N., Taubman, D., & Hou, M. (2010). Sneezing in times of a flu pandemic: Public sneezing increases perception of unrelated risks and shifts preferences for federal spending. *Psychological Science, 21*(3), 375-377. https://doi.org/10.1177/0956797609359876

Leech, N. L., & Onwuegbuzie, A. J. (2007). An array of qualitative data analysis tools: A call for data analysis triangulation. *School Psychology Quarterly, 22*(4), 557-584. https://doi.org/10.1037/1045-3830.22.4.557

Leon, A. C., Davis, L. L., & Kraemer, H. C. (2011). The role and interpretation of pilot studies in clinical research. *Journal of Psychiatric Research, 45*(5), 626-629. https://doi.org/10.1016/j.jpsychires.2010.10.008

Levitt, S. D., & List, J. A. (2009). Field experiments in economics: The past, the present, and the future. *European Economic Review, 53*(1), 1-18. https://doi.org/10.1016/j.euroecorev.2008.12.001

Leys, C., Ley, C., Klein, O., Bernard, P., & Licata, L. (2013). Detecting outliers: Do not use standard deviation around the mean, use absolute deviation around the median. *Journal of Experimental Social Psychology, 49*(4), 764-766. https://doi.org/10.1016/j.jesp.2013.03.013

Liberati, A., Altman, D. G., Tetzlaff, J., Mulrow, C., Gøtzsche, P. C., Ioannidis, J. P. A., et al. (2009). The PRISMA Statement for Reporting Systematic Reviews and Meta-Analyses of Studies That Evaluate Health Care Interventions: Explanation and Elaboration. *PLOS Medicine 6*(7), e1000100. https://doi.org/10.1371/journal.pmed.1000100

Liddell, T. M., & Kruschke, J. K. (2018). Analyzing ordinal data with metric models: What could possibly go wrong? *Journal of Experimental Social Psychology, 79*, 328-348. https://doi.org/10.1016/j.jesp.2018.08.009

Lietz, P. (2010). Research into Questionnaire Design: A Summary of the Literature. *International Journal of Market Research, 52*(2), 249-272. https://doi.org/10.2501/S147078530920120X

Likert, R. (1932). A Technique for the Measurement of Attitudes. *Archives of Psychology, 22*(140), 1-55.

Lönnqvist, J., Paunonen, S., Verkasalo, M., Leikas, S., Tuulio-Henriksson, A., & Lönnqvist,

J. (2007). Personality characteristics of research volunteers. *European Journal of Personality, 21*(8), 1017-1030. https://doi.org/10.1002/per.655

Mayr, U., Awh, E., & Laurey, P. (2003). Conflict adaptation effects in the absence of executive control. *Nature Neuroscience*, *6*(5), 450-452. https://doi.org/10.1038/nn1051

Mazzocchi, F. (2008). Complexity in biology: exceeding the limits of reductionism and determinism using complexity theory. *EMBO Reports, 9*, 10-14. https://doi.org/10.1038/sj.embor.7401147

McGuire, W. J. (1997). Creative Hypothesis Generating in Psychology: Some Useful Heuristics. *Annual Review of Psychology, 48*(1), 1-30. https://doi.org/10.1146/annurev.psych.48.1.1

McKelvie, P., & Low, J. (2002). Listening to Mozart does not improve children's spatial ability: Final curtains for the Mozart effect. *British Journal of Developmental Psychology, 20*(2), 241-258. https://doi.org/10.1348/026151002166433

Mehl, M. R., Vazire, S., Holleran, S. E., & Clark, C. S. (2010). Eavesdropping on Happiness: Well-Being Is Related to Having Less Small Talk and More Substantive Conversations. *Psychological Science, 21*(4), 539-541. https://doi.org/10.1177/0956797610362675

Milgram, S. (1963). Behavioral study of obedience. *Journal of Abnormal and Social Psychology, 67*, 371-378. https://doi.org/10.1037/h0040525

Milgram, S. (1964). Group pressure and action against a person. *Journal of Abnormal and Social Psychology, 69*, 137-143. https://doi.org/10.1037/h0047759

Milgram, S. (1965). Liberating effects of group pressure. *Journal of Personality and Social Psychology, 1*, 127-134. https://doi.org/10.1037/h0021650

Minichiello, V., Aroni, R., & Hays, T. N. (2008). *In-depth interviewing: Principles, techniques, analysis*. Australia: Pearson Education Australia.

Miyake, A., Friedman, N. P., Emerson, M. J., Witzki, A. H., Howerter, A., & Wager, T. D. (2000). The Unity and Diversity of Executive Functions and Their Contributions to Complex "Frontal Lobe" Tasks: A Latent Variable Analysis. *Cognitive Psychology, 41*(1), 49-100. https://doi.org/10.1006/cogp.1999.0734

Moher, D., Shamseer, L., Clarke, M., Ghersi, D., Liberati, A., Petticrew, M., et al. (2015). Preferred reporting items for systematic review and meta-analysis protocols (PRISMA-P) 2015 statement. *Systematic Reviews, 4*(1), 1. https://doi.org/10.1186/2046-4053-4-1

Mook, D. G. (1983). In Defense of External Invalidity. *American Psychologist, 38*(4), 379-387. https://doi.org/10.1037/0003-066x.38.4.379

Morewedge, C. K., & Kahneman, D. (2010). Associative processes in intuitive judgment. *Trends in Cognitive Sciences, 14*(10), 435-440. https://doi.org/10.1016/j.tics.2010.07.004

Mostert, M. P. (2001). Facilitated communication since 1995: A review of published studies. *Journal of Autism and Developmental Disorders, 31*(3), 287-313. https://doi.org/10.1023/A:1010795219886

Mostert, M. P. (2010). Facilitated communication and its legitimacy—twenty-first century developments. *Exceptionality, 18*(1), 31-41. https://doi.org/10.1080/09362830903462524

National Commission for the Protection of Human Subjects of Biomedical and Behavioral Research (NCPHSBBR). (1979). *The Belmont report: Ethical principles and guidelines for the protection of human subjects of research*. U.S. Department of Health and Human Services. https://www.hhs.gov/ohrp/regulations-and-policy/belmont-report/index.html

Newton, P. M. (2018). How Common Is Commercial Contract Cheating in Higher Education and Is It Increasing? A Systematic Review. *Frontiers in Education, 3*, 67. https://doi.org/10.3389/feduc.2018.00067

Nichols, A. L., & Maner, J. K. (2008). The Good-Subject Effect: Investigating Participant Demand Characteristics. *The Journal of General Psychology, 135*(2), 151-166. https://doi.org/10.3200/GENP.135.2.151-166

Nickerson, R. S. (1998). Confirmation Bias: A Ubiquitous Phenomenon in Many Guises. *Review of General Psychology, 2*(2), 175-220. https://doi.org/10.1037/1089-2680.2.2.175

Nickerson, R. S. (2002). The production and perception of randomness. *Psychological Review, 109*(2), 330-357. https://doi.org/10.1037/0033-295X.109.2.330

Nolan, J. M., Schultz, P. W., Cialdini, R. B., Goldstein, N. J., & Griskevicius, V. (2008). Normative Social Influence is Underdetected. *Personality and Social Psychology Bulletin, 34*(7), 913-923. https://doi.org/10.1177/0146167208316691

O'Connor, S. (2023). Corrigendum to "Open artificial intelligence platforms in nursing education: Tools for academic progress or abuse?" [Nurse Educ. Pract. 66 (2023) 103537]. *Nurse Education in Practice, 67*, 103572. https://doi.org/10.1016/j.nepr.2023.103572

O'Connor, S., & ChatGpt. (2023). Open artificial intelligence platforms in nursing education: Tools for academic progress or abuse? *Nurse Education in Practice, 66*, 103537. https://doi.org/10.1016/j.nepr.2022.103537

OECD. (2007). *Best Practices for Ensuring Scientific Integrity and Preventing Misconduct*. https://www.oecd.org/sti/inno/globalscienceforumreports.htm

Oczak, M., & Niedźwieńska, A. (2007). Debriefing in Deceptive Research: A Proposed New Procedure. *Journal of Empirical Research on Human Research Ethics, 2*(3), 49-59. https://doi.org/10.1525/jer.2007.2.3.49

Oh, I. S. (2020). Beyond meta-analysis: Secondary uses of meta-analytic data. *Annual Review of Organizational Psychology and Organizational Behavior, 7*, 125-153. https://doi.org/10.1146/annurev-orgpsych-012119-045006

Oh, S.-H., & Kim, M.-S. (2004). The role of spatial working memory in visual search efficiency. *Psychonomic Bulletin & Review, 11*(2), 275-281. https://doi.org/10.3758/BF03196570

Open Science Collaboration (2015). Estimating the reproducibility of psychological science.

Science, 349(6251), aac4716. https://doi.org/10.1126/science.aac4716

Orne, M. T. (1962). On the social psychology of the psychological experiment: With particular reference to demand characteristics and their implications. *American Psychologist, 17*(11), 776–783. https://doi.org/10.1037/h0043424

Orr, J. M., Sackett, P. R., & Dubois, C. L. (1991). Outlier detection and treatment in I/O psychology: A survey of researcher beliefs and an empirical illustration. *Personnel Psychology, 44*(3), 473–486. https://doi.org/10.1111/j.1744-6570.1991.tb02401.x

Osgood, C. E., Suci, G., & Tannenbaum, P. (1957). *The Measurement of Meaning*. IL: University of Illinois Press.

Page, M. J., McKenzie, J. E., Bossuyt, P. M., Boutron, I., Hoffmann, T. C., Mulrow, C. D. et al. (2021). The PRISMA 2020 statement: an updated guideline for reporting systematic reviews. *BMJ, 372*, n71. https://doi.org/10.1136/bmj.n71

Pallier, G., Wilkinson, R., Danthiir, V., Kleitman, S., Knezevic, G., Stankov, L., et al. (2002). The Role of Individual Differences in the Accuracy of Confidence Judgments. *The Journal of General Psychology, 129*(3), 257–299. https://doi.org/10.1080/00221300209602099

Peer, E., Rothschild, D., Gordon, A., Evernden, Z., & Damer, E. (2022). Data quality of platforms and panels for online behavioral research. *Behavior Research Methods, 54*(4), 1643–1662. https://doi.org/10.3758/s13428-021-01694-3

Perry, G. (2013a). Response to Russell's review of Behind the Shock Machine. *History of the Behavioral Sciences, 49*, 223–224. https://doi.org/10.1002/jhbs.21600

Perry, G. (2013b). Deception and illusion in Milgram's accounts of the obedience experiments. *Theoretical & Applied Ethics, 2*, 79–92.

Petrie, K. J., & Rief, W. (2019). Psychobiological Mechanisms of Placebo and Nocebo Effects: Pathways to Improve Treatments and Reduce Side Effects. *Annual Review of Psychology, 70*, 599–625. https://doi.org/10.1146/annurev-psych-010418-102907

Petrinovich, L. (2021). What behavioral scientists are unwilling to accept. *Journal of Methods and Measurement in the Social Sciences, 12*(1), 5–36. https://doi.org/10.2458/jmmss.3061

Pfungst, O. (1965). *Clever Hans: The horse of Mr. von Osten* (R. Rosenthal, Ed.). New York: Holt, Rinehart & Winston.

Platt, J. R. (1964). Strong inference. *Science, 146*, 347–353. https://doi.org/10.1126/science.146.3642.347

Pupovac, V., & Fanelli, D. (2015). Scientists Admitting to Plagiarism: A Meta-analysis of Surveys. *Science and Engineering Ethics, 21*(5), 1331–1352. https://doi.org/10.1007/s11948-014-9600-6

Rammstedt, B., & Krebs, D. (2007). Does response scale format affect the answering of personality scales? Assessing the Big Five dimensions of personality with different

response scales in a dependent sample. *European Journal of Psychological Assessment, 23*(1), 32-38. https://doi.org/10.1027/1015-5759.23.1.32

Rauscher, F. H., Shaw, G. L., & Ky, C. N. (1993). Music and spatial task performance. *Nature, 365*(6447), 611-611. https://doi.org/10.1038/365611a0

Read, J. C. A. (2015). The place of human psychophysics in modern neuroscience. *Neuroscience, 296*, 116-129. https://doi.org/10.1016/j.neuroscience.2014.05.036

Reason, J. (1990). *Human Error*. Cambridge: Cambridge University Press. https://doi.org/10.1017/CBO9781139062367

Reips, U.-D., & Lengler, R. (2005). TheWeb Experiment List: A web service for the recruitment of participants and archiving of Internet-based experiments. *Behavior Research Methods, 37*(2), 287-292. https://doi.org/10.3758/BF03192696

Richardson, C. A., & Rabiee, F. (2001). A Question of Access: An exploration of the factors that influence the health of young males aged 15 to 19 living in Corby and their use of health care services. *Health Education Journal, 60*(1), 3-16. https://doi.org/10.1177/001789690106000102

Rosenthal, R. (1967). Covert communication in the psychological experiment. *Psychological Bulletin, 67*(5), 356-367. https://doi.org/10.1037/h0024529

Rosenthal, R. (1978). How often are our numbers wrong? *American Psychologist, 33*(11), 1005-1008. https://doi.org/10.1037/0003-066X.33.11.1005

Rosenthal, R., & Jacobson, L. (1968). Pygmalion in the classroom. *The Urban Review, 3*(1), 16-20. https://doi.org/10.1007/BF02322211

Rubin, M. (2016). The Perceived Awareness of the Research Hypothesis Scale: Assessing the influence of demand characteristics. *Figshare, 10*, m9. https://doi.org/10.6084/m9.figshare.4315778

Rubin, M., Paolini, S., & Crisp, R. J. (2010). A processing fluency explanation of bias against migrants. *Journal of Experimental Social Psychology, 46*(1), 21-28. https://doi.org/10.1016/j.jesp.2009.09.006

Ryan, R. S., Wilde, M., & Crist, S. (2013). Compared to a small, supervised lab experiment, a large, unsupervised web-based experiment on a previously unknown effect has benefits that outweigh its potential costs. *Computers in Human Behavior, 29*(4), 1295-1301. https://doi.org/10.1016/j.chb.2013.01.024

Salazar, M. K. (1990). Interviewer bias: How it affects survey research. *AAOHN Journal, 38*(12), 567-572. https://doi.org/10.1177/216507999003801203

Sanbonmatsu, D. M., Cooley, E. H., & Butner, J. E. (2021). The Impact of Complexity on Methods and Findings in Psychological Science. *Frontiers in Psychology, 11*, 580111. https://doi.org/10.3389/fpsyg.2020.580111

Sawilowsky, S. S. (2009). New effect size rules of thumb. *Journal of Modern Applied Statistical Methods, 8*(2), 597-599. https://doi.org/10.22237/jmasm/1257035100

Schaie, K. W. (1965). A general model for the study of developmental problems. *Psychological Bulletin, 64*(2), 92–107. https://doi.org/10.1037/h0022371

Schober, M. F., & Conrad, F. G. (1997). Does conversational interviewing reduce survey measurement error? *Public Opinion Quarterly, 61*(4), 576–602. https://doi.org/10.1086/297818

Schultz, W. T. (2005). Introducing psychobiography. In W. T. Schultz (Ed.), *The Handbook of Psychobiography* (pp. 3–18). NY: Oxford University Press.

Schultz, W. T., & Lawrence, S. (2017). Psychobiography: Theory and method. *American Psychologist, 72*(5), 434–445. https://doi.org/10.1037/amp0000130

Schulz, K. F., & Grimes, D. A. (2002). Sample size slippages in randomised trials: exclusions and the lost and wayward. *The Lancet, 359*(9308), 781–785. https://doi.org/10.1016/S0140-6736(02)07882-0

Schwarz, N., Grayson, C. E., & Knäuper, B. (1998). Formal features of rating scales and the interpretation of question meaning. *International Journal of Public Opinion Research, 10*(2), 177–183. https://doi.org/10.1093/ijpor/10.2.177

Schwarz, N., Knäuper, B., Hippler, H. J., Noelle-Neumann, E., & Clark, L. (1991). Rating scales: Numeric values may change the meaning of scale labels. *Public Opinion Quarterly, 55*(4), 570–582. https://doi.org/10.1086/269282

Schwarz, N., Strack, F., & Mai, H. (1991). Assimilation and contrast effects in part-whole question sequences: A conversational logic analysis. *Public Opinion Quarterly, 55*, 3–23. https://doi.org/10.1086/269239

Semmelmann, K., & Weigelt, S. (2017). Online psychophysics: reaction time effects in cognitive experiments. *Behavior Research Methods, 49*(4), 1241–1260. https://doi.org/10.3758/s13428-016-0783-4

Shadish, W. R., Cook, T. D., & Campbell, D. T. (2002). *Experimental and quasi-experimental designs for generalized causal inference*. Boston: Houghton Mifflin.

Shrout, P. E., & Rodgers, J. L. (2018). Psychology, Science, and Knowledge Construction: Broadening Perspectives from the Replication Crisis. *Annual Review of Psychology, 69*(1), 487–510. https://doi.org/10.1146/annurev-psych-122216-011845

Simmons, J. P., Nelson, L. D., & Simonsohn, U. (2011). False-Positive Psychology: Undisclosed Flexibility in Data Collection and Analysis Allows Presenting Anything as Significant. *Psychological Science, 22*(11), 1359–1366. https://doi.org/10.1177/0956797611417632

Simms, L. J., Zelazny, K., Williams, T. F., & Bernstein, L. (2019). Does the number of response options matter? Psychometric perspectives using personality questionnaire data. *Psychological Assessment, 31*(4), 557–566. https://doi.org/10.1037/pas0000648

Smith, J. D. (2012). Single-case experimental designs: A systematic review of published research and current standards. *Psychological Methods, 17*(4), 510–550. https://doi.org/10.1037/a0029312

Snyder, H. (2019). Literature review as a research methodology: An overview and guidelines. *Journal of Business Research, 104*, 333–339. https://doi.org/10.1016/j.jbusres.2019.07.039

Spellman, B. A. (2015). A Short (Personal) Future History of Revolution 2.0. *Perspectives on Psychological Science, 10*(6), 886–899. https://doi.org/10.1177/1745691615609918

Steele, K. M., Bass, K. E., & Crook, M. D. (1999). The mystery of the Mozart effect: Failure to replicate. *Psychological Science, 10*(4), 366–369. https://doi.org/10.1111/1467-9280.00169

Stewart-Williams, S., & Podd, J. (2004). The Placebo Effect: Dissolving the Expectancy Versus Conditioning Debate. *Psychological Bulletin, 130*(2), 324–340. https://doi.org/10.1037/0033-2909.130.2.324

Stokes, D. E. (1997). *Pasteur's Quadrant: Basic Science and Technological Innovation*. Washington, DC: Brookings Institution Press.

Stroebe, W., & Strack, F. (2014). The Alleged Crisis and the Illusion of Exact Replication. *Perspectives on Psychological Science, 9*(1), 59–71. https://doi.org/10.1177/1745691613514450

Thompson, C. G., Kim, R. S., Aloe, A. M., & Becker, B. J. (2017). Extracting the Variance Inflation Factor and Other Multicollinearity Diagnostics from Typical Regression Results. *Basic and Applied Social Psychology, 39*(2), 81–90. https://doi.org/10.1080/01973533.2016.1277529

Thompson, W. F., Schellenberg, E. G., & Husain, G. (2001). Arousal, mood, and the Mozart effect. *Psychological Science, 12*(3), 248–251. https://doi.org/10.1111/1467-9280.00345

Torraco, R. J. (2005). Writing Integrative Literature Reviews: Guidelines and Examples. *Human Resource Development Review, 4*(3), 356–367. https://doi.org/10.1177/1534484305278283

Torraco, R. J. (2016). Writing Integrative Literature Reviews: Using the Past and Present to Explore the Future. *Human Resource Development Review, 15*(4), 404–428. https://doi.org/10.1177/1534484316671606

Tostanoski, A., Lang, R., Raulston, T., Carnett, A., & Davis, T. (2014). Voices from the past: Comparing the rapid prompting method and facilitated communication. *Developmental Neurorehabilitation, 17*(4), 219–223. https://doi.org/10.3109/17518423.2012.749952

Tourangeau, R., Singer, E., & Presser, S. (2003). Context Effects in Attitude Surveys: Effects on Remote Items and Impact on Predictive Validity. *Sociological Methods & Research, 31*(4), 486–513. https://doi.org/10.1177/0049124103251950

Tversky, A., & Kahneman, D. (1971). Belief in the law of small numbers. *Psychological Bulletin, 76*(2), 105–110. https://doi.org/10.1037/h0031322

Tversky, A., & Kahneman, D. (1983). Extensional versus intuitive reasoning: The conjunction fallacy in probability judgment. *Psychological Review, 90*(4), 293–315. https://doi.org/10.1037/0033-295X.90.4.293

Vaillant, G., & Mukamal, K. (2001). Successful Aging. *American Journal of Psychiatry, 158*(6), 839–847. https://doi.org/10.1176/appi.ajp.158.6.839

van Laerhoven, H., van der Zaag-Loonen, H. J., & Derkx, B. H. F. (2004). A comparison of Likert scale and visual analogue scales as response options in children's questionnaires. *Acta Paediatrica, 93*(6), 830-835. https://doi.org/10.1111/j.1651-2227.2004.tb03026.x

Van Vaerenbergh, Y., & Thomas, T. D. (2013). Response Styles in Survey Research: A Literature Review of Antecedents, Consequences, and Remedies. *International Journal of Public Opinion Research, 25*(2), 195-217. https://doi.org/10.1093/ijpor/eds021

Visser, P. S., Krosnick, J. A., Marquette, J., & Curtin, M. (1996). Mail surveys for election forecasting? An evaluation of the Columbus Dispatch poll. *Public Opinion Quarterly, 60*(2), 181-227. https://doi.org/10.1086/297748

Waskom, M. L., Okazawa, G., & Kiani, R. (2019). Designing and interpreting psychophysical investigations of cognition. *Neuron, 104*(1), 100-112. https://doi.org/10.1016/j.neuron.2019.09.016

Weber, S. J., & Cook, T. D. (1972). Subject effects in laboratory research: An examination of subject roles, demand characteristics, and valid inference. *Psychological Bulletin, 77*(4), 273-295. https://doi.org/10.1037/h0032351

Whelan, R. (2008). Effective analysis of reaction time data. *Psychological Record, 58*(3), 475-482. https://doi.org/10.1007/Bf03395630

Wiley, J. (1998). Expertise as mental set: The effects of domain knowledge in creative problem solving. *Memory & Cognition, 26*(4), 716-730. https://doi.org/10.3758/bf03211392

Willis, G. B., & Lessler, J. (1999). *The BRFSS-QAS: A Guide for Systematically Evaluating Survey Question Wording*. Rockville, MD: Research Triangle Institute.

Wilson, T. L., & Brown, T. L. (1997) Reexamination of the Effect of Mozart's Music on Spatial-Task Performance. *The Journal of Psychology, 131*(4), 365-370, https://doi.org/10.1080/00223989709603522

Winn, J. M. (1879). Mind and Living Particles. *Journal of Psychological Medicine and Mental Pathology, 5*(1), 18-29.

Wolford, G., Taylor, H. A., & Beck, J. R. (1990). The conjunction fallacy? *Memory & Cognition, 18*(1), 47-53. https://doi.org/10.3758/BF03202645

Yi, K., Heo, J., Hong, J., & Kim, C. (2022). The role of the right prefrontal cortex in the retrieval of weak representations. *Scientific Reports, 12*(1), 4537. https://doi.org/10.1038/s41598-022-08493-6

Yzerbyt, V. Y., & Leyens, J.-P. (1991). Requesting information to form an impression: The influence of valence and confirmatory status. *Journal of Experimental Social Psychology, 27*(4), 337-356. https://doi.org/10.1016/0022-1031(91)90030-A

Zahle, J. (2023). Reactivity and good data in qualitative data collection. *European Journal for Philosophy of Science, 13*(1), 10. https://doi.org/10.1007/s13194-023-00514-z

Zeisel, H. (1975). Reflections on Experimental Techniques in the Law. *Jurimetrics Journal, 15*, 256-272.

찾아보기

1종 오류 438
2×2 요인설계 385
2종 오류 439
AB 설계 425
ABAB 설계 427
G*power 241
IV×PV 설계 389, 417

ㄱ

가설 59
가설검증 67
가추법 29
개념적 재현 341
개인 내 반응 변산도 306
검사 324
검사-재검사 신뢰도 171
검증 가능성 30, 60
검증력 439
결과 확인 후 가설 만들기 247
결정계수 261
결합 오류 24
경험주의 30
계층화 무선표집 221
계층화 체계적 표집 222
계획비교 375
공변성 36
과신편향 23
과학적 회의론 22
관찰 가능성 30
관찰 연구 184
관찰변인 143
관찰자 간 신뢰도 185
관찰자 편향 185
교차문화 타당도 175
교차지연 패널 설계 240
구성 타당도 164, 340
구성개념 145
구조화 면접 193
군집표집 222
권위 20
귀납법 28
균형 라틴방진 378
균형화된 위약 설계 333
기관생명윤리위원회 63, 104
기록물 연구 43, 199
기술연구 45
기술적 조사 202
기초연구 37, 49

ㄴ

내용 타당도 166
내용분석 44
내재설계 402
내적 일관성 신뢰도 172
내적 타당도 295, 320
내적 타당도에 대한 고전적 위협 323
논문 쪼개기 128
눈덩이 표집 224
뉘른베르크 강령 86

ㄷ

다중 기저선 설계 427
다중공선성 267
다중비교 308
단계화 조작 287
단순 무선표집 221
단순 상호작용 분석 404
단순 조작 286
단순효과 395
단일사례 설계 424
단일은폐 실험 332
대립가설 436
대안 처치 설계 429
대응 298
대응 짝 설계 362
대응표본 t 검증 366
대중심리학 16
도구화 325
도박사의 오류 23
도식 평정척도 210
독립변인 141, 283
독립집단 설계 351
독립표본 t 검증 357
동료 평가 69
동시 타당도 168
동형검사 신뢰도 172
두 수준 반복측정 설계 364
두 집단 사전사후 설계 360
두 집단 참가자 간 설계 48, 351
등간척도 159

ㄹ

로젠탈 효과 177, 334
리커트 척도 159, 207

ㅁ

매개변인 142
매개효과 238
메타분석 42, 448
면대면 면접 195
면접 43
면접 연구 190
면접자 편향 195
면제 연구 108
명목변인 140
명목척도 158
모집단 218
목적 표집 224
무선표집 222
무선할당 48, 298, 351
무선화 298
문헌 개관 44, 444
밀그램 실험 90

ㅂ

바닥효과 178, 291
반구조화 면접 194
반동성 33, 176, 185, 334
반복 가능성 30
반복측정 변량분석 366
반복측정 설계 363
반분 신뢰도 172
반응 양식 213
반증 443
반증 가능성 31
범위 한정 265
범주변인 140
벨몬트 보고서 89
변량의 동질성 307
변별 타당도 168
변산성 33
변인 41, 139
변조 120
복잡성 32
부당한 저자 표시 124
부당한 중복 게재 128
부분 역균형화 378
부분상관 263
분석적 명제 60
분포의 정규성 307
비구조화 면접 193
비동등 집단 사전사후 설계 415
비동등 집단 설계 414
비실험연구 48
비연속변인 140
비율척도 161
비은폐 관찰 185
비참여 관찰 186
비처치 통제집단 355
비판적 개관 446
비확률 표집 223

ㅅ

사례연구 43, 197
사이비과학 16
사전동의 93
사회적 바람직성 177, 205
사후분석 377
사후설명 112
사후확신편향 23
삼원 요인설계 387
상관계수 46, 258
상관연구 46
상식심리학 16

상호작용 385
생명윤리 및 안전에 관한 법률 104
생태학적 타당도 342
서면 동의 110
서열변인 140
서열척도 158
선택 편향 327
선한 참가자 효과 330
선행 97
설명적 조사 202, 233
성숙 324
소급 타당도 168
소급설계 416
속임수 94
솔로몬 네 집단 설계 361
수렴 타당도 167
수반성 36
순서효과 367
시각 아날로그 척도 209
신뢰도 258
신뢰도 계수 170
실행연구 50
실험 오차 295, 322
실험실 관찰 190
실험연구 47
실험의 타당도 319
실험자 효과 177, 334
실험적 통제 295
실험조건 364
실험집단 48, 352
심리전기 44, 200
심층 면접 43, 191

ㅇ

안면 타당도 166
양방 검증 358
양적 연구 41
양적변인 140
에타 제곱 358, 440
역균형화 368
역사 323
역전 설계 425
연구 설계 45, 61
연구 진실성 117
연구 참여 동의서 110
연구가설 435
연구계획서 62
연속변인 140
연습효과 368
연역법 28
영가설 검증 436
예비실험 299
예비연구 64
예언 타당도 168
예측변인 142
오메가 제곱 440
온라인 면접 196
완전 역균형화 378
외생변인 141, 294
외적 타당도 337
요구특성 177, 329
요인설계 383
웹 기반 실험 345
위약효과 332
위조 120
위험-이익 평가 98
유사무선화 370
유의도 검증 437
유의수준 437
유의확률 437
은폐 관찰 185
응용연구 36, 49
의미미분 척도 208
이론 27
이분변인 140
이원 요인설계 385
이월효과 369
이중은폐 실험 335
이해 95
인간 존중 92
인과모형 238
인용색인 75
일방 검증 359
일원 변량분석 357
임계치 441
입력 체계 44, 188

자기표절 123
자료 점검 255, 303
자발성 96
자연관찰 42, 184
자원자 표집 224
자율성 92
잠재변인 143
잠재변인 모형 239
재현 341, 443
재현 가능성 위기 444
전실험 설계 355
전화 면접 195
정의 101
정적 단조함수 312
정확 재현 341

제3변인 142
제3변인 문제 142, 263
조사연구 202, 233
조작 점검 299
조작적 정의 60, 144, 339
조작점검 66
조작화 144
조절변인 142
조절효과 238
종단설계 240, 421
종속변인 141, 289
종속측정치 289
종합적 명제 60
주효과 385
준거 변경 설계 429
준거 타당도 167
준거변인 142
준실험 48, 411
직관 19
직교 대비 376
진실험 413
진실험 설계 362
진점수 169
질문 순서 효과 211
질적 연구 42

ㅊ

착각적 상관 22
참가자 간 설계 351
참가자 간 요인설계 388
참가자 기대 332
참가자 내 설계 363
참가자 내 요인설계 388
참가자 선정 102
참가자 손실 327
참여 관찰 186
천장효과 178, 291
체계적 개관 447
체계적 관찰 43, 188
체계적 재현 341
체계적 표집 222
초점집단 면접 43, 192
최소위험 108
최소위험 연구 108
최소위험 이상 연구 109
충분한 정보에 의한 동의 93
측정 157
측정수준 157
측정오차 169
측정의 민감도 290
측정의 신뢰도 169
측정의 타당도 163
측정척도 157

ㅋ

코헨의 d 358, 440
코호트 계열설계 423
코호트 효과 422
크론바흐 알파 173, 258

ㅌ

탐색적 조사 202
터스키기 매독 연구 88
통계적 결론 타당도 322, 450
통계적 추론 151
통계적 회귀 326
통제 틈입 시계열 설계 419
통제변인 141, 295
통제조건 364
통제집단 48, 352
통합적 개관 445
틈입 시계열 설계 418

ㅍ

패널 표집 224
편의 표집 223
평정자 간 신뢰도 173
평정척도 207
표본 218
표절 122
표지 이야기 95
표집 221
표집오차 220
표집틀 219
프로그램 평가 50
피로효과 368
피셔의 z 변환 262

ㅎ

할당 표집 223
합성변인 143
행동과학 13
허위상관 263
헬싱키 선언 87
현장 연구 46
현장실험 344
호손 효과 176, 334
혼입변인 141, 295
혼합 요인설계 388
확률 표집 221
확증편향 23
횡단설계 240, 422
효과크기 65, 440

저자 소개

김초복(Kim, Chobok)

뉴멕시코 주립대학교(New Mexico State University) 심리학과 박사
켄터키 대학교(University of Kentucky) 신경생물학과 박사후연구원
현 경북대학교 심리학과 교수

〈주요 저・역서〉
인지학습 심리검사의 이해(공저, 학지사, 2019)
fMRI 데이터 분석의 이해(역, 학지사, 2015)
심리학의 세계(원서 5판, 공역, 학지사, 2015)
행동과학을 위한 연구방법론(원서 11판, 역, 박학사, 2015)

행동과학 연구방법

Research Methods in Behavioral Science

2024년 8월 20일 1판 1쇄 인쇄
2024년 8월 30일 1판 1쇄 발행

지은이 • 김초복
펴낸이 • 김진환
펴낸곳 • (주) 학지사
04031 서울특별시 마포구 양화로 15길 20 마인드월드빌딩
대표전화 • 02)330-5114 팩스 • 02)324-2345
등록번호 • 제313-2006-000265호

홈페이지 • http://www.hakjisa.co.kr
인스타그램 • https://www.instagram.com/hakjisabook

ISBN 978-89-997-3175-4 93180

정가 28,000원

저자와의 협약으로 인지는 생략합니다.
파본은 구입처에서 교환해 드립니다.